Юрий Фельштинский
Владимир Прибыловский
Владимир Попов

КОРПОРАЦИЯ

РОССИЯ И ФСБ ВО ВРЕМЕНА ПРЕЗИДЕНТА ПУТИНА

Издание 3-е, исправленное и дополненное

MEDIA

ПРЕДИСЛОВИЕ К ТРЕТЬЕМУ ИЗДАНИЮ

Сегодня может показаться удивительным, что эта книга дважды выходила в России: в 2010 году под названием «Россия и КГБ во времена президента Путина» и в 2012 году как «Россия и КГБ на рубеже веков», поскольку типографии в 2012 году уже боялись печатать книгу, где в названии присутствовало буквосочетание «Путин». И в первом издании, и во втором, по соображениям практической целесообразности буквосочетание «ФСБ» было заменено буквосочетанием «КГБ», чтобы подчеркнуть исторический, а не политический характер книги – хотя была она про современную госбезопасность.

Соответственно, для нынешнего третьего издания этой книги мы восстанавливаем первую историческую справедливость: название «Корпорация: Россия и ФСБ во времена президента Путина».

Вторая историческая справедливость состоит в том, что в главах 1 и 8 книги были использованы в том числе и тексты, предоставленные нам Владимиром Поповым, моим соавтором по двум другим книгам: «КГБ играет в шахматы» (третье издание которой вышло в этом году), и «От Красного террора к мафиозному государству: спецслужбы России в борьбе за мировое господство, 1917-2036», вышедшей первый раз в Киеве в издательстве «Наш Формат» в 2021 году и неоднократно с тех пор переиздававшейся.

Об участии В. Попова в 2010-2012 в написании книги «Корпорация...» не было упомянуто по соображениям безопасности не столько В. Попова, сколько В. Прибыловского, жившего в России. Соавторство с бывшим подполковником КГБ, проживавшим инкогнито в Канаде, могло создать для него дополнительные трудности.

К сожалению, книга «Корпорация» не устарела, поскольку к лучшему ситуация в России с 2012 года не изменилась, а изменилась только к худшему. В 2014 году Россия начала агрессию против Украины. В 2022 году она наступила второй раз на те же грабли, вошла в ту же воду (что очень типично для ничему не учащейся России), и начала против Украины теперь уже полномасштабную войну, очевидцами которой мы являемся. Украина в этой войне как государство уже устояла. Но как долго продлится эта война, как именно она будет протекать и какую цену цивилизованному миру придется заплатить за победу над путинской Россией покажет будущее.

Мой соавтор Владимир Прибыловский не дожил до наших дней. 10 января 2016 года он был найден мертвым в своей квартире в Москве. По этой причине настоящее предисловие подписано только моей фамилией.

Юрий Фельштинский

24 февраля 2023 г. Годовщина войны

Bibliografische Information der Deutschen Nationalbibliothek:
Die Deutsche Nationalbibliothek verzeichnet diese Publikation in der Deutschen Nationalbibliografie; detaillierte bibliografische Daten sind im Internet über http://dnb.dnb.de abrufbar.

ISIA Media Verlag, Leipzig 2023
Umschlaggestaltung: ORDEN COMPANY LTD, Praha unter Verwendung einer Abbildung: Shutterstock/BestPhotoPlus

Корпорация. Россия и ФСБ во времена президента Путина

Printed in Germany

ISBN 978-3-910741-07-2

СОДЕРЖАНИЕ

ВВЕДЕНИЕ

В СССР был один руководитель, правивший долго: Сталин. Вторым, уже в постсоветской России, стал Путин. Пробыв президентом восемь лет (2000—2008), да еще и четыре года премьер-министром (2008—2012) при своем же ставленнике Дмитрии Медведеве, он обогнал Ленина и Хрущева и почти догнал Брежнева. Следующим рубежом Путина является Сталин, правивший Советским Союзом 30 лет, с 1923-го по 1953 г. Только для этого Путину нужно стать Сталиным.

Уже в 1996 г., при Ельцине, стала отстраиваться система, гарантирующая победу кандидату Кремля. В 1996 г. таким кандидатом был демократ Ельцин, бьющийся с коммунистом Зюгановым. Тогда казалось допустимым, что мелкое и крупное жульничество, подтасовки, миллионные субсидии на финансирование президентской кампании Ельцина, брошенные в распоряжение Ельцина олигархами, — во благо России, во благо свободы, во благо демократии. И отнять голоса у Зюганова в пользу Ельцина — не такой уж и грех. Сколько этих голосов тогда отняли, вряд ли можно определить. Но Ельцин, вошедший в избирательную кампанию 1996 г. с 3% популярности, вышел из нее (если судить по результатам выборов) — победителем. Результат этот следовало признать восхитительным. Демократия в России устояла. И за эту успешную пиарную акцию ее организаторы — российские олигархи — на четыре года получили Россию в управление. До следующих выборов оставалось четыре года.

Именно в эти четыре года Россия окончательно была потеряна для демократии. Олигархи, дружно поддерживавшие Ельцина во время президентской кампании 1996 г., в погоне за сверхприбылью перегрызлись друг с другом. В ходе этой грызни они эффектно, с применением всех доступных современных пиарных технологий, друг друга же скомпрометировали перед всей страной. Вместе с собой они скомпрометировали и демократическое правительство, и демократические принципы, и демократические идеи, и даже свободу слова.

В 1999/2000 предвыборном году, как и в 1996-м, перед организаторами президентской кампании Путина не было идеи победить честно. Была идея победить любой ценой. И эта победа была одержана, в том числе и с применением технологий спецслужб — терактов сентября 1999 г. и второй чеченской войны. Разные люди и службы выполняли разные функции. Березовский отвечал за пиар на первом, главном, канале российского телевидения. Абрамович — за финансирование. Спецслужбы — за теракты и войны.

Уже в 1999 г. шахматные фигурки на доске были расставлены таким образом, что уходящий с поста президента Ельцин мог назначить вместо себя любого кандидата из выложенной перед ним колоды карт. Но в этой колоде странным образом оказались только три карты, и обозначены были на них три офицера спецслужб. Кандидатом № 1 был директор СВР Евгений Примаков, избранный премьер-министром России в сентябре 1999 г. По плану Ельцин должен был уйти в отставку досрочно, 31 декабря 1999 г., назначив премьер-министра своим преемником и исполняющим обязанности президента. На следующем этапе и. о. президента выставлял свою кандидатуру на президентских выборах 2000 г. и становился президентом без приставки «и. о.».

Но Примаков разочаровал Ельцина. Он заигрывал с Думой и коммунистами, к Ельцину относился пренебрежительно, считая его политическим трупом. Все чаще и чаще в Думе звучало слово «импичмент». И Ельцин понял, что Примаков-президент не сумеет обеспечить Ельцину и его близким гарантии неприкосновенности после отставки. Поэтому в мае 1999 г. Ельцин сместил Примакова и назначил премьер-министром кандидата № 2, бывшего директора ФСК, архитектора и инициатора первой чеченской войны Сергея Степашина.

Степашин тоже не подошел. Руководителю администрации президента Александру Волошину показалось, что Степашин заигрывает с главным конкурентом Ельцина мэром Москвы Юрием Лужковым. Действительно ли Степашин планировал пойти на соглашение с Лужковым и сделать его после выборов премьер-министром или это только казалось параноидальному, мстительному и закомплексованному Волошину, мы никогда не узнаем. Но в августе 1999 г. Ельцин отправил Степашина в отставку и назначил на его место кандидата № 3, последнюю карту имевшейся колоды, директора ФСБ Владимира Путина. Затем, как и планировалось, 31 декабря 1999 г. Ельцин ушел в отставку, Путин стал «и. о. президента», и переименование его в «президенты» было уже формальностью. 7 мая 2000 г. Путин официально стал президентом России.

Он пришел во власть не как представитель олигархического клана или «семьи», по крайне мере не только и не столько как их представитель, а как представитель той самой системы, в которой проработал всю свою жизнь, — как представитель КГБ. Именно представителей этой системы, бывших и нынешних своих сослуживцев, он должен был теперь ввести в высшие эшелоны власти, отдать им управление страной, ее политикой, экономикой, финансами.

С помощью ельцинских же олигархов, которых в конечном итоге всегда интересовали только деньги, он переподчинил себе прессу и телевидение, избирательную машину и суд, фонды общественного мнения и перья когда-то независимых журналистов и телеведущих. К 2004 г. Путин жестко контролировал все ниточки управления в государстве, в том числе и когда-то ретивый российский парламент, вечно угрожавший президенту Ельцину импичментом.

Период путинского правления 2004—2008 гг. был посвящен двум проблемам: консолидации власти Путина и ФСБ и выборам президента на теперь уже действительно промежуточный период 2008—12 годы, когда по конституции Путину предстояло уйти от власти. Кандидатов определилось двое: Дмитрий Медведев, полностью контролируемый Путиным, и генерал КГБ Сергей Иванов, ставленник ФСБ. Имевший право решающего голоса в этом важнейшем вопросе, Путин остановился на Медведеве, понимая, что Медведева через четыре года он легко заменит собой, а вот Иванова через четыре года он заменить собой уже не сможет: старший по званию, — генерал Иванов оттеснит полковника Путина и останется президентом на второй срок.

В результате президентом в 2008 г. оказался Медведев, которого все эти годы никто — ни в России, ни за ее рубежами — не воспринимал всерьез как независимого президента. В 2012 г., как и было согласовано еще в 2008-м, Медведева сменил Путин. А в марте 2014 г. мир погрузился во тьму: Россия вошла в Крым и объявила этот полуостров своей территорией.

После оккупации Крыма мир разделился на оптимистов и пессимистов. Первые считали, что Путин остановится на Крыме. Вторые — что Крым является только началом, первым шагом большого пути, намеченного для России Путиным. Крымский полуостров был сдан без боя. Тогда все этому радовались, и Россия, и Украина, и остальной мир с ними — что обошлось без жертв. От европейских и американских лидеров в марте 2014 г. слышно было только одно: пусть Путин скажет, что Крымом всё ограничится, и мы дружно заживем по-старому. Вместо этого Путин объявил на весь мир, что пришло время исправления исторических ошибок 1991 г., в результате которых распался Советский Союз; что распад СССР является самой большой личной трагедией его жизни; что он русский националист и считает, что это хорошо, когда президент России — националист; что есть особый русский ген, который отличает русских от всего остального населения; «русский мир», т. е. скопление людей, говорящих по-русски, и интересы этого «русского мира» должны быть защищены, причем защищать их будет Россия, независимо от того, где эти русские находятся и хотят они, чтобы Россия их защищала или нет; и, наконец, этот «русский мир» должен быть объединен в пределах одного государства.

Успешный блицкриг по захвату Крыма породил эйфорию в России и окончательно вскружил голову самому Путину. Сразу же после аннексии Крыма началась подготовка полномасштабной агрессии против Украины. Были очевидны несколько компонентов этой подготовки: создание мощного военного плацдарма в Крыму; проведение целого ряда военных учений в приграничных с Украиной районах, в Калининградской области и на Балтике; постоянное тестирование воздушных границ и даже нарушения воздушного пространства ряда стран боевыми самолетами

России; беспрецедентная антиукраинская и антизападная пропагандистская кампания, развернутая по всем каналам российского телевидения и в российской прессе; концентрация российских войск вдоль российско-украинской границы; призыв российских резервистов; засылка диверсионных групп в Украину для развертывания в восточных регионах Украины «гражданской войны» для оправдания вторжения в Украину российской армии. Всё это укладывалось в общий стратегический план Путина об исправлении исторических ошибок 1991 г.

Впервые после 1945 г. послевоенная Европа столкнулась с попыткой захвата одного государства другим. Были нарушены общеевропейский баланс сил и стабильность, европейский мир и статус-кво. В 1990-е годы мы были свидетелями распада империй, воссоединения Германии и даже интервенции мировых держав в югославский конфликт. Но ни одна великая держава Европы после 1945 г. не пыталась изменить границы в свою пользу. Россия предприняла эту попытку в Грузии в 2008 г. и вот теперь в Украине. Как однажды проговорился Путин, выступая на Красной площади в годовщину аннексии Крыма 18 марта 2015 г.: «Мы будем преодолевать трудности, которые мы с вами так легко создаем сами для себя в течение всего последнего времени». Все трудности Россия действительно создавала себе сама. Но одновременно она стала глобальной проблемой для мира в Европе.

До марта 2014 г. все европейские государства, включая Россию, были партнерами. С марта 2014 г. Россия — стратегический противник Евросоюза и НАТО. Россия — это страна, воюющая в соседней Украине, открыто угрожающая Польше и странам Балтии, проводящая военные учения по всей территории России, в том числе в приграничных округах и Калининградской области. Россия — страна, создающая сегодня мощные наступательные военные плацдармы в Калининградском регионе и в Крыму, постоянно нарушающая воздушное и морское пространства стран Балтии и скандинавских государств, увеличивающая расходы на вооружение, объявившая о серьезной программе по модернизации армии, намеченной на период до 2020 года... В самой России через контролируемые Кремлем СМИ проводится беспрецедентная кампания по нагнетанию антиевропейских и антиамериканских настроений, на фоне которой бледнеет даже советская антизападная пропаганда 1960—1980-х годов. Оказавшись под незначительными на данный момент западными санкциями, являющимися наказанием за войну с Украиной, Россия в ответ вводит свои, впрочем, тоже незначительные, санкции против США и Евросоюза. Экономические последствия всей этой деятельности для России достаточно тяжелы: рубль упал в два раза; в стране усилилась инфляция и рост цен; падают цены на недвижимость, россияне перестают ездить за границу, так как при падающем рубле эти поездки становятся дорогими. Тем не менее указаний на то, что российское правительство планирует сменить курс и вернуться к мирным партнерским отношениям, отказавшись от имперских и ревизионистских амбиций по восстановлению СССР, нет. Путин продолжает настаивать на правильности курса, открыто провозглашенного им в марте 2014 года.

Это новая реальность, с которой вынуждены теперь считаться Евросоюз и НАТО, увеличивающие в ответ расходы на вооружение, на военные учения, на противостояние российской пропаганде. Уже началась перестройка американской и, главное, европейской экономики под новую экономическую реальность, когда Россия перестала быть надежным торговым партнером, прежде всего поставщиком сырья (газа и нефти). Мировые бизнесы перестраиваются под антироссийские санкции, которые со временем будут только ужесточаться и одновременно — под российские санкции, которые, разумеется, в основном наказывают самих россиян, а не Европу. Но Путин видит в них политическую выгоду и необходимость, как в случае с запретом импорта в Россию латышских шпрот. Конечно, это «мощный» удар по европейской экономике. Но если Россию отключат от банковской системы SWIFT и если Европа откажется от закупок российского газа, у России при всем желании на шпроты денег не будет.

Россия встала на дорогу войны и стоит на пороге большой войны. Вопрос в том, когда она встала на эту дорогу, и станем ли мы свидетелями начала большой войны или только нескольких маленьких войн? Можно считать, что Россия встала на дорогу войны в декабре 1994 г., когда начала первую чеченскую войну (хотя формально юридически Чечня была и остается частью Российской Федерации, а не заграницей); можно отсчитывать начало российской агрессии от августовской 2008 г. войны против

Грузии. Но, так или иначе, следует признать, что Россия сегодня является главным и единственным источником агрессии в Европе.

Летом 2015 г. в российскую Генпрокуратуру поступил запрос депутатов Думы от партии «Единая Россия» с требованием проверить законность выхода стран Балтии из состава СССР. Генпрокуратура ответила, что юридических перспектив у этого дела нет. Юридических перспектив у этого дела, действительно, нет и никогда не было. У «этого дела» были исключительно военные перспективы, и история присоединения стран Балтии к СССР — это история военного захвата советской армией трех независимых европейских государств.

Краткий экскурс в историю: в августе 1939 г. в рамках подготовки Гитлером вторжения в Польшу был подписан пакт Молотова — Риббентропа с несколькими секретными протоколами. По существу это были соглашения о разделе Европы между Гитлером и Сталиным, Германией и СССР. В 1940 г., уже после начала Второй мировой войны, Красная армия вошла в страны Балтии, оккупировала все три балтийские республики и создала там марионеточные коммунистические правительства с марионеточными Верховными Советами Латвии, Литвы и Эстонии. Последние «обратились с просьбой о вхождении» в состав СССР к Верховному Совету СССР, и эта «просьба» была немедленно «рассмотрена» и «удовлетворена» Верховным Советом СССР. Так страны Балтии потеряли свою независимость.

Сразу же после германского вторжения в СССР, 22—23 июня 1941 года, Латвия, Литва и Эстония подняли восстание против советской власти и советских войск, находившихся в их странах, и провозгласили независимость. Однако в ходе Второй мировой войны в результате военных побед советской армии, эта независимость прибалтами была вновь утеряна до 1990—1991 гг., когда в результате распада СССР Латвия, Литва и Эстония стали опять независимыми.

Здесь важно отметить, что все три балтийские республики поставили вопрос о выходе из СССР до распада Советского Союза. 11 марта 1990 г. независимость провозгласил Верховный Совет Литовской ССР, 30 марта — Верховный Совет Эстонской ССР. 3 апреля 1990 г. Верховный Совет СССР объявил эти акты Верховных Советов Литвы и Эстонии незаконными. Но 4 мая

1990 г. независимость Латвии провозгласил Верховный Совет Латышской ССР. И с этого времени де-факто республики Балтии были суверенными.

Обсуждать правомерность этих актов республиканских Верховных Советов можно лишь в связи с правомерностью соответствующих актов марионеточных Верховных Советов балтийских республик в 1940 г. И если решения Верховных Советов 1990 г. неправомерны и незаконны, то уж тем более неправомерны и незаконны решения тех же республиканских органов 1940 г., на основании которых Латвия, Литва и Эстония вошли в состав СССР. Двух мнений здесь быть не может. И любой человек, подвергающий сомнению право балтийских государств на независимость, является либо пропагандистом Кремля, либо агентом Путина (платным или добровольным — не столь уж важно).

Я не знаю, что произошло бы, если бы, допустим, член литовского парламента отправил в прокуратуру Литвы «депутатский запрос», правомерно ли провозглашение независимости Российской Федерации, скажем, в 1991 г., или Советской России в 1918-м, или же заявил, что территории, известные нам как Россия, должны войти в состав Литвы, поскольку много веков назад существовала Речь Посполитая. Я думаю, что этого депутата отправили бы к психиатру. В том-то и проблема, что в сегодняшней России члены российского парламента от правящей кремлевской партии, обращающиеся в Генпрокуратуру с запросом, нарушающим все известные нормы международной этики, а может быть, даже и международные законы, встречают со стороны своих коллег в Думе только поддержку и аплодисменты.

Руководитель другой политической партии российского парламента — ЛДПР — Владимир Жириновский неоднократно и публично угрожал атомной бомбардировкой Польше. Вице-премьер российского правительства Дмитрий Рогозин, отвечающий в том числе и за военно-промышленный комплекс России, постоянно угрожает военной атакой Восточной Европе и особенно Молдавии. То, что нам кажется словесным запугиванием, исходящим от идиотов, в России и для России является прощупыванием направлений будущих военных блицкригов, аналогичных блицкригу в Крыму. Поэтому воспринимать кремлевскую риторику как «бред сумасшедшего», незаслуживающую внимания, абсолютно неправильно. Когда Гитлер в 1930-е годы произносил агрессивные речи, Европа тоже считала его сумасшедшим, зарабатывающим популярность демагогическими лозунгами, поскольку трудно было представить, что это и есть программа нацистской партии, намеченная к реализации. В 1939 г. выяснилось, что Гитлер честно рассказывал о своих планах, просто Европа не готова была воспринимать услышанное всерьез.

Единственное, что сегодня сдерживает Путина в отношении стан Балтии, это членство в НАТО. Никаких других сдерживающих факторов для Путина не существует. Путин боится только НАТО. И до тех пор, пока он считает, что НАТО ответит на вторжение в страны Балтии полномасштабной войной против России, — Латвия, Литва и Эстония находятся в безопасности. В ту минуту, когда Путин придет к выводу (причем не имеет значения, ошибочному или правильному), что войны с Россией НАТО из-за стран Балтии не начнет, российские войска войдут в балтийские государства. Никаких иллюзий на эту тему быть не должно.

У балтийских республик, хорошо это или плохо, общая судьба. Задача Путина — захватить соседние страны, ранее входившие в СССР, по «украинской схеме», а именно: развязать войну с целью захвата территорий, но утверждать, что Россия в этой войне не участвует. Именно так сегодня Россией ведется война в Украине; одновременно Россия начинает активизацию военных действий в Молдавии, где изначально был захвачен и удержан важный плацдарм — Приднестровье. В начале июля 2015 г. Рогозин, курирующий приднестровский проект Путина, предложил выдавать в упрощенном порядке российские паспорта молодежи «Приднестровской молдавской республики» (ПМР), дабы во время военных действий в Молдавии нельзя было отличить российских военных от молдавских из числа приднестровских «сепаратистов» и «ополченцев», как их будут называть в России и как это уже происходит в восточной Украине. Из 500-тысячного населения ПМР российские паспорта теперь имеют примерно 150—200 жителей. Эта схема ранее была использована в Абхазии и Южной Осетии, где сначала всем желающим были выданы российские паспорта, после чего последовало вторжение российской армии под предлогом защиты «граждан России» от «притеснений грузинской власти». Ту же схему планируется использовать и в странах Балтии.

При этом я не склонен преувеличивать готовность и желание русского населения стран Балтии умирать за имперские амбиции Путина, и я вижу принципиальную разницу (она всегда была) между русскими жителями стран Балтии и этническими русскими, жившими в Молдавии и в Украине. На примере Украины мы видим, как пророссийская пятая колонна, активно требовавшая референдумов о статусе тех или иных регионов Украины в марте-мае 2014 г., стихла после того, как российские войска вошли в Луганск и Донецк и разорили населенные русскими земли. Цена войны оказалась слишком высока даже для этих пророссийски настроенных жителей Украины. За принадлежность к «русскому миру» Путин предлагает слишком высокую цену: войну в Европе. Привлекательной такая сделка не кажется.

В марте 2014 г. я написал статью, ставшую первой статьей целого цикла работ и легшую в основу книги «Третья мировая. Битва за Украину». Суть статьи заключалась в том, что большие войны начинались без понимания того, что со временем их станут называть «мировыми». Даже Гитлер, нападая на Польшу, не считал, что начинает Вторую мировую войну. Он не верил, что при наличии советско-германского пакта о ненападении Великобритания и Франция объявит Германии войну из-за Польши. Если бы Гитлер знал, что нападение на Польшу приведет к мировой войне, он, может быть, десять раз подумал бы о том, стоит ли нападать на Польшу. Если Россия будет знать, что нападение на страны Балтии приведет к началу полномасштабной Третьей мировой войны, она вряд ли посмеет напасть на балтийские страны. А вот если Путин будет уверен, что из-за стран Балтии НАТО не объявит войну России, он непременно предпримет попытку военного захвата Латвии, Литвы и Эстонии. И тогда мы станем очевидцами начала Третьей мировой войны, поскольку НАТО в ответ начнет военные действия против России.

Любому миролюбию Европы есть предел. В Европе очень хорошо помнят, что Вторая мировая война разгорелась среди прочего и из-за излишнего миролюбия, проявленного в 1938 г. в Мюнхене. Любовь к миру от войны не застраховывает. После оккупации Крыма Европе показалось, что Путин на Крыме остановится. И Европа готова была предать Украину, отдать России

Крым, но сохранить мир. В сентябре 1939-го от болезни умиротворения Европу вылечил Гитлер, напавший на Польшу. Летом 2014-го от умиротворения Европу вылечил Путин, вошедший в восточную Украину.

Очнувшись от изначального шока, понятого Путиным как готовность Европы и США отдать России все требуемые территории, Запад стал сопротивляться. Уже никто не говорит о признании аннексии Крыма и о том, что Крым «исконная русская земля». Никто не помышляет об отмене санкций, пока Крым не будет возвращен Украине. Французы потеряли деньги, но отказались продавать «Мистрали». Президент Обама включил Россию в список главных противников США. Пентагон провел испытания новой атомной бомбы. НАТО развертывает в Европе силы быстрого реагирования. Страны Балтии настаивают на размещении у себя войск НАТО. Нейтральная Финляндия призывает на сборы 900 тысяч резервистов и увеличивает военный бюджет. Датчане готовы разместить на своих кораблях ядерные боеголовки НАТО. Польша, имевшая до последнего времени либерального президента, сменила его на антироссийского. Норвегия протестует против прилета Рогозина. Швеция охотится за российскими подводными лодками. И все вместе перехватывают российские самолеты, которые в 2014—2015 гг. несколько сотен раз нарушали общепринятые нормы уважения воздушных границ соседей. Сдаваться никто не собирается, и Путин теперь это знает. Даже Лукашенко, которого в мире всерьез никто не воспринимал, считая его сельским диктатором, на созданном Путиным фоне забыл о российско-белорусском союзном договоре и стал независимым политиком.

Войдя в Крым в марте 2014 г., Путин собственноручно подписал смертный приговор государству, образованному в 1991 г. на развалинах Советского Союза, тому государству, которое он всегда ненавидел и никогда не признавал — Российской Федерации. Через две чеченские войны, войну с Грузией, а теперь еще и с Украиной Россия 1991 года окончательно переродилась во что-то совсем иное: большинство населения нынешней России при показном и формально декларируемом антифашизме — фашисты. Проблема даже не в правительстве, которое этой страной управляет — точнее, не только в правительстве, — а еще и в населении России. С правительством все обстоит просто:

на нынешнем историческом этапе в России правит хунта офицеров КГБ/ФСБ. Они захватили высшие государственные, политические, управленческие, экономические и хозяйственные посты. Если не все руководители крупных бизнесов, банков и компаний являются офицерами ФСБ, то ими являются приставленные к руководству заместители, контролирующие бизнес в интересах своей организации. Люди из ФСБ не верят в демократию и не играют в нее, они верят в силу и в диктат. Можно много всего плохого перечислить, во что верит ФСБ, и много хорошего — во что она не верит. Среди прочего она не верит в право народа участвовать в свободных выборах и через это управлять государством.

Сила фашизма всегда заключалась в легко усваиваемой идее избранности своей нации и преимущества ее перед остальными. Уязвимость фашизма состояла в его самоизолированности, замкнутости в себе, отсутствии привлекательного интернационального компонента. Согласитесь, нелегко объяснить многонациональному человечеству, что твоя раса высшая, а потому имеет право господствовать над остальными.

Для внутреннего потребления в России оказывается очень полезен пункт о вражеском окружении, когда все остальное человечество живет исключительно намерениями нанести максимальный урон твоей стране и твоему народу. Впрочем, непонятно, почему весь мир озабочен маниакальной идеей навредить России; тем более непонятно, почему одновременно с этим миллионы представителей «великого русского народа» эмигрируют в разные города мира, а оставшиеся норовят получить второе гражданство или вид на жительство в одной из нелюбимых ими стран. Но фактом остается то, что большинство россиян (даже те, кто совсем недавно добровольно покинул родину) душевно страдает от остального мира, который их не любит; или любит, но не бескорыстно; или вежлив, но не искренне; или уважает, но не боится (то есть не очень уважает). Это же большинство, по опросам, готово обменять и уже обменяло свободу на стабильность; оно не нуждается в независимых СМИ и честных выборах, поддерживает захваты соседних стран, особенно если в этих странах проживают этнические русские, или если эти государства полностью или частично когда-то принадлежали древней Руси, Российской империи или Советскому Союзу.

Следует заключить, что Россия, никогда не жившая при демократии (за исключением девяти ельцинских лет), на данном историческом этапе совсем потеряла голову и склонилась к фашизму. Демократы остались в подавляющем меньшинстве. Из истории мы знаем, что с фашизмом разговаривать приходится только с позиции силы, потому что ни получившие в таких странах власть люди, ни одурманенный ими народ, оказавшись на дороге войны, не в состоянии самостоятельно свернуть с нее, поскольку не до конца отдают себе отчет в том, сколь губительна и опасна эта дорога, — прежде всего для них самих.

К этому в целом скептическому полотну следует добавить несколько обнадеживающих мазков. Идеология, основанная на ненависти и доминировании одного народа над другим, в современном мире обречена на поражение. Чем скорее Россия осознает, что она не великое, а самое обычное государство со своим не великим, а самым обычным народом, тем ниже окажется цена за отказ от очередного сна, в который Россия погрузилась.

Новая Россия не обещает нам мира, добра и процветания. Она несет нам войну и связанные с войной разрушения, обнищание и смерть. Разоренный и обезлюженный российской армией восток Украины, вымершие Луганск и Донецк — лучшая иллюстрация «русского мира» Путина, обернувшегося войной пока что только для Украины. Ради этого Путин, как представитель ФСБ, захватывал должность президента России. Ради этого захватывалась в стране власть, накапливались деньги: чтобы сейчас эти накопленные деньги и эту сконцентрированную в руках ФСБ власть использовать для восстановления Российской империи, которую все будут бояться, как когда-то боялись СССР. Как именно эту новую страну назовут: Российская империя, Советский Союз или же Российская Федерация, не так уж и важно. Но у Путина есть абсолютно детская привязанность ко всему советскому (это один из его комплексов): советскому гимну, советской мелодии информационной программы «Время», советскому информационному агентству «Телеграфное агентство Советского Союза» (ТАСС) — вернувшемуся в Россию в сентябре 2014 года...

С военной точки зрения, всё, что сделал Путин, — это втянул Россию в войну с Украиной и завяз в ней, причем начал он войну в марте 2014 г. против государства, которое не имело ни правительства, ни парламента, ни денег, ни армии, ни союзников, а закончил (на сегодня) тем, что ему противостоит европейское государство Украина со сформированным правительством; финансовой структурой, опирающейся на международные кредиты; армией, оснащаемой и обучаемой многочисленными союзниками Украины. Сказать, что путинская политика в Украине с марта 2014 г. это абсолютный провал, — ничего не сказать. Победой всё это может представляться только на экранах российских телевизоров.

Одна из главных проблем России — многочисленные комплексы Путина, пытающегося доказать, что с Россией должны считаться, как с Америкой. Очень трудно понять и словами определить, что именно неправильно в таком подходе. Действительно, есть большая страна Россия, самая богатая в мире, если иметь в виду полезные ископаемые, находящиеся в земле. У этой страны, кроме того, есть ядерное оружие в количестве, достаточном для нанесения непоправимого ущерба всей планете. Больше у этой страны ничего нет. Еще все упоминают русскую культуру. Да, был великий русский поэт Пушкин. Его всю жизнь травили и ссылали и в конце концов убили. Был не менее талантливый Лермонтов. Тоже травили, тоже убили. Был Достоевский — отправили на каторгу, потом сослали. Был Толстой — отлучили от церкви. Дальше включили мясорубку под названием ВЧК-ГПУ-НКВД-КГБ и гробили миллионами, сколько успевали — от собственного крестьянства (русского и украинского) и коммунистической номенклатуры до Мандельштама, Булгакова, Бродского и Солженицына. Ну почему бы сегодня не признать за этой милой страной, которой управляют люди, пришедшие из того самого НКВД-КГБ, право захватывать соседние территории в рамках действительного партнерства между США, Евросоюзом и Россией?

Понятно, что права на такое «равенство» Путин никогда не получит. Проблема в том, что это не понятно Путину и что он бьется именно за это право: войти армией в любую страну и установить там свой режим.

Самое удивительное, что в Америке и Европе есть достаточно большое число политиков и политологов, считающих, что в таком подходе нет ничего неправильного и что если Россия «очень хочет» захватить Украину, ей нужно позволить это сделать, так как Украина для России «важнее», чем для США. Эта мысль неоднократно озвучивалась и еще будет озвучиваться самыми разными людьми, и совсем не все они платные или добровольные агенты Путина. Противостоит этой опасной, если иметь в виду национальные интересы Украины, точке зрения банальный здравый смысл. Не могут американцы согласиться с тем, что США и Россия равны, потому что это не так. Не может Путин у Каспарова выиграть в шахматы, потому что Каспаров сильный шахматист, а Путин слабый. И Россия не может по той же причине выиграть у США, ни в какой из плоскостей, отраслей, областей... Всё, что остается Путину, это играть в покер, потому что в покере многое построено не на реальной силе карт, а на блефе. Нарушения Россией всех воздушных и водных границ своих соседей в последние месяцы, проведение военных учений во многих регионах Российской Федерации, концентрация войск в Крыму, Калининградской области и вдоль границ потенциальных жертв — это и есть блеф, должный продемонстрировать готовность и способность России начать и вести Третью мировую войну.

Должны ли мы опасаться того, что этот блеф может привести к реальной Третьей мировой войне? Безусловно. Он не может привести Россию к победе. Но он может привести Европу к войне. Наша общая задача — ответить на блеф Путина, не доводя до большой войны.

За этот год достигнуто главное: понимание, что Россия — агрессор, которому необходимо противостоять, и что любая цена будет заплачена за то, чтобы Украина осталась на европейской карте как независимое государство. Это не то, где мы были в марте 2014 года. В марте 2014 г. в Европе и США в основном говорили о том, что Крым — исторически русская земля, а Украина практически никогда не существовала как суверенное государство. Мы сильно продвинулись. Политическое влияние Путина сегодня не выходит за пределы Кремля. До аннексии Крыма в Путине в целом были заинтересованы все мировые политические лидеры, так как он обеспечивал в России стабильность, а за столом переговоров или разговоров — партнерские отношения. С марта 2014 г. Путин — главная головная боль США и Европы. Если завтра он уйдет с политической арены или из жизни, все вздохнут с облегчением, так как это создаст надежду на улучшение международной ситуации.

Еще один комплекс Путина — его необразованность. Путин — темный, примитивный человек, подполковник КГБ, выдвинутый на должность президента злой иронией судьбы. Если бы у него не было комплексов необразованности, он окружал бы себя грамотными, культурными людьми. Я не знаю, смогли бы они затащить Россию в Европу, но они точно не мыслили бы в категориях отхватывания кусков территорий у соседей. Вместо того чтобы подняться над уровнем своей безграмотности, Путин, наоборот, подгоняет под этот уровень всю страну. Это то, что делает обычно любой тупой диктатор. Поэтому многомиллионная страна, если судить по российскому телевидению и прессе, превратилась в быдло. Конечно, из этого не следует, что там не осталось нормальных людей. Но из этого следует, что нормальных людей практически не видно и не слышно, потому что перекричать толпу невозможно, а пытаться это сделать — чрезвычайно опасно.

Как любой необразованный диктатор, к тому же выходец из КГБ, Путин ловит особый кайф от отдаваемых им приказов убивать. Я не думаю, что лично он кого-то убил своими руками. Но ему приятно сознавать, что по его указанию гибнут люди. Собственно, это главный признак, по которому подобран узкий круг кремлевских затворников: все они не боятся крови.

То, что я перечислил как слабые стороны Путина, сам он считает своими сильными сторонами. В истории и это уже было: Сталин, Гитлер, Муссолини... все они гордились своей грубостью и необразованностью.

И как человек, и как политик Путин понимает только силу. В этом смысле разговаривать с ним очень просто. Он не знает слова «переговоры». Он считает себя хитрым и всегда готов обмануть. Он старается завербовать своего собеседника и сделать его своим агентом. Конечно, не следует буквально считать, что, беседуя с Обамой, Путин его вербует. Но разговаривает Путин со всеми (со всеми вообще), как если бы он ставил своей задачей завербовать собеседника. И часто эта «вербовка» удается, поскольку неопытный собеседник принимает гэбэшный прием за доверительность. Как еще следует реагировать на историческое заявление Буша-младшего о том, что у Путина честные глаза; согласие бывшего канцлера Германии Шредера встать к Путину на зарплату в Газпроме; на подчеркнутые приятельские отношения Путина с Берлускони, зачастившего к Путину, можно только догадываться зачем. Конечно, Путин считает, что всех этих людей он «завербовал». Но сейчас с подобными вербовками будет сложнее. Во-первых, Путин уже практически нерукопожатен. Во-вторых, ему никто не верит. В-третьих, и это, наверное, главное, Россия вместо богатого партнера стала бедным противником. Беднее только Северная Корея. Но самым страшным поражением лично Путина будет забвение. И это то, чего всеми силами он пытается не допустить.

Юрий Фельштинский
1 сентября 2015 г. Бостон

ПОДАРОК ПРЕЗИДЕНТУ

Предисловие к первому изданию

В октябре 2006 г. в подъезде своего дома была убита Анна Политковская, известная российская журналистка, опубликовавшая не одну книгу на многих языках, бескомпромиссный критик российского правительства, российской политики в Чечне, российской армии в Чечне и президента Путина как главы государства, допускающего совершаемые в Чечне преступления. Было естественно предположить, что к убийству Политковской имели отношение прежде всего какие-то прокремлевские чеченские руководители, например нынешний президент Чечни Рамзан Кадыров, тогда только договаривавшийся с Путиным о том, чтобы стать президентом в обход конституции чеченской республики (формально Рамзан Кадыров был слишком юн для занятия им этой должности, он родился в 1976 г.). Уместно было, вполне в восточной традиции, преподнести Путину подарок, сделать ему что-то приятное. В ближайший день рождения Путина, в рамках лучших восточных традиций, этот подарок был Путину преподнесен: голова убитого врага. В день рождения Путина, 7 октября 2006 г., Анна Политковская была убита. В виде подарка.

Те, кто убивал Политковскую, имели выбор. Они могли убить ее 5 октября или 8-го. Но они знали, что Путину понравится сделанный ими подарок. И подарок, очевидно, понравился. 2 марта 2007 г. Рамзан Кадыров стал президентом Чеченской республики.

Мы начали писать биографию Путина в 2003 г. Как часто бывает, мы не планировали завершать эту книгу в ближайшие годы, хотели выждать ухода Путина от власти, дабы считать период его правления завершенным. Но в конце мая 2007 г. Федеральная служба безопасности России (наследница КГБ) произвела обыск в квартире Владимира Прибыловского, живущего в Москве, и конфисковала все его компьютеры, материалы, нашу переписку. Если нашу книгу без нашего на то согласия конфискует и читает ФСБ, вправе ли мы лишить возможности ознакомить с ее содержанием рядового читателя?

Прошедший двадцатый век вошел в историю как век тиранов. Сталин, Гитлер, Муссолини, Мао Цзедун... Маленькие и большие, абсолютные и умеренные, коммунистические и националистические, они принесли неимоверное зло своим жертвам и дали обильную почву для многочисленных исследований. Привыкнув прибегать к помощи аналогий, мы и сейчас пытаемся подогнать новые явления, с которыми нам приходится сталкиваться, под известные старые. Применительно к Путину мы хотим ответить на вопрос, деспот он или нет; будет ли он воссоздавать некое подобие старого Советского Союза; станет ли мир свидетелем новой холодной, а то и атомной войны?

Между тем мы имеем дело с очередным экспериментом в России, который на этот раз проводит не коммунистическая партия, а ФСБ. Цель эксперимента — получение абсолютного контроля над Россией. Ради неограниченной власти, которая дает доступ к неограниченным деньгам, которые, в свою очередь, дают возможность беспредельной власти. В Советском Союзе бедными были все, даже члены правящей номенклатуры. Сталин и Брежнев имели власть, но не имели денег. Их квартиры, машины, дачи принадлежали государству. Они не имели яхт и самолетов, не могли кутить за границей. Не назначали своих детей в советы директоров крупнейших российских корпораций. Члены новой правящей корпорации — ФСБ — хотят власти и денег для себя и своих детей и близких родственников. За примерами не нужно далеко ходить. Сын бывшего премьер-министра (и будущего руководителя СВР) Михаила Фрадкова заседает в правлении совета директоров государственного Внешэкономбанка. Бывший директор ФСБ Николай Патрушев устроил своего сына Андрея советником главы Роснефти. Младший сын вице-премьера Сергея Иванова оказался на должности заместителя президента Газпромбанка.

Сам Путин тоже представляет собой абсолютно новое явление, с которым еще не приходилось сталкиваться человечеству. Все известные нам диктаторы были самовыдвиженцы. С риском для жизни они захватывали в свои руки власть и с еще большим трудом удерживали ее, чаще всего погибая, как Троцкий, Гитлер, Муссолини и Чаушеску... Реже — умирая своей смертью, как Франко, Мао, Тито и Пиночет. В некоторых случаях нам до сих пор до конца не ясно, умер ли диктатор естественной смертью или же был убит конкурентами (Ленин и Сталин).

Путин не пробивался к президентскому креслу. Он был отобран Федеральной службой безопасности России. Именно эта структура, часто называемая самими эфэсбешниками «конторой», добилась утверждения президентом Ельциным и российскими олигархами его кандидатуры в качестве преемника.

Биограф Путина не может не поймать себя на мысли о том, что писать о нем скучно. Путин кажется сереньким человечком, не ярким и не харизматичным. У него нет собственного я. Он не жаждет власти и не наслаждается ею. Скорее, он кажется послушной игрушкой в чьих-то руках. Помогавшие Путину стать президентом олигархи считали, что эти руки — их. Но оказалось, что руки, направляющие Путина, принадлежат совсем другому ведомству — «конторе». И эти руки поставили президентом Путина именно потому, что не искали человека яркого, харизматичного, независимого. Потому что незаурядный человек может полюбить власть и захотеть стать диктатором. А диктаторы, как известно, всегда убивают, причем начинают с тех, кто рядом, кто привел их к власти, со своих товарищей, с соратников и сослуживцев. Сталинский опыт в этом смысле оказался очень поучительным. Нового Сталина не хотят не только новые бизнесмены, но и старые спецслужбисты. Серенький Путин всех устраивает.

При советской власти страной руководила политическая партия, вооруженная коммунистической идеологией. При Путине многочисленные политические партии, входящие в российский парламент (Государственную думу) слабы. Это не случайно. ФСБ не нуждается в сильной политической партии, так как мощная политическая партия неизбежно станет конкурентом за власть и, по определению, может представить для ФСБ угрозу. То же самое можно сказать и про Думу — слабую, разобщенную и подконтрольную президенту; и про отсутствующую идеологию, в которой тоже не заинтересована ФСБ, так как любая идеология рано или поздно приводит к созданию политической партии, а политическая партия потому и называется политической, что стремится к власти (которую в случае России нужно будет отнять у ФСБ).

Одна из особенностей ФСБ как системы — извечное желание все и всех контролировать. Контролировать на индивидуальном уровне сложно, если не сказать, невозможно. Проще контролировать группы. Активная часть взрослого населения страны так или иначе в группы собрана, и во все эти группы (бизнесы, неправительственные организации, политические партии) внедрены кадровые сотрудники ФСБ, оповещающие свою организацию обо всем происходящем. Сложнее с молодежью. Ее трудно собрать в группы, трудно контролировать и уж совсем тяжело инфильтрировать, так как сотрудники, агенты и осведомители ФСБ это, как правило, совершеннолетние взрослые люди. Здесь, конечно же, помогает и старый советский опыт, и новая изобретательность. ФСБ успешно взращивает с самого раннего этапа различные молодежные организации. Те из них, которые набирают силу, как движение «Наши», берутся под полный контроль и подключаются к аппарату усиления власти. Подконтрольная организация, конечно же, конкурентом на власть стать не способна.

Сегодня очевидно, что проведенная ФСБ операция «Преемник» — по насаждению Путина в качестве президента России — будет иметь свое продолжение. ФСБ планирует создать клон Путина, такого же, как Путин, только другого, кто тоже будет править Россией от имени и по поручению ФСБ следующие 4—8 лет. На место Путина, который просто обязан был уйти в 2008 г., чтобы не стать вторым Сталиным, корпорация ФСБ выбрала еще одного серенького человека, для которого ФСБ выше чем собственное «я».

В современном мире ФСБ мыслит и действует как корпорация. Она предпочитает подчинять или покупать, а не убивать. Тем не менее ФСБ — организация убийц. И если она считает, что должна защитить себя от грозящей опасности, причем не может более эту опасность контролировать, она убивает. Именно по этой причине были убиты Анна Политковская и Александр Литвиненко. Они представляли серьезную опасность для корпорации ФСБ и не могли быть взяты под контроль или куплены.

Справедливости ради следует сказать, что система корпорационного правления была задумана и создана не ФСБ, а олигархами. В июне 1996 г. Ельцин, не имевший, как всем казалось, шансов быть переизбранным демократическим способом президентом, склонялся к тому, чтобы объявить в стране чрезвычайное положение, отменить выборы, не допустить, таким образом, победы на выборах кандидата от коммунистической партии Геннадия Зюганова и остаться заложником сторонников силового решения вопроса — начальника службы охраны президента Александра Коржакова, директора госбезопасности Михаила Барсукова и их партнера по власти вице-премьера Олега Сосковца. Это была вторая (после неудачного августовского путча 1991 г.) неуклюжая попытка российских спецслужб захватить власть в России. Но эта попытка не увенчалась успехом.

В часы, когда уже был подписан президентский указ об отмене выборов и введении в стране чрезвычайного положения, одна из властных корпораций России — корпорация олигархов — предложила Ельцину деньги, контролируемые олигархами газеты и телевидение, многочисленных нанятых ими менеджеров, готовых организовать предвыборную кампанию Ельцина, но с условием, что Ельцин откажется от силового решения проблемы, отзовет уже подписанный указ об отмене выборов и введении чрезвычайного положения в стране, уволит Коржакова, Барсукова, Сосковца и проведет демократические выборы. Ельцин внял членам корпорации олигархов, принял их помощь, вступил в формально честную борьбу с Зюгановым и победил. Разумеется, критики утверждали, что победа Ельцина не была честной, что купленные олигархами газеты и телевидение играли на стороне Ельцина. Но и особой жалости к коммунистам ни у кого не было. Слишком памятны были недавние события августа 1991-го и октября 1993 г., которые рассматривались населением как попытки коммунистического реванша.

В июле 1996 г. Ельцин был переизбран президентом. Но победа эта имела свою цену. Акции власти получила корпорация олигархов. Четыре последующих года, до выборов 2000 г., эта корпорация управляла страной. Президентом этой корпорации был Ельцин.

Обложенные спецслужбистами со всех сторон, грызущиеся и конкурирующие друг с другом, неопытные в политике (в которой в демократической России неопытны были все), презиравшая народ, не верившая в демократию вообще и в российскую демократию в частности, корпорация олигархов пришла к выводу, что на президентских выборах 2000 г. президентом должен быть выбран руководитель спецслужбы. Почему-то считалось, что этого руководителя олигархи смогут легко контролировать и купить.

У каждого олигарха к 1999—2000 гг. был свой солидный, проверенный в делах спецслужбист. А у каждого спецслужбиста свой проверенный в делах олигарх. У Романа Абрамовича, Бориса Березовского и Анатолия Чубайса был полковник Владимир Путин, директор ФСБ. У Владимира Гусинского — первый заместитель председателя КГБ СССР генерал армии Филипп Бобков. У Юрия Лужкова — первый заместитель председателя КГБ СССР, директор Центральной службы разведки СССР, директор Службы внешней разведки России Евгений Примаков. У Михаила Ходорковского — генерал КГБ Алексей Кондауров... Близкие Ельцину олигархи и спецслужбисты объяснили президенту, что единственный, кто сможет гарантировать личную неприкосновенность Ельцина и его семьи после ухода Ельцина от власти это бывший руководитель ФСБ. Все равно какой именно бывший руководитель (тут Ельцину предоставили выбор), но обязательно — бывший руководитель ФСБ. Потому что если коммунисты придут к власти, то посадят Ельцина за разгон парламента танками в октябре 1993 г.; если демократы — за начало первой и второй чеченских войн и за геноцид чеченского народа; и уж кто бы ни пришел к власти, непременно попробует посадить Ельцина и членов его семьи за проведенную в России приватизацию и последовавшую крупномасштабную коррупцию.

Ельцин поверил, и своими же руками, теми самыми, которые в августе 1991 г. вырвали власть у коммунистов, передал управление Россией руководителю ФСБ как своему преемнику. За год он попробовал на роль преемника трех человек. Первой кандидатурой на должность будущего президента России стал Евгений Примаков. Он был назначен премьер-министром в августе 1998 г., но уже в мае 1999 г. уволен, так как не устроил олигархов, поскольку откровенно пообещал после победы выпустить из тюрем 90 тысяч уголовников и посадить в освободившиеся камеры 90 тысяч бизнесменов. Следующим кандидатом в президенты был Сергей Степашин, директор ФСБ в 1994—1995 гг. Он не устроил «семью» Ельцина, точнее отдельных ее представителей: олигарха Романа Абрамовича, советника президента и будущего зятя президента Валентина Юмашева и руководителя администрации президента Александра Волошина. Им показалось, что Степашин переходит на сторону конкурента Ельцина на власть в стране мэра Москвы Юрия Лужкова. В августе 1999 г. Степашина сняли. На его место был поставлен Путин, бывший до тех пор директором ФСБ. Путин понравился и Ельцину, и олигархам. Именно его 31 декабря 1999 г. отобрали в преемники Ельцина, в следующие президенты России.

Олигархи (за исключением Владимира Гусинского, поставившего не на ту лошадь), считали, что их корпорация по-прежнему остается у власти. В конце концов ведь именно они дружно поддержали Путина и предоставили в его распоряжение во время предвыборной кампании те же механизмы и тех же менеджеров, которые обеспечивали победу Ельцина на выборах 1996 г. Но была еще одна корпорация, незаметно для общественности поддерживавшая Путина и обеспечивавшая его победу своими силами и своими методами: корпорация ФСБ. И первые шаги Путина как президента отличались подчеркнутой лояльностью по отношению к членам обеих корпораций.

Постепенно, однако, баланс сил менялся в пользу ФСБ. Сначала была разгромлена империя Гусинского и империя Березовского, перешедшего в оппозицию Путину, а Гусинский с Березовским оказались в изгнании за границей. Затем была разгромлена империя Михаила Ходорковского, а сам Ходорковский был арестован и приговорен. Одновременно ряд выборных региональных должностей был заменен на назначаемые президентом. В коррумпированной России, где коррупция особенно расцветала на местных выборах, сама по себе отмена региональных выборов и введение назначаемых администрацией президента должностей многим казалась правильной и приемлемой. Но на все вакантные должности, равно как и на все вообще мало-мальски важные государственные и политические посты, Путин стал назначать офицеров КГБ-ФСБ.

Не все и не сразу поняли, что происходит. А когда поняли, было поздно. От 70 до 80 процентов всех высших постов в государстве были захвачены спецслужбами и военными. Впервые в истории власть в государстве получила ФСБ, т. е. люди, всю свою сознательную жизнь прослужившие в системе КГБ-ФСБ, ненавидевшие Америку и Западную Европу, не имеющие позитивной программы и опыта строительства; привыкшие лишь разрушать, контролировать, подчинять и убивать. Как о курении и раке, как о Гестапо в нацистской Германии, о ФСБ, в защиту этой структуры, нельзя сказать ни одного доброго слова. ФСБ — абсолютное зло, которое по чистому историческому недоразумению не было уничтожено в августе 1991 г.

По иронии судьбы государственные деятели часто входят в историю событиями, которые сами они наверняка считали мелкими и недостойными упоминания. Мы знаем, что президента Путина в Великобритании будут помнить как человека, отравившего своего политического оппонента в центре Лондона с помощью самодельной атомной бомбы с радиоактивным полонием. Остальное будет забыто.

СПИСОК СОКРАЩЕНИЙ

АК Авиакомпания
АО Акционерное общество
АОЗТ Акционерное общество закрытого типа
АООТ Акционерное общество открытого типа
АПР Аграрная партия России
АССР Автономная Советская Социалистическая республика
АФБ Агентство Федеральной безопасности
АФК Агентство Федеральной контрразведки

БНД Федеральная разведывательная служба Германии
БТР Бронетранспортер

ВГТРК Всероссийская государственная телерадиокомпания
ВМФ Военно-морской флот
ВПК Военно-промышленный комплекс
ВЦИК Всесоюзный центральный исполнительный комитет
ВЦСПС Всесоюзный центральный совет профессиональных союзов
ВЧК Всероссийская чрезвычайная комиссия

ГАИ Государственная автоинспекция
ГАС Государственная автоматизированная система
ГДР Германская Демократическая республика
ГИБДД Государственная инспекция безопасности дорожного движения
ГИУ Главное инженерное управление
ГК Гражданский кодекс
ГКУ Главное контрольное управление
ГКЧП Государственный комитет чрезвычайного положения
ГНИ Государственная налоговая инспекция
ГПУ Государственное политическое управление
ГРУ Главное разведывательное управление
ГТРК Государственная телерадиокомпания
ГУВД Главное управление внутренних дел
ГУ ГОиЧС Главное управления гражданской обороны и чрезвычайных ситуаций

ГУИН Главное управление исполнения наказаний
ГФУ Главное финансовое управление
ДВР «Демократический выбор России» (партия)
ДВМП Дальневосточное морское пароходство
ДСП Документ секретного пользования

ЕКА Европейское космическое агентство

ЖСК Жилищно-социальная контора

ЗАО Закрытое акционерное общество
ЗГВ Западная группа войск
ЗС Законодательное собрание

ИИГ Информационно-издательская группа

КВС Комитет по внешним связям
КВЭС Комитет по внешним экономическим связям
КГА Комитет градостроительства и архитектуры
КГБ Комитет Государственной безопасности
КНДР Корейская Народно-демократическая республика
КПРФ Коммунистическая партия Российской Федерации
КПСС Коммунистическая партия Советского Союза
КРО Конгресс русских общин
КРУ Контрольно-ревизионное управление
КС Конституционный суд
КСБР «Круглый стол бизнеса России» (общероссийское объединение)
КУГИ Комитет по управлению городским имуществом

ЛГУ Ленинградский Государственный университет
ЛДПР Либерально-демократическая партия России
ЛКИ Ленинградский Кораблестроительный институт
ЛР Либеральная Россия (партия)
Лтд. Лимитед, т. е. ограниченная ответственность

МБ Министерство безопасности
МБВД Министерство безопасности и внутренних дел
МВД Министерство внутренних дел

МВЭС Министерство внешних экономических связей
МГБ Министерство государственной безопасности
МГТУ Московское Государственное техническое училище
МГУ Московский Государственный университет
МДГ Межрегиональная депутатская группа
МИД Министерство иностранных дел
МНВК Московская независимая вещательная корпорация
МНС Министерство по налогам и сборам
МОК Международный Олимпийский комитет
МП Муниципальное предприятие; малое предприятие
МПТР Министерство по делам печати, телерадиовещания и средств массовых коммуникаций
МСБ Межреспубликанская служба безопасности
МСГУ Московский Социальный государственный университет
МУР Московский уголовный розыск
МЧС РФ Министерство чрезвычайных ситуаций Российской Федерации

НАТО Организация Североатлантического договора
НБП Национал-большевистская партия
НДР «Наш дом Россия» (политическое движение)
НДС Налог на добавочную стоимость
НКВД Народный комиссариат внутренних дел
НКГБ Народный комиссариат государственной безопасности
НПО Научно-производственное объединение
НПРФ Народная партия Российской Федерации
НПСР Народно-патриотический союз России
НТВ Телевизионный канал, основанный В. Гусинским
НТС Народно-Трудовой союз

ОАО Открытое акционерное общество
ОБСЕ Организация по безопасности и сотрудничеству в Европе
ОВР «Отечество — Вся Россия» (фракция в Госдуме)
ОГПУ Объединенное государственное политическое управление
ОИК Окружная избирательная комиссия

ОК Олимпийский комитет
ОМОН Отряд милиции особого назначения
ООН Организация Объединенных наций
ООО Общество с ограниченной ответственностью
ОПГ Организованная преступная группировка
ОРТ Общественное российское телевидение
ОРЧД Общество российско-чеченской дружбы

ПАСЕ Парламентская ассамблея Совета Европы
ПГУ Первое главное управление КГБ СССР
ПО Производственное объединение
ПСТ Партия свободного труда
ПТК Петербургская топливная компания

РАН Российская Академии наук
РАО Российское акционерное общество
РАО ЕЭС Российское акционерное общество «Единые энергосистемы»
РВСР Революционный военный совет республики
РНДС Российский Народно-демократический союз
РНЕ Русское национальное единство (партия)
РОВД Районное отделение внутренних дел
РОИИП Российский общественный институт избирательного права
РОПП Российская объединенная промышленная партия
РПП Российская партия пенсионеров
РСПП Российский союз промышленников и предпринимателей
РСФСР Российская Советская Федеративная Социалистическая Республика
РТП Русская торговая палата

СБ Совет безопасности
СБП Служба безопасности президента
СБР Служба безопасности России
СБУ Служба безопасности Украины
СВР Служба внешней разведки
СДПГ Социал-демократическая партия Германии

СЕПГ	Социалистическая Единая партия Германии
СИЗО	Следственный изолятор
СК	Следственный комитет
СМИ	Средства массовой информации
СНГ	Союз независимых государств
СНК	Совет народных комиссаров
СОБР	Специальный отряд быстрого реагирования
СП	Совместное предприятие
СПб	Санкт-Петербург
СПС	Союз правых сил
СССР	Союз Советских Социалистических республик
США	Соединенные Штаты Америки
ТВ-6	Шестой канал телевидения
ТВС	См. ТВ-6 (Шестой канал телевидения)
ТИК	Территориальная избирательная комиссия
ТОИ	Тихоокеанский океанологический институт
ТОО	Товарищество с ограниченной ответственностью
ТОЦ	Татарский общественный центр
ТПО	Творческое производственное объединение
УБЭП	Управление по борьбе с экономическими преступлениями
УВД	Управление внутренних дел
УИК	Участковая избирательная комиссия
УК	Уголовный кодекс
УКГБ	Управление Комитета государственной безопасности
УКРОСО	Управление контрразведывательного обеспечения стратегических объектов
УФСБ	Управления Федеральной службы безопасности
УЭК	Управление экономической контрразведки
ФАПСИ	Федеральное агентство правительственной связи
ФГУП	Федеральное государственное унитарное предприятие
ФЗГ	Фонд защиты гласности
ФОМ	Фонд «Общественное мнение»
ФРГ	Федеративная республика Германия
ФСБ РФ	Федеральная служба безопасности Российской Федерации

ФСО Федеральная служба охраны

ЦИК Центральная избирательная комиссия (Центризбирком России); Центральный исполнительный комитет

ЦК Центральный комитет (Коммунистической партии СССР)

ЦКБ Центральная клиническая больница; Центральное конструкторское бюро

ЦОС Центр общественных связей

ЦРУ Центральное разведывательное управление (США)

ЦСН Центр специального назначения

ЦЭЖ Центр экстремальной журналистики

ЧОП Частное охранное предприятие

ЧП Чрезвычайное положение

ЮФО Южный федеральный округ

Мы снова у власти, теперь навсегда.

Владимир Путин, премьер-министр
Из выступления перед сотрудниками ФСБ
Москва, 1999

Мы не отказались от своего прошлого, честно сказали: «История Лубянки уходящего века — это наша история...»

Н. П. Патрушев, директор ФСБ
Из интервью «Комсомольской правде»
20 декабря 2000 г., в День чекиста

ПРОЛОГ ПЕРВЫЙ

История названия

В декабре 1917 г. большевистское правительство создало структуру, от которой в дальнейшем всем был один вред. И поскольку в теории структура была полезна и необходима, а на практике абсолютно вредна, ее постоянно реформировали и переименовывали в надежде, что от этого изменится ее суть. Но суть оставалась та же. Сегодня эта структура называется ФСБ РФ — Федеральная служба безопасности Российской Федерации. Эту книгу будет проще читать, запомнив краткую историю названий ФСБ.

20 декабря 1917 г. постановлением Совета народных комиссаров (СНК) Российской республики за подписью Ленина была образована Всероссийская чрезвычайная комиссия при СНК по борьбе с контрреволюцией и саботажем (ВЧК). С августа 1918 г. ВЧК стала именоваться Всероссийской чрезвычайной комиссией при СНК по борьбе с контрреволюцией, спекуляцией и преступлениями по должности. Первым председателем ВЧК был Феликс Дзержинский.

6 февраля 1922 г. Всероссийский центральный исполнительный комитет (ВЦИК) Российской Советской Федеративной Социалистической Республики (РСФСР) принял постановление об упразднении ВЧК и образовании Государственного политического управления (ГПУ) при Народном комиссариате внутренних дел (НКВД) РСФСР.

2 ноября 1923 г., после образования в декабре 1922 г. Союза Советских Социалистических республик (СССР), Президиум ЦИК СССР создал Объединенное государственное политическое управление (ОГПУ) при СНК СССР.

10 июля 1934 г. в соответствии с постановлением ЦИК СССР ОГПУ вошло в состав НКВД СССР.

3 февраля 1941 г. НКВД СССР был разделен на два самостоятельных органа: НКВД СССР и Народный комиссариат государственной безопасности (НКГБ) СССР. Но уже в июле того же года НКГБ СССР и НКВД СССР вновь были объединены в единый наркомат — НКВД СССР. А в апреле 1943 г. был вновь создан НКГБ СССР.

15 марта 1946 г. НКГБ СССР был преобразован в Министерство государственной безопасности (МГБ) СССР. Тогда же все Народные комиссариаты (наркоматы) стали называться министерствами.

7 марта 1953 г., через два дня после смерти Сталина, было принято решение об объединении Министерства внутренних дел (МВД) СССР и МГБ СССР в единое МВД СССР.

13 марта 1954 г. был создан Комитет государственной безопасности при Совете Министров СССР. В 1978 г. приставка «при Совете министров» была ликвидирована и структура стала называться КГБ СССР.

6 мая 1991 г. председатель Верховного совета РСФСР Борис Ельцин и председатель КГБ СССР В. Крючков подписали протокол об образовании Комитета государственной безопасности РСФСР (КГБ РСФСР), имеющего статус союзно-республиканского государственного комитета.

26 ноября 1991 г. новоизбранный президент РСФСР Ельцин подписал указ о преобразовании КГБ РСФСР в Агентство Федеральной безопасности (АФБ) РСФСР.

28 ноября 1991 г. президент СССР Михаил Горбачев подписал указ «Об утверждении Временного положения о Межреспубликанской службе безопасности (МСБ) СССР.

3 декабря 1991 г. президент СССР Горбачев подписал закон «О реорганизации органов государственной безопасности». На основании этого закона КГБ СССР был упразднен, а на его базе были созданы две службы: Межреспубликанская служба безопасности (МСБ) и Центральная служба разведки СССР.

19 декабря 1991 г. президент РСФСР Ельцин подписал указ «Об образовании Министерства безопасности и внутренних дел РСФСР» (МБВД). При этом была фактически упразднена МСБ. Однако 14 января 1992 г. Конституционный суд Российской федерации (РФ) признал указ не соответствующим Конституции РСФСР и отменил его.

В течение 1992—1993 гг. органы госбезопасности Российской федерации существовали в рамках Министерства безопасности (МБ) Российской Федерации. 21 декабря 1993 г. Ельцин подписал указ об упразднении МБ и о создании Федеральной службы контрразведки (ФСК) РФ.

3 апреля 1995 г. Ельцин подписал закон «Об органах Федеральной службы безопасности в Российской Федерации», на основании которого ФСБ стала правопреемником ФСК.

Все эти годы ВЧК-ФСБ находилась в одном здании — в самом центре Москвы, на улице Лубянка. Так и прозвали здание: Лубянка.

ПРОЛОГ ВТОРОЙ

В школе будущего президента России Владимира Путина звали «Ути-Пути», то ли из-за утиной походки, то ли из-за этой истории...

По совету старших товарищей в недоедающем Советском Союзе Володя Путин и его одноклассники во время летних каникул под присмотром любимой учительницы откармливали утят, чтобы в какой-то момент их съесть. И вот пришло время забить одну из уток. Все отказывались рубить голову бедняжке. Чтобы не так печально все выглядело, ребята разыграли сценку. Устроили суд над уткой, обвинив ее в том, что, дескать, дерзко нарушала правила жизни: ела больше всех, уплывала дальше, чем положено, позже всех засыпала. Привязали бедняжку за шею и с грустными причитаниями потащили виновницу к плахе — ею было обыкновенное бревно. Кое-кто из мальчишек наотрез отказался быть палачом. Володя Путин не отказался. Он накинул на себя красное одеяло — которое должно было символизировать палаческий балахон, голову закрыл целиком — ведь лицо палача должно быть неузнаваемо... «Введите несчастную, — сказал Володя. — Положите ей голову так, чтобы я, не видя ее, мог одним ударом отсечь ей голову».

Из воспоминаний учительницы Владимира Путина Веры Гуревич (Владимир Путин. Родители. Друзья. Учителя). 2-е изд., дополненное. СПб.: изд-во Юридического института Санкт-Петербург, 2004.

1

ЗАГОВОР КОРЖАКОВА

ПЕРВЫЙ КОМПОНЕНТ — СБП

После неудавшегося государственного переворота, проведенного ГКЧП, после распада Советского Союза и формального упразднения Комитета государственной безопасности, огромная организация — КГБ — была расчленена на различные самостоятельные ведомства. Одной из первых на базе 9-го и 15-го управлений КГБ, ведавших охраной первых лиц государства, партийной номенклатуры и членов их семей, а также охраной особо важных государственных объектов, была создана Служба безопасности президента (СБП). Создавалась она Александром Коржаковым — бывшим охранником руководителя КГБ, а затем и советского государства Юрия Андропова и нынешним охранником Бориса Ельцина.

По характеру выполняемых задач 9-е управление («Девятка»), несмотря на важность охраны первых лиц государства, относилось к числу вспомогательных подразделений. Сотрудники и руководящий состав этого Управления уступали в оперативном мастерстве и кругозоре офицерам разведки и контрразведки, так как главной задачей «Девятки» была физическая охрана определенной категории лиц и объектов.

Верный и преданный (как всем тогда казалось) Ельцину человек, кадровый «девяточник» Коржаков прекрасно понимал, что подразделение охраны президента, даже такого своенравного, как Ельцин, в обычной ситуации должно быть второстепенным по значимости во вновь создаваемом преемнике КГБ. Но в 1991—1992 гг. ситуация в России была неординарной, и Коржаков сделал все возможное для того, чтобы новая служба охраны президента стала по существу мини-КГБ. Во главе же новой структуры, созданной вместо упраздненного КГБ — Службы безопасности России (СБР) — Коржаков поставил своего человека, сослуживца по кремлевскому полку, бывшего коменданта Московского Кремля Михаила Барсукова, молчаливо согласившегося с первенством Коржакова. Сумев провести в жизнь идею создания самостоятельной службы охраны президента и расставив на командные должности лично ему преданных людей, незаметно для всех, в первую очередь для своего патрона Ельцина, Коржаков стал фактически вторым человеком в России.

Однако плох тот солдат, который не мечтает стать генералом. А в России плох тот начальник охраны, который не мечтает занять место им охраняемого. В случае Коржакова это место занимал Ельцин. С тех исторических дней августа 1991 г., запечатленных исторической хроникой, когда полный сил человек, еще неизвестный великой стране России (и этим человеком был Коржаков), стоял за спиной Ельцина, как преданный пес готовый растерзать любого врага или телом защитить от пули, задумал Коржаков сменить Ельцина на его посту. Для этого были необходимы несколько компонентов.

Свою собственную спецслужбу под названием СБП с собственным спецназом, называвшимся Центром специального назначения (ЦСН), Коржаков отстроил быстро и без особых проблем. А вот с обработкой общественного мнения в стране или, выражаясь современным языком, с пиаром, у Коржакова было хуже. Нужны были свое телевидение и свои газеты. Тем более, что не один Коржаков мечтал занять кресло Ельцина. Свое телевидение и газеты были у главного конкурента Коржакова Филиппа Бобкова. Кем же был этот почти забытый сегодня человек?

КОНКУРЕНТ ФИЛИПП БОБКОВ

Телевидение, являющееся мощным средством пропаганды и воздействия на общественное сознание, всегда находилось под постоянным контролем со стороны КГБ СССР.

В прежние, советские, времена в системе госбезопасности существовало специальное подразделение, основной задачей которого являлась «борьба с идеологической диверсией противника». Это было 5-е управление КГБ СССР и его подразделения на территории Советского Союза. Под «противником» понимались страны-носители иной, буржуазной, морали и идеологии, базирующиеся на свободе предпринимательства и гражданских свобод. Соответственно, в числе «противников» оказывались все без исключения капиталистические страны и их союзники.

Термин «идеологическая диверсия» был достаточно объемен. Его было легко расширительно толковать и использовать. Сюда входили такие понятия, как «вредная идеологическая направленность», применимые к любым аспектам человеческой деятельности и творчества, не вписывавшимся в рамки политической структуры государства и не соответствовавшим установленным государственным идеологическим канонам. Неукоснительно следуя политическому курсу, определенному Центральным Комитетом КПСС, в частности его Отделом агитации и пропаганды, КГБ развернул в стране широкомасштабную борьбу с любыми проявлениями инакомыслия. В целях осуществления тотального контроля за политической ситуацией в стране и умонастроениями граждан органами госбезопасности производилась вербовка агентуры из числа советских и иностранных граждан. При этом решались важные оперативно-стратегические и оперативно-тактические задачи. Важнейшей стратегической задачей являлось укрепление идеологического влияния КПСС в Советском Союзе, в странах социалистического содружества и в мире в целом. Тактической задачей было повсеместное насаждение агентуры госбезопасности, посредством которой осуществлялось противодействие «вредному идеологическому воздействию» на население, а также проведение контрпропагандистских акций в отношении стран-противников.

Многие годы, практически с момента его образования, 5-е управление КГБ возглавлял Бобков, закончивший службу в органах госбезопасности в начале 1991 г. в должности первого заместителя председателя КГБ в звании генерала армии. Вскоре Бобков стал достаточно широко известен как консультант олигарха Владимира Гусинского, владельца корпорации «Мост», включавшей подструктуры «Мост-банк», «Медиа-Мост» и другие. В действительности Бобков был фактическим руководителем службы безопасности корпорации. Гусинский находился в поле зрения Бобкова уже много лет, поскольку был хорошо известен 5-му управлению еще со времен подготовки Московской олимпиады 1980 г.

Заместителем Бобкова в 5-м управлении был генерал-майор Иван Павлович Абрамов. Впоследствии, когда Бобков стал заместителем председателя КГБ, сменив на этом посту Виктора Михайловича Чебрикова, возглавившего Комитет госбезопасности после Андропова, избранного на пост Генерального секретаря КПСС, Абрамов стал начальником 5-го управления и генерал-лейтенантом. Офицеры, служившие под руководством Абрамова, называли его Ваня Палкин за склонность к самодурству и жесткое, часто несправедливое отношение к подчиненным. Мечтавший о должности заместителя председателя КГБ и реально имевший шансы на ее получение, Абрамов в конце 80-х годов неожиданно для всех (прежде всего для себя самого) был переведен в Генеральную прокуратуру СССР на должность заместителя генерального прокурора.

Заместителем Абрамова был Виталий Андреевич Пономарев. Ветеринар по образованию, затем партийный работник, Пономарев в начале 80-х годов был направлен на службу в органы госбезопасности СССР. Вскоре он стал председателем КГБ Чечено-Ингушской АССР, а спустя короткий срок был переведен в Москву на должность заместителя начальника 5-го управления КГБ. Так стал он заместителем Абрамова. Было это в преддверии Московского международного фестиваля молодежи и студентов 1985 г., и именно это политически важное мероприятие было поручено контролировать Пономареву через курируемые им подразделения 5-го управления. В ходе подготовки к фестивалю и во время его проведения Пономарев познакомился с главным режиссером праздника открытия фестиваля Владимиром Гусинским, тем самым, который спустя несколько лет станет одним из богатейших и влиятельных людей России и «шефом» Бобкова.

Так что, пока Коржаков создавал свое мини-КГБ через Службу безопасности президента Ельцина, Бобков отстраивал собственное мини-КГБ через империю старого знакомого Владимира Гусинского.

Возглавляемая Бобковым служба безопасности «Моста» состояла преимущественно из бывших подчиненных Бобкова по 5-му управлению КГБ и являлась сильнейшей и самой многочисленной в России. Ее кадровый потенциал значительно превосходил СБП Коржакова. Служба безопасности «Моста» собирала информацию по широкому кругу вопросов текущей российской жизни — от расклада политических сил наверху государственной власти до составления досье на видных политиков, бизнесменов, банкиров и на различные государственные и коммерческие структуры. Аналитики Коржакова не шли ни в какое сравнение со своими бывшими коллегами по КГБ, теперь трудившимися в службе безопасности «Моста» не за идею, а за высокую заработную плату, и не в рублях, а в долларах, причем уровень их денежного содержания во много раз превосходил формальное генеральское жалованье Коржакова. Умные и опытные добытчики информации и аналитики Бобкова не могли не видеть шагов Коржакова, направленных на усиление своего влияния и создание им влиятельной группы сторонников. Кроме того, подчиненные Бобкова имели хорошие деловые контакты со своими коллегами, оставшимися на службе в Федеральной службе безопасности России (ФСБ).

ОПЕРАЦИЯ «МОРДОЙ В СНЕГ»

К концу 1994 г., незадолго до президентских выборов, намеченных на 1996 г., Коржаков и Бобков решили померяться силами. Гусинский сделал заявление о том, что сможет сделать президентом кого захочет. Коржаков на это ответил, что «не вам выбирать президента» и 2 декабря 1994 г. вступил в открытый бой с Бобковым. В этот день отряд Центра специального назначения СБП совершил нападение на кортеж Владимира Гусинского. Как позднее вспоминал бывший диверсант-подводник офицер ЦСН Виктор Портнов, «перед нашим подразделением стояла задача спровоцировать Гусинского на активные действия и узнать, чьей поддержкой он заручился во властных структурах, прежде чем делать подобные заявления».

Утром 2 декабря бронированный «мерседес» и джип охраны Гусинского, направлявшийся с дачи Гусинского в Москву, выехал на Рублевско-Успенское шоссе. На повороте «вольво» с сотрудниками ЦСН вклинилась между джипом и «мерседесом» Гусинского. Так хвост в хвост, на скорости 100—120 км в час выехали на Кутузовский проспект в Москве; затем остановились между зданием мэрии Москвы, где был офис Гусинского, и Белым домом.

Гусинский тем временем позвонил начальнику управления ФСБ по Москве и Московской области Евгению Савостьянову и начальнику ГУВД Москвы и сообщил им о разбойном нападении (кто именно преследует Гусинского понятно не было; с некой вероятностью это могли быть просто наемные убийцы). Савостьянов прислал отряд из департамента по борьбе с терроризмом; начальник ГУВД выслал специальный отряд быстрого реагирования (СОБР). Началась перестрелка, во время которой, правда, никто не пострадал, так как выяснилось, что нападавшие — из СБП Коржакова. Пришлось покориться. Сотрудники ЦСН вытащили людей из джипа Гусинского и уложили их лицом в снег. На этом операция Коржакова закончилась. Она вошла в историю как операция «Мордой в снег». В результате этой блистательной операции был выявлен один политический союзник Бобкова: директор ФСБ по Москве и Московской области генерал Савостьянов. В тот же день по требованию Коржакова он был уволен Ельциным со своего поста. На его место был поставлен ставленник Коржакова генерал Анатолий Трофимов, в советские годы курировавший диссидентов.

ВТОРОЙ КОМПОНЕНТ — ПЕРВЫЙ КАНАЛ

Но эта победа оказалась призрачной. Находившиеся под контролем Гусинского средства массовой информации сделали из Коржакова котлету. Начиная с этого дня Коржаков был обречен, хотя понимание этого пришло к нему лишь в 1996 г., когда было уже поздно. Тем не менее в декабре 1994 г. Коржаков извлек главный урок из происходящих событий: в современной России недостаточно иметь в своем распоряжении мини-КГБ. Нужно еще иметь и медиа-империю, собственные подконтрольные СМИ. Самым лакомым и естественным объектом для поглощения показался Коржакову первый канал российского телевидения, охватывавший до 180 млн зрителей России. Однако и тут позиции Коржакова оказались не слишком сильны.

В период существования КГБ «Девятка», на базе которой создавалась СБП, традиционно держалась обособленно. В основном ее подразделения располагались на территории Кремля, так как именно там находились охраняемые люди и объекты. Сотрудники и руководящий состав «Девятки» редко контактировали с представителями других оперативных подразделений центрального аппарата КГБ. Соответственно, у «Девятки» не было агентуры в средствах массовой информации, в том числе на телевидении, среди видных политиков и в академической среде.

Начавшаяся в СССР перестройка в экономическом смысле была прежде всего беспрецедентным переделом государственной собственности. В числе тех, кто первыми почувствовал запах больших денег, были функционеры советского телевидения. Нарождающиеся бизнесы нуждались в рекламе. Возможности телевидения в области рекламы были безграничны. Многие редакции телевидения, конкурируя друг с другом, торопились с предложением своих услуг по рекламированию на центральном телевидении России. Значительная часть средств, поступающих в качестве оплаты за рекламу, выплачивалась в американских долларах и в немалом количестве оседала в карманах главных редакторов и их подчиненных, работающих напрямую с рекламодателями. На центральном телевидении в описываемый период работало четырнадцать вновь созданных рекламных агентств. Они договаривались с тематическими редакциями о продаже им эфирного времени. После получения времени в эфире рекламное агентство дробило его по своему усмотрению и продавало рекламодателям. Приобретая время по оптовым ценам, так как закупалось оно от десятков минут до нескольких часов в сутки и на период от нескольких дней до нескольких месяцев в году, перепродавалось оно затем по секундам и минутам и по значительно более высокой цене. Прибыль от подобных сделок была колоссальной. Получаемые по подобным схемам денежные средства не поступали на счета государственного телевидения. Они распределялись среди группы людей, сумевших в обход государства, поделить между собой огромный телевизионный рынок рекламы.

За всей этой деятельностью в телевизионном центре «Останкино», находившегося в Останкинской телевизионной башне, самом высоком строении в Москве, следили по крайней мере 30 агентов, завербованных КГБ, аккуратно докладывавшие своему начальству о неучтенном рекламном бизнесе, так как по всем серьезным вопросам переписка с ведомствами и организациями шла исключительно через 1-й отдел (КГБ) телевидения. Но все эти люди были связаны именно с Бобковым. Как же они оказались в телецентре и кем они были, все и друг друга знающие, друг другу помогающие, друг друга проталкивающие, и в советские годы, и в постсоветские?

ОФИЦЕРЫ ДЕЙСТВУЮЩЕГО РЕЗЕРВА

Когда будущий сотрудник Гусинского Бобков стал первым заместителем председателя КГБ, его предыдущая должность — зам.председателя КГБ и куратора 5-го управления КГБ — оказалась вакантной. Новым начальником 5-го управления был назначен генерал-майор Евгений Федорович Иванов (который после упразднения КГБ возглавил аналитическое подразделение «Моста» Гусинского).

Кроме официальных сотрудников КГБ, курировавших советское телевидение, в различных его структурах работало немало представителей негласного аппарата госбезопасности — резиденты и агенты, завербованные из числа работников телевидения или внедренные в его структуры офицеры госбезопасности, вышедшие в отставку. По терминологии КГБ-ФСБ эти люди назывались «офицеры действующего резерва». Активно использовались также вышедшие на пенсию сотрудники спецслужб.

Должности «офицеров действующего резерва», как и само понятие, появились во времена Ю. Андропова, возглавлявшего КГБ с 1967 г. по 1982 г. Офицеры госбезопасности, занимавшие должности действующего резерва, работали во многих министерствах, ведомствах и государственных организациях. (Следует заметить, что до 1989—91 гг. в СССР все было государственное.) Введению их в конкретном месте предшествовала рутинная бюрократическая процедура: представление КГБ в ЦК КПСС обоснования о необходимости наличия такой должности в одной из госструктур СССР. Затем следовало Постановление Секретариата ЦК КПСС с одобрением или отклонением инициативы КГБ, после чего, в случае положительного, решения следовало утверждение Политбюро ЦК КПСС с последующим указанием правительству. По инициативе Бобкова эта должность была введена даже в ЦК партии. Дело в том, что Бобков уже тогда пробовал поставить под контроль КГБ так называемые партийные деньги, которые в разгар перестройки были выведены за границу и найдены никогда не были. Понятно, что за границу их выводили работавшие в ЦК партии офицеры действующего резерва КГБ, где Бобков был первым заместителем председателя, т. е. вторым человеком. В частности, операцией по выведению денег за границу занимался работавший в ЦК партии офицер действующего резерва КГБ Вевеловский.

Постепенно должности офицеров действующего резерва были введены во всех мало-мальски важных объектах, предприятиях, учреждениях, институтах, бизнесах, начиная с ЦК коммунистической партии до, конечно же, телевидения.

Офицеры госбезопасности, зачисленные в действующий резерв, оставались в составе своего подразделения, но при этом направлялись в гражданское учреждение на работу. На указанной должности они выполняли официальные функции, т. е. работали на новой работе, но при этом основной их задачей было осуществление деятельности в интересах органов госбезопасности. Формально уходивший в отставку офицер ФСБ, на самом деле переводимый из КГБ-ФСБ на гражданскую работу, оставался на этой работе негласным сотрудником КГБ-ФСБ, агентом государственной безопасности. Это было поистине революционное нововведение, готовившее тылы на случай непредвиденного развития событий в стране. Именно тогда появилось понимание, что бывших сотрудников спецслужб не бывает. Они, действительно, не становились бывшими. Они были офицерами действующего резерва КГБ-ФСБ — шпионами КГБ-ФСБ на гражданском или военном объекте.

Помогал введению новых должностей в гражданских ведомствах ставленник Бобкова Е. Ф. Иванов. Сам он стал офицером действующего резерва КГБ в ЦК партии и был направлен в отдел административных органов, курирующий всю правоохранительную систему Советского Союза: прокуратуру, Верховный суд, КГБ и Министерство внутренних дел. Там он проработал около двух лет и уже в чине генерал-майора вернулся на должность заместителя 2-го Главного управления КГБ. Иванов курировал кадры этого главного в системе КГБ контрразведывательного подразделения. Вскоре он стал начальником 5-го управления КГБ СССР и генерал-лейтенантом.

В перестроечные годы под руководством Е. Ф. Иванова 5-е управление КГБ было преобразовано в Управление по защите конституционного строя, управление «К». Освободившееся после ухода Иванова из ЦК место офицера действующего резерва занял другой представитель 5-го управления, в прошлом первый секретарь Красноярского краевого комитета комсомола Александр Николаевич Карбаинов, вместе с Ивановым занимавшийся реорганизацией 5-го управления в управление «К». Вскоре Карбаинов стал начальником пресс-бюро КГБ, которое при нем было преобразовано в Центр общественных связей (ЦОС) КГБ — пропагандистский рупор перестраивающейся госбезопасности России. Затем он был назначен в качестве офицера действующего резерва заместителем министра авиационной промышленности СССР. Заместитель Карбаинова по ЦОС генерал КГБ Кондауров получил назначение, которое следует назвать ожидаемым: в качестве офицера действующего резерва он был направлен сотрудником к еще одному бывшему комсомольскому руководителю (с которым Карбаинов был знаком по комсомольской работе) — будущему российскому олигарху Михаилу Ходорковскому. У Ходорковского Кондауров возглавил аналитическое управление ЮКОСа.

АЛЕКСАНДР КОМЕЛЬКОВ

Заместителем начальника 2-го отделения 14-го отдела 5-го управления КГБ, курировавшего телевидение, был выпускник Московского Института культуры майор Александр Петрович Комельков по кличке Баклажан. Прозвали его так приятели-собутыльники, коллеги по Управлению, за характерный багрово-красный с синюшным оттенком цвет лица. В телевизионный отдел Комельков пришел из другого подразделения — Управления, курировавшего Московский университет им. Ломоносова и Университет дружбы народов им. Патриса Лумумбы. Отец Комелькова служил в 1-м главном управлении КГБ (разведке), и это определило карьерный рост Комелькова.

Комельков же, в свою очередь, привел на телевидение своего старого знакомого по 5-му управлению подполковника Валентина Васильевича Малыгина, который стал начальником 1-го отдела (КГБ) телецентра. Кандидатуру Малыгина поддержал возглавлявший тогда 5-е управление генерал И. П. Абрамов, и утверждение Малыгина по линии КГБ прошло легко и быстро.

На должность офицера действующего резерва от 5-го управления в телецентре был назначен старший оперуполномоченный 1-го отдела 5-го управления майор Владимир Степанович Цибизов. Подчинялся он непосредственно начальнику 1-го отдела (КГБ) телецентра. В КГБ, где долгие годы служил его родной дядя, Цибизов пришел после окончания Государственного института театрального искусства. В 1-м отделе 5-го управления он курировал театры и Госконцерт СССР — ведомство, которое занималось гастролями советских творческих коллективов за границей и организацией на территории СССР гастролей зарубежных артистов.

Телецентр являлся так называемым режимным объектом. Вход в него осуществлялся по специальным пропускам (постоянным — для его сотрудников или же разовым — для посетителей). Начальнику режимного отдела офицеру госбезопасности В. С. Цибизову хорошо был известен круг лиц, посещавших Останкино. При необходимости по его приказу любому посетителю могло быть отказано в получении пропуска, а любой сотрудник комплекса и его личные вещи могли быть досмотрены при входе в здание или при выходе.

В перестроечные годы Комельков и Малыгин умело распоряжались своим административным ресурсом — телецентром «Останкино», прежде всего эфирным временем теле- и радиоканалов и помещениями, которые сдавались коммерческим телевизионным структурам. Закончилось это для Комелькова катастрофой: его отправили в отставку с унизительной формулировкой, говорящей о профнепригодности.

Уйдя из телецентра, Комельков открыл ресторан на Кутузовском проспекте в Москве, напротив Триумфальной арки. Во время летней Олимпиады в Барселоне он успешно осуществил проект по сдаче российских теплоходов у испанских берегов под гостиницы для туристов. Но больше всего на свете Комельков, прослуживший 15 лет в 5-м управлении КГБ, мечтал работать в 9-м управлении, причем на должности «прикрепленного» (офицера, отвечавшего за личную охрану высшего должностного лица в государстве или компартии). Комельков, однако, не подходил под определенные критерии, которым следовали при отборе кандидатур на подобные должности. Основными критериями являлись физические данные кандидата. Прежде всего рост — не менее 180 см и прекрасная физическая форма. В основном в 9-м управлении «прикрепленными» делали бывших советских спортсменов, достигших высоких результатов на международном уровне в различных видах спорта.

Невысокий, чуть более 170 см ростом, рано пополневший Комельков объективно не подходил для подобной службы. Но мечта оставалась и в конце концов сбылась. После распада СССР и создания новой службы охраны президента люди понадобились Коржакову. Последнему Комелькова рекомендовал, несмотря на увольнение из КГБ, его старый приятель по совместной учебе в Институте культуры и службе в 5-м управлении Геннадий Зотов, в прошлом сотрудник 4-го отдела 5-го управления, курировавшего религию в СССР и осуществлявшего разработку религиозных деятелей, ставший впоследствии начальником Службы собственной безопасности ФСБ, генерал-лейтенантом, представителем российской службы безопасности в Болгарии.

С Комельковым Коржаков беседовал лично. Он предложил ему прежде всего заниматься сбором информации обо всем, что происходит на телевидении. Прежде всего его интересовали люди и группировки, негативно относившиеся к президенту и СБП. Ожидалось также, что Комельков сможет влиять на редакционную политику в выгодном для Коржакова направлении. Наконец, Коржаков предупредил Комелькова, что утечки информации от него к бывшим его коллегам по 5-му управлению, работающим теперь во главе с Бобковым у Гусинского, быть не должно, и, наоборот, нужно по возможности, используя старые связи, пытаться собирать информацию обо всем том, что происходит в корпорации «Мост».

Комельков, являвшийся до увольнения из КГБ одним из руководителей подразделения, курировавшего Останкинский телецентр и в силу этого сохранивший в памяти много ценной информации о сотрудниках телевидения и возможность возобновить контакты с ними, как никто другой подходил Службе безопасности президента для работы среди «телевизионщиков». Учитывалось Коржаковым и то обстоятельство, что Комельков был «порченый», уволенный из КГБ, обиженный на коллег, и прежде всего на своего бывшего шефа Бобкова. Это давало Коржакову основания считать, что Комельков сможет и будет работать против своих бывших коллег по 5-му управлению, составляющих костяк службы Бобкова в «Мост-банке».

Кроме того, Комельков после увольнения из КГБ успел поработать в собственном бизнесе, приобретя контакты в среде московских бизнесменов и в криминальных кругах. Частыми гостями в его ресторане на Кутузовском проспекте были лидеры московских организованных преступных группировок (ОПГ), прежде всего «солнцевские» бандиты. Кутузовский проспект относился к числу правительственных трасс, наблюдение за которыми вело 9-е управление, а затем служба, возглавляемая Коржаковым. Так что информацию о ресторане Комелькова Коржаков имел полную, так же как и об отправке теплоходов на Олимпиаду в Испанию (и об офшорных счетах, на которые были положены деньги, заработанные в Испании на этом проекте). Иными словами, Коржаков знал о Комелькове достаточно для того, чтобы сделать его преданным человеком или чтобы легко уничтожить того, если потребуется.

Комельков приступил к работе. Много лет Комельков был знаком с Юрием Балевым, закончившим службу в КГБ в качестве начальника 2-го отдела Управления по защите конституционного строя, преемнике 5-го управления КГБ. Несмотря на смену названия, все оставалось по-старому. Отдел, который возглавлял Балев еще в бытность 5-го управления, занимался национальными проблемами СССР. При смене названия управления сохранился номер отдела, остались на прежних позициях его руководители и оперативный состав. Отдел являлся одним из ведущих в управлении по характеру решаемых задач, в особенности в годы перестройки. В стране повсеместно усиливались центробежные тенденции: многочисленные республики — от прибалтийских до кавказских и среднеазиатских — подумывали о собственной независимости и выходе из СССР, угрожая целостности Советского Союза. С этими многочисленными национальными движениями как раз и боролся отдел Балева.

После распада СССР перешедший в структуру Гусинского Бобков предложил бывшему своему подчиненному Балеву работать в новой структуре. Балев ушел к Бобкову и стал у Гусинского одним из ведущих аналитиков службы безопасности «Мост-банка».

С Комельковым Балев продолжал поддерживать приятельские отношения, возможно, рассчитывая получать от него информацию о ведомстве Коржакова. Комельков рассчитывал, в свою очередь, получить от Балева информацию о ведомстве Бобкова и в какой-то момент открыто предложил Балеву шпионить на Коржакова. Балев Комелькову не просто отказал, но и заявил о разрыве с ним отношений. Через несколько дней Балев был жестоко избит неизвестными у своего дома.

Гораздо проще обстояли дела у Комелькова по получению информации о процессах, происходящих на телевидении. Остались старые связи и старые контакты. Имея за собой поддержку в лице могущественного Коржакова, он быстро сумел стать достаточно влиятельным человеком в телецентре. С его мнением считались. Мало было желающих ему перечить. Большинство кадровых назначений теперь проходило по согласованию с Комельковым.

В этот период активнейшим образом продолжалась коммерциализация государственного телевидения. Те, кто успел приватизировать отдельные каналы, получали огромные личные доходы. Комельков внимательно отслеживал эти процессы, достоверно зная, кто, сколько и от кого получает. Вернувшись к контролю над телевидением, он с огорчением отмечал, что многое им было уже упущено. Сформировавшиеся на телецентре финансовые группы и их лидеры не торопились допускать кого бы то ни было к установившемуся теневому распределению эфирного времени и, соответственно, к дележу огромных денежных средств, исчисляемых миллионами долларов.

В конце 80-х на телевидении появился бывший комсомольский функционер Сергей Лисовский. До прихода на телевидение он стал достаточно широко известен в Москве, благодаря организации грандиозных дискотек в спорткомплексе «Олимпийский». В 1991 г. он организовал телевизионные рекламные агентства «ЛИС'С» и «Премьер СВ». До 1998 г. «Премьер СВ» контролировал 65% телевизионного рекламного рынка. Именно через него решил зайти Коржаков в рекламный бизнес телевидения. В 1995 г. Комельков, знавший о том, какие именно доходы от рекламного бизнеса получает Лисовский, направил к Лисовскому человека, предъявившего удостоверение полковника СБП. К Лисовскому полковник приехал на «мерседесе», отвез его в свой кабинет в Кремле и потребовал плату в 100 тысяч долларов ежемесячно. Лисовский отказал. На следующий день бизнес его был разгромлен людьми из службы охраны президента.

ВЛАДИСЛАВ ЛИСТЬЕВ

В конце 1987 г. на телевидение пришел работать журналист Владислав Листьев. Через несколько лет он стал ведущим телевизионным журналистом, всеобщим любимцем. Выросший в простой семье, рано потерявший отца, Листьев поступил в лучший советский университет — Московский (МГУ). Учился он на факультете журналистики, а спустя несколько лет перевелся на факультет международной журналистики.

На факультетах Московского университета училось много иностранных студентов, приезжавших на учебу в СССР из различных стран мира. Все они были объектами пристального внимания со стороны органов государственной безопасности. МГУ и Университет Дружбы народов им. П. Лумумбы находились под оперативным контролем 3-го отдела 5-го управления.

В целях осуществления наиболее полного контроля за иностранными студентами, глубокого изучения их политических взглядов и ориентации, их характеров и психологических особенностей производилась массовая вербовка профессорско-преподавательского состава и студентов университетов, как из числа советских граждан, так и иностранцев. Агентуре, приобретенной из числа иностранных студентов, уделялось большое внимание, так как из них готовились, по терминологии КГБ, «агенты оседания». На Западе такую категорию агентов называют «спящими агентами». Первоочередной их задачей была легализация в какой-либо стране и занятие положения в обществе, дающее возможность получения информации, представляющей интерес для органов госбезопасности СССР.

Многие иностранцы — выпускники указанных университетов — по возвращении в свои страны достигали определенных высот в карьере и добивались высокого положения в обществе. Были среди них члены кабинетов министров, видные политические и общественные деятели, дипломаты и известные журналисты. Помимо высокого уровня образования, их успеху в жизни способствовало наличие у большинства из них влиятельных родственников, живущих на их родине. Из числа отдельных студентов-иностранцев, не имевших влиятельных родственников и приехавших в СССР на учебу по рекомендации зарубежных коммунистических партий, готовились агенты-нелегалы, которые впоследствии работали в различных странах мира под вымышленными именами и соответствующими легендами.

Работа по вовлечению иностранных студентов и аспирантов в агентурную сеть КГБ требовала наличия в ней советских граждан. Именно тогда, в начале 80-х, пересеклись судьбы будущего тележурналиста Владислава Листьева и сотрудника 3-го отдела 5-го управления КГБ оперуполномоченного, старшего лейтенанта Александра Комелькова.

В престижных московских вузах учились дети советской и партийной элиты, представителей творческой среды. Небольшому числу выходцев из простых советских семей, попавших в эти престижные заведения, было очевидно, что их возможности по окончании вузов будут сильно ограничены по сравнению с «блатными» студентами, имевшими влиятельных родственников. Наиболее интересные и перспективные направления на стажировку в процессе учебы и на работу по окончании вуза получали именно дети элиты. Соответственно, достаточно легко и успешно складывалась вся их дальнейшая карьера. Тем же, кто не имел поддержки со стороны, приходилось рассчитывать на свои собственные силы и способности или пытаться обрести поддержку путем вступления в брак с представителями элиты. Был еще один способ: обрести поддержку в лице КГБ, влившись в число многочисленных агентов и доверенных лиц этой организации.

При отборе кандидатов для последующей вербовки в качестве агентов органов безопасности осуществлялась своего рода социальная селекция. Представители высшей партийно-советской номенклатуры и члены их семей согласно имевшимся инструкциям КГБ не могли быть завербованы в агентурную сеть госбезопасности. Эти же требования распространялись на родственников состоящих на службе в КГБ офицеров госбезопасности. Относительно представителей советской творческой элиты каких-либо ограничений в плане их вовлечения в негласную деятельность в интересах госбезопасности не было.

В силу указанных обстоятельств агенты, завербованные из числа студентов вузов, в большинстве своем были представителями средних и низших слоев советского общества. Значительная часть среди них были дети из простых рабочих семей, которые полагали, что, оказывая помощь органам госбезопасности, демонстрируют свою лояльность советскому строю и могут рассчитывать на помощь в дальнейшей жизни и становлении карьеры. И, действительно, органы КГБ активно продвигали свою агентуру, тем самым создавая «агентов влияния», занимающих видное место в политической и общественной жизни страны, осуществляющих свою деятельность в интересах органов госбезопасности.

Общительный и спортивный студент факультета журналистики МГУ Владислав Листьев не мог не привлечь внимания кураторов из 3-го отдела 5-го управления. С помощью куратора факультета он смог попасть в группу для углубленного изучения иностранных языков, а через пару лет перевестись на недавно созданное международное отделение факультета журналистики (МГУ), куда стремились попасть очень многие, в том числе и имевшие весьма влиятельных родственников-просителей. Звонки шли на уровне ректора университета и декана факультета. Для всех было очевидно — новое отделение открывает прекрасные перспективы для его будущих выпускников в плане работы за границей — предел мечтаний многих советских людей. Но при отборе на это отделение решающее слово было за КГБ.

Листьева зачислили на международное отделение факультета журналистики. Вскоре он был включен в состав группы студентов для прохождения преддипломной практики в одной из зарубежных стран. Оформление документации на выезд шло через КГБ. Кандидаты подвергались тщательной проверке со стороны соответствующих подразделений госбезопасности. Проводилась так называемая «установка по дому», в ходе которой собирались данные об образе жизни и родственниках кандидата на выезд за границу. Осуществлялись подобные «установочные» мероприятия 7-м отделом УКГБ по Москве и Московской области. Этим подразделением проводилось наружное наблюдение (слежка) за объектами оперативной заинтересованности Московского управления и «установки по дому» для всех оперативных и кадровых подразделений центрального аппарата КГБ и его московского филиала. Кроме того, «установки» проводились по запросам подразделений, осуществлявших проверку советских граждан, оформлявшихся для выезда за границу: в командировки, по частным делам и в качестве туристов. Такая проверка называлась «специальной» и подразделения, ее осуществлявшие, соответственно, назывались «подразделения спецпроверки».

В отношении Листьева в процессе «установки по дому» были получены сведения, характеризующие его и его близких родственников с отрицательной стороны. В деле спецпроверки (такие дела имелись на всех советских граждан, оформлявшихся на выезд за границу) на Владислава Листьева имелась справка: «Известен 3-му отделу 5-го управления КГБ СССР». Подобная терминология означала, что проверяемый либо состоит в агентурной сети органов госбезопасности, либо изучается в качестве кандидата на вербовку. Понятно, что из-за негативной информации, собранной про Листьева и его семью, несмотря на заинтересованность 5-го управления, в выезде Листьеву за границу было отказано. Листьев был также выведен из состава группы студентов, отобранных для преддипломной практики за границей.

При отборе кандидатов на работу в советские средства массовой информации, прежде всего на радио и телевидение, их кандидатуры в обязательном порядке согласовывались с органами КГБ. Перевод на более высокую должность, как и прием в другие масс-медиа, также проходил под контролем госбезопасности. Кураторы из 5-го управления не забывали Владислава Листьева. С их помощью, несмотря на серьезные проблемы в личном плане, он был принят на работу в редакцию иновещания Всесоюзного радио. Вскоре он вновь встретится с офицером госбезопасности, знакомым ему еще по периоду обучения в МГУ, Александром Комельковым, бывшим куратором ряда факультетов университета, переведенным в середине 80-х годов в 14-й отдел 5-го управления на вышестоящую должность — заместителя начальника отделения. Благодаря поддержке Комелькова (и КГБ) Листьев, несмотря на весьма небезупречную биографию, в 1987 г. смог оказаться в элитной группе молодых журналистов, приглашенных для работы на телевидении в новую молодежную программу «Взгляд». И хотя Листьев неоднократно напивался, прогуливал и даже не являлся в прямой эфир, в отношении него действовал принцип всепрощения. Листьева не трогали.

С годами программа «Взгляд» вошла в число наиболее популярных на телевидении, а ее ведущие стали всенародными любимцами. Равным среди них по праву был Владислав Листьев. Год от года он становился все более популярным. Росло его профессиональное мастерство и авторитет среди коллег. В 1990 г. он стал художественным руководителем популярнейшей программы «Поле чудес», а также программ «Тема» и «Час пик». В 1991 г., по-сле провала августовского путча, он был назначен генеральным продюсером телекомпании.

ТРЕТИЙ КОМПОНЕНТ — ОЛЕГ СОСКОВЕЦ

Александр Коржаков в те годы вел сложную многоходовую политическую игру. Сравнительно молодым пришедший во власть и как ему представлялось — надолго, Коржаков даже в мыслях не допускал возможности ее утраты. Он готов был сражаться за эту власть любыми средствами и умышленно спаивал охраняемого им президента Ельцина, чтобы сделать его недееспособным. На роль преемника Ельцина Коржаков готовил вице-премьера российского правительства Олега Сосковца, бывшего директора Карагандинского металлургического комбината. Верный своему принципу продвигать и подчинять себе лишь скомпрометированных людей, Коржаков остановил свой выбор на Сосковце, так как знал, что против него было возбуждено уголовное дело из-за крупных хищений на руководимом Сосковцом комбинате. Иными словами, компромат на Сосковца у Коржакова был.

План Коржакова был достаточно прост. Коржаков как руководитель СБП, Барсуков как директор госбезопасности и Сосковец как вице-премьер (некий аналог вице-президента) должны были реально сосредоточить в своих руках всю полноту власти в стране, прежде всего контроль над всеми силовыми ведомствами, военно-промышленным комплексом и торговлей оружием в России и за ее пределами. Любой ценой необходимо было сделать из российской Государственной думы управляемый орган. Спаиваемый Ельцин должен был либо постоянно находиться в недееспособном состоянии, либо в конце концов умереть от алкогольного отравления. К этому моменту в стране было бы желательно иметь объявленным чрезвычайное положение (ЧП) под тем или иным предлогом, позволяющее не проводить очередные или внеочередные президентские выборы. Такое чрезвычайное положение позволило бы объявить Сосковца преемником Ельцина или исполняющим обязанности президента. Получив в какой-то момент контроль над главным первым каналом российского телевидения, можно было бы правильно провести предвыборную кампанию и в выгодный для Сосковца момент провести наконец «демократические» выборы и сделать Сосковца формальным президентом. Срок проведения задуманной Коржаковым операции, которую правильнее назвать государственным переворотом, был известен: не позднее предусмотренных законом выборов президента 16 июня 1996 г.

ЧЕТВЕРТЫЙ КОМПОНЕНТ — ДЕНЬГИ

Иногда невольно проговариваясь в своем окружении, заявлял Коржаков что-нибудь типа: «Что вы думаете, не смог бы я управлять таким государством, как Россия?». Сосковец для Коржакова был лишь временной политической фигурой в деле достижения конечной цели — абсолютной власти. Но нужны были деньги, очень большие деньги, посредством которых можно купить ведущих политиков, Думу, избирателей. Вопрос был в том, где эти деньги взять.

Коржаков, используя СБП для вымогательства денег из бизнесов, от бизнесменов и чиновников, располагал значительными денежными средствами, в том числе в иностранной валюте. Тратились эти средства в целях подготовки им ползучего переворота в стране. Более 50 млн долларов было затрачено СБП России на приобретение за границей высококачественной аппаратуры слухового контроля, значительная часть которой была установлена в Кремле. Контроль был тотальным. Немецкими суперсложными «жучками» были нашпигованы кремлевские кабинеты, о чем их высокопоставленные обитатели, в принципе, догадывались, но сопротивляться тотальной слежке Коржакова и Барсукова не могли. Руководитель администрации президента Ельцина того времени Сергей Филатов постоянно жаловался журналистам, что в своем кабинете он вынужден общаться с посетителями посредством записок, а самые важные переговоры вести в коридоре. По оценке ряда аналитических структур, спецслужба Коржакова насчитывала к 1995 г. более 40 тысяч человек (во времена Андропова численность КГБ СССР с входящим в его состав Управлением внешней разведки была около 37 тысяч).

Назначая Комелькова «смотрящим» за телецентром, Коржаков еще не подозревал о том, какие валютные средства обращаются на телевидении. Позднее, когда он наконец оценил примерный уровень валютных поступлений от рекламы, он задался целью подчинить себе эти финансовые потоки, не учитываемые налоговым управлением и государственным бюджетом. Этих денег, безусловно, хватило бы для любого государственного переворота. Однако нужен был человек, совершенно непосвященный в цели планируемой операции по захвату власти, неискушенный в большой политике, не имевший контактов в Кремле, пользующийся при этом авторитетом на телевидении. Человек этот должен быть уверен, что все, что он будет делать, делается на благо страны, так как внешне все должно было выглядеть как наведение финансового порядка на телевидении в интересах государства. Выбор по настойчивой рекомендации Комелькова пал на Владислава Листьева.

И Коржаков, вхожий в семью президента Ельцина, стал внушать мысль о том, что именно Листьев является будущим российского телевидения. В сентябре 1994 г. Листьев усилиями Коржакова был назначен вице-президентом Академии российского телевидения, а в январе 1995 г. — генеральным директором Общественного российского телевидения (ОРТ), созданного 30 ноября 1994 г. в результате приватизации первого государственного канала в соответствии с указом президента Ельцина, инициированным Коржаковым.

Для Коржакова Листьев действительно был идеальной наивной фигурой. На ОРТ он хотел быть продюсером развлекательных программ и не видел себя ни в чем большем. Правда, Коржаков и Комельков требовали от Листьева совсем другого: подчинения всего рекламного рынка на ОРТ, причем все средства, вырученные от реализации рекламного времени, должны поступать на счета, подконтрольные СБП Коржакова.

Через несколько дней после своего назначения, в январе 1995 г., Листьев сделал публичное заявление о том, что отныне реклама на ОРТ будет передана ограниченному кругу подконтрольных ему лично компаний. В среде телевизионщиков буквально началась паника. Газета «Вечерний клуб» писала: «Оно и понятно. Реклама — это живые деньги. Доходы телекомпаний и личные доходы. Как легальные, так и нелегальные. На ТВ существует даже специальный термин «джинса». Им обозначается передача, телесюжет, информация, сделанные по «левому» заказу. Оплата которого идет непосредственно исполнителям, минуя официальную кассу. На Останкино теперь такой кормушки не будет (подобная ежемесячная недостача исчисляется в сумме 30 млн рублей). Последствия несомненно объявятся». Примерно половину телевизионного рекламного бизнеса в России контролировала фирма Лисовского «Премьер СВ».

Одним из авторов идеи реформирования и приватизации первого канала был Борис Березовский, предложивший создать акционерное общество, 51% акций которого будет принадлежать государству, а 49% — лояльным президенту Ельцину частным инвесторам, что позволит президенту реально контролировать ОРТ, а главное — использовать этот ресурс в предвыборной президентской кампании 1996 г. План удовлетворил Ельцина и стоящего за ним Коржакова, которого Березовский в тот момент считал своим очевидным союзником. Имея такого союзника, Березовский, безусловно, усилил свое политическое влияние в Кремле, а его концерн ЛогоВаз получил доступ на рекламный рынок первого канала и подписал соответствующее соглашение с рекламным магнатом Сергеем Лисовским. К тому же 49% акций ОРТ оставались у группы лиц, подобранной Березовским, прежде всего у самого Березовского.

После приватизации первого канала генеральный директор ОРТ Листьев по требованию Коржакова — Комелькова решил сосредоточить свое внимание прежде всего на деятельности, из-за которой канал недополучал миллионы долларов — продаже рекламного времени. Куратору Листьева офицеру СБП Комелькову с помощью его коллег — начальника режимного отдела телевизионного комплекса подполковника ФСБ Цибизова и начальника 1-го отдела ОРТ, резидента госбезопасности В. В. Малыгина — были достаточно хорошо известны планы основных бизнесменов-рекламщиков, все их связи, структуры, которые обеспечивали их финансовую поддержку и безопасность. Фамилии людей, посещавших различные редакции телевидения, были известны через отдел оформления пропусков ОРТ. Через оперативный учет ФСБ-МВД не составляло большого труда выявлять лиц, связанных с различными организованными преступными группировками Москвы.

О рекламном бизнесе ОРТ Коржаков с Комельковым знали все. Прежде всего Листьев начал переговоры с Лисовским. Последний предложил заплатить ОРТ отступные за право распоряжаться рекламой на канале и тем самым сохранить свой контроль. Одновременно Листьев начал переговоры с еще одним бизнесменом рекламного бизнеса Глебом Бокием, представляющим торгово-промышленную группу БСГ. Переговоры затянулись. 20 февраля 1995 г. Листьев, открывший для рекламного бизнеса собственную компанию «Интервид», объявил, что вводит временный мораторий на все виды рекламы, пока ОРТ не разработает новые этические нормы. Понятно, что Коржаков пытался таким образом нанести удар по Лисовскому и Бокию, может быть, даже вывести их из рекламного бизнеса, переключив всех клиентов на «Интервид».

30 марта 1994 г. в ресторанчике на Кропоткинской улице в Москве состоялась встреча между Листьевым, Лисовским и Бокием. Лисовский с Бокием требовали от Листьева поделить эфирное рекламное время, и неопытный Листьев, уступив совместному напору конкурентов, очевидным образом ошибся. Через день его ошибка была исправлена: на улице Спартаковская кадиллак Бокия был продырявлен шестью выстрелами из пистолета «ТТ». Для верности в машину бросили еще и гранату. Бокий скончался на месте.

9 апреля 1994 г. застрелили руководителя «Варус-видео» Г. Топадзе, имевшего 6,5-процентную долю в рекламном бизнесе первого канала. В июне было совершено покушение на Березовского, в результате которого погиб его водитель, а сам Березовский был ранен. Чтобы предотвратить повторное покушение на Березовского, Гусинский срочно вывез его из России на своем частном самолете. Столь открытое вмешательство Гусинского — Бобкова на стороне Березовского должно было показать абсолютно всем заинтересованным лицам, что за последними убийствами и покушениями стоит очевидный соперник концерна «Мост».

Затем пришла очередь Лисовского. Его, как считалось, прикрывал лидер Ореховской преступной группировки Сергей Тимофеев (Сильвестр). В сентябре 1994 г. Сильвестр был взорван в своем «мерседесе» вместе с водителем. Кто-то планомерно и хладнокровно устранял конкурентов Листьева. Этим «кем-то» был всесильный в те годы генерал Коржаков, бившийся за полный контроль над ОРТ в преддверии президентских выборов лета 1996 г.

Коржаков торопил Листьева. Нужны были деньги на подготовку общественного мнения по замене спаиваемого Ельцина на молодого и деятельного вице-премьера Сосковца. Нужен был полный контроль над ОРТ. Времени было мало — приближались президентские выборы в стране, и мало было уверенности у Коржакова и членов его команды, что нынешний президент с предельно низким рейтингом популярности сможет их выиграть. Сумма предстоящих затрат была определена Коржаковым в 50—60 млн долларов. Листьев этих денег выбить для Коржакова не смог. Нужно было срочно избавляться от Листьева и брать контроль над ОРТ в свои руки.

Когда именно созрел план убийства Листьева определить сложно. Но очевидно, что операция задумывалась как многоцелевая. На первом ее этапе убирался Листьев. На втором — обвинение в организации убийства Листьева выдвигалось против влиятельного в России и на ОРТ человека, пользовавшегося в тот период влиянием на Ельцина — Бориса Березовского, и против основного конкурента Листьева на рекламном рынке Лисовского. На третьем этапе арестовывался Березовский, а Ельцин, разочарованный в Березовском, Лисовском и в связанном с ними влиятельном политике-реформисте Анатолии Чубайсе, передавал контроль над ОРТ новому предложенному Коржаковым человеку. 49% негосударственных акций получал в свое распоряжение Коржаков или его люди. Попавший под подозрение Лисовский также лишался возможности продолжать свою деятельность на ОРТ.

Листьев ждал в те дни представителей солнцевской группировки, которые должны были прийти к нему с требованием отступного в несколько миллионов долларов, так как проект, в котором они были заинтересованы, оказался Листьевым провален. Листьев просил Комелькова вмешаться и оградить его от денежных домогательств «братков». Простейшей формой защиты, как полагал Листьев, был бы отказ им в выдаче пропусков в здание на Останкино. Факт выдачи пропусков «солнцевским» представителям означал для Листьева, что Комельков и кураторы из СБП его бросили. Возможно, соответствующее указание от Комелькова получили именно «солнцевские» бандиты. 1 марта 1995 г. Листьева не стало. Он был убит в подъезде своего дома. Предположить, что Комельков провел эту операцию без указания Коржакова, невозможно.

Как и планировал Коржаков, под подозрением оказались прежде всего Березовский и Лисовский. Однако предпринятая СБП попытка ареста Березовского в штаб-квартире ЛогоВаза на Новокузнецкой улице в Москве не увенчалась успехом. Березовский сумел вовремя связаться с премьер-министром Виктором Черномырдиным, и последний предотвратил арест. Через контролируемые Гусинским СМИ в прессу оперативно были сброшены компрометирующие Коржакова и Барсукова материалы. На стороне Березовского и Гусинского выступил Чубайс, пользовавшийся авторитетом у Ельцина. ОРТ осталось в руках Березовского, а Коржаков так и не получил рекламных денег и необходимых ему для перелома общественного мнения 50—60 млн долларов. Тогда он решил пойти по самому дешевому пути, не требующему телевизионного пиара.

ПЯТЫЙ КОМПОНЕНТ — МАЛЕНЬКАЯ, НО НИ В КОЕМ СЛУЧАЕ НЕ ПОБЕДОНОСНАЯ ВОЙНА

Самым слабым звеном многонациональной российской мозаики оказалась Чечня. Считая Джохара Дудаева своим, КГБ не возражал против его прихода к власти. Генерал Дудаев, член КПСС с 1968 г., был переведен из Эстонии в родной ему Грозный будто специально для того, чтобы стать в оппозицию местным коммунистам, быть избранным президентом Чеченской Республики и провозгласить в ноябре 1991 г. независимость Чечни (Ичкерии), как бы демонстрируя российской политической элите, к какому расколу ведет Россию либеральный режим Ельцина.

Наверное не было случайностью и то, что еще один близкий Ельцину чеченец, Руслан Хасбулатов, также стал повинен в нанесении смертельного удара режиму Ельцина. Хасбулатов, бывший работник ЦК комсомола, член коммунистической партии с 1966 г., в сентябре 1991 г. стал председателем парламента Российской федерации. Именно этот парламент, возглавляемый Хасбулатовым, будет разгонять Ельцин танками в октябре 1993 г.

К 1994 г. политическое руководство России уже понимало, что не готово дать Чечне независимость. Предоставление суверенитета Чечне действительно могло привести к дальнейшему распаду России. Но можно ли было начинать на Северном Кавказе гражданскую войну? «Партия войны», опиравшаяся на силовые министерства, считала, что можно. Однако к войне нужно было подготовить общественное мнение. На общественное мнение легко было бы повлиять, если бы чеченцы стали бороться за свою независимость с помощью терактов. Осталось дело за малым: организовать в Москве взрывы с «чеченским следом».

18 ноября 1994 г. ФСБ предприняла первую зарегистрированную попытку совершить террористический акт, объявить ответственными за него чеченских сепаратистов и, опираясь на озлобление жителей России, подавить в Чечне движение за независимость. В этот день в Москве на железнодорожном мосту через реку Яузу произошел взрыв. По описанию экспертов, сработали два мощных заряда примерно по полтора килограмма тротила каждый. Были искорежены двадцать метров железнодорожного полотна. Мост чуть не рухнул. Однако теракт произошел преждевременно, еще до прохождения через мост железнодорожного состава. На месте взрыва нашли разорванный в клочья труп самого подрывника — капитана Андрея Щеленкова, сотрудника нефтяной компании «Ланако». Щеленков подорвался на собственной бомбе, когда прилаживал ее на мосту.

Только благодаря этой оплошности исполнителя теракта стало известно о непосредственных организаторах взрыва. Дело в том, что руководителем фирмы «Ланако», давшим названию фирмы первые две буквы своей фамилии, был 35-летний уроженец Грозного Максим Юрьевич Лазовский, являвшийся особо ценным агентом Управления ФСБ (УФСБ) по Москве и Московской области и имеющий в уголовной среде клички Макс иХромой. Забегая вперед, отметим, что абсолютно все работники фирмы «Ланако» были штатными или внештатными сотрудниками контрразведывательных органов России и что все последующие теракты в Москве 1994—1995 гг. также организованы группой Лазовского. В 1996 г. террористы из ФСБ были арестованы и осуждены московским судом. Но первая чеченская война к этому времени стала свершившимся фактом. Лазовский сделал свое дело.

Войной в Чечне было очень легко прикончить Ельцина политически. И те, кто затевал войну и организовывал теракты в России, хорошо это понимали. Но существова еще примитивный экономический аспект взаимоотношений российского руководства с президентом Чеченской Республики: у Дудаева постоянно вымогали деньги. Началось это в 1992 г., когда с чеченцев были получены взятки за оставленное в 1992г. в Чечне советское вооружение. Взятки за это вооружение вымогали начальник СБП (Службы безопасности президента) Коржаков, начальник ФСО (Федеральной службы охраны) Барсуков и первый вице-премьер правительства РФ Олег Сосковец. Понятно, что не оставалось в стороне и Министерство обороны.

Когда началась война, наивные граждане России стали недоумевать, каким же образом осталось в Чечне все то оружие, которым чеченские боевики убивали российских солдат. Самым банальным образом: за многомиллионные взятки Дудаева Коржакову, Барсукову и Сосковцу.

После 1992 г. сотрудничество московских чиновников с Дудаевым за взятки успешно продавалось. Чеченское руководство постоянно посылало в Москву деньги — иначе Дудаев ни одного вопроса в Москве решить не мог. Но в 1994 г. система начала буксовать. Москва вымогала все большие и большие суммы в обмен на решение политических вопросов, связанных с чеченской независимостью. Дудаев стал отказывать в деньгах. Изначально финансовый конфликт постепенно перешел в политическое, а затем силовое противостояние российского и чеченского руководства. В воздухе запахло войной. Дудаев запросил личной встречи с Ельциным. Тогда контролирующая доступ к Ельцину троица затребовала у Дудаева за организацию встречи двух президентов несколько миллионов долларов. Дудаев во взятке отказал. Более того, впервые он припугнул помогавших ранее ему (за деньги) людей, что использует против них компрометирующие их документы, подтверждающие небескорыстные связи чиновников с чеченцами. Дудаев просчитался. Шантаж не подействовал. Встреча не состоялась. Президент Чечни стал опасным свидетелем, которого необходимо было убрать. Началась спровоцированная жестокая и бессмысленная война.

23 ноября девять российских вертолетов армейской авиации Северо-Кавказского военного округа, предположительно МИ-8,

нанесли ракетный удар по городу Шали, примерно в 40 км от Грозного, пытаясь уничтожить бронетехнику расположенного в Шали танкового полка. С чеченской стороны были раненые. Чеченская сторона заявила, что располагает видеозаписью, на которой запечатлены вертолеты с российскими бортовыми опознавательными знаками.

Главный штаб вооруженных сил Чечни утверждал, что на границе с Наурским районом, в поселке Веселая Ставропольского края, происходит концентрация воинских частей: танков, артиллерии, до шести батальонов пехоты. Как стало известно позже, колонна российской бронетехники, сформированная по инициативе и на деньги ФСК, с солдатами и офицерами, нанятыми ФСК на контрактной основе, в том числе среди военнослужащих Таманской и Кантемировской дивизий, действительно составляла костяк войск, сосредоточенных для штурма Грозного.

25 ноября семь российских вертолетов с военной базы в Ставропольском крае сделали несколько ракетных залпов по аэропорту в Грозном и близлежащим жилым домам, повредив посадочную полосу и стоявшие на ней гражданские самолеты. Шесть человек погибли и около 25 получили ранения. В связи с этим Министерство иностранных дел (МИД) Чечни направило заявление администрации Ставропольского края, в котором, в частности, указывалось, что руководство региона «несет ответственность за подобные акции и в случае применения адекватных мер с чеченской стороны» все претензии Ставрополя «должны быть отнесены к Москве».

26 ноября силы Временного совета Чечни (чеченской антидудаевской оппозиции) при поддержке российских вертолетов и бронетехники с четырех сторон атаковали Грозный. В операции со стороны оппозиции принимали участие более 1200 человек, 50 танков, 80 бронетранспортеров (БТР) и шесть самолетов СУ-27. Как заявили в московском (марионеточном) центре Временного совета Чечни, «деморализованные силы сторонников Дудаева практически н оказывают сопротивления, и к утру, вероятно, все будет закончено».

Однако операция провалилась. Наступающие потеряли около 500 человек убитыми, более 20 танков, еще 20 танков было захвачено дудаевцами. В плен были взяты около 200 военнослужащих. 28 ноября «в знак победы над силами оппозиции» колонна пленных была проведена по улицам Грозного. Тогда же чеченское руководство предъявило список четырнадцати взятых в плен солдат и офицеров, являющихся российскими военнослужащими.

Создавалось впечатление, что 26 ноября бронетанковую колонну в Грозный вводили специально для того, чтобы ее уничтожили. Разоружить Дудаева и его армию колонна не могла. Захватить город и удерживать его — тоже. Армия Дудаева была укомплектована и хорошо вооружена. Колонна могла стать и стала живой мишенью. Министр обороны Грачев намекал на свою непричастность к этой авантюре. С военной точки зрения задача захвата Грозного, заявил Грачев на пресс-конференции 28 ноября 1996 г., была вполне осуществима силами «одного воздушно-десантного полка в течение двух часов. Однако все военные конфликты окончательно решаются все же политическими методами за столом переговоров. Без прикрытия пехоты вводить в город танки действительно было бессмысленно». Зачем же их тогда вводили?

Позже генерал Геннадий Трошев расскажет нам о сомнениях Грачева по поводу чеченской кампании: «Он пытался что-то сделать. Пытался выдавить из Степашина и его спецслужбы ясную оценку ситуации, пытался перенести начало ввода войск на весну, даже пытался лично договориться с Дудаевым. Теперь мы знаем, что такая встреча была. Не договорились».

Генерал Трошев, ведя уже вторую войну в Чечне, недоумевал, почему Грачев не смог договориться с Дудаевым. Да потому, что Дудаев настаивал на личной встрече с Ельциным, а Коржаков не соглашался проводить ее бесплатно.

Блистательную военную операцию по сожжению колонны российской бронетехники в Грозном действительно организовал не Грачев, а директор ФСК Степашин и начальник московского УФСБ Савостьянов, курировавший вопросы устранения режима Дудаева и ввода войск в Чечню. Однако те, кто описывал банальные ошибки российских военных, вводивших в город бронетанковую колонну, обреченную на уничтожение, не понимали тонких политических расчетов провокаторов. Сторонникам войны нужно было, чтобы колонну эффектно уничтожили чеченцы. Только так можно было спровоцировать Ельцина на начало полномасштабных военных действий, которые действительно начались в декабре 1994 г.

ШЕСТОЙ КОМПОНЕНТ — ТОРГОВЛЯ ОРУЖИЕМ

Во времена существования Советского Союза продажей оружия за рубеж ведало Главное инженерное Управление (ГИУ) Министерства внешних экономических связей. Сотрудниками ГИУ преимущественно являлись кадровые офицеры Главного разведывательного управления Генштаба Министерства обороны СССР (ГРУ). Однако после августовской революции 1991 г. денежные потоки от торговли вооружением решил подчинить себе руководитель СБП президента Коржаков. 18 ноября 1993 г. Ельциным был подписан секретный Указ № 1932-с, в соответствии с которым в целях упорядочения ведения дел в непростом бизнесе по продаже вооружения была создана государственная компания «Росвооружение», представлявшая интересы военно-промышленного комплекса (ВПК) России перед зарубежными компаниями, торгующими оружием. Этим же указом контроль за деятельностью госкомпании «Росвооружение» возлагался на Службу безопасности президента.

В этих целях в СБП был создан отдел «В» (от слова «вооружения»), основной задачей которого являлся контроль за деятельностью компании «Росвооружение», Госхрана и Госдрагмета. Руководителем Росвооружения стал генерал Самойлов. А во главе отдела «В» Коржаков поставил преданного ему Александра Котелкина.

Котелкин, 1954 г. рождения, закончил Киевское военно-техническое училище, в течение ряда лет проходил службу в военно-воздушных силах. Затем был принят на службу в ГРУ и направлен на учебу в Дипломатическую академию Министерства иностранных дел СССР. В конце 80-х годов Котелкин проходил службу в качестве офицера военной разведки под дипломатическим прикрытием в постоянном представительстве СССР при ООН.

В период пребывания в США Котелкин попал в поле зрения ФБР в силу многочисленных любовных связей с женами советских дипломатов сотрудников ООН, а также из-за нетрадиционных сексуальных отношений с коллегами по резидентуре ГРУ. В близких приятельских отношениях Котелкин был также с Сергеем Глазьевым, бывшим в правительстве Егора Гайдара заместителем министра, а затем министром внешних экономических связей.

При содействии Глазьева Котелкин был назначен на должность начальника Главного управления военно-технического сотрудничества (приемника ГИУ) Министерства внешних экономических сношений (МВЭС). Находясь на этой должности, Котелкин злоупотреблял служебным положением, незаконно получал от подконтрольных предприятий премии, исчисляемые десятками тысяч американских долларов.

Когда в 1993 г. была создана госкомпания «Росвооружение», стараниями Коржакова именно Котелкин был взят на должность начальника направления отдела «В», контролирующего вновь созданную госструктуру. Коржаков имел достаточно компромата против Котелкина. Это и было гарантией того, что Котелкин будет выполнять любые указания Коржакова. В ноябре 1994 г. Котелкин возглавил Росвооружение. В результате Коржаков и преданные ему люди из числа сотрудников Росвооружения в период до лета 1996 г., когда Коржаков был уволен с госслужбы, сумели присвоить несколько сот миллионов американских долларов.

СЕДЬМОЙ КОМПОНЕНТ — ЧП

Перед самыми выборами 1996 г. Коржаков, Барсуков и Сосковец убедили президента Ельцина в том, что у него нет шансов выиграть выборы у главного конкурента, кандидата от коммунистической партии Геннадия Зюганова и что единственный способ удержать власть в стране — объявить чрезвычайное положение (ЧП), ссылаясь на продолжающуюся войну с Чеченской республикой. В этом была своя логика. Если бы Зюганов пришел к власти, он, безусловно, посадил бы Ельцина в тюрьму за разгон парламента в октябре 1993 г. Насильственный роспуск законодательного органа России легко можно было представить как антиконституционный, со всеми последствиями. Если бы к власти пришли демократы, они с легкостью могли бы привлечь Ельцина к ответственности за развязывание первой чеченской войны, военные преступления, совершенные российской армией в Чечне и геноцид чеченского народа. И любой новый президент мог поставить под сомнение законность проведенной Ельциным приватизации российской экономики. И Ельцин подписал указ об отмене президентских выборов и объявлении чрезвычайного положения.

Однако до его публикации об этом стало известно всем тем, кого не успел добить Коржаков: Березовскому, Чубайсу, Гусинскому, Лисовскому и всем тем, кого впоследствии стали называть российскими олигархами. В едином порыве, какого с тех пор ни разу не видела российская история, с помощью дочери президента Татьяны Дьяченко, они добились приема у Ельцина и предложили ему использовать вместо танков и декрета о введении чрезвычайного положения деньги, газеты и телевидение. И Ельцин отозвал уже подписанный им декрет, отправил в отставку Коржакова, Барсукова и Сосковца и назначил руководителем своей администрации Чубайса. Березовский отвечал за поддержку Ельцина на ОРТ. Гусинский — на НТВ. Лисовский — за рекламу. Почти неизвестный Роман Абрамович — за внебюджетное финансирование... При исходной популярности в 3% Ельцин сумел набрать наибольший процент голосов в первом туре выборов в июне, вышел во второй тур вместе со своим основным противников Зюгановым и на втором туре выборов в июле одержал над Зюгановым победу. Вскоре после выборов Ельцина, 31 августа 1996 г., было подписано мирное соглашение с Чеченской республикой. Первая чеченская война завершилась. Россия вернулась на путь демократии. А Комельков покинул СБП и вернулся на службу в ФСБ в качестве заместителя начальника Управления по защите конституционного строя.

2

WHO IS MR. PUTIN

АЛЬТЕРНАТИВНАЯ БИОГРАФИЯ

9 марта 2000 г. при взлете в Шереметьевском аэропорту в Москве разбился самолет «Як-40», на борту которого находилось девять человек: президент холдинга «Совершенно секретно» Артем Боровик, глава холдинга АО «Группа Альянс» чеченец по национальности Зия Бажаев, два его телохранителя и пять членов экипажа.

«Як-40», около года назад арендованный Бажаевым у Вологодского авиапредприятия через столичную авиакомпанию «Аэротекс», должен был вылететь в Киев. В сообщении комиссии по расследованию происшествий на воздушном транспорте говорилось, что вологодские авиатехники перед взлетом не обработали самолет специальной жидкостью против обледенения, а его закрылки были выпущены всего на 10 градусов при необходимых для взлета 20 градусах. Между тем утром 9 марта в Шереметьево было всего четыре градуса мороза, без осадков. И обрабатывать самолет жидкостью «Арктика» не было необходимости. Кроме того, «Як-40» без проблем можно было поднять в воздух и при выпущенных на 10 градусов закрылках: удлинился бы разбег и взлет стал бы «ленивым». Судя по тому, что самолет рухнул примерно в середине взлетной полосы, которая в Шереметьево имеет длину 3,6 км, разбег у самолета был штатный — около 800 м.

Сразу же после гибели Боровика и Бажаева в СМИ было высказано предположение, что катастрофа не была несчастным случаем и что саботаж самолета организовали российские спецслужбы. Дело в том, что Боровик (через Бажаева) в эти дни и недели активно собирал материал о детстве Путина, причем публикация этого материала должна была состояться 12 марта 2000 г., перед самыми президентскими выборами. Что же собирался опубликовать Боровик? Чем были так встревожены Путин и те, кто продвигал его к власти?

Боровик располагал информацией о том, что настоящей (биологической) матерью Путина является не Мария Ивановна Путина (Шеломова), 1911 г. рождения, а совсем другая женщина — Вера Николаевна Путина, 1926 г. рождения, уроженка города Очёра (Пермской области), по сей день проживающая в селе Метехи Каспского района Грузии, примерно в часе езды от Тбилиси. С трех до девяти лет жил в Метехи и нынешний президент России Владимир Владимирович Путин.

Государственной тайной информация эта считалась по следующим причинам. В КГБ СССР с особой готовностью брали сирот или усыновленных детей, живших не с биологическими родителями. Считалось, что такие молодые люди и девушки, лишенные тепла и защиты родителей, часто своими родителями брошенные и преданные, прошедшие из-за этого через тяжелые испытания жесткой советской жизни, обиженные, униженные и битые, идут в КГБ как в новую семью, потому что ищут настоящей защиты от всех тех злых людей, с которыми сталкивались в детстве и юношестве, во всесильной государственной структуре, наводящий страх на всю страну. Юный Путин стал заниматься дзюдо, чтобы защитить себя физически. Он пошел на службу в КГБ, так как считал, что только служба в этой организации сможет сделать его сильным и уважаемым человеком. Со временем КГБ действительно стал его семьей. Его единственной семьей. И если все рассказанное Верой Путиной правда, совсем иначе видится и служба Путина в КГБ, и возвышение его к власти. Обиженный, преданный, лишенный родительского тепла в детстве, Путин шел в КГБ прежде всего для того, чтобы найти там новую семью и свести счеты со всем обижавшим его миром. И когда в 1990-е гг. КГБ-ФСБ или, как они себя называли, «контора» стала продвигать Путина к власти, в одном они были уверены наверняка: более преданного кандидата в президенты, в смысле его лояльности ФСБ, быть не может.

Вера Николаевна, утверждавшая, что является настоящей матерью Путина, рассказала в видеоинтервью следующее:

«Происхождением я с Урала. Там же получила образование в техникуме. Во время учебы я познакомилась с одним парнем. От него в 1950 г. я родила Вову. Его отца я даже не хочу вспоминать. Он меня обманул. Я уже была беременна, когда узнала, что у него есть семья. Я сразу же ушла от него. Целый год Вову фактически растили мои родители. Потом, когда я была на практике в Ташкенте, я познакомилась с моим [нынешним] мужем, Георгием Осепашвили. Он был в армии тогда. Когда я вышла за него замуж, мы переехали в Метехи, и через некоторое время моя мать привезла Вову сюда. Тогда ему было три года.

Но вскоре, когда у нас пошли собственные дети, муж был недоволен, что Вова находится здесь. Бить он его не бил, просто не хотел, чтобы Вова находился здесь, — кто хочет чужого ребенка. Один раз сестра мужа даже тайком от меня отдала Вову какому-то бездетному майору. Я его еле отыскала и вернула обратно. Пришлось отвезти Вову к моим родителям, которые хотели, чтобы я сохранила свою новую семью. Фактически получилось, что я поменяла Вову на девочек. После этого я больше не видела Вову, хотя постоянно искала его и спрашивала у родителей — где он. Никто ничего мне не хотел говорить. Позже я узнала, что Вова, уже будучи в КГБ, запретил всем говорить мне, где он находится.

[...] Я, конечно, слышала, что Вова работает в КГБ, а потом в правительстве России. Иногда о нем говорили мои дочери, постоянно говорят мои односельчане. Но теперь его детство засекречено и он не хочет признавать во мне мать. [...] Здесь ко мне приезжали люди из КГБ, они забрали все мои семейные фотографии и сказали, чтобы я никому не говорила о Вове».[1]

Фотографии были забраны в январе 2000 г., когда по одним сведениям сотрудники российского КГБ, по другим — грузинской госбезопасности — приехали в Метехи и, согласно показаниям местных жителей, долго расспрашивали про Володю Путина. Они забрали у Веры Николаевны фотографии ее сына и предупредили ее, чтобы она о нем никому не рассказывала.

Пришлось высказываться по поводу родства Путина президенту Грузии Эдуарду Шеварднадзе, которого осаждали журналисты. Он предложил предоставить Путину «право самому разобраться в этом вопросе».[2]

Образование метехский Володя Путин получил в местной средней школе. Удалось побеседовать и с одноклассниками Путина. Так, бывший одноклассник Путина начальник проектной организации Каспского района Габриэль Даташвили рассказал, что дружил с Володей и что в классе они вдвоем были отличниками:

«В школе мы оба были отличниками и очень дружили. Кроме меня, у него фактически не было друзей. [...] Он был очень тихим скрытным ребенком. После уроков часто уходил на рыбалку или приходил ко мне и мы играли вместе: в войнушки, фехтовали, в лахти играли и боролись. У меня была одна фотография, он мне подарил ее, когда уезжал отсюда. Там была такая надпись: «На память Габриэлю от Вовы». [...] Если Путин помнит период жизни в Метехи, он должен помнить и меня. [...] Маленький, слабый мальчик, русые волосы и голубые глаза. [...] Потом его мать, г-жа Вера Путина, увезла его обратно в Россию к своим родителям[...] Как я знаю, причиной этого были трудности в семье. Вдобавок, у г-жи Веры появились новые дети. Когда Вову увезли в Россию, уже были две девочки: Софья и Люба. Потом, в 1961 г., родился мальчик, после него еще две девочки».

Один из жителей Метехи рассказал, что во время рыбалки Путин сильно поранил палец:

«Вова стоял у школы и навзрыд плакал. В подушечке указательного пальца левой руки торчал крючок для ловли рыбы. Его нельзя было вытащить, если не вырвать кусок мяса. Кровь лила ручьем. «Не бойся, сынок, пройдет», — говорил я, успокаивая его, и в это время вытащил крючок, но рана была такая, что не могла не оставить шрама».

Еще одной особой приметой были две явные выпуклости по углам лба (прикрытые прической). Говорили, что метехские школьники дразнили даже из-за этого Володю «чертом».

В параллельном классе с Путиным училась Дали Гзиришвили:

«Он был маленьким, слабым ребенком, с резкими, как у матери, движениями. Я даже не знала, что его зовут Владимир. Называла просто — Вова, и все звали его таким именем. А мать называла его Вовкой. [...] Я уверена, что и. о. президента России — наш Вовка. Не может быть, что это не он. Очень на мать похож. [...] Он был такой белобрысый, волосы ежиком. Я знала, что он не Георгия сын. Было его очень жалко, я помогала ему, они жили очень бедно. Приносила ему яблоки, груши, виноград, все, что могла. Он всегда брал. Мы вместе играли у реки в лахти, в бурти. Он был грустный такой, часто уходил на рыбалку. Ему дядя Гоги вытащил крючок, застрявший в руке. Должна была остаться отметина. Он очень злился и плакал, когда его материли. Сельчане знали, что это злит его, и материли, а он злился и плакал. [...] Это он, точно он».

Нора Гоголашвили, преподавательница начальных классов, так вспоминала своего ученика Путина:

«Тихий, грустный, замкнутый ребенок. Из игр больше всего любил борьбу. Почти всегда был чем-то недоволен. Физически не работал, но очень хорошо учился. В семье было очень трудно. [...] В школу Вова ходил в штопаной одежде. Его называли моим приемным сыном. Если его кто-нибудь обижал, его защитником была я. Я очень его жалела. [...] Очень жаль его было. Как кошка, прилипал ко мне».

Самбист Олег Иадзе, тоже из Метехи, лет на 10 моложе Путина, встречался с будущим президентом на соревнованиях по самбо:

«Но он с самого начала был угрюмым и замкнутым. Здоровался лишь в том случае, если с ним здоровались. Представляете, такое отношение у него было и с русскими. Холодная личность. Чтобы подойти и самому заговорить, это было не в его природе. [...] Очень замкнутый человек. Тогда он работал в КГБ и молчал как могила. Я видел его только на соревнованиях. [...] Между прочим, был такой случай: его полусестра звонила его дяде и тот сказал, что Вова в российском правительстве стал большим человеком. Но тот ли Вова Путин, исполняющий ныне обязанности президента России, трудно сказать. Но на метехскую Путину похож, как две половинки яблока. Вот это я могу сказать».

Правда, здесь имеются расхождения. В ряде публикаций указано, что Путин подошел к Иадзе, поздоровался и сказал: «С Метехи и меня кое-что связывает».[3]

Очередной приезд журналистов к В. Н. Путиной пришелся на 11 марта 2000 г., день похорон Артема Боровика. Вера Николаевна, похоже, понимала, что из-за нее начинают гибнуть не знакомые ей люди. «Я боюсь, что из-за меня Володя не станет президентом», — сказала она. Журналистов было два десятка, в том числе из российского НТВ. Проверили паспорт В. Н. Путиной, метрику, фамилии родителей, еще раз уточнили имя отца Путина — Платона Привалова. Все происходящее записывалось на пленку несколькими камерами, в том числе НТВ (репортаж НТВ так никогда и не был показан).

Побывали журналисты и у сестры Путина (по материнской линии) Софьи (Софико) Георгиевны Осепашвили, 1954 г. рождения, медработника туберкулезной больницы в Тбилиси. Посмотрев на фотографию 14-летнего Путина, опубликованную к тому времени в книге «От первого лица» (презентация книги состоялась 13 марта, а на следующий день она появилась в интернете), Софья сказала:

«Посмотрите на него и на меня — если это не мой брат, покажите мне моего брата. [...] Я посылала ему телеграммы в Очёр, в его комиссариат. Сначала мне говорили, что такого Путина у них нет, а потом сказали, чтобы я его больше не искала. Оказывается, он в это время уже работал в КГБ».

Без сомнения, они были похожи. У Софьи была фотография Володи, которому было тогда семь лет. Фотография сохранилась лишь потому, что Софья жила в Тбилиси, а не в Метехи.

Итак, В. Н. Путина отвезла своего сына родителям: Анне Ильиничне и Михаилу Илларионовичу. Те, в свою очередь, почти сразу передали его своему бездетному родственнику Владимиру Спиридоновичу Путину, который и стал родным отцом будущего президента России. Владимир Спиридонович увез Володю в Ленинград, а Вере Николаевне сказали, что сына отдали в интернат: «После того, как я увезла его к родителям, — вспоминала Вера Николаевна, — позже мой отец заболел и ребенка отдали в интернат».[4]

В плане образования годы обучения в местной грузинской школе оказались потраченными впустую. В Ленинграде вместо четвертого класса Володя, которому через месяц с небольшим исполнялось 10 лет, пошел 1 сентября 1960 г. в первый класс. Именно тогда пришлось изменить год его рождения в метрике, с 1950-го на 1952-й, видимо, чтоб не травмировать ребенка. С этого момента и ведет отсчет официальная биография Путина: с 1 сентября 1960 г.

БИОГРАФИЯ ПО ОФИЦИАЛЬНЫМ ИСТОЧНИКАМ

Владимир Владимирович Путин родился 7 октября 1952 г. в Ленинграде, русский. Был третьим ребенком в семье (два первых сына его родителей умерли в младенческом возрасте — первый перед войной, второй — во время блокады от дифтерита).

Отец, Владимир Спиридонович Путин, родился в 1911 г. в Санкт-Петербурге, откуда вся его семья уехала в начале Первой мировой в село Поминово Тверской области. Мать Мария Ивановна Путина (в девичестве Шеломова) родилась в соседнем селе Заречье, также в 1911 г. Отец служил в Красной Армии подводником, в довоенной юности был деревенским комсомольским активистом. Родители Путина поженились в 1928 г.; перед войной переехали из Тверской области в Петергоф. С началом войны отец пошел на фронт добровольцем, служил в истребительном батальоне НКВД. Мать в начале блокады с помощью своего брата Ивана Ивановича Шеломова (1904—1973), до войны служившего в НКВД, перебралась из Петергофа в Ленинград.

Дед по отцу, Спиридон Иванович Путин, всю жизнь работал поваром (сначала в подмосковных Горках, «где жил Ленин и вся семья Ульяновых. Когда Ленин умер, деда перевели на одну из дач Сталина... И Сталина тоже пережил и в конце жизни, уже на пенсии, жил и готовил в доме отдыха Московского горкома партии в Ильинском».[5] Дед умер в 1979 г., бабка, Ольга Ивановна — в 1976 г. Оба похоронены на Ильинском кладбище в Красногорском районе Московской области.[6] Предки Путина по прямой отцовской линии жили в Тверской области с начала XVII в. в селах Тургиново и Поминово, первый известный предок Путина, бобыль Яким Никитин жил в деревне Бородино Тургиновского прихода и был крепостным боярина Ивана Никитича Романова, дяди царя Михаила Федоровича.[7] Бабка по матери, Елизавета Алексеевна Шеломова была смертельно ранена случайной пулей во время наступления немцев в Тверской области в октябре 1941 г.

В 1950-е гг. Путин-старший служил в военизированной охране Ленинградского вагоностроительного завода им. Егорова, позже работал мастером на этом же заводе, был секретарем партбюро цеха. М. Путина работала после войны санитаркой, дворником, приемщицей товара в булочной, сторожем, уборщицей в лаборатории. Оба родителя умерли от рака, мать — в начале 1999 г., отец — 2 августа 1999 г.; похоронены в Санкт-Петербурге на Серафимовском кладбище.

ОБРАЗОВАНИЕ

С 1960 по 1968 г. Путин учился в школе-восьмилетке № 193 на канале Грибоедова в Ленинграде, был председателем совета пионерского отряда. После 8-го класса поступил в среднюю школу № 281 в Советском переулке (спецшкола с химическим уклоном на базе технологического института), которую окончил в 1970 г. В 1970 г. поступил на международное отделение юридического факультета Ленинградского государственного университета (ЛГУ) им. Жданова, которое окончил в 1975 г. Тема дипломной работы: «Принцип наиболее благоприятствующей нации в международном праве». Кандидат экономических наук (тема диссертации, защищенной 27 июня 1997 г. в Санкт-Петербургском Горном университете: «Стратегическое планирование воспроизводства минерально-сырьевой базы региона в условиях формирования рыночных отношений. Санкт-Петербург и Ленинградская область»); среди рецензентов были Валерий Сердюков и Сергей Глазьев. Во время обучения в университете Путин познакомился с Анатолием Собчаком, который в качестве ассистента кафедры некоторое время вел у него занятия по хозяйственному праву.

В ЛГУ Путин вступил в КПСС, оставался членом КПСС до ее запрещения в августе 1991 г. В 1985 г. окончил одногодичный факультет Краснознаменного института им. Ю. В. Андропова; (бывшая 101-я школа и Школа внешней разведки — ныне Академия Внешней разведки).

ПОТЕРЯННЫЕ ГОДЫ

Согласно официальной биографии Путина он родился 7 октября 1952 г., когда его матери Марии Ивановне Путиной был 41 год, что случалось редко. В Советском Союзе женщины в таком возрасте, как правило, не рожали. В школу Володя пошел в первый класс в Ленинграде 1 сентября 1960 г., когда ему было почти 8 лет. Его школьный ленинградский друг Вячеслав Яковлев — одно из немногих свидетельств того, что Путин рос в Ленинграде, — утверждал: «грузинского периода у и. о. президента быть не могло, потому что они вместе учились с 1-го по 10-й класс. С Володей мы пошли в первый класс 193-й школы в 1959 г. Помню, он пришел с мамой, неся огромный букет роз. Жили мы тогда в одном дворе и вместе ходили в школу и домой. Кстати, до школы я Володю тоже видел во дворе с родителями».[8]

Это единственная не слишком убедительная фраза о дошкольном периоде Путина. К тому же, Яковлев ошибся на год, видимо, прибавив стандартные 7 лет к 1952 г. рождения Путина. Путин пошел в первый класс 193-й школы не в 1959 г., а в 1960 г.

Правдоподобнее звучит другое свидетельство: «У нас с Путиным разница в четыре года. Мне, наверное, лет двенадцать было, когда я его впервые заметил во дворе», — вспоминал сосед Путина по переулку Вячеслав Ченцов.[9] Иными словами, до первого класса, до восьми лет, во дворе Путина не помнили.

Согласно неофициальной биографии Путина он родился 7 октября 1950 г., когда его матери Вере Николаевне Путиной было 24 года. В школу Володя пошел в Метехи и учился там с шести до девяти лет, закончив три класса. И именно по этой причине три года из жизни Путина необходимо было «потерять». Их удачно потеряли следующим образом. В Метехи Володя пошел в школу 1 сентября 1957 г., когда ему почти исполнилось семь лет. По окончании третьего класса летом 1960 г. Володе было 9 лет. Затем Володю отправили к родителям Веры Николаевны и вскоре — к его новым родителям. К 1 сентября 1960 г. Володя уже жил в Ленинграде, и 7 октября 1960 г. ему исполнялось 10 лет. В этот момент и была переписана метрика Путина с 1950-го на 1952-й год рождения. Когда Володя 1 сентября 1960 г. пошел в ленинградскую школу ему снова было 7 лет (7 октября 1960 г. согласно метрике Володе исполнилось восемь).

ПУТИН В КГБ

После окончания Ленинградского университета в 1975 г. Путин был по распределению направлен в КГБ СССР и около пяти месяцев работал в секретариате Ленинградского управления КГБ и, по его словам, «подшивал дела какие-то».[10] С февраля по июль 1976 г. он учился на курсах переподготовки оперативного состава, после этого полгода, до начала 1977 г. работал в Ленинградском УКГБ, по собственным словам, в «контрразведывательном подразделении... занимался иностранным элементом»,[11] а по свидетельствам сослуживцев — в «пятерке», 5-м отделе Ленинградского УКГБ, входившем в систему Пятого главного управления, курировавшего «борьбу с идеологическими диверсиями противника» и слежку за диссидентами. Во время работы обратил на себя «внимание сотрудников внешней разведки», после чего получил предложение на переход из «пятерки» в Первое главное управление (ПГУ, внешняя разведка) и был направлен в Москву на годичные курсы переподготовки при Высшей школе КГБ им. Дзержинского. По возвращении в Ленинград «четыре с половиной года» (1979—83 гг.) служил в первом отделе Ленинградского УКГБ.

В 1984 г., получив звание майора, Путин был направлен в Институт им. Андропова, где учился с июля 1984-го по июль 1985-го под псевдонимом Платов (на одногодичном факультете — «объект "Юрмала" в Подмосковье, в Звенигородском районе). В августе 1985 г. командирован в Дрезденскую разведгруппу «Представительства КГБ» в ГДР, где работал до начала 1990 г. Имел удостоверение сотрудника Министерства госбезопасности ГДР (Штази). На январь 1990 г. — секретарь парторганизации Дрезденской группы и член парткома Представительства, старший помощник начальника третьего линейного отдела от Управления «С» (нелегальная развездка). В Дрездене жил на улице Радебергер-штрассе.[12] В число обязанностей Путина одно время входил контроль за секретарем дрезденского отделения Социалистической Единой партии Германии (СЕПГ) Хансом Модровом (будущим последним лидером СДПГ и ГДР), а также отслеживание антикоммунистических акций протеста в ГДР.[13]

В 1986 г. Дрезден с целью встречи с X. Модровом посетил председатель КГБ СССР Владимир Крючков. Впоследствии Крючков не мог вспомнить офицера ПГУ Путина и предположил, что Путин, вероятнее всего, не был кадровым разведчиком, а всего лишь сотрудником какого-нибудь другого подразделения КГБ, направленным в командировку в ГДР на обычный срок в пять лет. Этим же предположением Крючков объясняет возвращение Путина из Дрездена в 1990 г. в отдел по работе с личным составом Ленинградского управления КГБ.[14]

В 2004 г. в Москве были опубликованы мемуары эмигрировавшего в Чехию подполковника КГБ в отставке Владимира Усольцева, печатавшегося в «Известиях» под псевдонимом Владимир Артамонов (настоящее имя, видимо, Владимир Гортанов), сослуживца

Путина по разведработе в Дрездене. Усольцев шутит, что «берлинские» советские разведчики в основном увлекались добыванием в магазинах западного сектора бесплатных каталогов с фотографиями тряпок, которые они потом успешно перепродавали портнихам и модницам на родине. У них с Путиным, «дрезденских», таких возможностей не было и приходилось выпрашивать каталоги у «берлинских». Но Путину такое выпрашивание удавалось гораздо лучше, чем Усольцеву, потому что в Берлине служило много его земляков-ленинградцев.

Своих дрезденских сослуживцев Усольцев называет без фамилий, по именам: Сергей, Борис, Николай, Виктор, Володя Усатый, Володя Малый. Правда, сразу сказано, что это Путина все называли Володя Малый, а самого Усольцева Володя Большой, а кроме того, совсем не закодирован шеф дрезденской разведгруппы — пожилой полковник Лазарь Лазаревич Матвеев, у которого капитан Путин был любимчиком.

Хозяйственный Сергей, лучший друг Володи Малого по добыванию и распитию пива «Радебергер», — это несомненно Сергей Викторович Чемезов, в настоящее время генеральный директор ФГУП «Ростехнологии». Земляк Путина Борис, по совету которого полковник Матвеев взял Путина под свое крыло, — это Борис Александрович Мыльников, бывший до ноября 2006 г. руководителем Антитеррористического центра стран СНГ. Саша из пензенской глубинки — это Александр Иванович Бирюков, нынешний руководитель Управления Службы по налогам и сборам по Пензенской области. В неназванном по имени берлинском кураторе Путина угадывается полковник Юрий Сергеевич Лещев — его бывший начальник по Ленинградскому управлению КГБ, в настоящее время пенсионер и почетный сотрудник госбезопасности. Где-то среди других неназванных «берлинцев» — Андрей Юрьевич Бельянинов, бывший при Путине директором Федеральной службы по оборонному заказу, а с 2006 г. — директор Федеральной таможенной службы. «Дрезденцы» Виктор, Николай и Володя Усатый — это Виктор Адианов, бизнесмен; Николай Токарев, с 2007 г. президент Транснефти; Владимир Брагин, ныне пенсионер, живет в Сочи.

Были у Путина в Дрездене и немецкие знакомые — сотрудники Штази, собственные агенты, просто приятели. Некоторые из них работают сейчас в «Дрезднер-банке» и «Дойче-банке» —

любимых финансовых учреждениях Путина во времена его вице-мэрства в Питере. Сегодня с помощью этих банков Путин распиливает на части нефтяную компанию Михаила Ходорковского ЮКОС. Этот вопрос могла бы прояснить немецкая мемуаристка Ирен Питч, автор книги «Пикантная дружба», но она пишет, аккуратно избегая имен: «Это были восточные немцы, с которыми Путины познакомились в Дрездене и которые жили теперь в Москве, где муж занимал руководящий пост в одном из крупных германских банков, именно в том, председатель правления которого организовал поездку Людмилы»; «муж был коллегой Володи по Штази»; «в Гамбурге... номер для Людмилы был забронирован тем самым немецким банком, имя которого все чаще упоминалось в связи с Людмилой и Володей». Речь идет о бывшем сотруднике Штази Маттиасе Варниге (кличка Экономист). С декабря 2005 г. он — управляющий директор Северо-Европейской газопроводной компании (North European Pipeline Company), она же — «Северный поток». В 2002—2005 гг. Варниг был президентом российского ЗАО «Дрезднер-банк», дочки одноименного немецкого банка.

Воспоминания Усольцева значительно более информативны. Объясняя, как Путин продвинулся в Дрездене на две служебные ступеньки и две партийные, чем потом обольстил Собчака, а позже и дедушку Ельцина, Усольцев пишет: «Володя умел быть вежливым, приветливым, предупредительным и ненавязчивым. Он был способен расположить к себе кого угодно, но особенно это ему удавалось именно в отношениях со старшими, годящимися ему по возрасту в отцы».

Усольцев отмечает, что для сотрудника КГБ высказывания Путина были слишком смелыми: «Володя набрался всех этих диссидентских премудростей еще в Ленинграде, работая в 5-й службе, ориентированной на борьбу с “идеологической диверсией”... Многих диссидентов Володя упоминал в наших беседах с уважением. Особым почтением у него пользовался Солженицын. Подобных настроений среди оперработников 5-х подразделений в Красноярске и в Минске я и близко не встречал».

В разговорах с чужими он был иронично лицемерным: «Володя, не смущаясь, поддерживал разговоры о “сионистском влиянии” на академика Сахарова. Однако был его тон всегда с долей иронии, которую я хорошо понимал. В этом был весь Володя, зачем наживать неприятности, плюя против ветра?»[15]

Примечания

[1] Исследованием периода жизни Путина в Грузии занимается Ваха Ибрагимов. В 2000 г. в типографии «Вагриум» (не путать с московским издательством) в Иверии небольшим тиражом вышла книга В. Ибрагимова «Тайная биография президента России», 226 стр. Им же были взяты у В. Н. Путиной и жителей села Метехи многочисленные видеоинтервью, любезно предоставленные В. Ибрагимовым в наше распоряжение.

[2] Вигнанский М. У и. о. президента России в Тбилиси есть и. о. сестры. Она мечтает встретиться с Владимиром Путиным. // «Сегодня», 1 марта 2000.

[3] Ларионова Ольга. Сколько матерей у Путина? // «Собеседник», 2 марта 2000.

[4] Ибрагимов В. Тайная биография президента России, с. 69.

[5] От первого лица. Разговоры с Владимиром Путиным, // М., изд. «Вагриус», с. 7.

[6] См. «Московский комсомолец», 2 июня 2000.

[7] См. «Комсомольская правда», 18 июля 2002.

[8] «Собеседник», 2 марта 2000.

[9] Там же.

[10] От первого лица, с. 43.

[11] «КоммерсантЪ», 10 марта 2000; От первого лица, с. 47.

[12] «Версия», № 3 (77), 25—31 января 2000.

[13] «Московский комсомолец», 18 августа 1999.

[14] «Московские новости», № 2 (1021), 25—31 января 2000.

[15] Усольцев В. Сослуживец, М., «Эксмо», 2004, с. 287.

3

ПУТИН В САНКТ-ПЕТЕРБУРГЕ

BACK IN THE USSR

В родной Ленинград (вскоре переименованный в Санкт-Петербург) офицер действующего резерва КГБ Владимир Путин, бывший секретарь парторганизации дрезденской группы представительства КГБ в ГДР, старший помощник начальника отдела и член парткома представительства, вернулся в первой половине 1990 г. Источники расходятся в точной дате.

По версии, восходящей к большому интервью, которое было дано Путиным в начале 2000 г. трем журналистам газеты «КоммерсантЪ» и составило основу предвыборной книги «От первого лица», он пребывал в Дрездене до января 1990 г.: «Когда в январе 1990 г. мы вернулись из Германии, я еще оставался в органах, но потихоньку начал думать о запасном аэродроме».[1]

Супруга президента Людмила помнит почти ту же дату: «Мы вернулись в Союз в начале 1990 г., кажется, 3 февраля».[2] Однако бывший сослуживец Путина по Германии подполковник КГБ Владимир Гортанов (автор мемуаров, опубликованных под псевдонимом Владимир Усольцев) с уверенностью настаивает на другой дате. Во-первых, Усольцев весной 1990 г., будучи в Лейпциге по делам своего научно-технического кооператива, заезжал к Путину в Дрезден. Во-вторых, последний раз Усольцев лично встречался с Путиным, когда вместе со своим начальником по кооперативу Евгением Белявским навестил бывшего сослуживца в том же Дрездене летом 1990 г.[3]

Вряд ли здесь следует винить кого-то в неизжитой чекистской привычке «путать следы». Возможно, здесь имеет место чья-то ошибка памяти. А может быть, Путин не сразу сдал дела по своей службе в ГДР и с февраля по июль 1990 г. «жил на два дома» (и два места работы), периодически наезжая из Ленинграда в Германию, в том числе в Дрезден, где его дважды застал Усольцев.

Косвенным подтверждением этого предположения может быть упоминание одного из бывших берлинских кагебешников о том, что весной 1990 г. он устраивал Путина в гостиницу, когда тот приехал в кратковременную командировку в Берлин. Этот сослуживец Путина (и давний его приятель еще со времени совместной учебы в Краснознаменном институте им. Ю. В. Андропова, где Путин учился на одногодичных курсах) припоминает, что у Путина «были идеи сделать кандидатскую диссертацию», но «впечатления, что Путин собирается уходить из разведки, не сложилось».[4]

Людмила Путина не без горечи вспоминала об этом периоде их жизни: «Как только мы вернулись в Ленинград, муж сразу окунулся в работу. Думаю, он настолько устал в Дрездене от размеренного и устоявшегося режима в течение четырех с половиной лет, что в Санкт-Петербурге его просто-напросто не бывало дома. И это выглядело так, словно муж из дома исчез, сбежал». Путин не только сам не появлялся дома, но и не приносил жене зарплату, вспоминала Людмила: «Три месяца ему не платили зарплату. Помню, к концу третьего месяца у меня возникла внутренняя тревога, потому что просто-напросто не было денег. Но потом, правда, все сразу выплатили».[5]

Мелькал ли Путин после февраля 1990 г. по старым «разведывательным» служебным делам в Германии или нет, остается, таким образом, до конца не выясненным. Однако не позднее начала весны 1990 г. основным официальным местом его работы был уже Ленинградский государственный университет (ЛГУ) им. А. А. Жданова. Как пишет придворный биограф президента Олег Блоцкий, в ЛГУ Путин стал «помощником ректора по международным вопросам — должность, которая традиционно была "закреплена" за внешней разведкой».[6]

Правда, бывший генерал КГБ Олег Калугин определял должностные функции Путина в университете несколько шире, чем сотрудник «внешней разведки». Он писал, что Путин в ЛГУ был резидентом КГБ.

Кроме помощника ректора по международным связям в ЛГУ существовала еще одна должность, предназначенная для «преподавателей из КГБ в штатском»: должность проректора по международным вопросам. Этот пост, который по статусу, естественно, стоит выше, чем помощник ректора, занимал в 1990 г. Юрий Молчанов. Фактически Молчанов и Путин работали вместе и по версии ряда источников, к которым следует, в частности, отнести журналиста, обозревателя «Новой газеты» и члена бюро партии «Яблоко» Бориса Вишневского, лично хорошо знакомого с большинством городских политиков, должность Путина называлась не «помощник ректора», а «помощник проректора».[7] В качестве помощника проректора Путин курировал в том числе иностранных студентов и аспирантов ЛГУ.

Таким образом, не только фактически, но и формально проректор по международным вопросам Молчанов (а не ректор ЛГУ Станислав Меркурьев) был непосредственным начальником Путина. Очень возможно, что Молчанов был его непосредственным начальником и по линии действующего резерва КГБ. (Забегая вперед, укажем, что с осени 2003 г. Молчанов занимал пост вице-губернатора Санкт-Петербурга по инвестиционным вопросам, курируя большинство крупных проектов, а близкий друг и бывший коммерческий компаньон его приемного сына, Андрея Молчанова, — Сергей Миронов — стал председателем верхней палаты российского парламента.)

Работая в ЛГУ, Путин впервые проявил способности менеджера. В это время университеты еще не имели права просто сдавать свои помещения в аренду иностранным физическим или юридическим лицам. Однако запрет можно было обойти: фактический арендодатель и фактический арендатор могли создать совместное предприятие (СП) и законно использовать принадлежащее арендодателю помещение как бы «совместно». При этом доля советской (государственной) стороны в уставном капитале СП могла быть сколь угодно малой. Молчанов и Путин составили договор, согласно которому ЛГУ и известный западный производитель моющих средств — компания Procter & Gamble (P&G) создали такое СП. ЛГУ имел в СП всего 1%. Компания получила право занять один из особняков на Университетской набережной и целый год снабжала профессоров дефицитным американским мылом и стиральным порошком.[8] Можно, конечно, предположить, что Путин и Молчанов получили от Procter & Gamble за сдачу помещения не только мыло и стиральный порошок, но и деньги.

ВТОРОЕ ЛИЦО В МЭРИИ САНКТ-ПЕТЕРБУРГА, ИЛИ «ЗАСЛАННЫЙ КАЗАЧОК»

Вскоре, не уходя из КГБ и университета, Путин получил третье место работы — у Анатолия Собчака. Собчак в своем последнем опубликованном при жизни интервью рассказывал, что помнил Путина «как хорошего студента» и поэтому пригласил его работать к себе, случайно встретив в университете.[9] Но очевидно, что Собчак говорил неправду. Путин был послан на работу к Собчаку руководством КГБ, которое, предвидя перспективы Собчака, прикомандировало к нему на заре перестройки Путина.[10] Переход Путина к Собчаку в КГБ был согласован и утвержден.

Сам Путин дает несколько иную версию случившегося. Но даже из его воспоминаний однозначно следует, что согласование этого перехода утверждалось Путиным у его непосредственного начальства в КГБ:

«Ректором ЛГУ тогда был Станислав Петрович Меркурьев... В университете я восстановил связь с друзьями по юрфаку. Некоторые остались здесь же работать, защитились, стали преподавателями, профессорами. Один из них и попросил меня помочь Анатолию Собчаку, который к этому времени стал председателем Ленсовета. Он просто сказал мне, что у Собчака никого нет в команде, его окружают какие-то жулики, и спросил, не могу ли я Собчаку помочь.

— Каким образом? — поинтересовался я.

— Перейти к нему на работу из университета.

— Знаешь, надо подумать. Ведь я сотрудник КГБ. А он об этом не знает. Я его могу скомпрометировать.

— Ты с ним поговори, — посоветовал приятель.

Надо сказать, что Собчак был в этот момент уже человеком известным и популярным. Я действительно с большим интересом смотрел за тем, что и как он делает, как он говорит. Не все, правда, мне нравилось, но уважение он у меня вызывал. Тем более было приятно, что это преподаватель нашего университета, у которого я учился. Правда, когда я был студентом, у меня не было с ним никаких личных связей. Хотя позже очень много писали, что я был чуть ли не его любимым учеником. Это не так: он был просто одним из тех преподавателей, которые один-два семестра читали у нас лекции. Я встретился с Анатолием Александровичем в Ленсовете, в его кабинете. Хорошо помню эту сцену. Зашел, представился, все ему рассказал. Он человек импульсивный, и сразу мне:

— Я переговорю со Станиславом Петровичем Меркурьевым. С понедельника переходите на работу. Все. Сейчас быстро договоримся, вас переведут.

Я не мог не сказать:

— Анатолий Александрович, я с удовольствием это сделаю. Мне это интересно. Я даже этого хочу. Но есть одно обстоятельство, которое, видимо, будет препятствием для этого перехода.

Он спрашивает:

— Какое?

Я отвечаю:

— Я вам должен сказать, что я не просто помощник ректора, я — кадровый офицер КГБ.

Он задумался — для него это действительно было неожиданностью. Подумал-подумал и выдал:

— Ну и... с ним!

Такой реакции я, конечно, не ожидал, хотя за эти годы ко многому привык. Мы ведь с ним видимся первый раз, он — профессор, доктор юридических наук, председатель Ленсовета — и он вот так, что называется, открытым текстом мне ответил. После этого говорит:

— Мне нужен помощник. Если честно, то я боюсь в приемную выйти. Я не знаю, что там за люди.

...Ребята, сидевшие у Собчака в приемной и на тот момент как бы составлявшие его ближайшее окружение, вели себя жестко, грубо, в лучших традициях комсомольской, советской школы.

Это вызывало, конечно, сильное раздражение в депутатском корпусе... Поскольку я это понимал, то прямо сказал Анатолию Александровичу, что с удовольствием приду к нему работать, но тогда я должен буду сказать своему руководству в КГБ, что ухожу из университета».[11]

Собчак не был наивным политиком. Он понимал, что в Ленинграде КГБ представляет собой очень серьезную силу и что в его окружение КГБ пытается внедрить своих людей. Но Собчак был наивным человеком. Он считал, что сможет переиграть КГБ. Олег Калугин пишет, как лично проинформировал Собчака о том, что в его команде есть офицер КГБ по фамилии Щербаков. Собчак ответил: «Дорогой Олег, я чувствую себя одиноким. Мне нужен человек, который бы поддерживал контакты с КГБ, контролирующим город». Собчак спросил, кого бы Калугин мог ему порекомендовать. Тот смеясь ответил, что такого человека не существует. В этот момент подвернулся Путин.

В КГБ сообщение Путина о том, что Собчак предлагает ему работу, восприняли с восторгом. Подослать с такой легкостью своего агента ко второму после Ельцина демократу в России в КГБ никто не рассчитывал. Путин вспоминает, как пришел «сообщить вышестоящим начальникам», что есть возможность перейти к Собчаку:

«Я пришел к своему руководству и сказал:

— Мне Анатолий Александрович предлагает перейти из университета к нему на работу. Если это невозможно, я готов уволиться».

«Уволиться» из университета, разумеется, не из КГБ.

«Мне ответили:

— Нет, зачем? Иди, спокойно работай, никаких вопросов».[12]

Бывший депутат Ленинградского совета (Ленсовета) и однокурсник Путина Леонид Полохов вспоминает, что впервые встретил Путина в Мариинском дворце в мае 1990 г., когда на заседании городского парламента «утверждали депутатский мандат Собчаку, который тоже был депутатом Ленсовета. Я выхожу из зала и вдруг вижу Путина. И вот тогда-то он мне рассказал, что работает в команде Собчака помощником по международным вопросам».[13]

В городской парламент Собчака действительно избрали 13 мая 1990 г. — на остававшийся вакантным после мартовских выборов мандат, чтобы сделать его председателем Ленсовета. Вожди демократического большинства Ленсовета (в первую очередь Петр Филиппов и Марина Салье) так и не смогли договориться, кто из них главнее, и поэтому решили призвать на руководство Ленсоветом одного из демократов — члена общесоюзного парламента. Народный депутат СССР Юрий Болдырев не изъявил такого желания, а народный депутат СССР Анатолий Собчак предложение принял. Их коллеги по общесоюзному парламенту и демократической Межрегиональной депутатской группе (МДГ) Гавриил Попов и Сергей Станкевич уже возглавили к этому времени Московский совет (Моссовет). Попов — как председатель Моссовета, а Станкевич — как его заместитель. 23 мая — через 10 дней после избрания его депутатом Ленсовета — Собчак был избран спикером городского парламента.[14]

Именно в эти дни, между 13 и 23 мая 1990 г., Путин стал помощником Собчака, только что избранного в Ленсовет, но еще не ставшего его председателем. Трудно предполагать, что операция по внедрению Путина к Собчаку проводилась в эти дни КГБ случайно. Скорее, КГБ из своих источников уже имел информацию о том, что демократическая общественность Ленинграда собирается избрать Собчака председателем Ленсовета и торопился оформить переход Путина к Собчаку до избрания его спикером. Так что Путин в своих воспоминаниях рассказывает не всю правду и несколько меняет последовательность событий.

Кто был «соучеником по университету» и «другом по юрфаку», порекомендовавшим Путину уйти к Собчаку, остается загадкой. Путин почему-то не выдает нам фамилию. Этим неназванным другом мог быть Анатолий Шестерюк — однокурсник Путина и доцент юридического факультета ЛГУ, или адвокат Николай Егоров, тоже однокурсник Путина и зав. кафедрой гражданского права юрфака ЛГУ на 1990 г. Путин мог обсуждать этот вопрос с проректором ЛГУ Молчановым, который наверняка мог оказать и оказал протекцию Путину в этом вопросе и по линии ЛГУ, и по линии КГБ. Но Молчанов не был другом Путина по юрфаку, так как по образованию был физик, а не юрист. Наконец, Путин мог советоваться насчет перехода к Собчаку и с другими «юристами», в том числе работавшими не в университете, например со своим сослуживцем по КГБ выпускником юрфака ЛГУ 1973 г. Виктором Черкесовым.

В целом в Ленинграде с самого начала было распространено мнение, что Путин «приставлен» к Собчаку от КГБ.[15] В прессе высказывались и более радикальные предположения: в университете к Путину в руки якобы попал какой-то компромат на Собчака, что позволило Путину в дальнейшем манипулировать мэром.[16] Именно так считает, в частности, известный ленинградский демократ Вишневский: «Моя версия (можете ссылаться) проста: занимая пост помощника проректора по международным связям, Путин по долгу службы читал все доносы, которые преподаватели ЛГУ писали друг на друга. Я не исключаю, что в руки Путину мог попасть какой-нибудь документ, подписанный Собчаком. И что после его обнародования осталось бы от светлого облика отца российской демократии?»

Собственно, история внедрения Путина к Собчаку ничем не отличалась от многочисленных других историй по внедрению сотрудников КГБ во все прочие политические и деловые структуры, начиная с внедрения Коржакова к Ельцину и Бобкова к Гусинскому, причем гэбешники внедрялись и в России, и в других республиках тогда еще единого СССР. Так, цитированный выше мемуарист В. Усольцев (он же подполковник КГБ В. Гортанов), возвратившийся в СССР раньше Путина, был откомандирован своим кагебешным начальством в Белоруссию, в минское Научно-производственное объединение (НПО) точного электронного машиностроения на пост заместителя главного инженера объединения. Там Гортанов вошел в команду тогдашнего главного белорусского демократа Александра Добровольского, возглавив его избирательный штаб по выборам на Съезд народных депутатов СССР.[17] В Москве в ближнее окружение мэра Г. Попова, с согласия самого же Попова, пытались внедрить полковника КГБ Евгения Саушкина, следователя, ведшего в свое время дело известного советского диссидента Александра Гинзбурга. При поддержке Попова Саушкин стал депутатом Моссовета от «Демократической России». Правда, на этом его демократические достижения закончились. После падения коммунизма в августе 1991 г. он, забросив политику, увлекся коммерцией. Зато помощником и советником Попова стал внештатный сотрудник КГБ Константин Затулин, дважды неудачно пытавшийся избраться в Моссвет от «Демократической России» (сегодня Затулин — советник мэра Москвы Юрия Лужкова и депутат Государственной думы от партии «Единая Россия»).

В Молдавии Мирча Друк, предположительно являвшийся агентом КГБ, возглавил правительство Народного фронта. В Абхазии Тамаз Надарейшвили, также предположительно являвшийся агентом КГБ, был избран депутатом Верховного Совета, стал лидером фракции «Демократическая Абхазия», а потом — спикером Верховного Совета Абхазии. Так что и Путин, и Гортанов, и Саушкин были не исключением из правила, а стали частью распространенной практики КГБ по внедрению в демократические круги и частные бизнесы. Офицеры действующего резерва КГБ становились разведчиками во вражеском лагере демократов (точно так же, как раньше служили разведчиками за рубежом).

СПЕЦИАЛИСТ ПО ОБЩЕНИЮ С ЛЮДЬМИ

Собчак был конфликтный политик и не легкий в общении человек: самолюбивый, высокомерный, вспыльчивый и раздражительный. Он был блестящий оратор, но совершенно не имел склонности к договорам, переговорам, согласованию интересов даже с единомышленниками и союзниками, не говоря уже о противниках или личных недоброжелателях, которых вокруг него всегда было много. Политики Ленинграда (Санкт-Петербурга) считались с популярностью Собчака и на первых порах были готовы относиться к спикеру Ленсовета как к первому среди равных. Он же их всех считал пигмеями и бездарными демагогами. Более или менее равными себе Собчак признавал только знаменитых ленинградских писателей и ученых-академиков, но никак не вождей демократии или рядовых депутатов Ленсовета.

Уже в первые месяцы своего правления спикер утратил уважение и поддержку городского депутатского корпуса и собственного исполнительного комитета (исполкома — руководящего органа Ленсовета). При этом он сохранил симпатии горожан, что позволило ему, бросив Ленсовет, триумфально избраться мэром города в июне 1991 г. Собчак чувствовал себя комфортно и с восхищенным «народом», находясь на трибунном возвышении от него, и в окружении почтительных студентов, и давая указания покорным функционерам-исполнителям. В то же время к рутинной организационно-административной работе у него совершенно не было пристрастия, и он испытывал настоятельную потребность в людях, которые его от повседневных организационных усилий могли бы избавить.

Поэтому вокруг трона Собчака приживались в основном личности комсомольского или директорско-прорабского происхождения, умеющие уловить настроение шефа и угодить ему — серые «хозяйственники» без чувства собственного достоинства, но с некоторыми организационно-административными талантами. Как известно, одним из таких «хозяйственников» был Владимир Анатольевич Яковлев, заместитель Собчака, впоследствии Собчака успешно «подсидевший» и ставший губернатором Санкт-Петербурга.

Некоторое исключение в окружении Собчака представляли, правда, Анатолий Чубайс и Алексей Кудрин. Но и Чубайс при всем его прагматическом таланте ладить с начальством и использовать любых людей, в том числе неудобных, к концу лета 1991 г. оказался у Собчака в полуопале. Если б Егор Гайдар, ставший осенью 1991 г. вице-премьером нового правительства, не забрал Чубайса в Москву, отношения Чубайса и Собчака вряд ли остались бы хорошими.

Как рассказывал один соученик Путина по Краснознаменному институту им. Ю. В. Андропова, в институте их учили и научили «правильно выстраивать взаимоотношения с людьми... прививали умение устанавливать межличностные отношения, влиять на человека».[18] И сам Путин любил говорить: «Я — специалист по общению с людьми».[19]

Вехи Путина на поприще «специалиста по общению с людьми» — это непосредственный начальник в Дрездене полковник КГБ Лазарь Матвеев, мэр Анатолий Собчак, супруга Собчака Людмила Нарусова, дочка Собчака и Нарусовой Ксения, управделами президента Ельцина Павел Бородин, сам дедушка Ельцин, дочка Ельцина Татьяна, олигарх Борис Березовский, канцлер Германии Герхард Шредер, президент США Джордж Буш, премьер-министр Италии Сильвио Берлускони...

Практически все приятели и добрые знакомые Путина по «Большому дому» на Литейном, Краснознаменному институту им. Ю. В. Андропова, дрезденской служебной командировке, коллеги по службе в мэрии и строительству криминального капитализма в

Санкт-Петербурге — ныне участвуют в руководстве государством. Путин со всеми отстроил прекрасные отношения.

Борис Березовский вспоминал, как в самый разгар его травли в России премьер-министром Евгением Примаковым, в феврале 1999 г., Путин, бывший тогда директором ФСБ, пришел с букетом цветов поздравить жену Березовского Елену с днем рождения.

— Ты с ума сошел, — сказал впечатленный Березовский, — Примаков узнает...

— А идет он на... — ответил Путин. — Я его не боюсь.

И Березовский понял, что этому человеку можно верить, на него можно положиться.

Путин действительно ничего не боялся, потому что все его шаги были заранее обсуждены и одобрены корпоративным руководством Комитета государственной безопасности, или «конторой». С согласия «конторы» можно было и Собчака поддержать в августе 1991 г., и жену Березовского поздравить в разгар опалы влиятельного олигарха. И двигаться по служебной лестнице еще выше.

ВИЦЕ-СОБЧАК

Первое время Путин работал у Собчака на общественных началах, потому что еще продолжал трудиться в университете, и только через месяц-два перешел к Собчаку на постоянную работу[20] как офицер действующего резерва. С июля 1990-го по июнь 1991 г. Путин значился советником председателя Ленсовета. Все помощники депутата Собчака, в том числе Путин, стали официально именоваться советниками, видимо, с момента утверждения штатного расписания аппарата Ленсовета, т. е. с начала июля 1990 г.

Через год, 12 июня 1991 г., Собчак был избран мэром Ленинграда. По результатам проходившего тогда же референдума в сентябре 1991 г. городу было возвращено старинное название: Санкт-Петербург. «В том, что Собчак стал первым всенародно избранным мэром города, — вспоминал затем Путин, — определенную роль сыграл я. Убедил многих депутатов ввести в Петербурге, так же как и в Москве, должность мэра. Собчака, как председателя Ленсовета, в любую секунду могли снять те же депутаты. ...Мне все-таки удалось часть депутатов убедить в том, что это будет целесообразно для города. Кроме того, удалось мобилизовать руководителей районов города, которые придерживались того же мнения. Они не имели права голоса, но могли повлиять на своих депутатов. В итоге решение о введении поста мэра было принято Ленсоветом с перевесом в один голос».[21]

Путин явно преувеличивает свою роль в учреждении поста мэра и избрании Собчака. В 1991 г. Путин большинству депутатов был вообще неизвестен, и авторитетом не пользовался. Идея введения поста мэра принадлежала комиссии Ленсовета по организации государственной власти под руководством Михаила Горного с целью заставить Собчака хоть за что-то в городе отвечать, а не перекладывать всю ответственность на исполком Ленсовета.

Одним из первых своих распоряжений мэр Собчак создал 28 июня 1991 г. Комитет по внешним связям (КВС) мэрии и назначил его председателем Путина. С этого момента авторитет Путина действительно стал возрастать. Он оказался руководителем очень важного бюрократического учреждения.

В августе 1991 г. Путин сыграл определенную роль в непростых переговорах, которые Собчак тогда вел с руководством ленинградского КГБ, стремясь добиться (и добившись) нейтралитета КГБ в противостоянии демократических городских властей и ГКЧП. В ходе этих переговоров были оговорены гарантии для чекистов на случай победы демократов. После 21 августа главный ленинградский чекист и гэкачепист Анатолий Курков — «очень порядочный, кстати сказать, человек», по мнению Путина,[22] — не только не подвергся репрессиям, но продолжал занимать пост начальника КГБ по Ленинграду и Ленинградской области вплоть до конца ноября 1991 г., когда, уйдя в действующий резерв КГБ, переместился в сферу банковского бизнеса. На его место Собчак, не взирая на протесты бывших диссидентов, пролоббировал друга Путина Виктора Черкесова, про которого сам же говорил: «Черкесов на службе у тех, кому принадлежит власть. Речь идет о людях, для которых "законность" и "демократия" просто лишены смысла. Для них существуют лишь приказы, а законы и права являются для них препятствиями». Но так как Собчак считал, что КГБ контролирует город, он исходил из того, что без КГБ управлять нельзя.

С июня 1991 г. при каждой реорганизации органов власти Санкт-Петербурга роль и влияние Путина только возрастают. После ликвидации ГКЧП Путин подписывает заявление об отставке из КГБ, выходит из коммунистической партии, членом которой он, разумеется, был, и в звании подполковника переводится в действующий резерв КГБ. В конце 1991 г. его назначают заместителем мэра Санкт-Петербурга с сохранением за ним поста председателя КВС.

С 1992 г. во время частых поездок за границу Собчак стал оставлять вместо себя «на хозяйстве» именно Путина (который, правда, за границей тоже проводил очень много времени). Факсимиле с подписью Собчака находилось именно у Путина, и в отсутствие мэра он всегда принимает самостоятельные решения.[23] Путин даже рассказывал, что, уезжая, Собчак оставлял ему чистые листы со своей подписью.[24] При этом Путин максимально старался находиться в тени, оставляя все представительские функции Собчаку; избегал излишней саморекламы, редко выступал по телевидению и в прессе. Правда, имидж «серого кардинала» можно было объяснить и тем, что публичные выступления Путину всегда давались тяжело. Когда изредка Путину приходилось выступать перед Законодательным собранием Санкт-Петербурга, его речи с трибуны звучали кратко и жестко. Путин просто боялся говорить долго и прикрывал жесткостью отсутствие какого-либо ораторского мастерства. Собчак как-то рассказывал: «Пришел Путин с собрания, я его таким никогда не видел, почему-то весь синий и, кажется, на несколько килограммов похудел!»

Постепенно Путин замкнул на себя вопросы не только внешнеэкономической деятельности, но также многие другие важные направления политической и хозяйственной жизни города. В частности, он координировал работу всех силовых ведомств города, включая ГУВД Санкт-Петербурга и Ленинградской области, Управление административных органов, Управление гостиниц, Управление юстиции , Регистрационную палату, Управление по связям с общественностью (руководитель — Александр Беспалов). В итоге в мэрии сложилось неписаное правило — все ключевые решения должны были пройти экспертизу Путина. И Собчак большое значение придавал тому, чтобы проекты его распоряжений и постановлений были отмечены резолюцией его заместителя. Путину была поручена также комиссия мэрии по оперативным вопросам. Депутаты, присутствовавшие на заседаниях городского правительства, когда на них председательствовал Путин, отмечали, что, в отличие от Собчака, Путин вел заседания «по-деловому и эффективно».

16 марта 1994 г. Собчак в ходе очередной реорганизации учредил в Санкт-Петербурге городское правительство, став его председателем. Первым заместителем председателя правительства Санкт-Петербурга, заместителем мэра по международным и внешнеэкономическим связям и председателем КВС был утвержден Путин. Было создано несколько позиций первых вице-премьеров. Первыми вице-премьерами кроме Путина стали будущий мэр Санкт-Петербурга Владимир Яковлев (председатель Комитета мэрии по городскому хозяйству) и будущий министр в правительстве президента Путина Алексей Кудрин (председатель Комитета по экономике и финансам). Вице-премьерами стали Валерий Малышев (руководитель аппарата правительства), Виталий Мутко (председатель Комитета мэрии по социальным вопросам), Михаил Маневич (председатель Комитета по управлению городским имуществом — КУГИ) и Олег Харченко (председатель Комитета градостроительства и архитектуры — КГА).

В том же году, несколько позже, название должности Путина было еще раз видоизменено: первый заместитель мэра Санкт-Петербурга — председатель КВС правительства Санкт-Петербурга (первыми заместителями мэра — председателями комитетов правительства стали также В. Яковлев, А. Кудрин и В. Малышев).

Если Санкт-Петербург Собчака сравнивать с Москвой, то должности Путина во второй столице формально соответствовала должность заместителя мэра Москвы Иосифа Орджоникидзе, а функции другого первого вице-мэра Санкт-Петербурга Владимира Яковлева примерно соответствовали должностным обязанностям в Москве Владимира Ресина, с той разницей, что в Москве был (вплоть до августа 2005 г.) еще и вице-мэр Валерий Шанцев, а в Санкт-Петербурге эти функции были поделены между Путиным и Яковлевым. Кроме того, в Москве мэр Юрий Лужков всегда вникал во все вопросы и плотно контролировал всех своих заместителей и помощников. Собчак же почти не вмешивался в повседневную деятельность своих заместителей, а из властных функций интересовался только представительскими. И хотя по мелочам Собчак иногда самодурствовал, он скорее царствовал, чем правил. К тому же иногда месяцами Собчак путешествовал за границей.

Фактически Санкт-Петербургом при Собчаке руководили два первых вице-мэра — Путин и Яковлев. Можно сказать, что они по-братски поделили между собой экономику города: Яковлеву досталось старое советское городское хозяйство, строительство, жилищно-коммунальный комплекс, транспорт, а Путину — новая капиталистическая экономика, приватизация, зарубежные инвестиции, совместные предприятия (СП). При этом Путин не стремился к видимой власти, предпочитая роль серого кардинала. Яковлев же с осторожностью (учитывая ревнивый характер Собчака), методично продвигал в городские народные массы собственный образ — деловитого «хозяйственника», «санкт-петербургского Юрия Лужкова», что и позволило Яковлеву весной 1996 г. неожиданно (для Собчака) выдвинуть свою кандидатуру на пост губернатора и выиграть у Собчака выборы. Третьим фактическим соправителем Санкт-Петербурга (много меньшим по значению) был городской министр финансов Кудрин.

В марте 1994 г. Путин был назначен руководителем Координационной группы по подготовке проекта реконструкции и расширения аэропорта «Пулково». В апреле был включен в наблюдательный совет Санкт-Петербургского банка реконструкции и развития (в наблюдательный совет вошли также Собчак и Яковлев). В марте-апреле Путину было поручено курировать от городской исполнительной власти избирательную кампанию по выборам городского Законодательного собрания (ЗС) и создание дружественного мэрии блока «Весь Петербург» во главе с бывшим руководителем КУГИ Сергеем Беляевым. Особого успеха блок «Весь Петербург» не имел, да и выборы в более чем половине округов весной 1994 г. не состоялись.

Осенью 1994 г. Путин курировал дополнительные выборы в Законодательное собрание, на которых около половины мандатов получили лояльные мэрии бизнесмены и политики центристской и умеренно-демократической ориентации (так называемый «Единый демократический список», в котором объединились кандидаты «Всего Петербурга», «Демократического единства Петербурга» и некоторые независимые). Второе место на выборах заняли «Коммунисты Ленинграда» (4 мандата), третье — «Любимый город» (3 мандата). В числе избранных от независимых оказался ставленник семьи Молчановых Сергей Миронов.

При поддержке группы независимых депутатов в Законодательном собрании города Путин добился в начале 1995 г. снятия фракцией «Любимый город» неприемлемой для мэрии кандидатуры контр-адмирала Вячеслава Щербакова и избрания спикером Собрания нейтрального Юрия Кравцова (от «Любимого города»), а заместителями спикера независимых депутатов Сергея Миронова и Виктора Новоселова.

В конце апреля 1995 г. премьер-министр Виктор Черномырдин поручил Собчаку создание в Санкт-Петербурге регионального отделения Всероссийского общественно-политического движения «Наш дом Россия» (НДР), проправительственной партии, создаваемой по указанию Ельцина. Было очевидно, что политической задачей партии будет поддержание кандидатуры Ельцина на президентских выборах 1996 г.

Сколачивание петербургского НДР Собчак перепоручил Путину, который возглавил организационный комитет. В числе 21 члена оргкомитета были президент совместного предприятия «Ленвест» депутат Владимир Коловай, президент концерна «Ленинец» Анатолий Турчак, президент финансово-строительной компании «Двадцатый трест» депутат Сергей Никешин, генеральный директор петербургского отделения информационного агентства ИТАР-ТАСС Борис Петров, ректор Санкт-Петербургского государственного университета Людмила Вербицкая, президент телекомпании «Русское видео» Дмитрий Рождественский.

В петербургском отделении партии бывшего премьер-министра Егора Гайдара «Демократический выбор России» (ДВР) в это время существовали два крыла — «прагматическое» (в основном бизнесмены) и «правозащитное» (в основном бывшие диссиденты), и Путин привлек «прагматиков» из ДВР к созданию НДР. 5 мая 1995 г. торжественно прошла учредительная конференция Санкт-Петербургского «Наш дом Россия» (НДР). На этой конференции Путин был избран председателем совета регионального отделения.

На учредительном съезде НДР 12 мая 1995 г. в Москве Путин вошел в Политический совет НДР из 126 человек, а руководителем санкт-петербургского НДР оставался до лета 1997 г. 21 июня 1997 3-я конференция Санкт-Петербургского регионального отделения НДР удовлетворила его просьбу об освобождении от должности в связи с переездом в Москву и назначением на пост руководителя Главного контрольного управления (ГКУ) администрации президента. Новым председателем регионального совета НДР стал президент ОАО «Ленинец» Анатолий Турчак; в 1999 г. его сменил президент ЗАО «Петербургская топливная компания» (ПТК) Андрей Степанов. С 2000 г. руководителем санкт-петербургского НДР был ректор Горной академии Владимир Литвиненко. И первый, и второй, и третий были ставленниками Путина. Членом Политсовета НДР Путин формально оставался вплоть до избрания его президентом в 2000 г., хотя не присутствовал на съездах НДР, начиная с VII съезда 1999 г.

Летом-осенью 1995 г. Путин руководил проведением кампании НДР по выборам в Государственную думу второго созыва. Избирательная кампания НДР в 1995 г. была пышной и дорогостоящей. Путину во время этой избирательной кампании удалось привлечь в избирательный фонд НДР 1 млрд 100 млн неденоминированных рублей, предоставленных по большей части санкт-петербургскими банками (тогда как из центрального избирательного штаба НДР было перечислено только 15 млн рублей). Особенно жителям Санкт-Петербурга запомнилась избыточная многочисленность цветных плакатов с изображением Черномырдина на дорогих рекламных стендах — до пяти одинаковых плакатов на одном стенде и по 10—15 плакатов на заборе (впрочем, то же самое было в Москве). Сам Путин объяснял это тем, что рекламная продукция была ему в изобилии предоставлена федеральным руководством НДР, а «кашей масла не испортишь» и «не пропадать же плакатам».

Тем не менее сами выборы были НДР проиграны. «Партия власти» НДР смогла выставить своего кандидата (Алексея Александрова) только в Северо-Западном округе, в одном из 8-ми городских округов, причем выдвиженец Путина проиграл выборы кандидату от «Яблока» Анатолию Голову. По пропорциональной системе список НДР занял в городе третье место (12,78% голосов), после «Яблока», получившего 16,03% и КПРФ, получившей 13,21%; и немного опередив блок «ДВР — Объединенные демократы» (12,37%). По списку же, по его региональной части, НДР получила в Санкт-Петербурге всего два мандата, доставшиеся А. Александрову и супруге мэра Людмиле Нарусовой. Еще один член петербургской НДР — бывший председатель КУГИ Сергей Беляев — стал депутатом по федеральной части списка НДР.

В марте 1996 г. Путин вошел в штаб Санкт-Петербургского отделения движения общественной поддержки президента, в которое объединились организации, выступавшие за переизбрание Ельцина на пост президента. По этому поводу лидер петербургского «Яблока» и доверенное лицо кандидата Г. Явлинского Игорь Артемьев (ныне антимонопольный министр в правительстве президента Путина) направил заявление в городскую прокуратуру, утверждая, что участие Путина в работе отделения нарушает закон «Об основных гарантиях избирательных прав граждан», в частности, ограничение, направленное на «воспрепятствование использованию служебного положения отдельными должностными лицами в целях создания преимуществ для отдельных кандидатов». Прокуратура не дала ход этому заявлению, приняв к сведению официальное разъяснение Путина, что он вошел в Движение не как первый вице-мэр, а как руководитель региональной организации НДР.

Возглавляя весной 1996 г. региональный штаб Движения и НДР по выборам Ельцина, Путин одновременно занимался избирательной кампанией Собчака по выборам на пост губернатора Санкт-Петербурга. Именно Путину Собчак поручил убедить депутатов городского Законодательного собрания перенести выборы с 16 июня на 19 мая, чтобы скомкать избирательную кампанию соперников, из которых наиболее опасным тогда представлялся Юрий Болдырев. Как рассказывает Вишневский, ранним утром 13 марта Путин привез в Законодательное собрание президентский указ, разрешающий провести выборы 19 мая и проект решения Собрания о переносе выборов. На протяжении недели Путин буквально «выкручивал руки» городскому парламенту: кого-то уговаривал, кому-то откровенно обещал руководящую должность в мэрии, кого-то просил смириться с неизбежным.[25] Усилиями Путина 20 марта — в последний день, когда еще можно было легально перенести выборы — большинство депутатов проголосовало за 19 мая. При этом председательствовавший на заседании первый вице-спикер С. Миронов откровенно фальсифицировал кворум, которого на самом деле не было.

Впрочем, это мелкое жульничество Собчаку и руководившим его избирательной кампанией Путину и Кудрину не помогло. Собчак проиграл выборы Яковлеву.

То, что у Собчака не много шансов быть переизбранным, стало ясно в самом начале кампании. Из кассы НДР были выделены небольшие средства для печатания так полюбившихся Путину плакатов, но для взятия Смольного этого было явно недостаточно. Теперь и Путин это понимал. Нужны были большие деньги. В начале апреля 1996 г. в пансионате «Белые ночи» в Сестрорецке состоялась встреча Путина с группой руководителей фирм и акционерных обществ, соучредителями которых являлись городские власти. Путин предложил сброситься в предвыборную кассу Собчака. Вопреки ожиданиям разговор получился трудным и жестким. Фактически коммерсанты отказали Путину, заявив, что он может рассчитывать лишь на дивиденды, получаемые мэрией от прибыли в пределах доли города. Личные средства бизнесмены вкладывать не хотели, понимая, что Собчак переизбран не будет, так как против него действует Коржаков.

Предвыборный штаб во главе с Путиным очень надеялся и на материальную поддержку Конгресса малого и среднего бизнеса. Но Собчак на решающее заседание Конгресса не приехал, просто забыл. Естественно, Конгресс помочь мэру отказался. Старые друзья Путина — руководители компании «Русское видео» — Миралишвили и Рождественский обязались обеспечить рекламу Собчаку на 11-м канале санкт-петербургского телевидения и по федеральным телеканалам. Взамен Собчак обещал обеспечить им льготный кредит в 300 млн долларов. Однако в это время начались организованные Коржаковым проверки «Русского видео» налоговой полицией, и пиарная кампания Собчака на телевидении захлебнулась, не развернувшись.

В результате, накануне выборов Собчак и Путин остались без средств. Путина объявили виновником поражения; обвиняли в «полном непонимании специфики избирательных технологий» и «создании вокруг мэра Собчака политического вакуума». А что мог сделать Путин с такой «хромой уткой» без денег?

Путин рассказывал, что после их общего с Собчаком поражения сам отказался от предложения нового мэра Яковлева сохранить за ним пост заместителя.[26] Здесь, однако, Путин говорит неправду. Яковлев не мог хотеть оставить Путина своим замом. Вот что свидетельствует Вишневский:

«Есть легенда: когда Собчак проиграл выборы, Яковлев просил Путина остаться, а тот с негодованием отказался. Все это ерунда. Через два дня после того, как Яковлев стал губернатором, я по каким-то делам был в Смольном. Встречаю там Яковлева. Стоим, разговариваем. Подходит какой-то чиновник: "Владимир Анатольевич, там Путин приехал, сидит и ждет, что вы насчет него решите". Я навсегда запомнил, что ответил Яковлев. Он побагровел и сказал: "Чтоб завтра духу этого п...ка не было"».[27]

КВС ПУТИНА КАК МНОГОПРОФИЛЬНЫЙ КОНЦЕРН

В качестве руководителя одного из важнейших комитетов мэрии Путин принимал активное участие в экономической деятельности региона. КВС Путина выступил соучредителем нескольких десятков и регистратором тысяч коммерческих предприятий в Санкт-Петербурге. Единообразной системы регистрации предприятий в это время еще не существовало, и в качестве регистрирующих органов в городе выступали несколько подразделений администрации, в том числе и КВС, регистрировавший преимущественно совместные предприятия, а также другие компании с иностранным участием или экспортно-импортной сферой деятельности. Фирмы, получившие «путинскую» регистрацию, в базе данных мэрии в большинстве случаев легко опознаются по буквенному индексу АОЛ в номере свидетельства о регистрации (например: АОЛ-165, АОЛ-244 и т. д.).

Должность Путина в мэрии, по его собственному признанию, «позволяла решать довольно много проблем и задач, представлявших интерес для различных бизнес-структур».[28] Например, он являлся учредителем всех элитных клубов города, что давало возможность знать или иметь выход на всех ведущих бизнесменов страны, так как все они бывали в создаваемых ими же для себя элитных клубах Санкт-Петербурга. В качестве председателя КВС Путин лично курировал подписание в 1992 г. договора о консультировании мэрии крупной международной аудиторской фирмой KPMG и инвестиционный проект по организации производства в Санкт-Петербурге кока-колы. Путин способствовал приходу в город ряда немецких компаний. При его содействии был открыт в 1992 г. BNP-Drezdner Bank — один из первых иностранных банков на территории страны. Российским филиалом этого банка до декабря 2006 г. руководил старый знакомый Путина по его работе в Германии офицер восточногерманской Штази, вынужденный после объединения Германии перебраться в Россию во избежание возможных преследований со стороны германских властей, Матиас Варниг, ставший в 2003 г. членом совета директоров банка «Россия».

Путин негласно руководил созданной при мэрии конторой «Рубеж», монопольно торговавшей в Санкт-Петербурге «конфискатом», т. е. товарами и грузами, конфискованными таможней. Поскольку цены на продаваемые конфискованные товары определял «Рубеж», за бесценок «своим» оптовикам сбывались тонны конфискованного металла, контейнеры спиртного и все прочее, что по неопытности или по злому умыслу было неправильно оформлено на ввоз или вывоз из региона.

«СПИСОК ПРЕСТУПЛЕНИЙ ПУТИНА»

Россия — коррумпированная страна, которой управляют коррумпированные чиновники. Это не секрет, и это знает каждый. В эпоху президента Ельцина (1991—1999) совершалось много преступлений на экономической почве, но их не совершал лично Ельцин из личных корыстных соображений. С этим скорее всего согласятся и друзья и недоброжелатели Ельцина. С приходом к власти Путина ситуация изменилась. У власти оказался человек, лично участвующий в операциях, которые в разговорном языке чаще всего называются преступлениями. Разумеется, формальное право определять преступления во всех цивилизованных странах принадлежит суду. Поэтому, используя в этой главе слово «преступление», мы сразу оговариваемся, что не вкладываем в него формально-юридический смысл, тем более, что не все обвинения, выдвинутые против Путина за последние годы, проверены и подтверждены. Какие-то могут быть основаны на слухах. Какие-то собраны и обнародованы конкурентами или недоброжелателями.

Вот выдержки из одного такого документа, по некоторым внешним признакам составленного в начале 1999 г. Стилистика документа, его оформление, например расположение текста, шрифт пишущей машинки, свидетельствуют о том, что он составлялся в низшем звене либо прокуратуры Санкт-Петербурга, либо в одном из милицейских подразделений этого города. Не исключено, что справка писалась для кого-то из окружения губернатора Санкт-Петербурга Яковлева или даже для самого губернатора с целью дискредитации набравшего силу Путина (в это время Путин был уже директором ФСБ). Часть фактов, изложенных в этой справке, подтверждены другими источниками. Часть — звучит голословно. Тем не менее люди, составлявшие эту справку, скорее всего знали о чем писали. Машинистка, набиравшая основной текст, не знала, на кого составляется справка и вместо имени героя документа оставляла пробелы. Имя Путина было впечатано позже на механической печатной машинке, как и название организации, где он работал: КГБ.

В ФСБ документы с прочерками обычно составлялись не в отношении высших государственных чиновников, к каковым в тот момент, безусловно, относился Путин, а в отношении объектов оперативной заинтересованности и при составлении аналитических документов и справок в отношении личного состава, чтобы технический персонал (машинистки и секретари) не знали, о чем и о ком идет речь в конкретном документе. Но так как Путин в те месяцы возглавлял ФСБ, трудно предположить, что справка на него составлялась в руководимой им структуре.

СПРАВКА
в отношении Путина В.В.

Путин Владимир Владимирович, 1952 г.р., закончил юридический институт Ленинградского государственного университета (ЛГУ) в 1975 году.

С 1975 года по 1990 г. – сотрудник КГБ СССР, работал в Германии, затем был помощником проректора ЛГУ по международным вопросам.

В 1990 году стал советником Председателя Ленсовета А.Собчака.

С 1990 по 1996 работал в мэрии Санкт-Петербурга. В марте 1994 назначен первым заместителем мэра Санкт-Петербурга. А.Собчак называл его «своим учеником».

После провала А.Собчака на выборах 1996 года Путин перебрался в Москву, где занимал должности заместителя Управляющего делами Администрации Президента РФ, начальника контрольного Управления Администрации Президента РФ, первого заместителя

По мнению многих людей, близко знавших Путина, стремление последнего к личному обогащению и отсутствие моральных барьеров проявились в самом начале его карьеры...

Он участвовал в приватизации, в частности:

— БМП — Балтийского морского пароходства. Контроль за БМП позволил организовать продажу российских судов по заниженным ценам, при этом все действия осуществлялись через криминального авторитета Трабера И. И.;

— завода крепких спиртных напитков «Самтрест» (через криминального авторитета Мирилашвили М. М. — Миша Кутаисский);

— гостиницы «Астория».

Осенью 1998 г. в Санкт-Петербурге был проведен тендер по продаже 40% пакета акций гостиницы «Астория». Путин попытался увеличить свою долю акций в компании, владеющей гостиницей, победив на указанном тендере. Это ему сделать не удалось: акции достались директору завода по производству спиртных напитков A.F.B.-2 Сабадашу А. В. Путин пригрозил Сабадашу А. В., что разгромит завод и расправится с его хозяином. В конце 1998 г. между сторонами был достигнут компромисс: Сабадаш А. В. заплатил Путину «отступные» (около 800 тыс. долларов США).

При приватизации (с участием Путина) 11-го канала телевидения Санкт-Петербурга и продаже его каналу «Русское видео» был нарушен закон о приватизации.

По данному факту в отношении «Русского видео» возбуждено уголовное дело, которое находится в производстве у старшего следователя по особо важным делам Управления по расследованию особо важных дел Генеральной прокуратуры РФ Ванюшина Ю. М. По материалам дела арестован генеральный директор «Русского видео» Д. Рождественский, который финансировал поездки жены Путина за границу.

В компании «Русское видео» нелегально снимались порнофильмы. Работа велась через Д. Рождественского. Соответстствующие материалы находятся у заместителя начальника Управления по расследованию особо важных дел Генеральной прокуратуры — руководителя следственной бригады — Лысейко В. А. С ситуацией вокруг «Русского видео» знаком заместитель Генерального прокурора Катышев. Путин пытается оказать влияние на ход следствия.

Будучи вице-мэром Санкт-Петербурга, Путин отвечал за лицензирование ряда казино, получая за каждую лицензию от 100 до 300 тыс. долларов США.

Ближайшей связью Путина по коммерческой деятельности является Цепов Р. И., руководитель охранной фирмы «Балтик-Эскорт» (ее основал некто Золотов, в прошлом начальник личной охраны А. Собчака, ныне руководитель личной охраны Путина). В 1994 г. Цепов привлекался к уголовной ответственности по ст. 222 Уголовного кодекса РФ от 1996 г. (незаконное хранение и ношение огнестрельного оружия).

Несмотря на это, Цепов является кадровым офицером 7 отдела РУБОПа города Санкт-Петербурга. Именно Цепов собирал деньги при лицензировании игорного бизнеса города. В качестве примера можно назвать казино «Конти», руководитель которого Мирилашвили ежемесячно через Цепова выплачивает мзду Путину. Фирма «Фармавит» платит Путину 20 тыс. долларов США в месяц.

В 1995 г. Цепов подарил жене Путина изумруд, который он выиграл в карты у преступного авторитета Боцмана. Последний в 1994 г. украл изумруд в Южной Корее. Изумруд находится в розыске в Интерполе (каталог 1995—96 гг.). Цепов оказывает услуги Путину с условием, что последний будет «прикрывать» его деятельность. Через Путина Цепов получил пять документов прикрытия, в том числе ФСБ РФ, СВР РФ, МВД РФ.

В марте 1998 г. заместитель Генерального прокурора Катышев возобновил уголовное дело в отношении Цепова (находится в производстве у указанного выше следователя Ванюшина Ю. М.). В настоящее время Цепов скрывается от уголовного преследования в Чехии, куда выехал по подложным документам (загранпаспорт, права оформлены на подставную фамилию в УФСБ по г. Санкт-Петербургу).

В следственной бригаде прокуратуры (Ванюшин Ю. М.) имеются материалы о том, что бывший руководитель специализированного бюро ритуальных услуг Макутов ежемесячно выплачивал Путину по 30 тыс. долларов США.

С помощью вице-губернатора Санкт-Петербурга Гришанова (бывший командующий Балтийского флота) Путин через порт Ломоносов занимался продажей кораблей военно-морской базы.

Данный порт, находящийся на территории бывшей военно-морской базы и созданный Собчаком, Путиным и Черкесовым, является пропускным пунктом по контрабанде природных ресурсов из России и ввозу в нашу страну импортных товаров. Работа по данному направлению осуществлялась, в частности, морским департаментом «Русского видео».

Весной 1996 г. на предвыборную кампанию Собчака было переведено из банка «Царскосельский» в Швейцарский банк около 30 млн долларов США. Проводку контролировали Путин, Черкесов, Григорьев. (Материалы находились у начальника Службы СКРОСО УФСБ Десятникова Б. О.).

Глава администрации Василеостровского района В. Голубев знаком с Путиным со времени работы в... КГБ СССР по г. Ленинграду. Бывшие коллеги организовали ряд фирм, через которые «прокручиваются», а затем присваиваются бюджетные деньги.

Путиным была создана система «продажи» детей за границу через детский дом Центрального района г. Санкт-Петербурга. (Материалы у руководителя следственной бригады Лысейко В. А., а также у заместителя Генерального прокурора РФ Катышева.)

Будучи вице-мэром, Путин через Ленинградское Адмиралтейское объединение организовал продажу подводных лодок за границу. В 1994 г. зам. генерального директора объединения был убит (одна из версий — за отказ осуществить незаконную продажу военного имущества за границу).

БФГ — Балтийская финансовая группа (генеральный директор Капыш) ежемесячно финансово помогает Путину и Черкесову. В 1994—95 гг. у Капыша по нефтяному терминалу Морского порта возник конфликт с одним из учредителей терминала. Капыш заказал убийство этого учредителя. Путин за 50 тысяч долларов США уговорил учредителя урегулировать конфликт... после чего тот выехал в Израиль.

По имеющимся данным, Капыш передал Путину 6 млн долларов США якобы на президентскую кампанию 1996 г. Деньги прошли через один из областных банков, который вскоре был закрыт. [Павел Капыш убит летом 1999 г. — авторы.]

Созданная Путиным совместно с депутатами Законодательного собрания Никешиным и Гольдманом корпорация «XX трест», бюджетные деньги, полученные на строительство, в том числе бизнес-центра «Петр Великий», перевела в Испанию, где в г. Торвиехо была куплена гостиница. Часть украденных средств пошла на покупку Путиным виллы в испанском городе Бенидор (материалы имеются в КРУ Минфина РФ по г. Санкт-Петербургу и обл.).

Путин и Черкесов в 1997 г. незаконно продали здание, принадлежавшее газете «Час пик» (имеется арбитражное дело). Ими газете «Московский комсомолец» нанесен ущерб в несколько сотен тысяч долларов США.

«Список преступлений Путина», проработавшего несколько лет вторым человеком криминальной столицы России, можно считать бесконечным. К нему, видимо, следует присоединить обвинение, четче всего сформулированное в статье Владимира Иванидзе, опубликованной в газете «Совершенно секретно» в августе 2000 г. под названием «Неразборчивые связи северной столицы. В контейнере с тушенкой была обнаружена тонна кокаина». Как писал автор, через Россию шли крупные каналы доставки кокаина в Европу. Активность наркоторговцев была очень серьезной: задержанные в Европе партии составляли сотни килограммов. Однако доказательств существования российского канала не было, пока в феврале 1993 г. под Выборгом не задержали контейнер с грузом колумбийской тушенки. Вес кокаина, спрятанного в банках, составил 1092 килограмма. Участников низшего звена операции, граждан России, Колумбии и Израиля, арестовали, но организаторы поставки не пострадали.

Кокаин, разумеется, предназначался не для России. «Тушенка» должна была следовать в Германию. Поставка была контролируемой: европейские спецслужбы проводили операцию под названием «Акапулько», целью которой было выявление всей наркосети по маршруту Колумбия — Германия. В Германии кокаин должен был быть арестован вместе со всеми участниками преступления и уничтожен. Но все получилось иначе. Кокаин задержали российские спецслужбы. Более двух лет наркотики пролежали на складе в Санкт-Петербурге, хотя по международным нормам должны были быть уничтожены, а в 1996 г. «отправлены на переработку» в Москву, как раз когда туда переезжал Путин. Больше об этом кокаине никто никогда не слышал.

После задержания тонны кокаина руководители наркобизнеса создали в Санкт-Петербурге и Москве целую сеть компаний, в том числе совместное предприятие с участием руководимого

Путиным Комитета внешних сношений. Речь идет прежде всего о бельгийской компании DTI, созданной Оскаром Донатом. Донат был арестован в Израиле как подозреваемый по делу о выборгском кокаине, однако вскоре был освобожден за недостатком улик. Именно его компания DTI должна была осуществить перевозку колумбийских «консервов» из Санкт-Петербурга в Голландию. Партнером семьи Доната в этом бизнесе был Ювал Шемеш, один из арестованных и впоследствии осужденных организаторов поставки кокаина в Европу. Их совместная компания JT Communications Services создала в Санкт-Петербурге и Москве одно из крупнейших предприятий пейджинговой связи. Однако это было лишь прикрытием для реальной деловой активности — наркоторговли, — для обеспечения которой DTI открыла один из крупнейших таможенных терминалов в Санкт-Петербурге. Основными партнерами DTI в этом бизнесе были Объединение охраны ГУВД Санкт-Петербурга и Ленинградской области и Особый отдел Санкт-Петербургской военно-морской базы.

ОТСТУПЛЕНИЕ О СОСТАВЕ ПРЕСТУПЛЕНИЯ

Обычно судебному преследованию подлежат действия, являющиеся нарушением существующих (на момент нарушения) законов, не отмененных впоследствии. В этом смысле в России в 1990-е гг. сложилась уникальная ситуация. После распада Советского Союза в августе 1991 г. старые советские законы формально не были отменены, но использовать их, если не иметь в виду уголовные законы против личности (убийства, нанесение телесных повреждений, откровенные воровство и грабеж), было практически невозможно. Советское законодательство предусматривало отсутствие частной собственности и запрещение частного бизнеса. Оно вводило запрет на использование и хранение иностранной валюты, причем операции, связанные с иностранной валютой, относились к категории тягчайших преступлений и карались в отдельных случаях смертной казнью.

Формально не отмененная система прописки, по существу запрещала переезд людей с одного места жительства на другое и переход на другую работу. Поэтому с августа 1991 г. в России существовало беззаконие, причем следует признать, что для атмосферы глобальной анархии, в которую погрузилась огромная страна, уровень саморегулируемого порядка в России следует признать крайне высоким, а не крайне низким, как это кажется на первый взгляд. Население достаточно быстро выработало свой собственный кодекс законов, заменив отмершие старые советские законы «понятиями». Так и осуществлялось российское правосудие на всех уровнях — по понятиям.

Разумеется, сложившаяся система была порочна. Многочисленные центральные и региональные чиновники сочиняли и переделывали законы, решения, постановления и инструкции под себя и своих экономических вассалов и партнеров, преследуя прежде всего свои собственные экономические или политические интересы. Иногда закон издавался под конкретную операцию (типа «залоговых аукционов» для приватизации государственной собственности за символические деньги), а затем радикально менялся под условия другой аналогичной операции. При таком состоянии законодательства и правоприменения даже самое безобидное административно-экономическое деяние со стороны чиновника или бизнесмена что-нибудь обязательно нарушало. В то же время зачастую самые явные корыстные экономические и финансовые махинации и аферы не подпадали под прямое нарушение закона и не становились наказуемыми преступлениями.

Основу всех финансовых операций составляли наличные расчеты так называемым «черным налом», нигде не учитываемыми деньгами, в рублях и в иностранной валюте. При полной бесконтрольности финансовых трансакций попытка государства собирать налоги по старинке, опираясь на старое налоговое законодательство, была бессмысленна. А новый налоговый кодекс создан не был. Его просто невозможно было создать в стране дикого, зарождающегося, стремительно развивающегося динамичного капитализма, каковой стала Россия. В результате вся страна со всем ее многомиллионным населением не платила налоги с левого неучитываемого дохода, получаемого наличными деньгами, и стала очевидным нарушителем отсутствующего налогового законодательства.

С 2000 г., с приходом к власти Путина, ситуация изменилась. Законы так и не были созданы, однако система понятий была устранена. Расследованиями и репрессиями экономической деятельности населения в период 1991—2000 гг. стали заниматься теперь назначаемые администрацией президента судебные и силовые чиновники, не без участия которых совершались экономические «преступления» предыдущего десятилетия. Основным оружием государства стала возможность отбирать из общей массы по своему усмотрению объекты для преследования, расследования и наказания. Поскольку уязвимыми перед следователями были все, Путин и управляемое им государство получили возможность расправляться с любым противником путем расследования экономической деятельности жертвы в период 1991—2000 гг. Классическим примером стало дело Михаила Ходорковского, арестованного и осужденного хозяина нефтяной компании ЮКОС. Между тем Ходорковский, пусть и ставший с годами олигархом и миллиардером, тем не менее оставался частным предпринимателем, а не государственным чиновником. Вряд ли ему следовало ставить в вину в судебном порядке то, что он использовал «дыры» в существовавшем тогда законодательстве в интересах своего бизнеса. И хотя всем был очевиден президентский политический «заказ» Путина на посадку Ходорковского, российский (не свободный и не независимый) суд, формально подойдя к делу, нашел Ходорковского виновным в многочисленных нарушениях и преступлениях, совершенных им и его компанией в период бурного предшествующего десятилетия, и Ходорковского осудил.

В противоположность этому крупный чиновник московской мэрии Василий Шахновский арестован не был, хотя, уйдя с государственной службы, оказался собственником 7% гибралтарского офшора Group MENATEP Ltd., владевшего ЮКОСом, причем именно он курировал от городского московского правительства переход столичных структур ЮКОСа под контроль МЕНАТЕПа. Иными словами, было очевидно, что Шахновский получил 7% акций как взятку. Дети премьер-министра Виктора Черномырдина и многолетнего председателя Совета директоров Газпрома Рема Вяхирева к концу премьерства Черномырдина оказались владельцами крупных пакетов акций Газпрома. Но и их никто не преследовал за очевидное мошенничество.

Несколько лет тянулось дело директора Федерального агентства правительственной связи (ФАПСИ) генерала армии Александра Старовойтова. Его пытались привлечь к уголовной ответственности за взятки, так как подозревалось, что он получал 20% комиссионных от всех идущих через него контрактов на поставки оборудования германского концерна «Сименс». Немецкая сторона платила комиссионные официально, согласно контракту. Старовойтов же, разумеется, в бюджет государства комиссионные не возвращал. Осужден Старовойтов не был. Таких примеров можно привести тысячи.

По любой логике после экономического беспредела 1991—2000 гг. следовало бы объявить экономическую амнистию всему населению за экономические преступления того периода, а если уж расследовать и карать экономическую коррупцию, то только в отношении государственных чиновников, бравших взятки и занимавшихся вымогательством. Путин сделал прямо противоположное. Он простил преступления чиновников, но оставил за собой право расследовать возможные нарушения бизнесменов.

Сделано это было достаточно остроумно. В мае-июне 2000 г. контролируемая президентом Государственная дума приняла постановление об амнистии, под которую подпали все граждане России, награжденные правительственными орденами, т. е. весь чиновничий корпус, включая членов Думы, так как каждый чиновник, прослуживший некоторое время в аппарате центрального или местного правительства, хоть однажды, либо в советские годы, либо в ельцинские, удостоился по крайней мере одного ордена. Фактически была проведена сословная амнистия, хотя и не без издержек. Владимир Гусинский, арестованный как раз в это время, оказался носителем полученного от Ельцина ордена Дружбы. Гусинского действительно не стали судить за экономические преступления, совершенные до 2000 г. Ему просто предложили отдать собственность и выставили за границу.

На момент принятия российским парламентом закона об амнистии в июне 2000 г. президент России Владимир Путин тоже являлся орденоносцем. Он был кавалером ордена Знак Почета. Поэтому описываемая в этой главе деятельность Путина в Ленинграде (Санкт-Петербурге), часто смахивающая на деяния, подпадающие под статью «экономические преступления», не может являться основанием для судебного преследования героя настоящей книги.

ЛИЦЕНЗИОННЫЙ СКАНДАЛ

Операция «Сырье в обмен на продовольствие» является самым известным и самым первымпо времени скандалом, связанным с деятельностью Владимира Путина в мэрии Санкт-Петербурга. В конце 1991 г. председатель санкт-петербургского КВС Путин выступил инициатором программы продовольственного снабжения Санкт-Петербурга из-за границы в обмен на экспорт российского сырья. Сам Путин так описывал происходившее:

«В 1992 г., когда в стране был фактически продовольственный кризис, Санкт-Петербург испытывал большие проблемы. И тогда наши бизнесмены предложили следующую схему: им разрешают продать за границу товары, главным образом сырьевой группы, а они под это обязуются поставить продукты питания. Других вариантов у нас не было. Поэтому Комитет по внешним связям, который я возглавлял, согласился с этим предложением. Получили разрешение председателя правительства, оформили соответствующее поручение. Схема начала работать. Фирмы вывозили сырье... К сожалению, некоторые фирмы не выполнили главного условия договора — не завезли из-за границы продукты или завезли не в полном объеме. Они нарушили обязательства перед городом».[29]

Путин относит начало истории к 1992 г., однако первый известный подписанный им документ датирован 4 декабря 1991 г. В этот день Путин подписал письмо в Комитет по внешним экономическим связям (КВЭС) Министерства экономики России, возглавляемый Петром Авеном, нынешним руководителем «Альфа-групп», ставшим с тех пор олигархом, миллиардером и вечным попутчиком Путина. Путин писал:

«Единственным источником поступления продуктов в регион с января по февраль 1992 г. может стать их импорт в обмен на экспорт... Региону на период с января по февраль 1992 г. требуется: 83 тысячи тонн замороженного мяса, 11 тысяч тонн масла, 3 тонны сухого молока, 0,4 тонны детского питания, 4,5 тонны растительного масла, 56 тонн сахара, 2 тонны чеснока, 3,5 тонны цитрусовых, 8 тонн какао. Всего на сумму 122 млн долларов.

В связи с чрезвычайным характером сложившейся ситуации и необходимостью начала осуществления обменных операций прошу предоставить квоты на экспорт следующих видов сырья: 750 тысяч кубометров леса, 150 тысяч тонн нефтепродуктов, 30 тысяч тонн лома цветных металлов, 14 тонн редкоземельных металлов (тантал, ниобий, гадолиний, церий, цирконий, иттрий, скандий, иттербий), 1 тысячу тонн алюминия, тонну меди, 20 тонн цемента, тонну аммония, всего на 124 млн долларов.

Для обеспечения гарантий безопасности проводимых обменных операций прошу дать разрешение и на импорт 120 тысяч тонн хлопковолокна. Наконец, прошу, чтобы возглавляемому мной Комитету было предоставлено право на распределение квот и выдачу лицензий».[30]

1 февраля 1992 г. министр внешнеэкономических связей (бывший КВЭС только что стал министерством) Петр Авен визировал письмо Путина: «Предоставить Комитету Санкт-Петербурга право распределять квоты и выдавать лицензии», а 25 марта Министерство внешнеэкономических связей (МВЭС) распоряжением № 172 предоставило КВС Санкт-Петербурга право подписывать экспортные лицензии. Но еще до получения официального разрешения путинский комитет начал выдавать экспортные лицензии.

Вскоре об этом проведали депутаты городского Совета, конфликтовавшие с Собчаком и усердно «копавшие» под мэрию. Уже 10 января 1992 г. по решению 13-й сессии Совета была создана специальная депутатская Рабочая группа по расследованию деятельности КВС. Группу возглавили председатель комиссии городского Совета по продовольствию Марина Салье и член комиссии по торговле и сфере бытовых услуг Юрий Гладков (в 2003—2007 гг. вице-спикер Законодательного собрания Санкт-Петербурга от фракции «Союз правых сил»). Результаты их расследования превзошли самые смелые ожидания.[31]

СЫРЬЕ В ОБМЕН НА ПРОДОВОЛЬСТВИЕ

Сам Путин утверждал, что ни он, ни его Комитет экспортных лицензий не выдавали: «Лицензии мы не имели право давать. В том-то все и дело. Лицензии давали подразделения Министерства внешнеэкономических связей. Это федеральная структура, не имевшая никакого отношения к администрации города».[32]

Однако, как явствует из материалов Рабочей группы М. Салье, лицензии выдавались, и Путин факт выдачи лицензий признал. В справке «О состоянии дел по выдаче лицензий под обеспечение города продовольствием» от 14 января 1992 г., которую Путин вынужден был предоставить Рабочей группе городского Совета, председатель КВС сообщал: «По состоянию дел на 13 января 1992 г. Комитетом по внешним связям мэрии Санкт-Петербурга выданы лицензии, перечень и объемы которых приведены в таблице». Далее следовал список выданных лицензий.

В 1991—92 гг. Путин под предлогом обеспечения горожан продовольствием заключил договора с фирмами-посредниками на экспорт нефтепродуктов, лесоматериалов, металла, хлопка и другого сырья на сумму более 92 млн долларов. При этом он не согласовал квоты на ресурсы, выделенные правительством России, с Министерством экономики, т. е. нарушил поручение правительства от 9 января 1992 г., и в обход постановления правительства № 90 от 31 декабря 1991 г. «О лицензировании и квотировании экспорта и импорта товаров (работ, услуг) на территории Российской Федерации в 1992 г.» не объявил тендер. Фирмы, которым давались лицензии, отбирал сам Путин.[33] Они не являлись производителями экспортируемого сырья, не специализировались на сырье, не представляли контрактов с зарубежными фирмами на импорт продовольствия. Некоторые фирмы были иностранными, т. е. не поддавались проверке и контролю российского правительства.

Все договора, заключенные КВС, с юридической точки зрения были ущербными: отсутствовали подписи и печати каждой из договаривающихся сторон как на самих договорах, так и на неотъемлемых от них приложениях; на некоторых отсутствовали даты заключения; в двух договорах отсутствовали приложения, упомянутые в тексте; в некоторых содержались арифметические ошибки, исправления, подчистки. Какие-то договора были составлены на финском языке без русского перевода. В четырех договорах, заключенных КВС «в лице Путина», напротив его напечатанной фамилии стояла подпись заместителя Путина по КВС Александра Аникина. Общая сумма, на которую были заключены такие договора, составила более одиннадцати с половиной миллионов долларов.[34]

Лично Путин в рамках операции «Сырье в обмен на продовольствие» подписал минимум четыре документа. Были подписаны две лицензии. Одна — компании АО «Невский дом», 20 декабря 1991 г., на вывоз 150.000 тонн нефтепродуктов (мазута, дизельного топлива, бензина) на сумму более 32 млн долларов. Другая — АОЗТ «Фивекор», 26 декабря, на вывоз 50 тыс. кубометров лесоматериалов на сумму около трех миллионов долларов (в обмен на сухое молоко). Кроме того, были подписаны два договора. Первый, 25 декабря, — с Георгием Мирошником, президентом концерна «Международный коммерческий центр» («Интеркоммерц — Формула-7»), об оформлении лицензии на экспорт 150 тыс. тонн нефтепродуктов (в обмен на мороженное мясо, картофель и сахар). Второй — 3 января 1992 г. — фирмой МП («малое предприятие Ленинградского общества Красный крест»). Согласно этому договору МП ЛОКК получило лицензию на экспорт редких металлов и трех тонн алюминия марки A5N в обмен на 1750 тонн мяса.[35] Впрочем, в том же январе 1992 г. лицензия на экспорт 150 тысяч тонн нефтепродуктов от Мирошника перешла в распоряжение «Невского дома» Владимира Смирнова.

МП ЛОКК, заинтересованное в экспорте алюминия, было не чем иным, как «малым коммерческо-издательским предприятием» Ленинградской городской общественной организации Общества Красного креста. Одним из руководителей фирмы был Сергей Борисович Платонов, впоследствии деловой партнер Романа Цепова, начальника охраны в Санкт-Петербурге жены и дочери Собчака и Путина. «Интеркоммерц — Формула-7» — московская компания Мирошника — была связана с бывшим сотрудником Штази Маттиасом Варнигом. Во всяком случае, немецкая подруга Людмилы Путиной Ирен Питч утверждает, что в 1996 г. факсы Людмилы Путиной, ездившей время от времени в Москву, приходили к ней из фирмы «Интеркоммерц», где их друзьями были «восточные немцы, с которыми Путины познакомились в Дрездене и которые жили теперь в Москве, где муж занимал руководящий пост в одном из крупных германских банков».[36] «Восточными немцами» были Варниг и его супруга, а «крупным немецким банком» — «Дрезднер-банк».

Четыре известных подписанных лично Путиным документа были оформлены ранее 2 февраля 1992 г., когда заявку Путина завизировал П. Авен, и ранее 25 марта 1992 г., когда Министерство экономики разрешило путинскому комитету подписывать экспортные лицензии. Более того, лицензии выдавались даже до подписания соответствующих договоров с коммерсантами: с «Невским домом» договор был подписан в январе 1992 г. (точная дата не указана), хотя лицензия была подписана уже 20 декабря 1991 г.; с «Фивекором» договор был подписан только 1 ноября 1992 г. (а лицензия выдана еще 26 декабря 1991 г.). Договор с «Невским домом» на более чем 32 млн долларов заключался «в лице» А. Г. Аникина и замдиректора АО «Невский дом» В. М. Витенберга, но подписан был совершенно другими лицами, которых Рабочая группа Петросовета не смогла идентифицировать. На лицензии же стояли подписи Путина и генерального директора совсем другой фирмы, зарегистрированной по другому адресу, но с таким же названием: «Невский дом».

Непосредственно подчиненным Путину зампредседателем КВС, начальником управления внешнеэкономических связей Александром Гавриловичем Аникиным были подписаны не менее 13-ти лицензий и договоров, оформленных до получения официального разрешения КВЭС Министерства экономики России на выдачу лицензий. Предмет этих договоров состоял в бартерных сделках: Комитет предоставлял поставщику «лицензию на экспорт» определенного вида и объема сырья, а поставщик осуществлял обмен сырья на продовольственные товары. В нарушение постановления правительства России № 90 от 31 декабря 1991 г., согласно которому право выдачи лицензий на ввоз и вывоз товаров было дано только Комитету внешнеэкономических связей России и его уполномоченным на местах (и никому другому), санкт-петербургский КВС выдал лицензии на сумму более 95 млн долларов.

«Договаривающиеся стороны» не преследовали в качестве истинной цели поставку продовольствия в Санкт-Петербург. Весь смысл операции состоял в том, чтобы составить формальный договор «со своим человеком», выдать ему лицензию, заставить таможню на основании этой лицензии открыть границу, отправить груз за рубеж, продать его и положить деньги в карман. Именно поэтому не объявлялся тендер. Понятно, что для осуществления этой грандиозной аферы нужны были свои «партнеры» из теневой экономики, криминальные и мафиозные структуры и подставные фирмы. Никого из задействованных в этой схеме людей Путин впоследствии не забыл. Так, бывший руководитель одного из подразделений ленинградского Управления внутренних дел Владимир Михайлович Витенберг, задействованный в этой схеме, сейчас является генеральным директором частной охранной фирмы «Охранное предприятие Кречет» и совладельцем нескольких торговых фирм.

Корыстная заинтересованность чиновников санкт-петербургского КВС подтверждается баснословными размерами комиссионных, которые предусматривались договорами — от 25 до 50%. При этом санкции за непоставку продовольствия были ничтожны. Это также делалось в обход решения правительства, которое предусматривало использование всей валютной выручки, полученной от бартерных операций, для закупки продовольствия для населения города. Так, в договоре от 3 января 1992 г. с МП ЛОКК, подписанном лично Путиным, комиссионные составили 540.000 долларов (25%). В договоре, заключенном 10 января 1992 г. «в лице председателя Комитета Путина В. В.» с Международной лесной биржей («Интерлесбиржа») «в лице вице-президента Крылова В. Н.», комиссионные составили 5.983.900 долларов (50%). По соглашению с фирмой МО (международное объединение) «Святослав», подписанному с Василием Хованым, комиссионные составили 12 млн долларов за реализацию 20 тыс. тонн хлопка. Общая сумма комиссионных по 12 договорам превысила 34 млн долларов и в среднем составила 37% комиссионных.[37]

МО «Святослав» была московской торговой компанией, за которой стояли гендиректор Московского концерна по производству текстильной промышленности (МОСТЕКС) Джалдасбек Айтжанов и президент банка «Санкт-Петербург» Юрий Львов. По московскому адресу фирмы «Святослав» размещался также Уникомбанк, в совет директоров которого входили Д. Айтжанов и Ю. Львов.

В банке Ю. Львова «Санкт-Петербург» были открыты счета для нескольких фирм, получивших лицензии от Путина, а одна из фирм была зарегистрирована по адресу этого банка. Именно для того, чтобы осуществлять дальнейшие операции с валютой, Львов, В. Смирнов и Путин создали в 1992 г. Санкт-Петербургскую валютную биржу.

Кроме нестандартно высоких комиссионных в договорах использовались столь же нестандартные занижения цен. Так, в договоре КВС с СП «Джикоп», которому тем же КВС была выдана лицензия на вывоз 13.997 килограммов редкоземельных металлов, цены на большинство из них были занижены в 7, 10, 20 и даже в 2000 раз. Например, за 1 кг скандия договором устанавливалась цена в 72,6 немецких марки, тогда как на мировом рынке его цена превышала 150.000 немецких марок. Только на демпинговых ценах в одном договоре, и только с одной фирмой, город терял, а кто-то зарабатывал более 14 млн немецких марок или по курсу тех дней более 9 млн долларов.[38]

Иногда лицензии выдавались на объемы меньшие чем предусматривали подписанные договоры. Так, договор с СП «Интервуд» предусматривал выдачу лицензии на экспорт 25.500 кубометров пиломатериалов хвойных пород на сумму 2.805.000 долларов. Лицензию же выдали только на 500 кубометров. На такой же объем древесины за ту же сумму был заключен договор с АО «Сансуд», причем таможня не приняла у АО «Сансуд» документы на оформление.[39] 15 января 1992 г. судно «Космонавт Владимир Комаров», вывозившее сырье за границу, было задержано. Лишь 23 февраля — под личную ответственность Путина — судну разрешили выехать за границу.[40]

В лицензионных договорах КВС были странности с ценообразованиями. Так, за одни и те же пиломатериалы в договоре № 4 стоит цена 110 долларов за тонну, а в договоре № 9 указана цена в 140 долларов. Лом черных металлов оценивается в договоре № 6 в 50 долларов за тонну, а его реальная цена в Чехословакии, куда поставлялось сырье, составляла не менее 410 долларов за тонну. В договорах №№ 3, 5, 7 и 8 сахар оценен в 280 долларов за тонну, а его действительная цена в то время не превышала 200 долларов.[41]

При содействии Путина право на поставку за рубеж алюминия и цветных металлов получила также в 1992 г. корпорация «Стрим»[42] (в 1992 г. она также носила название «Кварк»). «Стрим» возглавлялась офицером действующего резерва КГБ Владимиром Якуниным и предпринимателем Юрием Ковальчуком. Туда входили также будущий министр образования и науки Андрей Фурсенко и председатель совета учредителей одного из первых СП Санкт-Петербурга генеральный директор обувной фабрики «Пролетарская победа» Владимир Коловай. Все четверо были коллегами и партнерами Путина на невидимом фронте работы в КГБ и бизнесе. Металл продавался корпорацией «Стрим» непонятным посредникам и по демпинговым ценам, а продукты закупались по ценам дорогим. Это, безусловно, указывало на наличие так называемого «боковика», параллельного договора, согласно которому разница между заниженными при продаже и завышенными при покупке товаров шла фирме-посреднику.

Через Якунина, являвшегося также членом Совета директоров Балтийского морского пароходства, осуществлялся контроль Путиным над еще несколькими внешнеторговыми организациями, которым был предоставлен режим наибольшего благоприятствования: «Ленимпекс», «Ленфинторг», «Ленэкспо», «Великий город» (последняя в основном занималась контрабандными поставками на экспорт цветных металлов).

В итоге Путин и стоявшие за ним бизнесмены лишили своих горожан единственной тогда возможности получить продовольствие за счет бартерных операций. Вместе с продовольствием он отнял у города примерно 100 млн долларов. Это то, что поддается подсчету. Правительство России выделило в те годы квоты на сырье общей стоимостью около одного миллиарда долларов. Куда делись остальные 900 млн — неизвестно. Точно известно, что исчезли 997 тонн особого чистого алюминия марки А5 стоимостью более 717 млн долларов. Исчезли также 20.000 тонн цемента и 100.000 тонн хлопка на сумму 120 млн долларов.[43] Из ввезенного в обмен на вывезенное и исчезнувшее прослеживаются лишь 128 тонн растительного масла.[44]

Сам Путин признавал, что «город, конечно, не сделал всего, что мог. Нужно было теснее работать с правоохранительными органами и палкой выбивать из этих фирм обещанное. Но подавать на них в суд было бессмысленно — они растворялись немедленно: прекращали свою деятельность, вывозили товар. По существу, предъявить-то им было нечего. Вспомните то время — тогда сплошь и рядом возникали какие-то конторы, финансовые пирамиды... Мы просто этого не ожидали».[45]

Разумеется, Путин был последним человеком, заинтересованным в преследовании и поиске этих «контор» и в расследовании происшедших афер. Как заключила Рабочая группа М. Салье, «анализ ситуации, сложившейся вокруг экспортно-импортных операций по обеспечению населения Санкт-Петербурга продовольствием, был существенно затруднен ответственными сотрудниками мэрии города — Путиным В. В. и Аникиным А. Г», не предоставлявшими информацию и документы о лицензионных сделках. «Расхождения документов, по которым проводился анализ, нельзя объяснить только беспрецедентной халатностью и безответственностью, с которой отнеслись т.т. Собчак А. А., Путин В. В., Аникин А. Г. при представлении ответов на запросы депутатского корпуса... Эти несоответствия связаны с попытками скрыть истинное положение дел, затянуть и запутать расследование в бесконечных перепроверках фактов. ...Большинство договоров, подписанных КВС мэрии, с юридической точки зрения позволяет фирмам-посредникам уклониться от взятых на себя обязательств. ...В действиях председателя КВС Путина В. В. и его заместителя Аникина А. Г. просматривается особая заинтересованность в заключении договоров и выдачи лицензий определенным лицам и фирмам... Председатель КВС мэрии Путин В. В. и его заместитель Аникин А. Г. проявили полную некомпетентность, граничащую с недобросовестностью».

В этой связи Рабочая группа рекомендовала отстранить Путина и Аникина от занимаемых должностей.

Материалы расследования были переданы в ГКУ администрации президента (которое возглавлял тогда Юрий Болдырев) и в прокуратуру Санкт-Петербурга (прокурору города Владимиру Еременко). О результатах проверки был официально извещен министр Петр Авен, бывший председатель КВЭС.

Усилиями депутатов городского Совета председателю КВС Путину на какое-то время запретили выдавать лицензии. Однако уже 25 марта 1992 г. Авен приказом № 172 вновь предоставил комитету Путина право выдачи лицензий. Санкт-Петербургское «направление» деятельности министерства Авена в 1992 г. курировал новоназначенный замминистра Михаил Фрадков. Весной 2004 г. Михаил Ефимович Фрадков ястал премьер-министром России.

Руководитель ГКУ администрации президента Ельцина Юрий Болдырев 31 марта 1992 г. наложил на докладную Рабочей группы резолюцию: «В Управление поступили материалы от депутатов Городского совета Санкт-Петербурга, свидетельствующие о необходимости отстранения от занимаемой должности председателя Комитета по внешним связям города Владимира Владимировича Путина. Прошу не рассматривать вопрос о его назначении на любую другую должность до принятия Управлением решения по данному вопросу».[46]

8 мая 1992 г. материалы расследования Рабочей группы обсуждал городской Совет. Он вынес решение предложить мэру

Санкт-Петербурга Собчаку уволить Путина и Аникина с занимаемых ими должностей. Однако прокуратура города криминала в действиях Путина не нашла, хотя прокурор города Еременко направил Собчаку представление о «некорректно составленных договорах КВС и неверном оформлении некоторых лицензий».

Заместитель Путина Аникин все-таки был вынужден из-за скандалов оставить свой пост (и стал гендиректором «Ленфинторга»), а часть заключенных под эгидой Путина сделок была расторгнута. Должность Аникина унаследовал заместитель Аникина Алексей Миллер. С мая 2001 г. Алексей Борисович Миллер является председателем правления ОАО «Газпром».

Что касается утверждения Путина, что фирмы и их владельцы «растворились», то президент лукавил. Почти все физические и юридические лица, причастные к лицензионному скандалу 1992 г., и далее продолжали присутствовать в экономической жизни города и страны. Многие с повышениями переместились вслед за Путиным в Москву. Практически единственное исключение составил московский концерн «Интеркоммерц — Формула-7» Мирошника.

Георгий Михайлович Мирошник, он же Николаидес, по некоторым сведениям сын тбилисских греков Николаидесов, усыновленный офицером НКВД, молдаванином Михалом Мирошником. В советское время имел три судимости (отсидел в общей сложности четыре года). В перестройку стал кооператором, основал концерн «Формула-7». В 1991 г. стал советником вице-президента России Александра Руцкого. Был президентом Московской агропромышленной биржи. Закупал товары у Западной группы войск (ЗГВ). Обвинял тогдашнего командующего ЗГВ Матвея Бурлакова в хищениях, за которые сам попал под следствие и обвинялся в присвоении 18 млн долларов. В июле 1992 г., когда Мирошник был с Руцким в Испании в составе правительственной делегации, вылетевшей на Олимпиаду, на подмосковной даче Мирошника был произведен обыск. Мирошник не вернулся в Россию и был объявлен в розыск. В 1997 г. он был арестован в США с греческим паспортом на имя Николаидеса и получил год за ношение незарегистрированного оружия. По окончании срока был депортирован в Грецию, несмотря на просьбу генпрокуратуры России выдать его России. В Греции был приговорен к тюремному заключению, после освобождения приехал в Москву с двумя паспортами (греческим и российским) на имя Константина

Атмансидиса. 9 декабря 2001 г. был арестован в Москве. В ноябре 2002 г. был приговорен к двум годам, из которых почти год уже отсидел. В январе 2003 г. вышел досрочно с учетом примерного поведения и плохого состояния здоровья.

ДЕЛО САНКТ-ПЕТЕРБУРГСКИХ КАЗИНО

В партнерские отношения с организованными преступными группировками (ОПГ) силовые структуры города, направляемые путинским КВС, вступают в конце 1991 г. К этому времени относятся первые разделы собственности между двумя группами людей, контролирующими Санкт-Петербург, не случайно называемый «криминальной столицей России»: чекистами и бандитами. Классическим стало формальное соглашение между «городом» (за которым стоял КГБ) и «бизнесменами» (за которыми стояли гангстеры) о совместной организации и управлении игорным бизнесом. Согласно распоряжению, подписанному Собчаком, бизнесом этим руководил лично Путин. Вот текст соответствующего постановления:

Мэр Санкт-Петербурга
Распоряжение от 24 декабря 1991 г. № 753-р

ОБ УПОРЯДОЧЕНИИ ДЕЯТЕЛЬНОСТИ ПРЕДПРИЯТИЙ, ПОЛУЧАЮЩИХ ДОХОД ОТ ИГОРНОГО ДЕЛА В САНКТ-ПЕТЕРБУРГСКОЙ ЗОНЕ СВОБОДНОГО ПРЕДПРИНИМАТЕЛЬСТВА

В целях упорядочения деятельности предприятий всех форм собственности, получающих доход от игорного дела:

1. Создать при мэрии постоянный Наблюдательный совет по казино и игорному бизнесу в составе:

Путин В. В. — председатель Комитета по внешним связям;
Хижа Г. С. — председатель Комитета по экономическому развитию;
Медведев С. Ф. — начальник Главного Финансового управления (ГФУ);
Филиппов Д. Н. — начальник Налоговой инспекции;
Горбачевский Н. М. — заместитель начальника ГУВД;
Кармацкий А. И. — заместитель начальника службы АФБ;
Председателем Совета назначить В. В. Путина.

2. Наблюдательному совету в срок до 15 января 1992 г. в соответствии с решением II сессии городского Совета № 38 от 15 октября 1991 г. разработать правила эксплуатации игральных автоматов, предложения по ставкам и порядку взимания муниципального налога с предприятий на право размещения на территории города и районов, административно подчиненных Санкт-Петербургскому городскому Совету, игральных автоматов, карточных столов, столов рулетки и других форм игорного бизнеса. Пакет предложений вынести на рассмотрение очередной сессии городского Совета в январе 1992 г.

3. Для разработки нормативной документации, регламентирующей деятельность в сфере игорного дела, сформировать рабочую группу в следующем составе: Болдовский К. А., Сафонов О. А., Поломарчук В. В. — Комитет по внешним связям; Прихожденко Н. Н. — ГФУ; Бахвалова В. И. — Налоговая инспекция; Михайлов М. И., Гудзь А. Н. — ГУВД; Корниенко Г. А. — АФБ; Ласовская Н. К. — Юридический комитет мэрии.

Поручить рабочей группе в срок до 20 января 92 года разработать Положение о порядке лицензирования деятельности предприятий, получающих доход от игорного дела.

4. Главам районных организаций, ГУВД, ГФУ, Налоговой инспекции в срок до 30 января 1992 г. осуществить проверку предприятий всех форм собственности, занимающихся игорным делом, на право занятия указанным видом деятельности.

5. Рабочей группе в срок до 30 января 1992 г. разработать Положение о конкурсе на лучшую организацию казино в Санкт-Петербурге и организовать проведение открытого конкурса в соответствии с утвержденным Положением.

6. Комитету городских имуществ по согласованию с наблюдательным Советом в срок до 1 апреля 1992 г. выделить необходимые для размещения казино помещения.

7. Установить, что налоговые отчисления от валютных средств, полученных от эксплуатации казино, будут использоваться для финансирования первоочередных социальных программ.

8. Контроль за исполнением настоящего распоряжения возложить на председателя Комитета по внешним связям мэрии В. В. Путина.

Мэр Санкт-Петербурга

А. А. Собчак

Впоследствии обязанности в этой сфере были несколько перераспределены. Председателем Совета стал Алексей Кудрин, однако «контроль за исполнением настоящего распоряжения» остался за Путиным.

АФБ, упомянутое в документе — Агентство Федеральной безопасности, бывшее КГБ и будущее ФСБ России. Силовикам Санкт-Петербурга в этом бизнесе принадлежал 51% акций. Преступным группировкам — 49%. На бумаге показывались одни убытки. В 2000 г. в книге «От первого лица», не подозревая, что распоряжение Собчака о назначении Путина главой игорного бизнеса города может стать достоянием гласности, Путин сам расскажет, что происходило с доходом от игорного бизнеса:

«Я не первый раз был в Гамбурге и, не поверите, по долгу службы изучал их злачные места: мы в то время пытались навести порядок в игорном бизнесе Санкт-Петербурга. Тогда я считал, не знаю, правильно или нет, что игорный бизнес — это такая сфера деятельности, в которой должна быть монополия государства. Но моя позиция противоречила уже принятому Закону об антимонопольной деятельности.

Тем не менее я попытался сделать так, чтобы государство в лице города установило жесткий контроль над игорной сферой. Для этого мы создали муниципальное предприятие, которое никакими казино не владело, но контролировало 51 процент акций игорных заведений города. В это предприятие были делегированы представители основных контролирующих организаций: ФСБ, налоговой полиции, налоговой инспекции.

Расчет был в том, что государство, как акционер, будет получать дивиденды с 51 процента акций. На самом деле это была ошибка, потому что можно было владеть каким угодно пакетом акций и при этом ничего не проконтролировать: ведь все деньги со столов уходили черным налом. Владельцы казино показывали нам только убытки. То есть в тот момент, когда мы подсчитывали прибыль и решали, куда можно будет ее направить — на развитие городского хозяйства, на поддержание социальной сферы, — они смеялись над нами и показывали убытки. Это была классическая ошибка людей, которые впервые столкнулись с рынком.

Позже, особенно во время предвыборной кампании Анатолия Собчака в 1996 г., наши политические оппоненты пытались найти какой-то криминал в наших действиях, обвинить нас в коррупции. Мол, мэрия занималась игорным бизнесом. Смешно было это читать. Все, что мы делали, было абсолютно прозрачно.

Можно только спорить о том, правильно ли это было с экономической точки зрения. Судя по тому, что схема оказалась неэффективной и с ее помощью не удалось достичь задуманного, — надо признать, что она была не продумана до конца. Но если бы я остался работать в Санкт-Петербурге, все равно эти казино додушил бы. Я бы их всех заставил работать на нужды общества и делиться с городом своими прибылями. Эти деньги пошли бы пенсионерам, учителям и врачам».[47]

Трудно представить, что все четыре года (1992—96) партнеры по казино воровали и смеялись, а чиновники и кураторы от ФСБ, налоговых служб и мэрии этого не замечали или ничего по этому поводу не делали. Логичнее предположить, что чиновники были в доле — как это было по всей стране, не только в игорном бизнесе. Так кто же получал деньги?

«Муниципальное предприятие», о котором упоминает Путин, — фирма «Нева-Шанс». Путин, однако, не точен. В марте 1992 г. два подразделения мэрии — возглавляемый Путиным Комитет по внешним связям (КВС) и Комитет по управлению городским имуществом (КУГИ), который тогда возглавлял Сергей Беляев, учредили не муниципальное предприятие (МП), а акционерное общество (АО), названное без претензий на оригинальность просто «Казино». Руководителем АО «Казино» был назначен друг Путина, офицер действующего резерва ФСБ Валерий Поломарчук.

Изначально предполагалось, что принадлежащее мэрии — точнее, двум ее комитетам — акционерное общество будет непосредственно заниматься игорным бизнесом, а исправное поступление прибыли в бюджет структур мэрии будет обеспечивать руководитель, которому учредители, и прежде всего Путин, доверяют. Однако такая структура была уязвима юридически. Поэтому уже через месяц АО «Казино» самоликвидировалось, а вместо него непосредственно мэрия учредила муниципальное предприятие (МП) «Нева-Шанс». Но официальным адресом регистрации МП «Нева-Шанс» стал фактический адрес путинского КВС — переулок Антоненко, 6. Новое предприятие возглавил тот же Поломарчук. Фактический контроль над новой структурой сосредоточился, таким образом, в руках Путина, а другие комитеты, включая КУГИ С. Беляева, были от контроля и дележа прибыли оттеснены.

В отличие от АО «Казино», МП «Нева-Шанс» не должно было непосредственно заниматься игорным бизнесом. Оно входило вместе с физическими и юридическими лицами в качестве соучредителя как в новосоздаваемые, так и в старые игорные заведения, становясь совладельцем этих предприятий. Доля МП «Нева-Шанс» в уставном капитале учреждаемых фирм обычно составляла 51%. В уставной капитал эта доля вносилась не живыми деньгами (которых у мэрии не было), а правом на получение арендой платы за помещение — точно так же мэрия и ее комитеты входили в уставной капитал и других коммерческих структур, не игорных. Изобретение этой схемы принадлежало юридическому эксперту КВС Дмитрию Медведеву. Именно он одним из первых в Санкт-Петербурге, да и в России, придумал, как власть может «войти» в акционерное общество, не нарушив существующих законов: не землей, не помещениями, а арендной платой за землю и помещения.

В июле 1992 г. в дополнение к МП «Нева-Шанс» появилось АОЗТ «Нева-Шанс», зарегистрированное по тому же адресу КВС, переулок Антоненко, 6, с тем же Поломарчуком в качестве руководителя. В феврале 1993 г. была создана еще одна структура: АООТ «Нева-Шанс» с адресом Садовая улица, 53, в которую совладельцами вошли два новых соучредителя вместо городской мэрии и с тем же руководителем во главе — Поломарчуком. Новыми учредителями стали КУГИ и АОЗТ «Телеказино» (ранее учрежденное муниципальным предприятием «Нева-Шанс») совместно с компанией «Русское видео», возглавляемой Д. Рождественским и Владимиром Груниным, полковником, бывшим начальником службы «Т» («терроризм») ленинградского КГБ.

Если в этот момент читатель почувствовал, что окончательно запутался, значит схема дала свои результаты. Именно в этом и была цель постоянного создания новых и новых структур с одним и тем же названием, зарегистрированных по разным или одним и тем же адресам, принадлежащих разным или тем же соучредителям, часто пересекающимся как совладельцы с другими структурами под таким же названием, но с другими совладельцами. При наличии нескольких «Нева-Шансов» разобраться в том, кто чем владеет и совладеет, кто что контролирует и кто какие доходы получает, не могли уже ни пытливые депутаты городского парламента, ни следователи прокуратуры.

В начале 1994 г. генерального директора Поломарчука сменил Игорь Горбенко — основатель и совладелец казино «Конти», самого первого игорного заведения в Санкт-Петербурге. Компаньоном Горбенко и основным владельцем «Конти» был мафиози Мирилашвили (отсидевший 8-летний срок за организацию убийства на почве мести двух мелких «воров в законе» и вышедший на свободу 22 января 2009 г.). Тогда же появился третий, совсем странный соучредитель фирмы — Международный фонд спасения Санкт-Петербурга. Как именно фонд занимался спасением города через игорный бизнес никто не знал.

Всего в 1992—95 гг. фирма «Нева-Шанс» стала учредителем примерно 25-ти коммерческих предприятий, преимущественно игорных или обслуживающих игорный бизнес (например, ООО «Полли плюс», ЗАО «Санкт-Петербургские лотереи», нескольких казино: «Телеказино», «Фортуна Казино Санкт-Петербург», «Панда, «Сириус», «Венеция», «Клео», «Аркада»). По крайней мере одно из них («Фортуна Казино Санкт-Петербург») возглавлял друг Путина и офицер действующего резерва Поломарчук. ООО «Казино “Аркада”» было учреждено совместно с Мирилашвили, Борисом Спектором и Д. Рождественским. Были заведены партнерские отношения с аналогичными московскими структурами, в частности с концерном «Олби» московского финансового магната Олега Бойко. Игорное предприятие ООО «Планета Санкт-Петербург» было учреждено совместно с московским АОЗТ «Планета-Олби» (среди учредителей был также Б. Спектор). Соучредителем ЗАО «Санкт-Петербургские лотереи» стало АОЗТ «Олби-блок». Поломарчук в декабре 1993 г. возглавил филиал концерна «Олби» — Олби-Санкт-Петербург» (в связи с чем ушел с поста гендиректора в АОЗТ «Нева-Шанс», уступив эту должность Горбенко).

В мае 1993 г. городская прокуратура Санкт-Петербурга (прокурор — Владимир Еременко, ранее уже сталкивавшийся с Путиным по делу о незаконных экспортных лицензиях) провела проверку деятельности одной из структур, связанных с игорным бизнесом Путина. Рассматривая дело СП «Мелодия» следователи установили, что фирма незаконно получила 16-миллионный доход от игорного бизнеса. Началась общая прокурорская проверка, по результатам которой выяснилось, что в городе работают

180 игорных точек и 1600 игровых автоматов, и, помимо 26-ти зарегистрированных казино, уставы еще более сотни коммерческих предприятий предусматривают игорный бизнес. При этом согласно распоряжению Совета министров России от 26 июня 1991 г. для занятия игорным бизнесом необходима была лицензия Министерства финансов, а в Санкт-Петербурге такую лицензию, выданную еще бывшим вице-премьером, министром экономики и финансов Егором Гайдаром, имеет только муниципальное казино «Адмирал». Все остальные игорные предприятия города, с точки зрения федеральных законов, существовали в городе незаконно.

12 февраля и 2 апреля 1992 г. мэр Анатолий Собчак издал распоряжения № 134-Р и № 170-Р, в которых обязал глав администраций районов приостановить работу игорных заведений без лицензий.[48] Однако эти распоряжения мэра игнорировались игорными заведениями, которые имели разрешения, выданные местными властями районов и чиновниками той же мэрии, и ссылались в свое оправдание на то, что федерального закона об игорном бизнесе формально не существует. (Разрешения на ведение игорного бизнеса в городе выдавались на местном уровне, в большинстве случаев, разумеется, за взятку.)

3 сентября 1993 г. прокуратура Санкт-Петербурга направила Собчаку официальное представление о том, что все игорные заведения в городе, кроме казино «Адмирал», действуют без федеральных лицензий, что противоречит законодательству. Прокуратура также отметила, что незаконной является выдача фирме «Ленатракцион», эксплуатирующей игровые автоматы с денежным выигрышем, специального разрешения № 274 от 27 мая 1992 г. на игорный бизнес за подписью Путина.[49]

Демарш прокуратуры не имел видимого успеха. В октябре 1993 г. разразился общий политический кризис в стране, сопровождавшийся в Москве беспорядками и расстрелом с помощью танков Белого дома, где заседал мятежный парламент, возглавляемый Русланом Хасбулатовым. В этом конфликте Собчак и Путин оказались на стороне победителей, а победителей, как известно, не судят. В 1993—94 гг. были три подряд избирательные кампании: выборы в новый парламент в конце 1993 г., выборы в городское Законодательное собрание Санкт-Петербурга весной 1994 г., дополнительные выборы в Законодательное собрание осенью 1994 г. Всем было не до обсуждения законности городских казино, и этот вопрос всплыл вновь только в ходе избирательной кампании по выборам губернатора Санкт-Петербурга весной 1996 г.

Оппоненты Собчака и руководителя его избирательной кампании Путина справедливо задавали вопрос о доходах игорного бизнеса, в котором контролируемые Путиным городские структуры имели 51% акций. Через четыре года Путин ответил: «Владельцы казино показывали нам только убытки... Но если бы я остался работать в Санкт-Петербурге, все равно эти казино додушил бы».

Следует отметить, что «душил» Путин очень выборочно. Бывший куратор сети санкт-петербургских казино Валерий Поломарчук, покинув «Олби», занял пост представителя «Лукойла» в Санкт-Петербурге. Процветает в городе бизнес его брата Владимира, сына Олега и племянника Кирилла. Как минимум однажды, после избрания по пост президента, Путин встречал Новый (2002-й) год на санкт-петербургской квартире Поломарчука, причем по протекции хозяина дома к участию в праздновании в тесной мужской компании был допущен президент «Лукойла» Вагит Алекперов.

Игорь Горбенко сегодня является президентом «Группы Конти» и одним из лидеров игорного бизнеса в Москве и в стране. Вместе с Борисом Спектором они создали «Единую игровую систему Джекпот». Как и многие другие санкт-петербургские приятели Путина Спектор вслед за Путиным переехал в Москву, где стал заместителем генерального директора «Московской игровой системы Джекпот».

Но одного своего бывшего подельника по игорному бизнесу (и близкого соратника по созданию в Санкт-Петербурге отделения НДР в 1995 г.) — Рождественского — Путин все-таки если не сам «додушил», то позволил «додушить» другим. Рождественский был арестован генеральной прокуратурой в сентябре 1998 г., когда Путин занимал пост директора ФСБ. Про игорный бизнес в обвинении не было ни слова. Дело началось с налоговых претензий к санкт-петербургскому телеканалу «Русское видео», приватизированному Рождественским, а продолжилось претензиями к самой приватизации канала. Настоящей же причиной расследования был тот факт, что Рождественский перепродал свой канал основному на тот момент политическому противнику Путина Владимиру Гусинскому, ставившему в большой политической игре не на Путина, а на других лошадей: Юрия Лужкова, Евгения Примакова и Григория Явлинского. Рождественский был отправлен в следственный изолятор ФСБ Петербурга, откуда вышел под подписку о невыезде в августе 2000 г., уже после президентских выборов, на которых победил Путин, с многочисленными приобретенными в тюрьме болезнями, включая тяжелую форму диабета. В январе 2002 г. он был осужден на три года, сразу же амнистирован, а через полгода умер. По официальной версии — от сердечного приступа. Правда, высказывались предположения, что Рождественского отравили и что он был выпущен из тюрьмы исключительно для того, чтобы запланированное отравление произошло на свободе и тюремная администрация не отвечала за его смерть.[50]

ДЕЛО ФИРМЫ «СПАГ»

13 мая 2003 г. 40 сотрудников Федерального управления уголовной полиции Германии штурмовали офис фирмы «S. Petersburg Immobilien und Beteilgungen Aktiengesellshaft» (SPAG) в городке Мерфельден-Вальдорф, на юге земли Гессен. Одновременно проводились обыски на квартирах менеджеров компании. О полицейской операции был проинформирован непосредственно канцлер Герхард Шредер. Уведомление получило также Министерство внутренних дел России. Причиной необычной открытости полиции были опасения, что акция, затрагивающая фирму, некогда связанную с Путиным, может вызвать дипломатические осложнения.

В тот же день были проведены обыски в общей сложности в 28 фирмах и жилых помещениях в районе Рейн-Майн, Гамбурге и Мюнхене. В числе прочих обыску подвергся баварский банк Baader Wertpapierhandelsbank AG, который, приобрел 30% акций компании SPAG и выставил ее бумаги на бирже. Акции компании SPAG на весну 2003 г. все еще котировались на немецкой бирже. Ими торговали в Берлине, Бремене, Штуттгарте, Мюнхене, а также на электронных площадках. Курс акций составлял 0,64 евро, понизившись по сравнению с рекордным уровнем, который был достигнут летом 1999 г. (35,28 евро), примерно на 98%.

Фирма СПАГ имела свою историю. В 1992 г. во главе городской делегации Владимир Путин посетил Франкфурт-на-Майне, где он и другой член делегации, Владимир Смирнов, убедили группу франкфуртских инвесторов создать компанию SPAG. Это была уже вторая совместная поездка Путина и Смирнова во Франкфурт-на-Майне. В 2001 г. Смирнов так рассказывал об их знакомстве: «С Владимиром Владимировичем Путиным я познакомился в 1991 г. во Франкфурте-на-Майне, где решался вопрос привлечения в наш город первых частных западных инвестиций... Я знаю Володю вот уже 10 лет, и за все это время он меня ни разу не разочаровал, как предприниматель, профессионал, как человек».

4 августа 1992 г. SPAG была создана и зарегистрирована в Торгово-промышленной палате Франкфурта-на-Майне. Через посредство дочерних российско-немецких компаний СПАГ должна была заняться инвестированием в санкт-петербургскую недвижимость, т. е. на деньги иностранных вкладчиков закупать, ремонтировать и строить объекты в Санкт-Петербурге. В числе учредителей компании были адвокат Рудольф Риттер (брат министра экономики Лихтенштейна Михеля Риттера [Michael Ritter]), по существу являвшийся руководителем компании и занимавший в ней пост вице-председателя наблюдательного совета; Комитет по управлению государственным имуществом (КУГИ) Санкт-Петербурга, банк «Санкт-Петербург» и германо-российское СП «Информ-Футуре».

КУГИ в августе 1992 г. возглавлял С. Беляев; банк Санкт-Петербург — будущий заместитель министра финансов России (в 2000—01 гг., с 2001 г. — глава банка Газпрома — Газпромбанк) Юрий Львов; СП «Информ-Футуре» — Владимир Смирнов, числившийся с 1992 г. советником А. Собчака. В феврале 2000 г. Смирнов стал председателем Биржевого совета некоммерческого партнерства «Санкт-Петербургская фьючерная биржа», с мая 2000-го по декабрь 2001 г. — работал в Управлении делами президента (Путина) генеральным директором «Предприятия по поставкам продукции». С 3 января 2002 г. — заместителем генерального директора, с 4 января — временно исполняющим обязанности директора, и с марта 2002 г. — генеральным директором фирмы Техснабэкспорт, State atomic company, поставляющей уран за границу.

В Консультативный совет СПАГа в 1992 г. вошли кроме бизнесменов четыре чиновника санкт-петербургской мэрии, в том числе Путин. 200 акций фирмы получила в собственность мэрия города, но в декабре 1994 г. эти акции были переданы Путиным в управление Смирнову.

СПАГ имел покровительство в лице Собчака. «Мы поддерживаем вас политически и административно», — написал фирме СПАГ Собчак в приветственном послании. Кроме Путина разные лица входили в состав постоянно обновляющегося консультативного совета СПАГа. Входил туда будущий министр экономики Герман Греф, председатель Комитета по градостроительству и архитектуре (КГА) Олег Харченко и занимавший различные посты в городской администрации Михаил Маневич (убитый в августе 1997 г.). Сам Путин согласно документации фирмы 1992 г. числился в СПАГе «заместителем председателя». По другим сведениям он был всего лишь «советником». Официально зарплаты от СПАГа Путин не получал. 23 мая 2000 г. на интернетовском сайте SPAG появилась информация о том, что в связи с подготовкой к принятию присяги Путин прекратил выполнение своих обязанностей. На следующий день этой информации на сайте уже не было. Однако нынешний директор SPAG Маркус Резе (Markus Rese), пояснил, что Путин до марта 2000 г., работал в компании в качестве консультанта вместе с Германом Грефом.

13 июля 1994 г. возглавляемый Путиным КВС Санкт-Петербурга зарегистрировал АОЗТ «Знаменская» во главе с Владимиром Смирновым. В уставном капитале ЗАО «Знаменская» 2520 акций или 50,4% принадлежало СПАГу. Самому Смирнову через его офшорную фирму «ВС риэл истейт инвестсментс, Лтд», зарегистрированную на острове Джерси, принадлежало еще 43,6% (с 20 октября 1995 г.). Остальные акции принадлежали еще примерно десяти физическим и юридическим лицам, часть которых в 1995 г. сменилась.

Не менее сложной была структура фирмы ТОО СП «Информ-Футуре», в которой СПАГ владел 51% акций. Среди восьми совладельцев-соучредителей был сам Смирнов, две его офшорных фирмы: VS Real Estate Investments Ltd. (зарегистрированная на острове Джерси) и E. C. Experts Ltd. (зарегистрированная на острове Мэн). До 27 октября 1995 г. в числе учредителей была также государственная муниципальная структура — ТПО «Жилищное хозяйство мэрии Санкт-Петербурга». С мая 1991 г. фирму «Информ-Футуре» возглавлял Смирнов.

Меньше чем через месяц после регистрации — с молниеносной для России быстротой — «Информ-Футуре» получила право бессрочного использования 1287 квадратных метров земли в центре города. Свидетельство было выдано на основании распоряжения мэра Санкт-Петербурга Собчака, которое он подписал 21 октября 1992 г. В пункте 2 этого распоряжения говорилось: «Предоставить совместному российско-германскому предприятию «Информ-Футуре» земельный участок площадью 1,2 гектара на площади Конституции в квартале 15 западнее Варшавской улицы для строительства гостинично-делового центра сроком на 50 лет». Партнером иностранной фирмы «Информ-Футуре» в этом СП была муниципальная структура Санкт-Петербурга: ТПО «Жилищное хозяйства мэрии Санкт-Петербурга». Однако в налоговой инспекции города «Информ-Футуре» была зарегистрирована уже как фирма с другим адресом, причем российский партнер — город Санкт-Петербург — куда-то испарился, а учредителей у фирмы осталось всего трое: E. C. Experts Ltd., VS Real Estate Investments Ltd. и СПАГ. Генеральным директором фирмы остался Смирнов.

Похожим образом развивались события вокруг фирмы «Знаменская». Меньше чем через месяц после регистрации фирмы, городское правительство передает «Знаменской» в собственность целый квартал в центре города для создания «бизнес-центра». Сумма компенсации городу за расселение людей, проживавших в домах, подлежащих сносу или реконструкции, составила полтора миллиарда рублей. Через полтора года в другом постановлении по тому же вопросу фигурировала просьба Собчака выплатить городу деньги. Новый мэр Санкт-Петербурга Яковлев тоже подписал распоряжение, где требовал от руководства ЗАО «Знаменская» оплатить долг в полтора миллиарда рублей. Это означало, что Смирнов деньги за расселение жильцов городу так и не выплатил.

В августе 1994 г. Путин подписал от имени мэрии еще одно важное распоряжение, не имеющее непосредственного отношения к СПАГу, но имеющее прямое отношение к Смирнову: о создании «Петербургской топливной компании» (ПТК). Смирнов занимал в ПТК пост гендиректора в 1997—98 гг., а с января по май 2000 г. был председателем совета директоров и президентом компании. Вице-президентом ПТК с июля 1998 до начала 2000 г. был Владимир Кумарин (он же Барсуков). Компания получила право монопольной розничной торговли бензином, включая поставки бензина всем муниципальным (городским) службам. В дополнение к этому Путин подписал еще и постановление о создании сети бензозаправочных станций «Петербургской топливной компании».

Российские правоохранительные органы считали Кумарина (по кличке Кум) основателем, руководителем и мозговым центром «Тамбовской» ОПГ. В период с 1990 по 1993 гг. Кумарин отбывал тюремное наказание за вымогательство. Освободившись в начале 1993 г., стал заниматься бизнесом в Санкт-Петербурге, в том числе ресторанным бизнесом и казино. Его преступная группировка занимала по одним сведениям лидирующее положение в Санкт-Петербурге, по другим — была второй по мощи и численности; насчитывала 300—400 бойцов, специализировалась на вымогательствах, похищениях людей, ограблениях и разбойных нападениях. Имела службу наружного наблюдения и радиотелефонного контроля, агентурную сеть среди сотрудников ГУВД Санкт-Петербурга; поддерживала контакты с охранными фирмами «Торнадо» и «Комкон», считалась самой дисциплинированной из городских ОПГ. В 1994 г. на Кумарина было совершено покушение. Его водитель и телохранитель были убиты. Сам Кумарин выжил, но потерял руку. Месяц был в коме, затем уехал лечиться в Германию и Швейцарию. Вернулся в Санкт-Петербург в 1996 г., поменял фамилию на Барсуков (арестован 22 августа 2007 г.).

Акционерами ПТК были разные юридические и физические лица. Самый крупный пакет акций — 14,5% принадлежал КУГИ. Имелись пакеты акций и в собственности административных структур Санкт-Петербурга и Ленинградской области. 5% акций принадлежали фирме почетного консула Сейшельских островов Виктора Хмарина — «Вита-Х». Хмарин — однокурсник и друг студенческой юности Путина; его сестра Людмила Хмарина была невестой старшего лейтенанта КГБ Владимира Путина, с который старший лейтенант расстался накануне свадьбы.

В начале 1996 г. SPAG официально сообщает в германском коммерческом регистре, что «имеет в собственности крупные объекты недвижимости в Санкт-Петербурге». Представитель Торгово-промышленной палаты во Франкфурте добавляет в официальных бумагах, что «права на собственность в Санкт-Петербурге остаются неясными». Смирнов же в своих интервью неоднократно утверждал, что работы по реконструкции и строительству зданий в Санкт-Петербурге ведутся исключительно на средства, полученные от продажи акций петербургских компаний холдинга на бирже во Франкфурте-на-Майне. Иначе говоря, работы ведутся не на кредитные средства, а за счет продажи выпущенных акций. В некоторых публикациях даже называлась цена в 140 марок за акцию. Однако, если посмотреть, как продавались акции SPAG в Германии, где они были выставлены на бирже с 1997 г., то их стоимость, за редким исключением, неизменно снижалась, и цена в 140 марок была сильным преувеличением.

Для обсуждения проблем СПАГа Смирнов, Риттер и Путин неоднократно встречались в период 1994—1998 гг. Немецкий бухгалтер Клаус Питер Зауэр (Klaus Peter Sauer), участвовавший в создании компании и до сих пор являющийся одним из ее директоров, встречался с Путиным шесть раз, как в России, так и во Франкфурте. Зауэр же свидетельствует о по крайней мере одной встрече между Риттером и Путиным в 1994—95 гг. Точно известно, что в августе 1998 г. Риттер также встречался со Смирновым.

Партнерам было что обсуждать. Строительство гостинично-делового центра должно было завершиться в 2001 г., на что указывалось в официальном сообщении муниципалитета. Для реализации этого проекта требовалось от 80 до 100 млн долларов иностранных инвестиций. SPAG поместила на своем сайте информацию, что является единственной иностранной организацией, получившей право на инвестирование в крупные строительные проекты в Санкт-Петербурге. Действительно, примерно 140 млн немецких марок было вложено СПАГом в строительные проекты. Но деятельность фирмы в целом все больше и больше походила на банальную аферу.

Именно к этому времени относится начало партнерства СПАГа и Кумарина-Барсукова. Весной 2004 г. немецкая полиция допросила (при посредничестве органов российской прокуратуры) Барсукова-Кумарина, о чем тот рассказал в одном из своих интервью: «А что я мог им сообщить? Я вообще узнал об этом проекте в 1996 г., когда лечился в Германии после покушения. Тогда общие знакомые познакомили меня с Руди [Рудольфом Риттером] и с другими людьми и предложили поучаствовать в проекте «Знаменская» — там надо было расселить 300 коммуналок и построить бизнес-центр. Я вошел в совет директоров как вице-президент Петербургской топливной компании, чтобы разобраться, стоит ли нам в этом участвовать. Мы даже расселили штук семь коммуналок. Но потом мы решили что нам выгоднее строить бензоколонки, и я из проекта вышел».[51]

На самом деле Кумарин-Барсуков в июне 1999 г. только вошел в совет директоров ЗАО «Знаменская». Он был избран туда четырьмя неназванными в проспекте акционерами. Одним из этих акционеров был Смирнов.

В апреле 1999 г. германская служба безопасности BND в отчете, посвященном Лихтенштейну как европейскому центру по отмыванию денег, назвала основателя и директора Рудольфа Риттера агентом колумбийского наркотреста братьев Очоа и российской организованной преступности. BND сообщала, что Риттер создал целую сеть подставных фирм для отмывания денег. Деньги переводились через румынский банк IRB [International Bank of Religions] с целью приобретения недвижимости в России, что приносило прибыль Риттеру, акционеру SPAG с большим пакетом акций.

В поле зрения БНД и других спецслужб, включая лихтенштейнские, SPAG попала в связи с тем, что австрийский прокурор Шпитце, назначенный по инициативе князя Ганса Адама II для расследования фактов отмывания денег, пришел к выводу, что в Вадуц, столицу Лихтенштейна, при посредничестве Риттера переводились значительные суммы денег из петербургской штаб-квартиры СПАГа. 13 мая 1999 г. Рудольф Риттер был арестован в Вадуце в рамках полицейской операции, осуществленной во взаимодействии с австрийской финансовой бригадой. Вместе с ним были арестованы еще четверо адвокатов и бизнесменов, в том числе партнер Риттера адвокат Эжен (Евгений) фон Хоффен-Хееб (Eugen von Hoffen-Heeb). Риттеру инкриминировались незаконные трансакции на сумму от 6 до 8 млн долларов, относящиеся к 1995 г.

Уже после ареста Риттера и Хоффен-Хееба, 17 декабря 1999 г., состоялась «чрезвычайная встреча» крупных еще не арестованных акционеров SPAG, связанная с обсуждением процесса полного слияния компании со своими петербургскими «дочками» ЗАО «Знаменская» и «Информ-Футуре», в уставном капитале которых доля SPAG достигала 51%. Через договор о залоге с компанией СПАГ (в качестве дополнения к инвестиционному контракту от 1997 г.) ЗАО «Знаменская» становилась петербургским филиалом СПАГа и передавала всю свою собственность — объекты в историческом центре города — германской фирме СПАГ. Среди отданного — бизнес-центр на улице Тамбовской (ООО «Информ-Футуре») и торгово-развлекательный комплекс «Невский международный центр» (ЗАО «Знаменская»). За этот «залог» Смирнов получил деньги. В течение первой половины 2000 г. СПАГ перевел в ЗАО «Знаменская» сумму, исчисляемую в миллионах немецких марок.[52]

В 2000 г. в интриги, связанные с делом СПАГ неожиданно включилось украинское правительство, возглавляемое президентом Леонидом Кучмой. Дело в том, что к этому времени российские спецслужбы, потратив большое количество денег, скупили в Германии компрометирующие президента Путина документы, однако один комплект досье на Путина оказался в распоряжении украинской разведки и был передан руководителю Службы безопасности Украины (СБУ) Леониду Деркачу. Обо всем этом мы бы никогда не узнали, но в 2000 г. группа офицеров охраны Леонида Кучмы под руководством бывшего руководителя КГБ Украины генерала Евгения Марчука организовала несанкционированное прослушивание и записывание разговоров в кабинете Кучмы, и среди многих сотен часов записей оказались в том числе и разговоры, касавшиеся досье немецкой разведки на Путина. Вывезенные за границу, эти несанкционированные записи, получившие название «Пленки Кучмы», благодаря усилиям целой группы лиц стали достоянием общественности. Отрывки из разговоров в кабинете Кучмы с очевидностью доказывают главное: досье немецкой разведки о вовлеченности Путина в незаконные операции существовало, и, по мнению украинского правительства, оно безусловно компрометировало президента Путина. Вот несколько цитат из этих записей, относящихся к июню 2000 г.

Разговор первый:

Деркач: Леонид Данилович, мы вот тут у немцев интересную информацию вытянули. Значит, арестован вот такой вот деятель. Вот, он еще не переведен. Вот.

Кучма [читает]: Риттер, Рудольф Риттер [Rudolf Ritter].

Деркач: Да. И по делу на этих, на контрабанду наркотиков. [...] Вот они, документы. Вот они вынули и документы. Вот здесь и Вова Путин.

Кучма: Это про Путина?

Деркач: Значит, россияне вот это все выкупили. Вот эти все документы. Остались только у нас. Я думаю, что Патрушев будет [в Киеве] 15-16-17 [июня]. Вот это ему для работы [...]

Кучма: Угу.

Деркач: Ну, а у себя будем хранить. Они тут где-то хотят все закрыть.

Разговор второй:

Кучма: Только под запись Патрушеву передавать! Это действительно ценные материалы или нет?

Деркач: По этому...

Кучма: По Путину.

Деркач: Да. Там имеется очень много ценного. Это действительно фирма, которая...

Кучма: Нет, ты мне скажи — это Путину передать или сказать ему, что у нас есть материалы? [...]

Деркач: Ну, можно. Но он все равно поймет, откуда мы взяли материалы. [...]

Кучма: Я скажу, что у Службы безопасности нашей есть интересные материалы. Я не буду ему даже передавать.

Деркач: И сказать, что мы выбрали из Германии, и все, что было, значит, у нас [...] Больше ни у кого нет. [...] Теперь, я подготовил все документы по Путину и отдал вам.

Кучма: Видимо, если будет необходимость. Я не говорю, что я буду лично отдавать. Может, ты Патрушеву отдашь?

Деркач: Нет, ну я просто, как мы примем решение, все равно отдавать надо. Потому, что они все эти документы выкупили по всей Европе, потому что только у нас остался. Эта спецслужба в Германии [...] Поэтому он очень заинтересован.

Кучма: А может, я скажу, что у нас есть документы, подлинные факты в Германии. Я вдаваться не буду.

Деркач: Ага.

Кучма: Скажу: «Дайте поручение своим, пускай с нашей службой свяжутся». А когда они с тобой свяжутся, скажешь: «Я президенту отдал, блядь. Забрать у него никак не могу».

Деркач: Хорошо.

Кучма: Поиграть надо тоже.

Разговор третий:

Деркач: И еще один вопрос, по Путину [...]

Кучма: Я сказал, что наша служба какие-то материалы взяла у немцев, они могут представлять интересы для вашей страны. Значит, если вы не возражаете, мы передадим Патрушеву, мой руководитель службы передаст Патрушеву. Я говорю: «Я не знаю ценности того, что там было». Так что я очень корректно сказал.

Деркач: Но вы сказали так, да?

Кучма: Да, да. А ты с Патрушевым встречался?

Деркач: Я встречался, но я без вас не могу.

Разговор четвертый:

Кучма: [...] Ну а дальше будем с россиянами работать по спецслужбам. У нас нормальное сотрудничество, и идет процесс. [...] Ну, по Путину там тоже начали. [...] Причем, мне показывали материалы из Германии абсолютно достоверные о создании там компании в Санкт Петербурге, где стоял Путин [...]. Материалы действительные. [...] У нас один краденый экземпляр есть, так сказать, а россияне выкупили все до мелочей.

Международное расследование деятельности Риттера, Хоффен-Хееба и фирмы СПАГ тянулось несколько лет. 13 июля 2001 г. прокуратура Княжества Лихтенштейн предъявила арестованным обвинение в отмывании денег и злоупотреблении доверием. Евгений фон Хоффен-Хееб за месяц до этого уже был приговорен к 8 годам тюремного заключения за мошенничество, но подал на апелляцию. Главный прокурор Лихтенштейна Готфрид Клотц (Gottfried Klotz) в интервью газете «КоммерсантЪ» пояснил, что «эти господа принимали выручку от операций с наркотиками, которые осуществлялись колумбийскими картелями, и отмывали ее на бирже, покупая акции SPAG. Да еще и по завышенной цене — то есть в процессе отмывания обманывали клиентов. В результате они присвоили около 226 тыс. швейцарских франков (133 тысяч долларов)».[53] Предполагалось, что суд над Риттером и фон Хоффеном начнется в октябре 2001 г., но этого не произошло.

Если прокуратура Княжества Лихтенштейн и германские власти к Путину претензий не предъявляли, то в США к этому делу подошли строже. По настоянию американских официальных лиц Россия была занесена в международный «черный список» государств, причастных к отмыванию денег, составленный группой Financial Action Task Force. Как заявил бывший высокопоставленный чиновник американской администрации, одним из главных оснований для внесения России в «черный список» была солидная стопка разведывательных донесений, в которых Путин упоминался в связи с незаконными операциями фирмы SPAG; хотя пресс-секретарь Financial Action Task Force Алисон Бенни (Alison Benney) указала, что Россия была включена в черный список по десяти разным критериям, и не из-за Путина и СПАГа.[54]

Правда, и адвокаты Риттера не бездействовали. По словам Германа Бокля, представлявшего его интересы, на Риттере, руководителе 24 трастовых фондов в Княжестве Лихтенштейн, оставалось всего два обвинения. Одно действительно было связано с акциями фирмы СПАГ, поскольку следователи считали, что из-за действий Риттера немецкие вкладчики были обмануты на 300.000 немецких марок. Другое обвинение не имело отношения к СПАГу. Следователи обвиняли Риттера в том, что он принял на счета своих трастовых фондов полтора миллиона долларов США от некоего Хуана Карлоса Сааведра (Juan Carlos Saavedra), который подозревался в работе на колумбийский наркокартель «Кали». Деньги колумбийца были переправлены из Милана и Мадрида через границу княжества в мешках.

После решительных действий, предпринятых немцами, дело в отношении Риттера и фон Хоффена наконец дошло до суда в Лихтенштейне, который состоялся в октябре 2003 г. (хотя обвинительное заключение прокуратуры Лихтенштейна поступило в суд еще 9 декабря 2002 г., было предъявлено 12 декабря и зарегистрировано 23 декабря). Подсудимые настаивали, что отмыванием криминальных денег не занимались, а лишь использовали легальные для Лихтенштейна схемы минимизации налогов. Фон Хоффену дали еще один год (к его восьми, из которых он уже отбыл три). Риттер получил 18 месяцев условно за то, что продал немецким инвесторам три десятка акций СПАГа, помимо биржи и по завышенной цене.

Германские правоохранительные органы лихтенштейнским судом остались неудовлетворены, и прокуратура Дармштадта начала дополнительное расследование по подозрению в отмывании денег, которые через немецкую компанию СПАГ вкладывались в российскую недвижимость.[55] Однако суда в Германии по делу Риттера пока не было. Возможно, органы германского правосудия ждали дня, когда Путин перестанет быть президентом и его можно будет допросить, чтобы получить недостающие ответы на вопросы.

Что касается Лихтенштейна, то Риттеру и фон Хоффену удалось добиться своего полного оправдания решением Верховного суда Княжества Лихтенштейн, которое вступило в силу в феврале 2005 г. По мнению Верховного суда Лихтенштейна, Риттер не знал о принадлежности его колумбийского клиента Хуана Карлоса Сааведра к преступному миру. Согласно этому вердикту причастность обоих обвиняемых к операциям по отмыванию «грязных денег», а также связи с наркокартелями и иными преступными организациями признаны не соответствующими действительности.[56]

ПЛЕНКИ КУЧМЫ КАК ИСТОЧНИК ПО ИЗУЧЕНИЮ КОРРУПЦИИ В РОССИИ

Разумеется, в течение 2000 г., первого года правления Путина, когда в кабинете Кучмы велись несанкционированные записи, касательно России и Путина обсуждалось не только досье германской разведки. В этой главе достойны упоминания несколько эпизодов.

1. Незаконное и негласное, в обход украинского и российского законодательств, соучастие в покупке в 2000 г. украинской компании «Украинский алюминий» российской компанией «Сибалюминий» за 100 млн долларов, выведенных для этого на офшорные счета кипрской офшорной компания «White Orient World Invest Limited», Кипр, Лимассол. Уклонение от уплаты налога в бюджет России в размере 20 млн долларов, а также уклонение от уплаты соответствующего налога в бюджет Украины «Украинским алюминием».

2. Незаконное получение от 50 до 60 млн долларов наличными из украинского банка «Украина» с ведома и по указанию президента Украины Леонида Кучмы для ведения Путиным собственной избирательной кампании в России; возврат Украине в счет полученных наличных после победы Путина на президентских выборах 268,5 млн долларов в форме списания государственного долга Украины России. Иными словами, Путин провел финансирование собственной избирательной кампании за счет бюджета российского государства, заплатив за это Украине из Российского бюджета более 200 млн долларов. Правда, эти 200 с лишним миллионов легли не в казну Украины, а через украинскую фирму «Итера» были переведены на офшорные счета, указанные украинским правительством.

Следует отметить, что сумбурность мыслей и нечеткость смысла присуща оригинальному тексту и не является следствием неправильной распечатки пленок или неточного перевода. Государственные деятели Украины разговаривают именно так.

Разговор первый

17 апреля 2000 г. Запись разговора президента Леонида Кучмы с Главой налоговой администрации Украины Николаем Азаровым

Азаров: Теперь вот завтра будете с Путиным встречаться, да?

Кучма: Да.

Азаров: Вот. Может быть, дадите материал? Для нас очень большое значение имеет, с кем мы имеем дело. Либо с офшорами — тогда не только наши деньги уплывают, не только российские деньги уплывают в офшоры, как сейчас происходит, но есть реальные сведения о реальных контрактах. Если договор на поставку нефтепродуктов, газа заключен с офшорной компанией, мы абсолютно не знаем и не владеем вопросом. Не знаем направление курса. Поэтому, я думаю, Путин должен заинтересоваться вопросом, куда его деньги идут. Почему не напрямую нам работать? Вот, мы можем передать справку. Расчеты идут через восемь там или девять офшорных компаний. Если бы мы заключали договора напрямую с обязательствами наших стран — наша структура и их структура, российская. Напрямую. Какие вопросы? За все это мы ни копейки не получаем. [...] Практически все абсолютно поставляется через офшоры. Вот эту папку я вам подготовил. Вообще, конечно, надо бы договориться, чтобы все-таки нам дали информацию по всем этим вопросам. А сейчас пока Россия для нас — темный лес. Нам иногда проще информацию получить где-то в Латвии, чем в России. Я понимаю, почему. Потому что там они все завязаны.

Кучма: Завязаны, правильно ты говоришь.

Азаров: Все завязаны, повязаны. [...] Теперь по «Украинскому алюминию». Вообще, вы в курсе, как это все приватизировалось?

Кучма: Ну, в целом за ним стоит «Российский алюминий».

Азаров: Сибалюминий.

Кучма: Сибалюминий.

Азаров: А в принципе, приватизировали его — хотите смейтесь, хотите нет — кипрская офшорная компания «White Orient World Invest Limited», Кипр, Лимассол.

Кучма: Это откуда деньги пойдут?

Азаров: Да. Откуда деньги пойдут.

Кучма: Это российские деньги. [...] Сейчас они под крышей у Путина практически. [...] Но это ж колоссальные деньги.

Азаров: Да, но Кипр, Лимассол.

Кучма: А с Кипра они ничего не платят.

Азаров: Ну теперь давайте задумаемся, куда ж они пойдут? Мы ж тоже смотрим на все эти дела странно. Мы ж строим бюджет. И наш, и российский. Если б это делалось не через Кипр, а делалось напрямую, как положено, то российский бюджет получил бы свои 20 процентов и мы получили.

Кучма: Да.

Азаров: А так мы через всех этих клиентов, так далее и так далее... Я просто вам для информации.

Кучма: Ну, так я ж это знаю. Самое главное, что за 100 миллионов долларов продали.

Разговор второй

15 июля 2000 г. Запись разговора президента Леонида Кучмы с главой налоговой администрации Украины Николаем Азаровым

Кучма: Ну, а куда все потоки пошли денежные? Разберетесь сами. Мы перед выборами в России, по просьбе Путина, заплатили, значит, не знаю там 50 или сколько миллионов, или 60 миллионов долларов. Ну, которые наличные. Один кредит дал экспортно-импортный банк и еще кто-то дал.

Азаров: «Украина», Банк «Украина».

Кучма: Да? Банк «Украина»?

Азаров: Да.

Кучма: С банком «Украина» рассчитался экспортно-импортный банк, он миллиона два выиграл заодно. [...] Мне сказали, что он отдал миллионов 20 из 30-ти. Ну, так уточни. Первое, я сам могу уточнить, если тебе не дают. Ты должен знать, сколько засчитала Россия. Я убежден, и, когда меня просили, мне сказали, так сказать, что засчитали не 53,7 миллионов, а засчитали перемножить на пять.

Азаров: Наоборот.

Кучма: Наоборот! То есть списали долг намного больше.

Азаров: Намного больше.

Кучма: Так вот, он это «намного больше» показывал или нет? И эта разница...

Азаров: [перебивает]. Во взаимным расчетах.

Кучма: Во взаимных расчетах. И эта разница пошла куда? Рассчитывались через «Итеру», чтоб не через РАУ «Газпром», там же чересчур, так сказать, видно, что это меньше. Изымали сразу через оффшорные зоны. Так? Ну, чтоб ты знал.

КООПЕРАТИВ «ОЗЕРО»

Советский человек всегда хотел иметь хорошую квартиру и дачу. Хорошие квартиры были у немногих. А дач почти ни у кого не было. Будущий президент Путин тоже был советским человеком. Он тоже хотел хорошую квартиру и дачу. Как только позволили обстоятельства, а Путину обстоятельства позволили это сделать уже в 1992 г., через год после начала работы в городской мэрии, Путин купил и то и другое.

В Петербурге одним из самых фешенебельных районов считается Васильевский остров. Именно в этот район переехал Путин во время работы в правительстве Санкт-Петербурга. Квартира в доме № 17 по 2-й линии Васильевского острова досталась Путину весьма странным образом. Изначально этот дом был поставлен на капитальный ремонт (за счет города) для того, чтобы впоследствии передать эти квартиры согласно закону тем, кто должен получить их от города в порядке определенной специальной процедурой очереди. Однако квартиры в элитном доме достались совершенно посторонним людям, в том числе Путину. Сам Путин объясняет свой переезд в дом № 17 тем, что он с кем-то совершил обмен квартирами. Действительно, 23 февраля 1993 г. Путин получил «обменный ордер» № 205553/22. Однако в графе, где должны были быть указаны данные человека, с которым Путин поменялся, стоял прочерк.

Примерно в это же время, в конце 1992 г., Путин купил два соседствующих земельных участка — 3302 и 3494 кв. м. под дачу в поселке Соловьевка Приозерского района Ленинградской области. Печальный вывод, который приходится сделать, заключается в том, что государственный чиновник за государственную зарплату не мог позволить себе в 1992—93 гг. приобрести квартиру и купить дачу, разве что он имел какой-то «левый» доход. Путин этот доход, конечно же, имел.

К лету 1996 г. на участке была воздвигнута двухэтажная дача, похожая на дворец. Летний дом Путиных оценивался примерно в 500 тысяч долларов и был зарегистрирован на жену-домохозяйку Людмилу Путину. «Дом был кирпичный, но изнутри обшит деревом», с сауной на первом этаже, вспоминал Путин. 12 августе 1996 г. Путин с приятелями, в том числе мужем его секретарши Марины Ентальцевой, справлял в сауне «поминки по прежней должности», утраченной благодаря проигранным Собчаком выборам. Попарившись, они искупались в озере и вернулись в комнату отдыха при сауне, не заметив, что баня в их отсутствие загорелась. Люди все еле выбежали, но все наличные деньги Путиных сгорели вместе с дачей — поскольку Путины, как все истинно русские люди, хранили деньги (естественно, доллары) не в банке, а в портфеле-«дипломате». «Пожарные, когда сделали экспертизу, — вспоминал Путин — пришли к выводу, что во всем виноваты строители: они неправильно сложили печку. А раз они виноваты, то обязаны возместить ущерб. Первый способ — заплатить деньги. Но непонятно было какие. [...] В общем, непонятно, как индексировать. Поэтому второй способ мне понравился больше. Заставить их восстановить все в прежнем объеме. Что и было сделано. Они поставили точно такую же коробку, сами наняли польскую фирму, и она все доделала. Строители сделали все это за полтора года. Все стало, как до пожара и даже немножко лучше. Только сауну мы попросили вообще убрать».[57]

Видному чиновнику администрации президента (каковым Путин стал вскоре после пожара) строительная фирма не смогла отказать в его пожелании «восстановить все в прежнем объеме».

Пока строители восстанавливали дачу, Путин, чтобы не терять времени, создал целый дачный кооператив. 10 ноября 1996 г. восемь владельцев дачных поместий на берегу Комсомольского озера (Ленинградская область, петербургский аналог Жуковки и Рублевки). Среди названных учредителей кооператива были Владимир Путин, занимавший в то время должность заместителя управляющего делами президента; владельцы корпорации «Стрим» и акционеры банка «Россия» Юрий Валентинович Ковальчук и офицер действующего резерва Владимир Иванович Якунин, бывший офицер КГБ под дипломатическим прикрытием, с 2005 г. — президент РАО «Российские железные дороги», созданного на основе Министерства путей сообщения; Андрей и Сергей Фурсенко (братья); Николай Шамалов — бизнесмен, доставлявший в стоматологические клиники Санкт-Петербурга оборудование фирмы «Сименс», владелец 12,65% акций (на 1 июля 2005 г.) банка «Россия» (его сын Юрий почему-то назначен главой крупнейшего российского пенсионного фонда Газфонд). Разумеется, Владимир Смирнов тоже был в числе учредителей. Он был председателем кооператива «Озеро». Восьмым учредителем был тогдашний председатель правления банка «Россия» Виктор Мячин.

Кооператив охранялся ЧОПом «Риф», принадлежащим Барсукову-Кумарину. Охранять было что: трехэтажные дачи, построенные прямо в лесу, радиомаяк, метеорологическую станцию, площадку для вертолетов, на которую прибывали в обстановке секретности на уикенд президент Путин, глава ФСБ Николай Патрушев, полномочный представитель президента по Северо-Западному округу Виктор Черкесов...

Наверное, именно здесь, на берегу озера Комсомольское, Путин, может быть, травмированный историей со сгоравшей на его глазах даче вместе с дипломатом с деньгами, так проникся строительством резиденций, что всерьез занялся улучшением своего быта, когда стал президентом России. От Ельцина Путин унаследовал двенадцать президентских резиденций и пансионатов:

«Ново-Огарево» (Московская область), «Ватутинки» (Московская область), «Русь» (Завидово, Тверская область), «Горки-9» (Московская область), «Валдай» (Новгородская область), «Бочаров ручей» (Сочи, Краснодарский край), «АБЦ» (Москва), «Шуйская Чупа» (Карелия), «Волжский утес» (Самарская область), «Сосны» (Красноярский край), «Ангарские хутора» (Иркутская область), «Тантал» (Саратовская область).

В марте 2001 г. Управление делами президента обратилось в Министерства экономики и финансов за согласованием программы реконструкции президентского пансионата «Ватутинки». Программа предусматривала в том числе закупку нескольких джакузи, стоимостью 2,7 млн долларов.

В дополнение к ельцинским резиденциям в 2001 г. было принято решение перевести в разряд резиденций президента исторический Константиновский дворец в Стрельне под Петербургом, который с этой целью предстояло перестроить. Стоимость проекта оценивалась в сумму от 50 до 150 млн долларов.

В начале 2003 г. Путин распорядился о переводе здания НИИ растениеводства имени Николая Вавилова, расположенного на Исаакиевской площади в Санкт-Петербурге, в ведение управления делами президента с целью использования ее в качестве резиденции, поскольку Стрельня находится слишком далеко от центра города.

29 апреля 2003 г. на Московском судоремонтном заводе была спущена на воду новопостроенная моторная яхта «Паллада» стоимостью около 4 млн долларов, предназначенная для морских выездов президента. Ранее Путиным использовался находящийся на балансе Московского речного пароходства теплоход «Россия» (модернизированный в 1994 г. для Ельцина в Финляндии), а также теплоход «Кавказ», формально находящийся в ведении Федеральной погранслужбы.

Но все это было потом. А пока оставшийся без работы после поражения Собчака Путин решил перейти как офицер действующего резерва в фирму «Ленфинторг» на должность генерального директора — это место давно было забронировано для Путина как «запасной аэродром». Но тут неожиданно последовал вызов в Москву.

Примечания

[1] Геворкян Наталья, Колесников Андрей, Тимакова Наталья. От первого лица. Разговоры с Владимиром Путиным. М., изд. «Вагриус», с.76.

[2] Блоцкий Олег. Владимир Путин. Книга вторая. Дорога к власти. М., ОСМОС-ПРЕСС, 2002, с. 271.

[3] Усольцев Владимир. Сослуживец. М., ЭКСМО, с. 241—242. В. Усольцев (псевдоним; настоящее имя — Владимир Гортанов) служил вместе с В. Путиным в Дрездене в 1985—88 гг. и вышел в отставку, как и Путин, в звании подполковника. За год до выхода этих мемуаров интервью с автором и отрывки из книги были опубликованы в «Известиях» за 4 и 5 марта 2003 под псевдонимом Владимир Артамонов.

[4] Блоцкий Олег. Дорога к власти, с. 307—308. У Блоцкого этот сослуживец именуется Глебом Новоселовым — с уточнением, что «фамилия изменена». Предположительно, это Борис Мирошников — с 2001 г. начальник Главного управления специальных технических мероприятий МВД.

[5] Там же, с. 271—273.

[6] Там же, с. 283. Если следовать самому Путину, то его должность в университете называлась не «помощник ректора по международным вопросам», а «помощник ректора по международным связям» (От первого лица, с. 77).

[7] Вишневский Б. Прикомандированный к власти. Владимир Путин между Лубянкой и Кремлем. // «Независимая газета», 31 июля 1998; Российская элита. Психологические портреты. М., «Ладомир», 2000, с. 178; Вишневский Б. Господин Никто // К демократии и обратно. Сборник статей. М., ООО «Интеграл-Информ», 2004.

[8] Бричкина Лиза. Владимир Путин. Последний патрон. // «Профиль», № 32 (154), 30 августа 1999.

[9] «Литературная газета», № 8 (5778), 23—29 февраля 2000.

[10] Токарева Марина. Здесь каждый камень Путина знает. // «Общая газета», № 2 (336), 13—19 января 2000.

[11] От первого лица, с.78—79.

[12] Там же, с. 79.

[13] Блоцкий Олег. Дорога к власти, с. 287.

[14] Вишневский Б. Смертельная ошибка Ленсовета. // «Политический журнал», 23 мая 2005.

[15] Архипов И. Хождение в разведку и в политику. // «КоммерсантЪ-Daily», 14 сентября 1996. Вишневский Борис. Прикомандированный к

власти. Владимир Путин между Лубянкой и Кремлем. // «Независимая газета», 31 июля 1998; Вишневский Б. О биографии В. Путина. // «Известия», 12 августа 1999.

[16] Боброва И., Маркина М., Бычков С., Ростовский М., Хинштейн А., Деева Е. Семь мгновений из жизни преемника. // «Московский комсомолец», 18 августа 1999.

[17] Усольцев В. Сослуживец, с. 7—8.

[18] Блоцкий О. Дорога к власти, с. 154.

[19] От первого лица, с. 41.

[20] Блоцкий О. Дорога к власти, с.309.

[21] От первого лица, с. 104—105.

[22] Блоцкий О. Дорога к власти, с. 331.

[23] «Новые Известия», 26 декабря 2002.

[24] От первого лица, с. 81—82.

[25] «Известия»,12 августа 1999.

[26] От первого лица, с. 107.

[27] Президент тебе товарищ. Журналисты «Эхо-ТВ» вновь попытались ответить на вопрос «Who is Mr. Putin?». Правда, их ответ россияне в эфире не увидят // «Московские новости» № 25, 9 июля 2004; http://www.mn.ru/issue.php?2004-25-51

[28] Блоцкий О. Дорога к власти, с. 327.

[29] От первого лица, с. 89—90.

[30] Бонини Карло, д'Аванцо Джузеппе. Годы Путина между мафией и КГБ // La Repubblica, 13.07.2001.

[31] Правда, оригиналы документов исчезли. Судя по всему, они пропали где-то в период 1997—99 гг., когда Путин занимал должности начальника контрольного управления президента и директора ФСБ, а питерское Законодательное собрание (которому в 1994 г. достались архивы Петросовета) возглавляли близкие Путину люди — Юрий Кравцов, Виктор Новоселов, Сергей Миронов. Но ксерокопии материалов комиссии Салье — Гладкова частично сохранились.

В марте 2000 г. М. Салье опубликовала на сайте фонда «Гласность», принадлежащего Сергею Григорьянцу, статью «В. Путин — «президент» коррумпированной олигархии!» См. также Иванидзе В. Неразборчивые связи северной столицы. // «Совершенно секретно», август 2000.; Лурье О. Колбаса для Питера // «Новая газета», № 10 (581), 13—19 марта 2000.

[32] От первого лица, с. 91.

[33] Салье М. Путин — «президент» коррумпированной олигархии!

[34] Там же; Лурье О. Колбаса для Питера.

[35] Салье М. Путин — «президент» коррумпированной олигархии; Бонини Карло, д'Аванцо Джузеппе. Годы Путина между мафией и КГБ // La Repubblica, 13 июля 2001.

[36] Питч Ирен. Пикантная дружба. М., изд. Захарова, с. 171.

[37] Салье М. Путин — «президент» коррумпированной олигархии!

[38] Там же. Вот один из таких договоров:
«Договор № 11/92. О ведении бартерных операций для обеспечения Санкт-Петербурга продовольствием. 13 января 1992 г. Санкт-Петербург. Комитет по внешним связям мэрии Санкт-Петербурга в лице заместителя председателя Комитета Аникина А. Г., именуемый о дальнейшем Комитет, с одной стороны, и акционерное общество "Джикоп" в лице заместителя генерального директора Иванова С. В., именуемый в дальнейшем Поставщик, заключили настоящий договор о следующем:

Предмет договора. Комитет предоставляет Поставщику лицензии на экспорт редкоземельных материалов, 8 позиций, согласно представленному перечню и прилагаемым сертификатам. Общее количество имеющихся в наличии — 13.997 кг. Поставщик осуществляет бартерную сделку — обмен указанных материалов на продовольственные товары».

В Приложении № 1 к договору были перечислены эти «8 позиций»: ниобий электрический, ниобий пятиокись, тантал пятиокись, тербий, церий двуокись, итрий, скандий, цирконий — с количеством килограммов и ценой в немецких марках за килограмм (ниобий пятиокись — 3000 кг по 711 марок, скандий — 7 кг по 72,6 марок и так далее. (Лурье О. Колбаса для Питера // «Новая газета», № 10 (581), 13—19 марта 2000).

У СП «Джикоп» было еще два совладельца — Джангир Рагимов и Сергей Викторович Иванов — очевидно, тот самый Иванов, который в качестве заместителя генерального директора фирмы «Джикоп» подписал договор с КВС «в лице заместителя председателя Комитета Аникина». Аникин, начиная с сентября 1992 г., работал гендиректором Внешнеторгового хозрасчетного объединения «Ленфинторг», которое впоследствии, в декабре 1994 г., выступило соучредителем АОЗТ «Контраст-Тур». Руководителем «Контраст-Тура» стал Дж. Рагимов. В другой фирме Дж. Рагимова — «Русской торговой палате» (РТП) — начинал в 1991—93 гг. в качестве исполнительного директора свою деятельность на поприще строительства капитализма в России Сергей Миронов, ставший несколько позже менеджером у отца и сына Молчановых, затем депутатом под патронажем Путина в Законодательном собрании Санкт-Петербурга, а впоследствии спикером верхней палаты российского парламента. Родным братом Джангира был Ильгам Рагимов — однокурсник Путина, староста его студенческой группы и один из четырех ближайших друзей студенческого времени Путина. Трое других студенческих друзей Путина — погибший на тренировке по дзюдо Владимир Черемушкин, Николай Егоров и Виктор Хмарин.

[39] Салье М. Путин — «президент» коррумпированной олигархии!

[40] Ежков Дмитрий. Проблема 2000—2008 // «Новая газета», 16 марта 2007.

[41] Лурье О. Колбаса для Питера // «Новая газета», № 10 (581), 13—19 марта 2000.

[42] Салье М. Путин — «президент» коррумпированной олигархии!

[43] Карло Бонини, Джузеппе д'Аванцо // La Repubblica, 13 июля 2001.

[44] Ежков Дмитрий. Проблема 2000—2008. // «Новая газета» («цветной» выпуск «Свободное пространство», № 9 (19), 16 марта 2007).

[45] От первого лица, с. 90.

[46] La Repubblica, 13.07.2001; Какие документы есть за разоблачениями И. Рыбкина и М. Салье // «Новая газета», № 9, 9—11 февраля 2004.

[47] От первого лица, с. 93—94.

[48] «КоммерсантЪ-Daily», № 169, 4 сентября 1993.

[49] Там же.

[50] Многозначительная деталь. Д. Рождественский возглавлял «Российскую Гранд Приории Мальтийского ордена» с центром в Каннах — один из многочисленных самозванных, нелегитимных Мальтийских орденов. Но даже здесь, в каннском Мальтийском ордене», заместителем Рождественского по «Российской Гранд Приории» был бывший начальник службы «Т» («терроризм») ленинградского УКГБ полковник Владимир Грунин.

[51] Цыганов Андрей. У Путина таких фирм штук 800 или 1800. // «КоммерсантЪ» № 60 (2899), 5 апреля 2004.

[52] Шлейнов Роман. Россией владеет один человек — ее управляющий // «Новая газета», № 9, 7 февраля 2005.

[53] Седых Игорь. В Лихтенштейне обвиняют работодателя Владимира Путина и Германа Грефа // «КоммерсантЪ», 23 июля 2001.

[54] Борисова Евгения. Мы — в «черном списке» из-за Путина // The Moscow Times, 29 августа 2001.

[55] Шлейнов Роман. Россией владеет один человек — ее управляющий.

[56] Ответ компании «СПАГ Санкт-Петербург Иммобилиен унд Бетайлигунгс Акциенгезелльшафт» на публикацию «Есть вопросы к свидетелю: президенту России» («Новая газета», выпуск № 18 (1043), 14 марта 2005) // «Новая газета», № 79, 24 октября 2005.

[57] «Общая газета», 2000, № 2; От первого лица, с.114—117.

4

ПУТИН В МОСКВЕ

ЗАМЕСТИТЕЛЬ УПРАВЛЯЮЩЕГО ДЕЛАМИ ПРЕЗИДЕНТА

После поражения Собчака на выборах в Санкт-Петербурге, когда из-за расследования деятельности КВС над Путиным стали сгущаться тучи, встал вопрос о срочном переводе его в Москву, желательно с повышением. Здесь неоценимую услугу Путину оказал Анатолий Чубайс, возглавивший весной 1996 г. Администрацию президента Ельцина. Чубайс добился перевода Путина в Москву на должность заместителя управляющего делами президента России. Для санкт-петербургских следователей и депутатов, расследовавших коррупцию в городе, Путин стал теперь недосягаем.

Новая должность сулила крупномасштабную работу. Будучи заместителем руководителя Управления делами президента с июня 1996 г. Путин надзирал за недвижимостью, находящейся на балансе Управления и оценивавшуюся примерно в 600 млрд долларов. После распада Советского Союза указом Ельцина зарубежная собственность России также перешла в распоряжение этого ведомства, а состояла она из 715 объектов недвижимости в 78 странах мира площадью свыше 550 тысяч квадратных метров.

Вслед за Путиным в Управлении делами оказался его старый знакомый по Дрездену офицер КГБ Сергей Чемезов. Вот что он сам рассказывал об этом переводе: «На должность руководителя Управления внешнеэкономических связей меня рекомендовал Владимир Владимирович. Я занимался тем, что пытался упорядочить использование российской загрансобственности, возвращал государству некогда ему принадлежавшее, но утраченное в результате бездарного хозяйствования. Порой вскрывались такие факты, что в пору было за голову хвататься».

Часть российской загрансобственности находилась на территории бывших советских республик и стран «социалистического содружества», в Восточной Европе. Так, при выводе трехмиллионной армии, входящей в состав группы советских войск в Восточной Германии, а также почти полуторамиллионной Западной группы войск, размещавшейся на территории Польши, Чехословакии и Венгрии (без учета членов семей военнослужащих), на территориях покидаемых стран оставалось значительное число объектов различного назначения: детские сады, школы, культурные центры, здания, в которых размещались Общества дружбы, а также представительства различных внешнеторговых ведомств, корреспондентские пункты и прочее. Определенная часть советской зарубежной собственности передавалась восточноевропейским странам. Для людей предприимчивых это открывало самые широкие возможности, так как объекты по договоренности могли передаваться за согласованные сторонами суммы или даже бесплатно. При такой системе на бумаге объекты передавались за одни суммы, а продавались за другие. Разумеется, разница оседала в карманах заинтересованных лиц, ответственных за проведение сделок, причем речь шла о многомиллионных суммах.

О коррупции в высших эшелонах российской власти интересны свидетельства бывшего советского гражданина, живущего в Швейцарии, консультанта крупного швейцарского банка Филиппа Туровера:

«Володя Путин — это особая и длинная история, — рассказывал Туровер. — Мне доводилось с ним сталкиваться... За восемь месяцев своей работы в Управлении делами президента в 1996—97 гг. Путин отвечал за советскую собственность за рубежом. Объясню. Кроме долгов от бывшего Советского Союза Россия получила многомиллиардную собственность за рубежом, в том числе и принадлежащую КПСС. В 1995—96 гг. на нее претендовали различные организации — МИД, Минморфлот и многие другие. Но в конце 1996 г. Ельцин издал указ о том, что вся собственность СССР и КПСС за рубежом переходит совсем не Министерству государственного имущества, а почему-то в Управление делами президента. И вот тут на нее и наложил лапу господин Путин. Естественно, по команде сверху.

Когда он приступил к так называемой классификации собственности бывшего СССР и КПСС в 1997 г., тут же были созданы всевозможные подставные фирмы АО и ООО. На эти структуры и оформлялась большая часть самой дорогой недвижимости и другие зарубежные активы. Таким образом, до государства зарубежная собственность дошла в весьма общипанном виде. И общипал ее нынешний премьер». (Путин тогда был премьер-министром.)

Руководил Управлением делами президента Павел Бородин. До 1993 г. он был председателем Якутского городского совета. На этом посту сумел понравиться Борису Ельцину, посетившему в декабре 1990 г. Якутию. Запомнился Ельцину теплый прием в выстуженной зимней Якутии — яранги для высокого гостя, установленные на поле аэропорта, роскошный меховой национальный костюм, врученный ему прямо у трапа самолета, обильные угощения.

1 апреля 1993 г. Бородин вступил в должность исполняющего обязанности начальника Главного социально-производственного управления администрации президента России. В ноябре 1993-го он возглавил вновь созданное подразделение — Управление делами президента России. В 1996 г. у него появился новый заместитель — Владимир Путин, приведший с собой проверенного в делах офицера действующего резерва ФСБ Сергея Чемезова. 23 августа 1996 г. Управление делами президента подписало контракт со швейцарской фирмой «Мерката» о реконструкции Большого Кремлевского дворца. Выгодный контракт швейцарская фирма получила без конкурса. Вскоре эта же фирма выиграла тендер на реконструкцию здания Счетной палаты. Общая стоимость контрактов составила примерно 492 млн долларов. Как впоследствии было установлено

швейцарскими следователями, за содействие в получении контрактов «Мерката» выплатила 62 млн долларов комиссионных, из которых 41%, равный 25.607.978 долларам, был переведен на счета в швейцарских банках, принадлежащие Бородину и его родственникам.

Однако отношения Бородина и Путина не сложились. Не исключено, что представитель старой школы чиновников Бородин видел в молодом, энергичном и агрессивном Путине угрозу своему месту (и справедливо). С другой стороны, очевидно, что Путин — офицер действующего резерва ФСБ в управлении Бородина — с точки зрения Бородина и на самом деле был засланным к нему шпионом, получившим доступ ко всем тайнам ведомства Управления президента, сравнимым по масштабам, пожалуй, только с Газпромом.

В Управлении делами президента Путин прежде всего занялся решением квартирных вопросов в Москве для себя и своих соратников, перевозимых им из Санкт-Петербурга (квартира в Москве это очень важный момент в карьерном росте и финансовом благополучии чиновника). В Управлении делами Путин курировал внешнеэкономические связи и всю договорно-правовую деятельность Управления. В его ведении было создание компаний, призванных управлять собственностью Кремля за рубежом.

В Управлении догадывались и о лояльности Путина другим людям и структурам, и о намерениях Путина сменить Бородина. Ошибки Собчака Бородин повторять не собирался. Путина не пустили даже в основной офис Управления в Никитском переулке. Кабинет засланного Путина находился на Варварке. Правда, на три дня Путин все-таки оказался в кресле Бородина. Ельцин, по совету дочери, взял и Бородина уволил. Но через три дня Ельцина уговорили Бородина восстановить. Увольнения этого никто, кроме Бородина, не заметил. Но Бородин о нем помнил и вскоре после восстановления в должности попросил забрать от него Путина. Мстительный Путин Бородину тоже отплатил: как только Путин стал исполняющим обязанности президента, он снял Бородина с должности и назначил его секретарем Российско-Белорусского союза — главой бессмысленной структуры.

РУКОВОДИТЕЛЬ ГЛАВНОГО КОНТРОЛЬНОГО УПРАВЛЕНИЯ

Как принято в российской бюрократической машине, Путина перевели с повышением. В марте 1997 г. Чубайс стал первым заместителем премьер-министра (место руководителя Администрации президента занял будущий зять Ельцина Валентин Юмашев). Поддерживавшие Путина Чубайс и Юмашев быстро сумели провести через президента новое назначение Путина. 25 марта 1997 г. Путин стал заместителем руководителя администрации президента и начальником Главного контрольного управления (ГКУ). На этом посту он сменил другого представителя «петербургской команды Чубайса», бывшего заместителя Собчака и старого знакомого Путина Алексея Кудрина, назначенного заместителем министра финансов. Собственно, именно Кудрин рекомендовал назначить вместо себя Путина, и так как Путина поддержали еще и Чубайс с Юмашевым, назначение на высокую должность прошло. В числе причин, по которым Юмашев одобрил кандидатуру Путина, называют преданность, продемонстрированную Путиным по отношению к бывшему начальнику — Собчаку, и отсутствие у Путина излишней политизированности.

Из тесного офиса на Варварке Путин перебрался на Старую Площадь, в роскошный кабинет, который некогда принадлежал председателю Комитета партийного контроля при ЦК КПСС члену советского политбюро Арвиду Пельше. Рассказывая о планах на новой должности, Путин сообщил о планируемых им проверках различных государственных структур, естественных монополий, вооруженных сил и военно-промышленного комплекса. Он рассчитывал выявить в этих структурах злоупотребления и, таким образом, улучшить ситуацию с государственным бюджетом. Путин подчеркнул, что деятельность ГКУ носит консультативный характер и сведения о выявленных правонарушениях будут передаваться в Генеральную прокуратуру, а сами проверки должны будут осуществляться в сотрудничестве с Генпрокуратурой и другими правоохранительными органами. Основным направлением работы ГКУ под руководством Путина была борьба с нецелевым использованием бюджетных средств в регионах страны и в федеральном центре. Первым документом, подписанным Путиным на посту руководителя ГКУ, было распоряжение о начале проверки именно в этой области.

На новой должности Путин активно собирает информацию о 89 субъектах Российской федерации, прежде всего о губернаторах. При Путине из недр ГКУ в Кремль стали поступать толковые сводки о положении дел в регионах. Участились и более жестко стали проводиться центром организованные ГКУ региональные проверки. Некоторые губернаторы справедливо предполагали, что Путин таким образом собирает на них компромат, что было не сложно. В региональных прокуратурах за ельцинские годы скопилось много незавершенных дел о коррупции местного руководства. Нецелевое использование бюджетных средств происходило повсеместно. Может быть, именно эти компрометирующие губернаторов материалы стали золотым ключиком к их сердцам: за год работы в ГКУ Путин ни с кем из губернаторов не разругался, со всеми нашел общий язык, даже со строптивым губернатором Красноярского края Александром Лебедем.

В мае 1998 г. в администрации Ельцина прошли крупные кадровые перестановки. 25 мая Путин был назначен заместителем руководителя администрации, ответственным за региональную политику. В отличие от своей предшественницы — старой соратницы Ельцина Виктории Митиной, — Путин получил должность первого заместителя главы администрации. Однако он не долго совмещал обе должности. 1 июня на посту руководителя ГКУ его сменил генерал-лейтенант госбезопасности Николай Патрушев, также выходец из Санкт-Петербурга, которого в Москву перетащил Путин. Он же рекомендовал назначить Патрушева своим преемником.

Отставку Митиной и назначение на ее место Путина связывали с желанием администрации установить жесткий контроль над региональным руководством (в частности, в свете подготовки к выборам 2000 г.), — Митина, по мнению наблюдателей, с этой задачей не справлялась. Ожидалось, что работа Путина, который, будучи директором ГКУ, установил контакты с руководителями регионов и освоил рычаги влияния на них, будет более эффективной.

4 июня, в ходе своей первой пресс-конференции в новой должности, Путин сообщил, что руководство страны будет уделять больше внимания региональной политике, контроль за выпол-

нением президентских поручений, распоряжений и указов на местах усилится, однако не следует ожидать «закручивания гаек». Путин также рассказал о результатах своей деятельности на посту главы ГКУ — выявленных злоупотреблениях (в частности, в виде нецелевого использования бюджетных средств) и возбужденных уголовных делах. Так, Путин указал на нарушения, обнаруженные в финансовой деятельности компании «Росвооружение», и продолжающуюся проверку этой организации.

Проверка была вызвана прежде всего тем, что во главе этой организации стоял человек, поставленный Коржаковым, — Евгений Ананьев. Путин же задумал поставить руководителем этого третьего после нефти и газа лакомого куска российской экономики своего знакомого, офицера действующего резерва ФСБ. Эту шахматную партию Путин выиграл с блеском. Он добился увольнения Ананьева, реструктуризировал Росвооружение и поставил во главе новой организации своего сослуживца по разведке Андрея Бельянинова (первым заместителем Бельянинова стал Чемезов).

15 июля 1998 г. Путин был назначен вместо Сергея Шахрая главой Комиссии при президенте России по подготовке договоров о разграничении полномочий между федеральными органами государственной власти и органами государственной власти субъектов Российской Федерации. С тех пор ни один такой договор подписан не был.

ДИРЕКТОР ФСБ

25 июля 1998 г. указом президента Путин был назначен директором Федеральной службы безопасности России (ФСБ). Деятельность Путина в качестве директора ФСБ, подчинявшегося непосредственно президенту, отчасти координировалась премьер-министром. Премьер-министром в тот момент был Сергей Кириенко. Он представил нового руководителя аппарату ФСБ, охарактеризовав Путина как человека, имеющего опыт работы в спецслужбах и борьбы с экономической преступностью.

Путин в своем выступлении заметил, что возвращается в ФСБ как «в свой родной дом» и настроен на большую конструктивную работу. Тем не менее в книге «От первого лица» он вспоминал, что воспринял новое назначение без энтузиазма. Другой вопрос — насколько он тут откровенен.

Без энтузиазма отнеслись к назначению Путина и многие кадровые сотрудники ФСБ. Вскоре после назначения Путина правительство Кириенко, самое молодое за всю российскую историю, считавшееся прозападным и реформистски настроенным, было отправлено в отставку. Сменивший Кириенко Примаков, бывший первый заместитель председателя КГБ и директор Службы внешней разведки, был очевидным противником и Ельцина, и всего его окружения. Для генералитета ФСБ приход Примакова на пост премьер-министра означал если не свершившийся переворот, то по крайней мере его начало. Доставшийся в наследство от ушедшей эпохи Кириенко Путин всерьез не воспринимался. К тому же Путин был всего лишь подполковник. В военной организации, где к чинам относились серьезно, без улыбки или злобы нельзя было упоминать воинский ранг Путина.

Направление прошлой деятельности Путина в КГБ также было причиной для насмешек. Путин работал в ГДР, куда посылали троечников от разведки. Первый эшелон сотрудников направлялся, конечно же, в капиталистические страны, прежде всего в США и Западную Европу. Если бы к Путину как к специалисту в КГБ относились серьезно, он работал бы в Западной Германии, а не в Восточной.

Но именно потому, что центральным генералитетом ФСБ Путин не воспринимался как свой, он и был поставлен хитрыми царедворцами — Чубайсом и Юмашевым — во главе ФСБ. Дело в том, что предшественник Путина генерал ФСБ Николай Ковалев (союзник Лужкова и Примакова) был в ФСБ слишком своим и имел определенную политическую цель: захватить власть в России, как когда-то пытался сделать Коржаков. Только не для себя, а для идеологических противников Ельцина. Поскольку в России получение власти во многом связано с наличием денег, Ковалев попытался взять под свой контроль основные экономические структуры страны с помощью двух самых крупных в ФСБ экономических отделов: Управления экономической контрразведки (УЭК) и Управления контрразведывательного обеспечения стратегических объектов (УКРОСО). Это и стало основной причиной увольнения Ковалева и начала реформирования ФСБ, которое было поручено Путину. В окружении Ельцина посчитали, что Путин, дослужившийся всего лишь до подполковника в провинциальном восточногерманском городе Дрезден, должен быть обижен на систему и лоялен останется Кремлю, а не Лубянке.

Одним из направлений работы Путина стало противодействие сложившейся тенденции, в рамках которой мэр Москвы Юрий Лужков и губернатор Санкт-Петербурга Яковлев оказывали все большее влияние на региональных руководителей ФСБ. Иными словами, Московское и Санкт-Петербургское управления ФСБ по существу подчинялись не директору ФСБ, а городским начальникам. Диктовалось это экономическими соображениями. На официальную государственную зарплату никто из офицеров ФСБ давно не жил. В дополнение к зарплате всем выдавались пакеты с наличными деньгами. Эти деньги нужно было где-то брать, и региональные управления ФСБ повсеместно вступали в непосредственные коммерческие отношения с городскими руководителями, предоставляя им за получаемые деньги определенные услуги: персональную охрану, крышевание бизнесов и прочее. Чем крупнее был город, тем влиятельнее начальники. До прихода Путина на должность директора ФСБ руководитель Управления ФСБ по Москве и Московской области по политическому влиянию в правительстве мог тягаться с директором ФСБ, а по экономическим возможностям оставлял директора ФСБ сильно позади.

Следует отдать должное Путину. С задачей реформирования ФСБ он справился блестяще. Прежде всего он показал старшему офицерскому составу ФСБ, кто в доме хозяин, причем сделал это достаточно иезуитским способом. Он вывел за штат, т. е. уволил, примерно две тысячи офицеров ФСБ, включая всех сотрудников двух экономических отделов и руководителей-генералов из Коллегии ФСБ. На освободившиеся вакансии в Коллегии он назначил выходцев из Санкт-Петербурга, бывших сослуживцев по КГБ, генералов Виктора Черкесова, Сергея Иванова и Александра Григорьева. В октябре 1998 г. своим заместителем в ФСБ он сделал старого знакомого — ленинградца Патрушева. В Москву были также переведены коллеги Путина по ленинградскому КГБ Владимир Проничев (ставший начальником Департамента по борьбе с терроризмом) и Виктор Иванов (Начальник департамента Собственной безопасности ФСБ — внутренняя контрразведка). Личным помощником и доверенным лицом Путина в ФСБ стал капитан Игорь Сечин, меньше чем за полгода дослужившийся до полковника (в ранг полковника был произведен и директор ФСБ Путин).

Вместо упраздненных управлений экономической контрразведки и контрразведывательного обеспечения стратегических объектов были созданы шесть новых управлений во главе с новыми руководителями. В эти новые управления Путин набрал старых выведенных за штат сотрудников, завершив этим реорганизацию, на которую ушел примерно месяц. Без работы никто из выведенных за штат не остался. Общее число сотрудников ФСБ Путин не сократил.

Путин сделал работу в ФСБ более привлекательной в финансовом отношении. Он добился регулярного финансирования ФСБ и — непосредственно у Ельцина, минуя бюрократическую лестницу, — повышения зарплаты сотрудникам ФСБ, которых теперь уравняли с работниками Службы внешней разведки (СВР) и Федерального агентства правительственной связи (ФАПСИ).

29 марта 1999 г. Путин был назначен секретарем Совета Безопасности РФ с сохранением должности директора ФСБ. Так что с точки зрения карьерного роста работу Путина в ФСБ следовало признать успешной. Что же касается борьбы с преступностью, то здесь возникли проблемы. В период директорства Путина в ФСБ в России были совершены следующие крупные преступления (почти все оставшиеся нераскрытыми):

Убийство на даче под Смоленском президента Ассоциации российских производителей бриллиантов Александра Шкадова (1 августа 1998 г.).

Покушение на мэра Махачкалы Саида Амирова (8 августа 1998 г.).

Взрыв у здания приемной ФСБ на Лубянке (13 августа 1998 г.). По обвинению в организации этого взрыва в 1999 г. был арестован Александр Бирюков из левацкой группы «Новая революционная альтернатива», признанный впоследствии параноидальным шизофреником.

Убийство главного редактора журнала «Юридический Петербург сегодня» Анатолия Левина-Уткина (20 августа 1998 г.).

Убийство во дворе Центральной мечети Махачкалы муфтия Дагестана Саид-Мухаммада Абубакарова и его брата (21 августа 1998 г.).

Убийство в Подмосковье президента Российского общественного фонда инвалидов военной службы Алексея Вуколова (3 сентября 1998 г.).

Очередное покушение в Махачкале на Саида Амирова (4 сентября 1998 г.).

Убийство в Санкт-Петербурге заместителя председателя городского Комитета по потребительскому рынку Евгения Агарева (28 сентября 1998 г.).

Похищение в Грозном (29 сентября 1998 г.) и убийство (3 октября 1998 г.) заместителя представителя правительства РФ в Чечне Акмаля Саидова.

Убийство радиоуправляемой миной президента АО «Петербургская топливная компания», бывшего кандидата на пост губернатора Санкт-Петербурга Дмитрия Филиппова, доверенного лица Геннадия Селезнева (умер 13 октября 1998 г. от ран, полученных 10 октября).

Ранение в Санкт-Петербурге в результате покушения советника и спонсора Селезнева Михаила Ошерова (16 октября 1998 г.).

Убийство в Москве гендиректора ЗАО «Томс-Нефть-Восток» Александра Берлянда (20 октября 1998 г.).

Убийство в Московской области следователя спецпрокуратуры Юрия Кереся (20 октября 1998 г.).

Покушение в Грозном на муфтия Чечни Ахмад-Хаджи Кадырова (26 октября 1998 г.

Убийство заместителя гендиректора АО «Челябэнерго» Николая Щапина (1 ноября 1998 г.).

Убийство начальника транспортной милиции Новороссийска Евгения Федорякина (5 ноября 1998 г.).

Убийство в Москве советника губернатора Кемеровской области Александра Гонтова (18 ноября 1998 г.

Убийство в Санкт-Петербурге Галины Старовойтовой (28 ноября 1998 г.)

Покушение на убийство первого зам")префекта Центрального округа Москвы Петра Бирюкова (28 ноября 1998 г.).

Убийство в Чечне трех англичан и одного новозеландца (иностранные специалисты были похищены 3 октября 1998 г., а их обезглавленные тела обнаружены 10 декабря).

Покушение на адвоката Петра Кучерену (16 декабря 1998 г.).

Взрыв автомобиля у посольства США в Москве (17 января 1999 г.).

Поджог здания УВД в Самаре 10 февраля 1999 г. Во время пожара погибло 57 сотрудников УВД.

Убийство в Москве редактора журнала «Российский адвокат» А. Полякова (4 марта 1999 г.).

Похищение в Грозном полномочного представителя МВД России генерала Геннадия Шпигуна (5 марта 1999 г.).

Погром в синагоге в Новосибирске (в ночь с 8 на 9 марта 1999 г.).

Взрыв на рынке во Владикавказе, более 60-ти человек убито, более 100 ранено (19 марта 1999 г.).

Покушение на первого заместителя главы администрации Омской области Андрея Голушко. Голушко тяжело ранен (22 марта 1999 г.).

Попытка обстрела из гранатомета посольства США в Москве (28 марта 1999 г.). Один из террористов впоследствии дал интервью, в котором рассказал об участии в теракте и был арестован и осужден.

Убийство в Махачкале заместителя генерального прокурора Дагестана Курбана Булатова (31 марта 1999 г.)

Повторный взрыв под стеной здания приемной ФСБ на Лубянке (4 апреля 1999 г.). По обвинению в организации этого взрыва были впоследствии осуждены три девушки из подпольной группы «Новая революционная альтернатива».

Убийство в Санкт-Петербурге главного координатора ЛДПР по Петербургу и Ленинградской области Геннадия Туманова (9 апреля 1999 г.).

Покушение на председателя Республиканского суда Карачаево-Черкессии Ислама Бурлакова (13 апреля 1999 г.).

Попытка взорвать офис Иосифа Кобзона в гостинице «Интурист», ранено 16 человек (26 апреля 1999 г.).

Минирование еврейского театра «Шолом» в Москве (10 мая 1999 г.).

Покушение на заместителя начальника Северо-западного РУБОПа Санкт-Петербурга полковника Николая Аулова и его жену. Оба тяжело ранены выстрелом из снайперской винтовки (26 мая 1999 г.).

Второе покушение на муфтия Чечни Ахмад-Хаджи Кадырова (конец мая 1999 г.).

Убийство атамана реестрового Всевеликого войска Донского Геннадия Недвигина (6 июня 1999 г.).

Убийство мэра г. Дедовска Московской области Валентина Кудинова (22 июня 1999 г.).

Убийство мэра г. Кызыла, лидера тувинского отделения партии ДВР Генриха Эппа (21 июля 1999 г.).

Обстрел из гранатомета дома приемов ЗАО «Логоваз» в Москве (8 августа 1999 г.).

Лишь одну операцию Путин провел успешно: по снятию со своего поста генерального прокурора России Юрия Скуратова. Почему коррумпированный генеральный прокурор России решил бороться с коррупцией в Управлении делами президента и самим Ельциным, сказать трудно. То ли из-за лояльности Коржакову, то ли из-за политических симпатий коммунистам, то ли под давлением Евгения Примакова, являвшегося тогда премьер-министром, крайне негативно относившимся и к Ельцину, и к его окружению, часто называемому «семьей», в том числе и к управделами президента Павлу Бородину. Уж в чем точно нельзя было заподозрить ни Скуратова, ни всех следующих генпрокуроров России, это в искреннем желании бороться с коррупцией в верхних эшелонах власти, что в общем-то генпрокуроры обязаны были делать по должности.

8 октября 1998 г. Скуратов возбудил уголовное дело по фактам коррупции в Управлении делами президента. Совместно со швейцарскими коллегами российские следователи выявили ряд злоупотреблений при подписании и осуществлении контрактов по реставрации Кремля и обновлении салона самолета президента, в том числе счета с многомиллионными вкладами на имя Павла Бородина, его дочери и зятя. Расследования Скуратова буквально пошатнули трон Ельцина. Все чаще и чаще в Думе звучало слово «импичмент».

Однако спустя шесть месяцев после начала расследования было возбуждено уголовное дело в отношении самого Скуратова, который обвинялся в поступках, несовместимых с его должностью и званием. Дело в том, что в распоряжении ФСБ в марте 1999 г. оказались видеозаписи, на которых «человек, похожий» на Скуратова в абсолютно голом виде занимался любовью с двумя столь же голыми «девушками по вызову». В ночь с 1 на 2 апреля 1999 г. заместитель прокурора города Москвы возбудил в отношении Скуратова уголовное дело. Поспешность в возбуждении уголовного дела объяснялась просто — швейцарские следователи быстро продвигались в расследовании незаконной деятельности швейцарских фирм, осуществлявших работы по выполнению контрактов с Кремлем, и необходимо было как можно быстрее прекратить это расследование. Сделать это можно было лишь сменив генерального прокурора, отставку которого по закону должна была утвердить верхняя палата российского парламента — Совет Федерации. Процедура была сложная и долгая.

В отличие от российских коллег швейцарские следователи довели расследование до конца. Итогом его явился получивший широкий международный резонанс арест в США Павла Бородина, прибывшего туда на процедуру инаугурации президента Джоржа Буша, с последующей его экстрадицией в Швейцарию. В ходе следствия и судебного разбирательства была вскрыта коррупционная схема, используемая Бородиным и его швейцарскими подельниками. Бородин по решению швейцарского суда был оштрафован на примерно 375 тысяч долларов, но вины своей не признал и от уплаты наложенного на него штрафа отказался. Отказалась вносить штраф за Бородина и Россия. Деньги, являвшиеся залогом для освобождения Бородина из швейцарской тюрьмы, были внесены одним из его швейцарских партнеров. В конце концов дело закончилось фарсом.

Практически совпали по времени атаки на генерального прокурора Скуратова и свидетеля швейцарской прокуратуры Филиппа Туровера, информация которого использовалась швейцарскими и российскими следователями. После отставки Скуратова в отношении швейцарского подданного Туровера прокуратурой Москвы было возбуждено уголовное дело. Вот что пишет в своих воспоминаниях «Вариант дракона» Скуратов: «Туровер нам помог более чем ФСБ, МВД и СВР вместе взятые. Все показания его, увы, подтвердились. Не зафиксировано ни одного случая лжесвидетельства с его стороны. Наши спецслужбы, защищая “кремлевских”, начали разрабатывать Туровера и дискредитировать его». Он обвинялся в обмане, подстрекательстве, даче взятки и краже. В связи с возбуждением уголовного дела Туровер был объявлен во всероссийский розыск, а затем и в розыск по линии Интерпола. Правда, обвинения российской стороны против Туровера не подтвердились и со временем дело было закрыто.

В операции по дискредитации и снятию Скуратова самая главная роль была отведена Путину. Именно его агенты сняли и оплатили квартиру, в которую приехал Скуратов для встречи с девушками. Именно его агенты произвели запись развлечений генерального прокурора. Именно в распоряжении Путина оказалась пленка, на которой «человек, похожий на генерального прокурора», как писала, в соответствии с законом российская пресса, не имевшая права утверждать, что на пленках запечатлен именно Скуратов, находился в компании двух проституток. И именно Путин публично озвучил требование президента Ельцина к Скуратову добровольно уйти в отставку во избежание скандала.

После отказа Скуратова запись сексуальных развлечений «человека, похожего на генпрокурора», была продемонстрирована по государственному телеканалу РТР. Видеозапись руководителю РТР Михаилу Швыдкову предоставил лично «человек, похожий на директора ФСБ» Путина. Несколько позже пленка была также продемонстрирована по каналу ОРТ в программе Сергея Доренко.

7 апреля 1999 г. директор ФСБ Путин сообщил в своем выступлении на телевидении, что предварительная оценка экспертов ФСБ и МВД признала видеозапись сексуальных развлечений генпрокурора подлинной и вновь высказался за добровольную отставку Скуратова. Он также заявил, что «мероприятие», зафиксированное на видеопленке, оплачивалось «лицами, проходящими по уголовным делам», расследуемым генпрокуратурой, и потребовал «объединить» материалы двух уголовных дел: дела по ст. 285 УК РФ («злоупотребление служебным положением») против Скуратова и дела по ст. 137 («вмешательство в частную жизнь») — против лиц, незаконно следивших за генпрокурором. В конечном итоге лица, сделавшие скандальную видеозапись, остались официально неизвестными, а идентичность Скуратова и «человека, похожего на генерального прокурора», не была установлена юридически. Тем не менее Скуратов был вынужден уйти в отставку. Его сменил Владимир Устинов.

В ноябре 1998 г. большой резонанс получил скандал, связанный с именами Бориса Березовского и Александра Литвиненко. 17 ноября группа офицеров ФСБ, возглавляемая подполковником ФСБ Литвиненко, хотя в этой группе формально он не был самым старшим — старшим был полковник Александр Гусак —

выступила на пресс-конференции в крупнейшем новостном агентстве России «Интерфакс», транслируемой всеми каналами российского телевидения на всю страну, с заявлением, что руководство ФСБ отдало им приказ убить Исполнительного секретаря СНГ Бориса Березовского. За несколько дней до этого, 13 ноября в газете «КоммерсантЪ» было опубликовано открытое письмо Березовского Путину, в котором Березовский сообщил о существовании внутри спецслужбы заговора партийной (коммунистической) номенклатуры, покрывающей преступников из ФСБ. Хотя эпизод с подстрекательством относился ко времени руководства предшественника Путина, Ковалева, новый директор ФСБ отреагировал на заявление Березовского крайне жестко. Он заявил, что его служба не участвует в политических играх и, напротив, защищает в рамках закона конституционный строй и безопасность личности, общества и государства. Путин осудил вмешательство любых политических сил (намекая на Березовского) в работу ФСБ, которая, по его словам, должна направляться только президентом. Любые попытки подобного вмешательства директор ФСБ расценил как дестабилизирующие обстановку в стране.

Скандал поставил под угрозу репутацию Путина и его ведомства. Свою обеспокоенность сложившейся ситуацией на встрече с Путиным высказал президент, рекомендовавший Путину разобраться с сутью выдвинутых группой Литвиненко против руководства ФСБ обвинениями. Путин на это декларировал, что «в случае подтверждения сведений о преступной деятельности наших сотрудников, независимо от званий и должностей, мы безжалостно избавляемся от них и передаем материалы в прокуратуру».

Однако общественное мнение страны и пресса, склонные приписывать российскому олигарху Березовскому контроль над высшими чиновниками государства, стали подозревать, что все происходящее является сговором между Путиным и Березовским с целью отдать контроль над ФСБ Березовскому и его людям, одним из которых считался Литвиненко. Такие настроения общественности для Путина представляли угрозу. Было известно об открытом конфликте Березовского с премьер-министром Примаковым, в кабинет министров которого входил Путин; генпрокуратура пыталась возбудить против Березовского уголовные дела по обвинению в экономических преступлениях; и ассоциирование Путина с Березовским, конечно же, шло Путину во вред. Тем более, что Березовский стал терять влияние внутри ельцинского окружения, и информация об этом не дойти до Путина не могла, так как и он входил в это окружение и был близко знаком со всеми остальными туда входящими.

Путин понял, что лучший способ защиты от подозрений в близости к Березовскому это публичная атака на самого Березовского. Он занял по крайней мере нейтральную позицию по отношению к действиям премьер-министра Примакова и генпрокуратуры против Березовского и его структур; он настоял на увольнении из ФСБ Литвиненко и всех тех офицеров, которые выступили 17 ноября 1998 г. на пресс-конференции в «Интерфаксе», и даже старшего офицера группы Литвиненко полковника Гусака, который в пресс-конференции участия не принимал, но дал показания, подтверждающие обвинения Литвиненко. Он настоял затем на аресте Литвиненко и Гусака и допустил фактическую высылку Березовского из страны. И все это прежде всего для того, чтобы отмежеваться от Березовского, близостью с которым, навязываемой Березовским, Путин тяготился.

По мнению многих журналистов и чиновников, Березовский, со своей стороны, тоже вел войну против Примакова. Первой жертвой этой войны мог стать Путин, а последней — сам Примаков. Бывший руководитель ФСБ Ковалев утверждал, например, что Березовский с помощью скандала, вызванного пресс-конференцией Литвиненко, пытался подорвать влияние ФСБ и связано это было с тем, что уже с октября 1996 г., когда Березовский стал заместителем секретаря Совета безопасности (СБ) России, он пытался создать подконтрольную СБ спецслужбу, во главе которой хотел поставить Литвиненко. В этих планах, если они и были, было больше утопического, чем реального. Тем не менее в проектах энергичного Березовского Путин мог усмотреть для себя угрозу. Рисковать своей карьерой он не собирался. Арест Литвиненко и Гусака и выдавливание Березовского за границу были намеренными превентивными ударами.

В СОВЕТЕ БЕЗОПАСНОСТИ РОССИИ

Еще в октябре 1998 г. Путин был введен в состав Совета безопасности РФ в качестве постоянного члена, а с марта по август 1999 г. занимал пост секретаря этой структуры. В числе претендентов на этот пост, который ранее занимал Николай Бордюжа (ранее уволенный с поста главы президентской администрации), фигурировали Сергей Кириенко и Виктор Черномырдин. После того как ни с одним из них не удалось достичь приемлемой для Кремля договоренности, круг кандидатур ограничился руководителями силовых ведомств. Выбор из их числа делался по принципу наименьшей лояльности премьер-министру Примакову. Так, из-за близких с Примаковым отношений отвергли кандидатуру директора СВР Вячеслава Трубникова. Путин же, с Примаковым не ссорившийся и поддерживавший с ним ровные формальные отношения, в то же время ориентировался на подчинение не Примакову, пытавшему контролировать работу «силовиков», а Кремлю — Ельцину и ближайшему его окружению.

Не исключено также, что выдвижением Путина в СБ Ельцин пытался уравновесить назначение на пост главы президентской администрации Александра Волошина, которого считали человеком Березовского. Волошин начинал свое восхождение в политике из структур Березовского и считался его подопечным. Назначение Волошина на должность руководителя администрации президента не могло не рассматриваться в стране абсолютно всеми иначе, как усиление влияния Березовского на Кремль.

Совмещавший должности директора ФСБ и секретаря Совета безопасности Путин получил в свои руки серьезные рычаги давления и власть, соизмеримую, пожалуй, лишь с властью премьер-министра Примакова. К этому времени относится начало открытого противостояния Примакова Кремлю. Используя поддержку парламентского большинства и скандальные разоблачения генпрокурора Скуратова, Примаков по существу перетягивает на себя одеяло власти. В стране происходит что-то похожее на ползучий переворот. В Государственной думе коммунисты пытались повернуть против Ельцина волну антиамериканских настроений из-за югославского кризиса и вынашивали планы импичмента президента. В правительстве Примакова левые получили ключевые посты. Власть постепенно оказалась в руках старых прокоммунистических сил. Оплотом президента Ельцина оставался лишь

Кремль, который практически бездействовал, так как был бессилен. Примаков же, стоявший во главе этого переворота, умело создавал впечатление, что является дамбой, сдерживающей коммунистический напор, последней преградой на пути к свержению Ельцина.

В этот критический для страны и своей власти момент Ельцин совершает поступок, на который, казалось, он никогда не сможет решиться. 19 мая он подписывает указ о снятии Примакова, находившегося в зените своей власти и популярности, с поста премьер-министра России. Как карточный домик рушится виртуальное коммунистическое могущество. Затихает оппозиция в Думе. Прекращаются разговоры об импичменте. Уходит в отставку Скуратов. Однако, избавившись от премьер-министра — бывшего директора СВР, Ельцин делает новым премьер-министром бывшего директора ФСК (бывший КГБ — будущая ФСБ) — Сергея Степашина. Из этой сети Ельцин выбраться уже не мог. Выбирать премьер-министров России он мог теперь только из числа офицеров ФСБ. Это была плата за собственное нахождение у власти и за передачу власти преемнику, который гарантирует иммунитет Ельцину и его семье от судебных преследований Думы и генпрокуратуры.

Во время пребывания Путина на посту секретаря Совета безопасности на заседаниях под его руководством обсуждался ряд тем. Во-первых, ситуация в Северокавказском регионе, в частности в Чечне; в мае 1999 г., уже после утверждения Степашина на посту премьер-министра, Путин стал инициатором президентского указа, который увеличил роль подразделений ФСБ на Северном Кавказе. Во-вторых, речь шла о развитии ракетно-ядерного потенциала России перед лицом установившейся в мире, как считали в Кремле, гегемонии США, которая была продемонстрирована в ходе югославского кризиса.

Ситуация на Балканах стала темой заседания Совбеза 12 мая 1999 г. Комментарий Путина был резким: «Россия не удовлетворится ролью технического курьера в югославском кризисе, который будет лишь перевозить предложения из одной страны в другую... Происходит односторонняя попытка слома того миропорядка, который был создан после Второй мировой войны под эгидой ООН. Мы должны отреагировать на этот вызов и в концепции национальной безопасности».

Ситуацию на Балканах и вопросы российско-американских отношений в области безопасности Путин неоднократно обсуждал по телефону «горячей линии» с помощником президента США по национальной безопасности Сэмюэлем Бергером. После одного из заседаний Совбеза в июне Путин заявил, что в том, что балканский кризис вступает в фазу политического урегулирования, есть неоценимая заслуга России, намекая на свою роль в этом вопросе. Путин также занимался темой российского участия в миротворческой деятельности в Косово. И уже в июне 1999 г. при рассмотрении вопроса о возможной отставке Степашина, Путина рассматривали как возможного его преемника.

ПРЕМЬЕР-МИНИСТР

9 августа 1999 г. указом президента в правительстве была введена еще одна (третья) должность первого заместителя председателя правительства. Этим же указом новую должность получил Путин. В тот же день другим указом Ельцина кабинет Сергея Степашина был отправлен в отставку, а Путин был назначен временно исполняющим обязанности главы правительства. Такая последовательность назначений объяснялась тем, что согласно закону только вице-премьер мог быть назначен на пост и. о. председателя правительства.

В своем телеобращении Ельцин уже 9 августа назвал Путина своим преемником на посту президента РФ: «Сейчас я решил назвать человека, который, по моему мнению, способен консолидировать общество. Опираясь на самые широкие политические силы, обеспечить продолжение реформ в России. Он сможет сплотить вокруг себя тех, кому в новом, XXI веке, предстоит обновлять великую Россию. Это секретарь Совета безопасности России, директор ФСБ — Владимир Владимирович Путин... Я в нем уверен. Но хочу, чтобы в нем были также уверены все, кто в июле 2000 г. придет на избирательные участки и сделает свой выбор. Думаю, у него достаточно времени себя проявить». В телеинтервью в тот же день Путин заявил, что принимает предложение Ельцина и будет баллотироваться на пост президента в 2000 г.

16 августа 1999 г. Государственная дума утвердила Путина председателем правительства (233 голоса «за», 84 — «против», 17 — воздержались). За утверждение премьера голосовали 32 депутата из фракции КПРФ (в том числе спикер Думы Геннадий Селезнев). 52 депутата от КПРФ (в том числе Анатолий Лукьянов

и Альберт Макашов) были против. Остальные воздержались или не голосовали (Геннадий Зюганов не голосовал). Против проголосовала также часть депутатов левой фракции «Народовластие». Из фракции «Яблоко» за утверждение голосовали 18 депутатов (в том числе Григорий Явлинский). 8 «яблочников» были против, остальные не голосовали или воздержались. Другие фракции голосовали за утверждение практически единогласно.

5

ВТОРАЯ ЧЕЧЕНСКАЯ ВОЙНА

ПЛАНИРОВАНИЕ ВТОРОЙ ЧЕЧЕНСКОЙ ВОЙНЫ

На выборах 2000 года перед российским избирателем был восхитительный список претендентов: старый чекист Примаков, самоуверенно заявлявший о том, что в случае прихода к власти посадит 90 тысяч бизнесменов, т. е. всю деловую элиту России, молодой чекист Путин, до прихода к власти подчеркивавший необходимость продолжения политики Ельцина, и не имевший шансов на победу коммунист Зюганов. Чтобы посадить 90 тысяч бизнесменов, президент Примаков должен был бы арестовывать по 60 человек в день, без выходных и праздников, в течение четырехлетнего срока президентского правления. Молодой чекист Путин обещал быть не столь кровожадным. Может быть, предвыборная пьеса кем-то разыгрывалась по сценарию плохого и хорошего следователя?

Очевидно, что кто бы ни стал преемником Ельцина: Степашин, Примаков или Путин, и думские выборы декабря 1999 года, и президентские марта 2000-го планировалось проводить под гром канонады второй чеченской войны. В январе 2000 года бывший руководитель ФСК, бывший премьер-министр и несостоявшийся преемник Ельцина Сергей Степашин пролил определенный свет на вопрос о том, когда именно было принято политическое решение о начале военных действий. «Решение о вторжении в Чечню, — заявил он в интервью, — было принято еще в марте 1999 года»; интервенция была «запланирована» на «август-сентябрь»; «это произошло бы, даже если бы не было взрывов в Москве». «Я готовился к активной интервенции. Мы планировали оказаться к северу от Терека в августе-сентябре» 1999 года. Путин, «бывший в то время директором ФСБ, обладал этой информацией»[1].

На удивление вовремя произошло вторжение чеченских сепаратистов, возглавляемых Шамилем Басаевым, в Дагестан — как раз в августе. Многое было сказано и написано с тех пор о дагестанской кампании. Утверждалось, что эта операция была спланирована в Кремле и спровоцирована спецслужбами. Российские СМИ пестрели статьями о конспиративной встрече Басаева и руководителя администрации президента Александра Волошина во Франции, организованной сотрудником российской разведки Антоном Суриковым. Фактов для однозначных выводов в нашем распоряжении мало. Начнем с интервью Сурикова.

24 августа 1999 г. газета «Версия», принадлежавшая холдингу «Совершенно секретно», тому самому, за которым стоял Ю. М. Лужков и которым руководил Боровик, погибший в авиационной катастрофе вместе с чеченским бизнесменом Бажаевым, опубликовала интервью с полковником ГРУ Суриковым, приближенным Евгения Примакова. Во время грузино-абхазского конфликта Суриков был подчиненным министра обороны Абхазии Султана Сосналиева. На войне познакомился с Басаевым. С тех пор считался специалистом по Кавказу. В редакционной заметке, предшествовавшей интервью, «Версия» сообщила, что именно Суриков организовал «тайную встречу с руководителем администрации президента Волошиным» Басаева. Ни Суриков, ни Волошин опровергать эту информацию не стали.

Следует отметить, что «Версия» оказалась удивительно настойчивой, даже настырной, в проповедовании теории о том, что вторжение в Дагестан в августе 1999 года было организовано спецслужбами России. В частности, 29 февраля 2000 года, за несколько дней до гибели Боровика и Бажаева (и за несколько недель до президентских выборов, на которых победил Путин), в газете была опубликована статья «Заговор Хасбулатова»:

> «После того как Хасбулатов известил Кремль о готовящемся перевороте [в Чечне], руководитель администрации президента Александр Волошин, по некоторым данным, спешно встречается во Франции с Шамилем Басаевым. Эту встречу организует для Волошина Антон Суриков, полковник ГРУ, приближенный к властным структурам, а если точнее — приближенный к окружению Евгения Примакова, бывшего шефа федеральной разведки. Сразу после переговоров во Франции Шамиль Басаев осуществляет вторжение в Дагестан. Потом следуют взрывы жилых домов в Москве и других городах России. Потом — вторая чеченская кампания. Так начинаются войны».

Библиография встречи Волошина и Басаева не была бы полной без упоминания последней статьи этой серии, опубликованной в той же «Версии» 2 июля 2000 года: «Сговор-2». Это был несколько расширенный вариант статьи «Сговор» от 3 августа 1999 года. Вот несколько новых отрывков:

> «Встреча, которая будто бы проходила на даче международного торговца оружием Аднана Хашогги в местечке Булье под Ниццей, состоялась 4 июля 1999 года. [...] В свое время источники во Франции и в спецслужбах Израиля, от которых и была получена информация, сообщали о том, что “существует видеозапись встречи на вилле в Булье”. Однако никаких доказательств не приводили. В конце июня в редакцию “Версии” пришел большой почтовый конверт без обратного адреса. В нем находилась фотография, на которой были изображены три человека. Слева — человек, напоминавший помощника бывшего первого вице-премьера правительства Юрия Маслюкова Антона Сурикова. В центре находился человек, очень похожий на главу кремлевской администрации Александра Волошина, — лысова-

тый и с такой же бородкой. Рядом с двумя этими персонажами на корточках сидит также человек в шортах — лысоватый, но с более мощной бородой. Спустя еще некоторое время в редакции раздался телефонный звонок и позвонивший человек, не представившись, сказал: "Это фотография встречи Волошина с Басаевым. Волошина легко узнать, а Басаев — это тот бородатый, крайний справа". [...] Незнакомец пояснил, что это снимок со стоп-кадра, а запись сделана аналоговой видеокамерой. [...]

На момент той встречи Суриков числился советником гендиректора РСК "МиГ", а в настоящее время он по-прежнему работает с Маслюковым, но уже возглавляет аппарат комитета по промышленности, строительству и наукоемким технологиям в Государственной думе. [...]

По уточненным данным французов и израильтян, 3 июля в порт Булье вошла частная английская яхта "Магия", прибывшая с Мальты. С нее на берег сошли два пассажира. Если верить паспортным данным, одним из "англичан" являлся некий турок Мехмет [...]. Вторым человеком, к удивлению разведчиков, был чеченский полевой командир Шамиль Басаев.

[...] 4 июля поздно вечером в аэропорт Ниццы на частном самолете одной из российских нефтяных компаний прилетел человек — лысоватый, с бородкой, колючим взглядом, внешне похожий на главу кремлевской администрации. [...]

Случайно это или нет, но спустя некоторое время, в августе, произошло вторжение банды Шамиля Басаева в Дагестан. Вскоре последовала отставка с поста премьер-министра правительства Сергея Степашина, а на его место назначили экс-главу ФСБ. Федеральные войска после этого успешно отбили атаку на Дагестан и на спинах чеченских боевиков вновь вошли в мятежную Чечню. С тех пор "антитеррористическая операция" в Чеченской Республике продолжается и вряд ли завершится в ближайшее время. Надо отметить, что из разных источников мы получили различающиеся сведения о целях визита в Булье людей, похожих на Волошина и Басаева. По одним предположениям, последовавшее вторжение в Дагестан было своеобразной PRакцией в рамках операции "Наследник". По другим же предположениям, напоминавший главу кремлевской администрации человек, наоборот, узнал от российских спецслужб о намерениях Басаева и попросил когда-то сотрудничавших с ним людей — предположительно Антона Сурикова, — о встрече с ним, чтобы каким-то образом избежать нападения».

По мнению Абдурашида Саидова, основателя и бывшего председателя Исламско-Демократической партии Дагестана, начиная с 1997 года, после принятия парламентом Дагестана известного закона «О борьбе с исламским фундаментализмом», шло активное «выдавливание» религиозного меньшинства (ваххабитов) из Дагестана в Чечню. Ваххабитам в Дагестане создавали невыносимые условия жизни, их преследовали и угрожали физической расправой. При этом руководство Дагестана отдавало себе отчет в том, что в Чечне ваххабитов встретят с радостью. «Выдавленные» в Чечню дагестанские исламисты становились оппозиционерами и со временем готовы были вернуться в Дагестан, но уже в другом качестве — как новые руководители государства.

Слухи о предстоящем из Чечни вторжении ходили по Дагестану уже в 1997—1998 годах. В те же годы Россия оголила границы с Чечней в Цумадинском, Ботлихском, Казбековском районах Дагестана. Активисты радикальной дагестанской оппозиции свободно перемещались по территории двух республик. Но ФСБ, которую тогда возглавлял Путин, на это не реагировала. Не исключено, что в окружении лидера дагестанских исламистов-радикалов Багаудина, скрывавшегося в Чечне от преследований, были провокаторы, выполнявшие задание определенных российских силовых ведомств, и что именно эти люди в нужное время подтолкнули Багаудина, а через него — Басаева и Хаттаба — к вторжению в Дагестан.

С мая-июня 1999 года в Грозном уже любой рыночный торговец знал, что вторжение в Дагестан неминуемо. Только российские спецслужбы почему-то об этом не догадывались. С июля в дагестанском селе Эчеда, в России, находились несколько сот вооруженных ваххабитов-дагестанцев, которые заранее окопались, укрепились в труднодоступных ущельях на границе с Чечней и Грузией. Задолго до прихода в Цумадинский район исламских мятежников эти места были нашпигованы оружием. В конце июля, в пик топливного кризиса в районе, прямо под окнами УВД и УФСБ Цумадинского района в лагеря боевиков многотонные грузовики доставляли топливо. ФСБ и на это не реагировала, поскольку предстоящее вооруженное столкновение между чеченцами и дагестанцами Кремлю было выгодно.

Одновременно Багаудину шли обнадеживающие сообщения агентов: «Кроме работников милиции, в Цумада никого нет, да и они своих трогать не будут. Мы в два счета будем в райцентре. Это твой родной район, народ ждет тебя, поддержка обеспечена, вперед!» И Багаудин попал в ловушку. Кстати, накануне вторжения Басаев предлагал Багаудину совместные действия, но последний помощь отверг, и потому Басаев с Хаттабом вынуждены были выступить отдельно, в Ботлихском направлении, очень кстати и очень вовремя для российского руководства и организаторов предвыборной кампании Путина. Тут-то и начались в России невиданные до тех пор теракты.

Мотивировку сентябрьских терактов предоставила сама ФСБ. В официальной справке УФСБ по Москве и области были сформулированы цели террористов, подорвавших в сентябре 1999 года в Москве жилые дома: «Одной из основных версий, разрабатываемых следствием, стало совершение террористического акта, направленного на дестабилизацию обстановки в Москве, устрашение населения и оказание воздействия на принятие властями определенных решений, выгодных организаторам акции». Ту же самую мысль, но на уровне фельетона сформулировала газета «Вечерняя Москва»:

> «Главная цель террористов — создать в обществе гнетущую и гнусную атмосферу. Чтобы я, струсив, дал по морде моему соседу-кавказцу, а он бы схватил “кынжал”, и понеслась... Чтобы партия идиотов вышла из подполья и начались массовые аресты. Не спрашивай, что это за партия и где оно, это подполье».

Понятно, на какие «определенные решения» властей можно было повлиять вторжением в Дагестан и терактами, а на какие — нельзя. На решение о вводе войск в Чечню вторжением и терактами повлиять было легко. А вот на решение о предоставлении Чечне формальной независимости (неформальная независимость у Чечни к тому времени была) повлиять в нужную для чеченцев сторону было совершенно невозможно. Иными словами, теракты были нужны спецслужбам в России для начала войны с Чечней, а не повстанцам в Чечне для юридического признания независимости республики. То, что это именно так, доказало время: война началась, спецслужбы пришли к власти в России, независимость Чечни закончилась. И все это — как результат вторжения в Дагестан и сентябрьских терактов.

В этот трагический для страны период во главе ФСБ Путин поставил Патрушева. Громкие преступления, совершенные при директоре ФСБ Путине, покажутся нам проделками мелких хулиганов, если мы сравним их с преступлениями, совершенными при его преемнике. Похоже, однако, что именно такой директор ФСБ и был необходим сначала главе правительства, а затем и президенту страны Путину.

БУЙНАКСК, 4 СЕНТЯБРЯ 1999 г.

4 сентября 1999 года в дагестанском городе Буйнакск был взорван начиненный взрывчаткой автомобиль, припаркованный невдалеке от жилого дома в военном городке. Погибли 64 жителя, военные и члены их семей. В тот же день в Буйнакске обнаружили заминированный автомобиль ЗИЛ-130, в котором находилось 2.706 кг взрывчатого вещества. Автомобиль стоял на стоянке в районе жилых домов и военного госпиталя. Взрыв был предотвращен только благодаря бдительности местных граждан. Иными словами, второй теракт в Буйнакске предотвратили не спецслужбы, а граждане.

Теракт в Буйнакске 4 сентября был подготовлен и осуществлен Главным Разведывательным управлением Генштаба РФ во главе с генерал-полковником Корабельниковым. Операцией руководил начальник 14-го управления Главного разведывательного управления генерал-лейтенант Костечко. Осуществлением теракта занималась группа офицеров ГРУ из двенадцати человек, посланная для этого в командировку в Дагестан. Известно об этом стало из показаний старшего лейтенанта ГРУ Алексея Галкина, взятого в плен чеченской стороной в ноябре 1999 года. Понятно, что показания Галкина были даны им под пытками. Однако следует предположить, что Галкин под пытками дал правдивые показания. По крайней мере позже, бежав из плена и дав новое, добровольное интервью «Новой газете» Галкин не стал утверждать, что в плену оболгал ГРУ и сотрудников своей группы[2].

Приведем выдержки из показаний А. В. Галкина, данных в ноябре 1999 года руководителю чеченской службы безопасности А. Мовсаеву:

«[...] *Галкин:* Помощник начальника направления старший лейтенант Галкин Алексей Викторович, сотрудник Главного разведывательного управления Российской Федерации.

Журналист: Могу ли я спросить, пожалуйста, как вы сюда попали?

Галкин: Я, вместе с полковником Ивановым и старшим лейтенантом Похомовым, был задержан 3 октября на территории Чеченской республики Ичкерия при попытке проехать из Моздока в селение Бино-Юрт для выполнения специального задания.

Журналист: И при попытки пересечения вот эти все документы — вот это ваше удостоверение, вот это — оно находилось при вас? *(Показывает удостоверение)*.

Галкин: Это удостоверение находилось при мне, и вот эти вот документы находились в наших личных вещах.

Журналист: И какую именно цель несет вот эта информация, которая находится в этой книжке, что это за информация здесь находится?

Галкин: Здесь находится переговорная таблица [*показывает*] для работы по средствам связи, то есть таблица кодированных сообщений для передачи информации по открытым каналам связи, таким, как УКВ радиостанция типа “Моторола”, “Кенвуд” и радиостанция ФТ.

Журналист: С какой целью информация вот в этой книжке? *(показывает книжку)*.

Галкин: Это блокнот с расчетными формулами для подрыва конструкций, строений, зданий и разных сооружений.

Журналист: Это ваша запись, ваш почерк?

Галкин: Да, это мой почерк.

Журналист: Что вы собирались делать с этой информацией, с помощью этой информации?

Галкин: Наша задача была минирование автомобильных дорог с целью уничтожения автотранспорта с беженцами и мирным населением, а также в дальнейшем для минирования зданий и подрыва зданий с мирным населением.

Журналист: Принимали ли вы участие во взрывах зданий в Москве и Дагестане?

Галкин: Лично я участия во взрывах зданий в Москве и в Дагестане участия не принимал, но мне известно, кто подорвал, кто стоит за подрывом зданий в Москве, и кто подорвал здания в Буйнакске.

Журналист: Вы можете сказать, кто?

Галкин: За подрыв зданий в Москве, в Волгодонске ответственны спецслужбы России, ФСБ совместно с Главным разведывательным управлением. Подрыв зданий в Буйнакске — это дело рук сотрудников нашей группы, которая в это время находилась в командировке в Дагестане.

Журналист: И, насколько я знаю, уже здесь вы были сняты на пленку, сознавались во всем этом, по-видимому, вы были сняты на видеокамеру. И когда... когда вы во время съемок, вы действовали по собственному желанию?

Голос за кадром руководителя чеченской службы безопасности Абу Мовсаева: Это... На этот вопрос не надо отвечать.

[...] *Журналист:* Здесь заявление, сделанное вами. Вы подтверждаете, что вы сделали это добровольно, без какого-либо давления с чьей-либо стороны?

Галкин: Это заявление отпечатано с моих слов, я написал это заявление от руки *(держит бумажку перед лицом)*, с моей личной подписью.

[...] *Журналист:* Вы подтверждаете, что все эти документы принадлежат вам? Вот это удостоверение, вот это заявление, все это принадлежит вам. *(Галкин показывает удостоверение в развернутом виде.)*

Галкин: Да, все эти документы принадлежат мне.

Журналист: С какой целью вы прибыли в этот регион Дагестан, потом в Чечню?

Галкин: В Дагестан и Чечню мы прибыли для проведения террористических актов на территории Дагестана и на территории Чеченской республики Ичкерия.

Журналист: И против кого были эти теракты направлены? Вы должны были сделать взрывы против мирного населения или кого-нибудь еще?

Галкин: Эти взрывы были направлены против мирного населения.

Журналист: И кто... С чьей стороны вы были назначены?

Галкин: Мы были назначены и отправлены в командировку распоряжением начальника Главного Разведывательного управления вооруженных сил Российской Федерации.

Журналист: Можете назвать имя именно вот этого человека, который вас послал?

Галкин: Это генерал-полковник Корабельников, начальник Главного Разведывательного управления, и начальник 14-го управления Главного Разведывательного управления генерал-лейтенант Костечко.

Журналист: Вы лично и ваше подразделение, имеете ли отношение к взрывам в Москве?

Галкин: Лично наше подразделение к взрывам в Москве отношения не имеет, так как в то время мы находились в Дагестане. Сотрудниками нашего подразделения численностью в 12 человек, которые находились в это время в Дагестане, был произведен взрыв дома в Буйнакске»[3].

«Пресс-конференции» Галкина предшествовала «пресс-конференция» Абу Мовсаева, который устроил немногочисленным иностранным журналистам своеобразный «брифинг». Как и показания Галкина, комментарии Мовсаева были записаны на видеопленку:

«*Мовсаев:* В Волгодонске также взрывы совершили сотрудники спецслужб. И поэтому сегодня то, что нас называют террористами, — это доказывает обратное. *(Показывает.)* Это у них шифрограммы, то есть шифрограммы здесь. Это книга для взрывов, для взрывной деятельности […]: какие, сколько должно применяться. Все это имеется у нас полностью — доказательная база и ихние все. […] Мы задержали их 3—4 октября 1999 года эту группу. […] 14-е Управление ГРУ. Главное Разведывательное управление Российской Федерации занимается в первую очередь убийствами политических руководителей и подрывной деятельностью. Вот заявление, которое сделал старший лейтенант Галкин. *(Показывает.)* […]

Вопрос: Добровольное имеется заявление?

Ответ: Да. Вот его подпись.

Вопрос: Почему 4 октября сразу он не сделал заявление?

Ответ: А, не... ну сначала мы с ним […] работали, долгое время работали, потом он обратился, кассету мы направили в Стамбул на 18 ноября саммит, где он конкретно... они указывали для чего они... После этого, слушайте дальше, после этого российское руководство, Главное Разведывательное управление, сделали заявление, якобы они думали, что мы их расстреляли. Так как мы пустили слух. […]

Вопрос: И он принимает на себя ответственность за один взрыв, это правильно?

Ответ: Не... Взрыв — в то время он находился в Буйнакске. Взрывами […] в Буйнакске руководил полковник Иванов, который являлся его руководителем и вместе с ним был заброшен в Чечню. Он называет фамилию Иванова и других сотрудников, да, не... но он не участвовал в этом деле. […]

Вопрос: На основании этого одного признания вы делаете вывод, что другие взрывы в Москве также были работой российского правительства? Вы только думаете...

Ответ: Э, не... Мы это “не думаем”, у нас есть доказательства. Первое доказательство, первое доказательство это то, что любая группа, которую забрасывают в тыл к противнику, они уже знают ихний руководитель докладывает, что мы идем на территорию Чеченской Республики, так как мы [чеченцы] сделали взрывы в Москве, Волгодонске, Буйнакске. […] Второй момент, где у нас имеются доказательства, это то, что я до этого повторял и сейчас повторяю: был применен гексоген. На территории Чечни гексогена не имеется. Гексоген под красной полоской “совершенно секретно” имеется только у спецслужб Российской Федерации, и никто не имеет права без руководителей Главного Разведуправления и ФСБ брать хоть грамм этого гексогена. И в последующем задержанные нами сотрудники ГРУ объясняли, что при последнем выходе ихний полковник Иванов при политзанятии им объяснял, что эти взрывы совершили наши [ГРУ] сотрудники совместно с ФСБ.

Вопрос: Обвиняете, вину за эти взрывы, правительство России, Главное Разведывательное управление, ФСБ или именно какого-то одного человека?

Ответ: Во-первых, я вам конкретно скажу. Разрабатывал Путин Владимир, председатель. Конкретно руководителями этих спецслужб Российской Федерации, бывшие разведчики внешней разведки, которые были назначены Путиным, и это самые доверенные люди на сегодняшний день у Путина. Здесь второй момент: то, что на политической арене Путин сегодня любой ценой, любыми убийствами хочет стать президентом Российской Федерации. [...]

(Гаснет свет, съемку прерывают. Абу Мовсаев закуривает.) Я когда курю, пожалуйста, не снимай меня. *(Свет включают, съемка возобновляется.)* Еще одно, я не хочу сегодня вам вот доказывать, что мы ангелы, я не хочу доказывать, что мы хорошие. Мы хотим доказать одно: что Россия [...] государство террористическое. Больше ничего. [...]

Вопрос: Все ли запланированные взрывы состоялись или же некоторые взрывы были предотвращены? Должны ли были состояться еще взрывы?

Ответ: Естественно. Они, по моим оперативным данным [...если бы] в Рязани не были бы пойманы сотрудниками МВД нечаянно, то взрывы должны были быть в Волгограде, в Ставропольском крае, в Саратовской области, ну, то есть, в основном, где большинство живут чеченцы. [...]

Вопрос: Должность ваша?

Ответ: Начальник Особого Управления при Президенте».

ТЕРАКТЫ В МОСКВЕ И ВОЛГОДОНСКЕ, СЕНТЯБРЬ 1999 г.

Теракты в Москве, Волгодонске и Рязани, о которых упоминали Мовсаев и Галкин, произошли через несколько дней после подрыва дома в Буйнакске. Ранним утром 9 сентября был взорван жилой дом на улице Гурьянова в Москве. Ранним утром 13 сентября на воздух взлетел еще один дом столицы: на Каширском шоссе. 16 сентября взорвался жилой дом в Волгодонске. Вечером 22 сентября местными жителями и милицией был предотвращен подрыв жилого дома в Рязани. Крупнейшие в истории России теракты унесли жизни примерно 300 человек, стали поводом для полномасштабной войны с Чеченской республикой, унесшей жизни многих тысяч, искалечившей судьбы миллионов.

Сегодня об истории сентябрьских терактов мы знаем многое. Подготовка к их осуществлению началась тогда же, когда российским правительством было принято политическое решение о начале второй чеченской войны: в марте-апреле 1999 года. Практическое осуществление терактов возлагалось на ФСБ и ГРУ. В Буйнакске жилой дом с военнослужащими подрывало ГРУ Генштаба, поскольку вовлечение в эту операцию ФСБ могло привести к межведомственному конфликту между ФСБ и Министерством обороны. В Москве, Волгодонске и Рязани организацией терактов занималась ФСБ.

Вертикаль управления операцией: Путин (бывший руководитель ФСБ, будущий президент) — Патрушев (преемник Путина на посту директора ФСБ) — генерал ФСБ Герман Угрюмов (руководитель отдела по борьбе с терроризмом) — Абдулгафур («Макс» Лазовский), Абу-Бакар (Абубакар) — как оперативные сотрудники ФСБ, непосредственно отвечающие за практическую организацию терактов. Татьяна Королева, Ачемез Гочияев, Александр Кармишин — как лица, основавшие фирму, на склады которой поставлялся под видом мешков с сахаром гексоген (возможно, все они использовались «втемную», т. е. не имели представления о том, что на их складские помещения завозится взрывчатка); Деккушев, Крымшамхалов и Батчаев — как лица, завербованные «чеченскими сепаратистами» (сотрудниками ФСБ) и перевозившие взрывчатку под видом мешков с сахаром в подвалы домов, предназначенных для ликвидации, в Волгодонск, а может быть, еще и в Москву, но считавшие, что места доставки взрывчатки являются лишь транзитным складом, а взрываться будут «федеральные объекты» (в Москве Деккушев, Крымшамхалов и Батчаев в августе-сентябре 1999 г., по крайней мере, не были). И, наконец, оперативные сотрудники ФСБ Владимир Романович и Рамазан Дышеков, производившие, по показаниям свидетелей, подрыв домов в Москве, а также оперативные сотрудники ФСБ, задержанные и записанные на видеопленку, но по фамилиям не названные, пытавшиеся взорвать жилой дом в Рязани в ночь на 23 сентября 1999 г.

ОТКУДА МЫ ВСЕ ЭТО ЗНАЕМ?

Источники, указывающие на причастность всех вышепереименованных лиц к террористической кампании сентября 1999 года в России, многочисленны и разнообразны. Над сбором и анализом этой информации работали самые разные люди: журналисты, правозащитники, бывшие сотрудники российских спецслужб, порвавшие с живодерской системой, прежде всего бывший подполковник ФСБ Александр Литвиненко и бывший полковник ФСБ Михаил Трепашкин. В частности, Михаил Трепашкин дал интервью «Московским новостям», в котором сообщил, что в распубликованном фотороботе террориста «Лайпанова», подозревавшегося в подрыве дома на улице Гурьянова, узнал сотрудника ФСБ Владимира Романовича. Последний, по имеющейся информации, после сентября 1999 года уехал на Кипр, где погиб в автомобильной катастрофе. Следует ли удивляться тому, что на следующий день после интервью «Московским новостям» Трепашкин был арестован и провел несколько лет в заключении по обвинению в незаконном хранении пистолета и разглашении государственной тайны[4]. Видимо, государственная тайна как раз и состояла в том, что разыскиваемый российскими правоохранительными органами «Лайпанов» и сотрудник ФСБ Романович — одно и то же лицо.

Интернет-сайт «Сомнение.Народ.Ру», несколько лет ведущий свое независимое расследование сентябрьских терактов 1999 года, сумел сделать несколько важных выводов. Прежде всего, выяснилось, что совладельцами фирмы «Капстрой-2000», на склады которой террористы завезли взрывчатку для последующего подрыва, был не только Ачемез Гочияев, всенародно объявленный организатором сентябрьских терактов в Москве, но и другой человек с очевидно русской фамилией: Александр Юрьевич Кармишев, в отличие от Гочияева в розыск не объявленный. Более того, фирму Гочияева и Кармишева регистрировала некая Татьяна Викторовна Королева. И она же, очевидно, что по абсолютно случайному стечению обстоятельств, регистрировала фирму еще одного совсем не случайного человека: сотрудника ФСБ Максима Юрьевича (Макса) Лазовского.

ЛАЗОВСКИЙ

Исследователь, изучающий теракты в России в 1994—1999 годах не сможет обойти вниманием Макса Лазовского. Лазовский был основателем фирмы «Ланако», давшим названию фирмы первые две буквы своей фамилии. В 1994 году Лазовским была сформирована спецгруппа, состоявшая из штатных и внештатных сотрудников российских спецслужб и спецподразделений. Куратором Лазовского по линии ФСБ был полковник ФСБ Э. А. Абовян, работавший в отделе по борьбе с незаконными бандитскими формированиями. По линии СВР Лазовского курировал кадровый сотрудник службы внешней разведки П. Е. Суслов.

Как всегда в истории разведки и конспиративных организаций, мы знаем об этих людях только по их провалам (о тех, кто не провалился, нам почти ничего не известно). Так 18 сентября 1994 года в перестрелке с одной из бандитских группировок погиб член группы Лазовского офицер ГРУ Роман Полонский. 18 ноября 1994 года при попытке подрыва железнодорожного полотна на мосту через реку Яуза погиб от преждевременного взрыва закладываемой им бомбы член отряда Лазовского капитан Андрей Щеленков. 27 декабря 1994 года член группировки Лазовского подполковник академии им. Жуковского Владимир Воробьев подорвал бомбу с дистанционным управлением в автобусе 33-го маршрута ВДНХ-Южная. Он был арестован в августе 1996 года. Суд был закрытым. В зал заседаний не пустили даже родственников Воробьева. ФСБ дало Воробьеву, как своему сотруднику, положительную характеристику, которая была подшита в уголовное дело. За совершенный теракт Воробьев был приговорен к пяти годам, но Верховный суд РФ снизил Воробьеву срок до трех лет (которые Воробьев к тому времени фактически провел в заключении), и в конце августа 1999 года Воробьев вышел. Не для того ли, чтоб участвовать в последней стадии сентябрьской операции?

В феврале 1996 года МУР арестовал личного шофера Лазовского Владимира Акимова, давшего показания против своего шефа. Лазовский был задержан. Были выявлены шесть оперативников ФСБ, служивших у Лазовского, в том числе майор московского Управления ФСБ по незаконным вооруженным формированиям Алексей Юмашкин; офицеры ФСБ Карпычев и Мехков. Однако представители УФСБ в суд явиться отказались, причастность к терактам судом не обсуждалась вообще, а подсудимые были найдены виновными в незаконном хранении оружия и приговорены гуманным российским судом к двум годам лишения свободы (с зачетом времени, проведенным под следствием). В феврале 1998 года Лазовский вышел, купил себе роскошный особняк в элитном поселке Успенское Одинцовского района Подмосковья (по Рублевскому шоссе), создал фонд «содействия миру на Кавказе» под названием «Единение», в котором занял должность вице-президента.

28 апреля 2000 года на пороге Успенского собора в своем поселке он был расстрелян из автомата Калашникова с глушителем и оптическим прицелом. Четыре пули, одна из которых попала в горло, были смертельными. Стрельба велась из зарослей кустарника с расстояния примерно в 150 метров. Джипа с охраной, который неотступно следовал за Лазовским в последнее время, рядом почему-то не оказалось. Убийца бросил оружие и скрылся. Кто-то оттащил окровавленное тело к больнице неподалеку и положил на лавку. Местная милиция привлекла для осмотра трупа врача из одинцовской поликлиники. Документы освидетельствования убитого и осмотра места происшествия были составлены крайне неряшливо и непрофессионально, и это дало повод утверждать, что убит не Лазовский, а его двойник.

Доказательства, указывающие на причастность Лазовского к сентябрьским терактам 1999 года следует считать косвенными. Этот достаточно опытный террорист — сотрудник ФСБ с февраля 1998-го по май 2000 года был на свободе. Предположить, что он бездействовал все эти месяцы крайне сложно. Не так уж много было у ФСБ сотрудников с таким стажем работы. Есть, однако, по крайней мере одно прямое указание на причастность Лазовского к терактам 1999 года в России. Оно содержится в «Открытом письме» Крымшамхалова и Батчаева в «Комиссию по расследованию взрывов жилых домов в Москве и Волгодонске».

КРЫМШАМХАЛОВ И БАТЧАЕВ

Звонок из Грузии разыскиваемых всеми правоохранительными органами России Юсупа Крымшамхалова и Тимура Батчаева можно назвать «удачей» лишь в азарте исследовательской работы. Когда в далеком от Москвы Бостоне автору этой книги (Ю. Фельштинскому) позвонил по телефону человек, сообщивший, что Крымшамхалов и Батчаев хотели бы рассказать о том, что случилось на самом деле, проще всего было предположить, что это чья-то дурацкая шутка. Но проходили дни, недели, месяцы... Контакт не прерывался. Он принял форму общения по телефону, почте, факсу, интернету. На бостонский факс приходили заполненные анкеты с ответами на вопросы, на бостонский адрес — оригиналы факсов и видеозаписи с показаниями. Сопроводительная разъяснительная и дополнительная информация шла по интернету и телефону. 28 июля 2002 года на бостонский факс пришло «Открытое письмо в Комиссию по расследованию взрывов жилых домов в Москве и Волгодонске» Крымшамхалова и Батчаева, обобщающее сообщенную ранее информацию:

«Уважаемая комиссия!

В силу обстоятельств мы оказались соучастниками преступления, унесшего жизни почти трех сотен человек. Мы имеем в виду сентябрьские 1999 года теракты в Москве и Волгодонске.

С тех пор мы находимся объявленными в федеральный и международный розыск и вынуждены скрываться от правоохранительных органов РФ.

После сентября 1999 года спецслужбами России предпринимались неоднократные попытки нашего ареста или устранения. Из-за сделанных недавно нами и Гочияевым заявлений в последнее время эти попытки усилились. Похоже, в недалеком будущем нас действительно постигнут задержание или смерть.

Это те причины, по которым мы хотим именно сейчас обратиться к вам с этим открытым письмом.

1. Мы признаем себя соучастниками террористических актов, состоявшихся в Москве и Волгодонске в сентябре 1999 года.

Мы заявляем, что ни Хаттаб, ни Басаев, ни кто-либо из чеченских полевых командиров и политических лидеров, ни кто-либо из чеченцев вообще не имели никакого отношения к сентябрьским терактам 1999 года. Они не заказывали, не финансировали и не организовывали эти теракты.

С Хаттабом и какими-то полевыми командирами мы впервые встретились только после того, как бежали в Чечню от преследований российских правоохранительных органов после терактов.

2. Мы являемся соучастниками терактов на низшем исполнительском уровне, причем к самим взрывам отношения не имеем. Мы имели отношение только к транспортировке мешков, как мы считали, со взрывчаткой для временного складирования их и для последующего использования для подрыва административных зданий спецслужб и военных, а не жилых домов.

То, что взрывы произойдут по месту хранения мешков, в подвалах жилых зданий, мы не предполагали. Время совершения терактов известно нам не было.

Узнав об этих взрывах, мы бежали в Чечню.

3. Не будучи чеченцами по национальности, мы являлись искренними сторонниками борьбы чеченского народа за независимость. Именно эти наши взгляды позволили тем, кто действительно стоял за организацией и реализацией терактов в Москве и Волгодонске в сентябре 1999 года, завербовать нас для участия в организации терактов. Сегодня мы понимаем, что нас использовали «втемную», что в 1999 году мы не понимали, кто на самом деле является нашими начальниками и на кого мы на самом деле работаем.

Сегодня мы это понимаем и знаем. Почти три года ушло на то, чтобы осознать происшедшее, собрать информацию и доказательства о том, кто же на самом деле стоял за нашими спинами.

Многих из тех, кто участвовал в сентябрьской операции 1999-го в Москве, Волгодонске, Рязани и Дагестане, уже нет в живых. Пока мы живы, мы хотим, чтобы все узнали главное. Согласно собранной нами информации, полученной от различных участников операции разного уровня, заказчиком операции по взрывам в России в сентябре 1999 года является Федеральная служба безопасности РФ. В этой связи неоднократно и точно упоминалась фамилия директора ФСБ Николая Платоновича Патрушева.

Куратором всей программы взрывов являлся Герман Угрюмов, ликвидированный затем, по нашим сведениям, самой ФСБ. Общее число членов группы составляло, по нашей информации, более тридцати человек. Как руководителей среднего звена мы знаем только двоих: 1) подполковник, татарин по национальности, кличка (псевдоним) Абубакар; 2) полковник, русский по национальности, псевдоним Абдулгафур. Мы предполагаем, что Абдулгафур и известный сотрудник российских спецслужб Макс Лазовский — это одно и то же лицо.

4. Мы оказались частью трагедии чеченского и русского народов. Мы просим прощения у тех, кому принесли горе в сентябре 1999 года. Мы просим прощения еще и у чеченского народа за то, что были использованы «втемную» ФСБ для начала второй чеченской войны. Мы не просим к себе снисхождения и остаток своей жизни посвятим борьбе за независимость чеченского народа.

Крымшамхалов Юсуф Ибрагимович,
карачаевец, 16 ноября 1966 г. р.
Батчаев Тимур Амурович,
карачаевец, 27 июня 1978 г.р.

28 июля 2002 г.»

Чем дольше происходил информационный обмен с Крымшамхаловым и Батчаевым, тем очевиднее становилось, что шагреневая кожа двух незадачливых борцов за независимость чеченского народа подходит к концу. Поступала достоверная информация о том, что Москва на контрактной основе наняла несколько групп для захвата террористов в Грузии, что одна или две попытки захватить их пока что окончились неудачей. Был захвачен находившийся независимо от Крымшамхалова и Батчаева в Грузии Деккушев. Было ясно, что петля вокруг Крымшамхалова и Батчаева сжимается, их убийство или задержание — вопрос одной-двух недель.

Что именно произошло в Грузии 7 декабря 2002 года, сказать трудно. Полученные нами сведения нельзя считать проверенными. Легковой автомобиль с пятью людьми, в числе которых были Батчаев и Крымшамхалов, выехал из Панкисского ущелья. Машину вел Алекс Кавтарашвили 1970 года рождения. Рядом с ним находился Эльдар Маргошвили 1968 года рождения. Оба служили по контракту во внутренних войсках Грузии. Проехав через селение Кабали, где живут в основном азербайджанцы, и через соседствующее с ним грузинское село Баисубани, автомобиль стал въезжать в лесной массив, где ждала засада. Шедшая навстречу автомашина устроила аварию, а когда из первой машины вышли пассажиры, над их головами раздались автоматные очереди и всем было приказано лечь. Крымшамхалова как самого ценного взяли живым. Остальных в упор расстреляли. Сопротивления со стороны задержанных не было. «Поясами смертников» ни Батчаев, ни Крымшамхалов не воспользовались. 9 декабря «Новая газета» опубликовала «Открытое письмо» Крымшамхалова и Батчаева.

ГОЧИЯЕВ

Более удачливым оказался Гочияев. Если верить его показаниям, он не участвовал в организации терактов и действительно был использован «втемную». Точнее, были использованы арендуемые его и Кармишина фирмой «Капстрой-2000» складские помещения, на которые завезли под видом сахара взрывчатку. В нескольких своих заявлениях и видеоинтервью Гочияев отрицал свою причастность к терактам. Более того, Гочияев показал, что после второго московского взрыва, когда он понял, что взрываются его складские помещения, он сам позвонил в милицию и службу спасения и назвал адреса всех своих складов (где действительно была обнаружена взрывчатка с таймерами). Похоже, что именно этот звонок предотвратил дальнейшие московские взрывы.

Свой взгляд на события тех дней Гочияев изложил в послании, отправленном Юрию Фельштинскому в феврале 2005 г. (Орфография и пунктуация оригинала сохранены.)

«Прокуратура России обвиняет меня в организации взрывов жилых домов произошедших осенью 99 года в Москве. Я считаю себя не виновным и обвиняю спецслужбы, а конкретно ФСБ России в подготовке и осуществлении этих чудовищных взрывов. Мое имя Ачемез Гочияев, я хочу рассказать правду и донести до всех людей скрытую истину произошедшего. Проанализировав все те события которые происходили до этих взрывов и последующие события я пришел к выводу, что это была в заранее спланированная и хорошо подготовленная операция спецслужб.

Когда происходили эти события я жил и работал в Москве занимался строительством, фирма называлась «Капстрой-2000» и располагалась у метро «Барикадная». В начале лета 99 года ко мне на фирму пришел мой старый школьный товарищ, с которым я не виделся почти с самой школы его зовут Дышеков Рамазан. Он мне сказал, что работает и живет в Москве, занимается реализацией продуктов питания. В последствии он еще несколько раз заходил и как-то он предложил мне заняться с ним реализацией минеральной воды и попросил меня найти ему воду. У меня на фирме работал один мой земляк его звали Чинчиков Рауль, я поручил ему это дело и в дальнейшем всю работу от моей фирмы с Рамазаном вел Рауль. Работа у нас шла нормально, Рамазан во время расплачивался не каких проблем не было. Через некоторое время Рамазан попросил меня помочь ему арендовать помещения под склады на юге Москвы и в городе Рязане, он сказал, что у него в этих районах есть хорошие точки реализации. Я попросил Рауля чтобы он занялся поиском этих помещений, он нашел много вариантов и предложил их Рамазану, тот в свою очередь отобрал подходящие для него помещения. Я дал им деньги на аренду этих помещений и они вдвоем занялись арендой.

Рамазан сам лично арендовывал эти помещения под свою фирму.

Когда произошел взрыв в доме на Гурьянова я находился в гостях и мне на мобильный позвонил Рамазан, он говорил, что у него срочное дело и нужно встретится, он спрашивал где я нахожусь звонил он под утро часов в 5, я ему сказал, что приеду сам и стал собираться. И когда уже собирался выйти из дома я увидел в новостях по телевизору, что произошло. Я сразу поехал на Гурьянова и после всего того, что я там увидел я не стал встречаться с Рамазаном решил переждать, но 13 сентября когда произошел второй взрыв в доме на Каширском шоссе и когда по телевидению показали мою фотографию я понял что меня хотят подставить. Я связался с Раулем, узнал у него о других помещениях, затем позвонил в милицию и в службу спасения и сказал про помещения на Борисовских прудах и Копотне и после этого я покинул Москву и вернулся в Карачаево-Черкессию. Дома от своего брата который в то время работал в уголовном розыске, я узнал, что меня сильно ищут и у них есть не гласный приказ из Москвы меня живым не брать, и с того времени по сегодняшний день я вынужден скрываться.

Сейчас я знаю, что Дышеков Рамазан работает официально в ФСБ, в то время некто даже не мог догатываться о каких либо его связях с ФСБ, он тогда был скрытым агентом. Чинчиков Рауль который вел с Рамазаном дела от моей фирмы, через короткое время после этих событий был убит его труп был найден в поселке [Московский] Карачаево-Черкесской республики, его убили а тело пытались сжеч.

Таким образом ФСБ устранило главного свидетеля в этом деле.

Мои родственники и друзья подвергаются жесточайшему прессу со стороны ФСБ их постоянно допрашивают и обыскивают. Моя сестра была вынужденна уехать с республики, после того как ее с малолетней дочерью сотрудники ФСБ вывезли на кладбище и угрожая убить ребенка требовали у нее, что бы она дала интервью в прессу, что я мог это сделать и что я психически не уровновешенный человек и после этого она боясь за жизнь своих детей была вынуждена уехать.

На сайте ФСБ помещена фотография молодого человека в черной кепке с бородой и это фотографию ФСБ приводит как доказательство в свою пользу, я заявляю, что это ложь человек изображенный на этой фотографии не я. Это можно убедится даже если сравним внимательно мою фотографию и фотографию этого человека. Кроме этого проводилась экспертиза и по результатам которой было доказано, что этот человек не я. Вот на такой наглой лжи, ФСБ строит все обвинения против меня.

Сразу после взрывов по телевидению показали мою фотографию и было сказано, что это фотография человека арендовавшего эти помещения и якобы это фотография с ксерокопии паспорта оставленного в одной из реэлторских контор. Но эта фотография идинтична фотографии в моем настоящем паспорте, а как мы все знаем, когда человек получает паспорт, то копия фотографии остается в паспортном столе, и когда ФСБ фабриковало это дело против меня, то им не составило труда взять копию фотографии и показать ее по телевидению. Здесь не маловажный факт, показания того человека который сдал помещение на Гурьянова. Он не узнал в моей фотографии человека которому сдал в аренду свое помещение, а под то описание внешности которому он арендовал свое помещение подходит Дышеков Рамазан, я думаю если ему показать фотографию Рамазана, то он узнает в нем того кому он сдал помещение.

Кроме всего того, что я рассказал у меня есть другие факты и свидетели которые доказывают, что взрывы подготовлены и осуществлены спецслужбами России, но на сегодняшний день есть большая опасность для этих людей и по этой причине я не могу до конца обнародовать эти факты. Было бы очень хорошо, если бы в этом деле была проведена независимое международное расследование, я со своей стороны готов полностью участвовать и помогать такому расследованию предоставив факты и свидетелей. Я уверен, что только такое раследование может выявить настоящих организаторов и исполнителей этих взрывов.

Я много думал почему меня карачаевца по национальности спецслужбы подставили в этих взрывах, ведь если логично рассуждать им нужно было в то время подставлять чеченцев, а не карачаевцев. Сейчас это уже не секрет. Спецслужбы преследовали несколько целей, они все ровно связали эти взрывы с Чечней, которые фактически и послужили поводом для войны, а второе то, что ФСБ планировала и готовит на сегодняшний день войну и в Карачаево-Черкессии. В настоящее время у нас в республике сконцетрировано очень много войск. В СМИ очень много говорится про нашу республику, нас как нацию мало кто знал, сейчас нас знают во всем мире и знают как опасных террористов, в этом направлении ФСБ добилось чего хотело.

Используя СМИ которые они почти полностью контролируют, регулярно сообщают о террористах карачаевцах, оказывается не только московские взрывы, но и почти все террористические акты совершают карачаевцы. Чтобы начать войну нужен [образ врага] и чем этот образ будет страшнее, тем им будет легче воевать. Теперь если будет война все будут думать, что Россия борется с терроризмом, хотя на самом деле она будет уничтожать простой народ. И вот по этой причине спецслужбы подставили меня в этих взрывах.

И в заключение я бы хотел обратится ко всем тем людям которые хотят знать правду взрывов жилых домов в первую очередь это касается тех людей которые пострадали от этих взрывов, необходимо чтобы была проведено независимое международное расследование, та власть которая сейчас находится в России это власть ФСБ, вспомните историю этой чудовищной структуры, сколько миллионов без винных людей стали жертвами этой структуры, а сейчас вся власть в России в руках ФСБ: Что тут еще говорить это же все так понятно и ясно».

Российские правоохранительные органы неоднократно пытались найти и захватить Гочияева или хотя бы получить против него показания, в том числе его родственников. Задерживалась, избивалась и пыталась сестра Гочияева, проживавшая в Карачаево-Черкессии. Был арестован ее муж, а ее саму вывозили ночью в лес вместе с малолетним ребенком (о чем пишет Гочияев в своем письме), заставляли рыть ребенку могилу, грозили закопать живыми, требовали показаний против Гочияева. Похоже, несчастной женщине нечего было сообщить о брате. Помучив ее, эфэсбешники не стали брать лишний грех на душу, оставили в живых и ее, и ребенка.

РЯЗАНЬ,
22—23 СЕНТЯБРЯ
1999 г.

22 сентября случилось незапланированное: в Рязани сотрудники ФСБ были замечены при закладывании «сахарных» мешков с гексогеном в спальном микрорайоне Дашково-Песочня.

В 21.15 водитель футбольного клуба «Спартак» Алексей Картофельников — житель дома № 14/16 по улице Новоселов, одноподъездной двенадцатиэтажки, построенной более 20 лет назад, позвонил в Дашково-Песочнинское отделение Октябрьского РОВД (районное отделение внутренних дел) Рязани. Он сообщил, что 10 минут назад видел у подъезда своего дома, где на первом этаже находится круглосуточный магазин «День и ночь», «Жигули» пятой или седьмой модели белого цвета с московскими номерами Т 534 ВТ 77 RUS. Машина въехала во двор и остановилась. Мужчина и молодая женщина вышли из салона, спустились в подвал и через некоторое время вернулись. Потом машина подъехала вплотную к подвальной двери, и все трое пассажиров начали перетаскивать внутрь какие-то мешки. Один из мужчин был с усами. Женщина была в тренировочном костюме. Затем все трое сели в машину и уехали.

Приехавшие в 21.58 по московскому времени сотрудники милиции под командой прапорщика милиции Андрея Чернышева обнаружили в подвале жилого 77-квартирного дома три 50-килограммовых мешка из-под сахара. Чернышев, первым вошедший в заминированный подвал, вспоминает:

> «Возле дома нас встретила девушка, которая и рассказала о человеке, вышедшем из подвала и уехавшем на машине с заклеенными номерами. Одного милиционера я оставил у подъезда, а с другим спустился в подвал. Подвал в этом доме глубокий и полностью залит водой. Единствен-

ное сухое место — маленький закуточек, такой каменный чулан. Посветили фонариком — а там несколько мешков из-под сахара, сложенных штабелем. Верхний мешок надрезан, и виднеется какое-то электронное устройство: провода, обмотанные изолентой, часы... Конечно, с нами сразу шок небольшой был. Выбежали из подвала, я остался охранять вход, а ребята пошли жителей эвакуировать. Минут через пятнадцать подошло подкрепление, приехало начальство из УВД. Мешки с взрывчаткой доставали сотрудники МЧС в присутствии представителей ФСБ. Конечно, после того как наши взрывотехники их обезвредили. Никто не сомневался, что ситуация была боевая».

Итак, один из мешков был надрезан. Внутрь вложен часовой взрыватель кустарного производства. Он состоял из трех батареек, электронных часов и самодельного детонатора. Взрыватель был установлен на 5.30 утра четверга. Взрывотехники инженерно-технологического отдела милиции УВД Рязанской области под руководством начальника отдела старшего лейтенанта милиции Юрия Ткаченко за одиннадцать минут обезвредили бомбу и тут же, примерно в 11 вечера, произвели пробный подрыв смеси. Он не вызвал детонации то ли из-за малого количества пробы, то ли из-за того, что саперы взяли пробу вещества с верхних слоев, тогда как основная концентрация гексогена могла находиться внизу мешка. Экспресс-анализ находящегося в мешках вещества, произведенный с помощью газового анализатора, показал «пары взрывчатого вещества типа гексоген». Ошибки быть не могло: приборы были современными и исправными, а квалификация специалистов, проводивших исследования, высокой.

Внешне содержимое мешков не было похоже на сахарный песок. Свидетели позднее в один голос утверждали, что в мешках было вещество желтого цвета, в гранулах, напоминавших мелкую вермишель. Именно так выглядит гексоген. Пресс-центр МВД России 23 сентября также сделал заявление о том, что «при исследовании указанного вещества обнаружено наличие паров гексогена», а взрывное устройство обезврежено. Иными словами, в ночь на 23 сентября силами местных экспертов было определено, что взрыватель был боевым, а «сахар» — взрывчатой смесью. «Наш предварительный осмотр показал наличие взрывчатых веществ. [...] Мы считали, что угроза взрыва была реальна», — заявил впоследствии начальник Октябрьского РОВД Рязани подполковник Сергей Кабашов.

Дом № 14/16 по улице Новоселов в Рязани для минирования был выбран не случайно: типовой, в непрестижном районе города, населенный простыми людьми. К первому этажу был пристроен круглосуточный магазин, торгующий продуктами питания. Жильцы не должны были заподозрить террористов в людях, разгружающих товар у люка склада круглосуточного гастронома. Дом стоял на площади, прозванной в народе «Старый круг», на окраине Рязани, на небольшой возвышенности. Построен был из силикатного кирпича. Мешки с взрывчаткой в подвале были положены у опоры здания. В случае взрыва обрушился бы весь дом. Не исключено, что пострадал бы и соседний жилой дом, построенный на слабом песчаном грунте, на склоне.

Итак, жильцы рязанского дома среди ночи были подняты по тревоге и в двадцать минут эвакуированы, кто в чем, на улицу. Вокруг дома было выставлено оцепление. Было холодно. Директор местного кинотеатра «Октябрь» сжалилась над людьми и впустила их в зал. Она же организовала раздачу чая. В доме оставались несколько стариков-инвалидов, которые были физически не в состоянии покинуть квартиры.

Съехались всевозможные чрезвычайные службы и руководители. После того как экспертиза определила наличие гексогена, оцеплению была дана команда расширить зону на случай взрыва. Начальник местного УФСБ генерал-майор Александр Сергеев поздравил жильцов со вторым рождением. Герою дня Картофельникову сообщили, что он родился в рубашке (и через несколько дней от имени администрации города вручили за обнаружение бомбы ценный подарок — цветной телевизор отечественного производства). А одно из российских телеграфных агентств оповестило о счастливой находке все человечество:

> «В Рязани предотвращен теракт: в подвале жилого дома милиция обнаружила мешки со смесью сахарного песка с гексогеном. Как сообщил корреспонденту ИТАР-ТАСС

первый заместитель штаба по делам гражданской обороны и чрезвычайным ситуациям Рязанской области полковник Юрий Карпеев, проводится экспертиза найденного в мешках вещества. По словам оперативного дежурного МЧС РФ в Москве, найденный взрыватель был установлен на утро четверга, на 05.30 мск. Установлена марка, цвет и номер автомобиля, на котором была привезена взрывчатка, сообщил корреспонденту ИТАР-ТАСС и.о. начальника УВД Рязанской области Алексей Савин. По его словам, специалисты проводят серию экспертиз по определению состава обнаруженной в мешках смеси. [...] По словам первого заместителя главы администрации области Владимира Маркова, обстановка в Рязани спокойная. Жильцы дома, которые немедленно были эвакуированы из квартир сразу же после обнаружения предполагаемой взрывчатки, вернулись в свои квартиры. Были проверены все соседние дома. По его словам, именно жильцы должны быть главной опорой правоохранительных органов, чтобы бороться с этим «злом, которое появилось в нашей стране. [...] Чем бдительнее мы будем, тем надежнее будет зашита».

В пять минут первого мешки из подвала вынесли и погрузили в пожарную машину. Однако до 4-х утра решался вопрос о том, куда вывозить обнаруженную взрывчатку. ОМОН, ФСБ и местные воинские части отказывались брать мешки к себе. В конце концов, их перевезли во двор Главного управления гражданской обороны и чрезвычайных ситуаций (ГУ ГОиЧС) Рязани, убрали в гараж и выставили охрану. Как вспоминали затем спасатели, попили бы они с этим сахаром чайку, да экспертиза показала примесь гексогена.

Мешки пролежали у них на базе несколько дней. Затем их увезли в Москву, в экспертно-криминалистический центр МВД. Впрочем, пресс-служба УВД Рязанской области сообщала, что в Москву мешки увезли еще 23 сентября. В 8.30 утра работы по разминированию и проверке дома были закончены и жильцам разрешили вернуться в свои квартиры.

Уже вечером 22 сентября в Рязани были подняты по тревоге 1.200 милиционеров, введен план «Перехват», составлены фотороботы троих подозреваемых, выставлены пикеты на дорогах.

Показания очевидцев были достаточно подробны. Появилась надежда, что злоумышленников схватят.

На борьбу с террористами губернатором области и администрацией города были выделены дополнительные средства. К охране жилых домов города привлечены военнослужащие, организовано ночное дежурство жителей всех домов, проведен дополнительный осмотр всего микрорайона, прежде всего жилых зданий (80% домов города к пятнице были проверены). Опустели городские рынки. По словам заместителя главы администрации Рязани Анатолия Баранова, «практически весь город не спал, а ночь на улице провели не только жители этого дома, но и весь 30-тысячный микрорайон Дашкове-Песочня, в котором он расположен». В городе усилились панические настроения: ходили слухи, что Рязань выбрана для терактов из-за нахождения здесь 137-го гвардейского парашютно-десантного полка, который воевал в Дагестане. К тому же под Рязанью был расположен Дягилевский военный аэродром, с которого войска перебрасывались на Кавказ. Автодорога из Рязани была забита, так как милиция проверяла все выезжавшие из города автомобили. Однако операция «Перехват» результатов не дала, машина террористов найдена не была, сами террористы исчезли.

Утром 23 сентября информационные агентства России передали сенсационную новость о том, что «в Рязани предотвращен теракт». С 8 часов утра телевизионные каналы начали передавать подробности о сорвавшемся злодеянии: «По словам сотрудников правоохранительных органов Рязанского УВД, белое кристаллическое вещество, находившееся в мешках, является гексогеном», передали все теле- и радиовещательные программы России.

В 13.00 программа «Вести» государственного канала РТР взяла интервью в прямом эфире у С. Кабашова: «Значит, даны ориентировки, предварительно, на задержание автомобиля, который по приметам указали жильцы. Пока результатов нет». «Взрывотехники муниципальной милиции, — сообщают «Вести», — провели предварительный анализ и подтвердили наличие гексогена. Сейчас содержимое мешков отправлено в московскую лабораторию ФСБ для получения точного заключения. Тем временем в Рязани глава администрации Павел Дмитриевич Маматов провел экстренное совещание со своими заместителями, распорядился закрыть все подвалы в городе и более тщательно проверить арендуемые помещения».

Маматов отвечает на вопросы журналистов: «Какие бы службы мы сегодня ни задействовали, в течение одной недели провести все мероприятия по закрытию чердаков, подвалов, ремонту, установке решеток и так далее — это можно сделать только при одном условии: объединить все наши с вами усилия».

Иными словами, на 13 часов дня 23 сентября вся Рязань находится на осадном положении. Ищут террористов и их автомобиль, проверяют чердаки и подвалы. В 17.00 «Вести» вышли в эфир, в целом повторив 13-часовые новости.

В 19.00 «Вести» выходят в эфир с очередной информационной программой. Чрезвычайное происшествие в Рязани комментирует лично Путин:

> «Что касается событий в Рязани. Я не думаю, что это какой-то прокол. Если эти мешки, в которых оказалась взрывчатка, были замечены, — это значит, что все-таки плюс хотя бы есть в том, что население реагирует правильно на события, которые сегодня происходят в стране. Воспользуюсь вашим вопросом для того, чтобы поблагодарить население страны за это. Мы в неоплаченном долгу перед людьми и за то, что не уберегли, кто погиб, и благодарны им за ту реакцию, которую мы наблюдаем. А эта реакция очень правильная. Никакой паники, никакого снисхождения бандитам. Это настрой на борьбу с ними до конца. До победы. Мы обязательно это сделаем».

Сумбурно, но смысл ясен. Предотвращение теракта в Рязани это не прокол спецслужб, просмотревших закладку взрывчатки, а победа всего российского народа, бдительно отслеживающего жестоких врагов даже в таких провинциальных городах, как Рязань. И за это премьер-министр выражает населению благодарность.

Здесь уместно сделать первые выводы. ФСБ впоследствии утверждала, что в Рязани проводились учения. Против этого свидетельствуют следующие обстоятельства. Вечером 22 сентября, после обнаружения мешков с взрывчаткой в подвале жилого дома, ФСБ не сделала заявления о том, что в Рязани проводятся учения, в мешках обычный сахар, а взрыватель является муляжом. Вторая возможность заявить об учениях у ФСБ появилась 23 сентября, когда информационные агентства всего мира сообщали о предотвращенном в Рязани теракте. ФСБ не выступила с опровержением и не заявила, что в Рязани проводились учения. На 23 сентября включительно премьер-министр России и преемник Ельцина на посту президента страны — Путин — поддерживал версию ФСБ и искренне считал (или делал вид), что в Рязани предотвращена попытка террористического акта.

Представим только на минуту, что в Рязани действительно проводились учения. Можно ли предположить, что все 23 сентября, пока мир кричал о предотвращенном теракте, ФСБ молчала? Нет, такое вообразить невозможно.

Можно ли предположить, что об «учениях» не был бы поставлен в известность премьер-министр России и бывший директор ФСБ Путин, к тому же связанный с Патрушевым узами личных отношений? Нет, и такое нельзя себе представить даже в самом фантастическом сне. Это был бы открытый жест нелояльности Патрушева по отношению к Путину. После этого кто-то из них должен был бы уйти с политической арены. То, что на 7 часов вечера 23 сентября 1999 года со стороны Путина не последовало заявления о проводимых учениях, было самым веским указанием в пользу версии о неудавшейся попытке ФСБ взорвать жилой дом.

Об «учениях» ФСБ в Рязани не был поставлен в известность мэр Москвы Лужков, имеющий неплохие связи в силовых ведомствах. Наоборот, 23 сентября власти Москвы распорядились активизировать работу по предотвращению террористических актов в столице, прежде всего потому, что, по мнению представителей правоохранительных органов, в Москве и Рязани имелась схожесть состава взрывчатки и способа ее установки. Сотрудники столичной милиции получили предписание более тщательно проверять чердаки, подвалы и нежилые помещения домов и более серьезному досмотру подвергать весь грузовой транспорт на въезде в город. В Москве на события в Рязани смотрели как на предотвращенный теракт.

Но что самое удивительное, об учениях в Рязани ничего не знал Рушайло, возглавлявший комиссию по борьбе с терроризмом и курировавший операцию «Вихрь-Антитеррор».

«Для нас, для рязанцев и [для] центрального аппарата, это полная неожиданность, отрабатывали как серьезное преступление», — сказал впоследствии начальник Управления информации МВД России Олег Аксенов. 23 сентября Аксенов в качестве пресс-секретаря МВД неоднократно общался с прессой. К стыду Рушайло, Аксенов сообщил, что министр, ознакомившись с ситуацией, дал команду в течение дня вновь проверить в Рязани все подвалы и чердаки и усилить бдительность. Исполнение приказа будет тщательно проконтролировано, подчеркнул Аксенов, поскольку «за мелкое разгильдяйство люди могут поплатиться жизнью».

Даже 24 сентября, выступая на Первом всероссийском совещании по борьбе с организованной преступностью, Рушайло говорит о предотвращенном в Рязани теракте. По его словам, «допущен ряд серьезных просчетов в деятельности органов внутренних дел», сделаны «жесткие выводы». Указав на просчеты органов, просмотревших закладки взрывчатки, Рушайло, вслед за Путиным, похвалил рязанцев, вовремя предотвративших теракт. «Борьба с терроризмом не является исключительно прерогативой органов внутренних дел», — сказал Рушайло. Значительная роль в этом вопросе отводится «местным органам власти и управления, в работе которых, однако, тоже имеются значительные изъяны». Рушайло предложил собравшимся «незамедлительно создать межведомственные контрольно-инспекторские группы, которые с выездом в регионы проверяли бы исполнение решений на местах и оказывали бы практическую помощь». В МВД такая работа уже ведется, уточнил Рушайло, и есть определенные сдвиги — например, предотвращение взрыва жилого дома в Рязани. «Предотвращение новых терактов и наказание виновных в уже совершенных преступлениях — основная задача МВД России на данном этапе», — с гордостью подчеркнул министр внутренних дел России Владимир Рушайло, на счету которого теперь был один предотвращенный теракт — в Рязани.

На свое несчастье, 23 сентября 1999 года начальник Центра общественных связей ФСБ России генерал Александр Зданович должен был выступать в программе «Герой дня» на телеканале НТВ. Благодаря этому у нас есть еще одно важное свидетельство того, что ФСБ планировало тихо отсидеться и отдать рязанцам и журналистам на съедение версию о предотвращенном чеченском теракте. Очевидно, что к моменту выступления Здановича ФСБ не собиралась извещать об «учениях». Расчет был прост: террористов из ФСБ рязанская милиция не нашла, машину — тоже. Версия о предотвращенном теракте пока еще работала и, главное, всех устраивала, поскольку долю заслуги в предотвращении теракта каждый рад был приписать себе, даже Рушайло.

Тем временем Зданович получил указание руководства попробовать прощупать реакцию общества на сказку об «учениях» на случай утечки информации о причастности ФСБ к теракту в Рязани. Обратим внимание на то, как мягко стал намекать Зданович на отсутствие в Рязани состава преступления при попытке взорвать дом, как бы убеждая, что шуметь не из-за чего. По предварительному заключению, заявил пресс-секретарь ФСБ, гексогена в мешках, обнаруженных в подвале одного из жилых домов города, не было, а были «похожие устройства с дистанционным управлением». Взрывателя тоже не было: можно сейчас утверждать, что обнаружены «некоторые элементы взрывателя».

Вместе с тем Зданович подчеркнул, что окончательный ответ должны дать эксперты — коллеги Здановича из лаборатории ФСБ в Москве, подчиненные Патрушева. Какой именно «окончательный ответ» дадут эфэсбешные эксперты, Зданович очень хорошо знал: тот, который прикажет дать руководство (нам этот ответ сообщат с некоторым опозданием — 21 марта 2000 года, через полгода после несостоявшегося теракта и за пять дней до президентских выборов).

И все-таки к началу передачи «Герой дня» Зданович не располагал информацией о том, что ФСБ, оказывается, проводило в Рязани «учения». Даже намеков на то, что речь может идти об учениях, Зданович не сделал. Сомнения относительно того, что в мешках была взрывчатка, а взрыватель был боевым, в интервью Здановича прозвучали. Но о возможных учениях он не заикнулся. Это несоответствие стало еще одним указанием на то, что в Рязани спецслужбами готовился террористический акт. Предположить, что руководство ФСБ держало в тайне от Здановича информацию об уже завершившихся в Рязани учениях, поистине невозможно.

К вечеру 23 сентября еще одна нелепость. Агентство РИА «Новости», передавшее в эфир распечатку интервью НТВ с генералом Здановичем, сообщает, что план «Перехват» по поиску белой модели ВАЗ-2107 все еще продолжается. «Во всей этой истории много туманного». В частности, свидетели по-разному описывают цвет автомобиля и его марку. Появились также сомнения в том, что номер машины был заклеен. Вместе с тем, как отметили в пресс-центре, розыск автомобиля «для восстановления объективной картины» не прекращается.

Итак, несмотря на заверения Здановича об отсутствии взрывчатки и взрывателя, рязанское УФСБ все еще не может «восстановить объективную картину». Утренние газеты 24 сентября сообщают подробности предотвращения в Рязани теракта, а заявления ФСБ об учениях нет.

Только в полдень 24 сентября директор ФСБ Патрушев наконец-то принимает решение объявить происшедшее в Рязани «учениями». Что же заставило Патрушева изменить линию поведения? Во-первых, основные улики — три мешка со взрывчаткой и боевой взрыватель — доставили в Москву в лапы Патрушева. Это было хорошей для ФСБ новостью. Теперь можно было подменить мешки и уверенно утверждать, что рязанские провинциалы ошиблись и их экспертиза дала неправильное заключение. Вторая новость была плохой: рязанское УФСБ задержало двоих террористов.

Попробуем помочь ФСБ досконально установить так рьяно утаиваемую от народа «объективную картину» происшедшего. В упрощенном описании эта самая блистательная часть проведенной рязанской милицией и областным рязанским УФСБ совместной операции выглядит следующим образом.

После обнаружения в Рязани мешков с взрывчаткой и боевого взрывателя в городе был объявлен план «Перехват». Старший офицер по связям с общественностью (пресс-секретарь) УФСБ Рязанской области Юрий Блудов сообщил, что заявление Патрушева было для местных сотрудников органов госбезопасности полной неожиданностью.

> «До последнего момента мы работали в тесном контакте с милицией по полной программе, как если бы угроза теракта была реальной, составили фотороботы трех подозреваемых террористов; на основании результатов экспертизы возбудили уголовное дело по статье 205 УК РФ (терроризм); вели поиск машины и террористов».

Когда выезды из города были уже перекрыты, силы оперативных подразделений рязанского УВД и УФСБ пытались установить точное местонахождение разыскиваемых террористов. Не обошлось без счастливых случайностей. Сотрудница АО «Электросвязь», телефонистка Надежда Юханова, зарегистрировала подозрительный звонок в Москву. «Выезжайте по одному, везде перехваты», — ответил голос на другом конце провода. Юханова немедленно сообщила о звонке в рязанское УФСБ. Все остальное было уже «делом техники». Подозрительный телефон был немедленно поставлен на контроль. У оперативников не было сомнений, что они обнаружили террористов. Однако сложности возникли из-за того, что средствами технического контроля был определен московский телефон, по которому звонили террористы. Это был номер одного из служебных помещений столичной ФСБ.

Покинув 22 сентября в начале десятого вечера улицу Новоселов, террористы не рискнули поехать в Москву, так как на пустынном ночном шоссе одинокая машина всегда заметна и шансов быть остановленными на одном из постов ГАИ было слишком много. Ночью любая остановленная машина, даже если там сидят сотрудники ФСБ или каких-то иных спецслужб, будет отмечена в дневнике дежурного, и на следующий день, когда пройдет сообщение о взрыве, постовой, безусловно, вспомнит об остановленной машине с тремя пассажирами. А если появятся еще и свидетельские показания из Рязани, то сразу же выйдут и на машину, и на пассажиров. Террористы должны были ждать утра, тем более что нельзя было покинуть объект до проведения взрыва. Боевая задача была еще не выполнена. Утром на шоссе будет много машин. Из-за теракта первые несколько часов будет паника. Если свидетели и засекли двоих мужчин и женщину на машине, ориентировка милиции будет дана на троих террористов; искать будут именно двоих мужчин и женщину. Один человек на машине всегда ускользнет от любой облавы. Именно так описывала газета «Труд» операцию «Перехват» в действии:

> «Накал в Рязани достиг предела. По улицам шли усиленные патрули милиции и курсанты местных военных институтов. Все въезды и выезды в город были блокированы вооруженной до зубов патрульно-постовой службой и автоинспекторами. Скопились многокилометровые пробки легковых и грузовых машин, двигавшихся в сторону Москвы и от нее. Обыскивали все салоны и кузова. Искали троих террористов, двух мужчин и женщину, чьи приметы были развешаны чуть ли не на каждом столбе.
>
> Получив инструкции, один из троих террористов выехал 23 сентября в направлении Москвы, бросил машину в районе Коломны и беспрепятственно добрался до Москвы каким-то другим способом. От рязанской милиции, таким образом, один из террористов ушел и увез машину. Вечером 23 сентября на трассе Москва — Рязань в районе Коломны, приблизительно на полпути к Москве, машина была найдена милицией — без пассажиров. Это была та самая машина "с заклеенными номерами, на которой перевозилась взрывчатка", — сообщал Блудов. Оказалось, автомобиль числился в розыске. Иными словами, террористы проводили операцию на угнанной машине (классический для теракта случай).
>
> Угон машины под Коломну — не случайность. Если машина была украдена в Москве или Московской области, милиция вернет машину хозяевам по месту жительства. Никому, скорее всего, в голову не придет, что именно на этой машине неизвестные террористы перевозили гексоген для взрыва дома в совсем другой области, в Рязанской. Соответственно, не станут проводить анализ на содержание в машине микрочастиц гексогена и других взрывчатых веществ. За двумя оставшимися в Рязани террористами сообщник сможет вернуться на следующий день на обычной оперативной машине ФСБ и вывезти их в Москву без риска быть схваченными. С другой стороны, если бы обнаружилось, что именно на машине, найденной под Коломной, был совершен теракт, брошенная на полпути в

Москву машина указывала бы на то, что террористы ушли. Кольцо оцепления вокруг Рязани должно было бы разжаться, и это во всех случаях облегчило бы уход оставшихся двоих террористов.

Итак, двое террористов остались в Рязани. Из предоставленной нам рязанским УФСБ информации мы знаем, что в Рязани террористы затаились на заранее снятой квартире, а не скитались в ночь с 22 на 23 сентября по подъездам домов в незнакомом городе. Можно сделать вывод, что места проживания террористы обеспечили себе заблаговременно. Понятно, что тогда у них было время и для выбора объекта, далеко не случайного, и для подготовки теракта. Застигнутые операцией «Перехват» врасплох, террористы решили переждать в городе. Аргументация, подтверждающая эту версию, следующая.

Очевидно, что о готовящемся в Рязани взрыве (все официальные участники событий, сотрудники силовых ведомств, дипломатично используют слово "учения") руководство Рязанской области не знало. Губернатор области В. П. Любимов заявил об этом 24 сентября в интервью в прямом эфире: "Об этом учении не знал даже я". Глава администрации Рязани Маматов был откровенно раздражен: "Из нас сделали подопытных кроликов. Проверили Рязань "на вшивость". Я не против учений — сам служил в армии, принимал в них участие, но подобного никогда не видел"».

Управление ФСБ по Рязанской области также не было поставлено в известность. Ю. Блудов сообщил, что «ФСБ не было заранее осведомлено о том, что в городе проводились учения». Начальник рязанского УФСБ генерал-майор А. В. Сергеев сначала сообщил в интервью местной телестудии «Ока», что ему ничего не известно о проводимых «учениях». И только позже на вопрос журналистов, располагает ли он каким-нибудь официальным документом, подтверждающим, проведение в Рязани учений, через своего пресс-секретаря ответил, что доказательством учений для него является телевизионное интервью директора ФСБ Патрушева. По этой причине местное ФСБ, по воспоминаниям одной из жительниц дома 14/16, Марины Витальевны Севериной, ходило затем по квартирам и извинялось:

«Приходили к нам из ФСБ — несколько человек во главе с полковником. Извинялись. Говорили, что сами ничего не знали». И это тот случай, когда мы верим сотрудникам ФСБ, и верим в их искренность.

Областное УФСБ понимало, что рязанцев подставили, что в организации взрыва Генпрокуратура России и общественность могут обвинить рязанское УФСБ. Потрясенные коварством своих московских коллег, рязанцы решили обеспечить себе алиби и объявить всему свету, что акция готовилась в Москве. Только так можно объяснить заявление УФСБ по Рязанской области, появившееся вскоре после интервью Патрушева об «учениях» в Рязани. Приведем текст заявления рязанского УФСБ полностью:

> «Как стало известно, закладка обнаруженного 22.09.99 г. имитатора взрывного устройства явилась частью проводимого межрегионального учения. Сообщение об этом стало для нас неожиданностью и последовало в тот момент, когда Управлением ФСБ были выявлены места проживания в городе Рязани причастных к закладке взрывного устройства лиц и готовилось их задержание. Это стало возможным благодаря бдительности и помощи многих жителей города Рязани, взаимодействию с органами внутренних дел, профессионализму наших сотрудников. Благодарим всех, кто содействовал нам в этой работе. Мы и впредь будем делать все возможное, чтобы обеспечить безопасность рязанцев».

Этот уникальный документ позволяет нам ответить на главные интересующие нас вопросы. Во-первых, рязанское УФСБ не имело отношения к операции по подрыву дома в Рязани. Во-вторых, по крайней мере два террориста были обнаружены в Рязани. В-третьих, террористы проживали в Рязани, пусть временно, причем выявлена, видимо, была целая сеть конспиративных квартир, по крайней мере не менее двух. В-четвертых, в момент, когда готовилось задержание террористов, из Москвы последовал приказ террористов не задерживать, поскольку теракт в Рязани — «учения» ФСБ.

Чтобы у нас не было сомнения в неслучайном и безошибочном характере заявления УФСБ, рязанское руководство почти дословно повторило его в формате интервью. 21 марта 2000 года, за пять дней до президентских выборов, когда тема сорвавшегося взрыва в Рязани была выдвинута на повестку дня политическими мотивами конкурирующих за власть сторон, начальник следственного отделения УФСБ РФ по Рязанской области подполковник Юрий Валентинович Максимов сообщил:

> «Этим людям можно только посочувствовать и принести извинения. И нам непросто в этой ситуации. Мы воспринимали все события той ночи всерьез, как боевую обстановку. Сообщение об учениях ФСБ РФ стало для нас полной неожиданностью и последовало в тот момент, когда Управлением ФСБ были выявлены места проживания в Рязани причастных к закладке имитационного (как позже выяснилось) устройства и готовилось их задержание. Это стало возможным благодаря бдительности и помощи многих жителей Рязани, взаимодействию с органами внутренних дел, профессионализму наших сотрудников».

Таким образом, дважды документально было подтверждено, что террористы, заминировавшие дом в Рязани, были сотрудниками ФСБ, что на момент проведения операции они проживали в Рязани и что места их проживания были вычислены сотрудниками УФСБ по Рязанской области. Это дает нам возможность поймать Патрушева на очевидной лжи. 25 сентября в интервью одной из телекомпаний он заявил:

> «Те люди, которых, по идее, должны были сразу разыскать, находились среди вышедших на улицу жильцов дома, в котором якобы было заложено взрывное устройство. Они участвовали в процессе составления своих фоторобомотов, разговаривали с сотрудниками правоохранительных органов».

Действительность была совсем другой. Террористы разбежались по конспиративным квартирам. Но в тот момент, когда руководство рязанского УФСБ сообщило по долгу службы Патрушеву в Москву о неминуемом задержании террористов, Патрушев отдал приказ террористов не арестовывать и объявил предотвращенный в Рязани теракт «учениями». Можно себе представить выражение лица сотрудника рязанского УФСБ (а скорее всего, Патрушеву докладывал сам генерал-майор Сергеев), когда ему отдали приказ отпустить террористов!

Повесив телефонную трубку, Патрушев немедленно дал свое первое в те дни интервью телекомпании НТВ:

> «Инцидент в Рязани не был взрывом, не было и предотвращения взрыва. Это были учения. Там был сахар, взрывчатого вещества там не было. Такие учения проводятся не только в Рязани. Но к чести рязанских правоохранительных органов и населения — они четко отреагировали. Я считаю, что учения должны быть приближенными к тому, что происходит в жизни, потому что иначе мы ничего не найдем и нигде не отреагируем ни на что».

Днем позже Патрушев добавил, что «учения» в Рязани вызваны информацией о предстоящих в России террористических актах. В Чечне уже подготовлены несколько групп террористов, которые

> «должны выдвинуться на российскую территорию и совершить ряд терактов. [...] Данная информация и подвела нас к тому, что необходимо провести учения, причем не такие, как были до этого, и провести их в жесткой форме. [...] Нам необходима готовность нашего личного состава, надо выявить те недостатки, которые имеются в организации работы, внести коррективы в ее организацию».

У «Московского комсомольца» (МК) хватило юмора:

> «24 сентября 1999 г. глава ФСБ Николай Патрушев выступил с сенсационным заявлением: попытка взрыва в Рязани вовсе не была таковой. Это было учение. [...] В тот же день министр МВД Владимир Рушайло поздравил своих работников с успешным спасением дома в Рязани от неминуемого взрыва».

В Рязани, конечно же, было не до смеха. Очевидно, что, несмотря на запрет Патрушева, рязанцы для страховки успешно произвели задержание террористов, хорошенько их при этом поколотив. Кого, где, сколько всего человек и что еще нашли рязанские сотрудники УФСБ в тех квартирах, мы, наверное, никогда не узнаем. При аресте террористы предъявили «документы прикрытия» и были задержаны до прибытия из Москвы офицеров центрального аппарата с документами, позволяющими забрать пойманных по горячим следам сотрудников ФСБ в Москву.

Дальше наше расследование упирается в привычный гриф «совершенно секретно». Уголовное дело, возбужденное в УФСБ РФ по Рязанской области по факту обнаружения взрывчатого вещества по статье «терроризм» (ст. 205 УК РФ), засекречено. Материалы дела недоступны общественности. Имена террористов (сотрудников ФСБ) скрываются. Мы даже не знаем, были ли они допрошены и что они сказали на этом допросе. А скрывать Патрушеву было что. «Ребята, ничего не могу сделать. В анализе — взрывчатые вещества, я обязан возбудить уголовное дело», — упрямо заявлял коллегам из Москвы следователь местного ФСБ, когда на него оказывалось давление. Тогда из центрального аппарата ФСБ прислали людей и попросту конфисковали результаты экспертизы.

29 сентября 1999 года газеты «Челябинский рабочий», «Красноярский рабочий» и самарская «Волжская коммуна» (1 октября) поместили идентичные статьи:

> «Как стало известно из хорошо информированного источника в МВД России, никто из оперативных работников МВД и их коллег УФСБ Рязани не верит ни в какие “учебные” закладки взрывчатки в городе. [...] По мнению высокопоставленных сотрудников МВД России, на самом деле в Рязани жилой дом был реально заминирован неизвестными с применением настоящей взрывчатки» и «тех же детонаторов, что и в Москве [...] Косвенно эту теорию подтверждает и то, что возбужденное в Рязани уголовное дело по статье “терроризм” до сих пор не закрыто. Мало того, результаты первоначальной экспертизы содержимого мешков, проведенной на первом этапе экспертами местного

МВД, изъяты сотрудниками ФСБ, прибывшими из Москвы, и немедленно засекречены. А милиционеры, общавшиеся со своими коллегами-криминалистами, проводившими первую экспертизу мешков, по-прежнему утверждают, что в них действительно был гексоген, и ошибки быть не может».

В марте 2000 года (перед самыми выборами) избирателям продемонстрировали одного из трех террористов — «сотрудника спеццентра ФСБ», который рассказал, что все трое террористов выехали из Москвы в Рязань вечером 22 сентября, что они нашли случайно незапертый подвал; на рынке купили мешки с сахарным песком, а в рязанском оружейном магазине «Кольчуга» — патрон, из которого тут же сделали «муляжи взрывного устройства. Все это дело было сконцентрировано вместе для проведения данного мероприятия... Это не диверсия, а учения. Мы особенно и не прятались».

22 марта (до выборов четыре дня) в защиту рязанских учений ФСБ выступила Ассоциация ветеранов группы «Альфа» в лице бывшего командира подразделения «Вымпел» ФСБ России генерал-лейтенанта запаса Дмитрия Герасимова и бывшего командира группы «Альфа» героя Советского Союза генерал-майора в отставке Геннадия Зайцева. Герасимов заявил, что боевые взрыватели на учениях в Рязани не применялись, а вместо них использовался «патрон с шариковым наполнителем», должный произвести «шокирующее действие». Шокирующее впечатление взрыватель действительно произвел, так что с этой точки зрения «учения» прошли успешно.

Версия о наличии боевых взрывателей во время учений возникла, по мнению Зайцева, из-за неисправности измерительных приборов, которые применялись сотрудниками УФСБ по Рязанской области. Зайцев сообщил, что учения в Рязани проводились в том числе и служащими «Вымпела», для чего в Рязань накануне указанных событий вечером того же дня на частной машине выехала специальная группа. При этом к группе намеренно старались привлечь внимание. В магазине «Кольчуга» был куплен патрон с шариковым наполнителем; «злополучный сахарный песок, впоследствии названный некоторыми СМИ гексогеном, был куплен спецгруппой на местном базаре. И посему никак не мог быть взрывчаткой. Просто эксперты нарушили элементарные правила и воспользовались грязными приборами, на которых были остатки взрывчатых веществ от предыдущей экспертизы. За подобную халатность эксперты уже получили по заслугам. По данному факту возбуждено уголовное дело».

Наивность интервью «сотрудника спеццентра» и простота заявлений Герасимова и Зайцева поистине восхищают. Прежде всего, очень может быть, что трое офицеров «Вымпела» действительно выехали на частной машине в Рязань вечером 22 сентября и что ими были закуплены три мешка с сахарным песком и патрон в магазине «Кольчуга». Они старались привлечь внимание? Интересно, чем именно, если они покупали сахар? Ведь на рынке им продали сахар, а не гексоген! Чем же тут можно привлечь внимание? Одним купленным в магазине патроном для охотничьего ружья?

Патрушев, видимо, тоже считал, что в стране, где ежедневно происходят громкие убийства и взрываются дома с сотнями жителей, подозрение должны вызвать люди, покупающие сахар на рынке и охотничий патрон в магазине: «Все, что заложили условные террористы, они приобрели именно в Рязани — это и мешки с сахаром, и патроны, при покупке которых у них никто не спросил, есть ли право на их приобретение». Мелочь, конечно, но вот загадка: сколько патронов купили сотрудники ФСБ, один или несколько? (Закупки могли быть операцией прикрытия настоящих террористов, которые закладывали в подвал рязанского дома совсем другие мешки — с взрывчаткой и к «Вымпелу» никакого отношения не имели. Сами «вымпеловцы» в этом случае могли не знать, в чем именно смысл данного им задания по закупке одного патрона и трех мешков сахара.)

Наконец, Зайцев вводил читателей в заблуждение, утверждая, что уголовное дело было возбуждено против взрывотехника инженерно-технологического отдела старшего лейтенанта милиции Юрия Ткаченко за неправильно проведенную экспертизу, в то время как возбуждено оно было против террористов, оказавшихся сотрудниками ФСБ, а Ткаченко и второй взрывотехник рязанской милиции, Петр Житников, 30 сентября 1999 года были награждены денежными премиями за проявленное мужество при обезвреживании взрывного устройства.

Кстати, денежной премией за помощь в поимке террористов была награждена и Надежда Юханова, перехватившая телефонный звонок террористов в Москву.

В оправдание Зайцева можно сказать только то, что эксперт действительно несет уголовную ответственность за качество и объективность результатов экспертизы. И если бы Ткаченко провел некачественную экспертизу и выдал бы неправильный результат, против него, действительно, возбудили бы уголовное дело. Как мы знаем, его не возбудили, и именно потому, что экспертиза дала правильное заключение: в мешках было взрывчатое вещество.

В показаниях «сотрудника спеццентра» и Зайцева серьезная проблема возникает с нестыковкой времени. Террористов засекли у дома в Рязани вечером, в самом начале десятого. 180 км от Москвы до Рязани вечером в будний день террористы могли преодолеть самое быстрое за три часа. А еще им нужно было выбрать дом в незнакомом городе, купить мешки с сахаром, купить патрон в «Кольчуге», смастерить муляжи. А рынок в Рязани закрывается в будний день самое позднее в пять. А оружейный магазин «Кольчуга» закрывается самое позднее в шесть. Когда же именно и как был куплен сахар? Когда был куплен в «Кольчуге» патрон? Когда выехали террористы из Москвы? Сколько они ехали? Во сколько прибыли в Рязань?

Очевидно, что вся история про вечерний выезд сотрудников «Вымпела» из Москвы была выдумана от начала до конца. Формально-юридические доказательства этому предоставил сам Зайцев. 28 сентября 1999 года в офисе коломенской охранной фирмы «Оскордъ» состоялась пресс-конференция сотрудников силовых ведомств, где представитель Ассоциации ветеранов группы «Альфа» Г. Н. Зайцев пояснил свою позицию в отношении «инцидента» в Рязани: «Такого рода учения меня крайне возмущают. Нельзя упражняться на живых людях!» 7 октября репортаж об этой пресс-конференции опубликовала местная коломенская газета «Ять». Из этого заявления возмущенного Зайцева приходится сделать вывод, что в рязанской выходке он не участвовал. Лишь за четыре дня до президентских выборов, когда для организации победы Путина были мобилизованы все силы, Зайцева заставили выступить на пресс-конференции и принять на себя и «вымпеловцев» вину за рязанские «учения». Те, кто привлекал Зайцева к пропагандистской акции, об его пресс-конференции в Коломне, конечно, не знали.

Своим лжесвидетельством 22 марта 2000 года Зайцев продемонстрировал главное: сотрудники спецслужб могут лгать, если этого требуют интересы органов государственной безопасности и если получен соответствующий приказ.

В России половина преступников «косит» под умалишенных или непроходимых дураков. Так вернее: дают меньшие сроки, а то и просто отпускают («что с дурака взять»). Патрушев справедливо рассудил, что за терроризм против собственного народа можно получить пожизненное заключение, а за идиотизм в России даже с работы не снимут. (А кто, собственно, мог уволить Патрушева? Только Путин!) И действительно, из-за рязанской выходки не был уволен ни один сотрудник ФСБ. Более того, вскоре Патрушев получил «Героя России» и звание генерала армии.

Психологический расчет Патрушева оказался правильным. Политической элите России комфортнее было считать Патрушева не злодеем, а идиотом. «Мне представляется, что это чудовищно, — прокомментировал в прямом эфире радиостанции «Эхо Москвы» заявление Патрушева об «учениях» руководитель депутатской группы «Российские регионы» Олег Морозов. — Я понимаю, что спецслужбы имеют право на проверку деятельности, но не столько нашей собственной, сколько своей собственной». Кроме того, сложно «представить себя на месте этих людей» (в Рязани), поэтому «не стоило, нельзя было платить такую цену за проверку» действий ФСБ и бдительности граждан.

Морозов заявил, что действия ФСБ можно будет простить, если ФСБ гарантирует, что теракты больше не повторятся. И это было главное в его речи. Россиян нужно было спасать от террора ФСБ. Тонкий дипломат Морозов предложил террористу Патрушеву сделку: мы вас не наказываем и закрываем глаза на уже произошедшие в России взрывы, а вы прекращаете операцию по подрыву в России жилых домов. Патрушев услышал Морозова: взрывы прекратились. Патрушев остался сидеть в своем кресле с клеймом «дурака». Однако вопрос о том, кто именно в этой ситуации оказался дураком, можно считать открытым.

Правда, были люди, которые придерживались мнения, что Патрушев не идиот, а умалишенный. 25 сентября 1999 года «Новые известия» поместили статью Сергея Агафонова, на которую Патрушев в сложившейся ситуации даже не обиделся:

> «Интересно, насколько четко ориентируется сам глава ФСБ в том, что происходит в жизни? Адекватно ли руководитель спецслужбы воспринимает окружающую его действительность? Не путает ли цвета, узнает ли родных? Эти тревожные вопросы теребят душу, поскольку разумно объяснить всероссийскую педагогическую спецоперацию ФСБ на живых людях не представляется возможным».

Агафонов предположил, что «генерал Патрушев серьезно болен» и «его надо срочно лечить, освободив от непосильных обязанностей».

В ФСБ, конечно же, не могло быть единодушия относительно проведенной Патрушевым операции. После провала в Рязани даже подчиненные готовы были подвергнуть руководство критике (а Патрушеву приходилось эту критику сносить). Так, начальник ЦОС УФСБ по Москве и Московской области Сергей Богданов назвал «учения» в Рязани «грубой и непродуманной работой» (раз попались — грубая работа). Начальник УФСБ по Ярославской области генерал-майор А. А. Котельников на вопрос об «учениях» ответил: «У меня есть своя точка зрения относительно рязанских учений, но комментировать действия своих коллег я бы не хотел» (попробовал бы он их прокомментировать!).

Обратим внимание на то, что никто из действующих или отставных руководителей ФСБ не стал проводить серьезного критического анализа действий «коллег». Эту почетную работу профессионалы силового ведомства предоставили журналистам. Последние, подвергаясь нападкам со стороны ФСБ, как могли делали свое дело. Начали, разумеется, с сахара.

Три мешка с сахарным песком покоя никому не давали. Террористы из ФСБ сообщили (скорее всего это были совсем другие эфэсбэшники), что купили сахар на местном рынке и что был он производства Колпянского сахарного завода в Орловской области. Но если сахар был самый обыкновенный, из Орловской области, зачем же его отсылали на экспертизу в Москву? И, что важнее: зачем лаборатория на экспертизу его приняла? Да не одна лаборатория, а две — разных ведомств (МВД и ФСБ). И зачем проводили позже повторную экспертизу? Неужели с первого раза нельзя было распознать сахар?

И почему все это тянулось несколько месяцев? Забрать сахар для экспертизы в Москву Патрушеву имело смысл лишь для того, чтобы лишить рязанцев вещественных доказательств, и только в том случае, если в мешках была взрывчатка.

Между тем из пресс-службы ФСБ поступило сообщение, что для проверки содержимого рязанских мешков их вывезли на полигон и попытались взорвать. Взрыва не получилось, так как в них был обыкновенный сахар — победно рапортовала ФСБ. «Интересно, какой идиот повезет взрывать на полигон три мешка обычного сахара?» — иронично замечала газета «Версия». Действительно, зачем же ФСБ отсылала мешки на полигон, если знала, что в Рязани проводились «учения», а в мешках был сахар, купленный сотрудниками «Вымпела» на местном базаре?

А тут еще, и опять под Рязанью, обнаружили новые мешки с гексогеном. К тому же их было много, и попахивало связью с ГРУ. На военном складе 137-го Рязанского полка ВДВ, расположенном под Рязанью, на территории специализированной базы для подготовки разведывательно-диверсионных отрядов, хранился гексоген, расфасованный в 50-килограммовые мешки из-под сахара, подобные найденным на улице Новоселов.

Осенью 1999 года рядовой воздушно-десантных войск (воинская часть 59236) Алексей Пиняев и его сослуживцы были командированы из Подмосковья в Рязань именно в этот полк. Охраняя в ноябре 1999 года «склад с оружием и боеприпасами», Пиняев с приятелем проникли на склад скорее из любопытства и увидели в помещении те самые мешки с надписью «Сахар».

Воины-десантники штык-ножом проделали дырку в одном из мешков и отсыпали в пластиковый пакет немного казенного сахара. Однако чай с ворованным сахаром оказался странного вкуса и не сладкий. Перепуганные бойцы отнесли кулек командиру взвода. Тот, заподозрив неладное, благо история о взрывах у всех была на слуху, решил проверить «сахар» у специалиста-подрывника. Вещество оказалось гексогеном.

Офицер доложил по начальству. В часть нагрянули сотрудники ФСБ из Москвы и Тулы (где, как и в Рязани, стояла воздушно-десантная дивизия). Полковых особистов к расследованию не допустили. Десантников, обнаруживших гексоген, таскали на допросы за «раскрытие государственной тайны». «Вы даже не догадываетесь, ребята, в какое серьезное дело влезли», — сказал один из офицеров. Прессе объявили, что солдата по фамилии Пиняев в части вообще нет, а информация о найденных на военном складе мешках с гексогеном — выдумка журналиста «Новой газеты» Павла Волошина. ФСБ по данному инциденту провела служебное расследование. Вопрос о взрывчатке успешно замяли, а командира и сослуживцев Пиняева отправили служить в Чечню.

Самому Пиняеву придумали более мучительное наказание. Сначала его заставили отказаться от своих слов (можно представить, какое давление оказало на него ФСБ!). Затем начальник Следственного управления ФСБ РФ заявил, что «солдат будет допрошен в рамках возбужденного против него уголовного дела». А сотрудница ЦОС ФСБ подвела итог: «Пропал солдатик...»

Уголовное дело против Пиняева возбудили в марте 2000 года за кражу с армейского склада с боеприпасами... кулька с сахаром. Все-таки в остроумии ФСБ не откажешь. Только трудно понять, какое отношение к мелкой краже продуктов питания имело Следственное управление ФСБ России.

Как утверждали рязанские саперы, взрывчатку в 50-килограммовых мешках не держат, не упаковывают и не перевозят — слишком опасно. Для взрыва небольшого строения достаточно 500 г взрывчатой смеси. 50-килограммовые мешки, замаскированные под сахар, нужны исключительно для террористических актов. Видимо, именно с этого склада и были получены три мешка, уложенные затем под несущую опору дома в Рязани. Приборы рязанских экспертов не ошиблись.

История со 137-м полком ВДВ имела свое продолжение. В марте 2000 года, перед самыми выборами, десантники подали в суд на «Новую газету», опубликовавшую интервью с Пиняевым. Исковое заявление «О защите чести, достоинства и деловой репутации» было подано в Басманный межмуниципальный суд командованием полка. Как заявил командир полка Олег Чурилов, данная статья оскорбила не только честь полка, но и всей российской армии, поскольку такого рядового в сентябре 1999 года в полку не было. «И то, что солдат может проникнуть на склад, где хранится вооружение и взрывчатые вещества, не соответствует действительности, потому что он не имеет права в него войти во время несения караульной службы».

В общем, Пиняева не было, но под суд его отдали. В мешках был сахар, но имело место «раскрытие государственной тайны». А в суд на «Новую газету» 137-й полк подал не из-за статей о гексогене, а потому, что караульный во время службы не имеет права зайти на охраняемый им склад, и обратные утверждения на эту тему оскорбляли российскую армию.

Со взрывателями тоже выходило не гладко. Взрыватель, как бы ни пытался убедить в обратном Зданович, был настоящий, боевой, о чем твердо заявил в интервью агентству «Интерфакс» 24 сентября председатель Рязанской областной Думы Владимир Федоткин: «Это было самое настоящее взрывное устройство, никаких учений».

В связи с инцидентом в Рязани Зданович заявил 24 сентября, что ФСБ приносит жителям города извинения. Обратим внимание на то, что еще сутки назад в интервью НТВ Зданович не извинялся. Следовательно, директива свести все к идиотизму, чтобы не получить обвинения в терроризме, Здановичу была спущена Патрушевым именно 24 сентября:

Генерал Александр Зданович принес сегодня от лица Федеральной службы безопасности России извинения жителям Рязани за причиненные им в ходе антитеррористических учений вынужденные неудобства, а также пережитое ими психологическое напряжение. «Спецслужба благодарит рязанцев за проявленные бдительность, выдержку и терпение», — подчеркнул он.

В то же время Зданович призвал россиян отнестись с пониманием к необходимости проведения «в жестком режиме» проверки уровня готовности, в первую очередь правоохранительных органов, к обеспечению безопасности населения, а также бдительности самих граждан в условиях активизировавшегося терроризма. Генерал рассказал, что на этой неделе ФСБ РФ провела в ряде городов России в рамках операции «Вихрь-Антитеррор» мероприятия по проверке реакции местных правоохранительных органов, включая территориальные подразделения самой ФСБ и населения на «смоделированные» действия террористов по закладе взрывчатых устройств.

Как констатировал представитель спецслужбы, при этом «были выявлены серьезные недостатки». «К сожалению, в некоторых из проверенных городов никакой реакции на “потенциальные закладки” правоохранительными органами проявлено не было». ФСБ, по словам Здановича, проводила операцию в максимально приближенных к реальной террористической угрозе условиях — иначе не было бы никакого смысла в подобных проверках. Естественно, что при этом ни местные органы власти, ни местные правоохранительные структуры в известность о «террористах» не ставились.

Именно поэтому результаты проверки дают истинную картину обеспеченности уровня безопасности россиян в различных городах страны. Последняя в ряду проверенных городов, Рязань, оказалась, как подчеркнул генерал, далеко не последней по бдительности населения, но, к сожалению, не столь же благополучной по действиям правоохранительных органов. В настоящее время в ФСБ РФ идет анализ результатов проведенной проверки с тем, чтобы срочно внести необходимые коррективы в работу правоохранительных органов по обеспечению безопасности жизни россиян. После подведения итогов и выяснения причин «сбоев» в самой операции, заверил Александр Зданович, незамедлительно будут приняты надлежащие меры.

Таким образом, ФСБ сделала неоднозначное заявление о том, что Рязань была последним городом, в котором проводились учения.

В заключение хотелось бы привести мнение бывшего генерального прокурора России Ю. И. Скуратова, высказанное им в интервью парижской газете «Русская мысль» (опубликовано 29 октября 1999 года):

> «Меня очень сильно смутило и насторожило произошедшее в Рязани. Здесь действительно можно выстроить схему: сами спецслужбы были причастны к подготовке взрыва в

Рязани, а когда их прихватили, они очень неуклюже оправдывались. Меня очень удивляет, почему прокуратура так до конца и не разобралась с этим эпизодом. Это ее задача».

Таким образом, нет никаких указаний на то, что в Рязани проводились учения, кроме голословных заявлений руководителя ФСБ Патрушева, Здановича и некоторых других офицеров ФСБ. Наоборот, все говорит за то, что в Рязани действительно был предотвращен теракт. Осталось только наказать заказчиков, организаторов, виновников и пособники этого преступления. Поскольку были известны их имена, должности, служебные и домашние адреса, задержать подозреваемых преступников труда, казалось бы, не составляло. Однако осуждены были только Деккушев и Крымшамхалов.

КАСПИЙСК, МАЙ 2002 г.

Следует отметить, что провалившийся в Рязани «учебный вариант» был с успехом повторен ФСБ в дагестанском городе Каспийске в мае 2002 г. Операция проводилась в два этапа. Первый этап, с точки зрения ФСБ, следует назвать удачным. 9 мая во время прохождения военного оркестра на параде, посвященном годовщине окончания Второй мировой войны, в 9.50 утра на улице Ленина, недалеко от центральной площади Каспийска, неизвестные террористы взорвали дополнительно усиленную для увеличения поражающей силы противопехотную мину направленного действия «МОН-50» мощностью от 3 до 5 килограммов в тротиловом эквиваленте. Взрывное устройство стояло на треноге у самого бордюра дороги, по которой двигалась колонна. Пострадали 177 человек, в том числе 63 военнослужащих и 72 ребенка. 43 человека, в том числе 12 детей, погибли.

Выступая в тот же день в связи с терактом в Каспийске, президент Путин потребовал «в кратчайшие сроки выявить, изобличить и наказать преступников».

«Преступления подобного рода и жестокости не могут не вызвать эмоций, — заявил Путин. — Эти эмоции не должны нам помешать осуществить полноценное расследование этого преступления... Эти преступления совершили подонки, для которых нет ничего святого, и у нас есть полное право относиться к ним так же, как к нацистам, единственная цель которых — нести смерть, сеять страх, убивать».

Путин распорядился создать межведомственную группу для расследования теракта под руководством директора ФСБ Патрушева, которому президент приказал немедленно вылететь в столицу Дагестана Махачкалу и лично проследить за расследованием теракта. Соболезнования в связи с терактом в Каспийске высказали российскому правительству и народу администрация президента Буша, МИДы Великобритании и Франции, Совет Европы...

На организованной вскоре в Махачкале пресс-конференции Патрушев заявил, что теракт организован чеченскими сепаратистами, что «установлена группа лиц, в которую входят более 10 человек» и «которые подчинялись напрямую полевому командиру Раппани Халилову». Уже в ночь на 10 мая пятеро «подозреваемых» в организации теракта в Каспийске были арестованы в... Санкт-Петербурге, находящемся на значительном расстоянии от Каспийска. Арестованные отрицали свою вину и причастность к теракту. По крайней мере у троих было неопровержимое алиби. В причастность арестованных к теракту общественность не поверила.

Каспийский теракт так и остался бы в ряду обычных чеченских терактов, если бы не события, происшедшие через несколько дней. Вечером 16 мая правоохранительные органы Каспийска сообщили о предотвращении ими нового теракта. При попытке установить на одной из центральных улиц Каспийска противопехотную мину «МОН-100», аналогичную той, которая была взорвана 9 мая, были задержаны три террориста. Террористы были взяты с поличным. Кроме мины милиция обнаружила в салоне принадлежавшего террористам автомобиля ВАЗ-2107 электродетонатор и пульт дистанционного управления.

Сначала все развивалось по сценарию «Рязань-99». Власти города торжественно объявили всему миру о поимке террористов и предотвращении теракта. Затем последовала заминка, аналогичная сентябрьской заминке в Рязани. При задержании террористы не оказали сопротивления, но заявили милиции, что та не имеет права их задерживать. По крайней мере один из задержанных, Рашид Джабраилов, предъявил «документ прикрытия» — удостоверение сотрудника дагестанского МВД. Тем не менее все трое были арестованы для установления личности.

Что произошло дальше — неизвестно, так как в «интересах следствия» ФСБ немедленно заблокировала всю дальнейшую информацию о запланированном и предотвращенном теракте. Одновременно в эфире ОРТ выступил директор ФСБ Патрушев и точно так же, как он сделал в сентябре 1999 г. в связи с арестами в Рязани заявил, что «задержанные не имеют никакого отношения к террористам и теракта в Каспийске не планировалось». Слова «учения» он предусмотрительно не произнес.

Правда, руководство Дагестана было удивлено и шокировано точно так же, как в свое время местные власти Рязани. В правительстве Дагестана на заявление Патрушева отреагировали резко:

> «Ну что за глупости он говорит... Спецслужбы республики склоняются именно к версии о готовящемся теракте. И не делают никаких заявлений только потому, что боятся навредить следствию».

Тем не менее на этом по приказу из Москвы расследование терактов в Каспийске 9 и 16 мая 2002 г. было закончено. Про неосторожное высказывание Патрушева все забыли. Личности трех арестованных террористов никого не заинтересовали. И президент Путин не вспоминал более о напоминающих нацистов «подонках, для которых нет ничего святого».

Лично Патрушева ждали одни поощрения. 11 июля 2001 г., в день пятидесятилетия, ему было присвоено звание генерала армии. В начале 2003 г. закрытым (секретным) указом президента Путина Патрушеву «за успехи в войне в Чечне» было присвоено звание Героя России. Правда, с 1 сентября 2003 г. в соответствии с указом президента руководство Оперативным штабом по управлению контртеррористической операцией в

Чечне перешло от ФСБ (т. е. Патрушева) к МВД (т. е. к Борису Грызлову), но это очевидное признание провала политики Патрушева в Чечне стало единственным обрушившимся на него наказанием.

ИЗВЕЧНЫЙ ЧЕЧЕНСКИЙ КОНФЛИКТ

Вторая чеченская война никогда не освещалась российскими СМИ так, как первая, когда пресса и телевидение пользовались абсолютной свободой. Идеологический контроль над сводками журналистов, посвященных военным действиям в Чечне, увеличивался с каждой очередной закрытой или отобранной правительством газетой, с каждым разгоном коллектива журналистов независимого телевизионного канала, с каждой очередной тайной или открытой инструкцией правительства, касающейся освещения событий в Чечне. По существу российскому населению сообщалось лишь о чрезвычайных происшествиях, связанных с военными действиями в Чечне, о которых нельзя было умолчать.

Тем не менее в октябре 2001 г. Сергей Ястржембский назвал цифры потерь российских войск в Чечне за два года второй чеченской войны: 3.438 убитых и 11.661 раненых. По данным Комитета солдатских матерей, число погибших и раненых за время войны на январь 2002 г. было примерно в два — два с половиной раза больше, чем по официальным данным, в том числе около 6 тысяч солдат и офицеров убитыми. В феврале 2003 г. были названы новые официальные данные об общих потерях всех российских силовых ведомств с 1 октября 1999 г. по 23 декабря 2002 г.: 4.572 погибших и 15.549 раненых.

Наиболее серьезными потерями в Чечне федеральных сил и гражданского населения в результате терактов, организованных чеченскими сепаратистами, следует считать следующие.

В конце января — начале февраля 2002 г. федеральные войска в Чечне потеряли за две недели четыре вертолета. В частности, 27 января был сбит вертолет, в котором погибли несколько высокопоставленных военных, включая двух генералов.

19 августа 2002 г. от ракеты чеченских сепаратистов погибли 119 российских военнослужащих, летевших в Грозный

на вертолете Ми-26, в связи с чем 22 августа Путин объявил в стране траур. 1 сентября сепаратисты сбили вертолет МИ-24 с экипажем.

Вечером 23 октября 2002 г. отряд чеченских боевиков (около 50 человек) под руководством Мовсара Бараева, проникнув в Москву, захватил около 800 заложников во время представления мюзикла «Норд-Ост» в Доме культуры на Дубровке, требуя вывода российских войск из Чечни. 25 октября Путин провел в Кремле совещание, по результатам которого директор ФСБ Патрушев заявил, что власти готовы сохранить террористам жизнь в обмен на освобождение всех заложников. Вечером 25 октября террористы пообещали казнить людей, если их требования не будут выполнены. Опасаясь, что в случае штурма боевики взорвут здание, власти в ночь на 26 октября пустили в зрительный зал усыпляющий газ. Вслед за этим в Театральный центр ворвались спецназовцы и перестреляли спящих террористов. Взрыва удалось избежать, но число жертв среди заложников, задохнувшихся в результате действия газа и нерасторопности спасателей, составило 129 человек. Еще около 40 бывших заложников умерли от последствий отравления в течение следующих шести месяцев. Извинившись перед родственниками погибших, Путин, не упоминая о проблеме чеченского сепаратизма, назвал ответственным за случившееся международный терроризм и наградил звездой Героя России первого заместителя директора ФСБ генерала Владимира Проничева, руководившего операцией по уничтожению террористов, а также неназванного химика, пустившего газ в зал Дома культуры. Никто из руководителей силовых структур не понес наказания за проникновение террористов в Москву; основные претензии были предъявлены властями телевизионным журналистам за ошибки в ходе освещения событий, которые могли сыграть на руку террористам.

Через несколько месяцев после теракта журналистка «Новой газеты» Анна Политковская разыскала одного из чеченских террористов, являвшегося по совместительству агентом ФСБ и участвовавшего в захвате на Дубровке. Ханпаш Теркибаев дал Политковской пространное интервью, распубликованное затем в «Новой газете» и в интернете, после чего уехал в Чечню, где вскоре, 9 декабря 2003 г., подобно Владимиру

Романовичу, сотруднику ФСБ, участвовавшему в организации терактов в Москве в сентябре 1999 г., погиб в автомобильной катастрофе. Содержание интервью Х. Теркибаева правоохранительные органы России не заинтересовало.

Вскоре после трагедии на Дубровке, 15 декабря 2002 г., Путин подписал распоряжение о новом составе Федеральной антитеррористической комиссии. Председателем комиссии стал сам Путин. Заместителями: министр внутренних дел Грызлов и директор ФСБ Патрушев.

27 декабря террористы-смертники взорвали в Грозном Дом Правительства; погибло 72 человека — в основном технические сотрудники и милиционеры. Более 200 человек были ранены.

14 мая на религиозном празднике в селе Илисхан-Юрт три женщины-смертницы взорвали «пояса шахидов», в результате чего погибли 26 и были ранены 150 человек.

5 июня в Моздоке (Северная Осетия) женщина-смертница взорвала пояс шахида в автобусе; погибли 19 человек, ранены 12.

5 июля в Москве в Тушино подорвались две смертницы; 16 убитых, 40 раненых.

10 июля не удалась попытка взорвать кафе в Москве на Тверской, смертница арестована; при разминировании бомбы погиб сапер ФСБ.

1 августа в Моздоке террорист-смертник взорвал военный госпиталь; по официальным данным погибли 50 человек, 80 ранены (есть основания подозревать, что число пострадавших было занижено).

3 сентября террористы взорвали электричку Минеральные Воды — Кисловодск; пятеро погибших, более 50 раненых.

5 декабря, накануне парламентских выборов в России вновь была взорвана электричка Минеральные Воды — Кисловодск; 44 погибших, десятки раненых.

8 декабря террористка-смертница, направлявшаяся с «поясом шахида» в Государственную думу, взорвалась у гостиницы «Националь» (шестеро погибших и раненые).

В 2004 г. теракты не стихли. В феврале около 40 человек погибли в результате взрыва в московском метрополитене на перегоне между станциями «Павелецкая» и «Автозаводская».

Следствие установило, что в одном из вагонов террорист-смертник подорвал себя вместе с пассажирами.

9 мая 2004 г. в Грозном на стадионе «Динамо» взрывом бомбы, вмонтированной в трибуну, были убиты президент Чечни Ахмат Кадыров, председатель Госсовета Чечни Хусейн Исаев и еще пять человек.

В июне чеченские боевики напали на населенные пункты Назрань и Карабулак в Ингушетии. Погибли несколько десятков человек.

В августе произошли взрывы двух самолетов — Ту-154 и Ту-134, вылетевших из московского аэропорта «Домодедово», а также террористический акт возле станции метро «Рижская» в Москве.

Крупнейший террористический акт произошел 1—3 сентября 2004 г. в североосетинском городе Беслан, где в заложники были захвачены более тысячи учеников и учителей средней школы. В ходе незапланированного штурма здания погибли 330 человек, в том числе более ста детей. Вскоре после завершения бесланского кризиса Путина обвинили в безразличном отношении к произошедшему: одним из поводов стала речь, произнесенная президентом 4 сентября, в которой основное внимание было уделено не погибшим детям, а проблемам государственного строительства и внешней угрозы.

После устранения 13 октября 2005 г. главного чеченского боевика Шамиля Басаева, убийств двух президентов непризнанной чеченской республики и создания промосковского марионеточного правительства во главе с президентом Чечни Рамзаном Кадыровым Путину в целом удалось локализовать чеченский конфликт, разобщить чеченцев и свести участие российской армии в военных действиях в Чечне к полицейским и карательным функциям.

Тем не менее чеченский вопрос до сих пор остается для Путина и России самым болезненным. Неоднократно российские власти безуспешно предпринимали попытки добиться экстрадиции из Лондона представителя Чеченского правительства в изгнании Ахмеда Закаева, получившего в Великобритании политическое убежище. 28 октября 2002 г. последовало официальное заявление МИД России о том, что в связи с проведением в Дании Всемирного чеченского конгресса отменяется намеченный на 11—12 ноября визит Путина в эту страну для участия во встрече Россия — ЕС.

11 ноября 2002 г. в Брюсселе произошло очередное «мелкое» происшествие, связанное с высказываниями Путина. Отметим сразу же, что сказанные Путиным слова войдут в анналы истории так же, как знаменитое выступление Никиты Хрущева в Организации Объединенных наций, во время которого Хрущев снял ботинок и стал стучать им по трибуне. На вопрос французского журналиста о нарушениях прав человека в Чечне Путин ответил следующим образом: «Если вы хотите совсем уж стать исламским радикалом и готовы пойти даже на то, чтобы сделать себе обрезание, то я вас приглашаю в Москву. У нас многоконфессиональная страна, у нас есть специалисты и по этой проблеме. Я порекомендую сделать операцию таким образом, чтобы у вас уже ничего не выросло». После произнесенного Путиным ответа в зале установилась тишина. Переводчик не понимал, как переводить сказанное. Когда Хрущев снял ботинок и стал стучать по трибуне, министр иностранных дел СССР Андрей Громыко тоже снял ботинок и стал стучать по трибуне. Все-таки, мы живет в XXI веке. Президент Путин этого уже не понял. Поймет ли следующий?

Примечания

[1] Цит. По: InoPressa.Ru, Москва, 26 января 2000 г. Le Monde. Франсуа Бонне. Москва хотела войны.

[2] Алексей Галкин: «Признания о взрывах домов в Москве и Дагестане я дал под пытками». — Новая газета, 2 декабря 2002 г.

[3] «Наша группа готовила диверсии в Чечне и Дагестане». Показания старшего лейтенанта Алексея Галкина, ноябрь 1999 г. — Новая газета, 2 декабря 2002 г.

[4] Подробнее см. статью Игоря Королькова «Фоторобот не первой свежести. За что арестован бывший полковник ФСБ». — Московские новости, 11 ноября 2003 г.

6

ОПЕРАЦИЯ «ПРЕЕМНИК»

В ПОИСКАХ РУССКОГО ПИНОЧЕТА

На первом заседании правительства, проводимом под его председательством, Путин сообщил, что отставка Степашина обусловлена не «негативной оценкой действий премьера и правительства, а желанием президента в преддверии выборов в Госдуму, выборов президента, а также в связи с обострением ситуации на Кавказе изменить внутриполитическую конфигурацию в стране». Под «обострением ситуации на Кавказе» имелось прежде всего в виду вторжение из Чечни в Дагестан партизанских отрядов Шамиля Басаева, с которыми российские войска в Дагестане вели затяжные бои.

Необходимость изменения «внутриполитической конфигурации» объясняли существовавшим внутри правительства противостоянием между Степашиным и первым вице-премьером Николаем Аксененко, поддерживаемым Березовским. В правительстве Путина влияние Аксененко, который играл роль главного представителя президентской «семьи» в кабинете, должно было сойти на нет, тем более, что выдвижение Путина поддержали Волошин, российский олигарх Роман Абрамович, Чубайс, Юмашев и дочь Ельцина Татьяна Дьяченко, формально являвшаяся советником Ельцина. Но главным, конечно же, было то, что Путина поддержал Ельцин.

Новое правительство должно было обеспечить не только спокойное проведение президентских выборов, но и предстоящих в декабре 1999 г. выборов в парламент страны. Степашин не хотел противостоять объединению двух центральных партий парламента — «Отечества», созданного Юрием Лужковым еще в январе, и «Всей России», созданной в апреле Минтимером Шаймиевым. Объединение этих двух партий представляло для Кремля серьезную угрозу. Между тем Степашин отказался участвовать в создании конкурирующей им силы, и в Кремле пришли к выводу, что Степашин заключил с Лужковым и Примаковым (считавшимся фаворитом президентской гонки и очевидным кандидатом на кресло Ельцина) негласное соглашение о сдаче позиций Примакову. Это и предопределило решение об отставке Степашина с поста премьер-министра.

Очередная смена правительства была рискованным для Ельцина шагом прежде всего потому, что Путина в стране никто не знал. Его карьерный рост был слишком стремителен для того, чтобы лицо его примелькалось. Он был неизвестен и неузнаваем. В день назначения Путин заявил о намерении обеспечить преемственность политики нового кабинета по отношению к прежнему курсу правительства как в экономической политике, так и во внутриполитической, прежде всего в вопросах, касающихся Чечни и Дагестана. Тем не менее в связи с приходом к власти Путина журналистами и общественностью высказывались опасения серьезного ужесточения политики федерального центра в этом регионе и внутренней политики вообще, вплоть до введения в стране чрезвычайного положения и отмены президентских выборов, особенно если Кремль не будет уверен в победе на выборах преемника Ельцина Путина.

Так или иначе, в Путине видели «твердую руку», которая должна была завоевать симпатии российских избирателей. Эту роль прочили еще Степашину, которого умышленно сравнивали с Аугусто Пиночетом, но он оказался, по мнению Кремля, слишком «слабым». В частности, Степашин, будучи одним из инициаторов первой чеченской войны и однажды уже в Чечне обжегшись, без энтузиазма относился к идее второй чеченской войны, принципиальное решение о начале которой было принято уже в марте 1999 г., когда Путин был руководителем ФСБ. Вводить в стране чрезвычайное положение Степашин тоже готов не был. Иными словами, войти в историю российским Пиночетом Степашин, в отличие от Путина, не хотел.

ВТОРАЯ ЧЕЧЕНСКАЯ ВОЙНА КАК ЧАСТЬ ПИАРНОЙ КАМПАНИИ ПУТИНА

14 сентября 1999 г., вскоре после взрыва второго жилого дома в Москве, Путин выступил на заседании Государственной думы, посвященном вопросу борьбы с терроризмом. Основные тезисы Путина:

1) восстановление подчинения местных силовых органов федеральным;

2) недопустимость репрессий по национальному признаку;

3) Чечня — террористический лагерь;

4) критическая характеристика хасавюртовских соглашений;

5) временный карантин по периметру Чечни;

6) Чечня остается субъектом РФ;

7) требование от чеченских властей выдачи преступников;

8) безжалостное уничтожение бандитов в случае перехода ими границы;

9) особый экономический режим по отношению к Чечне;

10) формирование чеченского (пророссийского) правительства в изгнании;

11) необходимость закона о борьбе с терроризмом;

12) политики, использующие сложившуюся ситуацию для предвыборных целей, — не лучше террористов.[1]

Однако день начала большой войны был предопределен событиями 22—23 сентября в Рязани. После рязанского провала ФСБ отказалась от дальнейших попыток взрывать жилые дома в России. Рязанский теракт был последним в сентябрьской цепи. Начинать военные действия надо было немедленно, до того, как российское общественное мнение, опирающееся на тогда еще независимые СМИ, узнает о рязанских «учениях» и, сопоставив факты, придет к выводу о том, что теракты в России организуют спецслужбы для начала второй чеченской войны.

23 сентября начальник Московского УКГБ Александр Царенко заявил, что московские взрывы были организованы чеченцами и что виновные уже арестованы (позднее оба московских ингуша, которых А. Царенко имел в виду под «чеченцами», были освобождены ввиду их полной непричастности к терактам). В тот же день российская авиация нанесла ракетно-бомбовые удары по аэропорту Грозного, нефтеперерабатывающему заводу и жилым кварталам в северных пригородах чеченской столицы. Путин, отвечая на вопросы журналистов, сказал: «Что касается удара по аэропорту Грозного, то прокомментировать его не могу. Я знаю, что есть общая установка, что бандиты будут преследоваться там, где они находятся. Я просто совершенно не в курсе, но если они оказались в аэропорту, то, значит — в аэропорту. Мне трудно добавить к тому, что уже было сказано». Видимо, Путину как премьер-министру известно то, чего не знает еще население страны: террористы, пытавшиеся взорвать дом в Рязани, отсиживаются в грозненском аэропорту.

24 сентября, выступая в столице Казахстана Астане, Путин заявил, что авиаудары наносятся «исключительно по базам боевиков и это будет продолжаться, где бы террористы ни находились. [...] Если найдем их в туалете, замочим и в сортире». В тот же день Патрушев сообщил, что попытки подрыва дома в Рязани не было, были «учения». Но война шла уже полным ходом. 1 октября российская бронетехника пересекла административную границу Чечни и углубилась на пять километров.

К исходу первых двух месяцев второй чеченской войны становится очевидно, что военные действия были развязаны российским правительством для начала реализации стратегического решения: перехода страны с пути реформаторского (ельцинского) на путь военно-чекистско-бюрократический (путинский). Путинские античеченские, прочекистские, написанные языком военного коменданта указы для России 1999 г. выглядели дико не только по существу, но и по форме. Так, 6 декабря жителям Грозного был предъявлен «ультиматум Путина» — требование российского военного командования в Чечне к жителям Грозного покинуть город до 11 декабря через «коридоры безопасности». «Лица, оставшиеся в городе, — говорилось в ультиматуме, — будут считаться террористами и бандитами. Их будут уничтожать артиллерия и авиация. [...] Все те, кто не покинул город, будут уничтожены».[2]

Позже ультиматум был частично дезавуирован как имеющий своим адресатом не всех жителей Грозного, а только боевиков. 13 января Путин санкционировал запрет на въезд и выезд из Чечни мужчин в возрасте старше десяти и моложе шестидесяти лет. Распоряжение о запрете было подписано генералом Виктором Казанцевым, но уже 15 января отменено из-за протестов общественности. 21 января на заседании коллегии МВД Путин предупредил о возросшей опасности новой волны террористических актов чеченских сепаратистов в российских городах.

20 декабря, в «день чекиста», Путин восстановил памятную плиту в честь бывшего председателя КГБ Юрия Андропова на стене здания ФСБ в Москве. В тот же день вечером, выступая с речью на банкете для сотрудников спецслужб Путин сказал: «Я хочу доложить, что группа сотрудников ФСБ, направленная в командировку для работы под прикрытием в правительство, на первом этапе со своими задачами справляется».[3] Известная московская газета процитировала еще и такие слова Путина, сказанные в тот день: «Внедрение в преступную группировку произошло успешно. Шутка».[4]

Милитаристско-чекистская направленность политики Путина, тем не менее становилась все более и более очевидной. 31 декабря Путин подписал правительственное распоряжение о восстановлении начальной военной подготовки в школах. В феврале 2000 г. подписал указ о призыве резервистов на военные сборы, а затем о восстановлении особых отделов в армии — политические отделы, ставящие своей целью следить за идеологической благонадежностью военных, причем не только офицеров, но и солдат. Особые отделы в армии (своеобразное армейское КГБ) были распущены после распада Советского Союза, так как считались пережитком советской власти. Теперь же эта тайная полиция в воинских частях была вновь восстановлена.

Это были тревожные сигналы, говорящие о том, что на месте Ельцина может оказаться человек со взглядами офицера КГБ советских времен, милитарист, видящий, как и его советские предшественники, главных своих врагов в Соединенных Штатах и Объединенной Европе. Но в те месяцы многие были склонны рассматривать действия нового премьер-министра как популистские шаги, ставившие своей целью умиротворить национализм определенных кругов избирателей.

После завершения многодневного штурма Грозного 6 февраля он объявил, что «взят последний оплот террористов — Заводской район Грозного, — и над одним из административных зданий был водружен российский флаг. Так что можно сказать, что операция по освобождению Грозного закончилась». Очевидно, Путин торопился завершить «маленькую победоносную войну» до мартовских президентских выборов. (Через четыре года, в феврале 2004 г., он уже не будет делать вид, что «маленькая война» завершилась, а победу на выборах будет обеспечивать совсем иным способом.)

Тем не менее в сентябре-октябре 1999 г. в относительно короткий срок российская армия заняла примерно 80% территории Чечни. Операции сопровождались большими потерями и риторикой о необходимости предотвратить дальнейший распад Российской Федерации, о возвращении Чечни под контроль федерального центра. В целом российское общественное мнение, напуганное сентябрьскими терактами в России, поддержало политику Путина в чеченском вопросе и даже грубое заявление Путина о намерении «мочить террористов в сортире» сыграло ему на пользу. После начала военной кампании в Чечне рейтинг Путина благодаря глобальной поддержке контролируемого Березовским первого канала российского телевидения (ОРТ) стал неизменно расти. К началу предвыборной кампании от неизвестного «Who is Mr. Putin?» он стал кандидатом с популярностью, доходящей до 50%.

И. О. ПРЕЗИДЕНТА

19 декабря 1999 г. на выборах в Государственную думу третьего созыва блок «Единство» («Медведь») получил 23,32% голосов в общегосударственном многомандатном округе — второе место после коммунистов (24,29%). Блок «Отечество — Вся Россия» (ОВР) Евгения Примакова и Юрия Лужкова получил 13,33%. «Союз правых сил» — 8,52%, «Блок Жириновского» — 5,98%, «Яблоко» — 5,93%. Тогда же основной конкурент Путина на предстоящих президентских выборах Евгений Примаков заявил об отказе состязаться за президентское кресло. Те, кто планировал еще больше укрепить позиции Путина как претендента на престол, решили сделать его формальным наследником.

Таким образом, парламентские выборы прошли удачно для Путина. МЕжрегиональное ДВижение «ЕДинство» (сокращенно «Медведь»), созданное незадолго до выборов благодаря инициативе и энергии Бориса Березовского, разработавшего и идеологию, и символику новой партии, неожиданно для всех уступила коммунистам по партийным спискам менее одного процента голосов, и, с учетом одномандатных голосов парламента, стала самой крупной партийной фракцией. Даже более важным было то, что свои голоса «Медведь» отобрал у основного конкурента Путина на президентских выборах — Примакова и Лужкова, составивших партийный блок «Отечество — Вся Россия», но получивших на выборах чуть больше 13% вместо ожидаемых 30—40. Произошло это потому, что подконтрольный Березовскому вещавший на всю страну первый канал российского телевидения всеми силами поддерживал «Единство» и Путина, забыв про честность и объективность.

Значительную поддержку избирателей получил «Союз правых сил», возглавляемый Сергеем Кириенко и заявивший о поддержке кандидатуры Путина на пост президента под лозунгом: «Путина — в президенты! Кириенко — в Государственную думу! Молодых надо!». Коммунистическая оппозиция, напротив, лишилась относительного большинства в Думе.

31 декабря 1999 г. президент Ельцин в своем предновогоднем обращении преподнес россиянам новогодний подарок и заявил об уходе в отставку с поста президента и назначении Путина и. о. президента до проведения досрочных выборов (назначенных на 26 марта). За это в соответствии с предварительной договоренностью между Ельциным и Путиным, в начале января 2000 г. Путин издал указ об иммунитете первого президента России и членов его семьи от любых судебных и административных преследований.

В январе в новой Думе были созданы две фракции поддержки и. о. президента — «Единство» (лидеры — Борис Грызлов, Франц Клинцевич) и «Народный депутат» (Геннадий Райков). Две другие центристские номенклатурно-олигархические фракции — «Регионы России» (Олег Морозов) и «Отечество — Вся Россия» (Евгений Примаков, Вячеслав Володин) также декларировали лояльность Путину. В этих четырех центристских пропутинских фракциях состояло более половины депутатов Государственной думы. В период существования Думы 3-го созыва твердое пропрезидентское большинство составляло в ней от 230 до 235 депутатов, почти всегда голосующих в соответствии с командами заместителя руководителя администрации президента Владислава Суркова «по пейджеру». Помимо поддерживающего и. о. президента думского центра практически столь же лояльной стала ЛДПР Владимира Жириновского и большая часть фракции «Союз правых сил» (лидеры — С. Кириенко, затем — Борис Немцов и Ирина Хакамада).

Имея твердую поддержку центра, администрация президента без труда проводила через Думу необходимое правительству текущее законодательство, требующее абсолютного большинства в 226 голосов. В случае необходимости проведения конституционных законов, требующих квалифицированного большинства (300 голосов), администрация опиралась либо на либерально-центристское «правопутинское» конституционное большинство (центр, ЛДПР, СПС, «Яблоко»), либо на державническое «левопутинское» большинство (центр, ЛДПР, КПРФ, прокоммунистическая Агропромышленная группа Николая Харитонова).

Независимость от администрации президента и относительную оппозиционность демонстрировала только КПРФ. Эпизодически в качестве оппозиции справа («системной оппозиции») выступала фракция «Яблоко», некоторые независимые (Владимир Рыжков), а также несколько депутатов, избранных от СПС (Сергей Ковалев, Юлий Рыбаков, Сергей Юшенков, Виктор Похмелкин, Владимир Головлев). Колебания между лояльностью и оппозиционностью проявлял иногда Б. Немцов, что, впрочем, проявлялось скорее в риторике, чем в голосованиях. В Совете Федерации второго созыва в некоторой оппозиции к Путину находился только президент Чувашии Николай Федоров. Впрочем, Федоров скоро одумался и его оппозиционность тоже сошла на нет.

ПРЕЗИДЕНТСКИЕ ВЫБОРЫ

13 января 2000 г. в ходе рабочей поездки в Санкт-Петербург Путин официально подтвердил свое намерение баллотироваться на пост президента России и заявил о своей поддержке кандидатуры В. Яковлева — помощника, а затем соперника Собчака — на выборах губернатора Санкт-Петербурга.

15 февраля 2000 г. Путин был зарегистрирован Центризбиркомом кандидатом на пост президента. 18 февраля он посетил в

качестве кандидата Иркутск, где поддержал идеи предлагавшегося Союзом правых сил (СПС) референдума по четырем вопросам: о необходимости расширения гарантий защиты частной собственности; об ограничении депутатской неприкосновенности; о направлении в зоны вооруженных конфликтов только военнослужащих-контрактников; об ограничении права президента немотивированно отправлять в отставку правительство. В тот же день Путин одобрил идею «запретить секс, насилие и терроризм» на телевидении.

Путин впервые в жизни баллотировался на выборный пост. В этой связи наблюдатели вспоминали одно из его интервью, данное двумя годами раньше. Тогда Путин, говоря о своем нежелании участвовать в выборах, объяснял это тем, что в ходе предвыборной кампании кандидат вынужден давать невыполнимые обещания, а следовательно, либо не отдавать себе отчета в смысле собственных слов, либо намеренно лгать. Внимание также привлекала карьера Путина. Его сторонники указывали на период его работы в администрации Собчака как на свидетельство его приверженности реформам. Противники, в частности Григорий Явлинский, напротив, акцентировали внимание на работе Путина в КГБ и ФСБ и представляли его приверженцем старого политического строя и гебешных методов.

25 февраля было опубликовано «Открытое письмо Владимира Путина к российским избирателям». Через три дня на встрече в Москве со своими доверенными лицами Путин заявил, что «крайне важно создать равные условия для всех участников политической и экономической жизни России. Надо исключить то, чтобы кто-то присосался к власти и мог использовать это для своих целей. Ни один клан, ни один олигарх не должны быть приближены к региональной и к федеральной власти. Они должны быть равно удалены от власти и пользоваться равными возможностями». Однако идеалистические принципы, изложенные Путиным, не соблюдались ни одного дня прежде всего им самим.

В ходе избирательной кампании Путина была опубликована книга «От первого лица. Разговоры с Владимиром Путиным». Эта наскоро составленная по инициативе Бориса Березовского из интервью трем журналистам «Коммерсанта» книжка была в тот момент единственной серьезной публикацией, посвященной Путину. Сегодня многие высказывания, опубликованные в этой книге могут вызвать в лучшем случае улыбку. Так, в качестве возможного пути решения стоящих перед Россией задач Путин назвал монетизацию льгот, т. е. замену многочисленных государственных льгот для различных групп российского населения — систему, оставшуюся в наследство от советского режима — на денежную компенсацию. Безусловно прогрессивная идея, высказанная Путиным, при попытке ее реализации оказалась наиболее непопулярным элементом его экономической политики и в жизнь претворена не была.

В целом же, у Путина, кадрового спецслужбиста, всю сознательную жизнь работавшего в КГБ под идеологическим контролем коммунистической партии, собственной идеологии и своей политической программы не было. Он ограничивался общими популистскими фразами. Еще в 1999 г., в начале своего премьерства на вопрос о его политической платформе как кандидата в президенты Путин ответил: «Главная моя задача — чтобы стало лучше жить народу. А политическую платформу выработаем потом». Позднее, в 2001 г., отвечая на вопрос, какой он видит Россию в 2010 г., Путин сказал: «Мы будем счастливы». Если под «мы» Путин имел в виду тех людей, которые окажутся у власти в России, он говорил правду и — не ошибся.

В период перед выборами руководство страны старалось навязать избирателю идею об отсутствии альтернативы Путину, указывая, что основной конкурент Путина — кандидат от коммунистической партии Зюганов — для России, безусловно, худший выбор, чем Путин. Действительно, согласно социологическим опросам за Путина намеревались голосовать не только приверженцы «Единства» и СПС, но и некоторые сторонники КПРФ Зюганова и «Яблока» Явлинского — хотя лидеры этих партий также принимали участие в выборах. Победа Путина на предстоящих выборах должна была стать легитимизацией уже существующего к тому моменту «режима Путина».

На президентских выборах Путин был официально поддержан «Единством» Б. Грызлова — С. Шойгу, НДР Виктора Черномырдина, «Отечеством» Ю. Лужкова, объединением «Вся Россия» В. Яковлева — М. Шаймиева, движением «Народный депутат» Г. Райкова, «Союзом правых сил», «Аграрной партией России» (АПР) Михаила Лапшина и рядом других организаций. Особую и неоценимую поддержку Путину оказало Общественное российское телевидение Б. Березовского.

Плохо ориентировавшийся в избирательной кампании, Путин обещал всем все что мог. 2 марта на встрече с избирателями в Звездном городке он пообещал поддержать российскую орбитальную станцию «Мир», заверив, что «вопрос только в финансировании и он будет решен» (через год избранный президент Путин санкционировал ликвидацию космической станции — она была утоплена 6 марта 2001 г.). 5 марта в интервью телеканалу ВВС Путин, в тот момент обращавшийся к западному зрителю, заявил, что не исключает возможности вступления России в НАТО, чем вызвал недоумение многих российских политических деятелей и чиновников. (В НАТО Россия вступать не стала и, наоборот, усилила антинатовскую риторику, подкрепив ее заявлением о выходе из тех или иных договоров, о противостоянии ПРО и возобновлении полетов российской стратегической авиации, прекращенных в 1992 г.).

20 марта во время «рабочей поездки в Чеченскую Республику» он совершил широко освещавшийся в СМИ перелет на боевом истребителе Су-27 в качестве второго пилота-штурмана. Понятно, что этот цирковой номер был рассчитан на поднятие популярности Путина у простых избирателей. Но поскольку делавшие из Путина президента люди не объяснили ему, зачем посадили в военный самолет, Путин, отвечая на вопросы американского телеведущего Теда Каппела растерялся и пролепетал, что на военном самолете летел из экономии государственных средств.

И все-таки в самолет Путин сел не зря. 26 марта 2000 г. он был избран президентом, получив, согласно официальным данным, 39.740.434 голосов избирателей (52,94%).

КАК ФАЛЬСИФИЦИРУЮТ ВЫБОРЫ

Победа Путина уже в первом туре вызывает обоснованные сомнения, поскольку в ряде регионов, в частности в Дагестане, Башкирии, Саратовской области, Татарии и др., имели место фальсификации в пользу и. о. президента, которому были приписаны десятки тысяч голосов, поданных в действительности за других кандидатов. Официальные списки избирателей, составляемые Центризбиркомом, за три месяца между парламентскими и президентскими выборами выросли на 1 млн 300 тысяч человек (108.072.000 избирателей на парламентских выборах и 109.372.000 на президентских), несмотря на ежегодную убыль населения России на 800 тысяч человек. Наиболее правдоподобным реальным результатом, полученным Путиным 26 марта 2000 г., следует считать 48—49%.

Способы фальсификаций на выборах в Государственную думу, равно как и на губернаторских и президентских выборах, более или менее одинаковы. Суммируя данные по выборам и референдумам всех уровней за 1993—2003 гг., можно выделить две категории. Первая: «коррекция» результатов подсчета (без вброса дополнительных бюллетеней); вторая: вброс дополнительных бюллетеней.

Каждая из категорий, в свою очередь, имеет несколько модификаций. Так, при искажении протоколов в графу кандидата от «административного ресурса» вписывается любое нужное количество дополнительных голосов, взятых «из головы» (лишь бы оно превышало число голосов, поданных за кандидата оппозиции). Искаженные данные заносятся в протокол участковой избирательной комиссии (УИК). Чаще, однако, «корректировка» делается на уровне суммирования данных по УИК в окружных и территориальных избирательных комиссиях (ОИК и ТИК). В тетрадях выдачи бюллетеней все остается как есть. «Исправление» протоколов (и в территориальных комиссиях, и в окружных) иногда производится под предлогом обнаруженных ошибок.

Основное достоинство этого метода (с точки зрения фальсификаторов) — простота, малая трудоемкость, а в случае «корректировки» на уровне ОИК/ТИК — еще и незначительное число вовлеченных и посвященных в операцию лиц. Основной минус: уже при элементарном сличении количества выданных бюллетеней (по записям в книгах выдачи) с суммой голосов по протоколам УИК, выясняется, что сумма голосов по протоколу превышает число выданных бюллетеней. Если добавка голосов делалась в ТИК, это выявляется при сличении копий протоколов УИК с протоколами, сданными в ТИК, и (или) с официальными данными сводных таблиц ТИК.

Увеличения числа голосов за нужного кандидата можно получить также за счет приписывания ему дополнительных бюллетеней, реально не выданных, но отмеченных в тетрадях как выданные. В этом случае как взявшие бюллетени отмечаются избиратели, традиционно не участвующие в выборах (списки таких избирателей можно купить в имиджмейкерских фирмах, а зачастую они есть и у самих избиркомовских чиновников); умершие или переехавшие «мертвые души»; или «выдуманные люди» с выдуманными адресами (типа лишней сотни квартир в многоэтажном доме). Делается это на уровне УИК. Выявить такую фальсификацию можно либо сравнением количества бюллетеней в урнах с тетрадями выдачи (реальных бюллетеней будет меньше), либо путем опроса лиц, отмеченных в тетрадях как взявших бюллетени, с целью выявления тех, кто на самом деле не голосовал или умер, или переехал, или вообще не существует в природе.

Кроме этого, в графу поддерживаемого начальством кандидата можно просто переписать голоса, поданные за других кандидатов или кандидата «против всех». Искаженные данные могут заноситься в протоколы УИК во время подсчета бюллетеней, а могут переписываться в ТИКах. Этот способ тоже трудоемкий, так как требует исполнения значительного количества арифметических операций по вычитанию и сложению. Преимущество этого способа, однако, в том, что выявить фальсификации на уровне УИК с помощью тетрадей невозможно: для выявления нужно пересчитывать реальные бюллетени из урн, причем с разбивкой по всем кандидатам, а не общее их количество. Но такая же фальсификация, сделанная на уровне ТИК, выявляется еще и при сличении протоколов УИК (или их копий) с данными сводных таблиц ТИК.

Наконец, можно просто уменьшить количество бюллетеней, поданных за «нежелательного» кандидата. Их можно: не засчитать и выбросить (так было, например, с бюллетенями за Конгресс русских общин (КРО) Скокова — Лебедя в г. Махачкале в 1995 г., когда мешки с «лишними» бюллетенями за КРО оказались на городской помойке); испортить бюллетени за «нежелательных» во время их подсчета путем проставления дополнительной галочки (крестика), когда получается, что избиратель проголосовал сразу за двоих, что делает его бюллетень недействительным. Преимущество этого способа, в обеих его разновидностях, — простота. Недостаток: простоте всегда сопутствует легкость разоблачения. Если «ненужные» бюллетени выбросить, уменьшится общее число бюллетеней. Если же бюллетени «портить», это бросается в глаза: на соседних избирательных участках испорченных бюллетеней 1,5—2%, а тут, предположим, 10%, что, конечно же, сразу вызывает обоснованные подозрения. Но, так как вскоре после выборов все бюллетени уничтожаются (во всяком случае, так было в 1993, 1995, 1996, 1999, 2000 гг.), доказать, что они были испорчены умышленно, невозможно.

При вбросе дополнительных бюллетеней увеличение голосов за нужного кандидата достигается приписыванием ему дополнительных бюллетеней, подброшенных в урны на участке до голосования, в ходе него или после, без отметки в книгах выдачи. А голосование через выносные урны и досрочное голосование — это почти легальный резерв голосов для «нужных» кандидатов. Иногда бюллетени для вброса даже специально допечатываются. (Такие случаи были зафиксированы, например, в Башкирии, где правит президент Рахимов.) Бюллетени подбрасываются как на участках в урны, так и в ТИК уже в мешки, — для этого мешки с бюллетенями, вопреки закону, не опечатывают или же печати просто срываются.

Недостаток этого вида фальсификации — возможность сличения суммы всех голосов по протоколу с количеством выданных бюллетеней (по записям в тетрадях выдачи), а также возможность сличения количества бюллетеней, найденных в урнах, с количеством выданных бюллетеней.

Чтобы этого не произошло, вброс бюллетеней можно производить с дописыванием в книгу выдачи. В этом случае в качестве взявших бюллетени отмечаются избиратели, традиционно не участвующие в выборах и всякого рода «мертвые души». За умерших чаще делается «предварительная закладка», за живых «голосуют» в конце дня или уже после завершения голосования. Широко используются также выносные урны и досрочное голосование.

Этот самый трудоемкий и «качественный» способ фальсификации выявляется только путем опроса большого количества избирателей или чисто случайно, если человек, никогда не ходивший на выборы, пришел и обнаружил, что за него уже проголосовали; или если родственник умершего избирателя обнаруживает, что умерший расписался в получении бюллетеня. Понятно, что неявка избирателей на выборы облегчает работу фальсификаторов, а активное участие в голосовании — включая голосование «против всех», возможное до лета 2006 г., или унос бюллетеня с собой — делает работу фальсификаторов более трудоемкой.

НАБЛЮДАТЕЛИ И КОПИИ ПРОТОКОЛОВ

Естественно, что фальсифицировать результаты выборов легче, если наблюдатели от партий или международных организаций на участках отсутствуют. Но и наличие наблюдателей ни от чего не гарантирует. Иногда они настолько зависимы от начальства, что не готовы публично заявить о подлоге. Или же наблюдатель независим, но не квалифицирован и невнимателен. Наконец, наблюдатель может лично следить за всем тем, что делается в УИК, но никак не может увидеть того, что проделывают ОИК и ТИК. Он может только сравнить данные своей копии протокола УИК с опубликованными сводными данными ТИК. Но для того чтобы уличить избиркомы в искажении результатов, необходимы заверенные копии протоколов УИК. Такие копии УИК обязаны выдавать по первому требованию, однако на самом деле получить исправные копии обычно удается только самым настырным наблюдателям. К сожалению, наблюдатели, как правило, не настойчивы и далеко не всегда достаточно грамотны. В результате копии протоколов, выдаваемые по закону наблюдателям, очень часто заполняются наспех, не полностью, с очевидными ошибками. По таким протоколам можно оценить, была фальсификация или нет, но они непригодны для последующего использования в судах.

В интервью, которое в ноябре 2000 г. дал заместитель председателя Координационного совета Российского общественного института избирательного права (РОИИП) Игорь Борисов, отмечено, что подавляющая часть копий протоколов наблюдателей, предоставленная для анализа институту, «не отвечает требованиям избирательного законодательства и не является юридическим документом. В большинстве протоколов имеются незаполненные графы, в которые можно вписать любые числа, а потом говорить, что не выполняются контрольные соотношения. Практически все копии протоколов наблюдателей не соответствуют требованиям заверения в соответствии со статьей 21 закона «О выборах президента РФ».[5]

Именно под тем предлогом, что копии неправильно заверены и что в них отсутствуют те или иные графы, прокуратура до сих пор отвергала большую часть заявлений о фальсификациях как не имеющие судебной перспективы, либо сначала принимала дела, но доводила до суда крайне редко, причем в суде дело разваливалось. В 2000 г. вследствие одной из жалоб в Генпрокуратуру на фальсификации итогов президентских выборов на избирательных участках в Саратовской области областная прокуратура была вынуждена проверить 20 участков, и результаты проверки подтвердили расхождение протоколов и официально заверенных копий. Жалобщикам отказали в возбуждении уголовных дел, поскольку, как заявили прокуратуре руководители подвергнутых проверке ТИКов, при выдаче копии протокола «данные, содержащиеся в нем, с данными оригинала протокола членами комиссии не сверялись».[6] По существу прокуратура заявила, что это не избиркомы изменили результаты выборов, а наблюдатели на всех проверенных участках подделали свои копии...

ИТОГИ ВЫБОРОВ 26 МАРТА 2000 г.

Согласно данным Центральной избирательной комиссии (ЦИК) 26 марта 2000 г. Владимир Путин получил 52,94%. Между тем в ночь с 26-го на 27 марта число проголосовавших за В. Путина вплоть до 2 часов ночи не достигало 50-ти процентов (в момент окончания выборов в 20.00 за Путина было всего 44.5%), хотя процент неуклонно увеличивался по мере движения с востока на запад (тогда как на думских выборах 19 декабря 1999 г. наблюдалось обратное: чем дальше на запад, тем лучше была ситуация КПРФ и хуже положение пропутинского «Единства»).

В 2 часа ночи 27 марта председатель ЦИК Александр Вешняков торжественно объявил: «Владимир Владимирович Путин, пятьдесят целых, одна сотая процента». В 10 часов утра 27 марта у Путина стало уже 52%, а по окончательно подсчитанным к 7 апреля данным — 52,94% (39.740.434 голоса).

Итоги выборов были близки к данным последних предвыборных опросов наиболее авторитетных социологических служб — они практически не выходили за пределы допустимой погрешности, которая для большинства опросов при существующей методике обычно составляет 3—3,5%. Но всего 2,94% официального «перевеса» над 50%, которые обеспечили победу Путина уже в первом туре, сами укладываются в эту допустимую для существующей социологической методики погрешность. Так что ссылаться на науку социологию в подтверждение победы Путина бессмысленно.

2,94%, которые сделали Путина президентом уже в первом туре, — это 2 млн 200 тыс. голосов.

ДАГЕСТАНСКИЙ КАЗУС

Независимые исследования на предмет выявления фальсификаций президентских выборов 26 марта 2000 г. имели место только по двум регионам — Дагестану и Саратовской области. Нарушения в Дагестане проверяла (по жалобе избирательного штаба Г. Зюганова) думская «Комиссия по изучению практики применения избирательного законодательства РФ при подготовке и проведении выборов и референдумов в Российской Федерации» во главе с председателем комиссии Александром Салием (фракция КПРФ). Согласно официальным данным, в Дагестане за Путина проголосовало 877.853 человека (более 75%).

Комиссия Салия не пересчитывала реальные бюллетени и не сличала их с официальными результатами.

Кстати, дагестанские власти опасались, что комиссия все-таки попытается пересчитать бюллетени хотя бы по некоторым участкам, и приняли соответствующие меры. Махачкалинский офицер милиции Абдулла Магомедов, охраняя вход в здание правительства республики, видел, как чиновники (показавшие ему свои пропуска) вынесли из здания большие мешки с бумагами и сожгли их прямо на улице. Милиционер, сославшись на свои служебные обязанности как охранника, настоял на проверке содержимого мешков и убедился, что там были избирательные бюллетени, заполненные за Зюганова. «Я знаю, как они выглядят, я был наблюдателем на выборах», — сказал милиционер.[7]

Комиссия Салия сконцентрировала свое внимание на сравнении копий протоколов участковых избирательных комиссий (УИК), полученных наблюдателями, с официальными данными по тем же участкам, зафиксированными избиркомами более высокого уровня — территориальными избирательными комиссиями

(ТИК). В распоряжении комиссии Салия имелось 453 копии протоколов УИК (всего в Дагестане 1550 избирательных участков, по остальным участкам наблюдателям от штаба Г. Зюганова копий получить не удалось). Проверке подверглись 14 районных территориальных комиссий и две городские — всего было изучено 174 протокола УИК.

Позднее в публикации А. Салия в «Советской России» были приведены сравнительные таблицы протоколов и официальных данных по трем территориальным избирательным комиссиям — Сулейман-Стальской, Магарамкентской и Кизилюртовской, — а также сводная таблица фальсификаций по 16 ТИКам нескольких районов. Например, УИК № 1036 Сулейман-Стальской ТИК: в копии протокола УИК, выданной наблюдателю, значился 801 голос за Зюганова, а в официальном протоколе в ТИК — 150 (украден 651 голос), в копии — 452 голоса за Путина, а в официальном протоколе — 2038 (подарено 1586). УИК № 1044 той же ТИК: у Зюганова украдено 862 голоса из 863, а Путину к его 227 приписано еще 1572 голоса. Всего по 34-м из 40 проверенных участков этой ТИК у Зюганова украдено 8462 голоса, а Путину приписано 13805.

В УИК № 0580 Кизилюртовской ТИК у Зюганова украдено 295 голосов из 495, Путину прибавлено 1151 к его 315. В УИК № 0586 у Зюганова украдено 279 из 399, Путину добавлено 1203 к его 84. Всего по 20 участкам из 26-ти Кизилюртовской ТИК у Зюганова было экспроприировано 6161, Путину приписано 14105.

Комиссия Салия обнаружила, что там, где подписи председателя УИК в копии протокола и в самом протоколе совпадали, изменений в протоколе не было, и на этих участках везде победил Зюганов. Там, где подписи не совпадали, везде с огромным отрывом победил Путин, причем подписи, которые значились в копиях наблюдателей, совпадали с подлинными подписями председателей УИК, а подписи в официальных протоколах — не совпадали. Из этого следовало, что копии — подлинные, а вот официальные протоколы УИК были «подкорректированы» в ТИКах.

Комиссия Салия зафиксировала приписки по всем 16-ти обследованным ТИКам. Если сложить результаты в соответствующей графе сводной таблицы фальсификаций, опубликованной А. Салием, получалось более 187.000 голосов, приписанных в Дагестане Путину.[8]

Эти данные вместе с копиями протоколов УИК комиссия Салия еще летом 2000 г. передала в Генпрокуратуру, которая и подозреваемых в фальсификациях чиновников не привлекла к ответственности, и «Советскую Россию» не привлекла за клевету. Тогдашний председатель Центризбиркома Вешняков тоже не подавал в суд иск о защите своей чести и деловой репутации.

Закладка или вброс дополнительных бюллетеней также имели место в Дагестане. В редакцию «Советской России» прислали из города Избербаш 15 таких бюллетеней за Путина с печатями избирательного участка № 0832. Их фотокопии были воспроизведены в публикации.[9]

В Дагестане на 40% участков не оказалось погашенных неиспользованных бюллетеней. Это означало, что на каждом из этих участков якобы проголосовало ровно столько человек, сколько имелось бюллетеней. Разумеется, это невозможно. Не было никаких сомнений в том, что оставшиеся неиспользованными бюллетени были, вместо того чтобы их погасить, вброшены.

Журналистка газеты The Moscow Times Евгения Борисова провела собственное расследование фальсификаций на выборах 26 марта по ряду областей, в том числе и в Дагестане. Борисова проверила данные комиссии Салия и пришла к выводу, что несомненно украденными в пользу Путина следует считать 57.162 голосов. Остальные десятки тысяч голосов (в таблице Салия, как сказано выше, было более 187 тысяч) она оставила под вопросом, не согласившись с методикой подсчета.

Однако Борисова сравнила с таблицами ТИКов копии протоколов по еще 71 избирательным участкам, до которых у комиссии Салия руки не дошли. И по этим участкам картина была той же. В частности, согласно копии протокола по участку № 0876, за Путина было подано 1070 голосов, а по данным территориальной комиссии — 3535 (разница в 2465 голоса); согласно протоколу по участку № 0903 за Путина было 480 голосов, а по данным территориальной комиссии — 1830 и так далее.

63 протокола из 71-го, изученного Борисовой и ее помощниками, свидетельствовали о фальсификациях. Это давало еще 31.101 голос, украденный для Путина. Итого — 88.263 голоса по протоколам, которые составляют всего 16% от общего числа дагестанских протоколов.[10]

САРАТОВСКАЯ ОБЛАСТЬ

Аналогичная картина наблюдалась и в Саратовской области. Согласно свидетельству члена территориальной избирательной комиссии отставного офицера А. Бидонко, в 3 часа ночи 27 марта, когда стали поступать данные с избирательных участков, стало ясно, что и Путин, и губернатор Дмитрий Аяцков (в области одновременно проводились губернаторские выборы) не набирают 50%. Всю ночь протоколы переписывались, неиспользованные бюллетени были погашены только утром.[11] Коммунисты подали по этому случаю иск, но суд отказался принять дело к рассмотрению, направив его для перепроверки в ту же ТИК. (Естественно, она большинством голосов постановила, что все было правильно.)

Наблюдатели от избирательного штаба Зюганова сумели получить в Саратовской области 700 заверенных копий протоколов УИК, т. е. 38,6% всех протоколов (всего в области было 1815 избирательных участков). Корреспондент «Советской России» Жанна Касьяненко сравнила данные по 28 участкам, и у нее получилось, что Путину приписано по этим участкам 3769 голосов (причем у Явлинского украдено больше всего — 1540 голосов; у Зюганова — 827).

Другие кандидаты тоже не были оставлены заботами ТИКов Саратовской области. Вот самые вопиющие случаи.

Участковая избирательная комиссия № 1576. У С. Говорухина было 12 голосов, осталось 0. У Э. Памфиловой было 16, осталось 6. У А. Подберезкина было 3, осталось 0. У Скуратова было 9, осталось 0. Кандидат «против всех» получил 30, осталось 10. Путину добавлено 50 голосов.

УИК № 1617. У Зюганова украдено 200 из 445 голосов. У Явлинского — 100 из 138. У Тулеева — 40 из 41. У Памфиловой — 30 из 32. У Жириновского — 20 из 28. У «против всех» — 20 из 28. У Титова — 10 из 18. Путину приписано 420 лишних голосов.

Ж. Касьяненко изучила 28 протоколов, воспользовавшись в том числе данными РОИИП.

Сам же РОИИП проанализировал 829 копий протоколов с участков Саратовской области (что составило 45,47% всех участков), сравнив их со сводными таблицами территориальных комиссий, т. е. не только протоколы наблюдателей-коммунистов (700 копий), но и протоколы наблюдателей от «Яблока» и других.

РОИИП обнаружил около 100 протоколов УИК, данные которых были искажены в сводных таблицах комиссий более высокого уровня, и пришел к выводу, что «большая часть из них дает отклонение в пользу В. Путина».[12]

Правда, РОИИП обнаружил в саратовских протоколах «ряд участков», где голоса приписывали Зюганову. В частности на участке № 107 Зюганову было добавлено 6 голосов, а на участке № 452 Путину приписали 31 голос, Зюганову — 10, а Жириновскому — 1.

Вследствие одной из жалоб в Генпрокуратуру на фальсификации итогов президентских выборов на избирательных участках в Саратовской области областная прокуратура была вынуждена проверить 20 участков. Результаты проверки подтвердили расхождение данных протоколов и официально заверенных копий. За подписью старшего прокурора отдела управления по надзору за исполнением законов и законностью правовых актов А. Ж. Макашевой жалобщикам был выдан ответ об отказе в возбуждении уголовных дел, поскольку, как заявили прокуратуре руководители подвернутых проверке ТИКов, при выдаче копии протокола «данные, содержащиеся в нем, с данными оригинала протокола членами комиссии не сверялись».[13]

МОРДОВИЯ

На участке № 207 г. Йошкар-Ола член УИК с совещательным голосом Л. Коростелев был по распоряжению председателя УИК Н. Е. Большакова насильственно удален милицией из помещения, где производился подсчет. Когда Коростелеву разрешили вернуться в помещение, он обнаружил «массу испорченных бюллетеней с отметкой «за Зюганова». Убежден, что их портили сознательно, специально в мое отсутствие, ставили черточки и дополнительные знаки». Естественно, что копию протокола УИК, составленную Коростелевым, начальник УИК, его заместитель и секретарь отказались подписать.

БАШКИРИЯ

А вот факты фальсификации методом внесения искажения в первичные протоколы. В Башкирии на участке № 2921 голоса, поданные за Путина и Зюганова, просто поменяли местами: сразу после подсчета было

252 за Зюганова и 110 за Путина, а в официальном протоколе — наоборот.

В башкирской деревне Приютово на избирательном участке № 514 бывшая учительница Клавдия Григорьева присутствовала в качестве наблюдателя при подсчете голосов и записала для себя: 862 голоса за Путина, 356 — за Зюганова, 24 — за Жириновского, 21 — за Титова, 12 — за Явлинского. А в сводке УИК по данным официального протокола значилось: 1092 голоса за Путина, 177 — за Зюганова, за остальных — ноль.

К сожалению, ни данные этого протокола, ни данные других протоколов по Башкирии никакими комиссиями не сличались с бюллетенями, найденными в урнах (26 марта 2001 г. истек положенный по закону годичный срок хранения бюллетеней и их уничтожили). А самочинную запись наблюдателя никакая прокуратура не примет в качестве основания для заведения уголовного дела по статье 142 УК РФ.

Во время президентских выборов марта 2000 г. прямых указаний «сверху» в Башкирии замечено не было, но зато по избиркомам всей Башкирии еще во время голосования были распространены результаты exit-poll'а Фонда эффективной политики (ФЭП) Глеба Павловского. После этого без всяких указаний и инструкций в избиркомах поняли, что окончательные результаты в Башкирии должны быть «не хуже» результатов общероссийского опроса.

ТАТАРСТАН

Президент Татарстана Минтимер Шаймиев однажды сказал: «На что мы ориентируем избирателя, так он и голосует. Это прагматичный подход, и так мы работаем с избирателями».[14] Ориентировали, однако, не только избирателя, но и избиркомы. На участке № 2729 так ретиво исполняли рекомендации начальства, что из 286 бюллетеней все, кроме двух, оказались поданными за Путина. Скорее всего, это было сделано уже на уровне УИК.

На другом участке в Татарстане наблюдатель от «Яблока» Ольга Тарасова заметила при подсчете голосов вброс бюллетеней за Путина и одновременное изъятие бюллетеней, заполненных за других кандидатов.

65-летний Алхат Зарипов, который живет в Казани в многоэтажном доме (улица Ю. Фучика, д. 107), на избирательном участке увидел, что в его доме числится 209 квартир, тогда как он точно знает, что их всего 180. В списке соседнего дома тоже оказалось на 108 квартир больше. Этот дом значился как 125-квартирный. Зарипов попросил разъяснений, но член комиссии просто забрал списки и ушел.

Moscow Times опубликовала фотографию 71-летнего пенсионера Петра Филиппова из села Татарский Сатлык в Татарии, который пришел под конец дня 26 марта, чтобы проголосовать за Жириновского, но на избирательном участке обнаружил, что за него уже кто-то расписался в получении бюллетеня. В Казани на участке № 263 наблюдатели от КПРФ задержали мужчину с 12 бюллетенями за Путина; на участке № 265 — женщину с такими же неучтенными бюллетенями.

КАЛИНИНГРАДСКАЯ ОБЛАСТЬ

В Калининграде было зафиксированных не менее 44 случаев расхождения данных протоколов с копиями, полученными наблюдателями. Общая сумма украденных в пользу Путина бюллетеней составила 42.500. Руководитель Калининградской областной избирательной комиссии объяснил расхождение тем, что из-за отсутствия множительной техники копии протоколов заполнялись вручную, а потом подписывались членами УИКов без проверки. Иными словами, по версии избиркома, не ТИКи (или УИКи) подтасовали в пользу Путина 42.500 голосов, а наблюдатели, сговорившись, зачем-то подделали данные в своих копиях.

КУРСКАЯ ОБЛАСТЬ

В Курске коммунистам удалось по участку № 426 доказать фальсификацию по суду: 104 бюллетеня из 610 были подделаны в пользу Путина. А вот главы двух избирательных комиссий в Курской области были уволены губернатором после того, как в их округах победил Зюганов.

КАБАРДИНО-БАЛКАРИЯ

Всего по шести полученным наблюдателями протоколам Путину было приписано 2864 голосов. На участке № 179 наблюдатели обнаружили, что на выборы пришли только 640 человек, а из ящика было вынуто 972 бюллетеня.

ПРИМОРЬЕ

На участке № 1047 после завершения голосования местные жители нашли несколько порванных бюллетеней, поданных за Зюганова. Суд дело к рассмотрению не принял.

ЧЕЧНЯ И ИНГУШЕТИЯ

Разумеется, что никакого отношения к действительности результаты выборов 26 марта 2000 г. по Чечне не имеют. Там никто не сличал документов. Но и без того ясно, что это сплошная «липа»: 191.000 голосов за Путина, около 86.000 — за Зюганова, 35.000 — за Явлинского, 22.000 — за Джабраилова. Если данные по «пацифисту» Явлинскому и чеченцу Джабраилову еще можно признать похожими на правду, то «мочитель в сортире» Путин и империалист Зюганов в сумме вряд ли могли бы получить больше, чем 100—120 тысяч голосов (поскольку такова — по разным оценкам — была численность российских войск в Чечне на март). Все остальное — явная приписка. Простые математические подсчеты показывают, что каждый российский военнослужащий проголосовал в Чечне дважды.

Точно также в 1995 г. фантазия военной администрации дала черномырдинскому НДР по Чеченской республике 48,03%. Это был абсолютный всероссийский рекорд для НДР. А в 1996 г. по Чеченской республике Ельцин получил 65,11% в первом туре и 73,38% во втором.

Почти такое же недоверие вызывают и результаты голосования в Ингушетии: в этой бедствующей благодаря «контртеррористической операции» республике, по официальным данным, за Путина проголосовали почему-то аж 85% (94.000 человек).

КОСВЕННЫЕ СВИДЕТЕЛЬСТВА

О том, что на президентских выборах широко применялся вброс бюллетеней в конце голосования тех, кто в выборах не участвовал, существуют помимо прямых свидетельств, еще и два косвенных.

Первое косвенное свидетельство. Согласно официальным данным Центризбиркома, общее число избирателей, имевших право участвовать в думских выборах 19 декабря 1999 г., составляло чуть больше 108.072.000 избирателей. Всего через три месяца количество потенциальных избирателей выросло... на 1 млн 300 тыс. человек!

Второй косвенный признак — это скачок официальной «явки» избирателей в последние часы. Параллельно со все росшим и росшим процентом голосовавших за Путина, в последние 2—3 часа голосования резко увеличился процент явки избирателей. Еще в 7 часов вечера по московскому времени явка была 54%, а через два часа — уже 67%. Выходило, что избиратели вместо того, чтобы смотреть вечером «Особенности национальной рыбалки» по ОРТ или «Ментов» по НТВ, толпами хлынули на избирательные участки.

СКОЛЬКО ВСЕГО ГОЛОСОВ ПРИПИСАНО ПУТИНУ?

А. Салий попытался прикинуть, сколько же всего голосов по Дагестану украдено в пользу Путина, и у него получилось примерно 700.000 голосов — исходя, очевидно, из цифры 180.000 по 16-ти ТИКам. Е. Борисова из The Moscow Times провела собственный подсчет, исходя из цифры 88.263 на 16% протоколов, и у нее получилось примерно 550 тысяч голосов. Это из 877.853 голосов, полученных Путиным в Дагестане согласно официальным данным.

Таким образом, в Дагестане в первом туре президентских выборов на самом деле победил не Путин, а Зюганов.

Можно ли экстраполировать масштаб фальсификаций в Дагестане на всю страну? Видимо, нельзя: Дагестан — одновременно «красный» и мусульманский регион, и именно поэтому там голосуют всегда не так, как в других регионах. Кроме того, там и фальсифицируют смелее, чем в большинстве других регионов страны.

А вот Саратовская область гораздо более показательна для России в целом, чем Дагестан. Поэтому стоит прежде всего прикинуть, сколько было украдено в пользу Путина в этой области. Согласно цитированному выше интервью руководителя РОИИП И. Борисова, приводившего данные анализа РОИИП по сотне участков Саратовской области, «если аппроксимировать эти данные на всю область, приняв за истину данные в копиях протоколов наблюдателей, то В. Путин "лишится" порядка 4% голосов в области, в которой он набрал 58%, а остальные кандидаты "растащат" эти 4 процента. То есть итоговый результат не изменится: у Путина останется около 54% в Саратовской области» (4% от числа проголосовавших в Саратовской области — это почти 61.000).

В Башкирии, где, по официальным данным, за Путина проголосовали 1.387.179 человек (более 60%), точный масштаб фальсификаций мы знаем, к сожалению, только по одному участку — в деревне Приютово. Так вот, если во всей Башкирии фальсифицировали на том же уровне, как в Приютово, то Путину в Башкирии приписали 291.000 голосов.

К Дагестану ситуация приближается, видимо, только в сравнительно малонаселенной Калмыкии (за Путина подано якобы 77.714 голосов — более 70%) и Ингушетии. Выборочные и «точечные» свидетельства по Калининградской и Нижегородской областям показывают, что там результаты корректировались примерно как в Саратове, а в Приморье, Татарии и Кабардино-Балкарии — примерно как в Башкирии.

Итак, Путину засчитали в его пользу следующие украденные голоса: 800 тысяч человек, которые по признанию «министерства выборов» «могли проголосовать дважды», 550 тысяч голосов в Дагестане, 291 тысяча голосов в Башкирии, 131 тысяча в Саратовской области, минимум 42.500 в Калининградской области, тотально приписанные десятки тысяч в Чечне и Ингушетии, а далее — Калмыкия, Кабардино-Балкария, Приморье, Нижегородская область, Курская область и остальные регионы. Напомним, что 2,94%, которые сделали Путина президентом уже в первом туре, это всего 2 млн 200 тыс. голосов. Поэтому позволительно сделать вывод, что Путин не выиграл президентские выборы в первом туре. Скорее всего, в целом по России Путин получил 48—49% голосов (примерно как в Саратовской области). Кстати, это то число, на котором сходятся большинство экспертов, когда они говорят «не для печати».

Сегодня никто, наверное, не сомневается в том, что во втором туре Путин выборы все равно бы выиграл. Но в начале 2000 г. сомнения в его победе были, по крайней мере, у администрации президента и в «министерстве выборов». Поэтому второго тура 7 мая 2000 г. не было. Вместо него была проведена инаугурация.

Примечания

[1] «КоммерсантЪ», 15 сентября 1999.

[2] «Экспресс-Хроника», № 46 (601), 13 декабря 1999.

[3] «Литературная газета», 1999, № 51/52.

[4] «Московский комсомолец», 1 февраля 2000.

[5] Выборы — это единственная гонка, в которой выигрывает большинство. Интервью с зампредседателя КС РОИИП Игорем Борисовым. / / http://www.roiip.ru/press03.shtml.

[6] «Дуэль», № 4 (184), 10 октября 2000 г.

[7] Borisova, Yevgenia. And the Winner is? // Moscow Times, 9 сентября 2000 г.

[8] Салий А. Дагестанская технология фальсификации. Закон на козе объехали // «Советская Россия», 27 апреля 2000.

[9] Там же, 6 апреля 2000.

[10] Касьяненко Ж. Саратовская непрерывка. Конвейер подделок. // «Советская Россия», 18 марта 2000.

[11] Borisova, Yevgenia. And the Winner is? // Moscow Times, 9 сентября 2000.

[12] Выборы — это единственная гонка, в которой выигрывает большинство. Интервью с зампредседателя КС РОИИП Игорем Борисовым — http://www.roiip.ru/press03.shtml.

[13] Полный текст ответа А. Ж. Макашевой опубликован в газете «Дуэль», № 4 (184), 10 октября 2000.

[14] Германович А. Корректировка? Клуб единодушного голосования. / / «Ведомости», 28 марта 2000.

7

ФСБ, ОЛИГАРХИ, КЛАНЫ

КОРПОРАЦИЯ ФСБ (ЧЕКИСТЫ)

Корпорация ФСБ всегда считала не являющееся членами корпорации население врагами. Неудивительно, что, придя к власти, представители корпорации в центре и на местах, начиная с президента Путина, занимаются ужесточением контроля («вертикаль власти»), конфискацией имущества (расправа с избранно неугодными олигархами), внедрением в ряды противника сотрудников из числа членов корпорации ФСБ (офицеров действующего резерва), вылавливанием бесконечных шпионов воображаемого противника (чаще всего по статье «разглашение государственной тайны») и, наконец, развязанной корпорацией ФСБ войной (в Чечне).

Все эти корпорационные сражения можно было бы считать игрушечными, если бы в процессе этой почти виртуальной игры не разрушалась бы вполне конкретная страна (Россия) и не гибли бы реальные люди (большею частью русские и чеченцы).

УКАЗ О СЕМИ ФЕДЕРАЛЬНЫХ ОКРУГАХ И РАЗГОН СОВЕТА ФЕДЕРАЦИИ

В своей инаугурационной речи 7 мая 2000 г. Путин уделил главное внимание необходимости сохранить единство страны и укрепить государство. Именно с этой задачей был связан один из наиболее значительных шагов Путина во время его первого срока — реформа федеративного устройства. 13 мая Путин подписал указ о создании семи федеральных округов и полномочиях представителей президента в округах. 17 мая он выступил с телевизионным обращением к народу, в котором объявил о начале реформы федеративных отношений.

18 мая были назначены полномочные представители президента в семи новосозданных округах. В Центральном федеральном округе, включающем Москву, полномочным представителем президента стал генерал ФСБ Георгий Полтавченко. В Северо-Западном округе, включающем Санкт-Петербург, — генерал ФСБ Виктор Черкесов. Из пяти остальных представителей президента трое тоже были из силовых структур.

Путин пытался «укрепить единство государственной власти». Объективная слабость основных российских законов ельцинского периода, действительно, заключалась в том, что они составлялись в конкретный исторический момент под конкретного президента — Ельцина. Путин же пытался переписать основные российские законы под требования корпорации, которая привела его к власти — корпорации ФСБ.

Ельцин ставил своей задачей максимальную децентрализацию России, так как понимал, что в августе 1991 г. Советский Союз распался из-за чрезмерной централизации, сделавшей из СССР нежизнеспособную многонациональную империю, не способную конкурировать в современном мире. Путин в противоположность Ельцину стал возвращаться к системе централизованного управления.

Указ о создании семи федеральных округов стал классическим примером узурпации государственной власти избранным народным голосованием чиновником. С точки зрения общепринятых законов о государственном устройстве, положения Указа были антиконституционны и не выдержали бы испытания в суде юридически грамотной страны. Сам факт появления такого указа говорил о том, что в России царил абсолютный государственный произвол, не ограниченный ни конституционным судом, ни законами, ни здравым смыслом; а избранный президент страны не планирует становиться «гарантом конституции».

Следующим по важности законом был предложенный Путиным федеральный закон «О порядке формирования Совета Федерации». Он заменял выборный Совет Федерации назначаемым. Члены Совета становились теперь назначенными президентом чиновниками. Вместо выборного авторитетного органа была создана банальная бюрократическая контора. Избранные народом региональные руководители, входившие в Совет Федерации согласно Конституции России, теперь имели право, причем не все, делегировать в новый Совет Федерации своих представителей, согласовав предварительно с Кремлем их кандидатуры.

В результате реформирования Совета Федерации и создания института представителей президента избираемые губернаторы фактически лишились власти на местах и влияния в центре. В бюрократической России, требовавшей постоянного разрешения Кремля на одобрение тех или иных местных проектов, губернаторы и их представители не могли решать стоявшие перед ними задачи, так как руководство федерального уровня уже не смотрело на них как на полноправных партнеров, избранных народом. Само федеральное руководство тоже не всегда и не везде могло решать теперь местные вопросы через представителей губернаторов, входящих в новый бесправный Совет Федерации, так как на местах эти представители не пользовались авторитетом. Их никто не выбирал. За ними, собственно, никто не стоял.

Очевидно, что путинские реформы противоречили Российской конституции и могли быть узаконены только через формальное изменение конституции страны — двумя третями голосов Государственной думы. Но на рассмотрение Государственной думы вопрос о создании семи федеральных округов и об изменении статуса Совета Федерации вынесен не был, так как двух третей голосов в парламенте у Путина тогда не было.

РОССИЙСКИЙ БОНАПАРТ АЛЕКСАНДР ВОЛОШИН

Указ о создании семи федеральных округов был любимым детищем руководителя администрации президента Александра Волошина. Дело в том, что согласно этому указу вся полнота власти в стране принадлежала ему. Сталину даже не снились те полномочия, которые Волошин предусмотрел для себя в этом указе. Между выборным президентом и выборными руководителями 89 субъектов федерации создавался буфер из семи назначенных бюрократов, причем вся семерка по закону подчинялась непосредственно Волошину.

Согласно «Положению о полномочном представителе президента Российской Федерации в федеральном округе» «полномочный представитель является федеральным государственным служащим и входит в состав администрации президента Российской федерации» (т. е. подчиняется Волошину).

Назначение и освобождение от должности президентом представителя федерального округа производится только «по представлению руководителя администрации президента» (т. е. Волошина).

«Заместители полномочного представителя» тоже «входят в состав администрации президента» и соответственно подчиняются не «полномочному представителю», своему непосредственному начальнику, а Волошину, что было сформулировано в Указе до циничного открыто: «Назначение на должность заместителя полномочного представителя, освобождение их от должности, а также применение к ним мер поощрения и дисциплинарного взыскания осуществляется руководителем администрации президента» (лично Волошиным).

Аппарат полномочного представителя на местах также подчинялся не полномочному представителю и его замам, а Волошину: «Оперативное руководство деятельностью полномочного представителя осуществляет руководитель администрации президента». «Непосредственное обеспечение деятельности полномочного представителя осуществляет аппарат полномочного представителя, являющийся самостоятельным подразделением администрации президента». «Руководитель администрации президента» «утверждает структуру и штатную численность аппарата полномочного представителя, определяет количество заместителей полномочного представителя». Иными словами, бюджет полномочных представителей тоже определял Волошин.

В новом Совете Федерации Волошин прав себе не оговорил, потому что его интересовало не столько создание нового Совета, сколько роспуск старого. Дело в том, что однажды злопамятный Волошин в Совете Федерации прошел через жуткое унижение. Именно Волошин был отправлен Ельциным в Совет Федерации выступать с речью о необходимости снятия Скуратова. Транслировавшееся на всю страну выступление Волошина обернулось тогда для Кремля катастрофическим провалом. Бюрократ Волошин оказался никудышным оратором и не мог связать двух слов. Его выступление было настолько неубедительным, что Совет Федерации проголосовал против отставки, и копающий под режим Ельцина Скуратов остался на своем посту, несмотря на наличие компрометирующей его пленки с девушками по вызову. Именно тогда мстительный Волошин задумал распустить Совет Федерации при первой возможности. Эта возможность представилась сразу же после прихода Путина к власти.

ВЕРТИКАЛЬ ВЛАСТИ

Внесенный на рассмотрение и утверждение Думы пакет законодательств, реформирующих федеративные отношения и местное самоуправление, явился основой для строительства так называемой «вертикали власти», призванной вернуть Россию к жесткой централизации времен Советского Союза. Последний, третий, законопроект пакета, касался права губернаторов и федерального центра распускать местные законодательные собрания в случае, если Москва находила решения местных парламентов противоречащими федеральному закону. Этот законопроект принимался прежде всего для того, чтобы застраховать федеральный центр от ситуаций, аналогичных чеченской, когда республиканское законодательное собрание, местный парламент субъекта федерации, приняло решение о фактическом выходе из состава России.

Путин оговорил за собой право отстранять выборных должностных лиц, включая губернаторов, по представлению прокуратуры местного или федерального уровня. В стране, где прокуратура никогда не была независимой и являлась одним из самых коррумпированных органов, принятие нового закона означало, что Путин всегда сможет договориться с прокурором о снятии неугодного президенту выборного должностного лица.

Наконец, федеральный центр мог теперь регулировать законы и контролировать местное управление «в городах федерального значения, столицах и административных центрах субъектов Российской федерации, городах численностью населения свыше 50 тысяч человек, в приграничных территориях, закрытых административно-территориальных образованиях, закрытых военных городках». Иными словами, к ведению федерального центра относилась теперь почти вся Россия.

Одобренные Думой законопроекты Путина стали темой обсуждения во время первого визита Путина к писателю и нобелевскому лауреату Александру Солженицыну. Путин посетил Солженицына 20 сентября 2000 г. в его доме и имел с ним длительную беседу. Встреча транслировалась в прямом эфире российским телевидением. Глядя на висевший на стене в кабинете писателя известный портрет П. А. Столыпина, Путин спросил: «Это ваш дедушка?» Солженицын мягко поправил, что нет, это — Столыпин, премьер-министр дореволюционной России.

На Солженицына Путин произвел хорошее впечатление: «Чрезвычайная взвешенность его рассуждений», «живой ум и быстрая сообразительность», «никакой личной жажды власти, упоения властью, пребывания во власти», «самоуправление — есть фундамент нашего существования... Он действительно так понимает и так знает. Здесь мы сошлись невероятно».

Несколько позже Солженицын понял, что именно в вопросе самоуправления он стал объектом дешевой пиарной акции. Интервью Солженицына «Московским новостям» 19—25 июня 2001 г. освещали уже не столь широко, как визит к Солженицыну Путина. «Я действительно несколько советов ему дал, — сказал Солженицын. — Но не вижу, чтоб он какие из них исполнил. Конечно, он согласился с самоуправлением. Но кто самоуправление на словах ругает? Никто. Все его хвалят. И никто не хочет ему помочь, наоборот, теснят его и давят. Я настойчиво просил Путина не уничтожать Государственный экологический комитет, независимость лесного хозяйства. Я совершенно не понимал, зачем нужно разваливать Совет Федерации. Вообще непонятно, что создали вместо этого — какую-то промежуточную амебность. Да, действительно, я что мог посоветовал. А последующих контактов у нас не было».

В следующий раз Путин посетил Солженицына только в 2007 г. Критических замечаний в отношении Путина Солженицын уже не высказывал.

В мае-июне 2000 г. Путин стал отменять как противоречащие Конституции России те или иные региональные законодательные акты. 11 мая от отменил некоторые законодательные акты Ингушетии и Амурской области, 16 мая — предложил губернатору Смоленской области отменить определенные постановления местной исполнительной власти как противоречащие российским законам. 8 июня приостановил действие ряда указов президента Адыгеи Аслана Джаримова как противоречащие Конституции. 30 июня приостановил действие определенных постановлений администрации Воронежской области, где губернатором был Иван Шабанов.

Путин умело использовал как политику кнута и пряника по отношению к региональным правителям, так и противостояние ельцинского окружения и олигархов так называемым «чекистам» (офицерам ФСБ-КГБ, вводимым Путиным во власть). 1 сентября он подписал указ о создании Государственного совета — нового консультативного органа, составленного из глав исполнительной власти всех субъектов Федерации. 5 декабря — прекратил участие России в Бишкекском соглашении о безвизовом передвижении граждан государств СНГ по территории его участников. С этого момента для передвижения по некоторым странам СНГ требовалось наличие загранпаспортов и получение заграничных виз.

В декабре 2000 г. Путин настоял на утверждении Думой комбинированной государственной символики. Государственным флагом оставался принятый при Ельцине бело-сине-красный триколор. Государственным гербом — двуглавый орел времен дореволюционной России. Но официальным знаменем российской армии становилось Красное знамя советской эпохи, а государственным гимном — старый советский гимн с несколько измененными словами, учитывающими исчезновение с карты земного шара государства Советский Союз.

Совершив возможно антиконституционные шаги для консолидации своей власти (а может быть, готовясь к третьему президентскому сроку, требующему формального изменения российской конституции), Путин не прочь был толкнуть на тот же путь и многочисленных региональных лидеров, не желавших расставаться с властью на местах. В ноябре 2000 г. представитель президента в Думе генерал Александр Котенков помог губернаторскому лобби продавить законодательную поправку, позволяющую 16-ти губернаторам и региональным президентам (в частности, задним числом, президенту Татарии Минтимеру Шаймиеву) баллотироваться на третий срок. В январе 2001 г. Котенков содействовал прохождению в нижней палате парламента так называемой «поправки Бооса», благодаря которой 69 региональных глав исполнительной власти (в том числе Юрий Лужков и Муртаза Рахимов) получили право избираться на третий срок, а 17 из них (в том числе Шаймиев) — на четвертый. В благодарность за эту любезность президента Юрий Лужков по существу передал под контроль президента в Думе свою организацию «Отечество». 12 апреля 2001 г. она объединилась с партией «Единство» в единую пропрезидентскую партию.

Критики Путина неоднократно называли те или иные подписанные им законы антирусскими, направленными против национальных интересов России. Так, 10 июля Путин подписал дополнения к закону «Об охране окружающей природной среды». Эти поправки отменяли запрет на ввоз в Россию ядерных отходов в виде «отработанного ядерного топлива» (ОЯТ). Был также подписан указ о создании специальной комиссии по вопросам ввоза ОЯТ. В результате ядерные отходы, которые раньше запрещено было ввозить из-за границы в Россию, теперь ввозить стало можно.

31 мая 2001 г. Путин подписал новый закон о гражданстве (принятый Думой 19 апреля и одобренный Советом Федерации 15 мая), приравнявший в вопросе получения российского гражданства бывших граждан СССР, включая выходцев из России (в том числе более 20 млн русских) ко всем прочим иностранцам. В соответствии с этим законом в числе лиц без российского гражданства оказались несколько десятков тысяч военнослужащих российской армии, имевших до поступления на службу постоянную прописку в отделившихся от России республиках бывшего СССР.

Во время визита в Москву президента Туркмении Сапармурада Ниязова 10 апреля 2003 г. Путин дал согласие на прекращение действия договора о двойном гражданстве. 22 апреля Туркменбаши подписал указ об урегулировании вопросов прекращения действия двойного гражданства, согласно которому владельцы двух паспортов должны были в течение двух месяцев выбрать гражданство одной из стран. По истечении этого срока проживавшие на территории Туркмении российские граждане, имевшие туркменское гражданство, автоматически утрачивали подданство России. В соответствии с этим указом российское гражданство теряли около 100 тысяч человек. После серии публикаций в российских газетах о предательстве Россией своих граждан («продажа граждан в обмен на газ») министр иностранных дел России Игорь Иванов в телефонном разговоре с министром иностранных дел Туркмении Рашидом Мередовым 26 апреля 2003 г. выразил «серьезную обеспокоенность односторонними и поспешными действиями туркменской стороны в связи с прекращением действия соглашения о двойном гражданстве между нашими странами». Однако никаких дальнейших шагов МИДом России и президентом предпринято не было.

Как пример противоположного принятия «прорусского» закона следует назвать подписанную 11 декабря 2001 г. поправку к закону о языках, позволяющую использование только кириллической графики в письменности официальных языков Российской федерации (с целью воспрепятствовать переводу татарского языка на латиницу, начатую президентом Татарстана Шаймиевым).

Неоднократно Путиным предпринимались попытки приблизить к России Белоруссию или даже включить ее в состав Российской Федерации. 14 августа 2002 г. в ходе переговоров в Москве с президентом Белоруссии Лукашенко Путин предложил в качестве двух основных вариантов «дальнейшего продвижения российско-белорусского единения» либо «полную интеграцию в единое государство» с вступлением семи административных составляющих Белоруссии в состав России в качестве субъектов федерации, либо «надгосударственное образование по типу Евросоюза». Референдум в России и Белоруссии «по вопросам окончательного объединения» Путин предложил провести в мае 2003 г. Оба варианта были негативно встречены белорусской стороной. Референдум проведен не был. 4 сентября в послании президенту Белоруссии по концептуальным вопросам строительства Союзного государства Путин вновь подтвердил, что «в конкретном плане имеются следующие основные варианты дальнейшего продвижения российско-белорусского единения: полная интеграция в единое государство, надгосударственное объединение по типу Евросоюза, а также работа по объединению на основе положений действующего Договора о создании Союзного государства». Лукашенко послание Путина проигнорировал.

Указ о создании семи федеральных округов оказался знаковым. Это был сигнал к разворовыванию остатков государственной власти, еще не приватизированной президентом и руководителем администрации президента. В борьбу за эту остаточную власть включились не те, кто имел на нее права согласно Конституции России, а те, у кого были силы и средства за эту власть бороться, — силовые ведомства и кланы.

ПРИДВОРНО-ОЛИГАРХИЧЕСКИЕ КЛАНЫ

Одним из первых, кто определил постсоветский государственный строй как олигархию, был Александр Солженицын. В конце 1996 г. он писал:

«Из ловких представителей все тех же бывших верхнего и среднего эшелонов коммунистической власти и из молниеносно обогатившихся мошенническими путями скоробогатов создалась устойчивая и замкнутая олигархия из 150—200 человек, управляющая судьбами страны. Таково точное название нынешнего российского государственного строя. [...] Членов этой олигархии объединяет жажда власти и корыстные расчеты — никаких высоких целей служения Отечеству и народу они не проявляют».[1]

Определяя Россию Ельцина как олигархию, писатель исходил из классического словарного значения этого слова, данного в знаменитом словаре Владимира Даля: «Образ правления, где вся высшая власть в руках небольшого числа вельмож, знати, олигархов».[2]

В переводе с греческого «олигархия» буквально означает «власть немногих» («олигой» — «немногие», «архэ» — «власть, правление»), а «олигархи» — «немногие правящие», «правящее меньшинство».

Как тип правления олигархию впервые описал Платон в VIII книге своего трактата-диалога «Государство». Возможно, что сам Платон термин и придумал, хотя не исключено и то, что слово существовало раньше. Согласно Платону (у которого в диалоге об олигархии рассуждает Сократ, беседующий с Адимантом) олигархия — это государственное правление, основанное на имущественном цензе: государственные должности имеют право занимать только люди имущие. Поскольку богатых всегда намного меньше, чем бедных, правление богатых и есть правление «немногих». Платону же принадлежит характеристика олигархии как порочной формы государственного устройства, в котором целью правящих является не всеобщее благо, а личная корысть.

Аристотель в «Политике», «Афинской политии», а также «Риторике» развил и детализировал Платона. Три основные черты олигархии по Аристотелю: правители набираются из числа богатых или же по выбору богатых из числа их друзей; правители не зависят от граждан (и этим олигархия отличается от демократии — власти граждан); правители преследуют интересы своего личного, а не всеобщего блага (и этим олигархия отличается от аристотелевой аристократии). Исходя из реалий современной ему Эллады, Аристотель подразделил олигархию (корыстную недемократическую власть немногих богатых) на четыре вида, различающиеся способами формирования правительства (цензовая выборность, кооптация, наследование должностей, самозахват); степенью имущественной поляризации (от умеренной до максимальной); и разной степенью сочетания законности и беззакония (от несправедливого, выгодного лишь меньшинству законодательства, до полного произвола).

Описание Аристотеля (за исключением некоторых частностей — типа назначения должностных лиц по жребию) оказалось универсальным: после Древней Греции олигархический тип правления находили и находят в доимператорском и позднеимперском Риме, в средневековой Венеции, в Латинской Америке XIX—XX вв., в современной Юго-Восточной Азии, постколониальной Африке и постсоветских государствах.

В России при Ельцине олигархический режим еще не сформировался окончательно, вполне сочетаясь и с отдельными чертами классической тирании (беззаконной единоличной власти), и анархии, и с хилыми ростками демократии. «Тирания» «царя Бориса» была, надо сказать, довольно добродушной, и проявлялась скорее в самодурстве и волюнтаризме, чем в систематическом подавлении прав и свобод граждан. Гораздо более при Ельцине бросались в глаза проявления анархии, в том числе полуфеодальной анархии региональных правителей (особенно в периоды, когда президент «работал с документами» и являл Сергею Ястржембскому «крепкое рукопожатие», т. е. полностью бездействовал, а может быть, был в запое). При Путине самодурства и анархии поубавилось, зато и от добродушия не осталось следа. Как сказал известный сатирик Виктор Шендерович, «прежний хозяин был большой, пьющий и блаженный, а этот — маленький, трезвый и злобный».[3]

Если путинскую систему власти рассматривать через призму классических представлений об олигархии, то она соответствует второму типу олигархии по Аристотелю: к власти допускаются только богатые; имущественная поляризация велика, но еще не максимальная; власть формирует себя сама — фактически способом кооптации; законы есть, но они написаны начальниками для пользы начальства. Можно еще добавить, что это второй тип олигархии, но с разнонаправленными отклонениями: и в сторону первого, умеренного типа (власть не полностью самоформируется, выборы существуют), и в сторону третьего и четвертого — «династических» типов олигархии (имущественная дифференциация приближается к максимальной, появляются элементы наследования власти).

К той же примерно разновидности олигархии относится большинство стран третьего мира, в частности африканских. Это неудивительно: по большинству значимых параметров развития Россия оказалась сейчас где-то между Латинской Америкой и Африкой. Мексика вполне может считаться для России недосягаемым образцом порядка, экономического роста, демократии и благосостояния граждан. Однако Россия не только не может догнать Мексику, но отстает даже от Колумбии, дрейфуя по направлению к Нигерии.

Формально в России (как и других современных странах третьего мира) нет имущественного ценза для занятия высших государственных должностей. Но фактически имущественный ценз существует. О русской олигархии можно еще сказать, что она, в первую очередь, номенклатурно-бюрократическая, чиновничья, а не, скажем, финансовая (как в Сингапуре). Олигархи — это номенклатурная верхушка во главе с президентом, администрация президента, министры, полномочные представители в федеральных округах, губернаторы, руководители ФСБ, МВД, прокуратуры и армии. Некоторые представители крупного бизнеса тоже входят в правящую олигархию — те из них, кто занимает значимые должности в государстве. Роман Абрамович и Александр Хлопонин — олигархи, поскольку прикупили себе за собственные деньги государственные должности. Потанин и Березовский — олигархи, потому что занимали такие должности в прошлом. Михаил Фридман и Олег Дерипаска — олигархи, потому что опираются на неформальные связи с президентом и высокопоставленными членами правительства (родственно-клановые связи, как в случае с Дерипаской, трудно учесть, но нельзя не учитывать, особенно в России).

Если отвлечься от России и вспомнить о бывшем итальянском премьер-министре Сильвио Берлускони, которого в русских СМИ тоже любят называть олигархом, то Берлускони — не олигарх, но по другой причине: он был избран демократически. Вот если бы итальянский медиа-магнат пришел к власти не по итогам абсолютно демократических выборов, а в результате операции «Преемник», то его можно было бы признать олигархом.

Ходорковский, хотя он богат и до недавнего времени был влиятелен, не занимал правительственных должностей. В английском языке для обозначения фридманов и ходорковских существует специальное слово японского происхождения — «тайкун» (tycoon). Оно, конечно, было бы более точным, чем «олигарх», потому что классическими олигархами являются как раз посадившие Ходорковского Владимир Путин, Игорь Сечин, Виктор Иванов, Борис Грызлов и Владимир Устинов. Они и занимают посты в государстве, и не бедны, и правят государством не в интересах общего блага. Когда против этого приводят аргумент, что Ходорковский и Березовский много богаче своих гонителей, этот аргумент не работает, особенно сегодня, когда Ходорковский сидит в тюрьме, Гусинский уже отсидел, а Березовский чудом тюрьмы избежал.

Не все из «Тридцати тиранов» описанного Аристотелем в «Афинской политии» классического образца олигархического правительства (404 г. до нашей эры) были самыми богатыми людьми в Афинах. Некоторые просто были друзьями или слугами самых богатых. Нигде не сказано, что Критий (первый из Тридцати) был самый богатый. А между прочим, Критий производил конфискации у самых богатых — как и некоторые олигархи более поздних времен. Не наличие богатства делает «тайкуна» олигархом, а только сочетание богатства с добытой благодаря богатству публичной политической властью и корыстным ее использованием. Главной причиной жестких репрессий жандармско-полицейской олигархии против Березовского, с одной стороны, и Ходорковского — с другой, являлось то, что они открыто заявили о своих претензиях на власть. Березовский — с 1996 г., Ходорковский — когда в одном из своих интервью сказал, что намерен к 2008 г. уйти из активного бизнеса и пойти во власть.

ОЛИГАРХИЧЕСКИЕ КЛАНЫ ПРИ ЕЛЬЦИНЕ

Олигархия обычно имеет клановую структуру, разделена на соперничающие между собой группировки и клики. Так было в правительстве «Тридцати тиранов», в Римском Сенате, в венецианском «Совете десяти», в латиноамериканских хунтах XIX—XX вв., в постколониальной Африке. Не является исключением и Россия.

В постсоветской России олигархический строй более или менее сложился примерно к 1996 г. Благодаря имеющей глубокие корни централизованной бюрократической системе и производному от нее суперпрезидентскому, квазимонархическому характеру российской конституции, олигархия выстраивается вокруг главы государства и имеет отчасти «придворный» характер. Ведущим придворно-олигархическим кланом при Ельцине был нефтегазовый клан Черномырдина — Вяхирева. С ним соперничала группировка Коржакова — Барсукова — Сосковца (тогдашние «силовики»). При Ельцине сложился и сплоченный столичный клан во главе с Юрием Лужковым. При Ельцине же идеологическая группа «питерских либералов» во главе с Анатолием Чубайсом стала превращаться в самостоятельный олигархический клан «питерских экономистов».

К концу правления Ельцина сложился и потеснил остальные группировки клан «семья»: Роман Абрамович, Борис Березовский, Александр Волошин, Валентин Юмашев, Татьяна Дьяченко. В провинции утвердились мощные региональные кланы — Муртазы Рахимова в Башкирии, Минтимера Шаймиева в Татарстане, Кирсана Илюмжинова в Калмыкии, Эдуарда Росселя на Урале, Владимира Яковлева в Санкт-Петербурге.

Олигархические административно-экономические группировки и кланы стали основными субъектами политического процесса, а политические партии, движения, блоки, парламентские фракции — инструментами кланов. Официальные политические структуры — не самостоятельны, они являются производными от кланов и клик, их блоков и коалиций. «Наш дом — Россия» (НДР), официальная «партия власти» позднеельцинского периода, была политическим инструментом коалиции нескольких кланов (Черномырдина, Коржакова, Лужкова, региональных, ранней «семьи»). Эта коалиция в 1998—99 гг. распалась, и к выборам 1999 г. из НДР выделились «Отечество» (инструмент лужковской мэрии), «Вся Россия» и «Голос России» (две группы регионалов), «Единство» (инструмент «семьи»). После победы Путина на президентских выборах НДР практически воссоединилась под новым названием «Единая Россия». Это было следствием того, что основные кланы и группировки сплотились вокруг фигуры Путина, но отнюдь не означало того, что все интересы согласованы и окружение нового президента представляет собой монолит.

ОЛИГАРХИЧЕСКИЕ КЛАНЫ В ПЕРВОЕ ПРЕЗИДЕНТСТВО ПУТИНА

Пришедший к власти Владимир Путин не является единоличным правителем, принимающим все решения самостоятельно и без оглядки на мнение своего окружения. Более того, он не слишком любил, да и не любит свое основное занятие — рутинное управление государством. Достаточно обратить внимание на то, как возникают и исчезают автомобильные пробки, парализующие треть Москвы, когда президент едет на работу и когда возвращается с нее. Утренняя пробка обычно образуется не раньше 11 часов: президент едет в Кремль. Зачастую уже в 5—6 часов возникает новая пробка: президент возвращается домой. Путин — не фанатик власти. Гораздо больше чем власть, он любит здоровый образ жизни и спорт. От власти он в основном хочет удовольствий, недоступных простому спортсмену: полетать на самолете-штурмовике, прокатиться на подводной лодке, пострелять ракетой «Тополь-М», поносить часы Patek Philippe Calatrava.

Именно поэтому Путина окружали сподвижники-трудоголики — такие, как Александр Волошин, сменивший его Дмитрий Медведев, Владислав Сурков, Дмитрий Козак. Передоверяя повседневные труды и обязанности сподвижникам, Путин вынужден мириться с тем, что таким образом он уступает значительную часть своей власти. Впрочем, это обычная ситуация в олигархиях, даже когда первоолигарх сам трудоголик.

Олигархия времен первой четырехлетки президента Путина подразделялась на четыре административно-экономических клана: «старокремлевская» или «семейная» группировка (унаследованная от Ельцина и его «семьи»); «старопитерская» группировка (они же «РАО ЕЭС», «питерские экономисты», или «клан Чубайса»); «новопитерская» группа — люди Путина, «жандармско-полицейский» клан (они же «питерские чекисты», «силовики», «хунта», а Глеб Павловский назвал их еще «силовым олигархатом»); «мэрия» (столичный лужковский клан). Позже, в связи с началом переформатирования ближайшего президентского окружения, стало возможным говорить о возникновении еще одного влиятельного клана — клана «питерских юристов». У каждого из кланов есть свой подконтрольный бизнес, свои политические инструменты в виде партий, фракций, депутатских объединений. Есть отличия в практической политике, в излюбленной тактике, отчасти — в идеологии.

ОПАЛЬНЫЕ ОЛИГАРХИ

После победы на выборах Путин начал разговаривать с олигархами жестко. 19 июня в выступлении на съезде Торгово-промышленной палаты Путин призвал российских предпринимателей, вывезших свои капиталы из России, вернуть их на родину, обещая амнистировать: «Государство не должно хватать всех за рукав, спрашивая, откуда эти средства взялись, если само в свое время не смогло обеспечить нормальных условий для инвестирования». В случае отказа ввезти в страну деньги Путин грозил санкциями: «Не скажу, что уже завтра заморозят ваши капиталы, но если решения подобного рода будут приниматься... захлебнетесь пыль глотать, бегая по судам, чтобы их разблокировать».

Эта речь произносилась на фоне начавшейся атаки на медиаимперию Владимира Гусинского. Гусинский, поддерживавший на выборах Примакова и Лужкова, сделался личным врагом и Путина, и Волошина, который еще до выборов поклялся посадить Гусинского в случае победы Путина. Одновременно начался конфликт Путина с другим российским олигархом — Березовским, публично подвергшим Путина критике по ряду принципиальных политических вопросов, в частности из-за принятия закона о семи федеральных округах, разгона Совета Федерации и бестактного поведения президента после катастрофы, постигшей российскую атомную подводную лодку «Курск» в августе 2000 г.

12 августа Путин отправился в отпуск в Сочи (в резиденцию «Бочаров ручей») и не прервал отпуска в связи с сообщением о катастрофе подводной лодки в Баренцевом море, в результате которой погибло 118 человек, а оставался в резиденции весь период имитации руководством флота спасательных работ (которые, как позже выяснилось, никто не проводил и проводить не планировал). 22 августа Путин встретился в Видяево с родственниками членов экипажа подводной лодки и обещал в течение нескольких недель поднять тела погибших моряков для захоронения. В октябре несколько тел действительно было поднято, подъем остальных тел и самой лодки были отложены на лето 2001 г. и затянулся затем до октября 2001 г.

В телеинтервью известному американскому телеведущему Ларри Кингу 8 сентября на вопрос, что случилось с «Курском», Путин с улыбкой ответил: «Она утонула», чем поверг Кинга и всю Америку в замешательство. Замешательство, впрочем, наблюдалось и в России. Березовский, сохранявший в тот момент контроль над ОРТ, наверное, мог повлиять на руководство телевизионной станции и смягчить естественную реакцию журналистов. Вместо этого он занял позицию молчаливого наблюдателя, и его молчание было правильно понято журналистами ОРТ. Главный российский телеканал подверг Путина критике, не виданной ни до, ни после.

Помня о том, как с блеском провел пиарную кампанию Путина Березовский, контролировавший ОРТ в 1999—2000 гг., и какие сложности возникали из-за того, что политические противники Путина — Примаков и Лужков — использовали против Путина принадлежавший Гусинскому канал НТВ; наблюдая воочию антикремлевскую кампанию, развернутую возмущенными журналистами ОРТ и НТВ из-за бездействия кремлевского руководства в дни постигшей страну трагедии из-за аварии с «Курском», Кремль немедленно приступил к отнятию основных телевизионных каналов у их владельцев.

Следует отметить, что и этот проект с энтузиазмом курировал закомплексованный и властолюбивый Волошин, мстивший сначала Гусинскому за поддержку Лужкова — Примакова, а затем своему бывшему партнеру, другу и шефу Березовскому — за отказ подчиниться указаниям Путина, передаваемым чаще всего именно через Волошина. Не приходится удивляться, что отношения Березовского и Волошина стали в те дни откровенно враждебными.

Третьим в ряду опальных олигархов стал Михаил Ходорковский. Глава компании ЮКОС стал соперничать с Кремлем политически, оказывая финансовую поддержку крупнейшим оппозиционным силам в Думе: от «Яблока» до КПРФ. Более того, Ходорковский на встрече предпринимателей с президентом открыто бросил вызов Путину, подняв тему государственной коррупции в нефтегазовой области.

Однако у истории ареста Ходорковского кроме политической была еще и экономическая сторона. Экономический аспект ареста Ходорковского состоял в том, что за некоторое время до неожиданного ареста было достигнуто соглашение о продаже 20% акций Сибнефти, принадлежавших Роману Абрамовичу, за 3 млрд долларов ЮКОСу. Ходорковский уже перечислил деньги на подконтрольные Абрамовичу счета и ожидал передачи 20% акций. В этот момент и случился, очень кстати для Абрамовича, арест Ходорковского. 25 октября 2003 г. олигарх был арестован по обвинению в уклонении от налогов и мошенничестве.

Вскоре после ареста правительство аннулировало сделку по продаже 20% акций Сибнефти ЮКОСу. Акции остались у Абрамовича, а полученные за них деньги Абрамович ЮКОСу не вернул. Параллельно Абрамович шантажом и вымогательством выкупил у Березовского и его делового партнера Бадри Патаркацишвили почти 50-процентный пакет акций Сибнефти за 1 млрд 350 тыс. долларов, после чего продал 70% акций Сибнефти Газпрому примерно за 13 млрд долларов. Обо всех этих ошеломляющих экономических новостях Ходорковский узнавал из газет, доставляемых ему в камеру.

Следует отметить, что голова казалось бы непотопляемого карьериста Волошина полетела как раз из-за ЮКОСа. Самоуверенный Волошин согласился быть гарантом сделки между Абрамовичем и Ходорковским (конечно, не бескорыстно), не зная, что целью сделки является не объединение Сибнефти и ЮКОСа, как официально декларировалось Абрамовичем, а задуманная Абрамовичем и Путиным многоходовая операция, в результате которой Ходорковский потеряет ЮКОС, а Абрамович продаст Сибнефть не разоренному государством ЮКОСу, а государственному Газпрому. Поняв, что был использован Путиным и Абрамовичем втемную в многомиллиардной афере, Волошин, не сумевший гарантировать сделку Ходорковского, 30 октября ушел в отставку.

Дело Ходорковского и ЮКОСа оставалось одним из самых громких новостных поводов и во время второго президентского срока Путина. 31 мая 2005 г. суд над Ходорковским завершился, и под неумолкающие протесты оппозиции и зарубежных критиков бывший олигарх был приговорен к девяти годам лишения свободы. 22 сентября 2005 г. срок был сокращен на один год. Однако серьезных оснований считать, что Ходорковский когда-либо выйдет на свободу, наверное, нет.

Разгром ЮКОСа и арест Ходорковского был смягчен молчаливой реакцией большей части российской деловой элиты и положительными экономическими сдвигами в стране в целом. Очевидно, что основной причиной этих положительных сдвигов были высокие в период правления Путина цены на нефть и газ (в отличие от исключительно низких цен на нефть и газ в период правления Ельцина). Но фактом оставалось то, что средний годовой прирост ВВП страны при Путине составлял 6,5%; наблюдался профицит бюджета и внешней торговли, выросли золотовалютные резервы страны, а внешний долг уменьшился с 50% ВВП до 30%. Безусловной заслугой Путина было введение в России нового налогового кодекса: значительное снижение так называемых «оборотных налогов» для организаций и «плоская шкала» в 13% для подоходного налога граждан.

ПИТЕРСКИЕ ЧЕКИСТЫ

Основой идеологической программы президента было усиление контроля государства как общего принципа взаимоотношений со всеми структурами, объединениями, партиями и группами. Достигалось это законодательной деятельностью и кадровыми перестановками.

После победы Путина на президентских выборах во власть на местном и центральном уровне устремилось большое число кадровых офицеров ФСБ, офицеров действующего резерва и других силовых ведомств: прокуратуры, милиции, армии. Проследить все новые выдвижения и назначения силовиков трудно еще и потому, что не все бывшие или действующие сотрудники органов объявляют о себе открыто. Правильнее сделать вывод, что открытые назначения являются лишь верхушкой айсберга.

Стоящие перед российскими спецслужбами задачи дня были откровенно сформулированы в инструкции, попавшей в распоряжение газеты «Московские новости» и опубликованной 8 октября 2002 г. По смыслу этой инструкции неназванные руководители предлагали бывшим сотрудникам российских спецслужб «непосредственное внедрение» «в хозяйственные, коммерческие, предпринимательские и банковские структуры, органы государственного управления и исполнительской власти». «Создание учреждений и фирм прикрытия, — говорилось в документе, — позволит через контакты внутри этих структур расширить круг общения с предпринимателями и деловыми людьми, создать широкую агентурную сеть, иметь непосредственную возможность путем ознакомления с различными документами получать информацию, представляющую оперативный интерес».

Эта инструкция по существу не добавляла ничего нового к давно введенному институту офицеров действующего резерва, кроме того факта, что инструкция эта появилась на свет, была опубликована, и не явилась предметом расследования независимой общественности и парламентских комитетов. Факт тайного внедрения ФСБ в повседневную гражданскую жизнь страны в России никого уже не удивлял.

В период правления Путина «жандармско-полицейский» клан, или «питерских чекистов», олицетворяют заместитель руководителя администрации президента Виктор Иванов, помощник президента Игорь Сечин, директор ФСБ Николай Патрушев, бывший министр внутренних дел, спикер новоизбранной Госдумы Борис Грызлов, министр обороны и вице-премьер Сергей Иванов, бывший замдиректора ФСБ Юрий Заостровцев, директор Федеральной службы охраны (ФСО) Евгений Муров. Ядро этой группировки сложилось еще в питерский период деятельности его основных лиц. В то время они представляли скорее региональную бизнес группу отчасти чекистского, отчасти милицейского происхождения. Многие члены этого клана (в частности, В. Иванов, Б. Грызлов, Н. Патрушев) были тесно связаны между собой перекрестным соучредительством в ряде коммерческих структур (МП «Блок», ТОО «Борг», ЗАО «Телеплюс» и др.), находившихся под покровительством Комитета по внешним связям (КВС) Санкт-Петербурга — т. е. Путина.

Соратники Путина в бытность его вице-мэром Санкт-Петербурга, такие, как управделами президента Владимир Кожин и глава Газпрома Алексей Миллер, не являющиеся формально выходцами из КГБ, тоже входят в «новопитерскую» группу. Летом — осенью 2000 г. на сторону клана «чекистов» переметнулся бывший ставленник «семьи» генпрокурор Владимир Устинов. Теперь он связан с чекистами и династической унией (осенью 2003 г. сын Владимира Устинова и дочь Игоря Сечина поженились).

Под административным контролем чекистского клана находится государственная система производства и торговли оружием. В частности, Виктор Иванов возглавил в 2002 г. совет директоров ОАО Концерн ПВО «Алмаз-Антей», образованный в результате слияния концерна «Антей» и ЦКБ «Алмаз» (производство систем противовоздушной обороны).

Из крупных бизнесменов с этим кланом наиболее тесно связаны банкиры Сергей Пугачев и Сергей Веремеенко (Межпромбанк), нефтяные магнаты Вагит Алекперов («Лукойл»), Сергей Богданчиков (государственная компания Роснефть), Владимир Богданов (Сургутнефтегаз), Геннадий Тимченко (Киришинефтехимэкспорт).

Теневым идеологом чекистского клана не без оснований считается архимандрит Сретенского монастыря Тихон (Шевкунов). О Тихоне Шевкунове, который является духовником «православного банкира» Сергея Пугачева, ходят также упорные слухи, что у него исповедуется Людмила Путина.

В качестве основного политического инструмента чекистский клан выбрал себе сначала Народную партию Российской Федерации (НПРФ) Геннадия Райкова и Геннадия Гудкова (созданную под патронажем В. Суркова). Однако НПРФ не преодолела в 2003 г. 5-процентный барьер, хотя и провела в Думу два десятка своих одномандатников. Так как из них нельзя было создать даже отдельную депутатскую группу, в 2004 г. почти все народники вступили во фракцию «Единая Россия».

Прикармливая НПРФ, «силовики» не оставляли своим вниманием и «Единую Россию». Сначала в нее был делегирован Владимир Беспалов, старый соратник Путина по петербургскому НДР. Беспалов с задачей оседлать «Единую Россию» не справился и был переведен в Газпром, а на посту секретаря генерального совета ЕдРа появился ставленник Виктора Иванова Валерий Богомолов. Был возвращен к партийной работе Грызлов, ставший председателем Высшего совета партии.

Чекисты обратили также внимание на блок — затем думскую фракцию — «Родина», созданный Сергеем Глазьевым и Дмитрием Рогозиным и пытались взять их под свой контроль. Изначально «Родина» была создана чтобы уменьшить процент голосов, поданных за КПРФ. Но затем Сурков помощь «Родине» приостановил, увидев, что она выходит за пределы обозначенной для нее задачи. А вот силовики, наоборот, предоставили свое покровительство «Родине» — по крайней мере ее лояльному, рогозинскому крылу, поскольку идеологически Рогозин им довольно близок.

В регионах чекисты предпочитают идти напролом, не стесняясь в средствах; меняют губернаторов — лишь бы было на кого. Это они по приказу мстительного Путина, не простившего Руцкому резкой критики гибели однофамилицы-лодки, свергли Руцкого в Курске, навязали ингушам своего Зязикова, интриговали в Якутии против Михаила Николаева, пытались сковырнуть Кирсана Илюмжинова в Калмыкии и Муртазу Рахимова в Башкирии. Были и относительно мирные успехи: победы на губернаторских выборах фээсбешников Виктора Маслова в Смоленской области и Владимира Кулакова в Воронежской (последний — два раза), равно как и избрание генерала Владимира Шаманова губернатором Ульяновской области.

Чекистам приписывают, и не без оснований, инициативу «нового курса» президента Путина — курса на передел «крыш» над экономическими структурами под предлогом восстановления некогда нарушенной законности. Сначала чекисты разгромили медиа-бизнес Гусинского, рассорили Путина с Березовским (Путин и сам, конечно, «рассориться» был рад), вытеснили Березовского из России. Затем они «наехали» на «Интеррос» Владимира Потанина, бизнес которого вырос под покровительством Чубайса, и, видимо, переподчинили его себе (а в обмен на понимание поддержали кандидатуру потанинского компаньона Хлопонина на губернаторских выборах в Красноярском крае). Полугосударственный Газпром был очищен от частных коммерческих «прилипал», связанных с Черномырдиным — Вяхиревым («Итера»), и облеплен другими коммерческими «прилипалами» (Eural TG., а позже РосУкрЭнерго — RUE).

Одна из подгрупп чекистского клана (Ю. Заостровцев и его союзники в прокуратуре) приняла чрезмерно явное и активное участие в борьбе за «крышевание» мебельного импорта, столкнувшись в этом с интересами «семейного» Таможенного комитета (М. Ваниным). Скандальное дело фирм «Три кита» и «Гранд» стало примером открытой борьбы государственных силовых структур за право «крышевать» бизнес. Если в других делах чекисты делали вид, что стоят на страже государственных интересов и сажают нарушителей, то в данном случае ФСБ не смогла надеть маску защитников государства, поскольку Таможенный комитет пытался посадить бизнесменов-нарушителей, а ФСБ и прокуратура их защищала и старалась, в свою очередь, посадить следователей, пытавшихся посадить бизнесменов.

Чекисты вряд ли ставят под вопрос частную собственность как таковую (они и сами ею владеют еще с петербургских времен). Но, похоже, у них довольно дикие представления об экономике частного бизнеса и имеется искренняя уверенность в том, что административное регулирование экономики — это благо, особенно когда речь идет о так называемых «стратегических» отраслях. Наконец, у чекистов напрочь отсутствует опыт управления бизнесом вообще и крупными активами в частности. Вместе все это сулит экономике большие потрясения, поскольку корпорация чекистов и в самом деле прочно и надолго завладела ухом президента, тоже чекиста, и уходить от власти не собирается.

Основным кандидатом на пост премьер-министра от чекистов долгое время считался С. Иванов — министр обороны «в штатском», у которого падают самолеты и вертолеты, тонут подводные лодки, ракеты не взлетают, солдаты дезертируют ротами и батальонами, а призывники умирают по дороге в часть от холода. Впервые слухи о назначении С. Иванова председателем правительства вместо Касьянова прошли еще в октябре 2000 г. В ответ на эти слухи противники такого назначения провели тогда спецоперацию в прессе. Газета Stringer опубликовала «строго секретный» текст: «Тактико-техническое обоснование передачи власти от президента РФ к его преемнику с одновременным усилением роли государства в обществе». Текст этот попал в редакцию из неведомого источника. В публикации описывались действия, необходимые для того, чтобы Путин сначала назначил некоего «Андропова-2» премьер-министром, а затем добровольно назначил его своим преемником. Под псевдонимами «Андропов-2» и «преемник» легко угадывался С. Иванов.[4]

В ноябре 2000 г. газета Александра Проханова «Завтра» обвинила СМИ, распространяющие слухи о грядущем повышении Иванова, в ведении целенаправленной кампании против него с целью предотвратить его повышение: «Эти силы, потратившие в свое время немало времени на дискредитацию “питерских чекистов”, сегодня больше всего муссируют тему грядущего “премьерства” Иванова. [...] Пытаются изобразить некий “виртуальный фальстарт” Иванова, рассчитывая таким образом снизить вес и значение этой фигуры».[5]

Неизвестно, поверил ли Путин в существование плана «Андропов-2» и в премьерские амбиции Иванова, но премьером Иванов тогда не стал. Не стал он главой правительства и тогда, когда Касьянова в самом деле сместили.

Помимо С. Иванова, обсуждаемым кандидатом от чекистской группы на пост премьера был Б. Грызлов, в 2003 г. ставший спикером Государственной думы (а его пост министра внутренних дел перешел к другому ставленнику В. Иванова — Рашиду Нургалиеву). Однако довольно неожиданно для всех правительство возглавил Михаил Фрадков — министр-представитель России в Европейском союзе, «почетный контрразведчик России» и бывший министр налоговой полиции. Несмотря на свою ведомственную связь с КГБ-ФСБ, Фрадков к ядру группировки «питерских чекистов» ранее не принадлежал. Он в достаточной степени «свой» для чекистов и Путина, чтоб ему можно было доверить пост «технического премьера», отнятый у «семьи», но в то же время он не настолько «свой», чтоб его было не жалко в случае необходимости «спалить». Фрадкова сменил Виктор Зубков, который сам по происхождению не чекист, но входит в клиентелу чекиста Сечина.

Начиная с 2003—2004 гг. питерский чекистский клан, захвативший все политическое пространство, начал раскалываться, и в 2006—2008 гг. существовало уже 3—4 чекистские группировки, которые то враждовали между собой, то объединялись в коалиции.

МЭРИЯ

В некотором отдалении от президентского «двора» находилась четвертая по значимости федеральная административно-экономическая группировка, во главе с мэром Москвы Юрием Лужковым. Административное крыло этого клана в 2000—2004 гг. представляли руководство столичной мэрии — Юрий Лужков, Владимир Ресин, Валерий Шанцев, Иосиф Орджоникидзе, Олег Толкачев, экономическое — Владимир Евтушенков и Евгений Новицкий (АФК «Система»), Елена Лужкова-Батурина («Интеко»).

Под «крышей» мэрии в свое время выросли Владимир Гусинский (группа «Мост») и Михаил Ходорковский (группа «Менатеп»). Но В. Гусинский лишился покровительства мэрии еще в 1995 г., когда Лужков испугался обострения конфликта с Коржаковым после операции Коржакова «Мордой в снег» в декабре 1994 г. Ходорковский, купив ЮКОС, ушел из-под мэрии накануне августовского дефолта 1998 г. Политическими инструментами мэрии являлись группировка Бооса — Володина в партии «Единая Россия» и ее думской фракции.

Лужков настолько плотно контролировал московскую депутацию «Единой России» в Думе, что она, если это нужно было мэрии, иногда решалась на бунт против кураторов из администрации президента. В частности, думская группа «Отечество — Вся Россия» (ОВР) в III Государственной думе, в которой в основном были собраны сторонники Лужкова вместе с московскими депутатами из группы «Регионы России», в конце 2002 — начале 2003 гг. пытались блокировать запланированное правительством уменьшение налога с продаж (чрезвычайно выгодного столичной казне). Увещевания В. Суркова не помогли, и потребовалась личная беседа Путина с Лужковым, чтобы Боос и Володин скомандовали своим депутатам сдаться.

Один из самых влиятельных и умелых думских лоббистов мэрии — первый вице-спикер Думы Александр Жуков — занял после смены правительства пост первого вице-премьера. Несмотря на свои в целом либеральные взгляды, в тех случаях, когда возникал конфликт между либеральной политикой и практическими «интересами Москвы» (то есть мэрии), думский Жуков обычно выбирал мэрию. Это, правда, не означает, что на новом посту Жуков сохраняет лояльность Лужкову. Жуков имеет неплохие отношения с некоторыми друзьями Чубайса. А с чекистами у него даже «родственная» связь: его отец, литератор Дмитрий Жуков, известный в прошлом борец с сионо-масонским заговором, по своей первой профессии был разведчиком.

Мэрия имеет группы влияния во всех значимых политических партиях, от «Яблока» до КПРФ. Мощная пролужковская группа была внутри СПС. Фактически мэр контролировал столичную организацию этой довольно враждебной ему на федеральном уровне партии. И хотя лужковское лобби в СПС сильно поредело (в связи с переходом спикера московской Госдумы Владимира Платонова к «единороссам»), определенное влияние мэрии на московское региональное отделение СПС сохранилось.

Основной пропагандистский рупор лужковского клана — это телеканал ТВЦ, который наращивает сеть своего вещания по стране. Под контролем связанных с мэрией коммерческих структур находятся СМИ холдинга ЗАО «Системы масс-медиа» (газеты «Россия», «Литературная газета», информагентство «Росбалт», радиостанции «Говорит Москва» и «Общественное российское радио»). Ю. Лужкова поддерживают популярная газета «Московский комсомолец» и издания холдинга «Совершенно секретно» (газеты «Версия» и «Совершенно секретно»).

Политические взгляды Лужкова и его окружения во многом близки к воззрениям силовиков: экономический антилиберализм, антизападничество, требования вести более «активную» внешнюю политику в «ближнем зарубежье» и на Балканах, стремление в полном объеме восстановить институт прописки (по крайней мере, в столице). По отношению к ближайшим соседям Лужков высказывается даже более внятно — вплоть до открытых претензий на Севастополь. Экономические взгляды у лужковского и чекистского кланов тоже в чем-то сходны. Жандармско-полицейское крыло олигархии предполагает построить в масштабах всей страны такой же зарегулированный капитализм, который уже существует в столице. Но при этом «голодные» питерские силовики завидуют «обожравшимся» московским чиновникам и не прочь «потрясти» их, как они уже «потрясли» империю Ходорковского.

ПИТЕРСКИЕ ЮРИСТЫ

В питерский период деятельности Путина его окружение не было ограничено одними лишь бывшими сослуживцами по КГБ. В частности, под патронажем КВС Санкт-Петербурга находилась еще одна группа чиновников и бизнесменов, связанная, как и чекисты, перекрестным учредительством в коммерческих структурах между собой (но не имевшая таких же «горизонтальных» связей с «чекистами»). К этой группе относились совладелец корпорации «Илим Палп» юридический эксперт КВС Дмитрий Медведев, руководитель юридического комитета мэрии Санкт-Петербурга Дмитрий Козак, тогдашний спикер Законодательного собрания Санкт-Петербурга Юрий Кравцов, будущий спикер Совета Федерации Сергей Миронов, руководитель корпорации «Возрождение Петербурга» Юрий Молчанов (нынешний вице-губернатор Санкт-Петербурга и бывший проректор ЛГУ, порекомендовавший в 1990 г. Владимира Путина Анатолию Собчаку). Большинство из них учились некогда на юридическом факультете ЛГУ им. Жданова. К этой группе близок начальник личной охраны Путина Виктор Золотов. Д. Медведева и Д. Козака Путин, став президентом, позвал к себе в Москву. В январе 2004 г. в Москву был переведен бывший начальник Комитета по управлению имуществом Санкт-Петербурга Валерий Назаров, который тоже тогда считался близким к Козаку и Медведеву.

Когда летом 2001 г. Путин принял решение о назначении на должность председателя Совета федерации старого своего партнера и знакомого по Санкт-Петербургу Сергея Миронова, потребовалось, чтобы сначала Законодательное собрание Санкт-

Петербурга согласилось отправить Миронова своим представителем в Совет Федерации России. Это требование Путина было передано в Санкт-Петербург через Игоря Сечина. Без энтузиазма, но санкт-петербургское Законодательное собрание вынуждено было согласиться. В декабре того же года Миронов возглавил верхнюю палату российского парламента.

С ноября 2003 г., после отставки Волошина, Дмитрий Медведев занимает ключевой пост руководителя администрации президента. Дмитрий Козак, побыв заместителем руководителя администрации президента, возглавил теперь аппарат правительства. По расписанию полномочий роль Козака в правительстве сравнима с ролью первого вице-премьера А. Жукова. У компактной пока группы «питерских юристов» есть теперь все шансы перерасти в полноценный клан, сравнимый по влиятельности со всеми другими. Но экономических структур под «крышей» этой группы пока немного. Есть у них и своя карликовая «Партия жизни» спикера Миронова — не многим хуже чем Народная партия у «чекистов». В «Единой России» с «юристами» близко дружит председатель Центрального исполкома партии Юрий Волков.

Став руководителем администрации президента, Медведев начал вести собственную игру в региональной политике, которая следует скорее традициям осторожного А. Волошина, чем пратике решительного В. Иванова. Чекисты уже было съели башкирбаши Рахимова: не позволили ему отказать в регистрации соперников, поймали на печатании дополнительных избирательных бюллетеней, предназначенных для фальсификации, довели в Башкирии дело до казавшегося невозможным второго тура. До «освобождения башкирского народа от криминального режима Рахимова» оставался только шаг, но Медведев в последний момент встал на точку зрения В. Суркова и помог ему убедить Путина, что старый и надежный Рахимов лучше кота в чекистском мешке Веремеенко. Как положено верному члену корпорации ФСБ Веремеенко прекратил борьбу, некому стало ловить Рахимова на фальсификациях, и башкирбаши без труда выиграл второй тур. За это Рахимов отблагодарил Кремль рекордным процентом голосов, поданных за Путина на президентских выборах.

«НЕПОСРЕДСТВЕННОЕ ВНЕДРЕНИЕ» — КАК И СКАЗАНО В ИНСТРУКЦИИ

Российскими социологическими центрами было проведено много подсчетов, ставивших своей целью определить уровень вовлеченности ФСБ в гражданскую жизнь страны. По данным Московского центра постиндустриального общества 15% работающих мужчин в России занято в различных силовых структурах. А в руководстве государством 3% являются выходцами из спецслужб, милиции, прокуратуры или армии.

Другие исследователи, в частности известный российский социолог Ольга Крыштановская, считают, что доля силовиков и людей, непосредственно связанных со спецслужбами, в управлении страной достигает примерно 75%.

Захват власти на федеральном и региональном уровне происходит через назначения новых руководителей вместо старых. Инициатором этой политики был генерал ФСБ Виктор Иванов, отвечавший в администрации президента Путина за кадры. Именно он и продвигал, разумеется, с ведома президента, на все вакантные должности эфэсбешников. Добытое Волошиным для себя лично право назначать и снимать оказалось в руках у В. Иванова.

Чтобы не быть голословными, приведем несколько примеров того, как менялся состав среднего руководства страны в последние годы.

27 мая 2000 г. генерал ФСБ Сергей Иванова был назначен секретарем Совета Безопасности России.

В июле 2000 г. бывший с 1996 г. директор Службы внешней разведки Вячеслав Трубников был назначен заместителем министра иностранных дел РФ в ранге федерального министра. Трубников с 1967 г. работал в Первом главном управлении КГБ СССР (внешняя разведка).

В августе 2000 г. Юрий Демин, бывший главный военный прокурор, был назначен первым заместителем министра юстиции России. В Главную военную прокуратуру он пришел с должности начальника договорно-правового управления ФСБ. Тогда же первым заместителем министра по делам федерации, национальной и миграционной политики назначен первый заместитель директора ФСБ Александр Медяник.

28 марта 2001 г. Путин начал производить первые существенные перемены в составе своего правительства. Два главных си-

ловых ведомства перешли в сферу влияния ФСБ. Сергей Иванов стал министром обороны, сменив на этом посту маршала Игоря Сергеева. Борис Грызлов стал министром внутренних дел вместо Рушайло, сменившего Сергея Иванова на посту секретаря Совета безопасности России. Директором Федеральной службы налоговой полиции был назначен Михаил Фрадков, а новым министром атомной промышленности стал Александр Румянцев.

В апреле 2001 г. директором по персоналу ОАО Пивоваренная компания «Балтика» назначен Николай Негодов. Негодов родился в 1949 г. Учился вместе с будущим директором ФСБ Патрушевым в Ленинградском кораблестроительном институте, который закончил в 1973 г. (Патрушев закончил институт годом позже). С 1977 г. и до назначения в «Балтику» служил в ФСБ, последние три года в должности первого заместителя начальника Управления ФСБ по Санкт-Петербургу и Ленинградской области.

В июле 2001 г. президентом Петербургской топливной компании акционерами избран Вадим Глазков, 1955 г. рождения. Глазков работал в госбезопасности с 1984 по 1992 г., затем ушел в санкт-петербургскую мэрию, как и Путин.

В августе 2001 г. первым заместителем директора Федеральной службы налоговой полиции назначен Сергей Веревкин-Рахальский. Родился в 1948 г., окончил Ленинградский институт точной механики и оптики. В 1986 г. возглавил управление ФСБ по Сахалинской области, а в марте 1999 — Управление ФСБ по Приморскому краю. В апреле 2000 г. переведен в Москву на должность заместителя министра по налогам и сборам. Одновременно заместителем директора ФСНП был назначен начальник одного из управлений ФСБ Анатолий Цибулевский (1950 г. рождения).

3 июня 2002 г. заместителем председателя ВГТРК (2-й телеканал) по вопросам безопасности (ранее такой должности на ВГТРК не было) был назначен начальник Управления программ содействия ФСБ генерал ФСБ Александр Зданович, с 1972 г. служивший в госбезопасности. Это был открытый вызов общественности и СМИ. Путин проверял уровень вероятной критики и недовольства. Недовольство, возможно, было. В частности, в знак протеста против этого вполне знакового назначения ушел со своего поста главный редактор программы «Вести» Александр Абраменко. На вопрос, остается ли Зданович в действующем резер-

ве ФСБ, генерал с позволенной временем наглостью в интервью 4 июня ответил: «Как известно, бывших чекистов не бывает. Но не хотелось бы уточнять детали. В тех проблемах, которые я буду решать, конечно, мне будут помогать коллеги. Из чувства солидарности».

В сентябре 2002 г. председателем совета директоров ОАО «Военно-страховая компания» после смерти академика Вячеслава Шахова стал офицер действующего резерва госбезопасности Сергей Дьяков.

В октябре 2002 г. руководителем межрегионального территориального органа ФСФО в Приволжском федеральном округе назначен офицер госбезопасности Владимир Островский. Островский родился в 1956 г., закончил институт, затем Высшие курсы КГБ. До 2001 г. работал в Управлении ФСБ по Свердловской области. Последняя должность — старший уполномоченный по особо важным делам.

В феврале 2003 г. генеральным директором компании Газкомплектимпекс (дочерней компании Газпрома) назначен Валерий Голубев, 1952 г. рождения, окончивший, как и Патрушев, Ленинградский кораблестроительный институт, Высшие курсы КГБ в Минске и Краснознаменный институт им. Андропова в Москве (первая жена Голубева — двоюродная сестра Патрушева). До 1991 г. Голубев работал в КГБ, затем — в секретариате мэрии Санкт-Петербурга. С 1993 г. возглавлял администрацию Василеостровского района. С 2002 — представлял Законодательное собрание Ленинградской области в Совете Федерации.

В апреле 2003 г. вице-президентом по безопасности и связям с государственными органами ОАО АК «Сибур» был назначен Николай Спасиченко, 1946 г. рождения. С 1972 по 1995 г. Спасиченко работал в КГБ-ФСБ, «уволился» (был офицером действующего резерва) в звании полковника. После увольнения стал начальником службы безопасности Петербургского городского банка, затем — Петербургской топливной компании. В 1997—1999 гг. работал заместителем генерального директора ЗАО «Петербургский нефтяной терминал». В 1999—2000 гг. возглавлял службу безопасности ОАО «Морской порт Санкт-Петербург», затем вернулся в ЗАО «Петербургский нефтяной терминал на должность заместителя генерального директора по режиму и персоналу.

ШПИОНОМАНИЯ

Как писала одна из газет, «шпионы стадами не ходят, но чекисты об этом не знают». Охватившая страну невиданная с советских времен шпиономания явилась прямым следствие прихода ФСБ к власти. В апреле 2000 г., выступая в Государственной думе, Путин произнес слова, могшие тогда вызвать разве что недоумение и улыбку.

«Если министр иностранных дел будет замечен в том, что он вне рамок своих служебных обязанностей поддерживает контакты с представителями иностранных государств, то он, так же как и любые другие члены правительства, депутаты Государственной думы, руководители фракций, так же как и все другие граждане Российской Федерации, будет подвергнут определенным процедурам в соответствии с уголовным законом. И должен сказать, что те последние мероприятия, которые проводятся в Федеральной службе безопасности, говорят нам о том, что это вполне возможно».

Между тем формального запрета на общение с иностранцами не содержали ни российские законы, ни Уголовный кодекс Российской федерации.

9 сентября 2000 г. Путин утвердил «Доктрину информационной безопасности», предполагавшую восстановление элементов государственной цензуры: «укреплять механизм правового комплекса ограничений на доступ к конфиденциальной информации». «Доктрина» не столько устанавливала цензуру, сколько указывала на новые веяния в области гражданских свобод и свободы слова. Основываясь на этом документе ФСБ приступило к активной поимке шпионов, а государственные чиновники — к рьяной охране государственных тайн. ФСБ была настолько уверена в том, что граждане России шпионят против своей страны в большом количестве, что поместила следующее объявление на своем официальном сайте fsb.ru:

«Граждане, сотрудничающие с иностранными разведками, могут связаться с ФСБ России по телефону доверия с тем, чтобы стать агентами-двойниками. В этом случае денежное вознаграждение, получаемое такими агентами от иностранных спецслужб, будет полностью сохранено, и с ними будут работать сотрудники ФСБ РФ высочайшего класса. При этом будет гарантирована анонимность и конфиденциальность».

Это объявление было подкреплено примечанием к статье 275 (государственная измена) УК России: «Лицо, совершившее преступление, предусмотренное настоящей статьей, а также статьями 276 (шпионаж) и 278 (насильственный захват власти или насильственное удержание власти), освобождается от уголовной ответственности, если оно добровольным и своевременным сообщением органам власти или иным образом способствовало предотвращению дальнейшего ущерба интересам РФ и если в его действиях не содержится иного состава преступления».

24 мая 2001 г. в «Эхо Москвы» поступил документ за подписью заместителя директора Института общей генетики (ИОГ) Российской Академии наук (РАН) И. Захарова, основанный на распоряжении президиума РАН «О плане мероприятий РАН по воспрепятствованию нанесения ущерба Российской Федерации».

«Вниманию заведующих лабораториями и группами

Уважаемые коллеги!

В связи с распоряжением Президиума РАН «О плане мероприятий РАН по воспрепятствованию нанесения ущерба Российской Федерации» прошу вас срочно (к 1 июня) представить информацию о наличии в лаборатории (группе) Международных соглашений (договоров, контрактов). Прошу также принять к сведению необходимость выполнения нижеследующего:

1. О подготавливаемых заявках на международные гранты своевременно сообщать в дирекцию с предоставлением копии их ученому секретарю.

2. Информировать иностранный отдел ИОГен о всех визитах иностранцев в лабораторию (группу).

3. Своевременно представлять в иностранный отдел отчеты о результатах научных поездок за границу.

4. Копии всех статей, направляемых для публикации за рубеж, представлять Ученому секретарю Института».

Можно предположить, что аналогичные документы были разосланы во все научные учреждения страны. Понятно, что требование к российским ученым в 2001 г. сообщать о контактах с иностранцами, о заявках на международные гранты, предоставлять копии отправляемых за границу для публикации статей и отчитываться о загранпоездках было равносильно введению инквизиции.

Волна уголовных дел против ученых, военнослужащих и государственных служащих началась в 1990-х гг. с двух химиков, которые занимались проблемами разработки и уничтожения химического оружия — Вила Мирзоянова и Льва Федорова. Несмотря на то что доказать вину не удалось, Мирзоянова и Федорова несколько месяцев продержали в СИЗО. Арестовали их из-за того, что они написали статью, в которой рассказали о создании в России современных форм химического оружия.

В 1994 г. Вадим Синцов, директор по внешнеэкономическим связям АО «Спецмашиностроение и металлургия», бывший начальник Главного управления Министерства оборонной промышленности СССР, арестован за измену Родине в форме шпионажа (ст. 275 УК РФ). Передал британской разведке секретные сведения о российских вооружениях. Приговорен к 10 годам лишения свободы.

В конце 1995 г. началось дело Александра Никитина, журналиста-эколога. В феврале 1996 г. он был арестован и обвинен в государственной измене в форме шпионажа. Инициатором этого дела был друг Владимира Путина Виктор Черкесов, занимавший в тот момент пост руководителя Санкт-Петербургского УФСБ. Никитин участвовал в написании доклада «Беллоны» о ядерной безопасности на Северном флоте. И именно это было сочтено государственной изменой.

Никитин провел 10 месяцев в изоляторе ФСБ в Санкт-Петербурге, пока в декабре 1996 г. заместитель Генерального прокурора Михаил Катышев не подписал приказ о его освобождении из-под стражи. Несмотря на это, обвинения с него не были сняты. И эколога несколько лет таскали по судам.

В процесс вмешался директор ФСБ Владимир Путин: «Наше ведомство поступает, — заявил Путин по поводу дела Никитина, — исходя из государственных интересов. Остановлюсь на Никитине. Ведь что там на самом деле произошло? Он проник в библиотеку и взял сведения, которые являются секретными. Кстати, за свою «общественную деятельность» он получил денежное вознаграждение. Конечно, есть другой вопрос: насколько эти сведения актуальны сегодня? И с точки зрения политеса, в том числе международно-экологического, наверное, можно подумать о смягчении наказания. Но это должен решать суд. К сожалению, зарубежные спецслужбы, помимо дипломатического прикрытия, очень активно используют в своей работе различные экологические и общественные организации, коммерческие фирмы и благотворительные фонды. Вот почему и эти структуры, как бы на нас ни давили СМИ и общественность, всегда будут под нашим пристальным вниманием».

Но в 1999 г. Путин еще не был президентом, и Никитин был вчистую оправдан, поскольку те сведения, которые ФСБ и лично Путин считали «на самом деле секретными», по мнению суда такими не оказались. 13 сентября 2000 г. президиум Верховного суда России оправдал Никитина окончательно.

Дело корреспондента газеты Тихоокеанского флота «Боевая вахта» капитана 2-го ранга Григория Пасько началось в 1997 г. ФСБ утверждала, что Пасько обнародовал факты нанесения военными ущерба окружающей среде, в частности, передал японской стороне секретные данные об авариях на российских атомных подводных лодках, что являлось государственной тайной. В результате он был арестован по обвинению в государственной измене в форме шпионажа, по 10 эпизодам.

Однако прямых доказательств, указывающих на намерения Пасько передать свои записи японским СМИ, в материалах дела не было, хотя ФСБ вела за Пасько активную слежку: вся его почта контролировалась, телефон прослушивался, в квартире Пасько была установлена подслушивающая аудиоаппаратура, а сам он находился под пристальным наблюдением оперативных сотрудников.

20 июля 1999 г. Пасько был осужден, правда, по совсем другой статье: ст. 285, ч. 1-я УК РФ («злоупотребление служебным положением»), однако тут же был амнистирован и освобожден из-под стражи в зале суда, причем обе стороны — и Пасько, и ФСБ — были недовольны приговором: амнистированный направил кассационную жалобу в военную коллегию Верховного суда (а также подал иск о защите чести и достоинства к начальнику УФСБ по Тихоокеанскому флоту контр-адмиралу Николаю Соцкову), а руководство управления ФСБ по Тихоокеанскому флоту направило в военную коллегию протест на «неоправданно мягкий» приговор.

25 декабря 2001 г. новый Тихоокеанский флотский военный суд признал Пасько виновным в шпионаже и приговорил его к четырем годам лишения свободы с отбыванием срока в колонии строгого режима. 15 января 2002 г. президент Путин, выступая на пресс-конференции в Париже, сказал, что не считает возможным вмешиваться в действия судебной системы, но готов рас-

смотреть прошение Пасько о помиловании, если тот к нему с таким прошением обратиться. При этом Путин — как когда-то по поводу Никитина — подчеркнул, что Пасько было предъявлено обвинение в том, что он передал иностранным гражданам за вознаграждение документы с грифом «секретно», утверждая, что этот эпизод доказан и ни у кого не вызывает сомнений, якобы даже у адвокатов Пасько.

Правда, 13 февраля 2002 г. Верховный суд России по жалобе адвокатов Пасько признал несоответствующим закону приказ Минобороны о секретных сведениях, из-за которого Пасько попал под статью. Но ни на мнении президента о «секретности», ни на положении Пасько это не сказалось. Пасько, так и не подавший Путину прошение о помиловании, был условно-досрочно освобожден городским судом Уссурийска 23 января 2003 г., отбыв в тюрьме в общей сложности два с половиной года.

В 1996 г. Платон Обухов, сотрудник МИД РФ, арестован по обвинению в государственной измене в форме шпионажа за то, что передавал британской разведке МИ-6 сведения, составляющие государственную тайну. Признан невменяемым и направлен на принудительное лечение.

В том же году Владимир Макаров, кадровый дипломат, арестован по обвинению в государственной измене в форме шпионажа за то, что передал ЦРУ информацию о танке Т-82, а также о кадровом составе советских загранпредставительств. Приговорен Мосгорсудом к 7 годам лишения свободы. Помилован президентом России.

В 1997 г. Моисей Финкель, старший научный сотрудник 14-го Научно-исследовательского института Военно-морского флота арестован по обвинению в государственной измене в форме шпионажа за то, что передал ЦРУ секретные сведения о новейших гидроакустических комплексах. Приговорен к 12 годам лишения свободы.

В том же году был арестован Игорь Дудник, майор Ракетных войск стратегического назначения. Инкриминируемые ему преступления: государственная измена в форме шпионажа, разглашение государственной тайны. Дескать, он пытался передать ЦРУ дискету с секретной информацией о ракетных войсках стратегического назначения. Приговорен к 12 годам лишения свободы.

В июле 1998 г. был арестован Валентин Моисеев, заместитель руководителя первого департамента стран Азии МИД России.

Ему были предъявлены обвинения в шпионаже в пользу Южной Кореи, представители которой дескать завербовали дипломата в Сеуле во время служебной командировки (с 1992-го по 1994 г.). По утверждению прокуратуры, Валентин Моисеев работал на спецслужбы Южной Кореи с 1994-го по 1998 г., передавая им сведения, составляющие государственную тайну. По данным следствия он провел около 60 встреч с представителем южнокорейской разведки и передал ему копии 23 документов, касавшихся сотрудничества между Россией и КНДР, в том числе в военной сфере. Получал он за все это по 500 долларов месяц. Общая сумма полученных им денег составила 14 тысяч долларов. Сам Моисеев заявлял, что поддерживал дружеские отношения с представителями посольства Кореи, а передаваемые материалы не являлись секретными, были ранее опубликованы и составили основу его научной лекции «Политика России на Корейском полуострове». 16 декабря 1999 г. Московский городской суд признал дипломата виновным и приговорил его к 12 годам лишения свободы. Данные, приведенные в прилагаемых официальных публикациях прессы и в научных работах были судом признаны секретными.

После объявления приговора адвокаты Моисеева подали в Верховный суд России кассационную жалобу. Верховный суд отменил приговор и направил дело на новое рассмотрение. В августе 2001 г. Мосгорсуд, вновь признав Моисеева виновным в шпионаже, приговорил его к четырем с половиной годам лишения свободы, приняв во внимание состояние здоровья Моисеева и положительные характеристики с места работы. Адвокат Анатолий Яблоков при этом сообщил, что снижение судом меры наказания в данном случае свидетельствует не о гуманном отношении суда к шпионам, а об отсутствии доказательств виновности. С 14 марта 2002 г. по решению ГУИН Минюста Моисеев отбывал наказание в больнице в Торжке, поскольку заключенный страдал хроническим заболеванием желудка. Был освобожден 31 декабря 2002 г. После освобождения заявил, что намерен продолжать добиваться признания его невиновным, подал жалобу в Страсбургский суд.

В феврале 1999 г. началось дело Владимира Сойфера, профессора, заведующего лабораторией ядерной океанологии Тихоокеанского океанологического института (ТОИ) Дальневосточного отделения Российской Академии наук (РАН), сотрудника Федерального научного центра «Курчатовский институт». Сойфер занимался оценкой последствий взрыва реактора на атомной подводной лодке в бухте Чажма, неподалеку от Владивостока, в 1985 г., сопровождавшегося большим выбросом радиации. Результаты исследований по данной теме были опубликованы в российских и зарубежных научных изданиях.

В конце февраля Приморское управление ФСБ провело проверку в лаборатории Сойфера, во время которой по заявлению ФСБ были обнаружены ксерокопии документов службы радиационной, химической и биологической защиты и гидрографии Тихоокеанского флота с грифами секретности, сделанные в нарушение инструкции о секретном делопроизводстве. В частности, были скопированы два закрытых отчета, гидрологические данные и совершенно секретная карта залива Стрелок, бухт Разбойник и Чажма в Японском море, где базируются атомные подводные лодки Тихоокеанского флота. Обычно на таких картах бывают обозначены промеры глубин, направления подводных течений, температура; но вместе с этим на картах были данные о местах, где базируются российские подводные лодки. Сойфер признал, что нарушал правила копирования документов, однако оправдал свои действия тем, что документы помечены как секретные необоснованно.

В июне 1999 г. Приморское УФСБ посчитало, что деятельность Сойфера создает «угрозу государственной и военной безопасности страны» и провело в его квартире «проверку порядка обращения с секретными документами». В ходе проверки были изъяты различные документы и материалы, в том числе ксерокопии и фотонегативы карт под грифом «документ секретного пользования» (ДСП). Гриф «ДСП» расшифровывается: «для служебного пользования». Не секретного. Что в данном контексте еще более усугубляет ситуацию. Работы Сойфера, были приостановлены, его лаборатория опечатана. По его просьбе президиум Дальневосточного отделения РАН назначил экспертную комиссию из шести ученых. Комиссия провела независимую экспертизу и пришла к выводу, что ученый не держал дома материалов, представляющих государственную тайну. Представители краевого УФСБ придерживались другой точки зрения, но дела против Сойфера заводить не стали, а ограничились вынесением предостережения. Начальником управления ФСБ по Приморскому краю был в то время генерал-майор Сергей Веревкин-Рохальский.

После этого В. Сойфер сам подал в суд на местное УФСБ, и в феврале 2000 г. суд Советского района города Владивостока признал проведенный у ученого дома обыск незаконным. Суд признал также, что во время обыска на квартире у Сойфера сотрудники УФСБ незаконно изъяли материалы научных разработок на кассетах, дискетах, а также заграничный паспорт ученого, и постановил вернуть изъятые вещи владельцу.

УФСБ обжаловало это решение в краевом суде, но в апреле 2000 г. Приморский краевой суд отклонил кассационную жалобу Управления ФСБ по Приморскому краю на решение суда Советского района Владивостока, который 11 февраля 2000 г. признал нарушения законов в действиях ФСБ при проведении «обследования» квартиры ученого. Сам Сойфер считал, что уголовное дело против него было возбуждено для того, чтобы отстранить ученого от участия в радиологической и экологической экспертизе бухты Чажма. Там, по его словам, бывшая администрация Приморского края намеревалась создать совместное предприятие с американским, российским и японским капиталом для переработки ближневосточной нефти с последующей продажей в страны Азиатско-Тихоокеанского региона, и работы Владимира Сойфера могли помешать осуществлению этого проекта.

В 1999 г. арестован Владимир Щуров, профессор Тихоокеанского института океанологии Дальневосточного отделения Российской Академии наук (РАН), заведующий лабораторией акустических шумов океана. Инкриминируемые ему преступления: разглашение государственной тайны; дескать он передал Китаю секретные сведения о российских военных технологиях.

История его дела следующая. В августе 1999 г. Щуров был задержан на российско-китайской границе при попытке выехать в Харбин. Таможенники задержали созданные лабораторией Щурова акустические модули для телеметрической аппаратуры, вывозимые им для проведения совместных исследований с китайскими коллегами Харбинского университета. Сотрудники УФСБ по Приморскому краю сочли, что «система, созданная лабораторией акустических шумов океана, может использоваться как в мирных, так и в военных целях». Проведенная УФСБ экспертиза установила, что техника, созданная в лаборатории Тихоокеанского океанологического института, не имеет аналогов в мире, и отнесла ее к разряду государственных тайн. Все лаборатории, причастные к созданию системы, были опечатаны, документация изъята, договорные работы прекращены. Между тем лаборатория не имела военно-промышленной направленности и военных заказов. Из совместных с китайскими исследователями работ секрета не делалось. Все необходимые для этого документы были завизированы в соответствующих инстанциях, в том числе в ФСБ.

В свою очередь, представители УФСБ по Приморью заявляли, что ученые предоставили таможенным органам недостоверные данные о технических характеристиках приборов и что за некоторое время до этого у сотрудника лаборатории Юрия Хворостова, вылетавшего в Китай, были изъяты технологические чертежи, сокрытые под видом отчетов в научно-технической документации, а также переснятые на фотопленку, которая была вставлена в фотоаппарат под видом неэкспонированной, причем эти документы являлись государственной тайной. На этом основании ФСБ выдвинула обвинения против Щурова и Хворостова в незаконном экспорте технологий, контрабанде и разглашении государственной тайны.

В августе 2000 г. в своей квартире был найден повешенным 28-летний сын Щурова — Александр. Версии расходились: милиция утверждала, что это самоубийство, родители настаивали на том, что сына убили. Отец и мать Щуровы также сообщили, что уже позже они обнаружили пропажу лазерных дисков, на которых были зафиксированы все результаты работы отца и сына: итоги экспедиций, записи, чертежи и схемы.

После смерти сына Владимир Щуров заявил о своем желании покинуть Россию: «Нашу науку убивают. Утюг ФСБ — он выжигает все. И ситуация в стране такова, что здесь жить невозможно. Нас убивают... Убивают страну». Однако за границу Щурову уехать не разрешили, и после года следствия он был обвинен по ст. 188 (контрабанда), ст. 189 (незаконный экспорт технологий, научно-технической информации и услуг, используемых при создании оружия массового поражения, вооружения и военной техники) и части 2 ст. 289 (разглашение государственной тайны, повлекшее тяжкие последствия).

В результате с Хворостова прокуратура Приморья сняла все обвинения за недоказанностью, а Щуров в августе 2003 г. был признан виновным в разглашении государственной тайны, приговорен к двум годам лишения свободы условно и тут же амнистирован. Ни в обвинении, ни в приговоре не было указано, что именно разгласил Щуров. А во время слушаний судья взял за основу заключения экспертов из Министерства обороны, отказавшись выслушать мнение гражданских специалистов.

Вины своей Щуров не признал, но и не стал обжаловать приговор: «Я старый, больной человек. У меня нет на это ни сил, ни средств, ни здоровья. Я был готов к любому приговору. Трудно верить в закон, когда он не исполняется. Хорошо, что прокуратура проявила человечность и сняла большую часть обвинительных статей».

27 октября 1999 г. был арестован Игорь Сутягин, заведующий сектором военно-технической и военно-экономической политики Института США и Канады. Постановление о его аресте было вынесено через два дня: 29 октября 1999 г. Он обвинялся в государственной измене в форме шпионажа в пользу США (ст. 275 УК РФ), а именно в том, что за вознаграждение передавал в 1998—1999 гг. секретные сведения представителям военной разведки США Наде Локк и Шону Кидду, работавшим под прикрытием английской консалтинговой фирмы «Альтернатив фьючерс».

ФСБ России обвинила Сутягина по пяти эпизодам преступной деятельности. В частности, ему вменили в вину пять встреч с представителями иностранных спецслужб, в ходе которых он передал сведения по пяти темам. Эти сведения касались информации о ракете класса «воздух-воздух» РВВ-АЕ, и самолета Миг-29 СМТ. Кроме того, по версии следствия, Сутягин передал сведения о вариантах состава стратегических ядерных сил на период до 2007 г., о ходе реализации Министерством обороны планов по созданию соединений постоянной готовности, а также о составе и современном состоянии отечественной системы предупреждения о ракетном нападении. Также Сутягина обвиняли в том, что, являясь преподавателем Обнинского учебного центра ВМФ России, он выведывал у кадровых военных, обучавшихся в центре, секретную информацию для дальнейшей передачи иностранным резидентам. Сутягин работал в Обнинском центре с 1994 г., причем на общественных началах, не получая вознаграждения за свой труд. Первоначально дело расследовало управление ФСБ по Калужской области.

27 декабря 2001 г. Калужский областной суд признал, что при назначении и производстве экспертиз степени секретности ор-

ганом предварительного расследования были допущены нарушения уголовно-процессуального закона, что привело к ограничению гарантированных законом прав обвиняемого Сутягина, и направил дело на дополнительное расследование. Сутягина перевели в СИЗО «Лефортово» в Москву.

С 15 марта 2004 г. процесс по делу Игоря Сутягина проходил в Московском городском суде. 7 апреля Московский городской суд приговорил Игоря Сутягина к 15 годам лишения свободы с отбыванием срока наказания в колонии строгого режима. Его признали виновным в государственной измене в форме шпионажа в пользу США: сборе, хранении и передаче представителям американской военной разведки сведений, составляющих государственную тайну. Присяжные сочли, что Сутягин не заслуживает снисхождения, причем государственный обвинитель просил приговорить ученого к 17 годам лишения свободы. Срок наказания исчисляется с момента формального ареста (29 октября 1999 г.).

Между тем, сам Сутягин вины не признал. Он утверждал, что не имел доступа к государственной тайне и пользовался для подготовки аналитических материалов только открытыми источниками. У адвокатов Сутягина были неопровержимые доказательства, что вся содержавшаяся в бумагах Сутягина информация была взята из открытых источников и доступна всякому, кто хотел ее прочесть, а также, что у Сутягина никогда не было доступа к государственным секретам.

14 апреля 2004 г. защита Игоря Сутягина подала в Верховный суд жалобу с просьбой отменить обвинительный приговор Мосгорсуда, поскольку в ходе процесса «были допущены существенные нарушения уголовно-процессуального закона». В частности, была произведена необоснованная смена состава суда присяжных; в ходе процесса суд, по мнению защиты, рассматривал недопустимые доказательства. Кроме того, «перед присяжными судом были поставлены вопросы, выходившие за пределы предъявленного Сутягину обвинения: в частности, задавался вопрос, действовал ли он по поручению иностранной разведки, хотя ему это не инкриминировалось». Судья так сформулировала вопросы для присяжных, что подтолкнула их к даче «нужных» ответов. Например, она опустила слово «секретные», когда попросила ответить, передавал ли Сутягин материалы за вознаграждение.

23 апреля 2004 г. Общественный комитет защиты ученых обратился с открытым письмом в Парламентскую ассамблею Совета Европы. «Общественный комитет защиты ученых» был создан 2 октября 2002 г. группой ученых и представителей общественных организаций, причиной создания Комитета явилась озабоченность научной общественности и правозащитников судьбой талантливых ученых, бездоказательно обвиняемых ФСБ в тяжких преступлениях. В открытом письме, в частности, говорилось:

«Ловкой имитацией правосудия и справедливости оказывается даже суд присяжных, если речь идет о деле, инициированном ФСБ. Таким, по крайней мере, был суд над Игорем Сутягиным. В процессе не было даже намека на равенство сторон: удовлетворялись любые пожелания обвинения и игнорировались законные требования защиты. Голословные утверждения обвинения были признаны доказательствами. Единогласное голосование присяжных по вопросам, в которых был искажен даже смысл обвинения, вызывает обоснованное сомнение в их независимости. Даже теоретически группа их 12 человек не может единогласно проголосовать за сомнительные доказательства обвинения».

Письмо подписали Виталий Гинзбург (лауреат Нобелевской премии, академик РАН), Лев Пономарев (ООД «За права человека»), Сергей Ковалев (правозащитник, узник совести), Григорий Пасько (журналист, узник совести), Юрий Рыжов (академик РАН), Алексей Симонов (Фонд защиты гласности), Эрнст Черный (правозащитник), о. Глеб Якунин (правозащитник, узник совести, священник).

В 1999 г. арестован Александр Никитин, капитан 1-го ранга. Инкриминируемые ему преступления: государственная измена в форме шпионажа и разглашение государственной тайны при подготовке доклада «Северный флот — потенциальный риск радиоактивного загрязнения региона» для норвежской экологической организации «Беллуна». Оправдан городским судом Санкт-Петербурга.

В 2000 г. арестован Сергей Величко, капитан 3-го ранга, заместитель командира корабля. Инкриминируемые ему преступления: государственная измена в форме шпионажа, сотрудничество со шведскими спецслужбами. Приговорен Военным судом Балтийского флота к пяти годам лишения свободы.

В том же году в Москве был арестован гражданин США Эдмонд Поуп, отставной офицер морской разведки США. Инкриминируемые ему преступления: шпионаж. В декабре 2000 г. Поуп был приговорен Московским городским судом к 20 годам лишения свободы. В феврале 2001 г. приказом президента Путина Поуп был помилован и выслан на родину в США.

В апреле 2000 г. в связи с делом Поупа был арестован Анатолий Бабкин, профессор МГТУ имени Баумана, заведующий кафедрой ракетных двигателей МГТУ. Инкриминируемые ему преступления: государственная измена. ФСБ утверждала, что Бабкин передал секретные сведения о российской торпеде «Шквал» Эдмонду Поупу.

Первоначально Бабкин выступал главным свидетелем по делу Поупа, дал показания, подтверждающие шпионаж американского гражданина, но затем отказался от своих показаний, заявив, что они были даны под давлением следствия. В феврале 2003 г. Бабкин был приговорен по статье «государственная измена» к 8 годам лишения свободы условно (учитывая преклонный возраст профессора и его заслуги). Суд признал его виновным в передаче американскому шпиону Эдмонду Поупу отчетов о технических характеристиках подводной скоростной ракеты «Шквал». Бабкину был назначен испытательный срок в пять лет, его лишили звания Заслуженного деятеля науки и права заниматься профессиональной и научной деятельностью в течение трех лет, еще на три года он был лишен права занимать должность заведующего кафедрой ракетных двигателей МГТУ им. Баумана. Сам Бабкин утверждал, что передавал бумаги совершенно официально, в рамках сотрудничества между МГТУ и Пенсильванским университетом (договор о сотрудничестве был подписан в 1996 г.). Представители Военно-морского флота России посчитали, что, раскрыв секреты ракеты «Шквал», профессор МГТУ нанес флоту ущерб в 26.800.000 рублей (меньше миллиона долларов). По крайней мере именно такая сумма значилась в гражданском иске, который подал ВМФ против Анатолия Бабкина.

16 февраля 2001 г. был арестован Валентин Данилов, физик, заведующий кафедрой Теплофизического центра Красноярского государственного технического университета. В 1999 г. Данилов от имени Красноярского технического университета подписал конт-

ракт с Всекитайской экспортно-импортной компанией точного машиностроения и с Институтом физики Ланчьжоу Китайской аэрокосмической корпорации. В рамках контракта Данилов должен был изготовить исследовательский стенд, который моделировал электризацию поверхности твердых тел в вакууме под влиянием электронов средних энергий и ультрафиолетового излучения. Такое явление наблюдается при воздействии космической плазмы на спутники в космосе. 24 мая 2000 г. сотрудники регионального управления ФСБ по Красноярскому краю предъявили физику обвинение в разглашении государственной тайны. Почти год спустя, 16 февраля 2001 г., Данилова обвинили еще и в государственной измене в форме выдачи государственной тайны и в мошенничестве. Первое обвинение — статья 275 УК РФ — государственная измена в форме шпионажа — предусматривающая наказание в виде лишения свободы сроком от 12 до 20 лет, было сформулировано ФСБ. Обвинение в мошенничестве, вернее, в растрате средств, выдвинуто Техническим университетом. Сумма, фигурирующая в иске — 466 тысяч рублей (меньше 15 тысяч долларов). С этого момента ученый находился в СИЗО Красноярска.

По мнению ФСБ во время сотрудничества с китайской стороной Даниловым были переданы Китаю секретные разработки России. Защита Данилова располагала заключениями экспертов о том, что с изобретений Данилова 8 лет назад был снят гриф секретности. Поэтому адвокаты были уверены в положительном исходе дела.

После полутора лет заключения Данилов по решению суда Центрального района Красноярска был освобожден из-под стражи под подписку о невыезде. За все это время обвиняющая сторона (ФСБ) так и не смогла представить веских доказательств виновности физика. Сам Данилов считал, что «ученый-физик никогда не может быть государственным изменником. За открытия, которые происходят в физике, ученым дают Нобелевские премии, хотя на основании этих открытий может быть создано оружие. Физик раскрывает тайны природы, а не государственные тайны».

После того как Данилова выпустили из СИЗО, он баллотировался в депутаты Государственной думы от Енисейского избирательного округа № 48. Однако выборы Данилов не выиграл, набрав всего 6,42%. В декабре 2003 г. Данилов был оправдан судом присяжных. Из 12 присяжных восемь человек сочли доказательства прокуратуры неубедительными, а ученого-физика невиновным по всем статьям. После судебного заседания Данилов заявил, что он был полностью уверен в том, что его оправдают, но этот арест отбросил назад российскую науку в плане международного сотрудничества. В частности, спутник, который был создан в результате совместных усилий Китая и Европейского космического агентства (ЕКА), мог бы быть создан при участии Китая и России, так как разработки российских ученых были лучше, чем у ЕКА.

В январе 2004 г. Красноярская прокуратура подала кассационную жалобу на оправдательный приговор, вынесенный судом присяжных. Обвинители просили Верховный суд отменить вердикт присяжных и направить дело на новое рассмотрение. В Москву прибыла делегация представителей красноярских спецслужб, «целая команда красноярского ФСБ». «Какое они сейчас имеют отношение к процессу — непонятно. Ведь их роль закончилась, когда материалы дела были переданы в прокуратуру», — возмущался один из сторонников Данилова.

В итоге 9 июня 2004 г. Коллегия Верховного суда РФ отменила оправдательный приговор Данилову и направила дело на новое рассмотрение. Адвокаты Данилова считали, что решение Коллегии было продиктовано свыше. В ноябре 2004 г. Данилов был приговорен судом за шпионаж в пользу Китая к 14 годам лишения свободы с отбыванием срока в колонии строго режима.

В 2001 г. арестован Виктор Калядин, генеральный директор ЗАО «Элерс-Электрон, Лтд». Инкриминируемые ему преступления: государственная измена в форме шпионажа. Передал секретные сведения сотрудникам ЦРУ. Приговорен к пяти годам лишения свободы.

В том же году арестован Валентин Моисеев, заместитель руководителя 1-го департамента стран Азии Министерства иностранных дел (МИД) России. Инкриминируемые ему преступления: государственная измена в форме шпионажа. Передал секретные сведения сотруднику разведки Южной Кореи. Приговорен Мосгорсудом к 4,5 года лишения свободы.

В том же году арестован Александр Запорожский, бывший заместитель начальника 1-го отдела Управления контрразведки СВР. Инкриминируемые ему преступления: государственная измена в форме шпионажа. Передавал представителям спецслужб США секретную информацию о деятельности российских разведорганов и их кадровом составе. Приговорен Московским окружным военным судом к 18 годам лишения свободы.

В том же году арестован Михаил Трепашкин, адвокат, полковник ФСБ, участник пресс-конференции Литвиненко в ноябре 1998 г. Осужден Московским окружным военным судом, до сих пор находится в заключении.

15 декабря 2002 г. директор ФСБ Патрушев сообщил об отказе продлить въездные визы 30 сотрудникам «Корпуса мира» (американской организации, беспрепятственно работавшей в России с 1992 г.) за «сбор информации о социально-политической и экономической обстановке в российских регионах, сотрудниках органов власти и управлений, ходе выборов». Патрушев рассказывал об отказе как о безусловном успехе органов ФСБ в деле борьбы против засылаемых в Россию иностранных шпионов.

Борьба с отечественными шпионами между тем не затихала. В период с мая по декабрь 2004 г. в Приморье за шпионаж было осуждено 11 человек.

17 марта 2006 г. Управление ФСБ Новосибирской области возбудило уголовное дело по статье «разглашение государственной тайны» в отношении известного ученого доктора физико-математических наук Олега Коробейничева, однако он сумел доказать свою невиновность и заставил следователей ФСБ перед ним извиниться. Тогда в 2007 г. то же Управление ФСБ возбудило уголовное дело против сотрудников Новосибирского государственного технического университета братьев Игоря и Олега Мининых, и снова по обвинению в разглашении государственной тайны. Секретные материалы следователи ФСБ нашли в книге, которые ученые опубликовали тиражом в 50 экземпляров к 50-летию Сибирского отделения РАН. Все 50 экземпляров книги были конфискованы.

Абсурдность обвинений и ситуации в делах о шпионаже усугубляется тем, что трактовка государственной тайны и ее разглашения почти всегда остается за ФСБ, а суд с каждым годом становится все менее и менее независимым. В результате десятки ученых оказались в заключении. Сотни — потеряли возможность работать. Было бы неправильно утверждать, что об этих случаях не знает российская и международная общественность. О них все знают. О них все пишут. Только, как сказал президент Путин: «Товарищ волк знает, кого кушать. Кушает, и никого не слушает».

Примечания

[1] Солженицын А. И. К нынешнему состоянию России // «Общая газета» № 47 (175) 28 ноября — 4 декабря 1996.

[2] Даль В. Толковый словарь. Т. II. // М., изд-во «Русский язык», 1979, с. 671.

[3] «Известия», 2 августа 2000.

[4] АнтиПутин. Необходимость отстранения президента от власти очевидна. // Stringer, № 6, октябрь 2000.

[5] Бородай Александр, Рудаков Александр . «Приглашение» в премьеры. Заменит ли Касьянова Сергей Иванов? // «Завтра», № 47 (364), ноябрь 2000.

8

ЛЮДИ ПРЕЗИДЕНТА, ИЛИ «АГЕНТЫ И ОБЪЕКТЫ»

Во время предвыборной президентской кампании 1999—2000 гг. трудно было сформулировать и объяснить, чем именно плоха кандидатура Путина. За пределами Санкт-Петербурга он не был известен, если не сказать, что не был известен вообще, и по этой причине о нем было сложно сказать хорошее или плохое. Лишь одно было ясно уже в 1999 г.: Путин пришел из КГБ, где проработал всю свою сознательную жизнь. Отбор в эту организацию производили специальные люди, отбирая туда тоже очень специальных людей. С этими засекреченными людьми мало сталкивалось население огромной страны, а если сталкивалось, то часто не знало, что коллеги, друзья или даже родственники работают в структурах госбезопасности. Наоборот, те, кто работал в этих структурах, очень хорошо друг друга и друг о друге знали. И по воле могущественной организации КГБ-ФСБ, в которой они работали, помогали друг другу, продвигали друг друга, назначали друг друга на все более и более высокие должности, распространяясь по безграничным территориям как раковая опухоль. Непосвященное население никогда не могло понять, чем именно объяснялся карьерный рост того или другого человека, часто не выделявшегося профессиональными навыками, а то и выделявшегося, но в сторону непрофессионализма. А бестолковые коллеги все становились и становились начальниками. И приходилось делать вывод, что порочной является советская система (или страна Россия). Между тем «система» была не такая уж бестолковая, просто это была совсем другая система — система КГБ-ФСБ, которая преследовала простую цель: всеми правдами и неправдами стараться ставить на все руководящие должности собственных офицеров действующего резерва или завербованных агентов.

Мы расскажем всего лишь о нескольких друзьях и знакомых Путина и об одном его враге; и на примере этой главки постараемся объяснить, чем плох президент из КГБ. А плох он тем, что тащит за собой наверх тысячи маленьких Путиных, таких же никаких, как он, только с «ксивой» сотрудника или агента госбезопасности, своих друзей, которые, по-человечески рассуждая, не друзья, а соратники по КГБ-ФСБ, и по воле все той же организации, Путин их предаст, продаст и «додушит», если будет нужно, — как «додушивают» сегодня офицеров действующего резерва, посланных на работу к Михаилу Ходорковскому и принесенных в жертву многомиллиардному экономическому проекту по разграблению нефтяной компании ЮКОС. Они просто стали разменной монетой, жертвами обстоятельств. У сотрудника спецслужбы не бывает друзей. Люди, с которыми он сталкивается, делятся на две категории: агенты и объекты. Агент — это тот, кого ты вербуешь, кто поставляется тебе информацию, является твоим источником. Объект — это тот, кого ты разрабатываешь, т. е. формально или не формально, но заводишь на него дело. Иногда агент становится объектом, а объект — агентом. Такое тоже бывает.

Наверное, не все люди, с которыми по жизни сталкивался Путин, сознательно делились им на агентов и объектов. Но нет ничего более наивного, чем считать, что у Путина есть или были друзья. Хотя в частотном словаре любого языка слово «друг» будет одним из самых часто употребляемых. Нам тоже не избежать в этой главе употребление слова «друг» применительно к многочисленным людям, с которыми пересекался президент Путин. Но наталкиваясь в очередной раз на это слово (так уж устроен человеческий язык, что приходится его употреблять), читатель обязан понимать, что этот «друг» — не друг, а коллега по работе в КГБ-ФСБ или агент, часто в формальном смысле. Или даже объект. Итак, «друзья» президента...

СЕРГЕЙ ЧЕМЕЗОВ

В конце 80-х годов в Москве появился внешне довольно обаятельный мужчина. Звали его Сергей Чемезов. В дни, когда пишутся эти строки, его имя достаточно широко известно в России, как друга президента Путина в том числе. По роду своей деятельности Чемезов весьма успешно торгует российским оружием, возглавляя компанию Рособоронэкспорт. Россия на втором месте в мире по продаже оружия, уступая только Соединенным Штатам. Объемы российских продаж оружия превышают 5 млрд долларов в год.

На момент обоснования в Москве в 1989 г. Чемезов известен не был. Он вырос в Иркутске. По окончании местного политехнического института непродолжительное время работал в Научно-исследовательском институте редких и цветных металлов. Женился, был зачислен на службу в КГБ, служил во 2-м контрразведывательном отделе КГБ по Иркутской области, затем был отправлен в ГДР в качестве сотрудника советской разведки — 1-го Главного управления КГБ.

Официальной (открытой) стороной его деятельности была работа в представительстве объединения «Луч» в Дрездене, занимавшемся развитием атомной энергетики. Основной же задачей Чемезова было добывание технических и технологических секретов западных стран в интересах Управления «Т» Первого главного управления (ПГУ) КГБ. В интервью в октябре 2005 г., отвечая на вопрос о совместной службе с президентом Путиным, Чемезов заметил: «Зачем отрицать то, что было? Действительно, мы работали в ГДР в одно время. С 1983-го по 1988 г. я возглавлял представительство объединения «Луч» в Дрездене, а Владимир Владимирович приехал туда в 1985 г. Жили в одном доме, общались и по службе, и по-соседски». С разведкой, однако, у обоих не сложилось; пришлось возвращаться на родину.

В 5-м управлении КГБ (будущем Управлении по защите конституционного строя) служил ветеран этого подразделения генерал-майор Евгений Кубышкин. В органах госбезопасности он прошел через многие карьерные ступени, побывав даже вторым секретарем парткома КГБ. Должность эта была весьма авторитетна и обеспечивала дальнейший высокий карьерный рост. В партком КГБ Кубышкин был избран, когда работал начальником 8-го отдела 5-го управления. Отдел занимался разработкой так называемых еврейских экстремистов: делом Анатолия Щаранского и других известных евреев-отказников. Избранию Кубышкина в высший партийный орган КГБ, на партийном учете которого состояло более 32 тысяч коммунистов, способствовал начальник 5-го управления генерал-лейтенант Филипп Бобков, старательно расставлявший верных ему людей на различные высокие должности в системе КГБ.

Пробыв определенный срок вторым секретарем парткома КГБ, Кубышкин был назначен первым заместителем Инспекторского управления КГБ. Вскоре ему было присвоено звание генерал-майора. Инспекторское управление по своему могуществу уступало лишь Управлению кадров. Именно в кабинетах этих двух управлений вершились судьбы руководящего состава госбезопасности СССР. Бобков смог продвигать своих людей прежде всего благодаря Кубышкину. Так, начальник 2-го отдела 5-го управления (разработка националистических экстремистов) Голушко возглавил секретариат КГБ; затем был назначен председателем КГБ Украинской ССР, а в 1993 г. назначен министром безопасности РФ. Начальник 7-го отдела 5-го управления (пресечение незаконного оборота оружия и деятельности анонимов, высказывающих террористические и иные общественно опасные намерения) Головин возглавил КГБ Узбекской ССР. Несколько других начальников отделов 5-го управления возглавили областные управления госбезопасности. Пожалуй, ни одно из подразделений КГБ не дало такого количества руководителей высшего звена, как 5-е управление Бобкова, а сам Ф. Д. Бобков стал заместителем, а затем и первым заместителем председателя КГБ.

Правда, сам Кубышкин стремительной карьеры не сделал. Примерно через два года он вернулся в 5-е управление на должность заместителя начальника Управления, без перспектив дальнейшего продвижения по службе. Излишне прямолинейный и жесткий, Кубышкин на посту заместителя начальника Инспекторского управления сумел приобрести могущественных врагов в среде высшего звена руководителей органов КГБ. Опытные интриганы, умело используя его чрезмерную любовь к женщинам и выпивке, смогли быстро убрать его с ответственной должности и фактически поставить крест на его карьере. Вернувшемуся в 5-е управление Кубышкину было поручено курировать ряд отделов, в том числе 11-й. Отдел этот был создан в 1977 г. в целях контрразведывательного обеспечения канала международного спортивного обмена. Ближайшей задачей того периода было обеспечение безопасности предстоящей Олимпиады 1980 г., которая проводилась в Москве и Таллине.

В 11-м отделе служили в основном ветераны 5-го управления. Появление в нем нового сотрудника — Чемезова, да к тому же родом из провинциального Иркутска, было воспринято в отделе негативно, так как Чемезов был ставленником нелюбимого генерала Кубышкина. Приходу нового сотрудника сопутствовал ряд «странностей», нарушавших порядок, соблюдаемый при переводе сотрудников периферийных органов в центральный аппарат КГБ. Как правило, сотрудник, зачисляемый в подразделения центрального аппарата, назначался на должность на несколько ступеней ниже той, которую он занимал по прежнему (провинциальному) месту службы. Чемезов же получил ту же должность — старший оперативный уполномоченный, видимо, потому что прибыл в Москву из Дрездена. Кроме того, Чемезова как офицера действующего резерва назначили заместителем генерального директора Союзспортобеспечения, в ведомство, занимавшееся закупкой спортивной одежды и инвентаря за границей для всех советских спортсменов. Квартиру в Москве Чемезову тоже дали, а это в советские годы было немало (многие московские сотрудники КГБ годами ждали очереди на улучшение жилищных условий).

В Союзспортобеспечении наиболее близкие отношения у Чемезова сложились с генеральным директором Виктором Галаевым, в прошлом комсомольским работником, начальником одного из спортивных управлений Спорткомитета СССР и секретарем парткома этого ведомства. Понятно, что монополия на закупку спортивных товаров позволяла контролируемой Галаевым и Чемезовым организации заключать любые соглашения с иностранными фирмами таким образом, что часть денег от контрактов оседала в их карманах, причем деньги эти были для того времени большими: десятки тысяч долларов.

В начале 1990-х гг. Галаев и Чемезов занялись в Санкт-Петербурге популярным тогда бизнесом по продаже куриных окорочков — «ножек Буша», как их называли в народе. Вложили они в этот бизнес около ста тысяч долларов. Бизнес работал неофициально, через доверенных людей, так как госслужащие Галаев и Чемезов (к тому же являвшийся офицером госбезопасности) на личную коммерческую деятельность права не имели. Но у нечестного бизнеса в России были нечестные законы, и друзей, как тогда говорилось, «кинули». Встал вопрос о выбивании денег из обманувших Галаева и Чемезова санкт-петербургских партнеров. Официальные инстанции отпали, так как бизнес был левый. Оставалось одно — обратиться к бандитам.

Среди коллег чекиста Чемезова был молодой офицер, недолгое время прослуживший в 3-м отделе 5-го управления КГБ, — старший лейтенант Юрий Зернов. Несколько лет Зернов проработал в качестве гражданского (без воинского звания) специалиста в одном из подразделений Управления правительственной связи (УПС) КГБ, совмещая работу с учебой во Всесоюзном заочном юридическом институте. По окончании учебы лейтенанту Зернову было поручено курирование Союзспортобеспечения, где он познакомился и сдружился с Чемезовым. Вскоре, как офицер действующего резерва, Зернов ушел в коммерцию.

Случай свел его с маршалом Советского Союза Константиновым и его сыном Аркадием, бывшим работником генпрокуратуры СССР, проработавшим там в должности следователя по особо важным делам в звании старшего советника юстиции. Аркадий, используя связи отца в оборонной промышленности, пытался наладить продажу авиационной техники. Оборонная промышленность страны в те годы пребывала в отчаянном положении. Оставшись без государственных заказов, предприятия выживали как могли, порой продавая за бесценок дорогостоящую продукцию. Аркадий не испытывал проблем с предложениями купить авиационную технику — от вертолетов «МИ-8» до гигантов транспортных самолетов «Антей». Сложности были с нахождением покупателей. По совету отца Аркадий Константинов взял в помощники Юрия Зернова, полагая, что его связи в ФСБ могут быть полезны. И не ошибся. Зернов вскоре получил информацию от коллег из ФСБ, что одна китайская фирма заинтересована в восьми вертолетах «МИ-8». В короткий срок Аркадий Константинов сумел найти нужное количество вертолетов, и российская сторона их быстро приобрела по выгодной цене: 875 тысяч долларов за вертолет. Заводы-производители были рады этим деньгам, так как попросту бедствовали. На счет Аркадия Константинова в одном из немецких банков поступило за посредничество более 800 тысяч долларов (ему и Зернову). Коллеги Зернова из ФСБ получили за услуги дефицитные в России факс и ксерокс.

Через несколько месяцев Константинов и Зернов купили по хорошей квартире в Москве и по автомобилю «вольво». Однако на этом удача их оставила. Предложений по приобретению авиатехники больше не поступало. Российская компания, приобретшая вертолеты для Китая, как оказалось, не смогла реализовать контракт и денег с китайской стороны не получила. Так и не проданные в Китай вертолеты стояли где-то зачехленные, банковские проценты на занятые деньги росли. К Константинову и Зернову это, правда, отношения не имело; тем не менее партнеры расстались, причем Зернов считал, что Константинов ему из тех 800 тысяч не доплатил. Поэтому Зернов организовал «бригаду бойцов» во главе с бывшим боксером Печеночкиным и «наехал» на Константинова и его приятеля, живущего в Германии и контролировавшего немецкий банковский счет Константинова с полученными за посредничество деньгами. Так занялся Зернов выбиванием долгов в России и Европе.

Вскоре при невыясненных обстоятельствах был убит глава компании, приобретшей вертолеты, чья задолженность одному из банков составила большую сумму. В ФСБ, разумеется, хорошо были осведомлены о том, чем промышляет Зернов. И когда Чемезову пришла пора выбивать сто тысяч долларов за непоставленные «ножки Буша», выбор его остановился на старом знакомом — Зернове.

Оказалось, однако, что чемезовские сто тысяч украла структура, которую «крышевала» могущественная в Санкт-Петербурге «Казанская» организованная преступная группировка (ОПГ). «Бойцы» Зернова денег вернуть не смогли и, вступив в перестрелку с «Казанскими», еле унесли из Санкт-Петербурга ноги. Тогда Чемезов вышел на сотрудника 5-го управления КГБ Александра Петровича Евдокимова, бывшего куратора МВД СССР по линии Управления ЗВ КГБ СССР. Евдокимов был близко знаком с верхушкой чеченской мафии, действующей в Москве в начале 90-х годов, поскольку то ли руководил одной из чеченских преступных группировок, то ли был ее консультантом. Однако для чеченской ОПГ сто тысяч были небольшой суммой. Связываться из-за этих денег с Санкт-Петербургом Евдокимов не стал. Оставалась последняя надежда — на старого знакомого по Дрездену.

РОМАН ЦЕПОВ

Роман Цепов (настоящая фамилия Белинсон) родился в 1962 г. в Ленинградском пригороде Колпино. После окончания средней школы Роман работал слесарем на Ижорском заводе. Был призван в армию. Мать Романа была главным стоматологом в системе исправительных учреждений Ленинграда и области. Благодаря этому молодой человек с еврейской фамилией Белинсон смог поступить после армии в Высшее политическое училище МВД СССР, где сменил фамилию на Цепов при вступлении в ряды КПСС. Служил Роман Цепов во внутренних войсках и подал в отставку (по другим сведениям — был уволен) в самом начале 90-х годов в звании капитана внутренних войск.

В 1992 г. Цепов открыл в Санкт-Петербурге одно из первых частных охранных предприятий (ЧОП) — «Балтик-Эскорт» (лицензия № 020004) и стал его генеральным директором. Идея создания ЧОПа принадлежала офицеру бывшего 9-го управления КГБ СССР, а затем — Федеральной службы охраны (ФСО) Виктору Золотову. Как офицер действующего резерва ФСБ, он формально курировал ЧОП со стороны ФСБ, одновременно являясь начальником охраны мэра Санкт-Петербурга Собчака и официальным сотрудником ЧОПа «Балтик-Эскорт». Вторым куратором ЧОПа от ФСБ был Игорь Корешков — сослуживец Путина по ленинградскому управлению КГБ.

Таким образом Собчака, имевшего по должности право на федеральную охрану, охраняла ФСО, а семью Собчака — жену Людмилу Нарусову и дочь Ксению, и вице-мэра города Владимира Путина, не имевших формального права на федеральную охрану, охранял ЧОП Цепова, где сотрудником числился Золотов, работавший одновременно в ФСО и являвшийся начальником охраны Собчака. Разобраться в этих хитросплетениях было не просто, но получалось, что Собчака, его семью и Путина охраняли одни и те же люди из команды Золотова — Цепова.

В 1999 г. в интервью газете «Версия» Цепов так вспоминал об этом времени: «Я охранял дочку Собчака, иногда — его жену. Не более того... В питерской администрации пароходство курировал Путин. И администрация обратилась в наше агентство. Заключили договор, и мы работали с Путиным. Работа заключалась в том, чтобы смотреть. Вошел в дом, вышел из дома, сел в машину, вышел из машины... На тот момент Путин по своему статусу был не той фигурой, которой полагается охрана ФСО. Сейчас все вице-губернаторы Питера имеют охрану. Их тоже охраняют частные агентства. Конечно, возникает вопрос: а на какие деньги? Это же дорого. А тогда, в 1996 г., я брал с Путина «несколько копеек», потому что и мне это было выгодно — охрана вице-мэра поднимала имидж агентства. Путин платил всего лишь на зарплату двум ребятам, которые его охраняли, — 400—500 долларов в месяц, оплата ему была по силам. Удобный был клиент».[1]

Однако о своих отношениях с Путиным Цепов многого не договаривал. Именно Цепов собирал с коммерсантов деньги по линии санкт-петербургского КВС. Именно с Цеповым свел Путин своего старого приятеля Чемезова, когда тот обратился к нему за помощью, причем Цепов, в отличие от всех остальных, сумел вернуть Чемезову украденные у него сто тысяч. Цепов, с подачи Путина, участвовал в крупных коммерческих сделках, например в приватизации Балтийского морского пароходства.

«Балтик-Эскорт» стало основным ЧОПом, обслуживающим Смольный. В числе первых в Санкт-Петербурге оно получило лицензию, дающую право на ношение огнестрельного оружия. А сам Цепов стал числиться кадровым офицером 7-го отдела Регионального управления по борьбе с организованной преступностью (РУБОПа) Санкт-Петербурга и имел удостоверения ГУВД и УФСБ (при необходимости Цепов предъявлял «корочки» самых разных силовых структур). Многие машины «Балтик-Эскорта» были оборудованы спецсигналами, а у самого Цепова была «непроверялка» — особый пропуск, гарантирующий автомобиль от остановок и досмотров.

В сферу охраны ЧОПа Цепова — Золотова сразу же попали престижные объекты в центре города, круизные суда, гастролирующие эстрадные звезды. Поставив к себе на зарплату многих во властных структурах и правоохранительных органах Санкт-Петербурга, Цепов и Золотов создали систему, позволяющую бизнесменам через посредничество «Балтик-Эскорта» решать спорные вопросы с партнерами и бандитами, охранять трафик «черного нала», используемого городскими властями и бизнесменами, желающими договориться друг с другом, бандитами и бизнесменами, желающими договориться с мэрией, и бизнесменами, желающими договориться с бандитами.

В «Балтик-Эскорте» какое-то время работал Александр Ткаченко, он же Ткач, считавшийся лидером пермской ОПГ. Цепов имел дела с Александром Малышевым (руководителем малышевской ОПГ), позднее убитым; с братьями Шевченко, один из которых был убит, а второй получил семь лет условно за вымогательство. Следует отметить, что 1990-е гг. в Санкт-Петербурге, да и во всей России были самым кровавым периодом «разборок» и заказных убийств. Но ни одно лицо, охраняемое ЧОПом Цепова, убито не было. Цепов в основном был стороной нападавшей, а не обороняющейся.

ВЫВОЗ АНАТОЛИЯ СОБЧАКА ВО ФРАНЦИЮ

В 1995 г., в рамках общего плана по захвату власти в России, Коржаков и его сподвижники решили сместить с поста мэра Санкт-Петербурга Анатолия Собчака, сторонника президента Ельцина. Разработка семьи и окружения Собчака началась в мае 1995 г. силами 2-го отдела (борьба с коррупцией) Управления по борьбе с экономическими преступлениями (УБЭП) Управления внутренних дел Санкт-Петербурга. В декабре появилось беспрецедентное совместное распоряжение двух силовых российских министров — руководителя Службы безопасности России (СБР, бывшее КГБ и будущая ФСБ — тогда КГБ все время переименовывали и реструктуризировали) Михаила Барсукова и министра внутренних дел Анатолия Куликова, поддержанное генпрокурором страны Юрием Скуратовым: «О создании межведомственной оперативно-следственной группы для расследования фактов получения взяток должностными лицами мэрии Санкт-Петербурга». Политический характер травли Собчака был очевиден. То, что за указанием снять Собчака стоит всесильный Коржаков, знали все. Но и то, что в «криминальной столице России» Санкт-Петербурге процветает коррупция и чиновники берут непомерные взятки, тоже всем было известно. Схватка велась не по-джентельменски.

Группу санкт-петербургских следователей возглавил заместитель начальника следственного управления Генпрокуратуры России Леонид Прошкин — один из самых известных российских следователей, ведущих важные государственные коррупционные дела, так называемые «важняки». За год следственная бригада собрала несколько десятков томов уголовного дела за № 18/238278-95. По версии следствия санкт-петербургская строительная фирма «Ренессанс», получившая в собственность несколько многоквартирных домов в городе на условии их реставрации, расплачивалась за этот крупный контракт с небескорыстно вовлеченными в проект сотрудниками мэрии отремонтированными квартирами, продавая их указанным лицам и их родственникам по заведомо заниженным ценам. В ходе следствия были обнаружены документы за подписью Собчака, обеспечивавшие режим наибольшего благоприятствования фирме «Ренессанс», а ее глава Анна Евглевская дала показания, что выплатила 54 тысячи долларов за выселение жильцов принадлежавшей городу квартиры № 17 в доме № 31 на набережной Мойки. Указанная квартира имела смежную стену с квартирой № 8, в которой проживал Анатолий Собчак, его жена Людмила Нарусова и дочь Ксения. После выселения жильцов квартира № 17 перешла Собчаку, а для прикрытия была оформлена на имя Сергеева, личного водителя близкой подруги жены Собчака Людмилы Нарусовой. Улучшили свои жилищные условия также племянница мэра города Марина Кутина (девичья фамилия Собчак) и начальник аппарата Собчака Виктор Кручинин.

Кроме того, были вскрыты факты коррупции в прокуратуре Санкт-Петербурга. В соответствии с контрактом, подписанным управляющим делами генеральной прокуратуры Назиром Хапсироковым с турецкой фирмой Ata Insaat Saanyi Ticaret, Ltd., на ремонт здания прокуратуры Санкт-Петербурга было выделено 5.855.435 долларов. Три миллиона из указанной суммы турецкая фирма не получала вообще. Стоимость ремонтных работ была завышена вдвое. У дочери прокурора города откуда-то появилась квартира.

Собчак пытался защищаться. 20 мая 1996 г. санкт-петербургский филиал партии «Наш дом — Россия» обратился к президенту, генпрокурору и премьер-министру с открытым письмом в защиту

Собчака, выражая «решительный протест против травли и клеветы, развернутой Генеральной прокуратурой». «Под предлогом “борьбы с коррупцией”, — говорилось в письме, — генпрокуратура использует свою работу в политических целях, дискредитируя власть. Следственная группа Л. Г. Прошкина дает интервью и в нарушение всех процессуальных норм публикует бездоказательные материалы в коммунистической прессе: “Советская Россия”, “Правда”, “Народная правда”, которые используются в качестве агитационных листовок в предвыборной борьбе. Обращая внимание на это обстоятельство, петербургская организация “Наш дом — Россия” требует принятия решительных мер для прекращения использования правоохранительных органов в политических целях».

И это тоже было абсолютной правдой, как и факты коррупции, собранные в томах уголовного дела. Среди подписавших письмо был председатель совета санкт-петербурской организации «Наш дом — Россия» Владимир Путин.

Политически Собчак эту битву проиграл: 2 июня 1996 г. мэром города был избран заместитель Собчака Владимир Яковлев. После поражения Собчака на выборах «квартирное дело» не заглохло. В декабре 1996 г. следственную группу возглавил новый следователь Генпрокуратуры Николай Михеев. Летом 1997 г. по делу были арестованы начальник планово-экономического отдела Главснаба санкт-петербургской мэрии Валентина Любина, бывший помощник мэра Собчака по жилищным вопросам Лариса Харченко и начальник аппарата мэра Виктор Кручинин. К осени, опираясь на показания арестованных и другие собранные материалы, следствие было уже готово выдвинуть обвинения против самого Собчака и членов его ближайшего окружения. Планировались аресты целой группы лиц, в том числе и бывшего мэра города.

Путин в то время был уже в Москве на недосягаемой для санкт-петербургских следователей высоте, но прикрывал Собчака, понимая, что косвенно защищает этим себя, так как следствие докопалось до махинаций Путина. В записке следствия «О некоторых аспектах работы оперативно-следственной бригады МВД в Санкт-Петербурге» о Путине говорилось:

«Получены данные, содержащие признаки преступления — использования служебного положения в корыстных целях — в отношении Путина, одного из высокопоставленных чиновников администрации президента, члена команды Чубайса. Занимаемое в настоящее время Путиным служебное положение сильно осложняет деятельность оперативно-следственной группы и позволяет А. Собчаку чувствовать себя в относительной безопасности».

Путин, занимавший в тот момент должность начальника Главного контрольного управления администрации президента, блокировал «квартирное дело» как мог. Прокурором Санкт-Петербурга был возбужден ряд уголовных дел в отношении офицеров городской милиции, вовлеченных в расследование дела Собчака. Несколько сотрудников милиции, в том числе руководящих, были арестованы. К Путину в Москву зачастила жена Собчака Людмила Нарусова. Разговаривали они всегда наедине, поэтому подробности их бесед неизвестны. Именно Нарусова сообщила Путину, что на Коллегии Генпрокуратуры России после долгих дебатов было принято решение об аресте Собчака. А арест Собчака ставил под угрозу все его окружение, прежде всего Путина.

3 октября 1997 г. теперь уже бывший мэр Собчак был вызван на допрос в прокуратуру. Ожидалось, что ему будет предъявлено обвинение с последующим арестом. Допустить этого не могли ни демократы, символом которых был Собчак, ни Путин, к которому после ареста Собчака потянулись бы нити расследования. По просьбе Путина спецотряд быстрого реагирования Регионального управления по борьбе с преступностью (РУБОП) вывез допрашиваемого Собчака прямо из прокуратуры в больницу, где начальник Военно-медицинской академии Юрий Шевченко, человек близкий к семье Собчака, хороший знакомый Путина, немедленно поставил диагноз, вызвавший тогда серьезные сомнения: обширный инфаркт.

Понимая, что Собчака выводят из под ареста, следователь Михеев встретился с тогдашним руководством Министерства здравоохранения России и договорился о независимом обследовании Собчака столичной профессурой. Однако судебной медицинской экспертизе, информацию о которой Генпрокуратура не вправе была скрывать от кремлевских чиновников, не заинтересованных в аресте Собчака, не суждено было состояться. За три дня до приезда в Санкт-Петербург группы московских кардиологов, 7 ноября 1997 г., офицеры РУБОПа Дмитрий Шаханов и Дмитрий Милин под руководством первого заместителя начальника Управления ФСБ по Санкт-Петербургу Александра Григорьева забрали Собчака из госпиталя и вывезли его в Париж на частном самолете финской авиакомпании Jetflite, зафрахтованном известным виолончелистом и дирижером Мстиславом Ростроповичем. Операцию по вывозу Собчака организовал и контролировал Путин. Прямо на взлетную полосу аэропорта Пулково стремительно выехала машина «скорой помощи», из нее вышли Анатолий Собчак и Людмила Нарусова, сели в самолет и улетели.

Став президентом, Путин не забыл тех, кто помогал ему в проведении этой операции. Ростропович стал близким другом Путина. Григорьев (заместитель директора ФСБ в 1998—2001 гг.) возглавил Федеральное агентство по государственным резервам. В 2008 г. Григорьев даже был включен в список возможных преемников Путина (преемником не стал и скоропостижно скончался 10 декабря на 60-м году жизни). Юрий Шевченко стал министром здравоохранения России. На этом посту Шевченко получил прозвище Доктор Смерть, так как в период его руководства российской медициной смертность среди россиян резко увеличилась, а во время освобождения заложников «Норд-Оста» на Дубровке в Москве 23 октября 2002 г. в результате неадекватных медицинских мер по спасению людей, отравившихся усыпляющим газом, погибло 129 человек. После пяти лет провальной деятельности Шевченко был отправлен в отставку.

НАЗИР ХАПСИРОКОВ И АШОТ ЕГИАЗАРЯН

Управляющий делами генеральной прокуратуры Назир Хапсироков родился в 1952 г. в селе Хабез Карачаево-Черкесской АССР в семье профессора, доктора наук Карачаевского педагогического института Хазира Хапсирокова. После окончания школы Назир поступил в институт, в котором преподавал его отец. В каникулы в числе других студентов подрабатывал инструктором на горнолыжном курорте Домбай, причем уже здесь проявил предприимчивость. Каждой группе, с которой он работал, объявлял, что у него день рождения, после чего следовал сбор денег на подарок. Собранные таким образом деньги являлись неплохим дополнением к зарплате.

После института Назир стал секретарем райкома комсомола, а затем инструктором райкома партии. Однако он продолжал попрежнему пьянствовать, и дело дошло до рассмотрения вопроса об его исключении из партии. Спасло заступничество отца, уважаемого в республике человека. Но на карьере партийного функционера пришлось поставить крест. Назир уехал из родного города и стал директором комбината бытового обслуживания, организовал на своем комбинате подпольное производство трикотажа. В Советском Союзе таких людей называли «цеховиками». Они производили товар за государственный счет на государственных предприятиях, но по бумагам товар этот не проходил, его как бы не было. А все деньги от продажи шли в карманы организаторов этого не простого и рискованного частного бизнеса, запрещенного советским законодательством. Рано или поздно «цеховиков» арестовывали. Так было и с Назиром. Последовало возбуждение уголовного дела, Хапсирокова на время расследования посадили в следственный изолятор.

Уголовные дела в отношении «цеховиков» в СССР вели органы КГБ, так как крупные экономические аферы в Советском Союзе считались экономической диверсией, угрожающей устоям государства. За незаконные операции, превышающие миллион рублей, Уголовный кодекс РСФСР предусматривал даже смертную казнь. Хапсирокову грозил в лучшем случае длительный срок. Но ему была предложена свобода и закрытие уголовного дела в обмен на сотрудничество в качестве агента КГБ.

Когда в начале 90-х годов Хапсироков занялся строительством дач в Подмосковье для чиновников московского и всероссийского уровня, против него было возбуждено очередное уголовное дело о перерасходе средств на сумму, превышающую полмиллиона долларов. Иными словами, его обвинили в том, что он украл более 500 тысяч. Назир все списал на своего заместителя, который пропал. Сам Хапсироков перешел на другую работу — хозяйственником в Генеральную прокуратуру России. Генеральным прокурором был тогда бывший начальник Контрольно-ревизионного управления (КРУ) президента Алексей Ильюшенко. С новым назначением Хапсирокова совпали появившиеся в прессе сведения о том, что бюджетные деньги, поступающие в Генпрокуратуру на содержание всех прокурорских структур страны, размещаются на счетах Московского национального банка и Уникомбанка, которыми руководил приятель Хапсирокова Ашот Егиазарян.

Ашот Егиазарян родился в Москве 2 июля 1965 г. В конце 1970-х гг. вместе с семьей эмигрировал в Лос-Анджелес. Как раз в 1970-е гг. в Сан-Франциско было открыто генеральное консульство СССР, занимавшееся дипломатическим прикрытием действий советской разведки и выдачей виз американцам, желающим посетить Советский Союз. Все копии анкет на получение въездных виз направлялись в Консульское управление советского Министерства иностранных дел (МИД) и в КГБ СССР — в Центральный пункт оперативной связи. Это давало возможность различным подразделениям госбезопасности активно участвовать в процессе выдачи (или не выдачи) въездных виз иностранным гражданам. Сотрудниками консульских отделов посольств СССР, а затем России, как правило, являлись офицеры разведки, действующие под прикрытием дипломатических должностей. Благодаря этому КГБ и ФСБ были всегда заблаговременно осведомлены о планируемом прибытии в страну того или иного иностранца.

В биографии Егиазаряна все выглядело странно. В 1991 г. в возрасте 25 лет Егиазарян возглавил «Фонд социально-экономического развития московского региона». В 1993 г. создал и возглавил Московский национальный банк (название которого звучит очень не по-русски: «московский национальный»). В 1995 г. банк стал одним из крупнейших в России (затем обанкротился). В банке были размещены счета администрации московской области, Министерства обороны, Росвооружения, Российского космического агентства и Генеральной прокуратуры. В 1996 г. Егиазарян покинул банк и оказался в кресле заместителя председателя совета директоров Уникомбанка. Одним из руководящих сотрудников этого банка стал сын нового генерального прокурора Юрия Скуратова, которому услужливый банкир Егиазарян отремонтировал квартиру, получив за это должность советника генпрокурора России, каковым оставался до 1998 г. Разгадка успеха Егиазаряна заключалась в том, что он был завербован в качестве агента Службой внешней разведки (СВР) России.

Именно этих агентов-приятелей — агента ФСБ Хапсирокова и агента СВР Егиазаряна — использовал Путин для разработки генерального прокурора России Юрия Скуратова, расследовавшего экономические преступления людей из окружения Ельцина. В 1998 г. на деньги Уникомбанка, где работал Егиазарян, была снята та самая «нехорошая квартира», в которой некие неизвестные лица — подчиненные директора ФСБ Путина — сделали видеозапись развлечений «человека, похожего на генерального прокурора» России Юрия Скуратова с двумя «девушками по вызову», из-за чего Скуратов в конце концов был вынужден уйти в отставку.

Уникомбанк скоро рухнул. При банкротстве банка пропали облигации внутреннего валютного займа московской области и 230 млн долларов, выделенных МАПО МиГ на производство самолетов-истребителей для Индии. Деньги эти найдены не были. После краха банка возбуждалось несколько уголовных дел, но ни одно из них не затронуло Егиазаряна. А когда количество компромата в отношении Хапсирокова и Егиазаряна превысило критическую массу и стало грозить следствием и арестом, Хапсироков укрылся в Администрации президента России, где работает по сей день, а Егиазарян третий срок подряд является депутатом Думы от ЛДПР, получил таким образом неприкосновенность, два срока (до декабря 2007 г.) возглавлял Комитет Думы по бюджету и налогам.

ЧЕМЕЗОВ ПРИ ПРЕЗИДЕНТЕ

В 1997 г. Росвооружение возглавил бывший офицер КГБ, председатель правления МАПО-банка, шеф-редактор газеты «Мегаполис-экспресс» Евгений Ананьев, которого опекали до своей отставки начальник СБП Коржаков и первый вице-премьер Сосковец.

Вскоре Указом президента РФ Ельцина были созданы дополнительные структуры для осуществления поставок российского вооружения за рубеж: Промэкспорт и Российские технологии. Появление новых продавцов оружия привело к конкурентной борьбе между ними и резкому спаду продаж. Результатом этого явилась комплексная проверка в 1998 г. деятельности Росвооружения главным контрольным управлением президента, возглавляемого ставленником Путина Николаем Патрушевым. Что вскрыла проверка осталось тайной, хотя в июне 2004 г. в итальянских СМИ появились сообщения о том, что бывший глава компании «Росвооружение» Ананьев обвиняется итальянскими властями в отмывании 18 млн долларов, которые были получены им и группой российских заинтересованных лиц от перуанских властей в качестве взятки за предоставление Перу выгодного контракта на покупку истребителей «МиГ-29».

Став главой государства, Путин сразу же объединил российских продавцов вооружений в единую структуру — «Рособоронэкспорт», чтобы было легче контролировать денежные потоки. Во главе новой организации он поставил своего сослуживца по разведке Андрея Бельянинова, а первым заместителем Бельянинова — Чемезова. Государственную комиссию по военно-техническому сотрудничеству с зарубежными странами Путин возглавил лично.

В 2004 г. Чемезов сменил Бельянинова и стал руководить Рособоронэкспортом. В декабре 2006 г. президент РФ Владимир Путин подписал Указ «О некоторых вопросах военно-технического сотрудничества Российской Федерации с иностранными государствами», в соответствии с которым госкомпания «Рособоронэкспорт» получила монопольное право на торговлю российским оружием. До подписания данного указа восемнадцать других оборонных предприятий имели право на поставки за границу запасных частей и сервисное обслуживание ранее поставленного вооружения. Кроме того, ряд крупных производителей боевой техники, такие, как производители истребителей «МиГ», Конструкторское бюро приборостроения и Научно-производственное объединение машиностроения, ранее также имели право на самостоятельный выход на зарубежный рынок. После президентского указа вся торговля российским оружием сосредоточилась в руках одного из самых близких Путину людей — Сергея Чемезова.

Торговля оружием по объемам и доходности находится на третьем месте после нефти и газа. Андрей Бельянинов, возглавлявший Рособоронэкспорт до Чемезова, в одном из своих интервью признал, что деньги, остающиеся за границей у комиссионеров и посредников, контролю и подсчету не поддавались. В дополнение к этому Комитет Госдумы по обороне весной 2007 г. подготовил законопроект, который позволил Рособоронэкспорту, имеющему 44 представительства за рубежом, пользоваться счетами российских посольств и иных заграничных представительств, т. е. не ввозить деньги от продажи оружия в Россию, держать на дипломатических счетах посольств, консульств и представительств.

Новый закон также разрешал продавать российское оружие за бартер. Дело это в принципе не новое. Советский Союз широко практиковал подобную систему оплаты с развивающимися странами, не имевшими возможности своевременной оплаты в твердой валюте. Вот и платили они кто бананами, кто цитрусовыми... Реализацией этих товаров, равно как и проработкой контрактов по оплате натуральной продукцией, занимались соответствующие подразделения Министерства внешних экономических связей, и продукция эта реализовывалась на территории СССР. Новый закон эти функции возложил на Рособоронэкспорт. Пояснительная записка к закону разъясняла:

«Привлекательность расчетов в натуральной форме обусловлена недостаточной платежеспособностью развивающихся стран, прежде всего Африканского региона, а также экономической целесообразностью для стран-импортеров российской продукции военного назначения расплачиваться за полученные товары производимой ими продукцией (текстиль, пальмовое масло и т. д.)».

Так, продолжала записка, в 2003—2004 гг. в Индонезию было поставлено военного снаряжения на сумму 150 млн долларов. Оплата производилась пальмовым маслом. В настоящее время планируется поставка в Королевство Таиланд вооружения на 400 млн долларов. Оплата будет производиться различными продуктами питания без ввоза их на территорию России (что означает освобождение Рособоронэкспорта от налога на добавочную стоимость).

Подобная форма продажи оружия российского производства и ее оплаты давала широкие возможности для манипуляций с ценами, получения неучтенных комиссионных и присвоения значительных денежных сумм, поскольку сложные схемы реализации продаж через бартерные сделки делали контроль продаж и учет финансовых поступлений практически невозможным.

На основе Рособоронэкспорта в 2007 г. была создана корпорация Российские технологии, в которую вошли кроме Рособоронэкспорта все его дочерние предприятия. Главой теперь уже всей корпорации снова стал Чемезов, причем Рособоронэкспорт приобрел: пакет акций Оборонпрома; находящийся в Перми завод оборонного назначения «Мотовилинские заводы»; две трети акций крупнейшей титановой корпорации «ВСМПО-Ависима», производящей 20% мирового титана; компанию «Русспецсталь» и автозавод «Автоваз». Новая корпорация была выведена из-под прямого контроля правительства. Ее главу по статусу назначал непосредственно президент. Иными словами, Путин создал в России военную монопольную суперструктуру по производству и продаже вооружений типа Газпрома, торгующего газом.

Неудивительно, что те, кто занимался вопросами российских поставок оружия зарубежным партнерам, равно как и сами эти партнеры, оказались в зоне повышенного риска. В марте 2007 г. из окна подъезда собственного дома «выпал» корреспондент газеты «КоммерсантЪ» Иван Сафронов, в прошлом военнослужащий. Занимался он журналистским расследованием поставок российских вооружений в Сирию и Иран. В июне в Лондоне из окна своей квартиры выпал египетский миллиардер Ашраф Марван, сделавший свое состояние на торговле советским и российским оружием.

5 июля 2007 г. в киевском следственном изоляторе № 13 был задушен гражданин России Олег Орлов. Он подозревался в контрабанде оружия из Украины в Иран, Китай и Эритрею. Украина подозревала Орлова в двух преступлениях: контрабандная поставка осенью 1999 г. радиолокационной станции П-14Ф в Эритрею, воевавшую с Эфиопией (по поддельным документам станция предназначалась для Румынии). Вторым обвинением против Орлова была незаконная продажа крылатых ракет Х-55СМ Китаю и Ирану. В обоих случаях оружие поставлялось через компанию Украинский спецэкспорт. До 2004 г. Орлов жил в Карловых Варах (Чехия). Он просил чешские власти предоставить ему политическое убежище, но получил отказ. При попытке выехать в Объединенные Арабские Эмираты Орлов был задержан в пражском аэропорту, а затем депортирован в Украину, где против него в 2004 г. Служба безопасности Украины (СБУ) возбудила уголовное дело. По этому же делу проходил бывший сотрудник СБУ генеральный директор фирмы «Украинский авиазаказ» Владимир Евдокимов, который был приговорен апелляционным судом Киева к шести годам лишения свободы.

СБУ объявила в розыск еще одного гражданина России — Игоря Шиленко. В деле фигурировали также бывший глава Украинского спецэкспорта Валерий Малев и гражданин Австралии Хайдер Сарфраз, которые погибли в автокатастрофах в 2002 и 2004 гг.

ЛЕОНИД ТЯГАЧЕВ

Пословица гласит: старый друг лучше новых двух. Бывает и по-другому. Новый друг Путина Леонид Тягачев, глава Национального олимпийского комитета России, наглядный тому пример. Родился Леонид Васильевич Тягачев 10 октября 1946 г. в подмосковном поселке Деденево. Долгие годы его жизни были связаны с железнодорожной станцией Турист, что совсем недалеко от Москвы. Местность в районе этой станции холмистая, и на их склонах оттачивали свое мастерство горнолыжники. Был среди них и совсем еще юный Леня Тягачев. Приобщившись к спорту, Тягачев окончил в 1973 г. факультет физического воспитания Областного педагогического института им. Н. К. Крупской. Институт был непрестижным, готовившим учителей физкультуры для средних школ Московской области. Образование получил Тягачев неважное.

Однако обладал он иными важными качествами. Был он приветлив, в особенности с теми, кто занимал высокое положение в партийно-советской элите, или с их детьми. Кататься на горных лыжах хотели многие. Удавалось же это совсем небольшому кругу людей. Необходимый инвентарь, несмотря на высокие цены, было не найти. Умело спекулируя инвентарем, знакомясь с нужными людьми, Тягачев постепенно пробился к самому верху: стал тренером сборной СССР по горным лыжам, которая, впрочем, на мировом уровне не котировалась. Теперь нужные люди, в которых Тягачев был заинтересован, получали от него все необходимое либо за символическую плату, либо бесплатно. У тренера сборной СССР Тягачева такие возможности были.

За короткий срок работы в качестве тренера сборной страны Тягачев сумел обзавестись влиятельными покровителями в Госкомспорте СССР, в Московском городском комитете партии и ЦК КПСС. Дом Тячева на станции Турист стал для его покровителей своего рода элитной горнолыжной базой. Кроме того, он установил хорошие деловые отношения со спортивными функционерами в местах, где проходили тренировочные сборы сборной СССР по горнолыжному спорту. Они были заинтересованы в проведении на их территории сборов, средства на которые поступали из Москвы. Кроме того, и им перепадало небольшое количество дефицитного снаряжения и экипировки. Одного телефонного звонка Тягачева директору Приэльбрусского совета по туризму бывшему военному летчику Ибрагиму Тимоеву было достаточно, чтобы нужный человек или его дети были размещены в гостиницах, в которых никогда не хватало мест. Через заведующего подъемника на гору на Чегете Залимханова Тягачев обеспечивал «друзей» бесплатным и внеочередным проходом на подъемники. Короче, Тягачев умело распоряжался своим административным ресурсом.

В то время, когда молодой тренер Тягачев укреплял свои позиции в этой должности (следует отметить, что никогда под его руководством советские горнолыжники не добивались значительных успехов на международных соревнованиях), начал свою службу в 1-м отделении 1-го отдела 5-го управления КГБ выпускник Высшей школы КГБ лейтенант Владимир Алексеевич Лавров. Ему было поручено курирование Госкомспорта СССР вместе со старшим товарищем по службе заместителем начальника 1-го отделения майором Анатолием Сергеевичем Смазновым. Собственно, именно стараниями Лаврова в середине 70-х годов в агентурной сети 5-го управления КГБ появился агент под псевдонимом Эльбрус, известный в обычной жизни как тренер советской горнолыжной команды Леонид Тягачев.

Работа Лаврова и Смазнова в Госкомспорте СССР (или Спорткомитете СССР) открывала широкие возможности. Через Управление медико-биологического обеспечения сборных команд страны для личного пользования получались дефицитные и дорогие иностранные лекарства. Через Главное спортивное снабжение (Главспортснаб) Спорткомитета и Союзспортобеспечение доставалось оборудование и снаряжение. Наставником Смазнова и Лаврова в деле «доставания» был их начальник — заместитель начальника 1-го отдела 5-го управления КГБ подполковник Виктор Тимофеевич Гостев.

Гостев был принят на службу в КГБ по партийному набору с должности начальника административно-хозяйственного отдела ЦК ВЛКСМ. На прежнем месте работы Гостев четко уяснил, что основное в карьере — хорошие отношения с начальством, расположение которого можно добиться различными подношениями. Все трое — Гостев, Смазнов и Лавров — старались как могли, снабжая необходимым спортивным снаряжением и экипировкой, вплоть до велосипедов, заместителей начальника 5-го управления КГБ генерала В. И. Никашкина и И. П. Абрамова, и начальника 5-го управления КГБ генерал-лейтенанта Бобкова. Но относились к Смазнову, Лаврову и Гостеву в КГБ плохо. Смазнову дали кличку Черный. Его младший коллега Лавров получил прозвище Гаденыш. Гостева в конце концов отправили в почетную ссылку в спортивное общество «Динамо» на должность заместителя председателя Центрального совета.

В феврале 1979 г. сборная команда СССР по горнолыжному спорту во главе с ее старшим тренером Тягачевым возвращалась с очередного кубка мира из Австрии. При таможенном досмотре в московском аэропорту «Шереметьево-2» в грузе команды, предъявленном для досмотра, были найдены вместо горнолыжных ботинок контрабандные 120 пар джинсов — дефицитнейшего и дорогого в СССР вида одежды. Контрабанда иностранных джинсов, почти что запрещенных в Советском Союзе, грозила Тягачеву серьезными неприятностями. В целях выяснения всех обстоятельств дела Госкомспорт СССР по согласованию с 5-м управлением КГБ направил в Австрию своего уполномоченного, директора международных альпинистских лагерей Михаила Вольфовича Монастырского, являвшегося агентом госбезопасности под псевдонимом Владимиров. Во время кратковременной поездки Монастырским-Владимировым были получены документальные данные, в том числе и подписанные Тягачевым накладные, свидетельствовавшие о том, что он, выбросив из коробок 12 пар горнолыжных ботинок, упаковал в них 120 пар вожделенных джинсов.

Дело шло к уголовному наказанию Тягачева. Транспортная прокуратура возбудила в отношении него уголовное дело по факту контрабанды в особо крупных размерах. Даже КГБ отказывалось помочь. Вербовавший Тягачева оперативный работник Лавров, опасаясь, что и сам будет наказан за действия своего агента, уклонялся от встреч с Тягачевым и не реагировал на его просьбы о помощи.

В это время в КГБ шла подготовка к обеспечению безопасности в период проведения Московских олимпийских игр 1980 г. Головным подразделением в этом важном деле считался 11-й отдел 5-го управления КГБ, в частности его 3-е отделение, которое срочно укрупнялось за счет прикомандированных туда на время олимпиады сотрудников других отделов. В числе новых сотрудников 3-го отделения 11-го отдела оказался в прошлом выпускник

Высшей школы КГБ капитан Федор Алексеевич Волков, ранее служивший в 9-м отделе 5-го управления КГБ, осуществлявшем разработку советских диссидентов. И испугавшийся возможных неприятностей из-за Тягачева, Лавров передал курирование Управления зимних видов спорта Госкомспорта СССР ничего не подозревавшему новому сотруднику Волкову. Последнему ничего не оставалось, как улаживать проблему перешедшего к нему по наследству от Лаврова агента Эльбруса. Волков договорился о переводе Тягачева на руководящую должность в российском Спорткомитете, но уголовной ответственности за содеянное Тягачев избежал. Дело было закрыто.

15 апреля 1980 г. в связи с Олимпийскими играми в Москве в КГБ было принято решение о введении должностей офицеров действующего резерва в ведущих спортивных организациях СССР: в Госкомспорте СССР, Госкомспорте РСФСР (России) и в Спорткомитете ВЦСПС. Данное решение было оформлено решением Секретариата ЦК КПСС за подписями главного идеолога советского государства Михаила Суслова и будущего генерального секретаря ЦК КПСС и президента СССР Михаила Горбачева. Так в должности заместителя начальника международного отдела Госкомспорта РСФСР оказался ветеран органов госбезопасности сотрудник 5-го управления КГБ полковник Эмирик Меркурьевич Шевелев.

Тягачев довольно быстро установил неформальные отношения с новым заместителем начальника, благодаря чему Шевелев и два его сына стали щеголять в одежде от западных фирм — производителей горнолыжного снаряжения, и приобщились к катанию на горных лыжах, полученных в подарок от любезного Тягачева.

Шевелев в долгу не оставался. Он писал справки для своих руководителей по линии госбезопасности, свидетельствующие о том, что Тягачев во всех отношениях исключительно положительный человек, ценный агент и в целях более полного обеспечения контрразведывательного контроля на канале международного спортивного обмена его просто необходимо отправлять в заграничные командировки в качестве тренера по горным лыжам. Так как любителями дорогостоящего горнолыжного обмундирования оказались еще начальник 11-го отдела 5-го управления КГБ полковник Н. Н. Романов и заместитель начальника 5-го управления КГБ генерал-майор В. А. Пономарев, тоже имевшие сыновей, понимавших толк в дорогой спортивной экипировке иностранного производства, вопрос о загранкомандировках Тягачева был решен положительно. Ходатайство Шевелева поддержал еще один человек — начальник Тягачева, глава Госкомспорта РСФСР Леонид Драчевский.

Возглавлявший в тот период Госкомспорт РСФСР Драчевский, бывший тренер сборной СССР по академической гребле, тоже был агентом 11-го отдела 5-го управления КГБ. Вербовал его прикомандированный к 11-му отделу сотрудник 7-го отдела 5-го управления КГБ Валентин Нефедов. И если судьба Нефедова на «спортивном» поприще не сложилась — после Московской олимпиады он был вынужден покинуть 11-й (спортивный) отдел 5-го управления КГБ, — то судьба его агента Драчевского была примером блестящей карьеры. Благодаря поддержке со стороны КГБ он стал сначала главой российского спорта, а затем был назначен президентом Путиным его полномочным представителем в Сибирском федеральном округе. А на должность руководителя российского спорта вместо агента КГБ-ФСБ Драчевского поставили агента КГБ-ФСБ Тягачева.

В советской системе госбезопасности существовало 2-е главное управление КГБ — основной контрразведывательный орган страны. В составе Управления был 13-й отдел. С конца 70-х годов его возглавлял бывший резидент советской разведки в Лондоне Гук, карьера которого серьезно пострадала после бегства в Англию его подчиненного по лондонской резидентуре Олега Гордиевского. Отдел этот занимался подбором и оформлением офицеров госбезопасности для поездок в составе различных советских делегаций (в том числе и спортивных) за границу. Оформлением оперативных работников для поездок за рубеж в составе спортивных делегаций занимался бывший вратарь московской футбольной команды «Динамо» Валерий Федорович Балясников. Дослужился он в этом отделе до должности начальника отделения и был незадолго до распада Советского Союза командирован в одну из латиноамериканских стран в качестве офицера безопасности советского посольства. (Версия о том, что Путин познакомился с Тягачевым во время совместной зарубежной поездки в составе сборной СССР по горнолыжному спорту не соответствует действительности. Офицера по фамилии Путин Балясников ни в одну загранпоездку не оформлял.)

Сотрудники госбезопасности в составе советских спортивных делегаций выезжали только на крупные международные мероприятия: чемпионаты мира, универсиады и олимпиады. В период выездов на соревнования иного уровня и для проведения тренировок за границей контрольные функции выполняла агентура, внедренная в спортивные коллективы. Офицеры действующего резерва, не имевшие отношения к спорту, в составе спортивных делегацией никогда за границу не выезжали, так как это могло привести к расшифровке их должности «в ведомстве прикрытия», т. е. по месту второй работы.

После создания в конце 80-х годов коммерческой организации Совинтерспорт Чемезов был отправлен туда офицером действующего резерва ФСБ. Формально же он занял должность заместителя генерального директора Совинтерспорта. Все контракты на поставку необходимого снаряжения для сборных команд страны проходили именно через эту фирму, что как раз и вынудило Тягачева искать знакомства с Чемезовым. Помог ему в этом Шевелев, так же как и Чемезов являвшийся офицером действующего резерва и занимавший должность заместителя начальника международного отдела Госкомспорта РСФСР. Чемезов и Шевелев были сотрудниками одного и того же подразделения — 3-го отделения 11-го отдела 5-го управления КГБ.

Чемезов и Тягачев быстро нашли общий язык в деле подготовки контрактов на поставку необходимого снаряжения для горнолыжников. «Откаты» и комиссионные они получали либо наличными, либо натурой — лыжным снаряжением и экипировкой ведущих зарубежных фирм. Чемезов знал, чем он может угодить своему другу Путину. Для горнолыжника, каковым был Путин, его снаряжение — предмет особой гордости. Тягачев не подводил. Путину дарилось все самое лучшее. На этой основе и состоялось знакомство Путина и Тягачева, переросшее с годами в дружбу.

СОЧИ-2014

Карьерный рост Путина, Чемезова и Тягачева коррелирует. В 1996 г. Путин и Чемезов стали сотрудниками Управления делами президента. Тягачев возглавил Госкомспорт России. В 1998 г. Путин назначен директором ФСБ, а затем премьер-министром. Тягачев — вице-президентом Олимпийского комитета (ОК) России. В 2000 г. Путин избран президентом. Тягачев в июле 2001 г. занимает пост главы Олимпийского комитета, сменив сотрудника КГБ-ФСБ Виталия Смирнова, более 20 лет возглавлявшего ОК.

В 2002 г. в американском городе Солт-Лейк-сити состоялись зимние Олимпийские игры, которые сопровождались чередой скандалов с членами российской команды. Глава НОК России Леонид Тягачев, не владевший иностранными языками и поэтому не имевший возможности контактировать непосредственно с членами МОК и национальными олимпийскими комитетами других стран, практически бездействовал. По окончании Олимпиады заместитель руководителя аппарата правительства России Алексей Волин заявил, что «Российские спортивные чиновники на играх в Солт-Лейк-сити продемонстрировали полное безразличие и бездействие. Мы не увидели ни их влияния в МОК, ни авторитета в международных спортивных федерациях, ни внятной и аргументированной позиции по возникающим проблемам и вопросам».

Многие предполагали, что последует отставка главы НОК России Тягачева. Однако все ограничилось лишь упреками в прессе. Вскоре случился конфликт между двумя руководителями российского спорта — главой Госкомспорта России Вячеславом Фетисовым и председателем НОК России Тягачевым. Фетисов, пользуясь критикой, которая обрушилась на Тягачева после Олимпийских игр в Солт-Лейк-сити, попытался сместить его и поставить на его место своего человека, известную в спортивном мире неоднократную чемпионку мира и олимпийских игр Ирину Роднину. Однако Фетисов и Роднина эту схватку проиграли, так как кандидатуру Тягачева поддержали Чемезов и Путин, причем с дальним прицелом.

Еще в январе 1996 г. Путин был включен в состав Совета клуба промышленников и предпринимателей Санкт-Петербурга «Клуб-2004», созданного для поддержки кандидатуры города на проведение Олимпийских игр 2004 г. Санкт-Петербург не вышел тогда даже в финал розыгрыша олимпийской столицы. Однако идея проведения олимпиады в России Путина не покинула. С переездом в Москву она преобразовалась в проект по проведению зимних Олимпийских игр в Сочи, любимом месте катания Путина на горных лыжах, где он неоднократно бывал вместе с Чемезовым и Тягачевым, в местечке под названием Красная Поляна.

Для тех, кто никогда не был в России, откроем один важный государственный секрет. Большая часть России зимой покрыта снегами; ее сибирские просторы и многочисленные горные вершины являются естественными плацдармами для организации зимних олимпийских игр. Плацдармов таких сотни. Есть, наверное, только одно место, очевидным образом для этого не приспособленное — российский южный черноморский курорт Сочи. Там жарко, как во Флориде. Зато это самое дорогое и лакомое местечко для всех «новых русских», да и вообще для всех россиян, потому что Сочи в России это, как Ницца во Франции. Понятное дело, что деньги вкладывать выгоднее всего в Сочи, и зимние Олимпийские игры это лишь повод вкачать в летний курорт миллиарды иностранных и государственных бюджетных капиталовложений.

С тем же рвением, с которым в 1996 г. Путин поддерживал идею организации олимпийских игр 2004 г. в Санкт-Петербурге, где он был вторым человеком, Путин поддерживал теперь организацию олимпийских игр 2014 г. в Сочи, где Путин стал человеком первым. Проект сулит большую прибыль, так как к моменту решительного голосования в МОК Сочи был абсолютно «приватизирован» контролируемыми Путиным структурами. Иными словами, все наиболее важные объекты и территории, задействованные в проекте «Сочи-2014» были по согласованному заранее плану скуплены частными структурами и лицами, подконтрольными Путину и ФСБ.

Таким образом, при реализации мечты Путина о проведении олимпийских игр на подвластной ему территории речь шла не о спорте, а о бизнесе. Для осуществления этого проекта нужен был свой проверенный человек. Такой человек у Путина был: Тягачев. В состязании на российском поле Фетисов, несмотря на известность и связи в спортивном мире, проиграл Тягачеву, потому что команда Тягачева оказалась сильнее: в этой команде были и Чемезов, и сам президент Путин.

Состязание на международной арене состоялось в 2007 г. Международному олимпийскому комитету предстояло решить, где будет проводиться зимняя Олимпиада-2014. Претендентами на ее проведение были Австрия, Корея и Россия. 9 июля в городе Гватемала-сити состоялось голосование.

Решению МОК о предоставлении права проведения зимней олимпиады предшествовала серьезная борьба стран претендентов. Для победы в любом спортивном мероприятии нужны деньги. Как правило, побеждает тот, кто вложил в подготовку победы больше денежных средств. Соперники России — Австрия и Корея — затратили на презентацию своих городов, претендентов на право проведения Олимпиады, соответственно 12 и 21 млн долларов. Россия не поскупилась вложить в подготовку презентации Сочи 50 млн. Это было не все. Пытаясь вырвать победу у соперников, в Гватемалу прибыл Путин. Накануне решающего голосования в МОК он лично встретился с наиболее влиятельными членами МОК и его главой Рогге.

Не обошел Путин своим вниманием и почетного президента МОК Хуана Антонио Самаранча, имеющего большой авторитет в международных спортивных кругах и среди членов главного спортивного ведомства мира — в Международном олимпийском комитете, поскольку почти все члены МОК были избраны на по существу пожизненные должности именно при Самаранче. Содержание беседы Путина и Самаранча во время их обеда нам, разумеется, неизвестно. Но известно, что МОК проголосовал за проведение зимней Олимпиады в российском летнем курорте Сочи, причем неоднократно с тех пор было сказано многими подотчетными президенту Путину российскими чиновниками, что президент Путин намерен лично открыть сочинскую олимпиаду. Можно, наверное, утверждать, что у Путина есть еще одна потаенная мечта, которую он попытается реализовать после ухода в отставку с поста президента России: стать президентом Международного олимпийского комитета.

Наверное и здесь Путину сможет оказать поддержку Самаранч, который очень хорошо помнит, кому он был обязан своим избранием на пост главы МОК в олимпийской Москве 1980 г. Кандидатуру Самаранча, в ту пору посла Испании в Советском Союзе помимо СССР поддержали все страны, входившие в социалистический блок. Предшествовала этому детективная история. Будучи послом в СССР Самаранч проникся интересом к русской истории и культуре. В особенности ему полюбился русский антиквариат, который он старательно и с любовью истинного коллекционера собирал и вывозил к себе на родину, в Испанию. Вывоз же предметов, имеющих культурную и историческую ценность, за пределы СССР был запрещен. Запрет этот легко обходился с помощью дипломатической почты, которая не подлежала таможенному контролю. Так как все антиквары во времена СССР находились под бдительным надзором КГБ, постоянный покупатель наиболее ценных раритетов посол Испании Самаранч был замечен. По прошествии некоторого времени один из сотрудников 2-го главного управления КГБ СССР, разрабатывавшего посольство Испании, встретился с Самаранчем и в мягкой форме объяснил ему, что его действия подпадают под соответствующую статью уголовного кодекса РСФСР (уголовные кодексы существовали на республиканском уровне; уголовного кодекса СССР не было) и классифицируются как контрабанда. Самаранчу был предложен выбор: компрометация через публикацию соответствующих статей в советской и зарубежной печати о его противоправной деятельности, что безусловно привело бы к концу его дипломатической карьеры, или сотрудничество с КГБ в качестве тайного агента. Самаранч предпочел последнее.

Именно по этой причине перед заседанием Международного олимпийского комитета в Москве, на котором решался вопрос об избрании Самаранча президентом МОК, по указанию руководства КГБ 11-м отделом 5-го управления КГБ была подготовлена шифротелеграмма «друзьям» — руководству органов госбезопасности социалистических стран — с просьбой инструктажа их агентуры из числа руководителей национальных олимпийских комитетов и федераций по различным видам спорта о необходимости всемерной поддержки на предстоящей сессии МОК в Москве по выборам кандидатуры нового главы — Хуана Антонио Самаранча. Шифротелеграмма была подписана заместителем председателя КГБ В. М. Чебриковым, бывшего куратором всего 5-го управления. В шифровке не указывалось об агентурной принадлежности Самаранча (это было не принято по правилам конспирации), но указывалось, что его кандидатура поддерживается СССР, и высказывалась просьба о ее поддержке во время голосования при выборе председателя МОК со стороны агентуры «друзей», их доверенных лиц из числа президентов национальных олимпийских комитетов (НОКов) и руководителей спортивных федераций.

В итоге Самаранч был избран на пост президента МОК, где долгие годы преданно служил стране, с которой его связывала и агентурная работа, и признательность за помощь в избрании на высокий международный пост. Не был забыт и офицер госбезопасности, завербовавший Самаранча. Секретным указом (без публикации в прессе) Президиума Верховного Совета СССР он был награжден орденом Красного Знамени.

Обработкой членов МОК перед голосованием в Гватемала-сити занимались и другие сотрудники КГБ-ФСБ. Вице-президент МОК спортивный деятель России Виталий Смирнов был завербован КГБ в период подготовки к Московской олимпиаде 1980 г. Непосредственным его руководителем был начальник 5-го управления КГБ генерал-лейтенант Бобков, причем находившийся под патронажем Бобкова Смирнов даже заместителя Бобкова генерала Абрамова называл по имени — Иван, несмотря на разницу в возрасте и присутствие подчиненных Абрамова.

Посильную помощь оказывал бывший в период президентства Бориса Ельцина председателем Госкомспорта России Шамиль Тарпищев. Он тоже был завербован в период подготовки Олимпиады 1980 г. в Москве. Вербовала его направленная на оперативную работу в преддверии олимпийских игр бывшая спортсменка-легкоатлет, а затем в течение ряда лет офицер 7-го управления КГБ, осуществлявшего наружное наблюдение за объектами оперативной заинтересованности подразделений госбезопасности, старший оперуполномоченный 3-го отделения 11-го отдела 5-го управления КГБ майор Альбина Гавриловна Демидова. Наконец, в обработке членов МОК принимал участие бывший начальник управления футбола и хоккея Госкомспорта СССР (впоследствии президент федерации футбола России) Вячеслав Иванович Колосков. Он был завербован в конце 70-х годов под псевдонимом Янтарь заместителем начальника 3-го отделения 11-го отдела 5-го управления КГБ СССР подполковником Эрнестом Леонардовичем Давнисом. Словом, помощников у Путина было немало. Но главным оказался Тягачев. Ему было приказано молчать во время всех совещаний в Гватемале. С этой работой Тягачев справился блестяще.

ЮРИЙ ШУТОВ

Для контраста, подчеркивающего привычку президента Путина не забывать своих друзей, следует рассказать о том, как он поступает с врагами. Однажды поставив перед собою цель «додушить», Путин не успокаивается, пока врага не «додушивает».

Когда в 1990 г. Путин перешел на работу к Собчаку, там, по его словам, «работали скандально известные теперь деятели, которые сослужили Собчаку плохую службу».[2] Путин имел в виду прежде всего Юрия Шутова, бизнесмена и политика авантюристического склада, неофициального советника председателя Ленсовета Собчака весной-осенью 1990 г. (официально Шутов числился советником только несколько дней, с 5 по 12 ноября 1990 г.).

В советское время мелкому чиновнику Шутову была инкриминирована попытка поджечь Смольный с целью уничтожения документации о своих финансовых прегрешениях. Шутова посадили. В горбачевскую перестройку Шутов был освобожден по амнистии, а затем реабилитирован. Смольный он, разумеется, поджигать не планировал. Пригретый, а затем с позором выгнанный Собчаком (видимо, не без совета Путина), Шутов стал собирать компромат на Собчака и его окружение. Время было сложное, законы нарушали все, компромата было всегда много. Впоследствии часть собранных Шутовым материалов вошла в книгу-памфлет Шутова «Собчачье сердце» (перефразировка известной повести М. Булгакова «Собачье сердце») и в ее продолжение «Собчачья прохиндиада, или Как всех обокрали». Опубликованные книжки были первыми двумя частями задуманной трилогии «Ворье».

В работе над книгой Шутову помогал профессиональный журналист Марк Григорьев, некогда автор статьи в «Огоньке» о «поджоге» Смольного, сильно способствовавшей реабилитации Шутова. Офис Шутова находился в гостинице «Ленинград». Там же Шутов снял номер для своего соавтора, и два писателя мирно дописывали книгу, которая Собчака порадовать, конечно же, не могла.

В феврале 1991 г. в гостинице случился пожар, во время которого Марк Григорьев погиб. Шутова это не остановило, и он с упрямством продолжал начатую работу. Каким-то образом в его распоряжении оказалась запись легкомысленного разговора Собчака с резидентом французской разведки в России. Собчак попросил Путина вмешаться и предотвратить публикацию разговора. И Путин силами ленинградского регионального управления по борьбе с организованной преступностью (РУБОП) организовал в квартире Шутова обыск и изъятие кассеты.

Обыск проводили неофициально и незаконно. В ночь на 6 октября 1991 г., войдя в собственную квартиру, Шутов застал там грабителей, которые, убегая, проломили ему голову молотком. Когда через несколько месяцев, в марте 1992 г., к Шутову пришли с официальным обыском и предписанием об аресте (за подготовку покушения на азербайджанского президента Абульфаза Эльчибея, что звучало столь же правдоподобно, как прежнее обвинение в подготовке поджога Смольного), Шутов узнал в производившем обыск Дмитрии Милине одного из грабителей, проломивших ему голову. Вторым «грабителем» оказался коллега Милина Дмитрий Шаханов. Оба являлись руководителями санкт-петербургского РУБОПа. Просидев полтора года под следствием, Шутов сначала был освобожден под подписку о невыезде; затем, в 1996 г., полностью оправдан решением Выборгского районного суда Санкт-Петербурга.

В двух первых антисобчаковских памфлетах Шутова (впервые изданных, соответственно, в 1992 и 1993 гг.) мстительный Шутов ни разу не упоминал Путина. Но в 1998 г. Шутов стал депутатом санкт-петербургского Законодательного собрания и всерьез поверил в депутатскую неприкосновенность, которую имел по статусу. Через спонсированную Шутовым газету «Новый Петербург», в которой он лично вел рубрику «Вся королевская рать», Шутов запустил слух о том, что новый директор ФСБ Владимир Путин в бытность свою офицером разведки был отозван из ГДР чуть ли не за измену Родине: «За время почти пятилетней службы в ГДР капитан госбезопасности Путин ощутимых результатов не добился. Однако был замечен в несанкционированном контакте с представителем агентурной сети противника. После чего немедленно отправлен в Союз, куда отбыл на купленной в ГДР подержанной автомашине ГАЗ-24 "Волга" с тремя коврами немецкого производства».[3]

В той же статье Шутов предложил свою версию отношений куратора ЛГУ от КГБ Путина с преподавателем юридического факультета ЛГУ Собчака. Якобы Собчак был внештатным агентом-осведомителем Путина, который был «обязан собирать требуемую его службе информацию, работать с внутриуниверситетской агентурой и вербовать новых осведомителей... в сетку интересов госбезопасности угодил преподаватель Собчак», который «охотно информировал помощника проректора Путина по всему спектру интересовавших его вопросов. Папочка с оригинальными рукописными донесениями этого информатора, называемая на канцелярском языке КГБ “Рабочее дело агента”, впоследствии, в 1990 г., оказалась очень весомым аргументом при поступлении Путина на работу в качестве советника председателя Ленсовета Собчака».[4]

Правду ли писал Шутов или нет, общественность Санкт-Петербурга так никогда и не узнала. Но не прошло и двух месяцев со дня скандальной публикации «Нового Петербурга», как последовала ответная месть со стороны теперь уже директора ФСБ Путина. В феврале 1999 г. судебным решением депутатская неприкосновенность с Шутова была снята, а сам он был арестован по подозрению в организации ряда тяжких преступлений, включая убийство в Санкт-Петербурге в 1997 г. видного городского чиновника Михаила Маневича и в 1998 г. видного демократического политического деятеля Галины Старовойтовой. В борьбе против Шутова был использован даже известный официальный тележурналист Михаил Леонтьев, по заказу Путина выступивший на первом канале российского телевидения с передачей, требующей покарать «бандита-отморозка».

Однако 16 ноября 1999 г. Куйбышевский районный суд Санкт-Петербурга принял решение об изменении меры пресечения Шутова на подписку о невыезде и постановил выпустить Шутова из тюрьмы. Шутова освободили прямо в судебном зале, но уже через несколько минут туда ворвались вооруженные люди в масках. Началась потасовка, во время которой пострадали несколько человек, в том числе оператор телекомпании, которому сломали руку, и сам Шутов, получивший несколько ударов прикладами и кулаками по голове, потерявший сознание. По словам Шутова, избиение продолжалось затем и в здании городской прокуратуры, куда его привезли люди в масках. Шутов в результате побоев наполовину оглох и ослеп на один глаз. Независимых врачей в прокуратуру не пускали, а государственная медэкспертиза приняла решение о том, что подсудимый абсолютно здоров. Правда, врачи «скорой помощи», которую вызвали на судебное заседание, организованное по жалобе адвокатов Шутова, через несколько дней дали справку о необходимости немедленной госпитализации Шутова. Но вместо этого Шутова снова отправили в питерский следственный изолятор, а через некоторое время перевели в Выборгскую тюрьму.

Первоначально даже не было ясно, кто являлся организатором похищения Шутова из зала суда. Впоследствии ответственность за эти действия взяла на себя городская санкт-петербургская прокуратура. Ворвавшийся в суд отряд милиции особого назначения (ОМОН) был прислан для этой операции из Москвы.

Правозащитники-демократы в «деле Шутова» придерживались вялой и нерешительной позиции, поскольку антилиберальные и антизападнические взгляды Шутова были несомненны, а его связи с криминальным миром вероятны. Несмотря на судебное оправдание Шутова и последующее постановление Верховного Суда России о незаконности его дальнейшего содержания под стражей,[5] несмотря на переизбрание Шутова в 2002 г. в городской парламент, личный враг Путина 7 (семь) лет мыкался по следственным тюрьмам без судебного приговора, а в феврале 2006 г. был наконец приговорен к пожизненному заключению за организацию ряда заказных убийств бизнесменов (обвинения в убийствах Маневича и Старовойтовой были с него сняты).

Кто убил Маневича и Старовойтову так и осталось невыясненным. Но вот что интересно. Старовойтову убили в подъезде дома, как Политковскую. Убийство Маневича было совершено в высшей степени профессионально. Убийца стрелял с крыши многоэтажного дома из оптической винтовки по притормозившей на светофоре машине, через крышу машины. Жена Маневича в момент убийства находилась с мужем в машине, но не пострадала. Оперативники отрабатывали разные версии. Выяснили подробности знакомства Маневича со своей будущей женой. Некий сотрудник ФСБ предложил девушке-курьеру поехать поездом в Москву и передать запечатанный пакет на Ленинградском вокзале мужчине, который ее встретит. В купе к девушке подсел молодой человек по имени Михаил, всю ночь они проговорили, обменялись телефонами. В Москве на перроне девушку действительно встретил мужчина, взял пакет, и, отойдя на некоторое расстояние и считая, что его уже не видят, не распечатывая, выбросил пакет в урну.

Молодым человеком в купе был Михаил Маневич. Девушкой — его будущая жена. Неким сотрудником ФСБ — Владимир Путин. Кто был чьим «агентом», а кто «объектом» — остается только догадываться.

P. S. WHO IS MR. ZUBKOV?

В феврале 2007 г. министром обороны России стал Анатолий Сердюков. 16 февраля в интервью радио «Свобода» Владимир Прибыловский высказал по этому поводу свое мнение:

«Конечно, самая смешная и самая удивительная новация — это назначение на пост министра обороны бывшего крупного торговца мебелью. Между прочим, классического олигарха, поскольку олигархия — это на самом деле политическая власть богатого меньшинства. Так вот, господин Сердюков — он такой классический олигарх: миллионер, а теперь еще и министр обороны. По поводу этого назначения можно только гадать. [...] Ну, например, если не самого Сердюкова готовят на пост преемника, а, например, Сердюков женат на дочери руководителя Федеральной службы по финансовому мониторингу Зубкова. Может быть, Зубкова, человека, довольно близкого к Путину, хотят сделать преемником?»[6]

9-й премьер-министр России Виктор Зубков — друг Владимира Путина, Виктора Иванова и Бориса Грызлова — тесть Анатолия Сердюкова. Зубков родился 15 сентября 1941 г. в пос. Арбат Кушвинского района Свердловской области. По национальности русский. В 1965 г. окончил экономический факультет Ленинградского сельскохозяйственного института. Кандидат экономических наук. Защитился в 2000 г. Тема диссертации — «Совершенствование налогового механизма минерально-сырьевого комплекса. На примере Ленинградской области».

С августа 1958 по август 1960 гг. Зубков работал слесарем. По окончании института в 1966—1967 гг. служил в армии. Член КПСС с 1967-го по август 1991 г. В 1967—85 гг. работал в совхозах Ленинградской области. С 1985-го по 1991 г. работал в советских и партийных органах Ленинградской области: председателем Приозерского горисполкома (1985), первым секретарем Приозерского горкома партии Ленинградской области и заведующим отделом сельского хозяйства и пищевой промышленности и аграрным отделом обкома партии (1986—89), первым заместителем председателя Леноблисполкома (1989—91).

С января 1992 по ноябрь 1993 г. — заместитель председателя Комитета по внешним связям (КВС) мэрии Санкт-Петербурга по сельскому хозяйству, т. е. заместитель Путина, который в то время был председателем санкт-петербургского КВС.

3 ноября 1993 г. Зубков был назначен начальником Государственной налоговой инспекции (ГНИ) по Санкт-Петербургу, заместителем руководителя Государственной налоговой службы. С 14 августа по 6 сентября 1996 г. ГНС именовалась «Федеральная налоговая служба» России. В мае 1995 г. вступил в движение «Наш дом — Россия» (председателем Совета санкт-петербургского отделения НДР был в тот период Путин).

30 ноября 1998 г. Зубков освобожден от должности заместителя руководителя ГНС с формулировкой «в связи с переходом на другую работу». Был назначен начальником управления Министерства по налогам и сборам (МНС) по Санкт-Петербургу. 23 июля 1999 г. назначен заместителем министра России по налогам и сборам по Северо-Западному региону. Через несколько дней после назначения на пост замминистра был также назначен руководителем объединенного Управления МНС России по Санкт-Петербургу и Ленинградской области. Занимал эти две должности по ноябрь 2001 г., курировал деятельность 12-ти региональных налоговых инспекций.

12 августа 1999 г. Зубков был зарегистрирован кандидатом на пост главы администрации Ленинградской области. Избирательной кампанией В. Зубкова руководил Борис Грызлов, будущий министр внутренних дел. На выборах 19 сентября 1999 г. Зубков занял четвертое место из 16-ти, набрав 8,64% голосов (губернатором был избран Валерий Сердюков — однофамилец, но не родственник будущего министра обороны — собравший 30,30% голосов).

В 2000 г. Зубков стал членом Санкт-Петербургской инициативной группы (Сергея Миронова и Владимира Литвиненко) за избрание президентом Путина, «доверенным лицом кандидата Путина».

С февраля 2001 г. по октябрь 2004 г. входил в межведомственную рабочую группу по подготовке предложений по совершенствованию миграционного законодательства Российской Федерации (руководитель группы Виктор Иванов).

5 ноября 2001 г. был назначен первым заместителем министра финансов — главой Комитета по финансовому мониторингу. Комитет Зубкова, которому была поставлена цель бороться с отмыванием денег, получил неофициальное название «финансовой разведки».

11 июня 2002 г. Зубков вошел в Центральный координационный совет сторонников партии «Единая Россия». С июня 2002 г. по апрель 2004-го — член Правительственной комиссии по миграционной политике. 16 марта 2004 г. назначен руководителем Федеральной службы по финансовому мониторингу в составе Министерства финансов (министр — А. Кудрин). С июля 2004 г. — заместитель руководителя Межведомственной рабочей группы по разработке концепции национальной стратегии противодействия легализации преступных доходов. С июня 2006 г. — член Правительственной комиссии по противодействию злоупотреблению наркотическими средствами и их незаконному обороту.

Имеет советские награды: орден «Знак Почета» (1975); орден Трудового Красного Знамени (1981); награжден российскими орденами «За заслуги перед Отечеством» IV степени (2000); «За заслуги перед Отечеством» III степени (2006).

Но почему именно Зубков был назначен премьер-министром? Видимо, в верность Зубкова верят те, кто его выдвинул. До 1989 г. Зубков был первым секретарем Приозерского горкома. Приозерский район Ленинградской области это аналог московской Рублевки — излюбленного места для дач всей российской элиты. В Санкт-Петербурге именно там при посредничестве Зубкова получили в собственность земельные участки Виктор Черкесов и Николай Патрушев, а также Владимир Путин, Владимир Смирнов, Юрий Ковальчук, Владимир Якунин, братья Андрей и Сергей Фурсенко — объединившие в 1996 г. свои новозастроенные имения в дачный кооператив «Озеро», который сегодня, совместно с ФСБ, правит Россией.

Примечания

[1] Господин Охранник. Интервью с Р. Цеповым. // «Версия», 2 ноября 1999.

[2] От первого лица, с . 79.

[3] Неужели это правда? // «Новый Петербург», 24 декабря 1998.

[4] Там же.

[5] ИТАР-ТАСС, 30 сентября 2002.

[6] Примерно то же самое Прибыловский ответил «Русскому журналу» (16 февраля 2007 г.): «Назначение министром обороны именно Сердюкова — самое странное во всей операции. Вряд ли президент специально хотел плюнуть в душу своим генералам (это произошло само собой, как побочный эффект). Возможны два объяснения. Первое: чтобы все удивлялись и утверждались во мнении, что «президент у нас непростой». Второе: может быть, чаемый преемник-престолонаследник — это тесть г-на Сердюкова, давний приятель Путина Виктор Зубков?»

9

УПРАВЛЯЕМАЯ ДЕМОКРАТИЯ

БАШКИРСКАЯ ИЗБИРАТЕЛЬНАЯ ТЕХНОЛОГИЯ

«Управляемая демократия» — это псевдоним современной номенклатурной олигархии, в которой выборы являются важнейшим из объектов управления. Идеальный вариант управляемых выборов — это когда, с одной стороны, присутствует видимая альтернативность, необходимая для того, чтобы соблюсти приличия перед лицом западных президентов и премьеров, а с другой стороны, — надежно обеспечена победа кандидатов от «партии власти».

Административный ресурс, применяемый на управляемых выборах, включает в себя большой набор методик: это и экстремальные методики (предвыборная война, предвыборный мир, кампания борьбы с «оборотнями в погонах», репрессии против нефтяного «олигарха», громкая физическая ликвидация вождя сепаратистов и т. п.), и обычные, регулярные методики (удобные законы, монополия на СМИ, голосование воинских частей, предвыборное повышение пенсий, предвыборный ремонт дорог и мостов, налоговая проверка у спонсора оппозиции, вербовка певца Розенбаума или группы «Любэ» и т. д.).

Административный ресурс складывается из двух составляющих, одну из которых можно назвать относительно «честным» ресурсом, а другую — полностью бесчестным.

«Честный» административный ресурс — это, так сказать, естественные преимущества, которые имеют административный олигарх или его креатура перед обычным кандидатом. Часть российских избирателей — примерно 10% — вообще всегда голосует за власть (понимая власть в широком смысле — во всей ее вертикали от президента до участкового милиционера). Голосует по разным мотивам: из уважения к государству, с властью отождествляемому; из соображения «не было бы хуже»; из страха возможных репрессий за неправильное голосование; из принципиального неверия в честность и продуктивность оппозиции. Кроме того, у кандидатов от начальства не бывает проблем с финансированием и заведомо большие возможности для саморекламы в СМИ.

Бесчестный административный ресурс — это, во-первых, способность помешать регистрации кандидата от оппозиции или снять его с регистрации. Во-вторых, это «право» организовать оппозиционному СМИ смену собственника в порядке «спора хозяйствующих субъектов». В-третьих, это «право» завести на неугодного кандидата уголовное дело, в том числе полностью сфабрикованное. В-четвертых, это возможность «корректировать» итоги выборов: нечестный подсчет голосов, вброс дополнительных бюллетеней, порча «ненужных» бюллетеней.

За первые четыре года правления Путина по всей стране распространилась так называемая «башкирская избирательная технология» — когда неугодный «партии власти» потенциальный победитель выборов либо получает отказ в регистрации своей кандидатуры, либо снимается с регистрации уже в ходе избирательной кампании. При Ельцине эта технология тоже практиковалась — но, главным образом, на местном уровне и скорее при попустительстве федеральных властей, чем по прямому согласованию с ними. Кроме того, эта технология практиковалась не повсеместно, а в ограниченном числе регионов — прежде всего в Башкирии Муртазы Рахимова (откуда и выражение «башкирская избирательная технология»), Калмыкии Кирсана Илюмжинова, в Приморье Евгения Наздратенко.

В 2000—2002 гг., еще до вступления в силу нового выборного законодательства, «башкирская избирательная технология» была применена на выборах губернатора Саратовской области (март 2000), губернатора Ханты-Мансийского автономного округа (март 2000), губернатора Курской области (октябрь 2000), главы администрации Коми-Пермяцкого автономного округа (декабрь 2000), мэра Сочи (апрель-май 2001), губернатора Приморского края (июнь 2001), губернатора Нижегородской области (июль 2001), губернатора Ростовской области (сентябрь 2001), президента Якутии (декабрь 2001 — январь 2002), президента Северной Осетии (январь 2002), президента Ингушетии (апрель 2002), мэра Нижнего Новгорода (сентябрь 2002), мэра Кызыла (октябрь 2002).

В 2003—2004 гг., т. е. уже после вступления нового избирательного закона в силу — отказ в регистрации и снятие кандидатов с выборов были применены на выборах Государственного собрания (Курултая) Башкирии (март 2003), мэра Новороссийска (март 2003), Законодательного собрания Ростовской области (март 2003), мэра Норильска (апрель 2003), городской Думы Владивостока (июнь 2003), главы администрации Омской области (август-сентябрь 2003), президента Чечни (сентябрь-октябрь 2003), депутатов Государственной думы РФ (декабрь 2003), главы администрации Кировской области (декабрь 2003), повторных выборах мэра Ноябрьска (январь 2004), выборах губернатора Краснодарского края (март 2004), выборах мэра Владивостока (июль 2004), новых выборах президента Чечни (август 2004).

Кроме того, на выборах губернатора Санкт-Петербурга (сентябрь-октябрь 2003) была применена «мягкая» форма «башкирской технологии»: безусловный фаворит избирателей, действующий губернатор Владимир Яковлев был предварительно фактически подкуплен должностью вице-премьера, чтобы сделать выборы практически безальтернативными и обеспечить переход власти во второй столице в руки личных друзей президента. Аналогичная «мягкая» форма была применена на повторных выборах мэра Ноябрьска (январь-февраль 2004 г.) и на выборах губернатора Воронежской области (март 2004 г.) — в обоих этих случаях потенциальных победителей убедили «добровольно» снять свои кандидатуры.

«Супербашкирское» избрание президента Чечни Ахмата Кадырова в октябре 2003 г. было к тому же дополнительно обеспечено тотальной и откровенной фальсификацией. Октябрьским выборам предшествовал референдум. 9 января 2003 г. избирком Чечни назначил на 23 марта референдум по «кадыровскому» проекту конституции Чечни в составе России. Референдум был успешно проведен, подавляющее большинство избирателей высказалось за новую конституцию Чечни, причем в голосовании приняло участия больше людей, чем довоенное число жителей республики. После убийства Кадырова-отца в мае 2004 г. столь же «супербашкирски» были организованы и выборы президента Алу Алханова.

Выборы городской Думы Владивостока в июне 2003 г., несмотря на отмену регистрации ряда оппозиционных кандидатов, дали победу оппозиции. Однако итоги выборов по двум округам, в которых победили неугодные местной власти кандидаты, были отменены судом по инициативе горизбиркома, лишив оппозиционный блок «Свобода и народовластие» завоеванного им большинства.

Что касается выборов Государственной думы в декабре 2003 г., то наиболее значимым политическим силам участвовать в этих выборах власть не препятствовала. И все-таки две оппозиционные партии — левая Национал-большевистская партия (НБП) Эдуарда Лимонова и правая «Либеральная Россия» Бориса Березовского — Ивана Рыбкина к участию в этих выборах не были допущены. Кроме того, десятки кандидатов в одномандатных округах были отстранены от выборов — большинство из них были противниками либо федеральной, либо местной власти, причем такими, которые имели серьезные шансы на победу над официальными кандидатами.

Наконец, только прямыми фальсификациями результатов волеизъявления избирателей было достигнуто пропутинское конституционное большинство в Государственной думе и только благодаря прямым фальсификациям лишились представительства в Госдуме либералы — по крайней мере одна из двух либеральных партий («Яблоко» Григория Явлинского). Откровенно и нагло были фальсифицированы выборы президента Башкирии (декабрь 2003). На этом «силовом» фоне традиционная монополия кандидатов от бюрократии на государственном телевидении и другие относительно «честные» способы привлечения электората на сторону партии власти выглядят почти простительно.

ВЫБОРЫ ГУБЕРНАТОРОВ САРАТОВСКОЙ ОБЛАСТИ И ХАНТЫ-МАНСИЙСКОГО АВТОНОМНОГО ОКРУГА

26 марта 2000 г. одновременно с первыми выборами Путина проходили губернаторские выборы в нескольких регионах. Режиму «управляемой демократии» и «исполнительной вертикали» под эгидой и. о. президента было всего лишь несколько месяцев, но отработка его методов уже шла полным ходом. Главной задачей центральной и местной власти было избежать второго тура на президентских выборах — что и было достигнуто, хотя для этого пришлось прибегнуть к «корректировке» результатов примерно на 3—4%. Ряд местных губернаторов заодно предприняли меры для обеспечения и своего личного электорального будущего. Наиболее грубо и нечестно это было сделано в двух субъектах Федерации — в Саратовской области и в Ханты-Мансийском автономном округе.

В Саратовской области переизбирался на новый срок губернатор Дмитрий Аяцков. За пределами области Д. Аяцков известен, главным образом, предложением легализовать публичные дома, а также высказыванием, что ему настолько нравится Билл Клинтон, что он «искренно завидует» Монике Левински.

Серьезным соперником для действующего губернатора (на тот момент — члена федерального политсовета пропутинского движения «Единство») был лидер местных коммунистов Валерий Рашкин. Кроме левого и протестного электората за В. Рашкина была готова голосовать и значительная часть сосредоточенных в административном центре области либерально настроенных избирателей, уставших от авторитаризма и административных чудачеств губернатора. Местные бизнесмены (за исключением близко стоящих к администрации) тоже мечтали избавиться от Аяцкова и даже тайком оказывали коммунистическому кандидату финансовую помощь. Победа оппозиции вызывала сомнения только благодаря тому, что в Саратовской области давно отработана система «коррекции» выборов.

Однако, не полагаясь на одну только «коррекцию», команда губернатора предпочла избавиться от опасного соперника. В последний день решением областного избиркома В. Рашкину было отказано в регистрации его кандидатом в губернаторы под предлогом «значительного числа нарушений в подписных листах».

Областной суд, а за ним и Верховный суд в Москве жалобу коммунистов отклонили.

Согласно официальным данным, Аяцков победил. «Против всех кандидатов» проголосовало, согласно официальным данным, около 20%, но, на самом деле, как свидетельствуют копии протоколов избирателей, значительно больше.

В Ханты-Мансийском автономном округе тамошний губернатор Александр Филипенко (блок «Отечество — Вся Россия») также предпочел подстраховать свое избрание снятием с дистанции основного конкурента — лидера Российской партии пенсионеров (РПП) бизнесмена Сергея Атрошенко. Основной идеей предвыборной программы С. Атрошенко было привлекательное предложение ввести в регионе именные свидетельства на получение каждым местным жителем определенной доли доходов от добытых на территории округа нефти и газа, прозванные «сертификатами счастья».

18 февраля 2000 г. кандидатура С. Атрошенко была зарегистрирована, но уже 9 марта 2000 г. регистрация была отменена из-за «нарушений правил расходования средств избирательного фонда», а также подкупа избирателей (обещание «сертификатов счастья»).

В отсутствие реальных конкурентов 26 марта 2000 г. победил действующий губернатор.

Поскольку параллельно А. Филипенко в Ханты-Мансийском округе и особенно Д. Аяцков в Саратовской области делали максимум возможного для победы Владимира Путина на президентских выборах уже в первом туре, Кремль и Центризбирком на их ухищрения по собственному переизбранию смотрели сквозь пальцы, если не с одобрением.

ВЫБОРЫ ГЛАВЫ АДМИНИСТРАЦИИ КУРСКОЙ ОБЛАСТИ

Из доставшихся Путину в наследство от Ельцина региональных лидеров первой жертвой «управляемых выборов» стал глава администрации Курской области Александр Руцкой. В 1996 г., при Ельцине, Курский облизбирком тоже отказывал Руцкому (в то время одному из лидеров коммуно-«патриотической» оппозиции) в регистрации его кандидатуры на выборах главы обладминистрации, но после неудач с апелляцией в областном и Верховном судах Руцкой добился справедливости в президиуме Верховного суда, который обязал Курский облизбирком зарегистрировать его кандидатуру. В итоге Руцкой получил тогда 78,9% голосов избирателей.

К выборам 2000 г. Руцкой подрастерял значительную часть своей популярности в области — поссорился и с коммунистами, и с местной бизнес-директорской элитой, но все-таки оставался практически безусловным фаворитом.

Однако 21 октября 2000 г., всего за 13 с половиной часов до выборов, Курский областной суд снял его кандидатуру с регистрации, удовлетворив иск двух других кандидатов, обвинивших действующего губернатора в использовании служебного положения, предоставлении недостоверных данных о личном имуществе и нарушении правил предвыборной агитации.

Это был первый (и пока последний) в истории посткоммунистической России прецедент отстранения от выборов действующего главы региона — во всех прежних случаях избиркомы и суды отстраняли, наоборот, опасных конкурентов местной исполнительной власти.

В данном случае, однако, местная «партия начальства» фактически предала своего губернатора и перестроилась под более высокого начальника — полномочного представителя президента в Центральном федеральном округе генерал-лейтенанта ФСБ Георгия Полтавченко. Одним из двух кандидатов — инициаторов иска против Руцкого — был генерал-майор ФСБ Виктор Суржикова — главный федеральный инспектор в Курской области, непосредственный подчиненный и протеже Г. Полтавченко.

Именно в угоду наместнику округа и принял неожиданное решение областной суд. Москва в лице руководителя администрации президента Александра Волошина и председателя Центризбиркома Александра Вешнякова изображала нейтралитет, но спецоперация «Руцкой», несомненно, была согласована с заместителем руководителя администрации президента по кадровой политике генерал-лейтенантом ФСБ Виктором Ивановым.

22 октября 2000 г. состоялся первый тур.

Явка в первом туре немногим превысила необходимый уровень в 50% (51,79%). Однако еще за час до окончания выборов явка едва перевалила за 45%, а по улицам Курска суматошно бегали сотрудники избирательных комиссий с выносными урнами, уговаривая избирателей голосовать чуть ли не на автобусных остановках. Накануне бойцы ОМОНа были посланы оцепить местные точки теле- и радиовещания, поскольку были опасения, что действующий губернатор попытается выступить по областному телевидению или радио с призывом к бойкоту выборов и сорвет явку. «Чей ОМОН — того и выборы». Фактически это был военно-полицейский переворот в масштабах региона, организованный и успешно проведенный одним из кандидатов — куратором области от федерального центра при поддержке наместника округа.

Но успех переворота оказался неполным: уже по итогам первого тура лидировал не Суржиков, а 1-й секретарь Курского обкома КПРФ, депутат Государственной думы Александр Михайлов, получивший 39,52% голосов (Суржиков — только 21,58%; «против всех кандидатов» — 12,26%).

23 октября 2000 г. произошел редкий для России случай: депутат Курчатовской городской Думы (г. Курчатов в Курской области) Вячеслав Молокоедов сделал себе харакири в знак протеста против отстранения А. Руцкого от участия в выборах. «Я отдаю жизнь, чтобы не страдала демократия и чтобы во главе области стоял человек неотразимый», — написал он в предсмертной записке. Врачи, правда, спасли депутата, не справившегося со сложной технологией японского ритуального самоубийства.

2 ноября 2000 г. Верховный суд РФ оставил без изменения решение Курского областного суда, послужившее основанием для отстранения А. Руцкого от губернаторских выборов. А 5 ноября 2000 г. во втором туре новым главой администрации области был избран коммунист А. Михайлов (55,54%), оставив чекистов Суржикова и Полтавченко (и В. Иванова иже с ними) с носом. На выборы пришли менее 50% избирателей, но во втором туре губернаторских выборов в большинстве регионов обязательный уровень явки не предусмотрен.

Операция «Руцкой» вызывает закономерный вопрос: «за что?». Курский губернатор отнюдь не был самым нелояльным к новой власти региональным руководителем. Осенью 1999 г. он бросил свое должностное положение на чашу весов пропутинского блока «Единство» («Медведь»). В декабре 1999 г. входил в инициативную группу (во главе с Олегом Кутафиным) по выдвижению В. Путина кандидатом в президенты. В феврале 2000 г.

вошел в политсовет движения «Единство» (в руководство партии «Единство» в мае 2000 г., правда, не избрался). Региональное отделение партии «Единство», кстати, до последнего момента официально поддерживало кандидатуру Руцкого и было неприятно удивлено решением суда (после чего успело высказаться в поддержку чекистского кандидата). В марте 2000 г. Руцкой, откровенно используя служебное положение, агитировал за Путина, и даже предлагал отменить выборность губернаторов, предоставив Путину право назначать их (в надежде, очевидно, что и сам будет назначен).

Летом 2000 г. Руцкой, правда, продолжал поддерживать контакты с Борисом Березовским, еще не зная, видимо, что дружба Березовского с Путиным дышит на ладан. В августе 2000 г. курский губернатор был слишком показательно активен вокруг утонувшей подводной лодки «Курск», представляя себя — в обход Москвы — главным благодетелем вдов и сирот погибших моряков.

Фактически в деле Руцкого первый раз столкнулись две позиции в окружении президента по отношению к региональным выборам. Одна позиция, в основном представленная старокремлевской «семейной» группировкой А. Волошина, состояла в том, что следует вести себя осторожно и не бросаться лояльными старыми кадрами. Другая, представленная «новопитерскими» чекистами во главе с Виктором Ивановым, — это расстановка новых, чисто своих кадров, готовность ради этого идти на конфликты и не останавливаться перед произволом.

Против Руцкого сошлось несколько факторов: 1) новой власти, по крайней мере, одному из ее крыльев — хотелось устроить показательную порку (условно говоря: выбросить из кресла Руцкого, чтобы Россель и Рахимов знали страх Божий); 2) за Курского губернатора никто в Кремле особенно не держался, включая Волошина, поскольку Руцкой сегодня лоялен, но всегда готов переметнуться на сторону сильного (таковы, правда, почти все губернаторы); 3) Руцкой своей волюнтаристской политикой испортил отношения с местными административно-экономическими кланами; 4) именно в Курской области на место губернатора у чекистской группировки была готовая карта из колоды ФСБ.

При этом многочисленные жалобы и нарекания на губернатора Руцкого по поводу его отношения к законности, в том числе в период избирательной кампании, если и играли, то далеко не первую роль. Все главы регионов используют на выборах административный ресурс. Параллельно с выборами в Курской области аналогичные и не менее обоснованные претензии предъявлялись конкурентами председателю Госсовета Удмуртии Александру Волкову, но тот поддерживался полпредом своего округа (Сергеем Кириенко) и посему благополучно выиграл и суд, и президентские выборы.

На 2000 г. в России было как минимум два региональных руководителя, сама легитимность которых являлась сомнительной, поскольку их избрание произошло с вопиющими нарушениями федерального законодательства.

В июне 1998 г. Муртаза Рахимов переизбрался президентом Башкортостана в результате откровенно «башкирских» выборов, оставив своим единственным «соперником» собственного министра лесного Рифа Казаккулова, который во время кампании сам агитировал за Рахимова. Послушный Рахимову республиканский избирком отказал в регистрации основным соперникам башкирбаши — Александру Аринину и Марату Миргазямову. В июне 1998 г. Центризбирком поддержал кассационную жалобу М. Миргазямова, а через год, в марте 1999 г. Верховный суд РФ, рассмотрев иск Аринина — Миргазямова, подтвердил незаконность отмены регистрации кандидатов, но... не признал результаты выборов недействительными.Кирсан Илюмжинов «избрался» в октябре 1995 г. президентом Калмыкии на 7-летний срок и вовсе в результате безальтернативных выборов.

Центральная власть, провозгласившая своей целью добиться законопослушания от региональных царьков и ханов, действительно желающая преподать им урок, но при этом уважающая право, должна была бы начать наведение порядка с этих двух региональных авторитариев. В частности, федеральные власти для начала могли бы поставить вопрос о законности избрания Рахимова и Илюмжинова перед Конституционным судом.

Но и выбор методов показательной порки, и выбор самого объекта — не свидетельствуют об ориентации на право.

Методы устранения Руцкого не были осуждены гарантом конституции (не говоря уж о наказании виновников скандала), да и «министерство выборов» — Центризбирком Александра Вешнякова — не протестовало.

ВЫБОРЫ ГЛАВЫ АДМИНИСТРАЦИИ КОМИ-ПЕРМЯЦКОГО АВТОНОМНОГО ОКРУГА

В конце 2000 г. проводились выборы главы администрации Коми-Пермяцкого автономного округа. Позиции действующего губернатора Николая Полуянова были нетвердыми. Он был официально поддержан пропрезидентской партией «Единство» (отделение которой сам и создал в округе), но самостоятельного значения это отделение партии в Коми-Пермяцком округе не имело, совпадая по составу с аппаратом администрации и «исполнительной вертикалью».

Основным претендентом на отъем власти у Полуянова казался «варяг» из Екатеринбурга — вице-спикер Свердловской областной думы Дмитрий Анфалов, делегированный на завоевание Коми-Пермяцкого округа движением «Май» (популярное в ряде областей Уральского региона левопопулистское объединение, созданное местными бизнесменами, перешедшими в оппозицию к региональным властям). Выдвижение Д. Анфалова поддержало также движение «Россия» (лидер — спикер Госдумы третьего созыва Геннадий Селезнев). 26 октября 2000 г. на совместном заседании Центрального совета и центрального исполкома движения «Россия» Анфалов был выдвинут кандидатом на пост главы администрации Коми-Пермяцкого автономного округа на выборах 3 декабря 2000 г.

На самом деле главную опасность для губернатора представляло не движение «Россия» (практически неизвестное в округе), и даже не «Май» (несколько более известный), а деньги Д. Анфалова и его спонсоров, способные донести «майскую» антигубернаторскую демагогию в каждый дом.

«Истратив на свою кампанию немалые средства, Анфалов уверенно лидировал в предвыборной гонке. Его неминуемой победе помешало снятие его кандидатуры с выборов накануне голосования за выявленные нарушения», — считает наблюдавший за кампанией автор «Независимой газеты».[1]

В ноябре 2000 г. Коми-Пермяцкий окружной суд обязал окружную избирательную комиссию снять кандидатуру Д. Анфалова с регистрации — «за нарушения правил предвыборной агитации и оказание неправомочного воздействия на избирателей».

Результаты первого тура выборов, прошедшего 3 декабря, оказались обескураживающими для губернатора. В отсутствие кандидатуры Анфалова на первый план вышел другой кандидат, ранее не принимаемый в расчет, — Геннадий Савельев, заместитель председателя Контрольно-счетной палаты Коми-Пермяцкого АО. Несмотря на снятие с выборов Д. Анфалова, явка оказалась довольно высокой: в выборах приняли участие 60,51% избирателей. Г. Савельев получил 27,14%, Н. Полуянов — 24,23%, «против всех» — 17,81%.

Во втором туре выборов 17 декабря 2000 г. главой администрации округа был избран Г. Савельев, получивший 44,25% голосов (Н. Полуянов — 40,09%, «против всех» — 13,11%, приняли участие 51,86% избирателей).

«Башкирская избирательная технология» дала в Коми-Пермяцком автономном округе сбой. Впрочем, власть в округе осталась в руках примерно той же региональной административно-экономической группировки, всего лишь сменившей свое первое лицо. Местная исполнительная вертикаль и партия «Единство» (с конца 2001 г. — «Единая Россия») безболезненно перестроились под Савельева.

ВЫБОРЫ МЭРА СОЧИ

На выборах мэра Сочи весной 2001 г. за нарушения правил агитации был снят фаворит гонки бывший депутат Государственной думы, журналист Вадим Бойко. В декабре 2000 г. Бойко уже было победил (48,95% голосов во втором туре), но не стал главой города из-за особенностей краевого законодательства, требовавшего для избрания и во втором туре не относительного, а абсолютного большинства.

«Потерпевший» имел поддержку одного из столичных административно-экономических кланов (Александра Волошина — Владислава Суркова), лично министра печати Михаила Лесина и мощной финансово-промышленной группировки («Альфа-групп» Михаила Фридмана).

Против него, однако, объединились и старая городская олигархия, тесно связанная с мэром Москвы Юрием Лужковым (через советника мэра, сочинца Константина Затулина), и московские официальные и неофициальные собственники дворцов и земельных владений в прибрежной зоне, и власти Краснодарского края во главе с губернатором Александром Ткачевым, и конкуренты «Альфа-банка», и все недоброжелатели «семьи» в Москве и Питере.

Победил кандидат местной «партии власти» Леонид Мостовой, хотя по призыву В. Бойко в первом туре выборов 22 апреля 2001 г. «против всех» проголосовало 27%, а во втором 13 мая — 15,6%. В отличие от других регионов, законодательство Краснодарского края и во втором туре предусматривает необходимый уровень явки (25%). Было объявлено, что явка избирателей во втором туре была 30%, но есть все основания предполагать, что она была фальсифицирована.

(Впоследствии губернатор Краснодарского края А. Ткачев разочаровался в Мостовом, который проявил себя скорее человеком Лужкова, и потребовал от него добровольной отставки. Но Мостовой оказался не лыком шит, два месяца при поддержке из московской мэрии сопротивлялся давлению Краснодара и ушел в январе 2004 г. в отставку, только когда Ткачев, о чем-то договорившись с Лужковым, дал ему пост сенатора от администрации Краснодарского края, освободившийся в результате избрания Николая Кондратенко в Госдуму).

ВЫБОРЫ ГУБЕРНАТОРА ПРИМОРЬЯ

В многострадальном Приморье отмены регистраций и результатов выборов стали рутиной еще в ельцинские времена, когда краем правил Евгений Наздратенко. Постоянная жертва избиркомов — бывший мэр Владивостока и довольно экстравагантный политик (экстрасенс и т. п.) Виктор Черепков, избранный, однако, 26 марта 2000 г. депутатом Государственной думы.

Одиозного Е. Наздратенко президенту Путину удалось сманить с губернаторского кресла, дав ему в кормление московский пост председателя госкомитета по рыболовству.

На досрочных выборах губернатора Приморского края 27 мая 2001 г. В. Черепков занял второе место, получив 20,02% голосов, и вышел во второй тур вместе с поддержанным экс-губернатором Наздратенко «авторитетным» предпринимателем Сергеем Дарькиным, собравшим несколько больше — 23,94%.

Между тем полномочный представитель президента в Дальне-Восточном федеральном округе генерал Константин Пуликовский имел собственного кандидата на выборах — своего заместителя Геннадия Апанасенко, занявшего в первом туре только третье место.

13 июня 2001 г. Приморский краевой суд начал рассмотрение иска трех местных жителей по поводу нарушений, допущенных Черепковым во время ведения предвыборной кампании: Черепков оплачивал свои телевыступления не из предвыборного фонда, получил денежный перевод от неизвестного спонсора, а также неправильно указал место своего жительства (назвав Москву, где он, став депутатом, реально жил, а не Владивосток, где был прописан. Очевидно, что если б он указал Владивосток, ему бы указали, что «правильное» место его жительства — Москва). Накануне первого тура выборов краевой избирком уже рассматривал эти обвинения, но тогда ограничился вынесением В. Черепкову предупреждения.

14 июня 2001 г. суд снял кандидатуру В. Черепкова с выборов. Кандидат № 1 С. Дарькин высказался категорически против решения суда, заявив, что это было «дело рук именно тех, кто пытается сорвать выборы, кто пытается столкнуть Приморье в пропасть очередного кризиса безвластия».[2] Дарькин, естественно, имел в виду полпреда К. Пуликовского и его зама Г. Апанасенко.

Вторым претендентом на пост губернатора стал вместо Черепкова Г. Апанасенко. Тем не менее повторилась та же история, что в Курске: Апанасенко во втором туре 17 июня 2001 г. проиграл выборы Дарькину. Во втором туре приняли участие 35,9% избирателей Приморья, из них за Дарькина проголосовало 40,18%, за Апанасенко — 24,32%, «против всех» — 33,68%, в том числе 100 тыс. из 180 тыс. голосовавших избирателей Владивостока.

ВЫБОРЫ ГУБЕРНАТОРА НИЖЕГОРОДСКОЙ ОБЛАСТИ

В мае 2001 г. началась кампания по выборам губернатора Нижегородской области. Одним из реальных претендентов на победу являлся мэр Нижнего Новгорода Юрий Лебедев. Ю. Лебедев, однако, находился в крайне напряженных отношениях и с действующим губернатором Иваном Скляровым, и особенно с полномочным представителем президента в Приволжском федеральном округе Сергеем Кириенко.

С. Кириенко поддерживал кандидатуру депутата Государственной думы Вадима Булавинова (пропутинская фракция «Народный депутат»).

Уже на следующий день после заявления Ю. Лебедева о начале сбора подписей, в областной избирком стали поступать жалобы, преимущественно анонимные, что на муниципальных предприятиях города якобы заставляют подписываться за Лебедева под угрозой увольнения. В результате областной избирком единогласно отказал Лебедеву в регистрации.

Заказчиком решения облизбиркома нижегородский мэр прямо назвал «группу бизнесменов, близкую Сергею Кириенко» и даже обвинил самого Кириенко в соучастии в «антипрезидентском заговоре».[3]

На выборах во втором туре 29 июля 2001 г. с результатом 59,80% победил Геннадий Ходырев (на тот момент — умеренный коммунист, еще не покинувший КПРФ). Лоббируемый полпредом В. Булавинов проиграл уже в первом туре 15 июля 2001 г. (19,07%).

ВЫБОРЫ ГЛАВЫ АДМИНИСТРАЦИИ РОСТОВСКОЙ ОБЛАСТИ

Глава администрации Ростовской области Владимир Чуб имел консолидированную поддержку региональной олигархии, дружеские отношения с тогдашним полномочным представителем президента в Южном федеральном округе Виктором Казанцевым, и не имел, напротив, никаких врагов в Кремле. В начале 2000 г. В. Чуб создал и возглавил в области отделение движения «Единство», а при переформатировании в мае 2000 г. движения в партию построил ее региональное отделение из своих людей.

Единственным, но очень серьезным соперником Чуба на выборах мог быть только лидер местных коммунистов Леонид Иванченко, на тот момент один из партийных заместителей Геннадия Зюганова. На прежних выборах (29 сентября 1996 г.) Л. Иванченко уже соперничал с Чубом, и действующий губернатор тогда одержал победу (62,05% Чуба против 31,73% Иванченко) — при наличии, однако, довольно обоснованных подозрений в существенной подтасовке результатов. Иванченко тогда пытался в судебном порядке опротестовать постановление областного избиркома о результатах выборов, но Ростовский областной суд отказал в иске, а Судебная коллегия по гражданским делам Верховного Суда РФ оставила решение облсуда без изменения.

В начале августа 2001 г. и Чуб и Иванченко были зарегистрированы кандидатами на пост главы администрации Ростовской области на выборах 23 сентября 2001 г. 23 августа 2001 г. в адрес облизбиркома поступило заявление от одного из бывших соратников Иванченко по местному отделению «Народно-патриотического союза России» (НПСР). Бывший соратник обвинил коммунистов в фальсификации сбора подписей с использованием паспортных данных избирателей, полученных за КПРФ при сборе подписей на думских выборах — в частности, в том, что родственники расписывались друг за друга. Между тем никакой нужды в фальсификации у коммунистов не было: один только членский состав КПРФ в Ростовской области намного больше количества подписей, необходимых для выдвижения.

Проверка признала более 10% представленных коммунистами подписей поддельными — в том числе те подписи, которые сами избиратели в личных заявлениях в суд и избирком признали за свои. Облизбирком отказал Иванченко в регистрации, и дело о подделке подписей было даже передано в областную прокуратуру (но до суда не дошло).

Заодно не был допущен к выборам местный правдолюбец Владимир Дек, известный тем, что в ходе своей предыдущей избирательной кампании (в 1998 г. в областной парламент) укусил милиционера за палец, получил за это шесть лет, но благодаря протестам общественности вышел на свободу через четыре месяца.

Чтобы выборы формально были не безальтернативными, в качестве единственного «соперника» Чуба зарегистрировался глава одного из сельских районов (именно так всегда делалось и в Башкирии), сам на всякий случай призвавший голосовать не за себя, а за действующего губернатора.

17 сентября 2001 г. Ростовский облсуд поддержал решение избиркома об отказе Иванченко в регистрации, а 23 сентября 2001 г. избирком одержал окончательную победу над избирателями: В. Чуб был вновь избран, получив 78,19% при явке 48,32%

(областной закон требовал 35% явки) и 12,69%, проголосовавших «против всех».

Интересно, что никакой роли Иванченко в низкой явке и значительном проценте «против всех» не прослеживается. За несколько дней до голосования лидер коммунистов был вызван на профилактическую беседу к федеральному полпреду Виктору Казанцеву, в ходе которой генерал Казанцев от имени «самого Путина» разъяснил ему, что повторные выборы будут стоить областному бюджету 70 млн рублей, на которые можно построить 140 трехкомнатных квартир для ростовчан-очередников.

Растроганный доверительной беседой с представителем верховной власти, Иванченко обещал, что «коммунисты не будут срывать выборы». Ни призыва бойкотировать выборы без выбора, ни рекомендации голосовать «против всех» от областной организации КПРФ не последовало. Была, правда, выпущенная неизвестными лицами листовка от имени мэра города Новошахтинска с призывом к бойкоту, которую новошахтинский мэр сразу же дезавуировал как фальшивку.

ВЫБОРЫ ПРЕЗИДЕНТА ЯКУТИИ

В выборах президента Якутии в конце 2001 г. основными участниками были столичные административно-экономические кланы. Руководитель администрации президента А. Волошин, как обычно, стоял за стабильность и отказ от борьбы «лучшего с хорошим», т. е., за сохранение действующего президента Михаила Николаева. Заместитель Волошина по кадровой политике Виктор Иванов (чекистская группировка) стоял за выдвижением на пост президента заместителя генпрокурора России Василия Колмогорова (якута по национальности). Другой заместитель Волошина, Владислав Сурков, с самого начала был сторонником «разумного компромисса», каковой и был в конечном счете достигнут.

8 октября 2001 г. председатель ЦИК А. Вешняков заявил, что у М. Николаева «нет правовых оснований» баллотироваться на третий срок (против президента Якутии работала местная конституция, которую он не озаботился вовремя изменить).

В этих условиях суды и избиркомы разного уровня принимали противоречивые решения о возможности (невозможности) участия Николаева в выборах. Накал борьбы между «президентскими» и «прокурорскими» дошел до того, что в конце ноября 2001 г. якутская прокуратура даже произвела аресты московских журналистов, подрабатывавших в избирательном штабе президента, обвинив их в сочинении и распространении листовок, в содержании которых были обнаружены «разжигание межнациональной розни и дискредитация некоторых кандидатов в президенты».[4] Просидев несколько дней под арестом, журналисты были освобождены только после того как противоборствующие стороны пришли к компромиссному соглашению.

Компромисс заключался в том, что и Николаев и Колмогоров отказываются от дальнейшей борьбы в пользу президента компании «Алмазы России — Саха» Вячеслава Штырова. По сведениям газеты «КоммерсантЪ», «добровольный» отказ Николаева от участия в выборах был следствием беседы с ним 10 декабря в Москве В. Путина.[5]

12 декабря 2001 г. Николаев подал в Центризбирком Якутии заявление о снятии своей кандидатуры, а 15 декабря — Колмогоров. В начале января 2002 г. президентом был избран В. Штыров, сразу же назначивший Николаева своим представителем в Совете Федерации, — таковы были «отступные» экс-президенту.

ВЫБОРЫ ПРЕЗИДЕНТА СЕВЕРНОЙ ОСЕТИИ

На президентских выборах в Северной Осетии, назначенных на 27 января 2002 г., было два основных соперника: действующий президент Александр Дзасохов и бывший председатель Совета министров республики (в конце советского и начале постсоветского времени) Сергей Хетагуров.

Уже в ноябре 2001 г. республиканская прокуратура возбудила уголовное дело по давним фактам сделок вокруг продажи цветных металлов в начале 1990-х гг. С. Хетагуров был вызван в прокуратуру в качестве свидетеля, вызов широко комментировался в прессе и претендент не без оснований усмотрел в этом козни действующего главы республики. Уголовный сюжет, однако, не был доведен до конца.

11 января 2002 г. избирком Северной Осетии должен был рассмотреть вопрос о снятии Хетагурова с выборов. Назывались

три причины для снятия с регистрации: недостоверная информация в декларации о доходах членов семьи; неправильное место жительство (указал в качестве постоянного места жительства Владикавказ, хотя с 1994 г. обитал в Москве) и «подложный паспорт», который Хетагуров представил при регистрации (у кандидата, как сумел с помощью милиции выяснить избирком, имелось два общегражданских паспорта: новый, который он получил взамен якобы утерянного старого, и старый советский, который вовсе не был утерян). Однако затем заседание комиссии было перенесено на неопределенный срок — судя по всему, решили сначала проконсультироваться с Москвой.

16 января 2002 г. во Владикавказе прошли массовые акции в поддержку Хетагурова. Но негласная санкция администрации президента на выкидывание Хетагурова из игры была к этому времени уже получена. Хетагуров занимал, как считалось, более жесткую, чем Дзасохов, позицию по вопросу урегулирования осетино-ингушского конфликта, и в Кремле побаивались обострения ситуации в случае победы Хетагурова.

17 января 2002 г. Верховный суд Северной Осетии отменил регистрацию С. Хетагурова, сочтя существенными нарушения, которые выразились в подаче кандидатом неточных сведений о доходах, месте жительства и количестве имевшихся у него паспортов.

19 января С. Хетагуров выступил по местному телевидению и призвал своих избирателей в случае, если решение ВС России также не признает его регистрацию законной, голосовать за генерал-полковника Станислава Суанова.

27 января 2002 г. А. Дзасохов был вновь избран президентом Северной Осетии, набрав в первом туре 57% голосов (на втором месте — Станислав Суанов — 29%).

ВЫБОРЫ ПРЕЗИДЕНТА ИНГУШЕТИИ

Досрочные выборы президента Ингушетии были назначены на 7 апреля 2002 г. в связи с уходом в отставку с этого поста Руслана Аушева. Уходя, Аушев был намерен остаться: во всяком случае, предполагала остаться его команда, тесно связанная с финансово-промышленной группой БИН братьев Гуцериевых во главе с Микаэлом Гуцериевым. Сверхпопулярный среди земляков Р. Аушев призвал избирателей голосовать на выборах за своего министра внутренних дел Хамзата Гуцериева.

На случай недопуска Х. Гуцериева к выборам аушевско-гуцериевская группировка выставила на выборы несколько его «дублеров», основным из которых был депутат Госдумы Алихан Амирханов.

Независимая позиция Р. Аушева, в том числе по вопросу о Чеченской войне, всегда вызывала раздражение в Кремле и нескрываемую ненависть к нему в руководстве ФСБ и армии. Отношения между Аушевым и наместником Южного федерального округа В. Казанцевым были откровенно враждебными (отчего Аушев и был вынужден подать в отставку).

В. Казанцев решил вырвать группу Аушева с корнем и поставить на его место абсолютно лояльного человека. С этой целью он делегировал на выборы в Ингушетии своего заместителя генерал-майора ФСБ Мурата Зязикова.

12 марта 2002 г. в газете «КоммерсантЪ» с подзаголовком «на правах рекламы» было опубликовано открытое письмо президенту Путину, подписанное 43-мя известными ингушами, в том числе шестью кандидатами в президенты республики, в котором, в частности, говорилось: «На журналистов ГТРК «Ингушетия» оказывается беспрецедентное и беззастенчивое давление со стороны представителей Южного федерального округа с требованием больше и лучше освещать деятельность одного из заместителей полномочного представителя президента в ЮФО, генерала ФСБ, который зарегистрирован кандидатом в президенты Ингушетии».[6]

5 апреля 2002 г. коллегия по гражданским делам Верховного суда России удовлетворила заявление некоего журналиста об отмене регистрации Х. Гуцериева, поскольку тот не ушел в отпуск с поста министра внутренних дел и, следовательно, использовал свое служебное положение.

7 апреля 2002 г. в первом туре никто не набрал половины голосов избирателей. Первое место занял Амирханов (33%), второе — Зязиков (19%). Однако 28 апреля 2002 г. во втором туре победил Зязиков (53,3% против 43,9% Амирханова).

Как утверждает Амирханов, результаты выборов были подтасованы: «...было выдано 60 тысяч бюллетеней, а проголосовало якобы 80 тысяч избирателей [...]. Эти 20 тысяч бюллетеней отпечатало ФСБ в Нальчике. Они их вбросили в буквальном смысле слова, и тут уж нам было трудно бороться».[7]

По сведениям еженедельника «КоммерсантЪ-Власть», в первом туре выборов число зарегистрированных избирателей равнялось 120 тыс., а во втором — уже 146 тыс.[8] 5 октября 2002 г. новоизбранный президент-чекист Ингушетии Зязиков назвал именем Путина улицу в ингушском селе Ольгетти.

ВЫБОРЫ ГЛАВЫ АДМИНИСТРАЦИИ СМОЛЕНСКОЙ ОБЛАСТИ

Выборы главы администрации Смоленской области 19 мая 2002 г. прошли в относительно честной борьбе двух местных административно-экономических кланов — действующего главы администрации Александра Прохорова и начальника облуправления ФСБ генерала Виктора Маслова. Оба кандидата заявляли о своей полной поддержке президента Владимира Путина, а генерал В. Маслов к тому же подчеркивал личную и ведомственную близость к президенту.

Маслову, однако, удалось применить против Прохорова специфически фээсбэшний административный ресурс: используя свои связи в Москве, он организовал визит в Смоленск следователя Генеральной прокуратуры Сергея Кочергина, которому было поручено вести дело о нецелевом использовании средств, выделенных на строительство Старой Смоленской автодороги. Бывшему вице-губернатору Юрию Балбышкину было предъявлено по этому поводу обвинение (позже получил два года условно), а других вице-губернаторов и самого Прохорова таскали на допросы в качестве свидетеля.

В ходе предвыборной кампании на ближайшего сподвижника А. Прохорова — вице-губернатора Анатолия Макаренко — было совершено покушение. За три дня до выборов, 16 мая, Макаренко направлялся с дачи на работу. У деревни Бор на подъезде к Смоленску машина вице-губернатора была обстреляна преступниками из автомата. В машине в этот момент находились Макаренко, его пятилетняя дочь, охранник и водитель. Водитель погиб. Макаренко получил легкое ранение. Был ранен охранник, прикрывший ребенка своим телом.

В тот же день Макаренко обвинил в организации покушения генерала Маслова. Как утверждал Макаренко, «в присутствии свидетелей» «от Виктора Маслова в мой адрес прозвучала прямая угроза». «Других угроз в мой адрес от кого-либо не поступало. УФСБ области руководит преступник». Генерал Маслов предположил, что это покушение — «специально разыгранный предвыборный спектакль» команды Прохорова.[9]

Действовавший тогда местный закон о выборах главы администрации области не предусматривал второй тур, и победителем должен был стать кандидат, набравший в первом туре простое большинство голосов. 19 мая 2002 г. главой администрации Смоленской области с перевесом в 20 тысяч голосов был избран Маслов, набравший 40,51% голосов избирателей (Прохоров получил 34,4%).

Криминальный оттенок смоленских выборов подтвердился через два с половиной месяца после их завершения: 7 августа 2002 г. неизвестными был убит новый, уже масловский, вице-губернатор Владимир Прохоров (однофамилец бывшего губернатора), в мае 2002 г. возглавлявший избирательный штаб В. Маслова.

Что касается А. Макаренко, то он, превратившийся из вице-губернатора в рядового опального бизнесмена, на следствии о покушении на него вновь повторил версию причастности Маслова к нему, а в качестве мотива предположил устранение его, Макаренко, как нежелательного свидетеля: по словам Макаренко, до своего назначения на должность вице-губернатора он при личных встречах неоднократно передавал начальнику УФСБ генералу В. Маслову деньги от местной криминальной группировки Петросяна — Олевского за крышевание рынка.

Новый губернатор объяснил следствию, что его давние регулярные встречи с бизнесменом Макаренко имели своей целью вовсе не передачу взяток, а получение конфиденциальной агентурной информации. Следствие и суд предпочли согласиться с версией Маслова. Макаренко был осужден на 1 год условно за клевету на губернатора и арестован в связи с обвинением его по еще трем статьям Уголовного кодекса, включая традиционную уже (для случаев конфликта с правоохранительным начальством) статью за хранение «незарегистрированного оружия», а именно,

37-ми патронов к пистолету «Иж-76»).[10] В 2004 г. А. Макаренко получил второй приговор, на этот раз не условный: пять лет колонии общего режима по статьям о мошенничестве и незаконном хранении боеприпасов.

ВЫБОРЫ МЭРА НИЖНЕГО НОВГОРОДА

На выборах мэра Нижнего Новгорода в сентябре 2002 г. перед наместником Приволжского округа Сергеем Кириенко стояла трудная задача.

Во-первых, ему ни в коем случае нельзя было допускать избрания безудержного популиста, неоднократно судимого предпринимателя Андрея Климентьева, который однажды, в марте 1998 г. уже было завоевал кресло мэра в честной борьбе, но на следующий день был лишен поста решением горизбиркома, арестован, а затем и осужден за хищение валютного кредита (хищение, возможно, имело место, но уголовное дело и осуждение случились только потому, что А. Климентьев принял участие в выборах и победил).

Новое избрание А. Климентьева свидетельствовало бы о том, что полпред не контролирует обстановку в столице округа.

Во-вторых, по тем же причинам было недопустимо переизбрание мэра Юрия Лебедева: еще весной, недовольный экспериментом с введением в Нижнем Новгороде альтернативной службы, сам президент В. Путин предсказал, что Лебедев «не имеет шансов переизбраться», поскольку «имеет ничтожный рейтинг».[11] После этого для С. Кириенко ничего не оставалось, как обеспечить исполнение научного предвидения президента. К тому же, полпреда С. Кириенко и мэра Ю. Лебедева «связывала» личная вражда, уже открыто проявившаяся во время губернаторских выборов за год до этого.

Между тем во мнении избирателей лидировал именно Климентьев, а Лебедев конкурировал за второе место с поддерживаемым полпредом (а в Москве — В. Ивановым) заместителем председателя Народной партии Российской Федерации (НПРФ), депутатом Госдумы Вадимом Булавиновым.

Вечером 14 сентября 2002 г., меньше чем за сутки до выборов, Климентьев был лишен регистрации. За день до этого его противникам удалось найти свидетельницу, которая рассказала на суде, что она в нарушение правил выборов внесла в избиртельный фонд Климентьева деньги, переданные ей третьим лицом.

Согласно официальным данным первого тура, 15 сентября 2002 г. первое место занял Ю. Лебедев, получивший 31,4% голосов избирателей. Вместе с ним вышел во второй тур и В. Булавинов (30,85%). «Против всех» проголосовали 30,35%, причем сумма избирательных бюллетеней «против всех» и испорченных бюллетеней (то есть тех, где кандидаты были вычеркнуты, или где, наоборот, были поставлены галочки более чем за одного кандидата) превышала количество голосов, поданных за лидера. Напрашивалось подозрение, что часть бюллетеней «против всех» была намеренно испорчена. Мало того, по данным exit-poll'а Нижегородского отдела Института социологии РАН, позиция «против всех» все-таки лидировала.

Тем не менее 29 сентября был проведен второй тур.

В ночь на 30 сентября 2002 г. во время подсчета голосов по требованию кандидата Булавинова и в соответствии с постановлением районного судьи одного из районов города был наложен арест на бюллетени на всех избирательных участках города: Булавинов подозревал, что люди действующего мэра в некоторых избиркомах подтасовывают итоги в пользу мэра. Но 30 сентября 2002 г., после обработки 100% бюллетеней, стало известно, что победил Булавинов, набравший 35,57% голосов (Лебедев — 34,93%, «против всех» — 29,5%). В тот же день Булавинов подал заявление об отводе собственного иска, и суд отменил арест избирательных бюллетеней.

Защищая действия своего протеже и судебных приставов, 2 октября 2002 г. С. Кириенко заявил 2 октября, что ему доподлинно известно, что у него «была абсолютно точная информация о том, что в ночь после выборов мэра после закрытия избирательных участков поступил приказ вскрыть мешки с бюллетенями и поставить вторую галочку на тех из них, на которых голосовали за победителя — Вадима Булавинова»[12] (то есть испортить их. — Авт.). А по данным exit-poll'а, опять победил «г-н Против Всех Кандидатов».[13]

КРАСНОЯРСКИЕ ВЫБОРЫ КАК БИТВА АДМИНИСТРАТИВНЫХ РЕСУРСОВ

Широко известно и общепризнанно, что на досрочных (вследствие гибели Александра Лебедя) выборах губернатора Красноярского края осенью 2002 г. столкнулись две мощные финансово-экономические группировки — группа «Интеррос»-«Норникель» Владимира Потанина, кандидатом которой был губернатор Таймырского (Долгано-Ненецкого) автономного округа Александр Хлопонин, и группа «Базовый элемент»-«Русский алюминий» Олега Дерипаски, от которой выступал спикер Красноярского краевого Законодательного собрания Александр Усс.

Менее известно и не столь общепризнанно то, что еще более важной составляющей красноярских выборов в сентябре 2002 г. было соперничество московских административных кланов.

В самом Красноярском крае административный ресурс тоже не был един — напротив, он был разделен на три части: краевая администрация (и. о. губернатора края Николай Ашлапов поддерживал А. Усса), власти северной части края (губернатор Таймырского округа А. Хлопонин сам баллотировался) и администрация краевого центра (мэр Красноярска Петр Пимашков также баллотировался в губернаторы).

У каждой из трех федеральных придворно-олигархических группировок (понимая слово «олигархия» в его первоначальном, словарном значении, а не в суженном до финансово-промышленной «олигархии») также были свои предпочтения. У «старокремлевской», или «семейной» группировки (Александр Волошин) это был спикер Усс, у «старопитерской» (Анатолий Чубайс) — мэр Пимашков, у «новопитерской» (зам. главы администрации президента по кадрам Виктор Иванов) — таймырский губернатор Хлопонин. Полпред Сибирского федерального округа Леонид Драчевский держал нейтралитет до тех пор, пока не выяснились предпочтения лично президента Путина.

Все три основных кандидата имели то или иное отношение к партии «Единая Россия»: Пимашков и Усс были ее членами, а Хлопонин формально не являлся членом партии, но входит в ее Высший совет (подобно председателю Высшего Совета Борису Грызлову, на тот момент тоже «не члену»).

У разделившейся «партии власти» имелся сильный конкурент — кандидат левого блока Сергей Глазьев. Роль Глазьева, правда, была неоднозначной: его участие объективно играло на руку одному из ведущих кандидатов, а именно Хлопонину. Существовали даже подозрения, что в выдвижении Глазьева финансово поучаствовал патрон Хлопонина Потанин. В то же время, выход Глазьева во второй тур (который сначала никем не предполагался, но с каждым днем кампании становился все более вероятным) был нежелателен ни Хлопонину, ни Уссу.

Поэтому в первом туре 8 сентября 2002 г. административные методы подсчета были применены прежде всего против С. Глазьева — причем это делалось как северянами, так и южанами. Вброс дополнительных бюллетеней и порча бюллетеней соперников производились как на севере (в Норильске и в Таймырском округе в пользу Хлопонина — против Глазьева и Усса), так и на юге (в пользу Усса — против Глазьева и Хлопонина).

8 сентября 2002 г. в первом туре выборов первое место получил А. Усс, набравший 27,67% голосов избирателей. А. Хлопонин занял второе место, получив 25,16%.

Насколько известно, в пользу Хлопонина фальсифицировались результаты более откровенно — благодаря незначительному количеству на Таймыре наблюдателей от Усса и Глазьева. Однако контролируемый южанами краевой избирком сначала не реагировал на то, как считают бюллетени северяне, так как надеялся, что во втором туре Усс получит голоса части сторонников Глазьева и Пимашкова. Этого не произошло, что и заставило краевой избирком уже после второго тура выборов внимательнее отнестись к фальсификациям северян как в первом туре, так и во втором.

22 сентября 2002 г. по итогам второго тура было объявлено, что победил А. Хлопонин, собравший 48,07% голосов избирателей. Усс набрал только 41,83%. А 29 сентября 2002 г. Красноярская краевая избирательная комиссия признала недействительными результаты губернаторских выборов ввиду большого количества нарушений. По мнению избиркома, свободному волеизъявлению избирателей воспрепятствовало использование кандидатами в губернаторы административного ресурса, давления, подкупа и обмана избирателей. Было названо количество избирателей, волю которых невозможно определить: около 200 тыс. человек. При этом избирком рассматривал только жалобы на нарушения

Хлопонина, поданные представителями Усса («Мы фиксировали нарушения с обеих сторон, но жалобу подали только представители Усса», — сказал зампред избиркома Александр Бугрей).[14]

30 сентября 2002 г. Хлопонин опротестовал решение избирательной комиссии. По мнение истца, сначала избирком должен был объявить официальные итоги выборов, потом в случае выявления каких-либо нарушений признать недействительным голосование по каким-либо отдельным округам, и только после этого отменять итоги выборов по всему краю. 1 октября 2002 г. Красноярский краевой суд отменил решение крайизбиркома о признании выборов недействительными и обязал его подвести итоги выборов.

3 октября 2002 г. президент В. Путин подписал указ, согласно которому впредь до вступления в должность вновь избранного губернатора временное исполнение обязанностей губернатора края возлагалось на Хлопонина.

В конечном счете именно решение президента и определило итог выборов губернатора Красноярского края. Уже поведение Центризбиркома, признавшего победу Хлопонина, довольно ясно свидетельствовало о предпочтениях президента, но для краевого избиркома этого оказалось недостаточно. Президенту пришлось вмешиваться непосредственно, причем назначение Хлопонина и. о. губернатора было сделано юридически некорректно (по закону назначить он мог только первого вице-губернатора, т. е. Ашлапова, либо он должен был сначала, сняв Ашлапова, назначить Хлопонина первым вице). Только эта демонстрация предпочтений убедила краевой избирком признать итоги выборов.

На заседании крайизбиркома 11 октября 2002 г. Хлопонин был официально признан губернатором Красноярского края.

Вскоре после выборов председатель Центризбиркома А. Вешняков разогнал строптивый красноярский крайизбирком.

ВЫБОРЫ МЭРА КЫЗЫЛА

Еще одним случаем отказа в регистрации основному претенденту на победу стали выборы мэра Кызыла (Республика Тува), назначенные на 13 октября 2002 г. Жертвой «башкирской технологии» здесь стал действующий мэр столицы республики Александр Кашин, находившийся в оппозиции к президенту Тувы Шериг-оолу Ооржаку. А. Кашин считался лидером русскоязычной части населения Кызыла, недовольной этнократической политикой республиканских властей.

Впервые А. Кашин (в то время лидер местного отделения ЛДПР Жириновского) был избран мэром Кызыла 5 апреля 1998 при поддержке парадоксального блока жириновцев и демократов, получив тогда 52,25% голосов избирателей. Вице-мэром при Кашине стал лидер тувинского отделения гайдаровской партии «Демократический выбор России» Генрих Эпп (убитый в июле 1999 г.).

В 2002 г. Кашин, перешедший к этому времени из ЛДПР в Союз правых сил (СПС), пытался соперничать с Шериг-оол Ооржаком за пост председателя правительства Тувы, но на выборах 17 марта 2002 г. занял лишь третье место, набрав 7,6% голосов (победил Шериг-оол Ооржак — 53%, но не без подозрений в «коррекции» результатов).

А. Кашин заявил о своем намерении вновь баллотироваться на пост мэра Кызыла на выборах 13 октября 2002 г., но не смог пройти процедуру регистрации. Предлогом для горизбиркома стали предоставленные им подписные листы, в которых, как оказалось, не во всех были указаны паспортные данные подписантов.

ВЫБОРЫ ПРЕЗИДЕНТА КАЛМЫКИИ

В октябре 2002 г. происходили выборы президента Калмыкии. На этих выборах столкнулись лоб в лоб две кремлевские группировки: «питерские чекисты» и «семейные». Александр Волошин и Владислав Сурков твердо поддерживали действующего президента Кирсана Илюмжинова. Аргументом (вероятно, убедительным для Путина) в пользу сохранения власти одиозных региональных «ханов», вроде Илюмжинова и Рахимова, является то, что «ханы» дают на выборах федерального уровня ровно тот процент голосов, какой заказывает Кремль.

Тем не менее «питерские чекисты» при поддержке «питерских экономистов» выставили своего кандидата — московского банкира Баатра Шонджиева и не допустили того, чтобы илюмжиновский избирком снял его с регистрации.

Для дискредитации Илюмжинова и ободрения избирателей, боявшихся голосовать против действующего президента, были выдвинуты уголовные обвинения против людей из ближайшего окружения калмыцкого президента (в частности, против министра внутренних дел республики Тимофея Сасыкова). Предпринимались попытки возбудить иски о снятии самого Илюмжинова с выборов за использование им своего служебного положения, но эти попытки оказались бесперспективными: «Кремль далеко, а Кирсан близко».

В самой Калмыкии сторонники обоих кандидатов утверждали, что их вождя поддерживает президент Путин, при этом илюмжиновцы ссылались на А. Волошина и В. Суркова, а шонджиевцы — на В. Иванова и Игоря Сечина. Хоть и во втором туре (20 октября 2002 г.), но Илюмжинов сохранил свою власть. Шонджиев утверждал, что выборы были фальсифицированы, но его чекистские покровители смирились с поражением и не стали настаивать на разбирательстве.

ПРАВКА ИЗБИРАТЕЛЬНОГО ЗАКОНОДАТЕЛЬСТВА (2002—2004)

12 июня 2002 г. В. Путин подписал новый закон «Об основных гарантиях избирательных прав и права на участие в референдуме граждан Российской Федерации» (принят Государственной думой 22 мая 2002 г.; одобрен Советом Федерации 29 мая 2002 г.).

В некоторых частностях принятый 12 июня 2002 г. и вступивший в действие с ноября 2002 г. новый закон «Об основных гарантиях избирательных прав» имеет внешние преимущества по сравнению со старым.

Например, отменить регистрацию кандидата (или списка кандидатов) теперь возможно не позднее чем за пять дней до выборов и главным образом по суду. Перестали быть основанием для отказа в регистрации и для отмены регистрации неточности и умолчания в имущественной декларации кандидата (за избирательными комиссиями осталось лишь право сообщить избирателям о сокрытии или искажении кандидатом сведений о своем имущественном положении). Появилась возможность выдвижения кандидатов от партии без сбора подписей и внесения денежного залога. В закон вошла поправка депутата от партии «Яблоко» Сергея Митрохина, предусматривающая на выборах руководителей субъектов федерации обязательный второй тур голосования в тех случаях, когда в первом туре ни один из кандидатов не набрал абсолютного большинства голосов от числа избирателей, пришедших на выборы.

С другой стороны, фактически этот закон сильно расширяет возможности «министерства выборов» и его подразделений на местах «управлять демократией». В частности, он легализует «башкирскую избирательную технологию» — применение административного ресурса для отстранения опасных кандидатов от участия в выборах.

Новый закон предусматривает 13 (тринадцать!) оснований для отказа в регистрации, 4 (четыре) основания для аннулирования регистрации решением самого избиркома и 6 (шесть) оснований для отмены регистрации решением суда по заявлению избирательной комиссии.

Кроме того, могут быть отменены и результаты голосования — или вышестоящим избиркомом («если при проведении голосования или установлении итогов голосования были допущены нарушения настоящего Федерального закона, иного закона, регламентирующих проведение соответствующих выборов»...) или решением суда — для этого предусмотрены 4 (четыре) основания.

Три универсальных предлога («основания») для отказа в регистрации или ее аннулирования являются, по всей видимости, наиболее перспективны для «управления выборами», это:

1) превышение кандидатом или предвыборным блоком установленной законом суммы расходов больше чем на 5%. Этот предлог может использоваться также для объявления итогов голосования недействительными (правда, для отмены итогов доказанное превышение должно быть больше чем на 10%);

2) нарушения кандидатом, избирательным объединением, избирательным блоком пункта 1 статьи 56 настоящего Федерального закона (то есть «злоупотребление правом на проведение предвыборной агитации», что поддается очень широкому толкованию);

3) неправильное указание кандидатом своей должности и места работы. Это тоже поддается бесконечно широкой и избирательной трактовке, и во время кампании 2003 г. по выборам

в Думу власти именно этот предлог использовали особенно широко.

Впрочем, как показал последующий опыт, закон позволяет отсекать кандидатов от участия в выборах и по более экзотическим мотивам, например, в связи с «недействительностью паспорта» (как случилось летом 2004 г. с паспортом оппозиционного кандидата на пост президента Чечни Малика Сайдуллаева), или из-за «сокрытия» кандидатом своей должности профессора (казус экс-генпрокурора Юрия Скуратова на думских выборах 2003 г.).

В новом законе была сохранена и даже усилена возможность его инструментального, избирательного применения.

На период избирательных кампаний новый закон запрещает совершать «действия, имеющие целью побудить или побуждающие избирателей голосовать "за" или "против" кандидатов (списков) или "против всех"» вне рамок рекламы, оплаченной из зарегистрированных избирательных фондов, т. е. существенно ограничивает конституционное право СМИ (и выступающих в СМИ граждан) высказывать свое мнение. Фактически на период избирательных кампаний был введен запрет на политическую аналитику, поскольку закон приравнял ее к предвыборной агитации, разрешенной только за счет официальных избирательных фондов. Нарушение этого запрета со стороны сторонников оппозиционных партий неизбежно приводило к обвинениям в «злоупотреблении правом на проведение предвыборной агитации», а последнее могло являться законным основанием для снятия кандидата или блока с регистрации.

Закон дает избиркомам большие полномочия — в том числе использовать противоречия в существующем законодательстве. Например, финансирование избирательной кампании помимо избирательного фонда избирательного фонда запрещено избирательным законом, но в то же время СМИ — в соответствии с законом о СМИ — обязаны информировать население о всех значимых событиях. Поэтому, если телеканал пропагандирует президента или министра — лидера «Единой России», — ЦИК считает, что это законное информирование населения. Если же в телепередачу попадает кандидат, нежелательный власти, то возникает вопрос, оплатил ли он телепередачу из своего избирательного фонда, а если не оплатил, то не следует ли его снять за это с выборов.

Теоретически законодательство декларирует право любого гражданина на высказывание своего мнения. С другой стороны, запрещена агитация должностных лиц и использование ими на выборах своего служебного положения. На практике это означает, что если президент агитирует за «Единую Россию» или своего фаворита на губернаторских выборах, то это его законное право как гражданина высказывать свое мнение. Но если помощник оппозиционного депутата участвует в избирательной кампании своего шефа, то это незаконное использование депутатом своего должностного положения. Если своего помощника точно так же использует баллотирующийся в новую Думу депутат от пропрезидентской партии, вопрос о законности/незаконности просто не возникает.

В новом законе о выборах присутствует также попытка осложнить применение основного противоядия против «башкирской избирательной технологии» — голосования «против всех». Фактически теперь агитировать или побуждать иным способом к голосованию «против всех» разрешено только зарегистрированным кандидатам, поскольку у иных сторонников кандидата «против всех» по определению не может быть избирательного фонда.

Пока что не существует правового механизма наказания частных лиц, агитирующих за «против всех» помимо избирательного фонда, но уже можно наказать СМИ, озвучивающие эту точку зрения.

Помимо принятия собственно нового закона о выборах, в 2002—2004 гг. в два этапа (сентябрь 2002 г. и май-июнь 2004 г.) было существенно ограничено право на референдум, внесены поправки в закон о СМИ. Кроме того, была изменена ведомственная принадлежность автоматизированной системы ГАС «Выборы».

В сентябре 2002 г. администрация президента голосами «правопутинского» большинства провела через Думу ограничение права на референдум временными рамками: отныне запрещено устраивать референдум за год до и в течение трех месяцев после федеральных выборов — парламентских и президентских. За поправки к «Федеральному конституционному закону о референдуме Российской Федерации» проголосовали не только депутаты от СПС (кроме правозащитника Сергея Ковалева, голосовавшего «против»), но и от «Яблока» (кроме петербургского адвоката Сергея Попова, уклонившегося от участия в голосовании). Принятый Думой 20 сентября 2002 г. и одобренный Советом Федерации 25 сентября закон «О внесении изменения и дополнения в Федеральный конституционный закон о референдуме Российской Федерации» был подписан Путиным 27 сентября 2002 г.

В марте 2003 г. в рамках реформы спецслужб в ведение ФСБ была передана Государственная автоматизированная система ГАС «Выборы». До 11 марта 2003 г. система ГАС «Выборы» находилась в ведении Федерального агентства правительственной связи и информации (ФАПСИ), отныне упраздненной. В ФСБ справедливо рассудили, что проще контролировать один центральный компьютер, чем многочисленные избирательные комиссии на местах.

В июне 2003 г. были приняты президентские поправки к закону о СМИ, которые ввели ранее отсутствовавший механизм наказания СМИ за нарушения закона о выборах. Правда, уже в разгар думской избирательной кампании осенью 2003 г., вердиктом Конституционного суда, вынесенным по запросу ряда журналистов и депутатов, было предписано более мягкое толкование закона. КС признал неоправданными такую интерпретацию закона о СМИ, которая фактически запрещала на период избирательных кампаний информирование и политическую аналитику, не оплаченную из избирательных фондов участников выборов. Однако это решение КС всего лишь дало журналистам некоторую возможность бороться с наиболее наглыми перегибами (в смысле: жаловаться по инстанциям, ссылаясь в качестве довода на КС), а собственно право толковать, какую информацию и аналитику следует считать агитацией, а какую не следует считать, и после этого все равно осталось за избиркомами.

19 мая 2004 г. президент внес в Думу поправки к законодательству о проведении референдумов, которые были приняты Думой 11 июня сразу во втором и третьем чтениях (СФ одобрил поправки 23 июня, президент подписал закон о поправках 28 июня 2004 г.). Закон существенно затрудняет процесс инициирования референдума. В частности, вместо одной инициативной группы теперь необходимо создать в разных субъектах федерации как минимум 45 групп численностью не менее 100 человек каждая. Срок сбора двух миллионов подписей в поддержку инициативы сокращен с трех месяцев до двух.

В августе 2004 г. Центризбиркомом предложил новый пакет поправок в избирательное законодательство, имеющих своей целью увеличить зависимость процесса и итогов голосований от «министерства выборов». Наиболее радикальная реформа, предложенная ведомством Вешнякова, — это увеличение «пропорциональной составляющей» на выборах депутатов Госдумы вплоть до избрания всех депутатов по пропорциональной системе. Для расширения возможностей снимать кандидатов с выборов ЦИК предлагает уменьшить допустимый процент недостоверных и недействительных подписей, собираемых в поддержку кандидата, с 25% до 5%. 13 сентября 2004 г. президент Путин под предлогом борьбы с терроризмом поддержал идею выборов в Госдуму только по партийным спискам и объявил о предстоящей отмене прямых выборов глав субъектов Федерации. Губернаторы должны были теперь назначаться президентом с последующим утверждением в местных законодательных собраниях.

Новый курс Путина, очевидным образом нарушающий действующую конституцию России, вызвал критику как в России, так и за рубежом. В частности, группа более чем из ста зарубежных ученых и политиков направила открытое письмо лидерам Европейского Союза и НАТО, в котором российского президента обвиняли в отказе от демократических ценностей и в диктаторских амбициях. На Западе политический курс Путина расценивали как угрозу российской демократии и экономике страны и говорили о переходе России к общественно-политической модели, характерной для латиноамериканских стран.

ВЫБОРЫ В КУРУЛТАЙ БАШКИРИИ

Выборы в Государственное собрание (Курултай) Республики Башкортостан были проведены 16 марта 2003 г., т. е. уже по новому закону «Об основных гарантиях избирательных прав». Новый закон не только не помешал отказам в регистрации оппозиционным кандидатам, но, напротив, оказался удобным оружием в руках рахимовского избиркома.

Холуйски лояльное режиму «башкирбаши» республиканское отделение партии СПС сумело зарегистрировать всех пятнадцать своих выдвиженцев. Оппозиционное М. Рахимову республиканское отделение КПРФ провело через избирком только около тридцати своих кандидатов — из выдвинутых им сорока четырех. Башкирские «яблочники», также находящиеся в оппозиции, сумели вывести на финишную прямую шесть из восьми выдвинутых кандидатов. Но особенный прессинг испытали кандидаты от Татарского общественного центра (ТОЦ) — татар в Башкирии реально больше, чем башкир, но Рахимов проводит политику обашкиривания татар, против чего пытаются бороться татарские национал-демократы и националисты, объединившиеся в рамках ТОЦ.

В частности, избирком отказал в регистрации активистам ТОЦ Башкортостана Загиру Хакимову и Марату Рамазанову, признав все сто процентов(!) подписей в их поддержку недействительными. Суд в Уфе, рассмотрев иски Хакимова и Рамазанова, вынес издевательский вердикт: признал большую часть подписей подлинными, но решил, что для регистрации каждому из этих кандидатов не хватает... по одной подписи.

Применялись и иные методы: один из оппозиционных кандидатов был вынужден отказаться от участия в выборах, так как его дочь вдруг оказалась под угрозой увольнения с работы.[15]

По итогам выборов, из 120-ти мест в Курултае 91 получили выдвиженцы башкирского отделения партии «Единая Россия», плотно контролируемого администрацией Рахимова. Ни один из заметных деятелей оппозиции (татарской, русской, коммунистической, «яблочной») не прошел.

ВЫБОРЫ МЭРА НОВОРОССИЙСКА

Выборы мэра Новороссийска 23 марта 2003 г. проводились также по новому избирательному закону.

Прежний мэр города Валерий Прохоренко не сработался с губернатором Краснодарского края Александром Ткачевым и был вынужден уйти в отставку. Вместо него по представлению А. Ткачева городская Дума Новороссийска 27 ноября 2002 г. утвердила временно исполняющим обязанности мэра Владимира Синяговского.

20 февраля 2003 г. новороссийский избирком рассмотрел документы на регистрацию шести кандидатов. Зарегистрирован

были только трое: и. о. мэра В. Синяговский и два «спарринг-кандидата» — некие жители станицы Казанской Иван Нудной и Петр Каширин, более подробные сведения о которых зампредседателя избиркома даже объявил «конфиденциальной информацией».

Основной конкурент Синяговского — депутат Госдумы Сергей Шишкарев (тогда — Народная партия, позже — блок «Родина») получил отказ в регистрации. Отказы получили также бывший глава компании Черномортранснефть Александр Жиров и пенсионер Игорь Заиченко. По версии избиркома, печати на ряде подписных листов С. Шишкарева были слишком бледными, пришлось их проверить, и эксперты краевого ГУВД признали оттиски несоответствующими. Кроме того, оказались не по форме заполненными финансовые документы Шишкарева.

«Какой смысл мне было подделывать печати, если подписи подлинные? — возмущался С. Шишкарев (между прочим, голосовавший, как и вся его фракция, в свое время в Думе за новый избирательный закон). — А что касается платежных поручений, в распечатках которых отсутствуют некоторые данные... есть оригиналы первичных банковских документов, где указана вся необходимая информация».[16] Однако избирком не внял этим аргументам.

Все три отвергнутых кандидата попытались зарегистрироваться на основании денежного залога. Однако избирком счел «несоответствующим требованиям закона оформление документов о переводе денежных средств в избирательные фонды кандидатов Шишкарева, Жирова и Заиченко» и на основании этого признал не имеющим силы внесенный каждым кандидатом залог.

Парадокс был еще в том, что ни один из зарегистрированных кандидатов (включая и. о. мэра) не являлся даже жителем города, тогда как все искусственно отстраненные претенденты были новороссийцами.

В итоге мэром был избран ставленник губернатора А. Ткачева В. Синяговский.

ВЫБОРЫ ЗАКОНОДАТЕЛЬНОГО СОБРАНИЯ РОСТОВСКОЙ ОБЛАСТИ

30 марта 2003 г. проводились выборы в Законодательное собрание Ростовской области. По мнению одного из чиновников полпредства в Южном федеральном округе, высказанному газете «Время новостей», существовала опасность, что коммунистам «вполне по силам» завоевать большинство в областном парламенте, поскольку население крайне недовольно 50-процентным ростом энерготарифов. Областное отделение КПРФ выдвинуло кандидатов в 33-х округах из 45-ти.[17]

Однако областной избирком отказал в регистрации в общей сложности 30-ти кандидатам, в том числе 12-ти официальным выдвиженцам КПРФ. По версии облизбиркома, более четверти подписей, собранных в поддержку выдвижения кандидатов от КПРФ, якобы оказались недостоверными.[18]

В итоге 40 из 45-ти мест в ЗС Ростовской области достались безусловным сторонникам губернатора Владимира Чуба (в основном чиновникам и бизнесменам — членам «Единой России» и беспартийным). Были избраны также четыре выдвиженца партий, в целом лояльных губернатору В. Чубу (один аграрий, два «яблочника» и один член СПС) и только один более или менее оппозиционный (коммунист).

ВЫБОРЫ МЭРА НОРИЛЬСКА

Несовершенство нового закона (или, наоборот, совершенство его как инструмента административного ресурса) особенно подтвердили сорванные весной 2003 г. выборы мэра Норильска. Досрочные выборы главы городской администрации были назначены в связи с тем, что 26 января 2003 г. мэр Олег Бударгин был избран губернатором Таймырского автономного округа (вместо Александра Хлопонина, ставшего губернатором Красноярского края).

В первом туре норильских выборов 20 апреля 2003 г. лидировали оппозиционный профсоюзный лидер Валерий Мельников (46,95%) и поддерживаемый администрацией Красноярского края (т. е. А. Хлопониным) выдвиженец комбината «Норникель» Сергей Шмаков (31,7%).

23 апреля 2003 г. в Норильский городской суд поступило заявление городской избирательной комиссии с требованием аннулировать регистрацию В. Мельникова. Основываясь на данных прокуратуры, избирком обвинил Мельникова в получении незаконной материальной поддержки на сумму 1,6 млн руб. путем занижения цены на изготовленные 60.000 рекламных буклетов: официальная цена была заявлена 30 руб. за экземпляр, а в действительности было заплачено по 2 руб. 30 коп.

28 апреля 2003 г. суд удовлетворил иск избиркома и лишил регистрации победителя первого тура выборов. В. Мельников обвинил суд в том, что его решение было «принято под влиянием Норникеля и заранее предопределенным».[19]

В соответствии с решением суда, избирком включил в бюллетени второго тура выборов, назначенного на 4 мая 2003 г., С. Шмакова и третьего по числу полученных голосов (2,8%) кандидата Леонида Фраймана.

В. Мельников высказал надежду, что 4 мая большинство проголосует против всех.

Поскольку такой исход выборов был действительно наиболее вероятен, С. Шмаков в тот же день объявил о намерении снять свою кандидатуру, объяснив свой поступок благородными побуждениями («быть назначенцем, поставленным без учета демократического волеизъявления норильчан, считаю себя не вправе»). Таким образом кандидат Норникеля «изящно вышел из борьбы, не закрыв для себя участие в новых выборах».[20]

До абсурдных выборов между 3-м и 4-м кандидатами, набравших соответственно менее 3% (Л. Фрайман) и около 1% (Александр Глисман) дело не дошло, поскольку они оба также сняли свои кандидатуры. Новые выборы были назначены на осень, а и. о. главы городской администрации в течение этого периода были сначала один, потом другой назначенец А. Хлопонина.

Осенью 2003 г. вместо не оправдавшего надежд С. Шмакова администрация края и Норникеля (практически неразличимые со времени избрания Хлопонина губернатором) двинули на выборы популярного в городе Джонсона Хагажеева, бывшего советского гендиректора Норильского комбината, а ныне — первого заместителя гендиректора ОАО «Норникель». Тем не менее, 26 октября 2003 г. В. Мельников был избран в первом же туре, получив 53,3% голосов (Хагажеев — 32,93%).

Однако вплоть до апреля 2004 г. В. Мельников никак не мог вступить в свои обязанности, которые продолжал исполнять назначенный и. о. мэра Лев Кузнецов, ранее рекомендованный губернатором А. Хлопониным и единогласно утвержденный городским советом. По жалобе в Норильский городской избирком двух кандидатов-аутсайдеров (Арсена Борисовца и Валерия Глазкова) В. Мельникову было выдвинуто обвинение в расходовании 144 тыс. 664 руб. 47 коп., помимо избирательного фонда. Избирком признал обвинения справедливыми и, опираясь на то, что эта сумма составляет более 10% от максимального размера фонда, возбудил судебный иск о признании недействительными результатов выборов мэра 26 октября 2003 г.

Кроме того, избирком заявил (формально — совершенно справедливо) о невозможности совмещения должностей мэра и депутата регионального парламента. Заявление об отказе от мандата депутата Законодательного собрания Красноярского края Мельников подал сразу же после своего избрания мэром, однако 11 ноября 2003 г. при голосовании в краевом законодательном собрании не хватило трех голосов, чтобы снять с него депутатские полномочия. Вторично Законодательное собрание Красноярского края, желая угодить губернатору Хлопонину, отказало Мельникову в удовлетворении его просьбы об отказе от мандата регионального парламентария 25 ноября 2003 г.

Только в марте 2004 г. В. Мельникову удалось освободиться от злосчастного мандата, а 7 апреля 2004 г. наконец и Норильский городской суд отклонил иск избиркома о признании недействительными результатов октябрьских выборов.

ВЫБОРЫ МЭРА НОЯБРЬСКА

В мае 2003 г. стартовал долгоиграющий скандал с выборами мэра города Ноябрьска в Ханты-Мансийском автономном округе.

Действующий мэр Юрий Линк пользовался поддержкой губернатора автономного округа Юрия Неелова («Единая Россия»). На выборах главы горадминистрации 4 мая 2003 г. Ю. Линк опередил своего основного соперника, председателя совета директоров АО «Ноябрьскэлектросетьстрой» Анатолия Кудряшова всего лишь на пару сотен голосов, на 0,9% — благодаря тому, что на нескольких избирательных участках, где лидировал Кудряшов, результаты были аннулированы городским избиркомом.

Сторонники А. Кудряшова обвинили горизбирком в фальсификации. Городская радиостанция, которая повторила эти обвинения, была захвачена ОМОНом без предписания прокурора, а мирная демонстрация в защиту радиостанции разогнана слезоточивым газом. 6 мая 2003 г. А. Кудряшов подал на избирком судебный иск, к которому присоединились и другие проигравшие кандидаты.

30 мая 2003 г. суд признал правоту горизбиркома, 9 июня это решение вступило в законную силу. 11 июня состоялась инаугурация Ю. Линка, но уже в июле он получил и принял от губернатора Неелова приглашение на пост его заместителя. И. о. главы городской администрации стал заместитель Линка Николай Коробков. Повторные выборы были назначены на 1 февраля 2004 г.

Кандидатом партии власти стал Н. Коробков. А. Кудряшов вновь выдвинул свою кандидатуру на пост мэра, но ему и еще восьми(!) выдвиженцам было отказано в регистрации.

Предлогом для отказа в регистрации А. Кудряшова было избрано неполное декларирование им своего годового дохода: указав 1 млн рублей заработной платы, он не включил в свою декларацию 23 тысяч рублей пенсии. Даже по новому вешняковскому закону это «нарушение» горизбирком мог покарать только обнародованием факта в СМИ. Поэтому за пару дней до выборов ЦИК в Москве 10-ю голосами против 3-х и одном воздержавшемся признал отказ Кудряшову в регистрации неправомерным.

И все-таки власти одержали победу: Кудряшов сам снял свою кандидатуру «в связи с болезнью», а 1 февраля 2004 г. при официальной явке 40,99%, мэром был избран Н. Коробков, получивший 67,01%. Позиция «против всех» набрала 20,04%.

ВЫБОРЫ ГОРОДСКОЙ ДУМЫ ВЛАДИВОСТОКА

Выборы городской думы Владивостока 8 июня 2003 г., несмотря на отказы в регистрации ряду оппозиционных кандидатов, дали победу оппозиции: неформальный блок «Свобода и народовластие» (объединение сторонников председателя одноименной партии, бывшего мэра, депутата Государственной думы Виктора

Черепкова) получил 14 из 25 депутатских мандатов, составив тем самым абсолютное большинство в гордуме.

Однако уже 16 июля 2003 г. на первом заседании гордумы Владивостока два депутата вышли из черепковского блока. В. Черепков заявил, что его депутатов перекупили оппоненты — мэр Владивостока Юрий Копылов и «авторитетный» депутат-бизнесмен Владимир Николаев. Возникший расклад голосов (12 на 12; одно депутатское место осталось вакантным) не позволил думе избрать председателя и его заместителя.

31 июля 2003 г. итоги выборов по двум округам (10-му и 24-му), в которых победу одержали сторонники В. Черепкова, были по инициативе горизбиркома отменены судом, и в черепковской фракции «Свобода и народовластие», которую возглавил депутат Игорь Шпаковский, осталось только 10 депутатов. Позже фракцию «Свобода и народовластие» покинули еще 2 депутата.

В декабре 2003 г. Владивостокская дума, несмотря на отсутствие, из-за бойкота черепковцев, кворума, избрала спикера — им стал депутат Виталий Субботин, на тот момент устраивавший в той или иной мере обе враждующие региональные административно-экономические группировки — краевой администрации (губернатора Сергея Дарькина) и городской мэрии (мэра Юрия Копылова, сторонника прежнего губернатора Евгения Наздратенко).

ВЫБОРЫ ГЛАВЫ АДМИНИСТРАЦИИ ОМСКОЙ ОБЛАСТИ

Многолетний (с 1991 г.) глава администрации Омской области Леонид Полежаев в 2003 г. по-прежнему оставался самым влиятельным политиком региона, и рейтинг его был вдвое выше, чем у любого другого областного деятеля. Проблема состояла в том, что этот высокий рейтинг все-таки был ниже 50%, а в новом законе на губернаторских выборах предусматривается (такназываемой поправкой Митрохина) второй тур в тех случаях, когда в первом туре никто не набрал более 50% голосов. Существовала опасность, что губернатор, лидируя в первом туре, может проиграть кандидату № 2 во втором туре.

Кандидатом № 2 был умеренный коммунист (изгнанный позже из компартии), депутат Государственной думы и бизнесмен

Леонид Маевский. Маевский не мог победить в первом туре, но в случае второго тура вполне был способен консолидировать вокруг себя всех недовольных Полежаевым.

Для губернатора было жизненно необходимо не допустить второго тура. Базовый электорат Л. Маевского был стабилен, но ограничен: в первом туре ни уменьшить, ни увеличить его было трудно. Опасность представлял бывший член команды Полежаева Александр Коротков (бывший 1-й заместитель главы администрации области). Как бы мало он ни набрал голосов в первом туре, это были бы голоса, отнятые напрямую у Полежаева, что создавало неприятную для губернатора перспективу второго тура. В то же время во втором туре избиратели Короткова вполне могли перейти к Маевскому. Поэтому губернатор сделал все, чтобы отстранить Короткова от участия в выборах или по крайней мере максимально затруднить ему избирательную кампанию.

А. Коротков был снят с регистрации и восстановлен Центризбиркомом только за 9 дней до выборов. Он уже не сумел провести полноценную избирательную кампанию и на выборах 7 сентября 2003 г. получил около 10% — третье место после Полежаева (55,95%) и Маевского (27,94%). Губернатор достиг цели: второго тура не было, пусть даже и ценой пониженной (но достаточной) явки и подозрений, что процентов шесть-семь Полежаеву все-таки «докинули». Впрочем, что касается фальсификаций, то оппозиция не сумела представить убедительных доказательств, что они имели место.

ВЫБОРЫ ГУБЕРНАТОРА САНКТ-ПЕТЕРБУРГА

Слухи о предстоящей замене в Санкт-Петербурге губернатора Владимира Яковлева не стихали на протяжении почти четырех лет. Во времена Анатолия Собчака два скромных первых вице-мэра, Владимир Яковлев и Владимир Путин, фактически управляли городом вместо мэра-харизматика, который, путешествуя по миру, месяцами отсутствовал в северной столице. Никаких конфликтов тогда между Путиным, занимавшимся «новой экономикой», и Яковлевым, отвечавшим за «старое хозяйство», не наблюдалось. Но весной 1996 г., когда Яковлев неожиданно выступил на выборах соперником их общего шефа, Путин публично (хотя и за глаза) назвал Яковлева Иудой. После победы Яковлев, также за глаза, назвал Путина «пиздюком».[21]

От президента Путина ждали расправы над Яковлевым, к которой с особой страстью призывала вдова Собчака Людмила Нарусова.

Несмотря на очевидные недостатки Яковлева как администратора (культура и повадки советского завхоза, коррупция ближайшего окружения губернаторской супружеской четы), победа Яковлева на следующих выборах ни у кого не вызывала сомнения. При Яковлеве в Санкт-Петербурге наконец выстроился отсутствовавший при Собчаке порядок — стройная система «решения вопросов» (в том числе надежный «одноканальный» путь передачи взяток), в своих основах сходная с той, которая издавна налажена в лужковской Москве. Эта бюрократическая, коррупционная, но работающая система более или менее устраивает крупный и средний бизнес и даже значительную часть рядовых граждан. (Собственно говоря, тот же порядок пытается наладить в рамках всей России путинская бюрократия — только с военно-полицейским акцентом и вокруг несколько иных персоналий).

Усилиями полпредства Северо-Западного округа против вороватых яковлевских замов заводилось одно уголовное дело за другим, но парадоксальным образом это только укрепляло электоральный потенциал губернатора. К тому же, «антикоррупционная» кампания против команды Яковлева велась крайне непоследовательно. Как справедливо заметила Юлия Латынина, «заводя уголовные дела по недостачам в городском бюджете и бросая их на полдороге, как случайных любовниц, власть показала питерцам: воровство не является для нее проступком. Намереваясь сменить губернатора и протянув с этим четыре года, власть дискредитировала свое намерение отомстить».[22]

Ю. Латынина предложила для этой непоследовательности простое и верное объяснение: «...Питер — город маленький. И слишком многие друзья президента являются также друзьями Яковлева».[23]

К этому можно добавить, что слишком многие коррупционные дела друзей Яковлева являются одновременно делами некоторых друзей Путина.

Казалось, что только прямое заявление самого президента, что Яковлев абсолютно неприемлемый для него глава второй столицы, могли свалить питерского «хозяйственника». Путин, однако, нашел другой метод — тот же, каким за три года до этого выдернул с губернаторского кресла в Приморье Евгения Наздратенко. 16 июня 2003 г. Яковлев был назначен вице-премьером по социальным вопросам в федеральном правительстве. Досрочные выборы губернатора были назначены на сентябрь.

Каким образом (угрозами или обещаниями) заставили Яковлева согласиться взять должность, которую можно потерять в любой момент по капризу Путина, точно неизвестно. Тем не менее Яковлев согласился, а Кремль развернул назойливую кампанию по рекламированию бесцветной Валентины Матвиенко (предварительно назначенной полномочным представителем президента в Северо-Западном федеральном округе) как верной сторонницы Путина и поэтому неизбежной победительницы выборов.

Все пропрезидентские партии, включая СПС, одобрили кадровый выбор президента. Почти всех претендентов на пост губернатора из бывшей команды Яковлева Кремль убедил отказаться от своих амбиций. Единственным нарушителем номенклатурной дисциплины оказалась Анна Маркова, ранее входившая в число яковлевских заместителей.

2 сентября 2003 г. В. Путин провел встречу с В. Матвиенко как своим полпредом, несмотря на то что та находилась в официальном отпуске именно в связи со своим участием в избирательной кампании. Обсудив с ней планы «по подъему Санкт-Петербурга», президент пожелал ей победы на выборах. Пространный сюжет об этом был показан по всем государственным телеканалам. Такая откровенная агитация высшего должностного лица за одного из кандидатов, причем явно «не оплаченная из избирательного фонда», была очевидным нарушением закона о выборах (не важно в данном случае, что сам вешняковский закон, ставя такие ограничения одной из категорий граждан, видимо, неразумен). Но придворные политтехнологи убедили президента, что без него Матвиенко проигрывает, но зато с ним — однозначно выигрывает, причем, возможно, уже в первом туре.

Маркова, естественно, обвинила Матвиенко в использовании незаконных методов агитации: «Сколько стоит сняться в политическом рекламном ролике с президентом страны и показать его в федеральном эфире? Оплачен ли он из избирательного фонда депутатом?»[24]

Маркова осмелилась обвинить в нарушении ряда положений закона даже самого Путина:

«Президент В. В. Путин безусловно выразил предпочтение в отношении кандидата Матвиенко (п/п. “б” п. 1 ст. 48).

<...> Президент распространил информацию с явным преобладанием сведений о кандидате Матвиенко в сочетании с позитивными комментариями (п/п. «г» п. 1 ст. 48). <...> Президент совершил действия, способствующие созданию положительного отношения избирателей к кандидату Матвиенко (п/п. «е» п. 1 ст. 48)».[25]

Но председатель Центризбиркома А. Вешняков предпочел поставить в вину нарушение закона о выборах не Матвиенко или, упаси Господи, президенту, а средствам массовой информации, которые, по его мнению, просто не должны были сообщать о встрече Путина с одним из кандидатов. По мнению председателя ЦИК, если бы СМИ не растиражировали сюжет о встрече президента с одним из кандидатов, все было бы и этично, и законно.

«Неяковлевские» кандидаты, в том числе оппозиционные Москве и Матвиенко лидер регионального отделения «Яблока» Михаил Амосов и бывший министр госкомимущества Сергей Беляев, никаких шансов на победу с самого начала не имели.

Матвиенко, однако, могла проиграть выборы, и существовало даже три варианта такой вероятности. Во-первых, если бы Марковой удалось собрать весь прояковлевский электорат (но сам Яковлев был вынужден призвать своих сторонников голосовать за Матвиенко), а другие оппоненты Кремля согласились бы забыть «яковлевское» прошлое Марковой и поддержать ее во втором туре. Во-вторых, большинство могло проголосовать «против всех», в особенности во втором туре, в особенности, если бы все значимые кандидаты (то есть Маркова, Беляев, Амосов) призвали бы к этому. Это был, пожалуй самый реальный вариант, учитывая психологическую невозможность для демократов голосовать за сподвижницу Яковлева. В-третьих, выборы могли просто сорваться из-за недостаточной явки избирателей (обязательный нижний уровень — 25%). Это тоже был реальный вариант — но только для первого тура, поскольку во втором туре обязательный нижний уровень явки не предусмотрен.

Так как Марковой вопреки ожиданиям удалось довольно быстро набрать рейтинг, Матвиенко попыталась снять ее с выборов старым башкирским способом. К проверке подписей за выдвижение Марковой вопреки закону была привлечено Главное управление внутренних дел (ГУВД) по Санкт-Петербургу, которое «выявило» более 25% сомнительных подписей (несмотря на то что первоначальная проверка рабочей комиссии горисполкома нашла только 701 недействительную подпись, что составило 9,4% от числа отданных на проверку). Еще один кандидат в губернаторы, бизнесмен и бывший комсомольский начальник Виктор Ефимов (игравший фактически роль спарринг-партнера Матвиенко — в том числе на случай внезапного коллективного отказа других соперников от участия в выборах с целью их срыва) подал заявление в городской суд с требованием отменить регистрацию Марковой на основании справки из ГУВД о фальсификациях.

Марковой удалось доказать подлинность большей части подписей, объявленных милицией недостоверными. Однако процесс по делу о подписях завершился только за несколько дней до выборов — 18 сентября 2003 г. Верховный Суд оставил Маркову кандидатом на выборах. Этому решению предшествовала экспертная оценка политологов из работавшей на Матвиенко команды Глеба Павловского (Фонд эффективной политики), согласно которой в случае снятия Марковой с выборов либо выборы срывались бы из-за явки на первый тур менее 25% избирателей, либо же побеждала позиция «против всех» в первом или втором туре.

На протяжении всей избирательной кампании милиция регулярно задерживала агитаторов Марковой, Амосова и Беляева, а также распространителей газеты «Петербургская линия», которая выступала за голосование «против всех». 4 сентября 2003 г. в Московском районе Санкт-Петербурга правоохранительные органы конфисковали предвыборные листовки «негативного содержания», направленные против Матвиенко. 17 сентября 2003 г. генеральному директору типографии, напечатавшему агитационные материалы против Матвиенко, было предъявлено обвинение по ст. 129 части 2 УК России (клевета). Задержание агитационных материалов С. Беляева при ввозе их в Санкт-Петербург было проведено под предлогом проверки «факта» о ввозе материалов, порочащих... самого С. Беляева.

21 сентября 2003 г. состоялся первый тур. В. Матвиенко набрала 48,73% голосов и не смогла победить в первом туре. А. Маркова получила 15,84% («против всех» проголосовали 10,97% избирателей, за С. Беляева — 8,8%, за М. Амосова — 7,5%). Официальный уровень явки в 29% — невероятно низкий для всегда политически активного Петербурга, — возможно, был к тому же искусственно поднят.

Петербургское «Яблоко» после поражения в первом туре (успехом для кандидата «Яблока» могло бы считаться хотя бы третье место, но никак не четвертое) не стало далее сопротивляться давлению со стороны лично Григория Явлинского (на которого, в свою очередь, давили из Кремля, требуя еще перед первым туром снять кандидатуру М. Амосова в пользу В. Матвиенко) и призвало демократических избирателей голосовать во втором туре за Матвиенко.

5 октября 2003 г. В. Матвиенко была избрана, набрав 63,16% голосов при официально объявленной явке 28,25% (А. Маркова — 24,18%, «против всех» — 11,75%).

ВЫБОРЫ ПРЕЗИДЕНТА ЧЕЧНИ

«Демократическое» избрание экс-муфтия-ренегата Ахмата Кадырова президентом Чечни должно было, по мнению Кремля, увенчать сомнительную стабилизацию в мятежной республике. Однако в том же Кремле прекрасно понимали, что честного соперничества с любым сколько-нибудь серьезным соперником Кадыров не выдержит. Наибольшую опасность представляли возможные кандидатуры бывшего спикера Верховного Совета России Руслана Хасбулатова и депутата Государственной думы, генерал-полковника милиции Асламбека Аслаханова, которые не скрывали своего неодобрения жестко-репрессивного режима Кадырова и, будучи федералистами, тем не менее считали возможными переговоры о мире с президентом сепаратистов Асланом Масхадовым.

В случае отсутствия этих кандидатур, часть населения могла проголосовать также за любых других не совсем марионеточных кандидатов (или выглядящих таковыми) — например, за московских чеченцев-бизнесменов Хусейна Джабраилова и Малика Сайдуллаева.

Колебания Р. Хасбулатова в конечном счете разрешились в августе 2003 г. в пользу неучастия в выборах, и такое решение он принял, судя по всему, не без давления.

2 сентября 2003 г. о снятии своей кандидатуры заявил Х. Джабраилов. За несколько дней до начала избирательной кампании его пригласили в Кремль, где известили что «Москва на предстоящих выборах будет поддерживать действующего главу республики Ахмата Кадырова».[26]

Х. Джабраилов пользовался поддержкой министра печати Чечни Бислана Гантамирова. 3 сентября Гантамиров был уволен из правительства, а в ночь с 4 на 5 сентября служба безопасности Кадырова взяла под вооруженный контроль грозненское телевидение и редакции всех восьми выходящих в Грозном газет.

11 сентября 2003 г. Верховный суд Чечни отменил регистрацию в качестве кандидата на пост президента Чечни М. Сайдулаева. Причиной была названа недостоверность части подписей за выдвижение Сайдулаева, на основании которых он был первоначально зарегистрирован. Сайдулаев напомнил, что одновременно с подписями он представил также и залог и потребовал зарегистрировать его в таком случае на основании залога. В этом ему, однако, было отказано с издевательской мотивировкой: «если подписные листы и залог поданы в один день, то избирком в соответствии с законодательством вправе сам выбирать вариант регистрации».[27]

Ближе к истине была бы формулировка «свой вариант НЕрегистрации».

Оставался А. Аслаханов — возможно, самый опасный из альтернативных кандидатов. В августе 2000 г. на дополнительных выборах в Государственную думу по Чеченскому избирательному округу он был избран, получив 30,31% голосов, несмотря на палки в колеса, которые ему тогда ставили люди Кадырова.

Из грозненского избиркома Аслаханову поступила угроза: «он будет снят из-за того, что в одном из документов у него указан неправильный домашний адрес. И к тому же отсутствует справка о доходах».[28]

Параллельно Аслаханова вызвали на беседу к президенту Путину. По словам депутата, он рассказал об этих угрозах Путину и тот... предложил ему должность своего помощника.

Благодарный милиционер не стал упрашивать гаранта конституции принять меры против угроз грозненского избиркома. Вместо этого он подчинился угрозам (как если бы гарант к ним присоединился), сняв свою кандидатуру с чеченских выборов и приняв — фактически в качестве взятки — предложение президента, утратив в связи с новым назначением думский мандат.

В январе 2004 г. семейство Джабраиловых тоже получило взятку, скорее всего, заранее оговоренную: брат Хусейна Джабраилова Умар был делегирован сенатором от Чечни (вместо Ахмара Завгаева, ставшего депутатом Государственной думу от «Единой России» по Чеченскому округу).

После такой тотальной «зачистки» оказалась поставлена под вопрос явка избирателей. Явка была откровенно фальсифицирована. Свидетельствует член участковой избирательной комиссии на выборах Кадырова:

«В октябре на нашем участке было зарегистрировано 2,5 тыс. избирателей. Пришло всего 146. Выборы проходили в поликлинике [...], в регистратуре сидели специальные люди, которые ставили галочки в бюллетенях. Потом мы просто пригласили всех наблюдателей на обед в другое помещение, а сами поменяли урну, накидали туда все эти бюллетени, положили еще те 146, которые были заполнены по-честному, а вечером свели протокол. Никаких претензий со стороны наблюдателей не было, зато я теперь слишком хорошо знаю эту кухню, чтобы ходить голосовать».[29]

5 октября 2003 г. Кадыров был «избран» (будто бы более 80% при явке якобы 86,8%) — с тем, чтобы уже 9 мая следующего года погибнуть от бомбы сепаратистов на стадионе «Динамо» в Грозном.

ВЫБОРЫ В ГОСУДАРСТВЕННУЮ ДУМУ

Выборы в Государственную думу 4-го созыва 7 декабря 2003 г. по своим тактико-техническим характеристикам занимают среднее положение между осенними выборами в Санкт-Петербурге и в Чечне. Они были значительно более свободными, чем в Чечне, и существенно менее честными, чем в Санкт-Петербурге.

Две в достаточной степени известные и значимые партии не были допущены до участия в выборах: Национал-большевистская партия (НБП) Эдуарда Лимонова и партия «Либеральная Россия» Бориса Березовского — Ивана Рыбкина.

НБП отрезали от выборов еще на дальних подступах: эта партия не смогла получить официальную регистрацию Минюста, несмотря на все свои усилия. Формальные предлоги, которые выдвигал Минюст для нерегистрации, были явно лицемерными. Реальная причина отказа — нежелание допустить НБП, популярную среди молодежи (и еще более потенциально популярную среди той же молодежи) к выборам. НБП не являлась тогда и не является сейчас серьезной электоральной силой. Но еще меньше такой силой являлись примерно 13 из 23-х тогдашних партий и блоков, участвовавших в думских выборах 2003 г. А при определенных условиях НБП могла рассчитывать даже на преодоление 5-процентного барьера.

Но в итоге НБП осталась полухулиганской тусовкой томато-, яйце- и майонезометателей, а голоса впервые пришедших на выборы подростков вместо НБП получила ЛДПР Владимира Жириновского, теряющая поддержку представителей старших поколений от выборов к выборам, чего, видимо, и хотели в Кремле. Партию Жириновского там со времен Ельцина холят и лелеют, а партию Лимонова ненавидят и откровенно боятся.

«Либеральная Россия» Березовского — Рыбкина возникла в результате раскола старой «Либеральной России» (лидеры — Сергей Юшенков, Виктор Похмелкин, Борис Березовский) на две одноименные партии. Минюст и Центризбирком предпочли считать легитимной «ЛибРоссию», возглавляемую Виктором Похмелкиным, которая и выступила на выборах под именем «Новый курс — Автомобильная Россия» (и получила 0,84% голосов, 12-е место).

Партия Березовского считалась «непроходимой», и, действительно, ее рейтинг не превышал 0,5—1%. Но, во-первых, эти замеры проводились в условиях, когда партия практически нигде (кроме «Независимой газеты» и интернета) не могла сама сказать о себе. Регистрация и официальное участие в выборах могли бы дать ЛР(б) условия для самопредставления, сравнимые хотя бы с теми, которые получила ЛР по версии Похмелкина. Но если «автомобильную» ЛР(п) трудно было считать партией, политически отличимой от умеренно-демократического фона, то ЛР(б) могла реально претендовать на нишу последовательной демократической оппозиции путинизму. Тем более, что из этой ниши осенью 2003 г. выкатилось ранее занимавшее ее «Яблоко» (голосовавшее за «обрезание» права на референдум, поддержавшее во втором туре Матвиенко в Питере и прекратившее критику лично Путина). ЛР(б) могла поглотить антипутинскую составляющую электората «Яблока» и благодаря этому преодолеть 5-процентный барьер.

Во всяком случае, предположения о шансах НБП и ЛР(б) не могли быть экспериментально проверены, поскольку эти две партии были отсечены от участия в выборах по довольно сомнительным формальным основаниям.

Отсечение от выборов нежелательных для властей участников особенно нагло, откровенно и издевательски происходило в одномандатных мажоритарных округах. Препятствия в регистрации и снятие уже зарегистрированных кандидатов наблюдались на думских выборах 2003 г. десятками. Иногда это был просто продукт борьбы между самими кандидатами, которые пытались снять друг друга с выборов с помощью судов и избиркомов — в этих случаях Центризбирком и Верховный суд в Москве иногда проявляли объективность и восстанавливали регистрацию. Иногда это была инициатива местной власти, которая убирала своих критиков, — Москва в данном случае могла подтвердить или не подтвердить ликвидацию кандидата, исходя из политической целесообразности. Но иногда это был прямой заказ «из-за стенки» (кремлевской) — и тогда любые жалобы несостоявшегося кандидата были бессильны.

Вот только некоторые наиболее громкие примеры применения этой избирательной технологии на думских выборах 2003 г.

В Бурятском округе № 9 ради победы кандидата от «Единой России» Анатолия Старикова было отказано в регистрации кандидату КПРФ, бывшему генпрокурору Юрию Скуратову, о котором некогда сам Путин (тогда — директор ФСБ) утверждал в телевизоре, что «человек, похожий на генерального прокурора», который развлекается с проститутками на знаменитой порнопленке, и есть сам генеральный прокурор. А ранее «человек, похожий на директора ФСБ», передал Михаилу Швыдкому саму порнопленку для показа ее по второму государственному каналу. Видимо, после этой истории Путин стал считать Скуратова своим личным врагом, мечтающим о мести.

Для отказа в регистрации бывшему генпрокурору был избран абсурдный предлог «предоставление недостоверных и не в полном объеме сведений о занимаемой должности», а именно: Скуратов указал свою должность завкафедрой Московского социального государственного университета (МСГУ), но «скрыл» от избирателей, что является еще и профессором этого университета. Кроме того, справка о партийности Скуратова была подписана не председателем ЦК КПРФ Геннадием Зюгановым, а его заместителем Валентином Купцовым.

Председатель ЦИК А. Вешняков поначалу пытался соблюсти приличия: 4 ноября Центризбирком отказ в регистрации Скуратова опротестовал. Однако областной избирком 11 ноября подтвердил отказ. На следующее заседание ЦИКа по жалобе Скуратова А. Вешняков, осознавший желание Кремля, просто не пришел, сказавшись больным. В отсутствие своего председателя ЦИК оставил без изменений решение окружной комиссии. Скуратов пожаловался в Верховный суд, но тот его жалобу отклонил.

(Через пару месяцев кандидат в президенты Владимир Путин указал в регистрационных документах, что занимает в настоящее время пост президента, «скрыв» от избирателей, что он является еще и председателем в Совете безопасности и главнокомандующим. Представитель коммунистов в ЦИК Вадим Соловьев задал по этому поводу А. Вешнякову ехидный вопрос со ссылкой на «казус Скуратова», но Путина, разумеется, зарегистрировали).

Кроме одномандатного округа, экс-генпрокурора под тем же предлогом лишили также права баллотироваться в списке КПРФ (5-е место в Уральской группе кандидатов). Скуратов и тут пытался пожаловаться, но Верховный суд не встал на его сторону.

В Курской области в Курском округе № 97 был снят с регистрации бывший вице-президент России Александр Руцкой — так же, как Скуратов, подозреваемый в мстительных чувствах по отношению к президенту (поскольку в 2000 г. Кремль воспрепятствовал его переизбранию главой администрации Курской области). Предлог использовался зеркально противоположный тому, под которым лишили права баллотироваться Скуратова: Руцкой, наоборот, указал в своих регистрационных документах должность советника ректора — проректора по общим вопросам Московского городского социального университета (МГСУ), которую он фактически занимал. Руцкой представил в доказательство копию трудовой книжки и копию приказов о своем назначении, но, как выяснилось, такая должность не значилась на момент регистрации в штатном расписании МГСУ. Курский областной суд отказался удовлетворять иск против Руцкого, посчитав, что документы заполнены верно, но после этого дело Руцкого было передано в Верховный суд, который и лишил его регистрации.

В Тихорецком округе № 45 (Краснодарский край) был снят с регистрации кандидат от КПРФ, депутат Госдумы 3-го созыва Николай Денисов, «что позволило победить в этом округе брату губернатора Алексею Ткачеву».[30]

В Думе член Центрального совета Аграрной партии России А. Ткачев вошел во фракцию «Единая Россия».

В 197-м Орехово-Борисовском округе Москвы от «Единой России» баллотировался советник мэра Юрия Лужкова Константин Затулин. Для большинства претендентов из так называемой команды Лужкова думские кресла были обеспечены почти автоматически. Но К. Затулин — персонаж с плохой кредитной историей. В конце 80-х годов он был фактическим руководителем сети политического надзора за студентами Московского университета. 13 лет назад доносы («рапорты») университетских осведомителей, написанные на его имя, — о том, кто читает диссидентскую литературу, кто сочувствует «катакомбной» церкви, кто посещает выставки авангардистов, — были впервые опубликованы.[31]

С тех пор эти доносы переопубликовываются соперниками Затулина на каждых выборах, в которых он принимает участие. Кроме того, на каждых выборах вновь всплывает скандал начала 90-х годов, когда коммерческие структуры, близкие к Затулину, провели квартирную лотерею «Москва и москвичи».[32]

Выигранные участниками лотереи квартиры оказались невыкупленными ее устроителями у мэрии, но сам бизнесмен вскоре стал владельцем недвижимости в провинции Аликанте на Средиземноморском побережье в Испании.

Чтобы обеспечить прохождение в Думу этого несколько проблематичного кандидата, мэрия предприняла беспрецедентные усилия.

Ю. Лужков отдал префекту Южного административного округа Москвы (в который территориально входит избирательный округ № 197) Юрию Бирюкову специальный приказ, в котором говорится буквально следующее:

«В последнее время в Южном административном округе многое делается для того, чтобы каждый район, каждый двор и подъезд стали удобными для жизни москвичей. В целях координации и более оперативной связи направляю в Южный административный округ советника мэра Москвы Затулина Константина Федоровича, который будет находиться в постоянном контакте с органами исполнительной власти на местах и соответствующими структурами правительства Москвы для оказания помощи в решении возникающих у населения вопросов».

Это был очень прозрачный намек префекту, что он головой отвечает за выборы Затулина.

Наконец, для полного счастья кандидата Затулина, его сопернику в борьбе за голоса правых избирателей, правозащитнику Льву Пономареву, выдвинутому от СПС при поддержке «Яблока», было отказано в регистрации под предлогом несвоевременного предоставления в избирком всех необходимых документов.

В Ачинском округе № 47 (Красноярский край) по жалобе кандидата-единоросса, депутата Государственной думы Александра Клюкина краевой суд аннулировал регистрацию известного «авторитетного» бизнесмена Анатолия Быкова на том основании, что в трудовой книжке этого кандидата отсутствовала запись о его пребывании в СИЗО. Среди местного населения, в своем большинстве происходящего от зэков сталинского и царского времени, недавний зэк Быков имеет репутацию Робин Гуда и жертвы московской коррумпированной бюрократии. Ни на каких честных выборах Клюкин, многократный перебежчик (от Лебедя к Быкову, от Быкова к Жириновскому, от Жириновского в «Единство») не смог бы его обойти. Московским имиджмейкерам Клюкина удалось убедить сначала избирком, а потом и судей, что «сам Путин» будет недоволен избранием «бандита» Быкова.

Но не только в Красноярском крае в выборе между официально признанными «уголовниками» и подозреваемыми в коррумпированности, но официально «честными» ставленниками административной олигархии избиратели склоняются к «уголовникам», в особенности если те баллотируются под популистскими антикоррупционными и антибюрократическими лозунгами.

В Нижнем Новгороде в Канавинском округе № 120 выставил свою кандидатуру Андрей Климентьев, которого ранее уже снимали с мэрских выборов (в сентябре 2002 г.) и даже лишали уже завоеванного им кресла мэра (в марте 1998) с отправкой на нары.

Никаких других шансов победить Климентьева у кандидата «Единой России» Любомира Тяна не было, кроме как отменить регистрацию соперника при помощи избиркома. Что и было сделано по жалобе еще одного кандидата, Дениса Горбушкина, решением облсуда — под предлогом недостоверности более половины подписей за выдвижение Климентьева. 28 ноября 2003 г. Верховный суд отклонил жалобу Климентьева и признал решение областного суда законным. Климентьев в отместку призвал голосовать «против всех». (В итоге Тян победил, получив 27%; «против всех» проголосовали 20%.)

В Татарии в Приволжском округе № 27 был снят с регистрации депутат Государственной думы третьего созыва (по тому же округу), председатель регионального отделения Российской партии пенсионеров (РПП) Сергей Шашурин, бывший соперник Минтимера Шаймиева на выборах президента Татарстана 25 марта 2001 г. (Шашурин пришел тогда вторым с официальным результатом 5,78%; Шаймиев получил 79,39%).

В советское время молодой С. Шашурин был дважды осужден на короткие сроки за хулиганство и сопротивление милиции при задержании (в 1978 и 1979 гг.; в том числе в приговор входило избиение им при его задержании сразу нескольких милиционеров); позже он арестовывался за участие в московских событиях 1993 г. на стороне хасбулатовского парламента, а также обвинялся в попытке убить следователя во время своего допроса.

18 марта 1995 г., все еще находясь в следственном изоляторе, С. Шашурин был избран депутатом Государственного Совета (парламента) Татарии по Арбузовскому территориальному избирательному округу № 80, получив 49,64% голосов избирателей. 10 июля 1995 г. суд признал его виновным только в сопротивлении представителю власти, и он был освобожден из под стражи в зале суда, с зачтением ему срока, отбытого под следствием, отсидев в тюрьме один год, девять месяцев и тринадцать дней. Избрание в региональный парламент прямо из камеры — второй случай в России после избрания Ю. Шутова в Законодательное собрание Санкт-Петербурга в 2002 г.

Шашуринская многопрофильная корпорация «Тан» (которая, как утверждает молва, когда-то начиналась с рэкета), являлась активной экономической силой в регионе и очень много занимается громкой благотворительностью. Естественно, что у Шашурина в Татарстане репутация Робин Гуда в еще большей степени, чем у Быкова в Красноярском крае.

Президент Шаймиев некогда пытался использовать популярность Шашурина в своих интересах: в частности, регистрация Шашурина кандидатом в депутаты Госсовета, а затем триумфальное избрание прямо из тюремной камеры было, конечно, невозможным без негласной санкции на это Шаймиева (и то же самое, видимо, можно сказать о его избрании в 1999 г. от Татарии в российскую Госдуму).

В свою очередь, Шашурин стал воздерживаться от критики Шаймиева лично, заявлял о своей поддержке его политики. Однако в 2001 г. Шашурин бросил вызов Шаймиеву на выборах президента Татарстана, претендуя, если не на победу, то на статус второго по значению политика в республике. Кроме того, он никогда не прекращал своих нападок на МВД, прокуратуру, лидеров местных административно-экономических кланов и придворных группировок. В июне 2003 г. С. Шашурин обвинил министра внутренних дел Татарстана Асгата Сафарова в организации заказных убийств и пособничестве торговле наркотиками и оружием.

По схеме казанских властей, мандат по Приволжскому округу в Татарии должен был в декабре 2003 г. перейти от С. Шашурина к выдвиженцу «Единой России» Айрату Хайруллину, но у Хайруллина не было шансов победить Шашурина в честной борьбе. В конце ноября 2003 г. С. Шашурин был зарегистрирован, но 1 декабря 2003 г. (в последний день, когда это было возможно, буквально за два часа до истечения срока) гражданская коллегия Верховного суда Татарии удовлетворила заявление окружной избирательной комиссии по Приволжскому избирательному округу № 27 об отмене регистрации кандидата в депутаты Госдумы С. Шашурина — с формулировкой за «подкуп избирателей».

Свидетельские показания в суде не были оглашены, обещанная избиркомом видеопленка, указывающая на «факты подкупа», также не была продемонстрирована.[33]

По итогам выборов 7 декабря именно в Приволжском округе был установлен рекорд по «испорченным бюллетеням», которых по официальным данным, оказалось 37%, что возможно объяснить только намеренной порчей их при подсчете. Скорее всего, порче (вписыванию дополнительных галочек), были подвергнуты бюллетени «против всех». Если бы бюллетеней «против всех» оказалось более, чем 31% (официальный результат А. Хайруллина), в округе пришлось бы проводить повторные выборы. Однако, поскольку процент испорченных бюллетеней, в отличие от бюллетеней, поданных «против всех», на итоги выборов не влияет, избранным был признан А. Хайруллин.

Между тем в четырех участковых комиссиях Приволжского округа № 27 наблюдателям от партии «Союз правых сил» (СПС) удалось отследить вбросы бюллетеней и переделку протоколов.[34]

Дальнейшая судьба татарского политика № 2 такова. 15 марта 2004 г. С. Шашурин был арестован в Москве сотрудниками Главного следственного управления при МВД Татарии и управления по борьбе с экономическими преступлениями МВД республики. 18 марта в отношении Шашурина было возбуждено уголовное дело по обвинению в хищении материальных ценностей ОАО «Татархлебпродукт» и ЗАО «Сувар», совершенном в 1996—1997 гг. 22 марта 2004 г. Главное следственное управление Татарии предъявило Шашурину еще одно обвинение — в клевете на руководителей МВД Татарии, а именно: министра внутренних дел Татарии Асгата Сафарова, его первого заместителя Рената Тимерзянова и начальника главного следственного управления Андрея Вазанова. МВД Татарстана сделало Шашурину предложение — извиниться, обещая взамен прекратить уголовное дело, но «крестный отец» корпорации «Тан» от предложения отказался.[35] Шашурин вышел на свободу только в 2008 г., всеми к тому времени забытый.

В Курганской области облизбирком 20 ноября 2003 г. обратился в суд с требованием отменить регистрацию кандидатом по Курганскому округу № 96 бизнесмена Павла Федулева, что суд и сделал. Официальная причина — подкуп избирателей: подконтрольное Федулеву ООО «Новосельское» подарило 169 тыс. 450 рублей школе и больнице Титовского района на покупку копировальной техники и автомобиля. Кроме того, кандидат обвинялся в том, что при оплате агитационной продукции использовал средства помимо избирательного фонда. В Кургане местные власти расчищали путь к переизбранию депутату Госдумы Николаю Безбородову (самовыдвиженец, вступивший после избрания во фракцию «Единая Россия»).

В Тюменском округе № 179, чтобы обеспечить прохождение в Думу председателя Народной партии Российской Федерации (НПРФ) Геннадия Райкова, были лишены регистрации оба его основных соперника — Александр Черепанов (радикальный коммунист из РКРП, выдвинутый от КПРФ) и Вадим Бондарь (Союз правых сил). Предлог в обоих случаях одинаковый — участие в их избирательной кампании их же депутатских помощников, что было квалифицировано как использование кандидатами своего служебного положения. 6 ноября 2003 г. ЦИК одобрил отмену регистрации. По словам члена ЦИК с совещательным голосом Вадима Прохорова, на решении сказались «мощные лоббистские возможности» заместителя руководителя администрации Виктора Иванова, который «снимает кандидатов справа и слева, расчищая округ для Геннадия Райкова, не выдерживающего конкуренции».[36]

Ивановский округ № 89. Позволив отстранить Бондаря и Черепанова, ЦИК в тот же день восстановил Татьяну Яковлеву (Ивановский округ № 80) от «Единой России», которой избирком Ивановской области отказал было в регистрации в угоду губернатору-коммунисту Владимиру Тихонову и его протеже и секретарю обкома КПРФ Галине Кузьминой.

Кинешемский округ № 81. В той же Ивановской области, невзирая на заступничество того же губернатора, местный суд лишил регистрации по Кинешемскому избирательному округу № 81 Валентину Крутову (КПРФ) за использование ею служебной машины для поездок по округу. В этом округе расчищался путь в Думу единороссу Михаилу Бабичу, помощнику министра экономического развития. 28 ноября 2003 г. отмена регистрации В. Крутовой была подтверждена Верховным судом РФ.

Административный ресурс Москвы оказался сильнее административного ресурса коммунистического губернатора.

В Восточном избирательном округе № 207 (Санкт-Петербург) по сигналу кандидата от «Единой России» Ирины Родниной был снят с дистанции фаворит гонки — депутат городского ЗС Александр Морозов. Избирательный штаб его соперницы раскопал подлог в документах об образовании Морозова — дипломы Чувашского госуниверситета и Тобольского пединститута у него оказались не настоящие. В ответ команда Морозова провела успешную кампанию за голосование «против всех» и 7 декабря избрания И. Родниной депутатом не произошло. Пришлось проводить в округе повторные выборы, которые Морозов выиграл (правда, на этот раз власть играла за Морозова, чтобы не допустить избрания бывшей соперницы Матвиенко Анны Марковой).

Во Владивостокском округе № 52 местная инициатива по снятию с регистрации Виктора Черепкова была, однако, не поддержана в Москве. 8 октября 2003 г. местный избирком отказал Черепкову в регистрации под предлогом, что он представил неполный пакет необходимых документов. В общей сложности это был уже двадцатый случай отстранения Черепкова от участия в выборах разного уровня. 10 октября Приморский краевой суд встал на сторону избиркома. По мнению самого Черепкова, это сделано было в угоду его конкуренту от «Единой России» Павлу Пацвальду. Согласно избирательному законодательству, необходимые для регистрации документы можно представлять за 45 суток до дня голосования, т. е. у Черепкова еще было время до 20-х чисел октября.

15 октября 2003 г. Центризбирком отказал Черепкову в рассмотрении жалобы на отказ комиссии Владивостокского избиркома зарегистрировать его кандидатом на выборах в Госдуму под тем предлогом, что он уже подал кассацию на решение краевого суда. Но Черепков утверждал, что он не подавал на кассацию — на кассацию подали (якобы в его пользу) лица, на самом деле нанятые его оппонентами.

Но 23 октября Верховный суд отменил решение краевого суда, и 27 октября 2003 г. Центризбирком зарегистрировал Черепкова кандидатом в депутаты Госдумы, предписав окружной комиссии выдать ему удостоверение кандидата. Глава краевой комиссии Приморья Сергей Князев даже после этого пытался «тормозить» Черепкова, отправив в Москву заявление о том, что его комиссия по-прежнему настаивает на своем решении.

Не удалась и вторая попытка убрать Черепкова с выборов, предпринятая на этот раз по жалобе другого соперника — Евгения Колупаева в соавторстве с его братом, лидером ЛДПР в Приморье Анатолием Колупаевым. Е. Колупаев обратился в Приморский краевой суд аннулировать регистрацию Черепкова за нарушения выборного законодательства: Черепков неоднократно летал в Москву подавать жалобу в ЦИК и Верховный суд, пользуясь своим правом депутата Госдумы на бесплатный билет. 1 декабря 2003 г. Приморский краевой суд отклонил жалобу Колупаева.

7 декабря 2003 г. В. Черепков получил 31.69% голосов избирателей и стал-таки депутатом Государственной думы РФ четвертого созыва.

В Москве, в Чертановском округе № 204 силами двух кандидатов, в том числе бывшего офицера КГБ Владимира Груздева («Единая Россия»), была предпринята попытка снять по суду единого кандидата СПС и «Яблока» Владимира Кара-Мурзу-младшего — именно за то, что он, будучи официально выдвинут СПС, «незаконно» известил избирателей, что поддерживается также и «Яблоком». Это абсурдная претензия была отвергнута судом, но Кара-Мурзе пришлось для этого предъявить подписанную Г. Явлинским справку.

ОБЩИЕ ИТОГИ ВЫБОРОВ 7 ДЕКАБРЯ 2003 г.

По итогам выборов 7 декабря 2003 г., при явке избирателей 55,75%, партия «Единая Россия», выступавшая под лозунгом «Вместе с президентом!», получила, согласно официальным данным, 37,57% голосов избирателей и 228 мандатов из 450-ти (120 по списку, 100 выдвиженцев в мажоритарных округах + 8 поддержанных ею самовыдвиженцев и выдвиженцев родственных партий). После присоединения депутатов-одномандатников от Народной партии (17 мандатов), Союза правых сил (3 мандата), Аграрной партии России (2 мандата), а также самовыдвиженцев и перебежчиков (2 — из «Родины», 1 — от «Яблока», 1 — от КПРФ) численность фракции «Единой России» составила 306 человек, т. е. единороссы получили в Думе более чем конституционное большинство.

Оппозиционная КПРФ набрала всего 12,61% голосов и 51 мандат (40+11), торгующая своими голосами ЛДПР — 11,45% (36 мандатов), полуоппозиционная левошовинистическая «Родина» Сергея Глазьева, Дмитрия Рогозина и Сергея Бабурина — 9,02% и 37 мандатов (29+8), во фракцию вошли 38 депутатов. Во фракции «Родина» в феврале 2004 фактически выделилась пропутинская подфракция (не менее 17 депутатов из 38) во главе с Д. Рогозиным.

«Яблоко» и СПС не преодолели 5-процентный барьер, получив по мажоритарным округам соответственно 4 и 3 мандата (все три члена СПС и один «яблочник» сразу после выборов вступили во фракцию «Единая Россия»). Кроме того, в Думу попали около пяти мелкопартийных и беспартийных демократов. Три места остались вакантными (победила графа «Против всех кандидатов»).

ЧАСТНЫЕ СЛУЧАИ НАРУШЕНИЙ

Избирательная кампания и выборы проходили, как и отметили международные организации, под знаком полного господства административного ресурса.[37]

Наблюдатели от партий, журналисты, рядовые избиратели в сам день голосования 7 декабря зафиксировали гигантское количество нарушений, которые создавали предпосылки для фальсификации итогов в пользу «партии власти» и/или являлись свидетельствами таких фальсификаций.

Вот только некоторые примеры.

На участке № 1714 (Орехово-Борисовский округ № 197 в Москве, выборы К. Затулина) во время подсчета бюллетеней внезапно выключили свет. Комиссия выгнала всех наблюдателей, зачем-то были открыты все окна. В темноте в окна можно было передать что угодно — от пачки заполненных бюллетеней до урны целиком. В этом округе выключали свет и выгоняли наблюдателей и на других участках — у многих наблюдателей сложилось впечатление, что свет отключался запланированно и что в их отсутствие изымались либо портились бюллетени «против всех» и добрасывались бюллетени в пользу Затулина.

На участке № 2702 (Тушинский округ № 200 в Москве, выборы Владимира Васильева) пожилая избирательница, которой принесли выносную урну, обратила внимание на то, что урна не опечатана. В такую урну не только можно вложить любое количество «нужных» бюллетеней, но и вынуть все «ненужные». По просьбе избирательницы урну попытались опечатать заново, но бумага, как оказалось, в принципе не приклеивалась к пластмассе, из которой сделана урна. Такими же удобными для фальсификаторов свойствами обладали и многие другие выносные урны.

На участке № 622 (Медведковский округ № 196, выборы Георгия Бооса) избирателям с открепительными талонами не выдавали бюллетень для голосования по одномандатному округу (что совершенно правильно), но тем не менее предлагали расписываться не за два бюллетеня (выборы в Думу по спискам и выборы мэра), а за все три. Заметивший это избиратель настоял на том, чтоб его подпись была вычеркнута, но он обратил внимание, что все избиратели с открепительными расписались в тетрадях учета выдачи бюллетеней по три раза. Напрашивается подозрение, что сэкономленные бюллетени были при подсчете добавлены в стопку бюллетеней за Бооса.

В Бабушкинском округе № 192 в Москве (выборы Сергея Широкова) наблюдателям от «яблочного» кандидата Сергея Митрохина не выдавали копии протоколов, пока по их вызову не приехали представители ОБСЕ. По окончании голосования наблюдателями «Яблока» была зафиксирована перевозка неопечатанных бюллетеней (из участковых комиссий в окружную).[38]

В итоге, по официальным данным, С. Митрохин уступил С. Широкову 1,5%.

В отличие от прежних лет, в Москве в этот раз наблюдатели зачастую получали копии протоколов с теми же трудностями, как это всегда происходит в Татарии и Башкирии: многие участковые комиссии (УИКи) не подписывали протоколов, не утвердив их предварительно «наверху» — в территориальных комиссиях (ТИКах). Соответственно, копии выдавались наблюдателям только после «проверки» и утверждения протоколов в территориальной комиссии).

На участке № 1064 Балашовского избирательного округа № 157 (выборы Петра Камшилова; Саратовская область, пос. Краснознаменный Самойловского района) секретарь участковой комиссии на глазах у избирателей вбросила в урну пачку избирательных бюллетеней; жалобу наблюдателей председатель комиссии принять отказалась.[39]

В Ростовской области на участке № 1546 число открепительных удостоверений по протоколу в сводной таблице ГАС «Выборы» равно 0, а в копии протокола той же комиссии, выданной наблюдателю КПРФ, это число равно 406.[40]

В Ингушетии выборы были тотально фальсифицированы в пользу «Единой России». Один из проигравших выборы кандидатов, Муса Оздоев (отнюдь не оппозиционер — лидер ингушского отделения Народной партии) с помощью друзей и родственников проверил протоколы нескольких участковых комиссий методом подворного опроса избирателей.

На участке № 67 (Ингушский округ № 13, выборы Башира Кодзоева), 53 человека не опознали либо свои подписи, либо паспортные данные, либо и то, и другое. 46 граждан опросить не удалось, поскольку они по указанным в списке избирателей адресам не проживают — кто-то давно перебрался в другие города, кто-то — в другие страны, кто-то до выборов не дожил».[41]

«Это результат спешки, — говорит Муса Оздоев. — Участковые комиссии просто не успевали толково «распределить» огромное количество бюллетеней, вброшенных уже по окончании голосования. [...] На упоминавшемся уже участке № 67 за партию «Единая Россия», например, было подано 164 голоса — так зафиксировано в протоколе участковой комиссии (УИК). Но в отчете территориальной комиссии (ТИК) результат «ЕР» подрос до 1784 голосов. Непомерная разница в 1620 волеизъявлений лишь частично была покрыта за счет занижения результатов других партий, а в основном эту дыру залатали, заочно «обюллетенив» около тысячи граждан».[42]

Впрочем, в некоторых других национальных республиках — в первую очередь в Дагестане Магомедали Магомедова, Северной Осетии Александра Дзасохова, Кабардино-Балкарии Валерия Кокова выборы в Госдуму проводились примерно с таким же размахом фальсификаций, как в Ингушетии Мурата Зязикова.

В апреле 2004 Верховный суд Ингушетии признал необоснованными претензии депутата Народного собрания республики М. Оздоева к республиканскому избиркому и отказал ему в требовании отменить объявленные избиркомом результаты декабрьских выборов в Госдуму РФ по Ингушетии.

Подавляющее большинство исков к итогам выборов по различным округам (от КПРФ, «Яблока», отдельных граждан) были просто не приняты судами к рассмотрению.

ВОПРОС О КОЛИЧЕСТВЕ ИЗБИРАТЕЛЕЙ

По данным Госкомстата, в 2003 г. в России умерло 2 млн 160,5 тыс. человек. С учетом рождаемости и миграции уменьшилось народонаселение за тот же год на 767,6 тыс. человек.[43]

Подавляющее большинство двух с лишним миллионов умерших — это избиратели. Родившиеся и практически все мигранты (за исключением нескольких тысяч) — не избиратели. Тем не менее количество избирателей в стране за 2003 г. официально не уменьшилось, а возросло. Только за первое полугодие 2003 г. электорат, по данным Центризбиркома, вырос на 2 млн человек.[44]

Точно также летом 1996 г. за две недели между первым и вторым туром президентских выборов численность избирателей выросла на 100 тысяч. А в период между думскими выборами декабря 1999 г. и президентскими выборами марта 2004, т. е. за три месяца, количество избирателей выросло на 1 млн 300 тыс. человек.

В официальном ответе начальника Управления переписи населения и демографической статистики Госкомстата Ирины Збарской на запрос «Независимой газеты» утверждается:

«Несмотря на сокращение численности населения России, отмечающееся с 1992 г., население в возрасте 18 лет и более за последние 10 лет выросло на 3,7 млн человек, что в свою очередь повлияло на рост числа избирателей. Это произошло за счет вступления в данную возрастную группу многочисленных поколений, родившихся в конце 1970-х начале 1980-х г., и положительного миграционного прироста. ...По прогнозу прирост численности населения в данном возрасте за 2003 г. может составить около 300 тысяч человек».[45]

Однако 300 тысяч — это все-таки не два миллиона! Центризбирком (или его источники информации) только за первое полугодие 2003 г. почти в 7 раз умножил прирост избирателей, заложенный в прогноз Госкомстата!

Оказалось, однако, что и это не предел. «...На заседании Центризбиркома 10 февраля 2004 г. выяснилось, всего за несколько месяцев количество избирателей непонятным образом увеличилось на 400 тысяч человек».[46]

Таким образом, за 2003 г. численность избирателей выросла на 2 млн 400 тыс. человек, тогда как могла увеличиться только на 300 тысяч.

Данные о числе граждан, имеющих право голосовать, в ЦИКе получают от региональных органов исполнительной власти. Именно местные власти, отвечающие перед «верхним» начальством за выполнение плана по голосованию, в первую очередь заинтересованы в существовании числящихся только на бумаге «мертвых душ».

В интервью «Независимой газете» заместитель гендиректора Центра политических технологий Борис Макаренко отметил:

«...Мертвые души» голосовать не могут. А коль скоро они не придут, то бюллетень за них может опустить дядя по имени «административный ресурс».[47]

Если из 2 млн 400 тыс. общей прибавки избирателей за 2003 г. вычесть реально возможную, по мнению Госкомстата, прибавку в 300 тысяч, то получится разница в два миллиона сто тысяч голосов.

То есть примерно такой резерв голосов имелся у местных властей и избиркомов для «добрасывания» в пользу «нужных» кандидатов и партий.

СВИДЕТЕЛЬСТВА О ФАЛЬСИФИКАЦИЯХ

Наиболее очевидны фальсификации, естественно, в оккупированной Чечне.

В Грозненском районе «Единая Россия» получила 97,2% — абсолютный рекорд по России, удивительный, поскольку «Единая Россия» — это «партия войны» (правда, в Чечне, кроме чеченцев, голосовали и воинские части). Но еще более удивительны результаты по отдельным участкам.

Участок № 66 (Чеченский избирательный округ № 32). 1005 избирателей, выдано 886 бюллетеней, из них 884 (99.77%) за «Единую Россию» и 2 — недействительны (т. е. 100% за «Единую Россию»).

Участок № 90 (тот же Чеченский округ). 666 бюллетеней, все 666 (100%) — за «Единую Россию».[48]

Впрочем, в Чечне и Ингушетии, по словам самого А. Вешнякова, число проголосовавших вообще на 11 процентов превысило количество избирателей, что пресс-секретарь президента Чечни Ахмата Кадырова объяснил «очень энергичной миграцией». [49]

Существует и другое, более реальное объяснение: скрытый саботаж некоторых избирательных комиссий, которые нарочитым «перевыполнением» заданий пытаются привлечь внимание к факту фальсификации.

Однако и в Московской области тоже обнаружилось, что количество заполненных бюллетеней превышает число зарегистрированных избирателей на 4,5%, а в Калужской — на 5%.[50]

Традиционно сильно «корректируются» итоги выборов в ряде национальных республик — в Башкирии, Татарии, Калмыкии, Дагестане. Как неофициально признавался один татарский чиновник, «утром мы планировали дать 78%, но потом из Москвы пришло указание — не задирать планку, остановиться на 60».[51]

Несмотря на чинимые во многих регионах препятствия, и Союзу правых сил (СПС), и «Яблоку», и коммунистам удалось собрать довольно большое количество копий протоколов с участков.

И «Яблоко», и КПРФ, используя свои копии протоколов, организовали собственный пересчет голосов. И сразу же обнаружили значительные несоответствия.

Как утверждал Г. Явлинский», «...мы обработали 12,5 тысяч протоколов — из них 16% не соответствуют официальным данным ЦИК».[52]

Похожие данные, по словам Бориса Немцова, получил СПС: «Исполком партии проделал каторжную работу, проверив 14 тысяч протоколов, каждый пятый оказался фальсифицированным».[53]

По свидетельству тогдашнего руководителя Аналитического центра «Яблока» Галины Михалевой, наиболее часто не совпадает графа 10 протокола (число действительных бюллетеней) в копии с участка и сводке ТИК-ЦИК.

Например, «протокол из Смоленской области с участка № 389 свидетельствует: действительными комиссия признала 964 бюллетеня. По ЦИКу там значится таковых уже 1020. [...] Удмуртия, участок № 817: в протоколе указано, что признали действительными там 762 бюллетеня, а по версии ЦИКа — 1108».[54]

То же самое отмечают и коммунисты.

На участке № 1574 в Ростовской области не сходятся контрольные соотношения по пункту 10, но в системе ГАС «Выборы» этот протокол фигурирует с добавлением 13 голосов «Единой России».[55]

По мнению Г. Михалевой, «официально более половины зарегистрированных избирателей приняло участие в выборах. На самом деле она (явка. — ред.) была намного ниже — менее половины, это точно».[56]

«Яблоко» обнаружило ряд несовпадений и в самих официальных протоколах. Благодаря этому выявилось, что избирательные комиссии незаконно учли как выданные не менее 250 тыс. бюллетеней для голосования по общефедеральному округу. Как известно, граждане, предполагающие голосовать в избирательном участке не по месту жительства, берут в избирательных комиссиях открепительные талоны. Если они голосуют не только не на своем участке, но и за пределами своего округа, то получают бюллетени для голосования по федеральному округу, но не получают бюллетеней для голосования по одномандатному округу. Всего по открепительным талонам 7 декабря 2003 г. проголосовали 572.926 человек, из них на территории своего округа проголосовали — 424.926 человек. Разница должна была бы составить 147.997. Однако из официальных протоколов следует, что по федеральному округу комиссии выдали бюллетеней не на 147.997 больше, а на 403.809. Это означает более 250 тысяч «дополнительных» бюллетеней.[57]

Нетрудно догадаться, за какую партию они были учтены.

Копии протоколов наблюдателей свидетельствуют и об откровенном воровстве голосов путем переделки протоколов.

В Приволжском округе № 27 (Татарстан) наблюдатели от СПС, как уже упоминалось выше, отследили переделку протоколов в четырех участковых комиссиях.[58]

На избирательном участке № 1559 (Самарская область) при сравнении копии протокола, выданной коммунистическому наблюдателю, и официальной сводки в системе ГАС «Выборы», выявляется, что у КПРФ изъято 60 голосов, у «Яблока» — 20, у блока «Новый курс — Автомобильная Россия» — 31 голос, у партии «Русь» — 20, а Союзу правых сил прибавлено 50 голосов.[59]

По данным Аналитического центра «Яблока»: «...Участок № 284 в Северной Осетии — протокол, полученный нашим наблюдателем, доказывает, что за «Яблоко» проголосовали 16 человек. ЦИК резко сократил число “неправильных” избирателей до шести. Участок № 233: за нашу партию отдали голоса 17 человек, нам оставили только семерых...” «На том же участке 2333 по протоколу значатся 218 проголосовавших за “ЕдРо”, а в данных Центризбиркома — уже 356. По данным КПРФ, в протоколе с участка № 925 в Оренбургской области указано: за КПРФ отдали голоса 536 человек, которые превратились в других официальных сведениях в... 136».[60]

«Нам нарисовали 12%, но, я думаю, наш реальный результат был порядка 18%, — считает зампред ЦК КПРФ преподаватель математики в МГУ Иван Мельников. — Две трети копий протоколов избирательных комиссий, которые мы имеем, не совпадают с протоколами, по которым шел официальный подсчет. А главное, в них содержатся внутренние противоречия. Если посмотреть сумму голосов, которые поданы за все партии, то она превышает число проголосовавших избирателей».[61]

Согласно созданной коммунистами системе параллельного электронного подсчета Fair Game («Честная игра»), данные 60 тысяч протоколов, т. е. 2/3 от их общего числа, не совпадают с объявленными ЦИК результатами. «...Количество изначально выданных и сумма действительных, испорченных, аннулированных и т. п. бюллетеней не совпадает. Это может означать только одно: был физический вброс. Операторы Fair Game утверждают, что в целом по стране было вброшено 3,5 млн бюллетеней». Более всего вброшено в Курганской, Ростовской, Самарской, Орловской, Тверской областях, Ставропольском крае, Дагестане, Татарии, Башкирии, а также в Москве. По данным коммунистов, «Яблоко» и СПС преодолели 5-процентный барьер, а «Единой России» приписали 3—4 процента.[62]

Кое-где приписки шли не только в пользу единороссов, но и в пользу СПС — например, такое имело место в Самарской области.[63]

В официальном обращении в Центризбирком КПРФ дала такие результаты своего параллельного подсчета (по итогам обработки 94% копий протоколов с участков): «Единая Россия» — 33,1% (по данным ЦИК — 37,57), КПРФ — 12,73% (12,61), ЛДПР — 11,46% (11,45), «Родина» — 10,69% (9,02), «Яблоко» — 5,98% (4,30), СПС — 5,12% (3,97).[64]

Кроме почти тотального коммунистического альтернативного подсчета, массовых пересчетов «Яблока» и выборочных пересчетов СПС, существуют еще данные двух «экзитполов» (опросов избирателей на выходе из участков для голосования). Один из них проводили социологический центр РОМИР совместно с московской англоязычной газетой The Moscow Times и банком «Ренессанс Капитал», а другой — Фонд «Общественное мнение» (ФОМ). По обоим экзитполам за «Единую Россия» голосовало не 37,57%, а меньше; «Яблоко» же, согласно экзитполу ФОМа, преодолело 5-процентный барьер.

И еще одно наблюдение свидетельствует о том, что «Яблоко» на самом деле получило более пяти процентов. Вот как об этом пишет Виктор Шендерович:

«Дано: у партии “Яблоко”, при подсчете голосования за Уралом, было 4,2%. Потом за эту партию в Москве и Петербурге проголосовали 10% избирателей (что в абсолютном пересчете равно целому проценту во всероссийском масштабе). Спрашивается: сколько процентов набрала партия “Яблоко”? Смотрим в ответ, а там — практически то же самое, что было до Урала...».[65]

Суммируя данные альтернативных пересчетов и экзитполов, следует с достаточной степенью вероятности предположить: по общефедеральному округу «Единой России» добавили не менее 3—4% голосов. Поскольку в результате этого «доброса» повысилась официальная явка, доля других партий уменьшилась, причем на «Яблоке» утрата одного процента сказалась фатально. Кроме того, и у коммунистов, и у «Яблока», и у других партий и блоков, а также у позиции «против всех партий и блоков» просто отнимали голоса в пользу «Единой России» (особенно в национальных республиках). «Перераспределялись» голоса и в одномандатных округах в пользу кандидатов, поддерживаемых властью (единороссов и народников).

Если бы фальсификаций не было, то в четвертой Государственной думе несомненно было бы представлено «Яблоко» (а может быть, и СПС). Несколько больше думских мандатов имели бы коммунисты. «Единая Россия» могла бы получить — вместе с союзниками из НПРФ — около половины или даже несколько более половины мандатов (т. е. близкое к абсолютному или абсолютное большинство), но ни в коем случае не две трети (конституционное большинство). Для проведения многих законопроектов, особенно требующих конституционного большинства, путинскому режиму пришлось бы учитывать мнение либо коммунистов, либо либералов (как это в разных случаях — то так, то эдак — происходило в третьей Государственной думе).

Накануне объявления окончательных официальных результатов коммунисты передали в ЦИК около 200 копий протоколов с участков, в которых данные наиболее вопиюще расходятся с данными территориальных комиссий.

Но, как и на прежних выборах, ЦИК не намерен принимать копии протоколов во внимание.

Во-первых, закон позволяет избиркомам переделывать протоколы под предлогом исправления ошибок. Поэтому вышестоящий избирком фактически имеет право объявлять расхождение между копией и поздней редакцией оригинала совершенно естественным и не принимать его во внимание.

Во-вторых, получить исправные копии обычно удается далеко не всем наблюдателям. Копии протоколов участковые избирательные комиссии (УИК) обязаны выдавать по первому требованию. Однако наблюдатели, как правило, не настойчивы и далеко не всегда достаточно грамотны. В результате выдаваемые копии протоколов заполняются наспех, не полностью, с очевидными ошибками. По таким протоколам можно оценить, была фальсификация или нет, но они непригодны для последующего использования в судах.

Именно под тем предлогом, что копии неправильно заверены, или в них отсутствуют какие-нибудь нужные графы, прокуратура и в прежние времена отвергала большую часть заявлений о фальсификациях как не имеющие судебной перспективы. Или же прокуратура сначала принимала такие заявления, но потом дело до суда доходило крайне редко или разваливалось уже в суде.

Что касается думских выборов 2003 г. и уличающих избиркомы копий, то, по утверждению А. Вешнякова, из них «только около 20 копий протоколов оформлены наблюдателями юридически правильно. Остальные копии не имеют юридической значимости».[66]

Координатор программы наблюдения на выборах в избирательном штабе СПС Михаил Шнейдер считает, что претензии А. Вешнякова к оформлению копий надуманы:

«Закон о выборах депутатов Госдумы гласит, что участковый избирком обязан заверить копии протоколов. Но там не прописано, как именно они должны быть заверены. Все наши наблюдатели получили документы из рук председателей комиссий. И если копии были в чем-то неправильно оформлены, то это не наша проблема».[67]

Тем не менее, хотя негодные к использованию в суде копии выдавало наблюдателям ведомство А. Вешнякова, проблемой это стало, естественно, для партий, от которых направлялись избиратели.

Опираясь на свои копии протоколов, «Яблоко» инициировало около 100 судебных исков в 44 регионах о признании выборов недействительными. В большинстве случаев суды просто отказываются принимать иски к рассмотрению.

Новгородский областной суд отказался рассматривать иск «Яблока» об отмене результатов думских выборов в области, сославшись на то, что такие дела должны рассматривать районные суды. 23 июня 2004 Верховный суд оставил решение Новгородского облсуда в силе.[68]

Около полутора десятков исков «Яблока» (из почти ста) было принято к рассмотрению и — по состоянию на июнь 2004 г. — все проиграны в первой инстанции из-за «юридической несостоятельности» копий.[69]

ОЦЕНКА МЕЖДУНАРОДНЫХ НАБЛЮДАТЕЛЕЙ

Международные наблюдатели оценили прошедшие 7 декабря 2003 г. парламентские выборы критично. Докладчик по России Парламентской ассамблеи Совета Европы (ПАСЕ) Дэвид Аткинсон счел, что «само техническое проведение выборов было свободным», но, тем не менее, охарактеризовал их как несправедливые:

«...По моему мнению и мнению ПАСЕ, избирательная кампания по выборам в Госдуму была целиком и полностью, изначально и фундаментально порочна. А потому выборы в целом никак не могут быть признаны справедливыми. Причина тому очевидная предвзятость и необъективность в том, как освещалась предвыборная кампания государственным или контролируемым государством телевидением. Предпочтение грубо отдавалось одной или двум конкретным партиям за счет всех остальных».[70]

Эту точку зрения разделяет и ОБСЕ:

«...Россия не выполнила многие свои обязательства перед ОБСЕ и Советом Европы по демократическим стандартам проведения честных и свободных выборов. ...Демократия в России переживает регресс».

«В ходе предвыборной кампании в России постоянно наблюдался фаворитизм в пользу “Единой России”, что создало несправедливую обстановку для других партий и кандидатов. [...] Подорван фундаментальный принцип того, что партии и кандидаты должны соревноваться на равных условиях».

«Подчас на местном уровне власти использовали деньги налогоплательщиков в пользу одной партии».

«...В данном случае Россия перешла черту, за которой эти выборы нельзя назвать ни справедливыми, ни демократическими. Все вкупе это привело к искажению результатов выборов».

«...Это несправедливо, когда правила и законы применяются не всеобще, а избирательно, когда условия очень далеки от равенства возможностей...»

«...Россия перешла черту недемократичности».[71]

«ГРЯЗНЫЕ» ВЫБОРЫ В КАЛМЫКИИ

Выборы депутата Государственной думы РФ от Калмыкии проходили по Калмыцкому округу № 15. Одновременно проводились выборы депутатов Народного Хурала (регионального парламента) Калмыкии.

По пропорциональной системе «Единая Россия» получила в Калмыкии, согласно окончательным официальным данным, 50,63% голосов избирателей, что значительно превышало результат «партии власти» по России (37,57%). Согласно тем же официальным данным, в Калмыцком одномандатном округе № 15 победил кандидат «Единой России» Геннадий Кулик (41,10%), обойдя самовыдвиженца генерала Валерия Очирова (соперника Кирсана Илюмжинова на президентских выборах в Калмыкии в 1993 г.).

Именно за такие замечательные результаты в Кремле и любят вождей национальных республик.

Но при этом Калмыкия оказалась единственным регионом, который не сумел своевременно представить результаты выборов в Центризбирком. По версии оппозиции, это произошло потому что итоги из участковых комиссий исправлялись и подгонялись в территориальных комиссиях.

Уже 8 декабря 2003 г. сторонники В. Очирова заявили о своих наблюдениях, свидетельствующих о фальсификации. В частности, протоколы участковых избирательных комиссий (УИК) заполнялись карандашом, а ручкой переписывались уже в территориальной комиссии (ТИК) непосредственно перед отправкой на компьютеры системы ГАС «Выборы». После этого исправленные результаты вновь спускались в участковые комиссии для подгонки.[72]

Оппозиция насчитала более 10 тысяч голосов, украденных у Очирова в пользу Кулика.[73]

Возмущенные избиратели в количестве нескольких тысяч человек вышли на площадь в центре Элисты. 9 декабря 2003 г. представители оппозиции встретились с президентом К. Илюмжиновым и предъявили ему ультиматум: либо пересмотр итогов выборов, либо уход президента в отставку. Илюмжинов взял 24 часа на раздумья, а тем временем в Элисту прибыли замгенпрокурора по Южному федеральному округу Сергей Фридинский и полпред президента в Южном округе Виктор Казанцев с отрядами ОМОНа из соседних регионов (Ростовской, Астраханской, Волгоградской областей), которые блокировали подходы к городу, чтобы оппозиция не получила подкрепления из сельских районов.

Митингующие также были окружены двойным кольцом ОМОНа. Далее оппозицию уговорили распустить митинг, обещав создать комиссию для проверки обвинений в фальсификации. Однако уже 11 декабря 2003 г. пресс-служба Южного федерального округа дезавуировала все пункты соглашения и заявила, что В. Казанцев никаких обещаний митингующим не давал.[74]

СКАНДАЛЬНЫЕ ВЫБОРЫ В КИРОВСКОЙ ОБЛАСТИ

Одновременно с думскими выборами 7 декабря 2003 г. проходили выборы ряда глав регионов (мэра Москвы, глав администрации Вологодской, Кировской, Московской, Новосибирской, Оренбургской, Сахалинской, Тамбовской, Тверской, Ярославской областей, президента Башкирии).

Скандальными и особенно нечестными были выборы главы администрации Кировской области.

В Кировской области основными претендентами на власть были депутат Госдумы 3-го созыва и бывший замгенпрокурора РФ Николай Шаклеин, председатель Законодательного собрания области Александр Стрельников, бизнесмен Олег Валенчук (все трое — единороссы) и председатель наблюдательного совета Кирово-Чепецкого химкомбината и президент корпорации «Азот» Георгий Брилинг. Московское руководство «Единой России» и полпред президента в Приволжском федеральном округе Сергей Кириенко поддержали А. Стрельникова, и О. Валенчук был исключен из «Единой России» за выдвижение своей кандидатуры. Высокая вероятность победить была у Брилинга — и благодаря его финансовым возможностям, и потому, что единороссы так и не сумели сконцентрироваться вокруг одного кандидата.

27 ноября 2003 г. по жалобе А. Стрельникова регистрация Г. Брилинга была отменена решением областного суда — за использование на агитацию средств в объеме 500.000 рублей сверх избирательного фонда и подкуп избирателей в виде бесплатных концертов эстрадных звезд Дмитрия Маликова и Валентины Толкуновой. В ответ Брилинг подал жалобу в Москву, а тем временем призвал своих избирателей голосовать «против всех».

Чтобы заблокировать попытки со стороны Брилинга пересмотреть дело в Верховном суде, было реанимировано ранее заведенное против него уголовное дело (по факту перевода активов Кирово-Чепецкого комбината в дочерние фирмы, а также нанесения корпорацией «Азот» ущерба газпромовскому «Межрегионгазу»). 30 ноября 2003 г. были произведены обыски и изъятия документов, фотографий и компьютера в офисе и квартире Брилинга в Кирово-Чепецке, так как самого Брилинга ни там ни там не оказалось, он был объявлен в розыск.

7 декабря 2003 г. основной кандидат «Единой России» А. Стрельников набрал всего 6% голосов. При явке 54,74% во второй тур вышли Н. Шаклеин (33,67%) и О. Валенчук (14,08%), «против всех» проголосовали 10,19%.

«Единая Россия» заявила о поддержке во втором туре Н. Шаклеина, а Г. Брилинг уехал в Испанию, откуда продолжал руководить агитацией «против всех» силами своей областной избирательной команды. В его листовках Н. Шаклеин обвинялся в связях с «экономической мафией» полпреда С. Кириенко и содержалось обещание взять на себя все расходы, связанные с проведением новых выборов, если большая часть избирателей проголосует «против всех».

18 декабря 2003 г. областной и районные штабы Брилинга были блокированы милицией — искали листовки. Так как санкции на обыск помещений у милиции не было, «досмотру» под предлогом проверки документов подвергались люди и автомобили. Через сутки милиция наконец получила постановление об обыске (в виде ксерокопии), двери кировского офиса Брилинга были взло-

маны и оттуда было изъято 20 тысяч экземпляров предвыборной газеты, а также «личные письма» Брилинга к избирателям с призывом голосовать «против всех».

21 декабря 2003 г. во втором туре победил Н. Шаклеин.

ВЫБОРЫ ПРЕЗИДЕНТА БАШКИРИИ

В Башкирии тоже одновременно с думскими выборами были назначены выборы президента республики.

В 1998 г. Муртаза Рахимов стал президентом, лишив регистрации своих основных соперников и оставив своим единственным «оппонентом» кандидата, который во время кампании сам агитировал за Рахимова.

Такую же тактику Рахимов пытался избрать и в 2003 г. Роль спарринг-кандидата была отведена сенатору от Башкирии Игорю Изместьеву. Опасность для Рахимова представляли бывший вице-президент «Лукойла», член Совета Федерации от Республики Алтай Ралиф Сафин (отец популярной певицы Алсу), лидер республиканского объединения «Русь» Александр Аринин и в особенности совладелец Межпромбанка Сергей Веремеенко, поскольку последнему покровительствовал «силовой олигархат» — военно-чекистское крыло в окружении президента Путина (Игорь Сечин, Виктор Иванов).

Рахимов, однако, полностью контролировал административный ресурс внутри республики, а кроме того, имел союзников в «семейном» крыле административной олигархии (Александр Волошин, Владислав Сурков).

Первый отказ С. Веремеенко в регистрации последовал 27 октября после жалобы И. Изместьева на агитацию за Веремеенко в центральной прессе, помимо средств его избирательного фонда. По версии самого Веремеенко, инкриминируемые ему публикации к его избирательной кампании никакого отношения не имели и являлись обычными редакционными материалами газет и журналов, за которые он ответственности не несет.

ЦИК, поначалу неверно оценив соотношение сил внутри Кремля, встал на сторону Веремеенко и 3 ноября 2003 г. потребовал повторного рассмотрения вопроса. 11 ноября башкирский избирком повторно отказал Веремеенко по тем же основаниям. Параллельно в Верховном суде Башкирии было возбуждено дело об отмене регистрации кандидата Р. Сафина, готовилась также отмена регистрации А. Аринина.

17 ноября 2003 г. Центризбирком единогласно проголосовал за то, чтобы зарегистрировать Веремеенко кандидатом и обязать председателя Башкирского избиркома Бориса Кинзягулова в трехдневный срок выдать ему удостоверение кандидата. Однако 20 ноября, непосредственно перед вручением удостоверения, в избирком Башкирии поступило определение судьи Ленинского районного суда г. Уфы: «Запретить ЦИК Башкортостана в любой форме исполнять постановление Центральной избирательной комиссии РФ "О жалобе С. А. Веремеенко" от 11 ноября 2003 г.» Решение районного судьи было следствием жалобы некоего жителя Уфы в районный суд о том, что Центризирком, отменив постановление избиркома Башкирии, нарушил его гражданские права.

После напоминания со стороны ЦИК о печальной судьбе Красноярского крайизбиркома (распущенного в 2002 г. за непокорность ЦИКу) удостоверение кандидата было через несколько дней Веремеенко выдано. В связи с этим в Уфе были прекращены усилия снять с регистрации Р. Сафина и А. Аринина, так как теперь это усилило бы позиции Веремеенко как главного кандидата оппозиции.

3 декабря 2003 г. кандидат в депутаты Госдумы Айрат Дильмухаметов сообщил кандидатам в президенты Башкирии С. Веремеенко и Р. Сафину, что в типографском комплексе администрации президента Рахимова «Мир печати» идет подпольное размножение фальшивых избирательных бюллетеней для президентских выборов. Поздно вечером Дильмухаметов, Веремеенко и Сафин отправили заявления об этом в региональное управление ФСБ, в прокуратуру и МВД, а ночью сторонники Веремеенко, Сафина и активисты КПРФ окружили типографию. Как оказалось, там к этому времени напечатали от 500 до 800 тысяч «левых» бюллетеней.

В 5 утра к типографии подтянулись сотрудники республиканского УВД, которые блокировали здание от оппозиционеров. Была сделана попытка вывезти бюллетени из типографии на милицейском УАЗике, но толпа пресекла ее. Тогда, через 15 минут, в типографии начался пожар. Оппозиция вызвала пожарных, но ни до их приезда, ни после милиция не подпустила оппозиционеров к горящему зданию. Большая часть «левых» бюллетеней сгорела и не попала в руки ФСБ и прокуратуры.

Республиканская прокуратура, однако, по размаху событий решив, что дни Рахимова сочтены, возбудила уголовное дело по статьям 142 УК («Фальсификация избирательных документов») и 167 («Умышленное уничтожение имущества»). 4 декабря 2003 г. руководитель следственной группы, первый замгенпрокурора Башкирии Владимир Коростылев заявил «Интерфаксу», что заказчик тиража фальшивых бюллетеней установлен — это руководитель администрации президента Башкортостана Радий Хабиров. «В случае подтверждения... данных по этой авантюре, к которой, возможно, причастны государственные чиновники, все виновные лица должны быть наказаны предельно жестко», заявил председатель ЦИК А. Вешняков.[75]

Далее, однако, река потекла в обратную сторону. Стало сбываться предсказание, сделанное еще раньше политтехнологом Маратом Гельманом: «Демократия в Башкирии будет принесена в жертву необходимости собрать максимальное количество голосов для “Единой России”».[76]

Сначала прокурор республики Флорид Байков дезавуировал заявление своего заместителя В. Коростылева о причастности Р. Хабирова к публикации «левого» тиража избирательных бюллетеней как «преждевременное». Затем «добровольно» подал в отставку с важного поста начальника управления Министерства налогов и сборов по Башкирии брат Сергея Веремеенко Александр Веремеенко. В Центризбиркоме перестали отвечать на вопросы о «башкирском деле». На трассе Челябинск — Уфа были задержаны все автомобили с тиражами напечатанных за пределами Башкирии оппозиционных изданий с публикациями о «Башкиргейте».

В первом туре выборов 7 декабря 2003 г. лидировал М. Рахимов, получивший, согласно официальным данным, 44% голосов (С. Веремеенко 25,38%, Р. Сафин — 23,03%). «Единая Россия» получила мандаты по всем 6-ти мажоритарным одномандатным округам в Башкирии (с официальными результатами от 24-х до 52-х процентов), а по общефедеральному многомандатному собрала в Башкирии 33,89%.

В комиссии всех уровней поступило 199 жалоб по голосованию за президента Башкирии — в основном от юристов штаба

Веремеенко на допущенные нарушения. На шести участках ввиду слишком явных нарушений выборы пришлось признать недействительными. 12 сторонников Р. Сафина объявили голодовку в здании сафинского избирательного штаба с требованием вообще аннулировать итоги президентских выборов.

8 декабря президент Путин благосклонно принял М. Рахимова в Кремле. С этого момента исход выборов перестал вызывать сомнения.

12 декабря 2003 г. полпред С. Кириенко и замруководителя администрации президента В. Сурков посетили М. Рахимова в Уфе, где похвалили Башкирию за «стабильность и межнациональное согласие».[77]

15 декабря 2004 г. засветившийся как враг Рахимова заместитель прокурора Башкирии В. Коростылев был отстранен от должности, а проявивший колебания прокурор республики Ф. Байков подал рапорт об отставке по собственному желанию. Закрылось несколько оппозиционных сайтов в интернете. Сторонники С. Веремеенко, Р. Сафина и А. Аринина стали в массовом порядке изгоняться с работы — как с государственных предприятий, так и с частных.

С. Веремеенко был приглашен в Москве на встречу с В. Сурковым, после чего 18 декабря 2003 г. сделал заявление, что он «принял решение свернуть свою избирательную кампанию, но, как обещал избирателям, от участия в выборах окончательно не отказывается».[78]

В. Сурков встретился также с Р. Сафиным, после чего сторонники Р. Сафина в Уфе прекратили голодовку.

Во втором туре 21 декабря 2003 г. президентом был избран М. Рахимов, набравший по официальным данным 78% при явке 69%. «Свернувший кампанию» С. Веремеенко набрал 15,85%.

ПРЕЗИДЕНТСКАЯ КАМПАНИЯ КАК ОПЕРАЦИЯ ПОЛИТТЕХНОЛОГОВ

Кампания по выборам президента России стартовала в конце декабря 2003 г. В отличие от думских выборов, где власть ограничивала число кандидатов и партий, на президентских выборах Кремль стремился расширить список кандидатов.

Во-первых, это делалось, чтобы сделать фактически безальтернативные выборы хотя бы формально альтернативными и, следовательно, легитимными в глазах Запада. Во-вторых, чтобы избежать вполне возможной «неприлично низкой» явки на выборах.

«Неприлично низкой» явкой на выборах президента негласно было решено считать явку менее, чем на выборах 2000 г. (68,74%), а стремиться к 70—75% (при том, что на думские выборы в декабре пришло 55,75%; но на выборы главы государства, как показывает опыт последних 14 лет, всегда приходит существенно больше избирателей, чем на выборы «говорильни»). Вероятность того, что явка будет вообще ниже 50% (и тогда выборы были бы признаны несостоявшимися) была равна нулю, и само нарочито обеспокоенное обсуждение этой перспективы было, на самом деле, инструментом повышения явки.

Обязали участвовать спикера верхней палаты, лидера «Российской партии Жизни» Сергея Миронова, уговаривали Явлинского и Жириновского. «Яблоко», обиженное «кидком» на выборах в Госдуму, отказалось играть в кремлевские игры и даже вернулось в оппозицию. «Яблоко» стало инициатором соглашения демократических сил о неучастии в президентских выборах в случае, если демократам не удастся договориться о едином кандидате (как и ожидалось — договориться не удалось).

Владимир Жириновский исполнил заказ Кремля с издевательским юмором: ЛДПР выдвинула своего кандидата в президенты — но не самого Жириновского, а его боксера-охранника Олега Малышкина. Коммунисты тоже понизили, насколько решились, значение этих выборов, выдвинув в качестве кандидата КПРФ не своего вождя Г. Зюганова, а левого агрария Николая Харитонова.

Зато удалось уговорить «нарушить конвенцию» и выдвинуться Ирину Хакамаду, которая, таким образом, вопреки «Яблоку» и СПС обозначила присутствие на этих выборах либералов.

Центризбирком фактически закрыл глаза на многочисленные нарушения — прежде всего, скупку фальсифицированных подписей штабами практически всех кандидатов, выдвинутых не от парламентских партий (кроме Путина, подписи за которого собирались в административном порядке и поэтому были подлинными).[79]

Правда, было двойственное отношение Кремля к участию в выборах Сергея Глазьева и Ивана Рыбкина. С одной стороны, они повышали явку. С другой стороны, они могли использовать неприятные сюжеты в своей избирательной кампании (на это, правда, оказалась способной и Хакамада, но, призванная к порядку, быстро прекратила). Кроме того, С. Глазьев, в случае завоевания второго места на выборах, становился опасным соперником кандидата партии власти на следующих президентских выборах, 2008 г. (в отличие от вечного пораженца Г. Зюганова). То есть участие Глазьева задавало для президентского штаба еще одну задачу — вторым должен был стать Харитонов, а не Глазьев.

На самом деле, если эта проблема и смущала чиновников, то она, наоборот, вдохновляла политтехнологов: если имеется проблема, то появляется и финансирование для ее решения. Путинские штабные чиновники порывались снять Глазьева с выборов, но путинские политтехнологи настаивали — и настояли — на более «демократических» методах «замачивания» этого кандидата. Политтехнологи с творческим азартом и удовольствием занимались «опусканием Глазьева» и еще периодически запугивали Глазьевым свое собственное бюрократическое начальство, добиваясь (не без успеха) повышения финансирования.

Похожим было и отношение политтехнологов к участию в выборах Рыбкина: «Пусть будет!». Но «проблема Рыбкина» имела в глазах Путина такие аспекты, что ее в конечном счете решали совершенно отдельно.

Что же касается главной проблемы — явки избирателей — то для ее решения были использованы как изощренные «технологические» средства, так и чисто бюрократические.

Например, по жилищно-строительным кооперативам (ЖСК) Фрунзенского района Санкт-Петербурга глава администрации района Всеволод Хмыров разослал такие, отдающие административным шантажом и политическим рэкетом письма:

«Прошу Вас в срок до 01.02.04 представить в Администрацию района план работы правления ЖСК по обеспечению участия проживающих в голосовании 14.03.04 г. в выборах президента РФ. Ваша работа должна обеспечить явку не менее 79% проживающих, имеющих право голоса. Результаты Вашей работы будут оценены после подведения итогов выборов».[80]

Пойманный питерскими «яблочниками» за руку (соавтор публикации журналист Б. Вишневский — один из лидеров «Яблока» в СПб), В. Хмыров стал утверждать, что автором идеи был «не Смольный», что «это моя собственная идея, исключительно моя инициатива. Я ни по чьей указке не работаю».

Но невольно проговорился: «У нас на территории района 2 окружные избирательные комиссии. Я как глава района по закону обязан обеспечить им содействие. Я с ними постоянно общаюсь. Территориальные комиссии никакой критики по поводу этого письма не высказывали».[81]

В конечном счете, официальная явка 14 марта 2004 г. была 64,39%. 71,31% избирателей проголосовали за Путина.

ФАЛЬСИФИКАЦИИ НА ПРЕЗИДЕНТСКИХ ВЫБОРАХ

В 2000 г. Центризбирком намеренно увеличил списочное количество избирателей на 1 млн 300 тыс. по сравнению с думскими выборами декабря 1999 г. — видимо, чтобы иметь резерв «мертвых душ», не без помощи которых Путин был избран президентом уже в первом туре.

В 2004 г. тактика власти была другая: в победе Путина уже в первом туре на этот раз никто не сомневался, но убедительность уровня явки была под сомнением. Поэтому списочный состав избирателей на этот раз был, наоборот, уменьшен на 842 тысячи человек по сравнению с думскими выборами декабря 2003 г.

В централизованном порядке фальсифицировалась в первую очередь явка, хотя, разумеется, добавленные цифры процентов писались не на Харитонова, Глазьева и Хакамаду.

Точно оценить масштаб фальсификаций нелегко. На выборах не могли присутствовать официальные наблюдатели от «Яблока» и СПС. Но от КПРФ (поскольку Харитонов участвовал в выборах) было около 200 тысяч наблюдателей. Именно коммунистам удалось выявить наиболее вопиющие фальсификации.

К апрелю 2004 г. избирательный штаб Харитонова обработал собранные материалы и предъявил их общественности.

Доказательства коммунистов представляют собой копии протоколов 18 участковых избирательных комиссий Москвы и сводные таблицы об итогах голосования, представленные территориальными комиссиями районов Раменки, Тропарево-Никулино и Внуково.

Вот, в частности, пример фальсификации явки:

«...На участке № 2572 [в Раменках — ред.], согласно протоколу УИК, в помещении для голосования 14 марта было выдано 1430 бюллетеней, а по отчету ТИК на этом участке обюллетенилось 2214 граждан. УИК доложила: из стационарных урн извлечено 1377 бюллетеней, а территориальная комиссия уточнила: нет, извлечено тоже 2214».[82]

В опубликованных «Независимой газетой» таблицах были приведены результаты, полученные четырьмя кандидатами на трех избирательных участках в Москве. Первый столбец цифр — количество голосов, набранных кандидатом по данным протокола участковой комиссии; второй столбец — то же, но по данным территориальной комиссии; третий — разница между данными УИК и ТИК.

На участке № 2565 (Раменки) у Хакамады отнято 100 голосов, у Глазьева и Харитонова — по 50, у позиции «против всех» — 46; Путину добавлено 650.

На участке № 2572 (Раменки) у Хакамады отнято 170 голосов, у Глазьева и Харитонова по 50, у «против всех» — 150; Путину добавлено 1257.

На участке № 2620 (Тропарево — Никитино) у Хакамады отнято 70 голосов, у «против всех» — 60, у Глазьева — 20, у Харитонова — 10; Путину добавлено 170.[83]

Исследовав документацию, поступившую от московских наблюдателей, юристы КПРФ отметили несколько общих закономерностей:

«1. Территориальные комиссии указывают более высокую явку избирателей, чем она сложилась по отчетам участковых избиркомов.

2. Все дополнительные голоса, появившиеся в отчетах ТИК, достались одному кандидату — Путину В. В. В целом по 18 избирательным участкам этому кандидату доначислено 5479 голосов. Лишь на двух участках несколько десятков дополнительных голосов перепало Миронову С. М. и Малышкину О. А.

3. Самые большие потери от "уточнения отчетности" понесла кандидат Хакамада И. М. На одном участке из 135 первоначально зачтенных голосов ей оставили только 35, на другом — 41 из

181, а суммарные потери этого кандидата по 18 участкам составили 870 голосов, или 35,4%.

4. Практически повсеместно подвергался экспроприации кандидат "против всех". Очевидно, с ним не церемонились, полагая, что этот "кандидат" жаловаться точно не будет.

5. Разница в данных УИК и ТИК, как правило, выражается числом, кратным десяти — 30, 50, 70, 110. Харитоновские юристы объясняют это удобствами счета: "круглые" числа проще вычитать-складывать, чем "некруглые". Правда, и следователям так будет легче выявлять фальсифицированную отчетность, если, конечно, их это заинтересует».[84]

Доказательства фальсификации выборов в этих московских районах были настолько убедительными, что с ними был вынужден согласиться председатель Центризбиркома А. Вешняков.

«При проверке жалобы установлено, что факты подлога имели место на уровне территориальных избирательных комиссий Раменки и Тропарево-Никулино, — сказал Вешняков. — Московский горизбирком, который рассматривал эти вопросы под контролем ЦИКа, принял постановление обратиться в прокуратуру на предмет расследования и привлечения к ответственности лиц, виновных в подлоге. Зло должно быть наказано, и наказано жестко».[85]

Постановление Мосгоризбиркома было принято 30 марта 2004 г., а 6 апреля его направили в Московскую прокуратуру. После чего документы... затерялись в пути. «...В данном случае сажать придется людей, которые умышленно завысили явку избирателей и количество голосов, отданных за кандидата Путина... Речь, таким образом, идет о подлоге в пользу действующего президента, а это, по понятиям "управляемой демократии", — скорее доблесть, чем преступление».[86]

Если верить отчету ЦИК, 14 марта Ингушетия оказалась в «передовиках соревнования» по явке и голосованию за Путина. Явка — 96,23%, голосование за Путина — 98,18%. По явке Ингушетию превзошла только Кабардино-Балкария (97,72%), несколько уступившая, правда, по голосованию за Путина (96,49%).

Другие рекордсмены тоже знакомы: Дагестан (за Путина 94,59, явка 94,08), Чечня (за 92,35, явка 94,19), Башкирия (за 91,79, явка

89,09), Мордовия (за 91,35, явка 94,57), Северная Осетия (за 91,25, явка 89,24).

Все тот же депутат Народного собрания Ингушетии Муса Оздоев, разоблачивший фальсификацию думских выборов по Ингушетии, провел собственное расследование и по выборам Путина в этой республике.

М. Оздоев утверждает, что «в президентских выборах у нас в республике не участвовало и половины избирателей, выборы были фактически сорваны».

Депутат собрал копии всех списков избирателей со всех участковых комиссий Назрани и сравнил те списки, по которым люди голосовали на думских выборах с теми, по которым они же голосовали за президента.

«Обнаружилась удивительная вещь: 7 декабря избиратель получал бюллетень по одному паспорту, а 14 марта — по другому. И расписывался в обоих случаях тоже по-разному. Вот для примера списки назрановского избирательного участка № 67... [...] гражданин Абиев Магомед Залимханович, 1983 г. рождения, в декабре голосовал по паспорту 26 01 132102, а в марте предъявил паспорт 26 01 001477. Среди «двухпаспортных» избирателей Оздоев нашел и родного брата Микаила, и много-много хороших знакомых: «На самом деле эти люди голосовать не приходили, а паспортные данные им «нарисовали» в избирательной комиссии. И подписи — тоже. В избиркомах, видимо, не думали, что их кто-то будет проверять, поэтому номера паспортов брали «из головы». «Главное — чтобы цифр было десять и чтобы республиканская серия у всех была одна — 26, — поясняет Оздоев. Обратите внимание: случаев, когда паспортные данные совпадают по обоим спискам, — процентов 10. Вот это и есть реальный показатель участия избирателей Ингушетии в голосовании 14 марта, все остальное — приписки».[87]

В конце марта 2004 г. член ЦИК с совещательным голосом от КПРФ Вадим Соловьев направил в Генпрокуратуру заявление, в котором просил «...возбудить уголовное дело по признакам фальсификации результатов президентских выборов в Республике Адыгея. Эти признаки наблюдатели от штаба Харитонова обнаружили на 13 избирательных участках республики. Картина во всех случаях одна и та же: кандидату Путину повсеместно начислено больше чем установлено протоколами УИКов (на крупных участках добавлено по 300—500 голосов), его соперникам — меньше. [В Адыгее. — ред.] ...больше всех не зачтено голосов «красному» кандидату Харитонову».[88]

Согласившись, однако, с тем, что выборы были фальсифицированы в пользу Путина в двух районах Москвы, ЦИК тем не менее отказывается признать такие же доказательства по другим регионам, как обычно ссылаясь все на ту же юридическую несостоятельность копий протоколов.

«...Выдача копий протоколов: хотя все прописано, но, к сожалению, недостаточная правовая грамотность наблюдателей приводит к совершенно необоснованным претензиям», — утверждал в интервью «Независимой» А. Вешняков.

«...Наблюдатель должен дождаться окончания подведения итогов голосования и подписания протоколов. А если ему все уже надоело, он сам от руки зафиксировал предварительные итоги, которые услышал при подсчете голосов и с этим документом, который никем вообще не подписан, идет в штаб своей партии, то в чем виновата комиссия?

...Если к какой-то комиссии есть претензии в части невыдачи копий, тогда действительно с нее спрос должен быть. Но к нам претензий по этому поводу не принимаю. Первое, что мы сделали к выборам парламентским, а потом и президентским, — издали специальную памятку наблюдателю (хотя это вообще-то не наша обязанность). Там все написано: как надо вести наблюдение, оформлять копии, если ущемляют ваши права — обращайтесь сразу же в вышестоящую комиссию или в суд. Они обязаны отреагировать. Второе, мы обеспечили в течение суток после дня голосования размещение протоколов всех участковых избиркомов в сети интернет. Пожалуйста, сверяйте с вашими копиями, контролируйте процесс подведения итогов выборов. Но когда наблюдатели собрали материалы, в том числе не имеющие никакой юридической силы, переслали их в центральный штаб и через два месяца предъявляют претензии: “Нам не давали настоящие копии”... Ну как мы через два месяца можем это установить?

...По Москве разговор отдельный — там как раз копии протоколов участковые комиссии выдавали, и благодаря им удалось установить, что подлог совершен в территориальной избирательной комиссии. Уже возбуждено уголовное дело, виновные будут отвечать за содеянное».[89]

По состоянию на сентябрь 2004 г. дальнейшая судьба московских материалов о фальсификации выборов оставалась неизвестной. Вернее, известно, что они все-таки дошли до Московской прокуратуры и прокуратура всячески противится возбуждению уголовного дела против фальсификаторов.

Руководитель Регионального управления РДП «Яблоко» Г. Михалева оценивает завышение уровня явки на президентских выборах в 10% и более. Руководитель Ассоциации избирателей «Голос» и коалиции «За честные выборы» Лилия Шибанова считает, что в областных центрах, где у «Голоса» и коалиции были свои наблюдатели (в основном неофициальные), явка была где-то 51—53%, и это не так сильно отличается от официальных данных. В мелких же городах и особенно в деревнях, где наблюдателей часто не было даже от КПРФ, местные избиркомы просто ставили такую явку, какую им заблагорассудится.

Фантастически цифры явки в национальных республиках — фальсификация процентов на 30—40.

В среднем по России явка на президентских выборах была задрана вверх процентов на 10—15.

В ряде регионов, особенно в национальных республика, а также в сельских районах — еще больше. В областных центрах — меньше. Когда коммунисты говорят «физический вброс», это не всегда означает, что дополнительные бюллетени были действительно вброшены в урны. В большинстве случаев цифры были просто скорректированы в ТИКах при вводе в систему ГАС «Выборы» и спущены в УИКи.

ВЫБОРЫ ГУБЕРНАТОРА ВОРОНЕЖСКОЙ ОБЛАСТИ

Генерал ФСБ В. Кулаков впервые занял свой пост в результате убедительной победы на выборах 24 декабря 2000 г. Те выборы прошли относительно честно: препятствий для регистрации кандидатов не чинилось, административный ресурс коммунистического губернатора Ивана Шабанова уравновешивался административным ресурсом полномочного представителя президента в Центральном федеральном округе Георгия Полтавченко, лоббировавшего Кулакова. Сомнений в том, что Кулаков победил, ни у кого не было (58,98% Кулакова против 15,21% Шабанова при явке 47,57%). Спекуляции Кулакова на имени президента, возможно, претили хорошему вкусу, но уставшие от Шабанова избиратели действительно предпочли ему «соратника Путина».

Уже через год новый губернатор ощутил, что на одной «личной дружбе с Владимиром Владимировичем Путиным» запущенных социальных проблем дотационной области не решить. Усилились противоречия между мэрией Воронежа и обладминистрацией по поводу дележа бюджета: налоги в основном собирались в областном центре (и уходили в федеральный и областной бюджет), а дотации из центра доставались в основном области. В борьбе между губернатором и мэром на стороне мэра оказался главный федеральный инспектор области Юрий Хорошильцев, некогда помогавший Кулакову против Шабанова.

В марте 2002 г. в Воронеже были в несколько раз подняты тарифы на коммунальные услуги, что вызвало массовые протесты горожан. Впервые с начала 90-х в крупном областном центре прошли многотысячные митинги и демонстрации под лозунгами отставки как областной, так и городской администраций.

С опозданием отмежевавшись от непопулярных мартовских постановлений мэрии по коммунальным платежам, Кулаков с некоторым трудом, но сумел «перевести стрелки» народного недовольства на мэра Воронежа Александра Ковалева. Созданный коммунистами летом 2002 г. «Штаб протестных действий» официально уже не требовал отставки Кулакова — только мэра Ковалева (в 1992—96 гг. — губернатора-назначенца с репутацией ельциниста и даже демократа).

В июне 2003 г. Кулакову удалось добиться от полпреда Г. Полтавченко отзыва федерального инспектора Хорошильцева из Воронежской области, а в октябре 2003 г. был вынужден уйти в отставку и мэр Ковалев.

Уходя в отставку, и Ковалев, и Хорошильцев сделали заявления о том, что выдвинут свои кандидатуры против Кулакова на губернаторских выборах в декабре 2004 г. Чтобы сократить им и другим возможным соперникам время для поиска финансирования и «раскрутки», Кулаков провел через послушный областной парламент перенос губернаторских выборов на март 2004 г., совместив их с президентскими.

В январе 2004 г. в качестве репетиции губернаторских выборов прошли выборы нового мэра Воронежа. Эту репетицию губернатор проиграл: лоббируемый им кандидат Иван Образцов получил только третье место, а мэром стал вице-спикер областной Думы Борис Скрынников. Скрынников получил 23,1% голосов, за вице-спикера Воронежской городской думы Виктора Витинника, также негубернаторского кандидата, проголосовало немногим меньше — 22,4%, а за И. Образцова — только 17,5%.

Для Кулакова создалась реальная опасность, что губернаторские выборы пройдут в два тура с почти стопроцентной вероятностью поражения во втором туре. Шансы выйти во второй тур вместе с Кулаковым имели Ковалев, Хорошильцев, а также спикер областной Думы Алексей Наквасин, считавшийся союзником нового мэра Скрынникова.

В конечном счете А. Ковалев и Хорошильцев от намерения баллотироваться отказались. А. Наквасин же выставил свою кандидатуру, провел успешную кампанию и имел шансы стать губернатором даже не во втором, а уже в первом туре.

Однако 2 марта 2004 г., менее чем за две недели до выборов, Наквасин свою кандидатуру снял, объяснив это тем, что он уже достиг целей ради которых выдвигался: обратил внимание населения области на социально-экономические проблемы, на «закрытый и абсолютно несовременный стиль руководства».

По одной версии, претенденту-лидеру был предъявлен компромат, и он испугался конфронтации с ФСБ, полпредством и губернатором, по другой, снятия кандидатуры от него потребовало московское руководство партии «Единая Россия». Газета «КоммерсантЪ», ссылаясь на мнение воронежских политологов, выдвинула предположение о договоренности между обладминистрацией и Наквасиным: Наквасину было предложено сохранить за ним пост спикера облдумы после очередных выборов в марте 2005 г., либо дать ему пост руководителя местного отделения «Единой России».[90]

Если, однако, такая договоренность и имела место, то Кулаков ее не выполнил. Напротив, 30 марта 2004 г. сторонники губернатора в Воронежской областной думе сместили А. Наквасина с поста спикера, поставив ему в вину именно то, что он не посоветовался с коллегами по депутатскому корпусу при выдвижении своей кандидатуры в губернаторы.

14 марта 2004 губернатор победил на досрочных выборах, получив, по официальным данным, 52,5% при официальной

явке 62,44%. Второе место досталось коммунисту Сергею Рудакову (20,16%), «против всех» проголосовали 7,65%.

В достоверности итогов имеются все основания сомневаться. В Воронежской области, как и в большинстве других областей, на проходивших в тот же день президентских выборах имело место существенное «добрасывание» бюллетеней с целью повысить уровень явки — параллельно было необходимо добросить соответствующее число бюллетеней на губернаторских выборах (10% в среднем по стране). Естественно, что все «доброшенные» бюллетени засчитывались за действующего губернатора, а не за кандидата оппозиции.

Скорее всего, губернатор лидировал, но не набрал абсолютного большинства, необходимого для победы в первом туре.

ВЫБОРЫ ГУБЕРНАТОРА КУБАНИ

Губернатор Краснодарского края Александр Ткачев был явным фаворитом на очередных выборах, проводившихся также одновременно с президентскими, 14 марта 2004 г. Один из самых националистически настроенных российских губернаторов (если не самый националистический), А. Ткачев в прошлом считался еще и левым — кроме регионального движения «Отечество» бывшего губернатора Николая Кондратенко он состоял также в КПРФ и Аграрной партии (причем одновременно). В 2000 г. Ткачев избирался не только как преемник и наследник «батьки Кондрата», но и как фаворит всех левых сил региона (пропутинское движение «Единство», впрочем, его тоже поддержало).

Однако в 2003 г. краснодарский губернатор приостановил членство в КПРФ и заявил о своей полной поддержке политики президента Владимира Путина. Разрыв с КПРФ укрепил его отношения с администрацией президента (впрочем, они и ранее были неплохие, особенно с «чекистской» группой — несмотря на не всегда удобные для Кремля радикально-ксенофобские высказывания Ткачева).

Однако в довольно «красном» (точнее — «красно-коричневом») Краснодарском крае самоидентификация губернатора с федеральной властью была палкой о двух концах: часть избирателей могла от него отойти — особенно в том случае, если бы в качестве альтернативы ему выступил другой кандидат-«кондратенковец», но с антимосковской и открыто антилиберальной риторикой и — в особенности — в случае поддержки со стороны самого Кондратенко. Одного такого возможного соперника — мэра Краснодара Николая Приза — Ткачев нейтрализовал, обещав ему свое содействие в переизбрании 14 марта на пост главы регионального центра. Но кандидат, бросивший вызов Ткачеву с левонационалистических позиций, все-таки нашелся: его бывший соратник по КПРФ и «Отечеству», а ныне член Народно-патриотической партии (НПП) и блока «Родина», экс-депутат Государственной думы Олег Мащенко.

Шансы О. Мащенко на победу были невелики — в том числе потому, что «батька Кондрат» все-таки уклонился от поддержки Мащенко.

Тем не менее губернатор испугался — если не поражения, то неубедительной, «смазанной» победы. Послушный ему краевой избирком отказал единственному реальному сопернику в регистрации. В итоге Ткачев получил 83,98% голосов, вторым стал кандидат «против всех» (7,62%) при официальной явке избирателей 63,13% (практически такая же явка была объявлена по краю на президентских выборах).

Победа была неоспоримой, если не считать того, что явка избирателей в Краснодарском крае как на выборах президента, так и на губернаторских выборах, была «скорректирована» примерно на 10%.

ВЫБОРЫ МЭРА ВЛАДИВОСТОКА

Кампания по выборам мэра Владивостока сразу же началась как фарс с элементами криминальной драмы. Основных претендентов было трое: депутат Приморской краевой думы, ранее судимый (но амнистированный) «авторитетный» бизнесмен Владимир Николаев, действующий глава администрации Владивостока Юрий Копылов и бывший мэр города, депутат Государственной думы и экстрасенс Виктор Черепков. Николаев по кличке Винни Пух имел поддержку губернатора Сергея Дарькина (по кличке Серега Шепелявый) и партии «Единая Россия»; оппозиционный Дарькину Копылов был креатурой бывшего губернатора Евгения Наздратенко и поддерживался попавшими в опалу бизнесменами-наздратенковцами; Черепков представлял внесистемную право-левую оппозицию, связанную, однако, с «Космическим Разумом».

Среди 10-ти зарегистрированных кандидатов оказались Виктор Григорьевич Черепков, председатель ООО «Свобода и народовластие» (депутат Виктор Иванович Черепков является лидером карликовой партии «Свобода и Народовластие»), а также Юрий Иванович Копылов, глава администрации некоммерческого фонда «Город Владивосток» и «двойник» мэра Юрия Михайловича Копылова (еще двух Копыловых не зарегистрировали).

В ходе избирательной кампании с противниками и критиками кандидата Винни Пуха случались многочисленные неприятности: в частности, подвергся избиению на улице Черепков (депутат-экстрасенс), угрозам в подъезде и по телефону — помощница сенатора Олега Кожемяко.

В первом туре 4 июля 2004 г. лидировал Николаев — Винни Пух, получивший 26,79%, за ним с небольшим отрывом следовал В. Черепков — 26,37%, причем «двойник» экстрасенса занял девятое, предпоследнее, место, но все-таки отхватил у «настоящего» Черепкова более процента (1,21%). Третьим шел Ю. Копылов (18,11%, его двойник занял шестое место, 1,95%).

Учитывая репутацию Николаева, во втором туре при честных выборах должен был бы победить либо Черепков, либо кандидат «против всех» (в этом случае обязанности мэра продолжал бы исполнять Ю. Копылов). При нечестных выборах, учитывая фактор Сереги Шепелявого, должен был победить Винни Пух.

Однако 9 июля избирком подал в суд иск о снятии с выборов Черепкова — по жалобе троих граждан, считавших, что Черепков грубо попрал их избирательные права, используя для агитации статус депутата Госдумы.

В ночь с 9 на 10 июля 2004 г. у двери избирательного штаба Черепкова взорвалась подвешенная на растяжках граната, кандидат получил ранения и серьезную контузию. Сторонники Николаева немедленно объявили покушение инсценировкой самого Черепкова, а начальник Главного управления МВД по Дальневосточному федеральному округу Анатолий Золотарев предложил считать инцидент «хулиганством неустановленных лиц».[91]

12 июня 2004 г. суд Ленинского района Владивостока, несмотря на отсутствие ответчика, находившегося в госпитале Тихо-

океанского флота, удовлетворил иск муниципальной избирательной комиссии об изъятии кандидатуры Виктора Черепкова из списков для повторного голосования, признав нарушением закона о выборах использование Черепковым своей думской приемной, служебного телефона и факса, а также бланков депутата Государственной думы в обращениях и заявлениях в адрес должностных лиц.

Вследствие такого решения суда в списках голосования во втором туре 18 июля должны были теперь значиться В. Николаев и Ю. Копылов. Копылов, однако, снял свою кандидатуру и призвал голосовать во втором туре «против всех». То же самое сделал, назвав выборы «балаганом», кандидат Александр Передня (четвертое место в первом туре, 9,07%). Занявший в первом туре пятое место депутат краевой Думы Николай Марковцев (2,35%) также призвал голосовать «против всех», но решил оставить свою кандидатуру в избирательном бюллетене — «чтобы сохранилась хоть какая-то возможность контролировать избирательный процесс: мои наблюдатели будут работать на участках для голосования. Но я призываю избирателей голосовать "против всех" и своей победой буду считать, если наберу ноль голосов, но Николаев не пройдет».[92]

Казалось бы, в этих условиях выборы неизбежно были обречены на срыв. По словам директора Тихоокеанского института политики и права Натальи Меньшениной, «...после массового отказа кандидатов от участия в выборах я уверена, что до 75% избирателей во втором туре проголосуют "против всех". Но в Приморье есть разница между тем, как проголосуют и как подсчитают».[93]

Так и случилось: 18 июля 2004 г. победил Николаев, получив, по официальным данным, 53% голосов (против всех — 36%; Н. Марковцев — 9%).

Однако «...у населения осталось ощущение, что проголосовавших "против всех" на самом деле было больше».[94]

Через четыре дня после выборов во Владивостоке Петр Фрадков, сын премьер-министра Михаила Фрадкова, был назначен заместителем гендиректора ОАО «Дальневосточное морское пароходство» (ДВМП). Это совпадение вызвало законные подозрения в том, что, возможно, не один только губернатор С. Дарькин, а и сам премьер-министр стоял за кампанией по завоеванию Винни Пухом городской администрации Владивостока. «Новая газета» даже приписала В. Николаеву права собственника на ДВМП.[95]

В действительности связь между Винни Пухом и ДВМП не столь прямая. ДВМП, как и другие базирующиеся в Приморье коммерческие структуры, было вынуждено — в силу определенной зависимости от губернатора — в той или иной степени участвовать в избирательной кампании Николаева. Однако структурам самого Николаева может принадлежать (прямо или косвенно), не более 15% акций ДВМП, находящихся в руках частных лиц и мелких фирм. Еще около 20% акций пароходства принадлежит государству в лице краевой администрации (то есть подконтрольно губернатору Дарькину). Около 65% акций ДВМП контролируется группой «Промышленные инвесторы» бывшего депутата Госдумы от СПС Сергея Генералова.

Поэтому получение Фрадковым-младшим хлебной должности в крупной коммерческой структуре может являться благодарностью премьеру за что-то (возможно, что и за содействие избранию Винни Пуха), но не со стороны самого Николаева, а скорее со стороны Дарькина и Генералова. Возможно также, что это не столько благодарность, сколько аванс премьеру за покровительство в будущем. В этом случае новый мэр Владивостока как союзник и партнер губернатора и группы «Промышленные инвесторы» тоже сможет пользоваться этим покровительством.

29 июля 2004 г. Приморский краевой суд оставил в силе решение Ленинского районного суда об отмене регистрации кандидатуры Черепкова.

ВЫБОРЫ НОВОГО ПРЕЗИДЕНТА ЧЕЧНИ

После убийства сепаратистами Ахмата Кадырова Кремль был поставлен перед необходимостью найти себе в Грозном нового ставленника.

На эту роль был выбран министр внутренних дел Чечни Алу (Али) Алханов. В качестве резервного кандидата (на тот случай, если Алханов разделит судьбу Кадырова) был зарегистрирован начальник отдела управления ФСБ по Чечне Мовсур Хамидов. Выборы президента Чечни были назначены на 29 августа 2004 г.

Далее все повторилось, как и при «избрании» Кадырова.

22 июля 2004 г. было отказано в регистрации Малику Сайдуллаеву. Причиной отказа в регистрации председатель Чеченского республиканского ЦИК Абдул-Керим Арсаханов объявил «недействительность паспорта» Сайдуллаева, в котором неверно указано место рождения: «с. Алхан-Юрт, Республика Чечня», в то время как должно быть: с. Алхан-Юрт, Чечено-Ингушская АССР», поскольку на 5 октября 1964 г., когда родился Сайдуллаев Малик Мингаевич, Чечня входила в состав Чечено-Ингушетии.

Как выяснил Орхан Джемаль из «Новой газеты», у кандидата от партии власти Алу Алханова в паспорте, выданном ему 7 июня 2004 г., была такая же «ошибка»: местом рождения у него там значится «пос. Кировский Кировского р-на Талды-Курганской обл., Казахстан». Однако 29 июня 2004 г. (всего лишь через три недели) Алханову был выдан новый паспорт, в котором «Казахстан» был исправлен на «Казахскую ССР». «...Выходит, чеченский ЦИК еще в июне решил, как он будет “снимать” Сайдулаева. Тогда же выяснилось, что Алханову в таком случае тоже придется отменять регистрацию, и ему “подстелили соломки”, в авральном порядке переделав только-только выданный паспорт».[96]

Избиратели эти выборы практически игнорировали. Председатель избирательного участка № 372 в Ленинском районе Грозного (примерно 1100 человек избирателей) через час после начала голосования утверждала корреспонденту газеты «Время новостей», что у нее прошло уже 300 человек. Наблюдатель же видел «от силы человек 70». Корреспондент склонен верить наблюдателю.

«...Для того чтобы за час пропустить 300 человек, паспортисты должны были сверять со списками по пять избирателей в минуту. Такого наплыва, конечно, не было. Корреспондент «Времени новостей» провел около часа на этом избирательном участке и видел всего двух или трех человек, зашедших проголосовать».[97]

Наблюдения корреспондента «Времени новостей» подтверждают практически все журналисты, побывавшие на чеченских «выборах» 29 августа 2004 г.

А корреспондент газеты «КоммерсантЪ» даже поставил эксперимент: попытался проголосовать на 5-ти избирательных участках и на 4-х из них ему это удалось (на одном его все-таки отослали голосовать по месту жительства).[98]

Официальные итоги мероприятия: 73,67% голосов за Алханова при явке более 85,25%. Когда на пресс-конференции главы избиркома Чечни Абдул-Керима Арсаханова объявлялись предварительные итоги, цифра явки вызвала у журналистов дружный смех.

В. Путин на своей пресс-конференции 31 августа, делая вид, что он не знает, как проводилась инсценировка выборов, заявил в присутствии своих гостей — руководителей Франции и Германии:

«...Насильно людей никто не может затащить на выборы. Людей нельзя вытащить за шиворот или за волосы из дома. На выборах были многочисленные наблюдатели, в том числе из арабских стран, и я не слышал ни одного серьезного человека, который сделал бы серьезное заявление о нарушениях на выборах в Чечне».[99]

Чекистскую спецоперацию «выборы в Чечне» невозможно охарактеризовать просто как профанацию или фальсификацию. Все знают, что выборов не было, и Путин с Вешняковым знают, что все это знают, и тем не менее они с честно открытыми кагебешными глазами называют эту спецоперацию «демократическими выборами».

Государство, способное лгать в таком градусе наглости, подрывает самое себя. Юлия Латынина написала в «Новой газете: «...именно выборы Алханова послужили детонатором теракта в Беслане».[100]

Бесланская трагедия была использована Путиным как предлог для дальнейшего наступления на институт выборов. 13 сентября 2004 г. он объявил о предстоящей отмене прямых выборов глав регионов (губернаторы и региональные президенты будут «избираться» региональными парламентами по представлению президента); смешанная пропорционально-мажоритарная система выборов в Государственную думу заменяется на чисто пропорциональную по партийным спискам.

Если федеральные и региональные выборы 2000—2004 гг. были нечестными и несправедливыми, но все-таки выборами, то начиная с 2005 г. — и в особенности со второй половины 2007 г. — эти мероприятия уже не имеют никакого отношения к избирательному процессу. Это всего лишь формальная фиксация решений, принятых до выборов (оформление либо воли Кремля, либо итогов внутренней борьбы и соглашений региональных элит — при арбитраже того же Кремля).

Примечания

[1] Иванов Николай. Что для Перми благо, для Екатеринбурга — смерть. Объединение Пермской области и Коми-Пермяцкого автономного округа не входит в планы политиков из соседней области. // «Независимая газета» 2 апреля 2003.

[2] gazeta.ru, 14 июня 2001.

[3] strana.ru, 31 мая 2001.

[4] «КоммерсантЪ», 28 ноября 2001.

[5] «КоммерсантЪ», 17 декабря 2001.

[6] «КоммерсантЪ», 12 марта 2002.

[7] «КоммерсантЪ», 30 апреля 2002.

[8] «КоммерсантЪ-Власть», 14 мая 2002.

[9] «КоммерсантЪ», 17 мая 2002.

[10] Пушкарь Дмитрий. Конец агента. // «Московские новости», 23 апреля 2003.

[11] «Независимая газета», 17 сентября 2002.

[12] lenta.ru, 2 октября 2002.

[13] «Газета», 1 октября 2002.

[14] polit.ru, 29 сентября 2002.

[15] Ведерников Андрей. Имидж России страдает от нарушений на региональных выборах. // «Независимая газета», 21 февраля 2003.

[16] Тирмастэ Мария-Луиза. «Все происходящее — абсолютный беспредел!» Новороссийцев отстранили от выборов мэра. // «КоммерсантЪ», 22 февраля 2003.

[17] Бураков Игорь. Ожесточенные и беспартийные. За места в ростовском парламенте будут бороться бизнесмены. / «Время новостей», 28 февраля 2004.

[18] Шаповалов Александр. Донские коммунисты сошли с дистанции. Право на участие в выборах представители регионального отделения Компартии будут отстаивать в суде. // «Независимая газета», 13 марта 2003.

[19] Иванов Виталий. Норильск без головы. Претенденты на кресло мэра выбыли из борьбы. // «Ведомости», 29 апреля 2003.

[20] «Ведомости», 29 апреля 2003.

[21] Рассказывает Борис Вишневский: «Есть легенда: когда Собчак проиграл выборы, Яковлев просил Путина остаться, а тот с негодованием отказался. Все это ерунда. Через два дня после того, как Яковлев стал губернатором, я по каким-то делам был в Смольном. Встречаю там

Яковлева. Стоим, разговариваем. Подходит какой-то чиновник: «Владимир Анатольевич, там Путин приехал, сидит и ждет, что вы насчет него решите». Я навсегда запомнил, что ответил Яковлев. Он побагровел и сказал: «Чтоб завтра духу этого п...ка не было». — «Московские новости», 9 июля 2004.

[22] Латынина Юлия. Ключевые выборы. Если в Санкт-Петербурге победит не «тот» кандидат, это будет стратегическое поражение президента. // «Еженедельный журнал», № 35 (86), 25—31 августа 2003.

[23] Там же.

[24] «КоммерсантЪ», 3 сентября 2003.

[25] Заявлен о нарушении федерального закона «Об основных гарантиях избирательных прав и права на участие в референдуме граждан Российской Федерации» от 12 июня 2002 г. № 67 — ФЗ президентом РФ Путиным В. В. // Еженедельный журнал, № 35 (86), 8—14 сентября 2003.

[26] «Известия», 3 сентября 2003.

[27] «Ведомости», 26 сентября 2003.

[28] Митрофанов Алексей. Аслаханова убрали с помощью кнута и пряника. // «Новые Известия», 12 сентября 2003.

[29] Сухов Иван. «Лучше бы президента назначили». В Чечне выбирают нового лидера республики. // «Время новостей», 30 августа 2004.

[30] «Независимая газета», 2 февраля 2004.

[31] Поэгли Вадим. «1984» и другие, или полемические заметки о добровольном сыске. // «Московский комсомолец», 23 января 1990.

[32] Ефимова Аэлита. Лотто «Миллион вопросов» и «Москва и москвичи» — авантюрный роман с продолжением». // «Столица», № 2 и № 42, 1993.

[33] Симонова Ирина. Татария избавилась от неугодного депутата. За два часа до срока. // «КоммерсантЪ», 3 декабря 2003.

[34] «Независимая газета», 9 декабря 2003.

[35] «КоммерсантЪ», 22 марта 2004.

[36] «КоммерсантЪ», 10 ноября 2003.

[37] См., например, обзор об этом в публикации: Мельников Михаил, Пантелеев Борис. Пресс-выборы. // «Новая газета», № 94 (926), 11—14 декабря 2003.

[38] Стадник Иван. Обратный подсчет. // «Ежедневный журнал», № 49 (100), 15—21 декабря 2003.

[39] Сообщение ИА «ВолгаИнформ» — Агентство политических новостей (АПН), 9 декабря 2003. // www.apn.ru/elections/2003/12/9/41296.html

[40] Воробьева Надежда. Бессмысленное воровство. Компартия подвела альтернативные итоги выборов. // «Политический журнал», № 1 (4), 19 января 2004.

[41] Костюков Анатолий. По два паспорта в одни руки. Почему ингуши голосуют лучше всех. // «Независимая газета», 27 апреля 2004.

[42] Там же.

[43] «Известия», 31 января 2004.

[44] Тропкина Ольга, Скробот Андрей. Мертвые души российского электората. // «Независимая газета», 3 декабря 2003.

[45] Там же.

[46] Корня Анастасия. Учетный материал большой мобильности. // «Независимая газета», 11 февраля 2004.

[47] «Независимая газета», 2 декабря 2003.

[48] Орешкин Дмитрий. Из гетто в Кремль. // «Новая газета», № 5, 1319 февраля 2004.

[49] http://www.polit.ru/event/2003/12/26/veshnyakov.html

[50] http://www.polit.ru/event/2003/12/26/veshnyakov.html

[51] Демин Алексей. Коней подкуют до переправы. Будет ли разыгран «Башкирский сценарий» в Татарстане? // «Ежедневный журнал», № 50 (101), 22—28 декабря 2003.

[52] Громова Наталья. Григорий Явлинский: «Страна уходит, и ничего нельзя поделать». // «Московский комсомолец», 30 января 2004.

[53] «Газета», 22 января 2004.

[54] Китова Ольга. Разные арифметики «Яблока» и Центризбиркома. // «Русский курьер», 19 декабря 2003.

[55] Воробьева Надежда. Бессмысленное воровство. Компартия подвела альтернативные итоги выборов. // «Политический журнал», № 1 (4), 19 января 2004.

[56] Китова Ольга. Разные арифметики «Яблока» и Центризбиркома. / / «Русский курьер», 19 декабря 2003.

[57] Корня Анастасия. «Яблоко» и КПРФ объединились. Чтобы оспорить результаты парламентских выборов. // «Независимая газета», 24 июня 2004.

[58] «Независимая газета», 9 декабря 2003.

[59] Воробьева Надежда. Бессмысленное воровство. Компартия подвела альтернативные итоги выборов. // «Политический журнал», № 1 (4), 19 января 2004.

[60] Китова Ольга. Разные арифметики «Яблока» и Центризбиркома. // «Русский курьер», 19 декабря 2003.

[61] Митрофанов Алексей. Раздвоение линии. Коммунисты между прошлым и будущим. // «Русский курьер», 13 апреля 2004.

[62] Джемаль Орхан. Выборы 2003: Мертвые души прошли 5-процентный барьер. // «Новая газета», № (936), 29 января — 1 февраля 2004.

[63] Воробьева Надежда. Бессмысленное воровство. Компартия подвела альтернативные итоги выборов. // «Политический журнал», № 1 (4), 19 января 2004.

[64] «Время новостей», 17 декабря 2003.

[65] Шендерович Виктор. Центризбирком чувствует результаты выборов душой. Иногда — даже заранее. // «Новая газета», № 97 (929), 22—24 декабря 2003.

[66] Галимова Наталья. Листогонное средство [Интервью с председателем ЦИК А. Вешняковым] // «Московский комсомолец», 7 февраля 2004.

[67] Там же.

[68] Корня Анастасия. «Яблоко» и КПРФ объединились. Чтобы оспорить результаты парламентских выборов. // «Независимая газета», 24 июня 2004.

[69] Там же.

[70] Суслов Дмитрий. Выборы в Госдуму были порочными. Докладчик ПАСЕ по России Дэвид Аткинсон говорит, что 7 декабря имел место «прямой и вопиющий обман избирателей» [Интервью с Дэвидом Аткинсоном] // «Независимая газета», 26 января 2004.

[71] Суслов Дмитрий. ОБСЕ: выборы искажены. Главный международный обозреватель рассказывает «НГ» о причинах недовольства голосованием в России. [Интервью с президентом Парламентской ассамблеи ОБСЕ Брюсом Джорджем] // «Независимая газета», 9 декабря 2003.

[72] Терехов Алексей. Ханский гамбит. Кирсан Илюмжинов обыграл калмыцкую оппозицию // «Новые Известия», 11 декабря 2003.

[73] Улядуров Валерий. Кирсан Илюмжинов — степной Шеварднадзе. // «Новая газета», № 94 (926), 11—14 декабря 2003.

[74] Улядуров Валерий. Пришел, увидел, обманул... // Новая газета, № 94 (927), 15—17 декабря 2003.

[75] Иванов Виталий, Никольский Алексей, Воронина Анфиса. Паленые бюллетени обнаружила ФСБ в башкирской типографии. // «Ведомости», 5 декабря 2003.

[76] Гулько Николай. Ралиф Сафин не позволит опорочить Алсу. А Сергей Кириенко не допустит нагнетания ситуации в Башкирии. // «КоммерсантЪ», 20 ноября 2003.

[77] Сухов Иван. Голосование желудком. В Башкирии началась голодовка за отмену итогов выборов. // «Время новостей», 15 декабря 2003.

[78] Сухов Иван. Третий срок Муртазы Рахимова. Сергей Веремеенко отказался от борьбы за пост президента Башкирии. // «Время новостей», 19 декабря 2003.

[79] «В первых числах января 2004 в саратовские вузы поступила директива: сдать подписи за выдвижение Путина кандидатом в президенты России. Кто из студентов не поставил подпись — не допускается до экзаменов». — Соборов Вадим. Путин в зачетке. // «Московский комсомолец», 10 января 2004.

[80] Вишневский Борис, Донсков Николай. Санкт-Петербург: Колыбель резолюции. // «Новая газета», № 12 (942), 19—25 февраля 2004.

[81] Там же.

[82] Костюков Анатолий. Результаты не сходятся с итогами. Юристы КПРФ подозревают избиркомы в подтасовках и просят прокуратуру проверить отчетность по президентским выборам. // «Независимая газета», 29 марта 2004.

[83] Там же.

[84] Там же

[85] Егоров Анатолий. Ценное письмо Мосгоризбиркома попало в розыск. Документы, подтверждающие фальсификацию результатов президентских выборов, затерялись в пути. // «Независимая газета», 19 апреля 2004.

[86] Там же.

[87] Костюков Анатолий. По два паспорта в одни руки. Почему ингуши голосуют лучше всех. // «Независимая газета», 27 апреля 2004.

[88] Костюков Анатолий. ЦИК и Мосгоризбирком усомнились в чистоте выборов. Ведомство Вешнякова решило пойти на поводу у коммунистов. // «Независимая газета», 2 апреля 2004.

[89] Корня Анастасия. «Уродов надо лечить». Александру Вешнякову нравится сложившаяся избирательная система, но расстраивает низкая правовая культура отдельных граждан. // «Независимая газета», 28 апреля 2004.

[90] «КоммерсантЪ», 3 марта 2004.

[91] Верба Игорь. Так, похулиганили немножко. Покушение на конкурента «Единой России» Черепкова официальные лица предлагают считать не более чем хулиганством. // «Независимая газета», 12 июля 2004.

[92] Чернышев Алексей. «Своей победой буду считать, если наберу ноль голосов». Кандидаты призвали народ голосовать от противного. // «КоммерсантЪ», 15 июля 2004.

93 Там же.

94 Орешкин Дмитрий. Презрение созревает гневом. // «Россія», 22—28 июля 2004.

95 Шамбурова Анна. Новый мэр Владивостока пригрел сына премьер-министра России. // «Новая Газета», № 53 (983), 26 июля 2004.

96 Джемаль Орхан. Паспортгейт. Домашняя заготовка чеченского избиркома. // «Новая газета», № 56 (986), 5—8 августа 2004.

97 Сухов Иван. «Лучше бы президента назначили». В Чечне выбирают нового лидера республики. // «Время новостей», 30 августа 2004.

98 Мурадов Муса. Ловкость ног — и никакого мошенничества. Как корреспондент «Ъ» перевыполнил свой гражданский долг. // «КоммерсантЪ», 30 августа 2004.

99 Барахова Алла. Друзья познаются в Чечне. Жак Ширак и Герхард Шредер помогли Владимиру Путину. // «КоммерсантЪ», 1 сентября 2004.

100 Латынина Ю. Послание Полковника. Чем глубже страус сует голову в песок, тем беззащитнее его задница. // «Новая газета», № 68 (998), 16—19 сентября 2004.

10

ПОДАВЛЕНИЕ СМИ

«Люди, пришедшие к власти исключительно с помощью телевидения, обречены смотреть на телевидение ровно так, как Иван-дурак на волшебную палочку. Есть палочка — все будет хорошо, упрут палочку — все кончится».

Юлия Латынина, «Новая газета»

«Я знаю, что за кошмар мучает Путина...

Понятно, что президентом Путина сделала пресса... Вот и представьте себе ночные кошмары этого человека: возникает какой-нибудь генерал Шаманов, из которого первый и второй каналы делают нового президента. Я думаю, это его мучает».

Алексей Венедиктов,
«Демократический выбор», № 8, 2002

«Построение во фрунт» средств массовой информации было приоритетной темой политики президента Путина на протяжении всего первого срока его правления, опередив по значимости и «наведение конституционного порядка» в Чечне, и ремонт федеративных отношений, и налоговую реформу, и преобразования в судебной сфере, и разговоры о военной реформе. Ни в какой другой области администрация Путина не проявляла такой последовательности, как в этой. И почти ни в какой другой области (разве что еще в борьбе с чеченскими сепаратистами) Путин не проявлял такой живейшей личной заинтересованности.

Наиболее значимые и заметные эпизоды борьбы администрации Путина с журналистами и свободой слова: «дело Бабицкого» (февраль — март 2000 г.), «дело Гусинского» (май — декабрь 2000 г.), отъем Общественного российского телевидения (ОРТ) у Березовского (август 2000 — январь 2001 гг.), разгром «старого» НТВ (апрель — май 2001 г.), «дело ТВ-6» (2002 г.), чистка на «новом» НТВ (февраль 2003 г.), поправки в закон о СМИ (май — июнь 2003 г.), закрытие ТВС (июнь 2003 г.), «приступы «антиэкстремистского» законотворчества (лето 2006 — лето 2007 гг.).

По возможности каждая такая операция против средств массовой информации (СМИ) оформлялась либо как неполитический «спор хозяйствующих субъектов», либо как борьба с экономическими преступлениями. Предпринимались попытки закамуфлировать личное участие Путина, но скрыть его интерес к этим делам практически не удавалось.

Были и менее громкие акции и эпизоды, к которым Путин, видимо, напрямую не был причастен, но которые весьма характерны для созданного при нем режима «управляемой демократии»: «дело Хинштейна» (февраль 2000), арест писателя Эдуарда Лимонова по подстроенному ФСБ делу о покупке оружия (апрель 2001 г.), попытка закрытия «Новой газеты» (май 2002 г.), закрытие «Общей газеты» (июнь 2002 г.), обыск в издательстве Ad Marginem (сентябрь 2002 г.), обыск в редакции газета «Версия» (ноябрь 2002 г.), закрытие «старых» «Новых Известий» (февраль 2003 г.), отъем помещения у журнала «Новое время» (сентябрь 2003 г.), предвыборные цензурные репрессии против печатных СМИ (сентябрь — декабрь 2003 г.), предвыборное усиление цензуры на телевидении (сентябрь — декабрь 2003 г.), чистка в Ren-TV и «Известиях» (осень 2005 — весна 2006 гг.).

Параллельно происходило нарастание контроля со стороны властей над региональными СМИ и преследования журналистов в провинции. Наибольший резонанс имели такие образцы репрессий против журналистов со стороны региональных властей, как «дело Юлии Шеламыдовой» (Ульяновск, август 2002 г.) и «дело Галкина» (Челябинск, август 2003 г.), дело Бахарева и Стерлядева (Пермь, сентябрь 2003 г.), дело Сергея Савельева (Курск, август 2004 г.), дело Юрия Багрова (сентябрь — декабрь 2004 г.), дело Дмитриевского (Нижний Новгород, октябрь 2005 — февраль 2006 гг.), дело газеты «Городские вести» (Волгоград, февраль 2006 г.), дело Анны Смирновой (Вологда, март — май 2006 г.), дело Виктора Шмакова (Башкирия, апрель — май 2006 г.), дело Игоря Рудникова и Олега Березовского (Калининград, 2007 г.). Десятки таких эпизодов фигурируют в мониторингах Фонда защиты гласности (ФЗГ) Алексея Симонова и Центра экстремальной журналистики (ЦЭЖ) Олега Панфилова.

Количество уголовных дел, возбуждаемых против журналистов и редакций СМИ в 2001—2003 гг., выросло в несколько раз по сравнению с 90-ми годами. «В 90-х годах возбуждение уголовного дела против журналиста сопровождалось большим скандалом и было достаточно редким явлением, — констатирует директор ЦЭЖ О. Панфилов. — В 2000 г. конфликтов, связанных с обвинениями журналистов в уголовных преступлениях Центр экстремальной журналистики насчитал 19, в 2001 г. — уже 31, в 2002 г. — 49, а в первой половине 2003 г. — более 20».[1]

На фоне общего ухудшения атмосферы и условий работы журналистов шло нарастание — особенно в провинции — чисто криминальных действий против СМИ: убийства журналистов (до двух-трех в месяц осенью 2003 г.), нападения на журналистов, нападения на редакции, незаконные конфискации помещений — в общей сложности несколько сот эпизодов, отмеченных в мониторингах ФЗГ.

ДЕЛО АНДРЕЯ БАБИЦКОГО (ЯНВАРЬ — ФЕВРАЛЬ 2000 г.)

Серьезные проблемы во взаимоотношениях власти и прессы в эпоху Путина начались с «дела Бабицкого», когда ВВП был еще только и. о. президента и кандидатом.

В середине января 2000 г. корреспондент радиостанции «Свобода» Андрей Бабицкий, известный крайне неприятными для властей репортажами из Чечни, пропал без вести в Грозном и, как предполагали на «Свободе», скорее всего был арестован российскими спецслужбами и помещен в фильтрационный лагерь «Чернокозово».

Факт ареста Бабицкого категорически отрицался властями вплоть до появления в московской прессе неоспоримых свидетельств очевидцев, которые видели, как он был задержан федералами на выходе из Грозного. После этого и. о. генерального прокурора Владимир Устинов был вынужден признать, что 27 января 2000 г. Бабицкий действительно был арестован по статье 90 УК РФ «За нарушение правил поведения журналистов, действующих в зоне проведения контртеррористической операции».

Убалтывая обеспокоенную западную общественность, помощник и. о. президента Сергей Ястржембский неосторожно проговорился, что инцидент с журналистом находится «под личным контролем» Путина. Вскоре была распространена официальная информация, что 2 февраля Бабицкий уже освобожден под подписку о невыезде.

Тем не менее «освобожденный» Бабицкий так и не вышел на связь ни с семьей, ни с коллегами. Далее стало известно, что 3 февраля 2000 г. он был, якобы с его добровольного согласия, передан «полевому командиру Саиду Усаходжаеву» в обмен на группу попавших в плен к боевикам российских солдат.

Упреждая вопросы о «личном контроле» и. о. президента, С. Ястржембский заявил, что с момента «обмена», «федеральный центр ответственности за дальнейшую судьбу Бабицкого не несет».

По телевидению была показана сделанная ФСБ съемка «обмена», на которой Бабицкий отнюдь не похож на человека, действующего добровольно. Напротив, видно и слышно, что съемка производится вопреки его протестам и что его передача неизвестным людям в масках происходит под конвоем автоматчиков-федералов. Демонстрируемая властями бумага, на которой зафиксировано согласие Бабицкого на передачу его боевикам, была датирована 31 января, т. е. до даты постановления о его освобождении под подписку о невыезде.

И президент сепаратистов Аслан Масхадов, и их главный пропагандист сообщают на «Свободу», что ни о каком обмене они знать не знают, что полевого командира с узбекской фамилией Усаходжаев не существует и о судьбе Бабицкого после его ареста им ничего не известно. Все российские спецслужбы и силовые ведомства отрекаются от своей причастности к обмену, включая Министерство обороны, хотя одновременно министр Игорь Сергеев заявляет по ОРТ, что ему «и десять Бабицких не жалко» отдать за одного из своих солдат.

В средствах массовой информации, неподконтрольных государству, в частности в газете «Сегодня», появляются предположения, что обмена вообще не было: просто «кто-то проводит операцию по упрятыванию концов в воду, причем проводит бездарно».[2]

Наиболее подробно и без снисхождения к лживости властей «дело Бабицкого» комментировалось на телеканале НТВ, в «Общей газете» (был издан спецвыпуск, посвященный «делу Бабицкого»), в «Новой газете», в «Сегодня», «Новых Известиях», «Московских новостях», а также в журналах «Итоги» и «Новое время».

Высказывались опасения, что Бабицкий уже убит спецслужбами. Вероятность того, что Бабицкого уже нет в живых — или вскоре не будет — была отнюдь не нулевой. Во время первой Чеченской войны была похищена и после пыток расстреляна журналистка «Общей газеты» Надежда Чайкова, ненавидимая федералами за то, что в своих публикациях рассказывала о военных преступлениях в Чечне и даже не скрывала своего сочувствия идее независимости Ичкерии. То, что все федеральные службы отрекались от своей причастности к «обмену», побуждало подозревать самое худшее.

В защиту Путина от обвинений в ответственности за судьбу Бабицкого выступил журналист «Известий» Максим Соколов:

«...Лазят фанатики “горячих точек”, которые без этих точек и без получаемого ими там адреналина существовать уже не могут. ...Между тем гарантированное государством право на освежение крови адреналином ни в одной конституции пока не записано. За свой счет, пожалуйста».[3]

7 февраля 2000 г. А. Бабицкий, официально переданный «боевикам», столь же официально был «вызван на допрос» Генеральной прокуратурой. Представители прокуратуры заявили, что если журналист не придет добровольно, он будет объявлен в розыск и после обнаружения арестован.[4]

Весь февраль о местонахождении Бабицкого циркулировала самая противоречивая информация. Официальные лица время от времени называли чеченские села, в которых он находится, и полевых командиров, у которых он якобы гостит, а сепаратисты опровергали эти сведения и продолжали утверждать, что Бабицкого им не передавали.

Наконец, 25 февраля 2000 г. было объявлено, что журналист арестован в Дагестане с поддельным паспортом на чужое имя.

В махачкалинскую гостиницу Бабицкого доставили в багажнике автомашины неизвестные, которые удерживали его в каком-то чеченском селении после «обмена». В Махачкале Бабицкий не стал спешить со своей сдачей в милицию, а снял в гостинице номер и сделал несколько звонков, в том числе жене в Прагу и на радио «Свобода» в Москву, после чего сразу же и был арестован за фальшивый паспорт.

Боевики в масках, которым его сдали федералы, были, по его мнению, действительно чеченцами, но не сепаратистами-масхадовцами, а наоборот — боевиками, так сказать, «федеральной ориентации», сторонниками какого-нибудь полевого командира-коллаборациониста. Они пытались изображать из себя масхадовцев, и Бабицкий в общем делал вид, что верит им. Впоследствии, как он и предполагал, они оказались не сепаратистами, а бойцами из вооруженного формирования партии «Адамалла», возглавляемой Адамом Дениевым. Младший брат А. Дениева, Гази Дениев, являлся действующим подполковником ФСБ, а партия «Адамалла» выступала за сохранение Чечни в составе России.

Боевики Дениева изъяли у него оба его паспорта — внутренний и заграничный, а взамен выдали ему паспорт с его фотографией, но на имя азербайджанца Алиева.

В махачкалинском СИЗО журналист объявил голодовку.

28 февраля лично и. о. президента заявил, что не видит необходимости в непременном содержании Бабицкого под стражей в Махачкале, после чего 29 февраля журналиста посадили в пустой самолет Министра внутренних дел Владимира Рушайло, доставили в Москву в аэропорт «Чкаловский», где и отпустили на все четыре стороны, изменив меру пресечения на подписку о невыезде. В октябре того же года Бабицкий был присужден к штрафу за использование поддельного паспорта, но амнистирован в зале суда.

Подполковник ФСБ Г. Дениев примерно тогда же, в октябре 2000 г., был застрелен в Москве бизнесменом, у которого он вымогал миллион долларов, а лидера партии «Адамалла» А. Дениева в апреле 2001 г. взорвали в Чечне сепаратисты. Была ли какая-то связь между участием братьев Дениевых в «деле Бабицкого» и их гибелью, так и осталось неизвестным.

До своего «обмена» Бабицкий находился в фильтрационном лагере «Чернокозово», содержание заключенных в котором, по его словам, было копией того, что он читал в художественной литературе о гитлеровских лагерях смерти. Согласие на «обмен» Бабицкий подписал, еще не зная, что о его аресте уже известно.

Почти наверняка Бабицкому не дали бы уйти из Чечни живым с его личными впечатлениями о «Чернокозово», если б в тот момент от его судьбы не зависела напрямую репутация Путина на Западе.

ДЕЛО АЛЕКСАНДРА ХИНШТЕЙНА (ЯНВАРЬ — ФЕВРАЛЬ 2000 г.)

Параллельно с получившим мировой резонанс «делом Бабицкого» в январе — феврале 2000 г. в Москве завершилось менее громкое «дело Хинштейна». Популярного журналиста газеты «Московский комсомолец» Александра Хинштейна, публиковавшего разоблачительные материалы о чинах МВД во главе с Владимиром Рушайло, милиция пыталась посадить в психушку или хотя бы отдать под суд по обвинению в фальсификации документов на право вождения автомобиля, несмотря на истекший срок давности по этому преступлению.

В предшествующий предвыборный год А. Хинштейн в качестве «золотого пера» принимал самое активное участие в «войне компроматов» на стороне блока «Отечество — Вся Россия» (ОВР) Евгения Примакова и Юрия Лужкова, причем неоднократно нелестно высказывался не только о «семье» и «семейном» блоке «Единство», но и о директоре ФСБ (а затем премьер-министре) Владимире Путине.

Хотя нападки на Путина Хинштейн уже прекратил, министр внутренних дел В. Рушайло действовал без стеснения, полагая, что расправа с назойливым «компроматчиком» пройдет безболезненно. Затем, однако, министру пришлось отступиться — по всей видимости, из-за соответствующей рекомендации сверху.

«Дело Хинштейна» было типичным для нового царствования конфликтом между чиновным вельможей и журналистом-«разгребателем грязи»: при Ельцине откровенное преследование столь известного столичного журналиста, как Хинштейн, за его публикации, было бы, пожалуй, невозможно. В то же время разоблачения Хинштейна вполне вписывались в рамки очередного раунда борьбы придворно-олигархических группировок, в которой у вельможи (министра внутренних дел) оказались очень влиятельные враги (в столичной мэрии и ФСБ), а у журналиста — серьезные покровители в ФСБ. Дело в том, что еще в период перестройки Александр Хинштейн, будучи совсем молодым журналистом, «приглянулся» сотрудникам 6-го отдела 5-го управления КГБ СССР, готовившим аналитические обзоры по результатам деятельности подразделений в целом по стране. В «перестроечные» времена отдельные материалы, выгодные госбезопасности, стали вбрасываться в прессу. Писали их сотрудники 6-го отдела 5-го управления. Впоследствии родилась идея привлечения отдельных журналистов для публикования подобных материалов за их подписями. В этих целях сотрудником 6-го отдела 5-го управления КГБ Олегом Микаренко и был завербован молодой журналист Хинштейн. Именно через Хинштейна Микаренко и группа его товарищей из Управления «К» (по защите конституционного строя) занималась контрпропагандой в прессе, т. е. публикацией нужных для КГБ-ФСБ материалов. Особенно активизировалась работа Хинштейна после создания при КГБ СССР Центра общественных связей, куда был переведен вербовавший Хинштейна Микаренко.

ОБИДА ПУТИНА НА ПРОГРАММУ «КУКЛЫ» (ФЕВРАЛЬ 2000 г.)

«Дело НТВ» фактически началось 8 февраля 2000 г., когда в газете «Санкт-Петербургские ведомости» было опубликовано Заявление членов инициативной группы Санкт-Петербургского университета по выдвижению и. о. президента В. В. Путина кандидатом в президенты России.

Соавторы Заявления во главе с ректором Людмилой Вербицкой и деканом юридического факультета Николаем Кропачевым выступили с обвинениями против двух последних передач программы «Куклы» на канале НТВ, которые у них вызвали «чувство глубокого возмущения и негодования и могут служить красноречивым примером злоупотребления свободой слова, с чем в преддверии президентских выборов граждане РФ, как это ни прискорбно, все чаще сталкиваются».

По мнению профессоров alma mater Путина, их ученика пытались «ошельмовать с особым озлоблением и остервенением, не считаясь с его честью и достоинством». Поскольку это происходит при исполнении им служебных обязанностей (и. о. президента), действия создателей «Кукол» «...подлежат квалификации по ст. 319 УК РФ», причем, как подчеркнуто в Заявлении, уголовные дела по этой статье «возбуждаются независимо от воли и желания того лица, которое они затрагивают».

Таким образом, услужливые университетские профессора-юристы заранее ограждали и. о. президента от необходимости личного участия в уголовном преследовании НТВ и выводили его из-под возможной критики за это преследование. Но, как пишет Виктор Шендерович, «насчет авторства есть некоторые сомнения (злые языки утверждают, что факс с текстом письма пришел из Москвы)».[5]

В особенности Вербицкую и К° возмутила остроумная сказка Виктора Шендеровича «Крошка Цахес» (по мотивам Гофмана), главным героем которой является Путин-Циннобер — и. о. президента, причесанный «волшебным телевизионным гребнем». Возмущение ленинградских профессоров отражало реакцию на сказку их ученика в Кремле. «После “Крошки Цахеса”, — писала Алла Боссарт в «Новой газете», — прототип героя якобы заявил: “я его посажу”. Ну не автора, конечно, — у нас ведь свобода слова. А хозяина лавки».[6] Под «хозяином лавки» имелся в виду владелец «Медиа-Моста» Владимир Гусинский.

Сходные сведения дошли и до В. Шендеровича: «...Там (взгляд наверх) особенно обиделись на то, что герой программы оказался существом весьма небольшого роста».[7]

Помимо «Кукол», у Путина и его окружения к этому времени сложился целый ряд претензий к СМИ Гусинского и, в первую очередь, к НТВ:

1) не апологетическая позиция в освещении «контртеррористической операции» в Чечне;

2) неподдержка во время думской и президентской избирательных кампаний блока «Медведь» и Путина (и, наоборот, симпатии, выказанные на выборах в Думу блоку ОВР Примакова — Лужкова и «Яблоку», а затем кандидату в президенты Григорию Явлинскому);

3) попытки доискаться правды в деле о взрывах жилых домов в Москве и так называемом учебном минировании дома в Рязани, проведенного ФСБ в сентябре 1999;

4) «копание» в коррупционных делах, в которых фигурировали имена управделами Кремля Павла Бородина, и. о. генпрокурора Владимира Устинова, руководителя администрации президента Александра Волошина, главы правительства Михаила Касьянова, замдиректора ФСБ Юрия Заостровцева и других сподвижников президента.

Судебных последствий, однако, демарш питерских профессоров-юристов не имел. Их бывший студент пошел другим путем.

ПЕРВАЯ АТАКА НА «МЕДИА-МОСТ» (АПРЕЛЬ — ИЮНЬ 2000 г.)

В конце апреля — первых числах мая 2000 г. редакция газеты «Сегодня», входящая в холдинг «Медиа-Мост» В. Гусинского, сочинила и направила три, как оказалось, очень опасных письма. Одно (от 28 апреля) было на адрес заместителя генерального прокурора Сабира Кехлерова, другое (от 3 мая) на имя заместителя директора ФСБ Юрия Заостровцева, а третье (от 27 апреля) — на имя самого Владимира Путина, уже избранного президентом, но еще не прошедшего инаугурацию.

Каждому из силовых чиновников газета задала по нескольку каверзных вопросов. Например, у замгенпрокурора спросили:

«— Составлял ли в 1994 г. помощник генерального прокурора РФ Николай Емельянов справку об использовании вами служебного положения в интересах совместного предприятия (СП) “Балкар-Трейдинг”?

— Имеете ли вы или ваши ближайшие родственники отношение к КБ Мосстройэкономбанк?

— На чьи средства в феврале 1997 года вашему сыну Артуру была приобретена квартира по такому-то адресу?»

А у замдиректора ФСБ поинтересовались:

«— По какой причине вы уволились из ФСБ в 1993 г.?

— Что побудило вас уйти из Тверьуниверсалбанка?

— Что произошло с охранными и торгово-закупочными фирмами, которые вы учредили за годы своей коммерческой деятельности?

— Помогаете ли вы в работе вашему отцу — учредителю Общества с ограниченной ответственностью (ООО) частного охранного предприятия (ЧОП) "Форт-Профессионал"?»

В письме же на имя и. о. президента главный редактор газеты «Сегодня» Михаил Бергер жаловался на то, что, после того как газета «Сегодня» заинтересовалась коммерческим прошлым генерала Ю. Заостровцева и напечатала об этом статью, генерал Заостровцев «развернул интенсивную деятельность по сбору компромата на группу «Медиа-Мост». При этом, по утверждению Бергера, «всякий раз пытаясь организовать давление на подразделения группы, Заостровцев ссылается на то, что в отношении «МОСТа» есть ваши», т. е. Путина, «личные указания».

Ответ, последовавший от замгенпрокурора, замдиректора ФСБ и новоизбранного президента, был, говоря языком стратегов, «асимметричный».

Замгенпрокурора С. Кехлеров подписал постановление о возбуждении уголовного дела в отношении «Медиа-Моста» по трем статьям УК РФ (137 — нарушение неприкосновенности частной жизни, 138 — нарушение тайны переписки, 183 — незаконное получение и разглашение сведений, составляющих коммерческую тайну).

Прямая атака прокуратуры и силовых структур на «хозяина лавки» началась сразу после инаугурации В. Путина, состоявшейся 7 мая 2000 г. Уже 11 мая были проведены обыски в офисах компании «Медиа-Мост» Владимира Гусинского.

Сначала люди в масках утверждали, что они всего лишь «налоговая полиция», а Генпрокуратура заявила, что обыски производились в рамках уголовного дела неназванного сотрудника Министерства финансов, возбужденного еще два года тому назад. Но один из офицеров, руководивших обыском, признался в телекамеру, что он из ФСБ, а не из налоговой полиции. К вечеру изменилась и официальная мотивировка обысков: уже не уголовное дело минфиновского чиновника, а «незаконное вторжение в частную жизнь граждан при помощи специальных технических средств» (формулировка следователя по особо важным делам Генпрокуратуры России Сергея Дебтицкого). Под «незаконным вторжением в частную жизнь» очевидно имелось в виду журналистское расследование коммерческого прошлого генерала Заостровцева.

В ходе операции десятки сотрудников холдинга были задержаны на несколько часов без предъявления им обвинения. Тем, кто требовал или предъявить им обвинение, или отпустить их по истечении предусмотренных законом трех часов, угрожали надеть наручники и положить на пол. Правда, на этот раз угрозами все и ограничилось.

Секретариат Союза журналистов России заявил, что расценивает эту операцию «как антиконституционный акт государственного произвола с целью запугать независимые средства массовой информации».

Что же касается президента Путина, на четвертый день официального правления которого начались репрессии против оппозиционного ему лично медиа-холдинга, то президент категорически отрицал политическую подоплеку операции. Он заверил общественность в своей приверженности принципам свободы слова и дал понять, что не собирается вмешиваться, так как закон един для всех — в том числе и для Гусинского.

В интернете, однако, сразу же распространился такой анекдот:

— Почему люди, делавшие обыск в «Мосте», были в масках?

— Потому что новый президент все любит делать сам.

В воскресных «Итогах» Евгения Киселева, непосредственно последовавших за четверговым «наездом», вновь досталось всем врагам «Медиа-Моста»: и С. Кехлерову, и генералу ФСБ Ю. Заостровцеву, и вообще руководству ФСБ (за «учебное» минирование гексогеном жилого дома в Рязани), и А. Волошину (как причастному к афере с компанией АВВА), и М. Касьянову («Миша Два процента»), и самому Путину (за «дело Бабицкого»). К месту пришелся и печальный монолог Александра Солженицына, записанный энтэвэшниками еще 4 мая, но показанный только теперь. А завершили этот двухчасовой «артобстрел», из-за которого даже сдвинулась минут на сорок сетка вещания, очередные убийственные «Куклы» В. Шендеровича — на этот раз по мотивам сюжета «Двадцати лет спустя» Александра Дюма.

Как можно предположить, в выборе методов ведения «дела НТВ» в Кремле не было полного единства. «Чекисты» полагались прежде всего на силовые методы и хотели задушить Гусинского раз и навсегда руками прокуратуры. Более гибкая «семья» готова была сочетать с кнутом пряник.

Как пишет В. Шендерович, «в мае 2000-го на прямой контакт с одним из руководителей "Медиа-Моста" вышел немаленький кремлевский чиновник — и при личной встрече передал листок с условиями, при выполнении которых, по словам оного чиновника, "наезд" на НТВ будет прекращен. Условий было несколько — изменение информационной политики по Чечне, прекращение атаки на так называемую "семью"... — но первым пунктом числилось изъятие из "Кукол" Первого Лица».[8]

В ближайших после этого «Куклах» Шендерович с согласия Киселева исполнил условие гонителей хулигански: вместо «Первого Лица» в новелле «Десять заповедей» были облако на горе и куст в пламени, трактуемые Моисеем — Волошиным как «...просто Господь Бог. Сокращенно — ГБ».

Через две недели — 13 июня 2000 г. — В. Гусинский был арестован.

16 июня Гусинскому было предъявлено обвинение. Ему инкриминировалось уже не «вторжение в частную жизнь граждан при помощи специальных технических средств», а «хищение чужого имущества в крупном размере группой лиц путем обмана и злоупотребления доверием с использованием служебного положения» (ст. 159 УК, ч. 3). Уже третья за месяц «редакция» претензий выдавала факт неподготовленности органов — команда «фас» поступила слишком внезапно.

Мера пресечения Гусинскому была, однако, изменена на подписку о невыезде.

Как рассказывает В. Кара-Мурза:

«...Мы его на третьи сутки освободили. Я позвонил Горбачеву, он позвонил королю Хуану Карлосу. И тот сказал Путину, что если ты, мол, сейчас не выпустишь Гусинского, то тебе же хуже будет. И Путин был вынужден послать министра Лесина в тюрьму, наказав ему: "Только ты поторгуйся, чтоб он акции эти отдал, все равно придется выпускать"».[9]

МЕСТЬ САВОНАРОЛЫ (ИЮЛЬ 2000 г.)

Масштабы давления на НТВ заставили журналистов телекомпании вести себя по принципу «на миру и смерть красна». Все критические стрелы «команды Киселева» метили теперь непосредственно в Путина.

15 июля 2000 в программе «Куклы» был показан очередной спектакль по сценарию В. Шендеровича — на этот раз про Джироламо Савонаролу, похожего на президента Путина. Смешная и обидная сатира завершается у Шендеровича прозрачным намеком. Похожие на россиян флорентийцы разочаровываются в том, что борьба похожего на Путина проповедника против пороков и роскоши имущих классов никак не сказалась на их жизни. Разве что дым костров, на которых сжигают баронов, ест глаза, что трудно назвать положительным изменением.

«Сделай хоть что-нибудь!» — кричат Савонароле флорентийцы. А один из них переворачивает песочные часы и говорит: «Время пошло». Савонаролу, как известно, в 1498 г. самого сожгли на костре под радостные клики его недавних сторонников.

16 июля программа была, как обычно, повторена.

19 июля 2000 г. следователи генпрокуратуры Леонид Челенко и Зигмунд Ложис в сопровождении автомобиля с охраной от ФСБ посетили дом хозяина НТВ В. Гусинского в подмосковном поселке Чигасово. Там они провели обыск, официально названный «описью имущества», и наложили на внесенные в опись предметы арест — в рамках уголовного дела о «хищение чужого имущества в крупном размере группой лиц путем обмана и злоупотребления доверием» — имелось в виду приобретение холдингом Гусинского петербургской компании «Русское видео». Большая часть описанного у Гусинского имущества представляла собой картины и другие произведения искусства, а также мебель и столовое серебро — поскольку деньги и акции В. Гусинский, естественно, дома в сейфе не держал.

Изъятие столового серебра у Гусинского выглядело как прямой ответ «Савонаролы» на брошенный ему «Куклами» вызов — и, возможно, таковым ответом и являлось.

ШЕСТОЙ ПРОТОКОЛ (ИЮЛЬ 2000 г.)

Но был в этой акции и прагматический смысл. Опасаясь нового заключения в СИЗО, В. Гусинский уже на следующий день подписал соглашение с «Газпром-медиа» о передаче за долги в сумму 300 млн долларов всех СМИ, входящих в холдинг «Медиа-Мост». В отличие от мифических «вторжений в частную жизнь» и «хищений путем обмана и злоупотребления доверием», долги Газпрому действительно имели место. В переговорах принимал участие министр печати Михаил Лесин, который, по настоянию Гусинского, подписал «приложение 6» к соглашению, в котором указывалось, что гарантией договоренностей о возмещении долгов медиа-активами является прекращение уголовного дела в отношении Гусинского.

26 июля 2000 г. с имущества медиа-магната был снят арест, а уголовное дело в отношении его было прекращено в связи с отсутствием состава преступления.

Журналисты НТВ ожидали разгона со дня на день и считали, что терять им уже более нечего. Даже непонятно, как «Известия» осмелились напечатать краткое интервью Шендеровича, в котором сатирик, сравнивая президента Ельцина с Путиным сказал: «...Прежний хозяин был большой, пьющий и блаженный, а этот маленький, трезвый и злобный. Уж лучше б пил».[10]

Столь же безоглядно НТВ комментировал трагедию подводной лодки «Курск», брошенной на произвол судьбы и военно-морским командованием, и президентом лично, даже не прервавшим свой черноморский отдых.

Но Кремль торжествовал победу над «Медиа-Мостом» несколько преждевременно: выехав за рубеж, Гусинский немедленно дезавуировал соглашение с «Газпром-медиа», поскольку оно было подписано под прямым давлением со стороны правоохранительных органов и имеет поэтому не большую юридическую силу, чем обещания, данные рэкетирам под угрозой проглаживания раскаленным утюгом. В качестве доказательства Гусинский предъявил то самое «приложение № 6», или «шестой протокол», подписанный министром печати. Платить долги Гусинский не отказывался. Но не медиа-активами.

Выгораживая президента от соучастия в рэкете, Лесин заявил, что он «не докладывал» президенту о подписании соглашения с Гусинским, хотя и поставил о нем в известность председателя правительства М. Касьянова. 26 сентября 2000 г. президент через своего пресс-секретаря политкорректно заявил, что не вмешивается и не намерен вмешиваться в скандал с «Медиа-Мостом», полагая, что стороны должны решать все вопросы в судебном порядке.

ОТЪЕМ ОРТ У БОРИСА БЕРЕЗОВСКОГО (АВГУСТ — ДЕКАБРЬ 2000 г.)

В отношении к ситуации вокруг подлодки «Курск» у НТВ оказался неожиданный союзник: подконтрольный Березовскому ОРТ (Первый канал), ранее «мочивший» всех врагов Путина. «Телекиллер» Сергей Доренко обрушился на власть в другой стилистике, нежели Шендерович, но с тех же позиций. Первый канал, в отличие от НТВ, смотрит вся страна. Если Шендеровича любит столичная интеллигенция, то Доренко был популярен в народе. Рейтинг Путина впервые дрогнул.

По версии Березовского, первые «серьезные сомнения» в Путине у него появились «в декабре 1999 г., уже после парламентских выборов. Это когда Путин в Чечне не остановился, подойдя к Тереку. [...] Но это были еще не серьезные расхождения. [...] А вот по семи федеральным округам, по Совету Федерации, а также по праву снимать избранных губернаторов — да. Это уже были непреодолимые разногласия. [...] Ключевой точкой, конечно, стала трагедия с подлодкой “Курск”. Тогда Первый канал, которым я тогда еще владел, очень жестко комментировал происходившее, показал отчаяние вдов, трусость и лицемерие властей».[11]

В августе 2000 г. бывший протеже Березовского, руководитель администрации президента А. Волошин, сказал Березовскому, что если он не расстанется с акциями ОРТ, то «пойдет вслед за Гусинским».[12]

Березовский попытался если не уберечь ОРТ от Путина, то хотя бы затянуть процесс. С этой целью была предпринята попытка передать акции ОРТ не государству или его доверенным лицам, а группе творческой интеллигенции, включая ряд журналистов НТВ, в лице новоучрежденного закрытого акционерного общества (ЗАО) «Телетраст». Идея «Телетраста» вряд ли была осуществима — в том числе и из-за того, что без спонсорского финансирования творческая интеллигенция содержать телеканал не смогла бы.

Однако Березовскому действительно удалось несколько отодвинуть сроки перехода ОРТ под контроль чекистского окружения президента. Кроме того, своим «вторым фронтом» он отвлек внимание Кремля от добивания НТВ, которое из-за этого затянулось.

Но в декабре 2000 г. Кремль взял у Березовского «заложника»: был арестован близкий друг и соратник медиа-магната Николай Глушков, ранее находившийся по делу о совместных с Березовским финансовых операциях в открытом акционерном обществе (ОАО) «Аэрофлот» под подпиской о невыезде. И в конечном счете, в январе 2001 г. Березовский все-таки был вынужден продать акции ОРТ тому, кого ему назвал Волошин — лояльному к власти Роману Абрамовичу.

ПРОДОЛЖЕНИЕ АТАКИ НА НТВ (ДЕКАБРЬ 2000 — ЯНВАРЬ 2001 г.)

Хотя соглашение о сдаче Газпрому медиаактивов было Гусинским дезавуировано, а уголовные дела фактически лопнули, однако непогашенные обязательства «Медиа-Моста» перед Газпромом по кредитам никуда не делись. Кроме того, к любой коммерческой фирме в России можно легко предъявить претензии по налогам. Поэтому рычаги для борьбы за овладение НТВ в рамках так называемого «спора хозяйствующих субъектов» у Кремля оставались. От несправившихся ФСБ и генпрокуратуры задача покорения НТВ была передана гендиректору холдинга «Газпром-медиа» Альфреду Коху.

Но поскольку этот путь был долгий, для ускорения дела властям приходилось постоянно прибегать к нарушению юридической процедуры, шантажировать Гусинского возобновленным уголовным делом о мошенничестве, а также подключением к борьбе налоговых инстанций.

9 декабря 2000 г. налоговые органы возбудили судебный иск о ликвидации НТВ. Руководитель инспекции Министерства РФ по налоговым сборам по Центральному административному округу г. Москвы, советник налоговой службы 1-го ранга Т. Г. Лужина

подала в Арбитражный суд г. Москвы иск «О ликвидации ОАО Телекомпании НТВ, а также ряда других компаний, входящих в "Медиа-Мост"». Основанием для иска послужил пункт 4 статьи 99 Гражданского кодекса (ГК), согласно которому, «если по окончании второго и каждого последующего финансового года стоимость чистых активов общества окажется меньше уставного капитала, общество обязано объявить и зарегистрировать в установленном порядке уменьшение своего уставного капитала, а если стоимость указанных активов общества становится меньше определенного законом минимального размера уставного капитала, общество подлежит ликвидации».

До этого момента статья 99 Гражданского кодекса еще ни разу не применялась госорганами для ликвидации какой-либо компании и вообще готовилась к исключению из кодекса. Обычно, если возникали проблемы с несоответствием уставного капитала фирмы и ее «чистых активов», налоговая инспекция на это просто не обращала внимания, либо делала фирме замечание, чтоб она этот формальный недостаток устранила.

Хотя советник налоговой службы 1-го ранга Т. Г. Лужина и утверждала на пресс-конференции, что никакой политической подоплеки в ее иске не было, мало кто ей поверил.

12 декабря 2000 г. В. Гусинский, вновь обвиненный в мошенническом присвоении чужого имущества, был задержан в Испании в связи с просьбой Генеральной прокуратуры РФ о его выдаче (вскоре он был освобожден, а в выдаче его было официально отказано — поскольку российская Генпрокуратура не смогла представить убедительных доводов, что он преследуется как уголовный, а не политический преступник).

Стремясь возбудить против НТВ неприязнь населения, Генпрокуратура стала оглашать для прессы сведения о стоимости квартир тележурналистов, полученных ими в кредит от «Медиа-Моста» (между прочим, не сравнимых со стоимостью квартиры самого генпрокурора В. Устинова, безвозмездно переданной ему в собственность Управлением делами президента, — более 400 тыс. долларов).

Поскольку опыт «взятия заложника» оказался продуктивным (Березовский продал ОРТ в обмен на обещание освободить Н. Глушкова, кстати, не выполненное), взяли «заложника» и у Гусинского: 16 января 2001 г. был арестован бывший начальник финансового управления холдинга «Медиа-Мост» Антон Титов, которого обвинили в мошенничестве в крупных размерах, хищениях и отмывании денежных средств в сообщничестве с Гусинским; начались его регулярные ночные допросы.

В конце января 2001 г. «команда Киселева» предприняла попытку урегулировать свой конфликт с Путиным. По просьбе, высказанной в открытом эфире Светланой Сорокиной, В. Путин принял 29 января в Кремле большую группу журналистов НТВ о главе с Е. Киселевым.

Встреча оказалась безрезультатной: журналисты не проявили признаков раскаяния, а президент заверил их в своей полной непричастности к давлению Газпрома, прокуратуры и ФСБ на «Медиа-Мост». На просьбу освободить А. Титова Путин ответил, что он, как демократ, не хочет прибегать к «телефонному праву».

(Титов так и просидел до декабря 2002 г., когда его наконец судили, дали три года и освободили по амнистии — при этом б ольшая часть обвинений была с него снята).

КОНЕЦ «СТАРОГО» НТВ

Весной 2001 г. ряд журналистов покинул тонущий корабль НТВ. Как вспоминает Виктор Шендерович, «в случае согласия на уход с НТВ долги по журналистским кредитам гасились, а зарплаты, наоборот, прибавлялись».[13]

3 апреля «Газпром-медиа» провел собрание акционеров НТВ, которое приняло решение сместить Е. Киселева с постов гендиректора и главного редактора и назначить новое руководство телекомпании во главе с Альфредом Кохом (гендиректор «Газпром-медиа») и американским бизнесменом Борисом Йорданом (гендиректор НТВ). И само собрание акционеров было созвано не вполне законным образом, и его решения были юридически уязвимыми: НТВ являлось одновременно и СМИ и акционерным обществом; смещение Киселева противоречило российскому законодательству о СМИ, хотя и соответствовало закону об акционерных обществах.

В произошедшем Е. Киселев обвинил лично президента: «фирменный стиль Путина — развязать войну и отойти в сторону» (НТВ, 4 апреля 2001 г.).

В журналистском коллективе произошел раскол: некоторые видные журналисты (в частности, Леонид Парфенов, Татьяна Миткова) согласились принять новое руководство, а другие (Е. Киселев, С. Сорокина, В. Шендерович, В. Кара-Мурза, Дмитрий Дибров) отказалась признать переворот законным.

7 апреля 2001 г. Анатолий Чубайс, находясь в Смоленске и отвечая на вопрос журналистов об его отношении к ситуации, сложившейся вокруг телекомпании НТВ и возможной оккупации его Газпромом, заявил, что Газпром «устанавливает свои права собственника — священные и неприкосновенные права». При этом, подчеркнул Чубайс, Газпром действует в рамках закона и «очень корректно», хотя, «имея на руках решение суда, мог действовать гораздо жестче». По его словам, «Альфред Кох действует аккуратно, стремясь не ущемить достоинство людей и уникального коллектива НТВ». В ночь с 13 на 14 апреля 2001 г. оккупация НТВ состоялась: сотрудники охранного предприятия «Инвест-секьюрити», приведенные А. Кохом и Б. Йорданом, захватили телекомпанию вместе с ее «уникальным коллективом».

Побочным результатом победы Кремля над «Медиа-Мостом» стало прекращение выхода газеты «Сегодня». Кроме того, сменилось на лояльное к Кремлю руководство журнала «Итоги» (коллектив старых «Итогов» во главе с Сергеем Пархоменко к концу года создал «Еженедельный журнал»).

В июне — июле 2001 г. «Газпром-медиа» получил в счет долгов также контрольный пакет акций радиостанции «Эхо Москвы». Однако менять руководство «Эха» во главе с Алексеем Венедиктовым Газпром не стал, а Венедиктову как будто удалось отстоять независимую редакционную политику.

В 2002 г. руководство НТВ частично сменилось: Кох был отправлен в отставку, а Йордан, оставаясь гендиректором НТВ, стал также и гендиректором «Газпром-медиа».

А. Кох так объяснял журналистке Евгении Альбац, почему именно Б. Йордан: «Йордан — идеальный выбор: правнук белого офицера, бежавшего от большевиков вскоре после революции, православный, американский паспорт в кармане и к тому же не еврей, антисемит — только такого человека чекисты и могли принять в качестве начальника НТВ».[14]

«Гауляйтер Кох» (как его называли на митингах в защиту НТВ) был неточен: белым офицером был не прадед, а дед Бориса

Йордана, полковник Борис Йордан-старший.[15] А еще полковник Борис Йордан-старший и его сын лейтенант Алексей Йордан, отец Б. Йордана-младшего, были офицерами гитлеровского Вермахта, воевавшими против югославских партизан под командованием группенфюрера СС Нойхгаузена.[16] Сын за отца и деда, конечно, не отвечает, но все-таки и яблоко от яблони не падает далеко.

ДЕЛО ТВ-6

Изгнанное с НТВ ядро «команды Е. Киселева» в июне 2001 г. нашло убежище на ранее аполитичном канале ТВ-6, принадлежавшем Московской независимой вещательной корпорации (МНВК), которая все еще оставалась под контролем Бориса Березовского.

Между тем еще до этого Путин начал операцию по отъему у Березовского ТВ-6. В качестве рычага для выталкивания Березовского из медиа-бизнеса продолжал использоваться «заложник» — Н. Глушков, арестованный по делу «Аэрофлота». (Н. Глушкову, несмотря на то что в тюрьме он получил тяжелое заболевание крови и инвалидность первой группы, неоднократно продлевали срок содержания в СИЗО; частично оправдан и освобожден он был только в марте 2004 г.)

2 и 13 марта 2001 г. тогдашний секретарь Совбеза (а впоследствии министр обороны и первый вице-премьер) Сергей Иванов дважды встречался в правительственной резиденции на Косыгина, 34 с представителем Б. Березовского Бадри Патаркацишвили — предметом переговоров было освобождение Н. Глушкова.

По утверждению Бадри Патаркацишвили, действовавший «по поручению Путина» С. Иванов поставил условием освобождения Н. Глушкова отказ Б. Березовского от политической деятельности и продажу всего его медиа-бизнеса («все, включая газеты. И “КоммерсантЪ” в том числе... Договоренность состояла в том, что до 25 марта нам скажут, с кем переговорить и договориться»).

Ведение дальнейших переговоров о судьбе ТВ-6, «Независимой газеты» и «Коммерсанта» С. Иванов поручил руководителю «Лукойла» Вагиту Алекперову («Мы с Алекперовым должны были договориться о продаже всех своих СМИ. Но Алекперову, видимо, очень хотелось угодить власти — с одной стороны, а с другой — не платить деньги. Переговоры ничем не закончились. У меня поджимало время, потому что мне нужно было часть акций ТВ-6 продать иностранному инвестору, с которым уже были договоренности. ...Я усиленно стал искать Иванова, сказал, что время не терпит, что уже назначено собрание акционеров. Мне сказали: мы не можем решить эти вопросы, нам нужно время, пожалуйста перенесите собрание акционеров».

«...Я думаю, что Иванов не играл. Он просто хотел выполнить поручение Путина — встретиться со мной и договориться. А с другой стороны, максимально хотел от этого абстрагироваться и не иметь к этому отношения. Поэтому, видимо, он и не смог до конца все это довести. Не было желания. Иванов сделал один шаг: встретился со мной. Потом второй: дал поручение Алекперову. А потом абстрагировался».[17]

В апреле 2001 г. нефтяной концерн «Лукойл» через свой дочерний фонд «Лукойл-Гарант» (миноритарный акционер ТВ-6) инициировал судебный процесс о ликвидации ТВ-6 под предлогом ущемления в нем прав миноритарных акционеров.

В июне 2001 г. суд не удовлетворил претензии «Лукойла», но осенью 2001 г. по этому иску все-таки было принято судебное решение о ликвидации ТВ-6. В начале января 2002 г. кассационная жалоба ТВ-6 на решение суда была отвергнута президиумом Арбитражного суда, несмотря на то что закон, на основании которого было вынесено решение о ликвидации, как раз только что — с 1 января 2002 г. — утратил силу.

15 января 2002 г. президент Путин заявил о том, что государство не будет вмешиваться в ситуацию вокруг ТВ-6: на телеканале «идет спор между абсолютно независимыми экономическими структурами, к которым государство не имеет практически никакого отношения».

Через несколько дней, в ночь с 21-го на 22-е января телевещание ТВ-6 было прекращено приказом министра М. Лесина в связи с решением суда. 29 января 2002 г. президент дал поручение правительству проработать вопрос о создании в России национального спортивного телеканала.

Ликвидация ТВ-6 с одобрением была встречена прессой национал-патриотической ориентации. Популярный в националистических кругах священник Дмитрий Дудко приветствовал этот шаг властей:

«Я сейчас очень надеюсь на Владимира Путина. [...] Мне он многим напоминает Иосифа Сталина. ...Путин, надеюсь, пойдет таким же путем. Его трудно понять, много еще плохого делается в стране. Но Сталин тоже не сразу стал решительным. Борьба идет за телевидение, борьба идет с олигархами, борьба идет за здоровье нации, за детей».[18]

В Кремле, однако, о дальнейшей судьбе освободившейся «шестой кнопки» еще не было принято окончательное решение. «Семейная» часть кремлевской администрации не теряла надежды приручить бывших журналистов НТВ. На освободившуюся «шестую кнопку» был объявлен конкурс, в котором дважды изгнанная команда Е. Киселева смогла принять участие в составе некоммерческого партнерства «Медиа-Социум» во главе с Евгением Примаковым и Аркадием Вольским. 27 марта 2002 г., несмотря на президентское распоряжение о создании национального спортивного телеканала, «Медиа-Социум» выиграл конкурс.

Пока бывшие энтэвэшники готовились возобновить вещание, 17 мая 2002 г. Химкинский городской суд Московской области признал «незаконными, нарушающими конституционное право телезрителей на свободное получение информации» действия МНВК по прекращению вещания ТВ-6 и обязал МНВК (продолжающее формально существовать) возобновить вещание ТВ-6.

Ситуация абсурда вокруг 6-го телеканала таким образом восстановилась. На одну и ту же частоту оказались две «законные» лицензии — старая МНВК Березовского (уже без Киселева) и новая «Медиа-Социума» Примакова — Вольского (с Киселевым). Начавший с июня 2002 г. вещание новый телеканал ТВС оказался «подвешен» этим судебным решением.

Власти всегда могли дать в случае необходимости ход этому судебному решению. В конечном счете через год именно так и было сделано.

ДЕЛО ЭДУАРДА ЛИМОНОВА

7 апреля 2001 г. в селе на Алтае по обвинению в незаконном приобретении оружия был арестован и препровожден в Лефортово Эдуард Лимонов — писатель и лидер Национал-большевистской партии (НБП). Еще через полгода Лимонову были предъявлены дополнительные обвинения — в терроризме и создании незаконного вооруженного формирования (хотя «терроризм» НБП никогда не выходил за рамки,

обычно классифицируемые российским уголовным законодательством как хулиганство).

Аресту вождя НБП предшествовал странный случай покупки членами его партии нескольких автоматов у нацистов из Русского национального единства (РНЕ), после которого покупателей-лимоновцев арестовали, а продавцов-баркашовцев оставили на свободе в качестве «не установленных следствием лиц».

Лимонов был единственным заметным деятелем из националистического лагеря, который с самого начала (ранее Александра Проханова) стал подрывать авторитет Путина в национал-патриотической части электората, особенно среди молодежи. В каком-то смысле Лимонов выступал, как Шендерович (только с других позиций и для другой аудитории). Российский Пен-клуб, подчеркнув, что не разделяет политических взглядов Лимонова, призвал к освобождению писателя по крайней мере до суда, но этот призыв не возымел действия. 9 сентября 2002 г. в Саратове начался суд над Лимоновым и несколькими его сподвижниками. Обвинения против Лимонова в «терроризме», «создании вооруженных формирований» и даже просто причастности к покупке автоматов фактически на глазах рассыпались, и ФСБ стало усиленно «работать» со свидетелями, чтобы добиться осуждения писателя хотя бы на уже отбытый им в предварительном заключении срок. В результате суд признал Лимонова виновным лишь по ряду пунктов и осудил его на четыре года, из которых прошло уже больше половины срока.

ДЕЛО «НОВОЙ ГАЗЕТЫ»

В апреле 2002 г. по иску Межпромбанка к «Новой газете» суд присудил банку 15 млн руб. (около 500 тыс. долларов) «упущенной выгоды». Это судебное решение поставило под вопрос дальнейшее существование газеты.

Иску предшествовала публикация в ноябре 2001 г. в «Новой газете» статьи, в которой утверждалось, что руководство Межпромбанка во главе с Сергеем Пугачевым (близким к Путину и группировке «чекистов» в его окружении) причастно к отмыванию денег русской мафии в Bank of New York.

Для иска о защите чести и достоинства тут были бы, пожалуй, основания: никаких доказательств преступления С. Пугачева в

«Новой газете» не приводилось. Но Пугачев не стал защищать личные честь и достоинства — вместо этого Межпромбанк подал иск о защите деловой репутации и возмещении ему нанесенного этой публикацией материального ущерба. По версии Межпромбанка, один из его клиентов, ООО «Вестстройсервис», обеспокоившись возможными последствиями публикации для устойчивости банка, в тот же день изменил условия содержания своего счета в банке, что якобы нанесло банку убытки — реальный ущерб в сумме 15 млн руб. и упущенную выгоду в размере еще 15 млн руб. (т. е. в целом около 1 млн долларов).

Беспрецедентно высокая сумма штрафа выдавала желание организаторов иска не просто наказать журналистов, а вообще прекратить существование газеты.

«...За проблемой выживания “Новой газеты” стоял заказ», — высказывал уверенность президент Фонда защиты гласности Алексей Симонов. — Если суды выносят подряд решения о компенсации... в размерах, не поддающихся воображению: миллион долларов, затем полмиллиона долларов... Иск здесь не цель, а средство». И называет возможных «заказчиков», обиженных публикациями «Новой газеты» — Минобороны (из-за статей Анны Политковской и Вячеслава Измайлова), ФСБ — из-за статей Георгия Рожнова, Совбез, Мосгорсуд.[19]

«Новую газету» спасло только то, что в представленной суду аргументации Межпромбанка об «ущербе» оказался «незамеченный» судом изъян, который блестяще продемонстрировала обозреватель «Новой газеты» Юлия Латынина: фирмы ООО «Вестстройсервис», ООО «Бизнес-мастер 2000» и ОАО «Концерн «УТЭК» «...из-за договоров и писем которых Межпромбанк понес убытки, контролируются либо самим ООО “Межпромбанк”, либо менеджерами и учредителями Межпромбанка»... Среди названных Ю. Латыниной менеджеров и учредителей — сам С. Пугачев, его супруга Галина Пугачева и другие руководители того же Межпромбанка.[20]

«Такой элемент российского бизнеса, как ложное банкротство, хорошо известен публике, — писала об этом казусе газета «Новые Известия». — Теперь можно говорить о том, что правящая олигархическая группировка изобрела новую технологию “легитимной” ликвидации политически неугодного СМИ: через ложный ущерб».[21]

В конце мая 2002 г. сама Ю. Латынина и редакция «Новой газеты» обратились в прокуратуру и ГУВД Москвы с просьбой «расследовать мошеннические действия (ст. 159 УК РФ), совершенные руководством ООО «Межпромбанк» и рядом аффилированных с банком фирм против «Новой газеты».

В данном случае в «споре хозяйствующих субъектов» победили журналисты: Межпромбанк испугался громкого скандала и в июне 2002 г. отказался от выигранных по суду денег.

ЗАКРЫТИЕ «ОБЩЕЙ ГАЗЕТЫ»

«Новая газета» избежала банкротства и закрытия. Но примерно в те же дни окончательно решилась судьба другого неподконтрольного государству СМИ — «Общей газеты», последнего рупора «шестидесятников».

Ее учредитель и главный редактор Егор Яковлев, отчаявшись найти финансирование для продолжения издания, продал газету петербургскому бизнесмену Вячеславу Лейбману (более известному в качестве бывшего бой-френда Ксении Собчак — героини желтой прессы и дочки первого мэра Санкт-Петербурга). Лейбман же «Общую» сразу же закрыл, начав вместо нее издавать газету «Консерватор» — совсем другой (скорее, пропутинской) направленности.

Е. Яковлев до последнего момента, как кажется, был уверен, что после продажи «Общая газета» сохранится, пусть и в измененном виде, и что журналистский коллектив не будет разогнан — по крайне мере сразу.

Осталось неизвестно, зачем бизнесмен, прежде чем начать выпуск своей газеты, сильно потратился на то, чтоб «зарезать» другую газету.

Напрашивается предположение, что Лейбман потратил на покупку не свои деньги, а чьи-то, и с единственной целью — чтоб ее не купил кто-нибудь другой, например враг Путина Березовский. Что касается основанного Лейбманом «Консерватора», то он просуществовал недолго: деньги на его выпуск закончились у издателя уже через полгода.

ДЕЛО ВЛАДИМИРА СОРОКИНА И ОБЫСК В ИЗДАТЕЛЬСТВЕ «AD MARGINEM»

Само «дело Сорокина», раскрученное функционерами молодежной организации путинопоклонников «Идущие вместе», прямого отношения к теме свободы печати не имеет. Самым кровавым эпизодом преследования литератора Сорокина было торжественное «замачивание» его «Голубого сала» в символическом унитазе, установленном напротив Большого театра.

Однако по доносу 49-летнего Артема Магунянца, «идущего вместе» с путинолюбивой молодежью, вскоре было заведено уголовное дело против выпустившего «Голубое сало» издательства «Ad Marginem» по статье 242 УК РФ (распространение порнографии).

На самом деле основная тема творчества Сорокина — не секс, а процессы дефекации, а также некрофильские фантазии в духе маньяка Чикатило (существует, кстати, медицинская версия, хотя и спорная, что если бы Чикатило читал Сорокина, то он, может быть, чтением бы и ограничился). Читателю традиционной ориентации чрезмерно близкое знакомство с сочинениями Сорокина, скорее, угрожает утратой половых инстинктов (то есть его книги — это, скорее, «антипорнография»).

Но дело не в этом: телеканалы за демонстрацию порнографии не подвергаются репрессиям, а на издателя печатной продукции было заведено уголовное дело. Мало того, 16 сентября 2002 г., после положительной филологической экспертизы, сотрудники ГУВД Москвы произвели в офисе издательства обыск.

Не исключено, что директора издательства «Ад Маргинем» Александра Иванова — под предлогом дела о порнографии — наказали (точнее — «серьезно предупредили») за издание совсем другой книги: политического боевика Александра Проханова «Господин Гексоген».[22]

«Господин Гексоген» целиком посвящен весьма болезненной для путинского режима теме — взрывам домов в Москве как чекистской избирательной технологии. Даже старый НТВ лишь поднимал этот вопрос — но не отвечал на него столь однозначно.

Сам Проханов — автор блестящих памфлетов в своей газете «Завтра», но как романист — всего лишь занудный графоман. По своим художественным достоинствам «Господин Гексоген» не многим лучше его же «Дерева в Кабуле». Без обложки «Ad Marginem» «Гексоген» был обречен на прозябание в коммуно-националистическом гетто. Издав его у себя, А. Иванов вывел Проханова из гетто и довел до состояния «национального бестселлера» — тот есть причинил серьезный ущерб государственной пропаганде.

Поэтому обыск у Иванова есть все основания считать политическим событием. А покушением на свободу печати он безусловно является, даже если «элементы порнография» были его действительной причиной, а не предлогом.

ОТМЕНА УКАЗА О «СВОБОДЕ»

4 октября 2002 г. президент В. В. Путин отменил указ Б. Н. Ельцина от 27 августа 1991 г. «О бюро независимой радиостанции “Свобода”/”Свободная Европа”», которым первый президент предписывал «разрешить дирекции независимой радиостанции “Свобода”/”Свободная Европа” открыть постоянное бюро в г. Москве с корреспондентскими пунктами на территории РСФСР».

Отмена ельцинского указа непосредственного практического значения не имела, поскольку радиостанция действовала и действует в России не на основании этого указа, а на основании закона «О средствах массовой информации».

По мнению одного из руководителей московского бюро радиостанции Андрея Шарого, который сравнивает ельцинский указ 1991 г. с медалью «за защиту Белого дома», «здесь есть две стороны — формально-юридическая и, так скажем, символическая. Что касается первого аспекта, то никакой трагедии мы из этого не делаем. Статус радиостанции не меняется. Летом [2003 г.] наша лицензия на вещание должна проходить перерегистрацию, тогда-то и выяснится, было ли путинское решение пустой формальностью или чем-то большим».[23]

В 2003 г. лицензия на вещание «Свободы» была пролонгирована — связываться с Конгрессом США Минпечати без прямых указаний не решилось. Или получило прямое указание: не связываться.

ОБЫСК В ГАЗЕТЕ «ВЕРСИЯ»

После гибели в марте 2000 г. Артема Боровика печатные издания холдинга «Совершенно секретно» — ежемесячная газета «Совершенно секретно» и еженедельная «Версия» — почти сразу прекратили нападки на Путина лично и сильно поумерили критичность своих публикаций о его окружении.

К тому же, после избрания Путина президентом, политический идеал и отчасти патрон боровиковского холдинга Евгений Примаков выбыл из колоды активных политиков и стал всячески подчеркивать свою лояльность новой власти (хотя и уклонился от вступления в путинопоклонническую «Единую Россию»). Другой политический ориентир «сов.секретчиков», мэр Москвы Юрий Лужков, прогнулся еще сильнее — вплоть до присоединения к «Единой России» вместе со своим движением «Отечество».

Тем не менее под руководством шеф-редактора Рустама Арифджанова «Версия» и «Совершенно секретно» сохраняли значительную независимость суждений. Эти газеты можно было бы упрекнуть в некоторой «желтизне», участии в междоусобице олигархических группировок (компроматные тексты о представителях «семейной» группы, инспирированные, видимо, столичной мэрией), заказном (предположительно) характере некоторых публикаций, но не в лизоблюдстве.

В сентябре 2000 г. «Версия» даже подверглась налету и обыску с изъятием редакционных материалов со стороны ФСБ, когда газета готовила публикацию эксклюзивных материалов о гибели подводной лодки «Курск».

В конце октября 2002 г., после трагедии с неудачным освобождением заложников в доме культуры «Норд-Ост» на Дубровке, руководители силовых структур не понесли наказаний за проникновение террористов в Москву, а основные претензии власти предъявили телевизионным журналистам, ошибки которых в ходе освещения событий якобы могли сыграть на руку террористам. Раньше других неприятности, связанные с «Норд-Остом», нагрянули именно в газету «Версия», сотрудники которой предприняли собственное расследование трагедии.

1 ноября 2002 г. оперативные работники ФСБ явились в офис «Версии», где изъяли редакционные компьютер и сервер, на несколько дней парализовав работу издания. Причиной изъятия

было названо уголовное дело, возбужденное 18 октября 2002 г. по факту публикации еще в мае того же года статьи под названием «Маскировка» о неразрешенном строительстве на секретных объектах.

Истинной же причиной, как сразу предположил Р. Арифджанов, была не забытая уже всеми «Маскировка», а желание ФСБ предотвратить появление в «Версии» отчета с подробностями операции по истреблению террористов вместе с заложниками в театральном центре на Дубровке. 26 октября 2002 г. заместитель главного редактора «Версии» Андрей Солдатов был свидетелем операции по «освобождению» заложников, и его данные о погибших и пострадавших сильно отличались от официальных: многих заложников выносили из здания театрального центра уже мертвыми, и тем не менее их сразу же увезли в больницу — видимо, для того чтобы создать впечатление, будто они погибли не во время «освобождения», а в больнице или на пути к ней.

Копии файлов А. Солдатова остались на другом компьютере, и статья все-таки вышла. У тех, кто инициировал налет на газету «Версия», были, видимо, причины опасаться правды, но их опасения оказались преувеличенными: никаких смертельно опасных для чиновников и силовиков разоблачений в опубликованных материалах не оказалось.

После этого уголовное дело по «Маскировке» было закрыто, а редакционная техника вместе с файлами о «Норд-Осте» была журналистам возвращена. Формально дальнейшего продолжения инцидент не имел: и «Маскировка» была забыта прокуратурой, и разоблачения Солдатовым вранья официальных лиц по поводу «Норд-Оста» были оставлены без внимания.

Однако конфликт ФСБ с «Версией» не мог не осложнить отношения Р. Арифджанова с собственниками газеты. 14 июля 2003 г. президент группы компаний «Совершенно секретно» Вероника Боровик-Хильчевская (вдова Артема Боровика) подписала заявление об уходе Р. Арифджанова. Непосредственно уход был связан с тем, что газета проиграла в арбитражном суде дело, которое вел холдинг «Альфа-групп» против «Версии».[24]

Однако, как считает Р. Арифджанов, «...проигрыш в арбитраже был только повод (для отставки)». «За три года совместной работы (с Боровик-Хильчевской) мы успели хорошо поработать, но и несколько устать друг от друга».[25]

ПРАВКА ЗАКОНОДАТЕЛЬСТВА О СМИ

Непосредственно после «Норд-Оста» администрация президента инициировала принятие в Думе сразу в трех чтениях поправок к закону о СМИ, вводивших многочисленные ограничения на деятельность журналистов в чрезвычайных ситуациях — фактически вводился запрет даже на критику «контртеррористической операции».

Однако 25 ноября 2002 г. на встрече с руководителями пропрезидентских СМИ президент Путин объявил о том, что наложил вето на уже принятые обеими палатами парламента поправки, вызвавшие критику в прессе и призывы к президенту не подписывать их. Журналисты, однако, рано радовались: 27 ноября президент направил письмо председателям обеих палат парламента с рекомендацией доработать закон о СМИ, предложив ввести «дополнительную регламентацию деятельности СМИ в условиях режима чрезвычайного положения, режима военного положения, а также при освещении чрезвычайных ситуаций природного и техногенного характера».

Путинское вето было не отказом «от разработки и внедрения в законодательном порядке комплекса ограничений на журналистскую деятельность, как преподносят дело штатные энтузиасты и хорошо оплачиваемые оптимисты, а всего лишь формально выраженное президентское недовольство по поводу несовершенства предложенных мер».[26]

15 декабря 2002 г. директор ФСБ Патрушев, открывая встречу с руководителями ряда российских СМИ (ИТАР-ТАСС, Интерфакс, РИА-Новости, ОРТ и телеканала «Россия»), указал, что удовлетворен сотрудничеством с российскими СМИ: «Мы делаем одно дело — работаем на общество, на государство». Если в России ФСБ и СМИ делают «одно дело», то, собственно, дело можно считать сделанным.

ПЕРВАЯ ЧИСТКА НА «НОВОМ» НТВ

Катастрофа на Дубровке имела еще одно прямое последствие: она все-таки привела к новой смене руководства на НТВ.

Сын и внук гитлеровских офицеров Борис Йордан, назначенный гауляйтером отнятых у еврея Гусинского телевизионных территорий, оказался оккупантом сравнительно либеральным. После первоначального испуга и одномоментного шараханья в сторону сервилизма a la Николай Сванидзе (особенно отличились реформированные «Куклы»), фирменной маркой «нового» НТВ стал культивируемый Леонидом Парфеновым и его школой «стиль “Намедни”»: эстетизм, интеллектуализм, ироничность, как бы политическая нейтральность, но не без кукиша в кармане.

Б. Йордан относился к вверенному ему телевидению как к бизнесу, который рано или поздно должен начать приносить прибыль. Телевидение, зажатое мелочной цензурой, — плохой бизнес (чему пример двух первых, чисто государственных каналов). От мелочной опеки Йордан журналистов избавил, что позволило сохранить им хотя бы стилистическую независимость. В течение какого-то времени это не вызывало прямых нареканий Кремля.

После «Норд-Оста» ситуация резко переменилась. В освещении этой катастрофы журналисты НТВ в полной мере проявили свойственный им профессионализм, при этом не слишком оглядываясь на возможное недовольство сверху. То, как подопечные Йордана освещали кризис, возмутило лично президента.

«...О нем [предстоящем увольнении Йордана] говорили как о личном решении президента, взбешенного тем, что НТВ в прямом эфире показало штурм на Дубровке».[27]

До изгнания знаковых фигур из числа журналистов дело тогда все-таки не дошло, однако Б. Йордан во второй половине января 2003 г. был уволен — сначала с одного гендиректорского поста (в «Газпром-медиа»), а затем и с другого (на НТВ).

И. о. гендиректора НТВ 22 января 2003 г. был назначен Николай Сенкевич, врач по образованию, его заместителем — телепродюсер Алексей Земсков. 6 февраля, через два дня после встречи с главой Газпрома Алексеем Миллером Л. Парфенов объявил в интервью «Эху Москвы» о прекращении выхода «Намедни» и уходе в отпуск на три месяца начиная с 10 февраля 2003 г. Кроме Парфенова недовольство и возмущение — в том числе публичное — назначением на НТВ нового руководства, не имеющего никакого отношения к профессии, выражали Татьяна Миткова и Савик Шустер. Недовольные, однако, были вынуждены смириться. 18 мая 2003 г. вернулись в эфир и «Намедни».

При Сенкевиче общественно-политическое вещание на НТВ стало уходить на второй план, уступив место развлекательным ток-шоу.

Типичной для «новейшего» НТВ стала, например, еженедельная телепрограмма «Фактор страха». Под видом борьбы с фобиями и брезгливостью в «Факторе страха» пропагандировались садизм и некрофилия (участники телепередачи убивают, мучают и пожирают живьем мелких животных), а также копрофагия (экскременты они тоже пожирают).

РАЗГОН РЕДАКЦИИ «НОВЫХ ИЗВЕСТИЙ»

«Новые Известия» были одной из двух газет (наряду с «Новой газетой»), с самого начала относившихся к президенту Путину без всякого пиетета. Финансовым спонсором «Новых Известий» являлся Борис Березовский, но формальным владельцем более чем контрольного пакета акций был бизнесмен Олег Митволь (консервная промышленность, производство зеленого горошка). За Митволем было записано 74% акций ОАО «Информационно-издательская группа (ИИГ) "Новые Известия"» (переданных ему при отъезде за границу Березовским), а за журналистским коллективом — 24%.

Переводя свои акции на Митволя, Березовский из-за спешки не сумел юридически обезопасить себя от — говоря новорусским сленгом — «кидалова». Впрочем, первое время Митволь и не пытался Березовского «кинуть».

В редакционную политику газеты ее формальный владелец абсолютно не вмешивался и тем более не финансировал «Новых Известий» — это продолжал делать лондонский изгнанник. Но оформлялось все, видимо, через коммерческие структуры Митволя — скорее всего, не без выгоды для него (как плата за риск).

Однако 20 февраля 2003 г. Митволь предъявил руководству газеты претензии по поводу неправильного распоряжения его финансовыми вливаниями, уволил с поста генерального директора ОАО «ИИГ "Новые Известия"» Игоря Голембиовского и приостановил издание.

«То, что Олег Митволь говорит о финансовых махинациях, смешно, — заявил в интервью газете «КоммерсантЪ» заместитель главного редактора «Новых Известий» Валерий Яков. — Ведь именно Митволь у нас за финансы отвечал. Мы считаем, что события в газете связаны с тем, что в последнее время на ее страницах выходили резкие статьи о Путине. Вот и в последнем номере была большая публикация “...Плюс путинизация всей страны”».[28]

Сходное мнение высказал Б. Березовский в интервью сетевому изданию gazeta.ru: «...Вчера, например, вышел материал о возрождении культа личности Путина, который, видимо, в Кремле не понравился. Я думаю, что Митволь получил отмашку от Кремля, потому что сам он человек трусоватый».[29]

Автором статьи о культе личности в «Новых известиях» был Владимир Прибыловский.

Увольнением И. Голембиовского Митволь не ограничился, обратившись с заявлением в прокуратуру о том, что Голембиовский и его заместитель Сергей Агафонов в течение нескольких лет якобы занимались криминальным выведением активов из «Новых Известий».

Через два месяца часть бывших сотрудников «Новых Известий» во главе с Голембиовским и Агафоновым основала газету «Русский курьер», а группа во главе с Валерием Яковым возобновила выпуск «Новых Известий».

Один из политологов-путинопоклонников (потомственный защитник власти — сын высокопоставленного апологета брежневского «развитого коммунизма») съязвил по этому поводу в англоязычной «Москоу таймс»: вот, дескать, какой у Путина страшный авторитарный режим — только одна оппозиционная газета закрылась, как сразу нашлись спонсоры для издания вместо нее целых двух.[30]

На самом деле «новые» «Новые Известия» В. Якова — скорее нейтральное издание, чем оппозиционное. Что касается «Русского курьера», то он в качестве оппозиционного издания (хотя и заметно более осторожного, чем «старые» «Новые Известия») просуществовал неполные два года (по февраль 2005 г.).

Видимых репрессий против руководителей «Русского курьера» за их политическую позицию и прежнее сотрудничество с Березовским власти не производили, но уголовное дело в отношении Голембиовского и Агафонова постепенно раскручивалось. Сами Голембиовский и Агафонов на допросах заявляли, что считают себя полностью невиновными, а все инкриминируемые им сделки с редакционным имуществом объясняли редакционной необходимостью.

Дело Голембиовского — Агафонова было классическим образцом «выборочного правосудия»: все коммерческие структуры, в том числе редакционно-издательские, используют дырки и противоречия в законодательстве с целью минимизировать свои расходы, но наказывают за это только тех, кто чем-то прогневил власть, какой-нибудь из властных кланов или конкретного чиновника (полная аналогия делу Михаила Ходорковского).

18 июня 2004 г. Следственный комитет (СК) при МВД РФ закончил расследование уголовного дела в отношении главного редактора газеты «Русский курьер» и бывшего главного редактора «Новых Известий» И. Голембиовского и его заместителя С. Агафонова. СК пришел к выводу, что Голембиовский и Агафонов, руководя «Новыми Известиями», намеренно банкротили издание и выводили из него активы. Было объявлено, что после изучения обвиняемыми 22-х томов уголовного дела, его материалы будут переданы в суд.[31] 16 августа 2004 г. это действительно произошло — прокуратура передала дело в суд, после чего, правда, оно было возвращено на доследование, а затем заглохло.

АГОНИЯ И СМЕРТЬ ТВС

Закрытие телеканала ТВС в июне 2003 г. завершило процесс ликвидации независимого от государственной власти телевидения. Этот процесс начался с репрессий весной — летом 2000 г. против владельца НТВ Владимира Гусинского и отъемом в конце 2000 г. Первого канала (ОРТ) у Бориса Березовского, продолжился разгромом в апреле — мае 2001 г. «старого» НТВ и закрытием в январе 2002 г. канала ТВ-6.

Когда в марте 2002 г. «шестая кнопка» (бывшего ТВ-6) была по итогам конкурса присуждена некоммерческому партнерству «Медиа-Социум», созданному при участии журналистского коллектива бывшего ТВ-6, это (на первый взгляд, неожиданное) решение имело своей главной целью притушить недовольство западного общественного мнения предыдущими событиями и отвести критику от личности президента Путина. Ради этого президент на время даже отказался от своей идеи создать «национальный спортивный канал».

Западу итогами конкурса демонстрировалось: нет никакой государственной политики зажима свободы слова, есть лишь «споры хозяйствующих субъектов». Государство же выступает в качестве незаинтересованного арбитра — вот и конкурс на «шестую кнопку» провело объективно и справедливо, в пользу только что пострадавших журналистов. Журналисты же, по замыслу Кремля, должны были понимать обратное: государственная политика есть, и им ее лучше принимать во внимание.

В качестве спонсоров и инвесторов нового телеканала стал выступать консорциум магнатов бизнеса ЗАО «Шестой канал», которому Кремль фактически поручил кураторство ТВС.

Помимо финансового контроля со стороны зависимых от исполнительной власти бизнесменов, был создан еще один запасной ограничитель: существование ТВС было «подвешено» судебным вердиктом. Уже 17 мая 2002 г. Химкинский городской суд признал «незаконными, нарушающими конституционное право телезрителей на свободное получение информации» действия Московской независимой вещательной корпорации по прекращению вещания ТВ-6, обязав МНВК возобновить вещание.

«Возобновить вещание» было на самом деле некому, так как МНВК после исполнения прежних судебных решений (о закрытии ТВ-6) фактически уже не существовала. В то же время у Министерства по делам печати, телерадиовещания и средств массовых коммуникаций (МПТР) образовалась возможность в любой момент дать ход решению Химкинского горсуда и лишить ТВС «шестой кнопки» (как в конечном счете и произошло).

Весь период существования канала ТВС две конкурирующие группы совладельцев телевизионного консорциума (во главе с Анатолием Чубайсом и Олегом Дерипаской) стремились, во-первых, установить полный контроль своей группы над каналом, а во-вторых, заставить журналистов выработать приемлемые для администрации президента правила самоцензуры. Второе получалось не очень хорошо (или даже плохо — если смотреть из Кремля), а первое не получалось совсем. Никакой коммерческой или околокоммерческой пользы из существования телеканала ни группа Чубайса, ни группа Дерипаски извлечь не смогли. В Кремле же постоянно проявляли недовольство продолжающимся фрондерством «команды Киселева», обвиняя в провале эксперимента именно совладельцев, которые не справились с поставленной перед ними задачей.

Просуществовавший ровно год — с июня 2002 г. по июнь 2003 г. — ТВС значительно отличался от «старого» НТВ и ТВ-6. Здесь стали выходить невозможные на «старом» НТВ и ТВ-6 материалы — такие, как исламофобский сериал «Мужская работа» (героическая борьба агентов ФСБ против чеченских бандитов; журналист-предатель, в котором легко угадывается корреспондент радио «Свобода» в Чечне Андрей Бабицкий) или апологетическое «расследование» дела полковника Юрия Буданова, задушившего во время «допроса» 18-летнюю чеченскую девушку. Уже ТВ-6 предпринял попытку привлечь к себе нового зрителя (и новых рекламодателей) принципиально неполитическими «реалити-шоу» (типа примитивного и сомнительного с этической точки зрения «За стеклом»). На ТВС эта попытка была продолжена: реалити-шоу «За стеклом. Теперь ты в армии» — столь же низкопробное, но еще и с претензиями на пропаганду военно-патриотических ценностей.

Сам Е. Киселев стал настолько осторожнее в своих «Итогах», что иногда казалось, что спокойно-ироничный Л. Парфенов на «новом» НТВ позволяет себе больше. Однако блестящий «Бесплатный сыр» Виктора Шендеровича и «Назло!» Андрея Черкизова в полной мере следовали традициям «старого» НТВ. Политической остротой и талантом отличались покупаемые каналом программы студии «Пилот ТВ» Александра Татарского и Владимира Неклюдова «Кремлевский концерт» и «Тушите свет!».

Печальный итог существования ТВС был предрешен еще и тем фактом, что вторая половина 2003 г. и первая половина 2004 г. — это две федеральные избирательные кампании, парламентская и президентская. Было совершенно непредставимо, что «Бесплатный сыр», «Назло!», «Кремлевский концерт» и «Тушите свет» могут продержаться до выборов.

Уже к весне 2003 г. в Кремле пришли к выводу о необходимости заканчивать эксперимент, и в конце апреля бизнесмены — совладельцы консорциума — фактически прекратили финансирование ТВС.

Передачи студии «Пилот ТВ», «Тушите свет» и «Кремлевский концерт» с середины мая 2003 г. перестали выходить из-за невозможности оплатить их работу.

Принадлежащее столичным властям ОАО «Мостелеком», не получая оплаты за сигнал, с начала июня 2003 г. стало отключать вещание канала в Москве район за районом.

И тогда Минпечати, воспользовавшись прошлогодним решением Химкинского горсуда о незаконности прекращения вещания ТВ-6, объявило 22 июня 2003 г. о прекращении вещания ТВС.

Разумеется, «шестая кнопка» не была возвращена парализованной МНВК Березовского — хотя именно это формально следовало из решения Химкинского горсуда от 17 мая 2002 г. Частоту занял новый канал «Спорт» — исполнилась мечта президента Путина о «национальном спортивном телеканале».

Несмотря на неоспоримую любовь россиян к спортивным зрелищам, канал «Спорт» оказался экономически неэффективным. Дотации на его содержание исчисляются миллионами долларов (формально средства выделяются государственной компании ВГТРК, управляющей каналом «Россия», но фактически идут на содержание канала «Спорт». По словам директора Национального исследовательского центра телевидения и радио Алексея Самохвалова, «международные партнеры ВГТРК и не подозревают, что их программы незаконно использует другой канал»). Трансляция чемпионата Европы по футболу стоила государственной казне 10 млн долларов, Кубка Америки по хоккею — 4 млн долларов, зимней Олимпиады — около 7,5 млн долларов.[32]

Идеолог брежневского «застоя» Михаил Суслов любил в свое время говорить, что «на идеологии мы не экономим». Идеологи путинского «отстоя» никогда не экономят на управляемых выборах.

Закрытие ТВС не означало, что кремлевский эксперимент провалился. Главную задач — «запудрить мозги» западному общественному мнению, хотя бы на время вывести российского президента из-под критики за преследование СМИ — эту задачу эксперимент выполнил. Но Путин предпочел за лучшее прекратить «запудривание мозгов», нежели поставить под вопрос запланированные на декабрь 2003 — март 2004 гг. электоральные триумфы.

ДЕЛО ГЕРМАНА ГАЛКИНА

В июне 2002 г. первый вице-губернатор Челябинской области Андрей Косилов в своем заявлении в правоохранительные органы обвинил журналиста Германа Галкина в том, что в издаваемой им «Рабочей газете» содержатся клеветнические заявления в адрес губернатора Петра Сумина и двух его заместителей — Константина Бочкарева и самого Андрея Косилова.

Г. Галкин — заместитель главного редактора газеты «Вечерний Челябинск», издатель «Рабочей газеты» и сопредседатель регионального отделения партии «Либеральная Россия» (ЛР), был в то время еще и помощником депутата Государственной думы, одного из лидеров партии ЛР Владимира Головлева (в августе 2002 г. убитого в Москве).

В «Рабочей газете» Галкин опубликовал ряд материалов о нерациональных тратах бюджетных средств сотрудниками администрации Челябинской области. В одной из статей были неосторожные слова: «к управделами привозят мальчиков из бедных семей», которые вице-губернатор (он же управделами) К. Бочкарев счел утверждением о его, Бочкарева, склонности к педофилии.

Усилиями двух вице-губернаторов было возбуждено уголовное дело. Постановление о привлечении журналиста в качестве обвиняемого начиналось словами, выдававшими политическую подоплеку дела:

«Герман Галкин, не разделяя проводимую исполнительной властью Челябинской области социально-экономическую политику...»

Слушания проходили в закрытом режиме, поскольку два вице-губернатора не захотели, чтобы «факты, касающиеся их частной жизни», рассматривались в ходе открытого судебного разбирательства.

15 августа 2003 г. Г. Галкин был решением мирового судьи Калининского районного суда Светланы Рябковой признан виновным в клевете и приговорен к году заключения в исправительной колонии. Судебное заседание, на ходе которого выносился приговор, было закрытым.

140 депутатов Государственной думы подписали письмо в Верховный Суд с просьбой пересмотреть дело. 13 ноября 2003 г. Челябинский областной суд заменил наказание на условное.

Приговор Г. Галкину стал первым за последние годы случаем осуждения журналиста на реальный срок за его публикации. Однако обвинительные приговоры журналистам с осуждением на условный срок при Путине стали уже довольно распространенным явлением.

По данным Центра экстремальной журналистики (ЦЭЖ), в 2001 г. было всего 2 таких случая:

«Открывается перечень делом Евгения Рукина, президента пермской телекомпании "Рифей-ТВ", приговоренного 25 декабря 2001 г. к четырем годам лишения свободы условно с конфискацией имущества, а также громким судебным процессом над белгородской журналисткой Ольгой Китовой, приговоренной в декабре 2001 г. к двум с половиной годам лишения свободы условно».

В 2002 г. — уже 8 случаев:

«...Нижегородский журналист Шодмон Ибрагимов (2 года лишения свободы условно с удержанием 15% заработка в доход государства);

главный редактор нижневартовской газеты "Семейный бюджет" Вячеслав Семериков и журналист Сергей Капралов (каждого к одному году лишения свободы условно);

корреспондент нижегородской газеты "Ленинская смена плюс" Александр Кобезский (приговорен к двум с половиной годам лишения свободы условно);

главный редактор газеты "Новый Петербург" Алексей Андреев (приговорен к двум годам лишения свободы условно с применением амнистии против воли подсудимого);

редактор газеты "Д.С.П". Яна Порубова (1,5 года лишения свободы условно с применением амнистии);

корреспондент газеты "Столица" Иван Гусев (штраф 57 тыс. руб.);

главный редактор нижегородской газеты "Ленинская смена плюс" Виктор Баринов (штраф — 100 минимальных размеров оплаты труда);

и. о. главного редактора газеты "Симбирские известия" Юлия Шеламыдова (приговорена к 1 году исправительных работ условно)».[33]

ДЕЛО КОНСТАНТИНА БАХАРЕВА И КОНСТАНТИНА СТЕРЛЯДЕВА

Еще в 2001 г. в пермской газете «Звезда» была опубликована статья Константина Бахарева и Константина Стерлядева «Суперагент по кличке Артем». Журналисты заинтересовались, почему местный наркодилер, некто Дудкин, после разоблачения не только не сел, но и продолжает свою деятельность. Выяснилось, что Дукин является платным осведомителем ФСБ, а к тому же двойным и даже тройным агентом — работает по совместительству на таджикскую и израильскую разведки (очевидно, с ведома ФСБ).

В феврале 2002 г. К. Бахареву и К. Стерлядеву было предъявлено обвинение в разглашении государственной тайны.

Новизна дела состояла в том, что по закону разглашением государственной тайны может считаться публикация секретных материалов лицом, имеющим к ним доступ по службе (например, тем офицером ФСБ, который завербовал наркодилера), но никак не публикация данных журналистского расследования, пусть даже с точки зрения органов они являются жутко секретными. Например, военный журналист и эколог Григорий Пасько, сколь ни надуманным было его «шпионское» дело,[34] обвинялся все-таки в разглашении сведений, доступных ему именно благодаря прошлому служебному положению. [35]

Несмотря на это, беспочвенное уголовное дело, пока еще невозможное в столицах, в Перми тянулось целый год, препятствуя нормальной работе газеты. В ноябре 2002 г. пермские фээсбешники даже подвергли редакцию газеты «Звезда» обыску. Только в сентябре 2003 г. суд — которого по закону вообще не должно было быть — оправдал журналистов. Интересы Бахарева и Стерлядева во время следствия и в суде защищал известный петербургский юрист и правозащитник Юрий Шмидт — и вполне возможно, что если б не он, то пугливый провинциальный суд мог бы и не устоять перед давлением оборзевших бывших сослуживцев главы государства.

ЗАПРЕЩЕНИЕ «КРЕМЛЕВСКОГО ДИГГЕРА»

Осенью 2003 г. журналистка Елена Трегубова опубликовала скандальную книгу «Байки кремлевского диггера», посвященную быту и нравам Кремля времен Бориса Ельцина. Среди придворных «царя Бориса» — героев книги — фигурирует и директор ФСБ Владимир Путин. Судя по описанию журналистки, Путин то ли хотел завести с ней любовную интрижку, то ли завербовать в агенты — она и сама до конца не разобралась.

15 ноября 2002 г. по НТВ был проанонсирован сюжет программы Леонида Парфенова «Намедни», посвященный этой книге.

Однако 16 ноября 2003 г. по указанию гендиректора НТВ Николая Сенкевича сюжет был снят с эфира.

Трех-с-половиной-минутный сюжет включал интервью с самой Трегубовой, а также интервью с кремлевскими чиновниками Михаилом Маргеловым и Алексеем Волиным, которые также являлись героями книги. Кроме того, в студии Парфенова была как бы воссоздана одна из сцен книги — обед в японском ресторане «Изуми», куда директор ФСБ Путин пригласил в декабре 1998 г. журналистку Трегубову.

По словам Парфенова, ему позвонил Сенкевич и категорически запретил показ сюжета.

Сам Сенкевич в интервью «Эху Москвы» заявил, что сюжет не вышел в эфир из-за уважения канала к зрителям:

«НТВ — не отхожее место, где есть место хамству и пошлости. Считаю, что и наш канал, и столь уважаемая программа Леонида Геннадьевича — слишком изысканна и всегда слишком взвешена, чтобы нам скатываться до такой пошлости. НТВ нельзя упрекнуть в том, что в сюжетах телеканала мало остроты, и особенно в этом нельзя упрекнуть программу «Намедни». От снятия этого сюжета острота сегодняшнего выпуска «Намедни» нисколько не уменьшилась. Есть свобода слова, а есть словоблудство, хамство и пошлость. Это две большие разницы. Впредь подобные вещи я буду снимать».[36]

2 февраля 2004 г. в коридоре под дверью съемной квартиры Е. Трегубовой на Никитском бульваре взорвалась бомба. Неизвестные террористы прослушивали ее телефон и привели бомбу в действие, когда, собираясь выйти к заказанному такси, она по телефону сообщила, что уже выходит из квартиры. Журналистку

спасло только то, что она на несколько секунд задержалась перед зеркалом.

КВАРТИРНЫЙ ВОПРОС «НОВОГО ВРЕМЕНИ»

17 сентября 2003 г. в Москве произошел очередной «спор хозяйствующих субъектов»: представители малоизвестной коммерческой фирмы ООО «Примекс» выгнали вахтеров журнала «Новое время» из здания в Малом Путинковском переулке на Пушкинской площади, а четыре дня спустя, в воскресный вечер, попытались выгнать и журналистов. Однако двум сотрудникам редакции удалось забаррикадироваться в приемной и оттуда дозвониться до «Эха Москвы» и телеканала «Россия». Об инциденте узнали депутаты Госдумы Владимир Лукин и Николай Гончар, благодаря которым в конфликт вмешалась милиция, получившая от министра внутренних дел Бориса Грызлова распоряжение «разобраться».[37]

Однако, «разобравшись», милиция далее предпочла нейтралитет. 19 февраля 2004 г. фирма «Примекс» силами двух десятков «качков» захватила помещения журнала «Новое время» в Малом Путинковском переулке. Журналистам закрутили руки за спину и повышвыривали на улицу. Компьютеры, шкафы с архивами, столы с материалами и личными вещами, библиотеку захватчики сгребли кучу, после чего приступили к капитальному ремонту — стали крушить внутреннюю облицовку стен и несущие конструкции.[38]

У захвата редакции была некоторая предыстория.

1 апреля 2003 г. финансовый директор «Нового времени» Дмитрий Минаков подписал договор о продаже здания некоей коммерческой фирме, ООО «Концепт», после чего уволился из «Нового времени». По уставу ООО «Редакция "Новое время"» он не имел на это права, и договор не имел никакой юридической силы. Однако «Концепт» продал здание другой фирме — ООО «Примекс», которая стала, таким образом, с точки зрения закона «добросовестным приобретателем» (хотя в учредительских документах «Концепта» и «Примекса» — один и тот же контактный телефон). «Примекс» в свою очередь продал здание фирме «Эффект», каковая стала бы еще более «добросовестным» приоб-

ретателем, но третья сделка не была официально зарегистрирована и не вступила в законную силу.

По мнению редакции «Нового времени» за всеми тремя фирмами стоят бизнесмены Евгений Антимоний (сеть пивных ресторанов «Кружка») и Владимир Палихата (ОАО «Гипрохим»).[39]

Редакция «Нового времени» так объясняет свое поражение в «споре хозяйствующих субъектов»:

«Для того чтобы занять здание, мало иметь свидетельство о собственности, нужно получить отдельное решение суда. Захватчики типа "Примекса" предпочитают самосуд. Они дерзко пролезают в дыру в законе. Дыра называется "Захватчика не судят". Трудно отрицать, что, когда угрюмые качки силой захватывают здание, закон нарушается самым очевидным и грубым образом. Но уже в следующее мгновение закон теряется: интервент гордо предъявляет документ на право собственности. Оспорить его можно только через суд. А суды могут тянуться годами — в том числе и суд по поводу незаконных действий при захвате. Без соответствующего решения суда ни один пристав изгонять захватчика не придет, и восстановить справедливость, получается, можно только тем же самым путем — силовым, что, во-первых, опять же незаконно, а во-вторых, законному владельцу обычно не по силам».[40]

Скорее всего бизнесмены Антимоний и Палихата взяли плохо лежавшую недвижимость не по заданию администрации президента, а чисто из корыстных соображений. Однако попробовали бы они подобным образом «увести» здание у пропрезидентского СМИ — итог конфликта точно был бы совсем иным. «Хозяйствующий субъект» прекрасно понимал, что за журнал, в котором регулярно печатаются наезды на «самое святое» самой Валерии Новодворской, правоохранители вступаться не будут.

Сходный случай почти одновременно произошел с институтом «Открытое общество» (филиал Фонда Сороса), здание которого на Озерковской набережной было в конце 2003 г. захвачено компанией «Спектр-1» Кантемира Карамзина. Интересно, что в январе 2004 г. К. Карамзин сдал завоеванное здание в аренду избирательному штабу Ирины Хакамады.

Что касается журнала «Новое время», то его деятельность была парализована на несколько месяцев.

А в захваченном здании Е. Антимоний вроде бы собирается сделать гостиницу «Пушкин».

ДОПРОС АЛЕКСАНДРА ПОДРАБИНЕКА

В начале 2004 г. ФСБ предприняла попытку уголовного преследование руководителя информационного агентства «Прима-ньюс», бывшего главного редактора правозащитной газеты «Экспресс-Хроника», легендарного диссидента Александра Подрабинека. 28 января 2004 г. А. Подрабинек был вызван на допрос в качестве свидетеля в следственное управление ФСБ в Лефортовской тюрьме, где ему предложили ответить на ряд вопросов об издании и ввозе в Россию книги Александра Литвиненко и Юрия Фельштинского «ФСБ взрывает Россию». Как оказалось, по факту издания этой книги возбуждено уголовное дело — причем о «разглашении государственной тайны» (а не, скажем, о клевете).

По букве закона, из тех, кто писал и издавал книгу, фигурантом такого дела мог бы быть только бывший офицер ФСБ А. Литвиненко — поскольку ему сведения (или, если угодно, подозрения) о причастности ФСБ к взрывам домов в городах России осенью 1999 г. стали известны по службе. Ни второй соавтор Фельштинский, ни издатель (считается, что спонсором издания или фактическим издателем был Борис Березовский), ни распространитель книги в России Подрабинек уголовному преследованию за разглашение этой государственной тайны неподсудны.

Несмотря на то что книга Литвиненко и Фельштинского «ФСБ взрывает Россию» никаким российским судом не признана клеветнической или экстремистской, ФСБ препятствует ее завозу в Россию. 31 декабря 2003 г. в Москву из Риги должна была быть доставлена часть тиража. Груз успешно миновал латвийско-российскую границу, однако на 111-м километре Волоколамского шоссе, фуру остановили сотрудники дорожно-постовой службы, которые изъяли книгу.

Поскольку агентство «Прима» Подрабинека было заказчиком (или представителем заказчика), предполагавшего торговать книгой, именно Подрабинек и был вызван на допрос ФСБ.

Несмотря на то что ему, как это обычно делается в российских правоохранительных органах, угрожали переводом из свидетелей в обвиняемые, Подрабинек, в духе старинных диссидентских принципов, отвечать на вопросы следователя отказался.

Видимых последствий инцидент не имел.

В каком-то количестве экземпляров книга проникла в Россию, но книготорговцы, опасаясь неприятностей от ФСБ, не берут ее на реализацию. Впрочем, книга вполне доступна в интернете, в частности, на сайтах «Библиотека Мошкова» и «compromat.ru».

ИДЕЯ РЕГУЛИРОВАНИЯ ИНТЕРНЕТА

Идея государственного регулирования всемирной сети всегда была близка путинским чиновникам. Соответствующие высказывания особенно умножились в 2004 г. В марте 2004 г. в СМИ просочилась информация о готовящихся проектах законов об интернете и сетевых СМИ. В соответствии с одним законопроектом для доступа в мировую сеть якобы нужно будет иметь специальное разрешение. Другой законопроект обязывал сетевые СМИ регистрироваться (до сих пор регистрация интернет-СМИ является добровольной).

13 апреля 2004 г. бывший и нынешний министр связи (а на тот момент — заместитель министра транспорта и связи), давний соратник президента Леонид Рейман в очередной раз высказал свою озабоченность правами потребителей информации: «...Необходимо регулировать отношения поставщиков и потребителей и не допускать того, чтобы информация, передаваемая через интернет, подвергалась искажениям».[41]

Незадолго до этого депутат Совета Федерации от Тувы Людмила Нарусова, вдова Анатолия Собчака, также неоднократно высказывала заботу о «простых людях», которые «страдают» из-за того, что «за недостоверную информацию, публикуемую в интернете, никто не несет ответственности».[42]

Среди «простых людей», «страдающих» от интернета, немалое место занимает дочка Нарусовой Ксения Собчак, за любовными приключениями которой тщательно следит желтая пресса. Сама бывшая «дама в тюрбане» (выражение Александра Невзорова), также не оставлена вниманием прессы, в том числе сетевой.

13 апреля 2004 г. в Москве участники «круглого стола» «Нормативно-правовая база развития сети интернет в России: сос-

тояние и перспективы» выразили отрицательное отношения к подобным идеям и законопроектам.

16—17 июня 2004 г. в Париже прошла специальная встреча ОБСЕ, посвященная актуальным проблемам интернета. Позицию официальных государственных органов России на встрече представлял генерал ФСБ Виктор Остроухов, который предложил повысить международное взаимодействие в сфере контроля за содержанием сети и привлекать к ответственности реальных владельцев интернет-ресурсов, пропагандирующих ксенофобию, терроризм и экстремизм, идеи нетрадиционных религиозных сект и антиглобалистов.

Негативное отношение российского представителя было выражено даже к поисковой системе «Яндекс», благодаря которой «...любой желающий может без труда ознакомиться с содержанием учений “Аум Сенрике”, “Свидетелей Иеговы”... выйти на сайты религиозных организаций “Харе Кришна”... ознакомиться с различными интерпретациями сатанистских культов».[43]

В Думе с 2004 г. периодически возникают проекты новых поправок к закону «О СМИ» — предполагается включить в понятие «средств массовой информации» все сообщения и материалы, распространяемые через и интернет, а издавать сетевые СМИ смогут только юридические лица или физические лица, зарегистрировавшиеся в качестве индивидуальных частных предпринимателей.[44]

В 2006—2007 гг. давление властей на политический сегмент интернета усилилось, хотя и не вылилось пока во всеобъемлющий новый закон. Неугодные сайты блокируются или выдавливаются на зарубежный хостинг путем угроз со стороны правоохранительных органов российским провайдерам (сайты партии Лимонова, сетевые СМИ оппозиционной коалиции «Другая Россия» в конце 2006 — начале 2007 гг., интернет-библиотека «Антикомпромат» в марте 2007 г.); закрываются под предлогом «экстремистских» или «клеветнических» высказываний (судебное решение о «конфискации» сайта «Новый фокус» Михаила Афанасьева в Хакасии в конце 2006 г.), наконец, используется чисто хакерский метод так называемый «ddos-атак» («хакерская» террористическая кампания по отношению к оппозиционным сетевым ресурсам в конце мая 2007 г. — смахивала на проверку возможностей на случай кризиса, на генеральную репетицию).

УВОЛЬНЕНИЕ ЛЕОНИДА ПАРФЕНОВА

Сменивший Йордана Сенкевич не сумел обеспечить той степени лояльности, которой от него желали в Кремле. Во всяком случае, в информационной политике НТВ все еще выбивается из норм единообразия, усвоенных на Первом канале и канале «Россия».

Остатки свободомыслия и неизжитый профессионализм не позволили НТВ замолчать грандиозный пожар Манежа, омрачивший вечер выборов Путина 14 марта 2004 г. и ставший грозным предзнаменованием бед и катастроф его второго правления. Нечто подобное наблюдалось и в праздничный день 9 мая 2004 г., когда на стадионе в Грозном были взорваны президент и спикер парламента Чечни и лишь чудом уцелел премьер-министр, уехавший накануне в Москву. Спецвыпуски НТВ с окровавленным Кадыровым в 11.40 и сообщением о его гибели в 12.00 слишком контрастировали с молчанием государственных каналов, не желавших «портить День Победы». Сообщивший о смерти чеченского лидера ведущий программы «Сегодня» Алексей Суханов был вырублен из эфира буквально на полуслове. Трехчасовое молчание государственных каналов завершилось в 14.00 сообщением в «Вестях» о... «ранении» Кадырова».[45]

На втором государственном канале, возглавляемом Олегом Добродеевым, существует даже формальный перечень «запрещенных слов». В частности, на добродеевском канале нельзя произносить в эфире выражения «замена льгот деньгами» (следует говорить «льготные выплаты»), «банковский кризис», «шахид» и даже «Чечня» (следует говорить только «Чеченская республика»).[46] Аналогичный список «запрещенных слов» Первого канала пока не стал достоянием публики, но видно, что на канале Константина Эрнста нечто подобное тоже существует.

А вот на НТВ, хотя и покоренном, этого все-таки не было — по крайней мере до лета 2004 г.

Из федеральных телеканалов только на НТВ, хотя и уже дважды «зачищенном», можно было увидеть сюжеты о смерти в результате протестной голодовки участника ликвидации последствий Чернобыльской катастрофы, о выступлениях молодежного «Яблока» против культа Андропова и Путина, об эпатажных антипутинских акциях нацболов-лимоновцев. Во время провалившихся учений на Северном флоте только в энтэвешной программе

«Страна и мир» хотя бы вскользь было упомянуто о невзлете ракет с крейсера «Новомосковск» — два первых канала многословно трындели об успехе «масштабных» учений. Основными гнездами остаточного свободомыслия были программы «Намедни» Леонида Парфенова и «Свобода слова» Савика Шустера. Информационно-аналитическая программа «Личный вклад» Александра Герасимова не затрагивала — в отличие от Парфенова — запретных тем, однако культивировала отстраненный объективизм, контрастировавший с путиноманией «Вестей» («Россия») и «Времени» (Первый канал).

(Справедливости ради следует упомянуть Ren-TV — в частности, информационно-аналитическую программу «24» Ольги Романовой на этом канале. Дециметровый Ren-TV — канал преимущественно московский и даже в столице доступный не во всех микрорайонах — до лета 2005 г. контролировался менеджментом во главе с Иреной Лисневской и находился под экономическим и идейным влиянием Анатолия Чубайса. До ноября 2005 г. — когда О. Романова была уволена — программа «24» позволяла себе значительное фрондерство в отборе информации и способах ее подачи. И даже после увольнения Романовой, на Ren-TV наблюдаются некоторые остаточные вольности — по крайней мере в программе «Неделя» Марианны Максимовской.)

1 июня 2004 г. гендиректор НТВ Николай Сенкевич объявил о закрытии на НТВ программы «Намедни» и увольнении Леонида Парфенова. Реклама в «Намедни» была самой дорогой на НТВ: одна минута стоила 141.600 долларов (включая налог на добавочную стоимость — НДС).[47] Это не остановило Сенкевича.

Увольнению Парфенова предшествовало снятие с эфира сюжета программы «Намедни», посвященного интервью с Маликой Яндарбиевой, вдовой бывшего президента Чечни-Ичкерии Зелимхана Яндарбиева, убитого агентами российского ГРУ в Катаре. Сюжет журналистки Елены Самойловой «Выйти замуж за Зелимхана» был снят из эфира на европейскую часть страны после того, как он был показан в прямом эфире на Дальний Восток, Сибирь и Урал. По словам Парфенова, Герасимов «запретил показ сюжета по просьбе спецслужб».[48]

По другой версии, ставшей известной корреспонденту «Коммерсанта» Арине Бородиной, непосредственно запрет на выход интервью с Маликой Яндарбиевой исходил от пресс-секретаря президента Алексея Громова.[49]

Получив указание вырезать сюжет, Парфенов затребовал от заместителя гендиректора НТВ Александра Герасимова письменное распоряжение, каковое и было ему выдано. Копию этого распоряжения телеведущий передал в газету «КоммерсантЪ», где оно и было опубликовано («КоммерсантЪ», 31 мая 2004 г.). Герасимов объявил передачу его приказа в прессу «недопустимым нарушением корпоративной этики», а Н. Сенкевич именно этот поступок — а не сам сюжет — объявил причиной увольнения.

Между тем, что касается злосчастного интервью, то Л. Парфенов сам сократил этот материал и вырезал из него все самые острые и неприятные Кремлю моменты. Например, был вырезан фрагмент о том, как Зелимхан Яндарбиев (напомним: убитый в феврале 2004 г. в Катаре агентами ГРУ) по собственной инициативе звонил захватившим «Норд-Ост» чеченским террористам и требовал от них, чтобы они погибли сами, но не допустили гибели ни одного заложника.

Препарированный вариант интервью успели увидеть зрители Дальнего Востока — и в нем не было ничего особенного. Тем более в нем не было ничего такого, что могло бы ухудшить судьбу пойманных в Катаре гэрэушников.

Истинной причиной увольнения Парфенова было, видимо, вовсе не это интервью. Иронизирование над президентом и его «державным стилем», ставшее весной 2004 г. постоянным мотивом передач Парфенова, переполнили чашу терпения кремлевских чиновников и самого Путина. Последней же каплей стал рекламный ролик выпуска «Намедни» — того самого выпуска, в котором должно было быть и интервью с вдовой чеченского сепаратиста. «Кто такой мистер Путин?» — звучал в ролике вопрос голосом Парфенова. «Никто и ничто!» — отвечал голос Путина (далее, после паузы, шли слова Путина о том, что никто и ничто не сможет чего-то там сотворить нехорошего с Россией).

Этот издевательский ролик в субботу перед последним воскресным «Намедни» каждый час звучал в эфире НТВ.

Запрещать ролик постеснялись — вместо этого спровоцировали отвлекающий внимание конфликт вокруг чеченского интервью.

По мнению Л. Парфенова, если бы его увольнение было личным решением Н. Сенкевича, то «...Сенкевич давно бы его принял. Ему, конечно, нужна была чья-то санкция».[50]

Впрочем, многие считают, что прямого вмешательства Кремля Сенкевичу могло и не понадобиться, — например, Александр Рыклин из «Еженедельного журнала»:

«Когда руководители канала утверждают, что уволили Парфенова самостоятельно, без какого-либо нажима сверху, верю им безоговорочно. Сегодня доверительность отношений кремлевских чиновников с нашими медиа-генералами достигла такого уровня, что необходимость в прямых инструкциях фактически отпала — все сами прекрасно понимают, какое нынче в стране должно быть телевидение. Как говорят кремлевцы: «Добродеева учить — только портить».[51]

Непримиримый Владимир Кара-Мурза, не простивший Парфенову переход на сторону победителей в мае 2001 г., откомментировал инцидент безжалостно:

«...Это такая показательная порка в назидание другим сотрудникам и журналистам НТВ, чтобы не смели высовываться Таня Миткова, Миша Осокин, Савик Шустер. Бей своих, чтоб чужие боялись — такой принцип. Леонид как раз был в первых рядах газпромовских захватчиков канала в 2001 г. Он тогда заблаговременно уволился, потом в “Коммерсанте” написал про нас письмо в стиле доноса...»[52]

Бывший совладелец НТВ Игорь Малашенко считает, что

«...история с закрытием «Намедни» и увольнением Парфенова [...] — свидетельство того, что установлена новая степень контроля. Парфенов ходил по некой зыбкой грани и играл в кошки-мышки со своими начальниками и с правящей партией (не с «Единой Россией», конечно, а с партией спецслужб, назовем ее так). [...] Если раньше достаточно было контролировать журналиста так, чтобы он снял сюжет, а дальше уж пусть рассказывает что угодно, то сегодня он должен быть контролируем настолько, что не должен вообще и думать.

[...] Когда человек раз за разом идет на компромиссы, то от него неизбежно начинают требовать все больше компромиссов. И в какой-то момент он либо превращается в тряпку, об которую ноги вытирают, либо взбрыкивает — и с удивлением обнаруживает, что от него требует большего, чем три месяца назад. Это и произошло с Парфеновым».[53]

Секретарь Союза журналистов России Игорь Яковенко:

«...Если до этого мы все знали, что у нас есть цензура и контроль государства за федеральными каналами, но у нас хотя бы дозированная гласность, когда телевизионным мэтрам кое-что позволялось, то сейчас, получается, ничего не позволяется даже им, и телеканал даже не заботится о своем рейтинге».[54]

ПРОДОЛЖЕНИЕ ЧИСТКИ НА НТВ

Вслед за Парфеновым пришел черед Александра Герасимова и его общественно-политической программы «Личный вклад», а также программы Савика Шустера «Свобода слова».

В первых числах июля 2004 г. Н. Сенкевич был повышен, заняв пост председателя совета директоров «Газпром-медиа», а его место гендиректора НТВ занял перешедший с канала «Россия» Владимир Кулистиков, некогда работавший на НТВ. Уже 7 июля 2004 г. на совещании нового руководства телекомпании Кулистиков объявил о своем намерении закрыть все общественно-политические программы: «Свободу слова» Шустера, «Личный вклад» Герасимова и «Красную стрелу» производящей телекомпании «Пилот» («Красная стрела» с Хрюном Моржовым и Степаном Капустой — сильно обезжиренный наследник программы «Тушите свет!», выходившей некогда на ТВС).

Из программ с общественно-политическим содержанием Кулистиков оставил в сетке вещания только информационную программу «Страна и мир» Алексея Пивоварова и ток-шоу «К барьеру!» Владимира Соловьева.

В. Кулистиков так объяснил ликвидацию «Свободы слова»:

«Считалось, что программа была трибуной для обмена мнениями. Но далеко не всеми мнениями. Люди статусные, принимающие решения, оставались в меньшинстве либо не приходили вовсе, из-за этого программа перестала быть объективным отражением споров, идущих в обществе. [...] Зачастую она воспринималась как клуб "пикейных жилетов", которые в сущности доказывали один тезис: Путин — не голова».[55]

Новый надзиратель над НТВ был не совсем прав: мнение, что «Путин — не голова», отнюдь не преобладало в высказываниях гостей программы Шустера — скорее наоборот. Весь 2004 г. в «Свободе слова» было заметно прямо-таки засилье Дмитрия Рогозина («Родина») и Алексея Митрофанова (ЛДПР), которые в ключевых моментах российской политики (Чечня, «управляемая демократия», свобода слова, перераспределение крупной собственности) являются большими путинистами, чем сам Путин. Однако наряду с путиноидами разных оттенков и жириновцами в «Свободе слова» могли иногда высказаться и критики режима — как с левых позиций (коммунисты, Эдуард Лимонов), так и с либеральных (Явлинский, Немцов, Хакамада).

Хотя В. Кулистиков имеет репутацию журналиста-«чего изволите?», к нему самому тоже был приставлен надзиратель — точнее, надзирательница — «...некая Тамара Гаврилова. Известно про нее совсем немного, но зато самое главное: Тамара Гаврилова эта — однокурсница Владимира Путина».[56]

После ликвидации «старого» НТВ (и закрытия ТВС в качестве последней точки этой истории) все шаги власти на телевидении уже не решающие. Так считает даже один из наиболее пострадавших от июльской зачистки на «новом» НТВ, продюсер телепроизводящей компании «Пилот» Владимир Неклюдов: «...Единственное событие на ТВ произошло в апреле 2001 года, когда убили НТВ».[57]

Практически полное упразднение общественно-политического вещания НТВ — тоже некая веха. Если Парфенов был изгнан за то, что он делал (иронизировал над путиноманией), то Герасимова попросили уйти за то, чего он не делал (не восхвалял Путина).

ДЕЛО СЕРГЕЯ САВЕЛЬЕВА

19 августа 2004 г. Ленинский районный суд в Курске осудил на полтора года колонии-поселения главного редактора газеты «Свободный голос Курска» Сергея Савельева — за клевету на прокурора Курской области Александра Бабичева, которого Савельев в своих статьях 2002 г. обвинял в фальсификации документов при проведении строительных работ в зданиях областной и районной прокуратур.

Кроме «клеветы» (ст. 129 УК РФ) суд признал С. Савельева виновным в «оскорблении» того же прокурора (ст. 130) и «хулиганстве» (ст. 213). За хулиганство журналист получил еще два года, но от отбывания этих двух лет был освобожден в связи с истечением срока давности, а за оскорбление был присужден к штрафу в размере 10 тыс. рублей.

НА ФОНЕ БЕСЛАНСКОГО КРИЗИСА

В начале сентября 2004 г. Россию потряс очередной кризис, вызванный Чеченской войной и действиями северокавказских террористов — захват школы и более 1200 заложников в осетинском городе Беслане, массовая гибель детей в ходе операции по освобождению заложников.

Во время кризиса и сразу после него власти, казалось, не столько думали об освобождении детей, сколько боялись утечки правдивой информации (о количестве заложников, требованиях бандитов, поведении чиновников и силовиков).

Чтобы не допустить в Беслан некоторых журналистов, против них были предприняты откровенно криминальные действия: Анна Политковская («Новая газета») была отравлена в самолете и в тяжелом состоянии попала в больницу, Андрея Бабицкого (радио «Свобода») сначала не пустили в самолет под предлогом якобы бомбы у него в багаже, а затем обвинили в хулиганских действиях.

6 сентября 2004 г. в Минеральных Водах был снят с самолета и задержан шеф российского бюро телеканала «Аль-Арабия», российский гражданин Амр Абр аль-Хамид (у него «найден» патрон от автомата Калашникова); в самом Беслане были на два дня задержаны грузинские тележурналисты Нана Лежава и Леван Тетвадзе (под предлогом отсутствия у них въездных виз — несмотря на их прописку в пограничном Казбегском районе Грузии, жители которого согласно российско-грузинской договоренности имеют право пересекать границу без виз и находиться на территории Северной Осетии до 10-ти дней).

В Северной Осетии подвергались задержанию — правда, ненадолго — Анна Горбатова и Оксана Семенова («Новые Известия»), Мадина Шавлохова («Московские новости»), Елена Милашина («Новая газета»).[58]

В конце августа — начале сентября 2004 г. в Москве в течение нескольких дней замечал за собой откровенное «наружное наблюдение» в метро и на улице президент информационно-исследовательского центра «Панорама» Владимир Прибыловский (слежке непосредственно предшествовали угрозы убийством со стороны неизвестного лица в самолете Ростов — Москва, а затем задержание в течение шести часов в аэропорту Внуково без предъявления обвинения, но с угрозами «посадить за оказание сопротивления милиции»).

УВОЛЬНЕНИЕ РАФА ШАКИРОВА

6 сентября 2004 г. подал в отставку Раф Шакиров, главный редактор газеты «Известия». Подконтрольные на тот момент медиа-концерну «Проф-медиа» миллиардера Владимира Потанина «Известия» ни в коей мере не являлись оппозиционным изданием. Тон в газете задавали праволиберальные и правоконсервативные (в западном смысле) государственники — авторы, не чуждые исламофобии, абсолютно враждебные к любым формам сепаратизма, но лояльные к умеренным формам авторитаризма (Александр Архангельский, Максим Соколов и др.). Однако авторитаризм Путина «Известия» поддерживали без лизоблюдства, позволяли себе осуждать действия отдельных ведомств и чиновников; кроме того, публиковались в газете и либеральные авторы, относящиеся хотя и без крайностей, но критически к «управляемой демократии» (в частности, Ирина Петровская, делавшая еженедельные обзоры телевидения).

В интервью журналистам Р. Шакиров заявил, что издатель газеты компания «Проф-медиа» выразила несогласие с тем, как газета освещала события в Беслане, — в первую очередь с номером «Известий» за субботу 4 сентября, посвященному Бесланской трагедии. Восемь полос номера были посвящены сражению за школу в Беслане. На первой и последней страницах выпуска «Известий» были напечатаны полосные фотографии окровавленных детей, внутри тоже много крупных фотографий, на нескольких — тела погибших.

По утверждению гендиректора «Проф-медиа» Рафаэля Акопова, его разногласия с Шакировым относятся не к политике, а к стилистике: «...субботний номер был излишне натуралистичен».[59]

Не исключено, что испуг Акопова (или самого Потанина) вызвал и более эмоциональный, чем обычно, обзор И. Петровской — о том, как государственные телеканалы лгали народу и прислуживали чиновникам во время Бесланского кризиса.

Журналисты и политологи увидели в увольнении главного редактора «Известий» признаки начала нового этапа в политике Кремля по отношению к СМИ — переход к установлению плотного контроля над прессой.

По мнению генерального директора ИД «КоммерсантЪ» Андрея Васильева, «это сознательный сигнал Кремля журналистам и элитам о том, что у него дошли руки и до бумажных СМИ».[60]

В опросе среди журналистов, устроенном «Независимой газетой», прозвучали такие мнения.

Алексей Венедиктов, главный редактор радио «Эхо Москвы»:

«...Думаю, в Кремле нашлись люди, которые захотели услужить президенту, обвинив “Известия” в некорректном освещении событий».

Ирина Петровская, обозреватель «Известий»:

«Думаю, указания последовали из Кремля. Поводов для увольнения Рафа ни у Потанина, ни у “Проф-Медиа” не было. Это показательный процесс, чтоб другим неповадно было».

Алексей Симонов, гендиректор Фонда защиты гласности:

«Рафом занялись спецслужбы, и уволили в угоду им, в силу изменения информклимата в стране. [...] Я ведь помню, как восторженно Потанин аплодировал выходу Путина на съезде РСПП».

Светлана Сорокина, телеведущая «Первого канала»:

«Это решили наверху, не думаю, что Потанин пожертвовал бы Шакировым. Москвичи больше верят газетам, чем ТВ, поэтому газет в те дни нельзя было купить, они давали то, что не давало телевидение».[61]

По мнению Елены Рыковцевой (радио «Свобода»):

«...Потанин боится повторить судьбу Ходорковского. Поэтому сегодня был уволен Шакиров».[62]

Несмотря на эпизодические преследования и провоцирования «экономических» конфликтов, печатные издания в первый срок правления Путина не подвергались такому систематическому контролю и давлению, как телевидение. Рационально мыслящая часть путинского окружения справедливо считает жесткий контроль над бумажной прессой избыточной мерой. К тому же Путин, который, как известно, ежедневно смотрит новостные программы по всем каналам, газет и журналов со времени своего избрания президентом не читает (а в ежедневных спецобзорах прессы обращает особое внимание только на то, что о нем пишут западные журналисты).

Однако и для печатных СМИ сохранение относительной свободы отнюдь не гарантировано. Цитированная выше статья в газете «Ведомости» на следующий день после увольнения Р. Шакирова называлась «Добрались до бумаги».[63]

РЕФОРМА ТОРГОВЫХ ТОЧЕК В МОСКВЕ

Весной 2004 г. Межведомственная антитеррористическая комиссия рекомендовала очистить Московский метрополитен и прилегающие территории от торговых точек. Хотя это была «рекомендация», а не указание, в Москве перестали продлеваться разрешения на торговлю газетами и журналами в метро и в радиусе 25 м от станций метрополитена. К началу октября 2004 г. практически все переносные точки торговли печатной продукцией в станциях метро и в радиусе 25 м от них были ликвидированы.

Было обещано, что место переносных торговых точек займут в метро специальные автоматы по продаже газет (которые, правда, смогут торговать не более чем шестью изданиями одновременно), а в окрестностях станций — специализированные павильоны крупных фирм, торгующих печатной продукцией (хозяева которых, однако, далеко не всегда согласны брать на реализацию прессу не восторженного направления — как левую, так и либеральную).

Реформа привела к повышению цен практически на все газеты и журналы, но в первую очередь ударила по таким изданиям, как «Новая газета», «Независимая газета», «Русский курьер». Число мест, где эти газеты в Москве можно купить, заметно сократилось. Полностью были изгнаны из метро и окрестностей «дикие» распространители прессы, торгующие в основном маргинальной и полумаргинальной прессой левых и правых радикалов (в том числе довольно популярными «Лимонкой» Эдуарда Лимонова, «Завтра» Александра Проханова и «Дуэлью» Юрия Мухина).

СЛУЧАЙ С «ЧЕЧЕНСКИМ ОБЩЕСТВОМ»

В конце июля 2004 г. была предпринята попытка прекратить издание газеты «Чеченское общество». «Чеченское общество» Тимура Алиева — отнюдь не сепаратистское издание, осуждавшее, однако, нарушения прав человека в кадыровской Чечне. Реально газета делалась в Москве, но печаталась в 2004 г. в типографии в Назрани (Ингушетия), а распространялась как в самой Чечне, так и в чеченской диаспоре в Москве и на Северном Кавказе. По устному указанию из МВД Ингушетии назранская типография отказалась печатать газету.

В Чечне в тот момент готовились выборы президента Алу Алханова, и независимая от кадыровцев газета была особенно неудобна.

После августовских выборов издателям удалось решить проблемы с типографским станком. Впрочем, после назначения главой Чечни Кадырова-младшего Тимур Алиев был взят на работу в пресс-службу нового президента и выпуск фрондирующей газеты прекратился.

ДЕМАРШ «ИДУЩИХ ВМЕСТЕ»

Летом 2004 г. пропутинская молодежная организация «Идущие вместе» обратилась в прокуратуру Москвы с просьбой проверить деятельность «Новой газеты», «Еженедельного журнала», «Независимой газеты» и Издательского дома «КоммерсантЪ» на предмет ее соответствия законодательству РФ о СМИ. В качестве предлога для своего обращения в прокуратуру «идущие вместе с Путиным» избрали, во-первых, якобы клеветнические статьи о самой их организации, а во-вторых, публикацию текстов, содержащих ложные сведения, которые сами же «Идущие» через подставных лиц проплатили на правах рекламы (к сожалению, в некоторых случаях в этих изданиях неосторожно согласились завуалировать рекламный характер оплаченных публикаций).

Все избранные для доноса газеты и издания не отличаются пиететом к Путину и не поддерживают его политику, а «Новая газета» к тому же отличается пристрастием к темам Чеченской войны и коррупции путинских чиновников.

Далеко не все верноподданнические акции «Идущих вместе», «Наших», «Молодой гвардии», «России молодой», «Местных» и других «путинюгендов» влекут за собой немедленные организационные выводы — чаще инициативы «молодежи» используются всего лишь как пробный шар для зондажа общественного мнения.

Именно так произошло в данном случае.

СПЕКУЛЯЦИИ НА БЕСЛАНСКОМ КРИЗИСЕ

После Бесланского кризиса Путин заявил, что России «объявлена война». Что это значит, поспешил разъяснить обществу политический обозреватель Первого канала Михаил Леонтьев:

«Во время войны с собственной властью не воюют. Это называется "пятая колонна"...

...На войне существуют законы военного времени, в которых некоторые публичные процедуры отменяются.

...Единственная возможность быстро установить порядок (а когда речь идет о войне, это надо делать быстро) — это, безусловно, усиление авторитарной составляющей».[64]

ДЕЛО ЮРИЯ БАГРОВА (АВГУСТ — ДЕКАБРЬ 2004 Г.)

25 августа 2004 г. сотрудники УФСБ Северной Осетии провели обыски у корреспондента радио «Свобода» Юрия Багрова — дома, в офисе, в гараже и на квартире его матери. В обысках участвовали в общей сложности около 40 сотрудников УФСБ во главе с начальником отдела контрразведки, подполковником Сергеем Леонидовым.

17 сентября 2004 г. против журналиста было заведено уголовное дело по обвинению в использовании поддельного решения суда о предоставлении ему гражданства России.

Ю. Багров в 1992 г. переехал из Грузии во Владикавказ, где у него живут мать, жена, дедушка и бабушка, все имеющие российское гражданство. В 2003 г., когда истек срок действия его советского паспорта, Багров обменял паспорт на российский — причем для этого ему потребовалось решение суда. Весной 2004 г. Багров опубликовал материал о причастности сотрудников ФСБ к похищениям людей в Ингушетии. После этого за ним была установлена слежка, а из паспортного стола изъяты документы о его прописке.[65]

Иристонский суд Владикавказа отказал защите обвиняемого в просьбе провести почерковедческую экспертизу и исследовать оттиск печати на судебном решении о предоставлении гражданства и в декабре 2004 г. признал Ю. Багрова виновным в использовании заведомо поддельного документа, присудил его к штрафу в размере 15 тыс. рублей и постановил изъять у него российский паспорт. В январе 2005 г. Верховный суд Северной Осетии оставил решение Иристонского суда в силе. Багров, превратившийся в лицо без гражданства (а с точки зрения правоохранительных органов, — видимо, в гражданина недружественной Грузии), стал регулярно подвергаться неприятностям при исполнении им своих профессиональных обязанностей. В частности, в сентябре 2005 г. он был арестован в Беслане при попытке пройти на траурные мероприятия в бывшей школе № 1 — поскольку у него не было аккредитации Министерства иностранных дел.[66]

В начале 2007 г. полная невозможность заниматься профессиональной деятельностью и угрозы со стороны правоохранительных органов вынудили Ю. Багрова покинуть родину и попросить политического убежища в США. В июне 2007 г. Ю. Багров получил убежище одновременно с журналисткой из Кабардино-Балкарии Фатимой Тлисовой.

КАЗУС ПИВОВАРОВА (ДЕКАБРЬ 2004 Г.)

8 декабря 2004 г. гендиректор НТВ Владиир Кулистиков принял решение отстранить на 1 месяц от ведения эфира одного из ведущих программы «Страна и мир». Причиной стал комментарий Пивоварова на назначение Леонида Парфенова главным редактором журнала «Русский Newsweek». В этом комментарии Пивоваров подпустил шпильку в адрес главы «Газпром-медиа» Николая Сенкевича, упомянув, что «полгода назад тогдашний генди-

ректор НТВ внес личный вклад в историю российского телевидения, уволив Парфенова по сокращению штатов».[67]

В. Кулистиков назвал комментарий Пивоварова «сведением личных счетов» и наказал его временным отстранением от эфира.

РЕФОРМА «РУССКОГО КУРЬЕРА» (МАРТ 2005 г.)

В марте 2005 г. вторичному разгону подверглись бывшие «новоизвестинцы» во главе с Голембиовским и Агафоновым, взявшиеся делать газету «Русский курьер», собственником которой стал московский издатель Яков Соскин (холдинг «Медиа-Пресс»).

Первоначально Соскина — как некогда Митволя — не интересовало ни содержание газеты, резко критиковавшей «управляемую демократию» и лично президента Путина, ни то, что она была убыточной. Однако в начале 2005 г. Соскину пришла в голову фантазия стать сенатором Думы от Корякского автономного округа, для чего ему потребовалось сочувствие администрации президента.

В отличие от Митволя, Соскин не стал предъявлять редколлегии какие-либо претензии, а просто закрыл газету и уволил весь журналистский коллектив (а через некоторое время стал издавать одноименный еженедельный таблоид умеренно-государственнического направления, столь же убыточный). Постоянным сотрудникам «Русского курьера» при увольнении были выплачены заработанные ими деньги, а вот гонорары внештатников издатель-миллионер зажал.

Ожидаемой благодарности от Кремля Соскин не получил: сенатором ему стать не удалось. Кремль воздержался от проталкивания его кандидатуры в Совет Федерации из-за скандального эпизода пятилетней давности, о котором еще в самом начале «корякского похода» Соскина напомнила газета «КоммерсантЪ»: в 2000 г. супруга издателя, находясь с ним в процессе развода и дележа имущества, пыталась застрелить мужа, но (согласно официально признанной версии) нечаянно застрелилась сама.[68]

В апреле 2005 г. Дума Корякского округа избрала своим представителем в СФ коммуниста Александра Суворова, которого ей не удалось избрать в январе.

ПЕРЕМЕНЫ В «ИЗВЕСТИЯХ» (ИЮНЬ — НОЯБРЬ 2005 г.)

В первых числах июня 2005 г. полугосударственный холдинг «Газпром-медиа» приобрел у издательского дома «Проф-Медиа» (Владимир Потанин) 50,19 процентов акций ОАО «Редакция газеты "Известия"».

8 ноября 2005 г. в «Известия» был назначен новый главный редактор — вместо Владимира Бородина (возглавлявшего газету с сентября 2004 г., после увольнения Р. Шакирова) этот пост занял Владимир Мамонтов, ранее руководивший у Потанина «Комсомольской правдой».

Гендиректор «Газпром-медиа» Н. Сенкевич, как водится, заявил, что никакой политической подоплеки в смене главного редактора нет и редакционная политика «Известий» останется прежней. Иную точку зрения выразил бывший главред «Известий» Шакиров:

«Разве Газпром покупал "Известия", чтоб были расхождения с линией партии? Печатные СМИ зачищают основательно. [...] Из "Известий" хотят сделать "Правду"».[69]

Освоившись, новый главред подтвердил опасения главреда бывшего. Он изложил свое видение будущего газеты в специальном довольно пространном «Меморандуме» для сотрудников. Через какое-то время «Меморандум» просочился в интернет, где никем его аутентичность не была оспорена.

Из «Меморандума» Мамонтова:

«"Известия" — не оппозиционная газета, у нас на дверях написано совершенно другое — "общенациональная". Сегодня эта вывеска обманывает. Мы часто бываем далеки от народа. [...] Да и странно нам, принадлежа практически государственной корпорации, делать вид, что мы крутые оппозиционеры. От этого противоречия можно и умом тронуться!

Тем, кого такое положение вещей не устраивает — а теперь дело будет обстоять именно так — надо искать другое место работы.

Нам предстоит стать в действительности либеральной, влиятельной, живой, респектабельной, интересной российской газетой. Никто не помешает нам предоставлять платформу для борьбы мнений, но хорошо бы всегда оставаться в зоне здравомыслия. Предел (и лучший пример) либерализма для меня А. Б. Чубайс. Он и либеральную идею отстаивает, и Бурейскую ГЭС строит.

Хочу заверить: с приходом нового главного редактора и тех, кто уже пришел и еще придет с ним, закончился период странной журналистской жизни вне политического и социального контента страны».[70]

Весной 2006 г. от администрации президента на пост заместителя главного редактора «Известий» был делегирован руководитель информационного управления партии «Единая Россия» Илья Киселев, сменивший Андрея Колесникова, либерального журналиста, близкого к А. Чубайсу (NB: не путать с другим Андреем Колесниковым, из «Коммерсанта»).

ПЕРЕМЕНЫ НА REN-TV (ИЮНЬ — НОЯБРЬ 2005 г.)

В конце июня 2005 г. холдинг Алексея Мордашова «Северсталь-групп» выкупил у РАО ЕЭС почти 70-процентную долю REN TV; в свою очередь немецкий медиа-концерн RTL Group приобрел другие 30% акций, которые принадлежали семье основательницы и гендиректора телеканала Ирены Лисневской. В октябре Северсталь продала половину своих акций REN TV Сургутнефтегазу.

Изменения структуры собственности повлекли за собой и административные изменения: вместо Лесневской новым гендиректором стал Александр Орджоникидзе.

23 ноября А. Орджоникидзе распорядился снять из эфира программы Ольги Романовой «24 часа» два сюжета — о прекращении уголовного дела в отношении сына министра обороны Сергея Иванова (в мае сын министра насмерть сбил на автомобиле пожилую женщину) и о строительстве новой часовни на Манежной площади по проекту Зураба Церетели стоимостью 15 млн долларов. Сюжет о сыне министра О. Романова выбросила, а о часовне все-таки оставила.

На следующий день, 24 ноября 2005 г. О. Романова должна была выйти в эфир с двумя вечерними выпусками новостей, но сотрудники частного охранного предприятия «Евразия», нанятые новым руководством канала, не впустили ее в телестудию, сославшись на распоряжение гендиректора А. Орджоникидзе.

28 ноября 2005 г. Орджоникидзе заявил, что Романова нарушила корпоративную этику и что в эфире телеканала она не появится как минимум три месяца, которые ей даются «на подготовку концепции новой программы». 5 декабря 2005 г. Романова подала заявление об уходе с канала.

НОВЫЕ ПРАВИЛА АККРЕДИТАЦИИ СМИ В МОСГОРСУДЕ (СЕНТЯБРЬ 2005 г.)

В сентябре 2005 г. председатель Мосгорсуда Ольга Егорова подписала распоряжение, согласно которому журналисты не имеют права посещать судебные заседания без специального разрешения, выданного пресс-службой суда. Кроме того, даже имея аккредитацию, журналист обязан как минимум за день уведомить суд о своем желании присутствовать на заседании.[71]

ДЕЛО СТАНИСЛАВА ДМИТРИЕВСКОГО (ОКТЯБРЬ 2005 — ФЕВРАЛЬ 2006 гг.)

В январе 2006 г. в Нижнем Новгороде предстал перед судом исполнительный директор Общества российско-чеченской дружбы (ОРЧД) и главный редактор газеты «Правозащита» Станислав Дмитриевский. За год до этого, в январе 2005 г. в «Правозащите» были опубликованы обращение Ахмеда Закаева к народу России (не голосовать на выборах за Путина) и обращение Аслана Масхадова к Европарламенту. Облпрокуратура возбудила дело по ст. 280 УК РФ (публичные призывы к насильственному изменению конституционного строя РФ), однако экспертиза не нашла в публикациях призывов к насилию, и в сентябре 2005 г. дело было переквалифицировано на ст. 282 УК РФ (возбуждение межнациональной и расовой вражды).

В октябре 2005 г. дело было передано в суд. Прокуратура требовала приговорить Дмитриевского к четырем годам тюремного заключения.

3 февраля 2006 г. суд Советского района Нижнего Новгорода приговорил Дмитриевского к двум годам лишения свободы условно с четырехлетним испытательным сроком. Согласно букве судебного решения, национальными и расовыми группами, к которым возбуждал и разжигал «ненависть либо вражду» Дмитриевский, оказались «руководство Российской Империи» и «безумный кремлевский кровавый режим». Суд, правда, снял вопрос Дмитриевского к эксперту обвинения Ларисе Тесленко, существует ли сейчас «руководство Российской Империи».[72]

РОССИЙСКОЕ ЭХО КАРИКАТУРНОГО СКАНДАЛА (ФЕВРАЛЬ — АПРЕЛЬ 2006 г.)

Так называемый карикатурный скандал — агрессивные протесты мусульман по всему миру против опубликованных в Дании карикатур на пророка Мухаммеда — вызвал совершенно неожиданное эхо в России. В России — советской, досоветской, постсоветской — многократно публиковались карикатуры на священных персонажей любых религий (достаточно вспомнить издания и переиздания таких шедевров юмористической литературы, как мировая и российская «истории» в ернических изложениях «Сатирикона»). Это не только никогда не вызывало массовых протестов, но и чаще всего просто игнорировалось самими верующими и священнослужителями конфессий. Инициаторами репрессий против СМИ за карикатуры стали функционеры правящей «Единой России».

9 февраля 2006 г. волгоградская газета «Городские вести», издаваемая мэрией, опубликовала статью «Расистам не место во власти», посвященную подписанию местными общественными организациями и отделениями политических партий договора о совместном противодействии национализму, ксенофобии и религиозной розни. Текст был проиллюстрирован шаржевым рисунком, на котором основоположники мировых религий в дружеской беседе сетуют на творимые их последователями безобразия («А ведь мы их этому не учили»).

Руководство волгоградского отделения «Единой России», враждовавшее с мэром города Евгением Ивченко, между прочим членом (на тот момент) их же партии, сочло публикацию удобным поводом для атаки на мэрию.

Возбудителем скандала стал депутат областной Думы от «Единой России» Александр Щербань. Далее эстафету подхватил секретарь политсовета регионального «ЕдРа» Олег Керсанов, который накатал в областную прокуратуру коллективный донос от имени группы подконтрольных «Единой России» областных общественных организаций. В Москве инициативу Щербаня — Керсанова поддержал председатель партии, спикер Госдумы Борис Грызлов.

Областной прокурор Леонид Беляк заявил о необходимости «принять действенные меры к недопущению», а 15 февраля Генпрокуратура (в лице замгенпрокурора по Южному федеральному округу Николая Шепеля) начала проверку по факту публикации. В тот же день, не дожидаясь итогов проверки, и. о. мэра, вице-мэр Андрей Доронин подписал распоряжение о закрытии газеты.

15 февраля вологодская газета «Наш регион» опубликовала статью на тему мирового «карикатурного скандала». В тексте статьи были приведены высказывания различных экспертов — политологов, служителей церкви и независимых журналистов, а в качестве оформления использованы некоторые из карикатур — причем самые «обидные» были воспроизведены с купюрами.

В Вологде инициаторами атаки на прессу стал председатель общества мусульман Вологодской области Равиль Мустафин. Публикацию осудил губернатор Вячеслав Позгалев, а областная прокуратура возбудила против главного редактора газеты «Наш регион» Анны Смирновой уголовное дело по ст. 282 УК РФ (возбуждение национальной, расовой или религиозной вражды).

Владелец газеты Михаил Смирнов (муж Анны Смирновой) сам закрыл газету, что не спасло его жену от Вологодского городского суда, перед которым она предстала в апреле 2006 г.

Обвинение просило суд приговорить подсудимую к условному наказанию с испытательным сроком в два года. Р. Мустафин от имени всех мусульман требовал, чтобы журналистке запретили в течение пяти лет занимать руководящие должности в СМИ, а моральный ущерб оценил в миллион рублей.

14 апреля 2006 г. суд признал А. Смирнову виновной в разжигании национальной, расовой и религиозной вражды, приго-

ворив ее к штрафу в 100 тыс. рублей. В компенсации морального ущерба суд все-таки Мустафину отказал.

25 мая 2006 г. Вологодский областной суд частично оправдал А. Смирнову и принял решение освободить ее от выплаты штрафа за публикацию карикатур, но оставил в силе вердикт о виновности в возбуждении религиозной вражды.

ДЕЛО ВИКТОРА ШМАКОВА (АПРЕЛЬ — МАЙ 2006 г.)

29 апреля 2006 г. в Уфе был арестован издатель местной оппозиционной газеты «Провинциальные вести», лауреат всероссийской премии журналистов Виктор Шмаков.

В. Шмаков — оппозиционер со стажем: в 1989 г. он учредил первую в Башкирии независимую газету «Вместе»; в 2001—2002 гг. возглавлял местное отделение партии «Либеральная Россия» (после раскола партии принадлежал к крылу сторонников Бориса Березовского); в 2006 г. он вместе с Айратом Дильмухаметовым создал в Уфе оргкомитет отделения Российского Народно-демократического союза (РНДС) экс-премьера Михаила Касьянова.

Поводом для ареста стала публикация в издании «Площадь Восстания» (приложение к газете «Провинциальные вести») «Инструкции по поведению участников революции во время массовых народных выступлений» и «Краткой программы чрезвычайных и первоочередных мер Башкирского революционного комитета после успешного осуществления революции».

8 мая ему было предъявлено обвинение по двум статьям: ч. 2 ст. 280 (публичные призывы к осуществлению экстремистской деятельности) и ч. 1 ст. 212 УК РФ (организация массовых беспорядков). 15 мая Верховный суд Башкирии постановил изменить меру пресечения и освободить журналиста под подписку о невыезде.

В августе 2006 г. обвинение Шмакову переквалифицировали со ст. 212 УК РФ ч. 1 («Организация массовых беспорядков») на ст. 212 ч. 3 («Призывы к массовым беспорядкам»), что грозило ему уже не десятью, а только тремя годами лишения свободы. В ноябре 2006 г. прокуратура Башкирии частично прекратила уголовное преследование, исключив из дела призывы к массовым беспорядкам. По оставшейся статье 280 ч. 2 Шмаков был весной 2007 г. оправдан (а его подельник, автор «экстремистских» текстов Айрат Дильмухаметов получил год условно).

ПОПРАВКИ В АНТИЭКСТРЕМИСТСКОЕ ЗАКОНОДАТЕЛЬСТВО

26 июля 2007 г. президент Владимир Путин подписал закон «О внесении изменений в статьи 1 и 15 Федерального закона «О противодействии экстремистской деятельности», усиливающий ответственность за экстремистскую деятельность. Этот закон приравнивает к «экстремистской деятельности» любые общественно опасные деяния, за совершение которых установлена уголовная ответственность.

Комментируя поправки в антиэкстремистское законодательство в интервью журналу «Власть», представитель президента в Совете федерации Александр Котенков заявил:

«Предположения против должностного лица не может быть в СМИ. Губернатор априори не может заниматься экстремизмом. У него есть презумпция невиновности, как у любого гражданина. А обвинение должностного лица в экстремистской деятельности — это не просто нанесение оскорбления лично ему, это подрыв веры в государство. Это и есть экстремизм».[73]

ЗАКОН О ПЕРСОНАЛЬНЫХ ДАННЫХ

27 июля 2006 г. президент В. Путин подписал ранее одобренный обеими палатами закон № 152-ФЗ «О персональных данных». Этот закон запрещает разглашение «персональных данных» о физических лицах государственными органами без письменного согласия на то физического лица.

Однако закон сформулирован таким образом, что легко поддается расширительному толкованию: например, что разглашать персональные данные не имеют права средства массовой информации, социологи, политические аналитики, историки и т. д. При этом к персональным данным, согласно букве закона, относится любая информация, касающаяся этого лица, в том числе имя, дата рождения, адрес, политические взгляды и прочее.

Теоретически, цитируя какого-либо политического деятеля, бизнесмена или любого прочего ньюсмейкера, журналисты отныне обязаны получать письменное согласие человека на упоминание его имени.

Разумеется, этот закон неисполним в принципе, но, как и все неисполнимые законы, он позволяет использовать себя выборочно: ссылаясь на него, возможно запрещать распространение нелестной информации о политиках без письменного согласия на то самого политика (например, как голосовал депутат по вопросу о монетизации льгот или отдаче Китаю речных островов в Хабаровском крае).

В 2006—2008 гг. закон в своей потенциально репрессивной части не исполнялся ни журналистами, ни государственными органами.

СОЗДАНИЕ «РОССВЯЗЬОХРАНКУЛЬТУРЫ» (МАРТ 2007 г.)

Если читатель считает, что труднопроизносимые сокращения непонятны лишь иностранцам, а русскими воспринимаются как что-то естественное, он ошибается. Нет ничего более неестественного, чем многочисленные сокращения длиннющих русских названий. Эта традиция — сокращать — зародилась в первые послереволюционные годы, когда к власти пришли в целом неграмотные люди, революционеры-большевики, и в силу своей общей необразованности придумывали длинные сложные названия, а в силу своей неграмотности не могли их ни запомнить, ни, тем более, написать. Тогда-то и появились сокращения, которые нельзя произнести ни на каком языке, в том числе и на русском; и которые нельзя запомнить никаким мозгом, в том числе и развитым.

12 марта 2007 г. президент Путин подписал указ, объединяющий две федеральные службы — Росохранкультура и Россвязьнадзор — в единое ведомство: Федеральную службу по надзору в сфере массовых коммуникаций, связи и охраны культурного наследия (Россвязьохранкультура). Таким образом, был создан новый регулятор: из двух министерств (Минкультуры и Минсвязи) были выделены функции лицензирования и надзора

в области СМИ и объединены в новую единую службу, подчиняющуюся напрямую премьеру.

27 марта бывший руководитель Росохранкультуры, бывший сотрудник КГБ, офицер действующего резерва Борис Боярсков возглавил Россвязьохранкультуру.

Первым заметным деянием нового ведомства и его главы на поприще надзора за прессой стал в июле 2007 г. запрос в Генпрокуратуру по поводу публикации на сайте газеты «КоммерсантЪ» стенограммы допроса Ахмеда Закаева. Следователи Генпрокуратуры беседовали с Закаевым в рамках российского расследования убийства бывшего офицера ФСБ Александра Литвиненко.

Б. Боярсков заподозрил «КоммерсантЪ» в разглашении тайн следствия. Помимо запроса в Гепрокуратуру, Россвязьохранкультура потребовала от главного редактора сайта Павла Черникова не допускать «публикации материалов, способных привести к нарушению действующего законодательства».

В то же время ведомство отрицало, что письмо является официальным предупреждением «Коммерсанту» — но было всего лишь направлено в рамках профилактической работы, и пока у Россвязь-охранкультуры нет никаких претензий к издательскому дому «КоммерсантЪ» и его изданиям.[74]

НОВЫЕ ПОПРАВКИ В АНТИЭКСТРЕМИСТСКОЕ ЗАКОНОДАТЕЛЬСТВО

1 мая 2007 г. Путин подписал закон (№ 71-ФЗ «О внесении изменения в статью 13 Федерального закона “О противодействии экстремистской деятельности”»), ужесточающий наказание за преступления экстремистской направленности, фактически приравняв их к особо тяжким.

27 июля 2007 г. президент подписал принятый 4 июля 2007 г. Госдумой пакет поправок — различные законодательные акты «в связи с совершенствованием государственного управления в области противодействия экстремизму». (Федеральный закон № 148-ФЗ «О внесении изменений в статьи 1 и 15 Федерального закона “О противодействии экстремистской деятельности”»).

Наиболее важные изменения.

В статьи Уголовного кодекса о преступлениях против личности, а также против общественной безопасности и общественного порядка (убийство, умышленное причинение вреда, хулиганство и т. п.) добавлено отягчающее обстоятельство: «по мотивам политической, идеологической, расовой, национальной или религиозной ненависти или вражды либо по мотивам ненависти или вражды в отношении какой-либо социальной группы».

Как справедливо указывали противники этих поправок, в судах и до этих поправок наблюдалась тенденция трактовать критические выпады в СМИ в адрес таких «социальных групп», как «кремлевские чиновники», «правительство Мордовии» и даже «неверные менты» как возбуждение социальной вражды. Новый вариант формулировок — «по мотивам ненависти или вражды в отношении какой-либо социальной группы» — при желании делает возможным признать экстремистским преступлением критику любого чиновника или властного органа.

В Кодекс об административных правонарушениях внесена статья, предполагающая ответственность за «массовое распространение» экстремистских материалов, которые будут занесены в специальный список.

Согласно поправкам к закону о СМИ mass-media будут обязаны под угрозой административного наказания, всякий раз упоминая организации, признанные судом экстремистскими, сообщать об этом факте.

В ранг преступлений «экстремистского» характера произведено «публичное заведомо ложное обвинение» должностного лица «в совершении им в период исполнения своих должностных обязанностей деяний, указанных в настоящей статье и являющихся преступлением, — экстремизмом».

По мнению политолога Андрея Пионтковского (по двум книгам которого как раз в мае 2007 г. было начато расследование на предмет их экстремистской направленности), «...этот закон, а последние поправки — лишь продолжение одной логики, принят, конечно, не для того, чтобы бороться с людьми типа Басаева. Потому что для борьбы с террористами и убийцами есть достаточно инструментов в Уголовном кодексе. Это просто прямое повторение статьи 58 сталинского Уголовного кодекса о контрреволюционной агитации и статьи 190-й брежневского — распространение заведомо ложных сведений о советском общественном строе. Это инструмент борьбы с политическим инакомыслием, любой политической оппозицией».[75]

НЕСВОБОДНАЯ СТРАНА И ПРЕЗИДЕНТ — «ВРАГ ПРЕССЫ»

С весны 2001 г. Россия регулярно фигурирует в докладах различных международных правозащитных организаций как страна с серьезными проблемами в области свободы СМИ.

3 мая 2001 г., во Всемирный день свободы печати, международный Комитет защиты журналистов (The Committee to Protect Journasilt, CPJ) огласил составляемый ежегодно список «10 худших врагов прессы», в котором президент России В. Путин значится под № 5 — вслед за иранским аятоллой Али Хаменеи, президентом Либерии Чарльзом Тейлором, президентом Китая Цзян Цзэминем и президентом Зимбабве Робертом Мугабе. По мнению CPJ, В. Путин «возглавил тревожную кампанию по уничтожению свободы прессы в России. Во главе с Путиным, Кремль ввел цензуру в Чечне, начал судебные преследования против владельцев средств массовой информации в регионах России, и наделил службу безопасности обширными полномочиями по надзору за информацией. [...] Контролируемая Кремлем компания «Газпром» захватила НТВ, единственную независимую телекомпанию с аудиторией по всей стране. Это явилось очевидным подтверждением того, что режим Путина совершенно не собирается терпеть критику его политики со стороны общественности».

Международная организация «Репортеры без границ» (RSF), ежегодно составляющая свой список «врагов прессы», в мае того же 2001 г. представила список «30 врагов прессы» за 2000 г., присудив Путину 22-е место (а первые четыре места отдала Фиделю Кастро, Саддаму Хусейну, Ким Чен Иру и Александру Лукашенко).

3 мая 2003 г. организация «Репортеры без границ» опубликовала отчет о свободе прессы в 2002 г. в 156 странах мира и список 42 главных врагов прессы, в том числе в него снова попал президент России В. Путин.

В конце февраля 2004 г. «Репортеры без границ» в очередной раз включили В. Путина в список «врагов прессы» (наряду с президентами Белоруссии, Казахстана, Туркмении и Узбекистана).[76]

В конце апреля 2004 г. международная правозащитная организация Freedom House опубликовала рейтинг уровня свободы слова, в котором Россия получила 148-е место (из 193-х представленных в рейтинге стран).

27 октября 2004 г. «Репортеры без границ» опубликовали «Международный рейтинг свободы прессы», в котором Россия получила 140-е место из 167-ми (в 2002 г. — 121-е место, в 2003 г. — 148-е). Для сравнения: первые три места заняли Дания, Финляндия и Исландия; США получили 22-е место; а два последних (166-е и 167-е) заняли Куба и Северная Корея.

В декабре 2004 г. Freedom House опубликовала свой ежегодный «рейтинг свободы» (192 государства). Согласно этому рейтингу, все страны делятся на категории: «свободные», «частично свободные» и «несвободные». В рейтинге за 2004 г. Россия впервые с 1991 г. попала в категорию «несвободных» стран.

20 декабря 2005 г. в очередном докладе Freedom House Россия, оставаясь одной из 45 «несвободных» стран (из 192-х), опустилась на несколько ступеней в рейтинге, который замыкают Туркмения и Узбекистан.[77]

3 мая 2006 «Репортеры без границ» обнародовала список 37-и «врагов свободы прессы» за 2005 г., в который в очередной раз попал президент России. «Путин использует свои навыки офицера КГБ, чтобы загнать все СМИ в России под свою пяту, — утверждается в докладе, опубликованном на сайте RSF. — Правительство контролирует печатные издания, радио и телестанции через мощный энергетический конгломерат Газпром, а Путин появляется все чаще и чаще по телевизору, в основном читая лекции своим министрам».[78]

Наряду с Владимиром Путиным врагами свободной прессы, по версии «Репортеров без границ», являются также президент Белоруссии Александр Лукашенко, президент Туркмении Туркменбаши Сапармурат Ниязов, президент Узбекистана Ислам Каримов, президент Казахстана Нурсултан Назарбаев, а также Фидель Кастро, Ким Чен Ир, король Непала Гьянендра.[79]

В опубликованном также 3 мая 2006 г. аналогичном докладе Freedom House, Россия входит в число 67 «несвободных» стран и по уровню свободы прессы занимает 158-е место из 194 государств — вместе с Бахрейном и Венесуэлой.

Согласно опубликованному в начале мая 2007 г. рейтингу свободы прессы того же Freedom House, в 2006 г. Россия опустилась еще на 6 позиций: она делит 164-е место с Азербайджаном, обойдя по показателю несвободы Бруней, Казахстан, Таджикистан и Свазиленд. (На первом месте по уровню свободы прессы, согласно докладу Freedom House, стоят Финляндия и Исландия. На последнем 195-м месте, как и в прошлом году — Северная Корея. В последней десятке также три страны из СНГ — Туркменистан, Узбекистан и Белоруссия). В докладе отмечается, что Россия продолжает притеснять независимые СМИ и планирует регулировать использование интернета.[80]

В июне 2007 г. президент РФ Владимир Путин стал лауреатом международной антипремии «Закрытая устрица». Эта награда была присуждена ему на прошедшей в Гамбурге ежегодной международной конференции представителей СМИ, занимающихся журналистскими расследованиями, с формулировкой «за уничтожение независимой журналистики».

Премия, учрежденная немецкой журналистской ассоциацией Netzwerk Recherche, присвоена Владимиру Путину за «плохое отношение к журналистам», «препятствование развитию независимых СМИ» и отсутствие результатов расследования убийства обозревателя «Новой газеты» Анны Политковской. [81]

В. Путин стал первым главой государства, удостоенным премии «Закрытая устрица».

Примечания

[1] Панфилов О. «Священные коровы» российской вертикали // «Независимая газета», 22 сентября 2003.

[2] «Сегодня», 5 февраля 2000.

[3] «Известия», 5 февраля 2000.

[4] «Независимая газета», 8 февраля 2000.

[5] Шендерович В. «Здесь было НТВ» и другие истории. М., изд. Захарова, 2004, с.14.

[6] Боссарт А. Защита Буратино // «Новая газета», № 26 (669), 12—15 апреля 2001.

[7] Шендерович В. «Здесь было НТВ» и другие истории, с. 16.

[8] Там же, с. 26.

[9] Stringer, № 7, май 2003.

[10] «Известия», 2 августа 2000.

[11] Рыклин Александр. Беседа с Борисом Березовским // Еженедельный журнал, № 48 (99), 8—14 декабря 2003.

[12] Там же.

[13] Шендерович В. «Здесь было НТВ» и другие истории, с.51.

[14] Альбац Е. Кому продали НТВ. Чекисты подминают под себя СМИ // «Новая газета», № 72 (810), 30 сентября — 2 октября 2002.

[15] Материалы по истории русского освободительного движения. Вып. 2. М., изд. имени Святителя Игнатия Ставропольского, 1998, с. 456—457.

[16] Цурганов Юрий. Неудавшийся реванш. Белая эмиграция во Второй мировой войне. М., изд. «Интрада», 2001, с.116—118.

[17] РИА «Новости» 15 января 2002.

[18] «КоммерсантЪ», 4 июля 2001.

[19] «Завтра», № 8 (431), февраль 2002.

[20] Симонов А. Браконьерский удар картечью // «Независимая газета», 26 июня 2002.

[21] Латынина Ю. Можно ли сделать из стиральной машины автомат Калашникова? // «Новая газета», № 37, 27—30 мая 2002.

[22] Комаров Е. Ущерб ради «свободы слова» // «Новые Известия», № 95 (1101), 7 июня 2002.

[23] Тарасов А. Господа Гексоген, Иванов, Сорокин, на выход! Почему «Идущие вместе» «наехали» на Сорокина // «Новая газета», 2002, № 47.

[24] Шаргунов С. У нас отобрали медаль [интервью с Андреем Шарым] // «Новая газета», № 74 (812), 7—9 октября 2002.

[25] Еще в мае 2002 г. «Версия» опубликовала материал Олега Лурье Криминальное чтиво по-русски — якобы интервью с сотрудником ФБР, в котором руководители консорциума «Альфа-групп» Петр Авен и Михаил Фридман обвинялись в торговле наркотиками и связях с криминалом. Руководство консорциума решило обратиться в арбитражный суд с иском о защите деловой репутации. В начале 2003 г. суд обязал выплатить компенсации истцам: 3 млн рублей Авену, 3 млн рублей Фридману, а также 172 тысячи фунтов стерлингов детективному агентству Kroll, которое было нанято «Альфой» для проведения расследования.

(В 2001 г. аналогичная статья того же О. Лурье о Межпромбанке в «Новой газете» чуть было не привела к банкротству и закрытию «Новой газеты».)

В конце 2003 г. О. Лурье, уклонившийся от участия в судебном процессе между «Версией» и «Альфой», обрел финансирование на издание собственного глянцевого журнала, названного им «ВВП» (Валовой Внутренний Продукт). Декларируемая на титульном листе «цель журнала» — «оказание содействия предприятиям и организациям в продвижении своих идей и возможностей [...] в свете требований президента РФ В. В. Путина об удвоении ВВП».

[26] Strana.ru, 15 июля 2003.

[27] Агафонов Сергей. Кремлевский наперсток // «Новые Известия», 27 октября 2002.

[28] Латынина Юлия. Я сам буду вашим цензором. Телевидение — единственная отрасль экономики, которую контролирует лично президент России // «Новая газета», № 4 (837), 20—22 января 2003).

[29] «КоммерсантЪ», 21 февраля 2003.

(Автор статьи в «Новых Известиях» — Владимир Прибыловский. В более полном виде ее текст опубликован в издании: Верховский А. М., Михайловская Е. В., Прибыловский В. В. Россия Путина. Пристрастный взгляд. — М., РОО «Центр "Панорама"», 2003. С. 193—204, глава Путинославие: Хроника прославлений Путина Владимира Владимировича.

[30] gazeta.ru, 20 февраля 2003.

[31] Алексей Панкин. «Известия» — «Новые Известия» — новые «Новые Известия» — «Резонанс» — далее везде. Русский ответ американскому госдепу // The Moscow Times, 8 апреля 2003.

[32] «Время новостей», 21 июня 2004.

[33] Латухина Кира. «Шестая кнопка» взбунтовалась. Интервью «НГ» директора Национального исследовательского центра телевидения и радио разозлило лоббистов спортивного канала // «Независимая газета», 4 августа 2004.

[34] Панфилов О. «Священные коровы» российской вертикали // «Независимая газета», 22 сентября 2003.

[35] Пасько Григорий. Юрий Шмидт: Стукачей надо беречь. И данные о них хранить в тайне // «Новая газета», 29 сентября — 1 октября 2003.

[36] Там же.

[37] news.ru, 17 ноября 2003.

[38] Редакция «НВ». Средь бела дня. Злоключения редакции. Ограбление как бизнес-проект. Анатомия бандитского капитализма // «Новое время», № 24, 13 июня 2004.

[39] Там же.

[40] Там же.

[41] Там же.

[42] Королев Игорь. Закон о жизни. Попытки отрегулировать интернет не прекращаются // «Время новостей», 14 апреля 2004.

[43] Там же.

[44] Россия в «сетях общего пользования». О толерантности и проблеме борьбы с пропагандой терроризма и ксенофобии в интернете на встрече в ОБСЕ докладывал генерал ФСБ // «Новая газета», 28—30 июня 2004.

45 Плахова Вероника. Новости уходят в подполье. Дума решила избавить телезрителей от стресса // «Новая газета», № 69, 20—22 сентября 2004.

46 Афанасьева Елена. «Эхо Москвы» в «Известиях» // «Известия», № 99 (26656), 5 июня 2004.

47 Варшавчик Сергей. На телевидении зачищают терминологию // «Независимая газета», 2 августа 2004.

48 «Известия», 5 июня 2004, с. 9.

49 Бородина Арина. Парфенонсенс // «КоммерсантЪ», 3 июня 2004.

50 Там же.

51 Там же.

52 Рыклин Александр. «Ах, Парфенова уволили! Да как же они посмели?!»... А мы так скажем: давно пора было. Отщепенцам не место на нашем телевидении // «Еженедельный журнал», № 22 (123), 7—13 июня 2004, с. 7.

53 Ребель Анна. Намедни не стало «Намедни» // «Русский курьер», 3 июня 2004.

54 Малашенко Игорь. Конец пути // «Еженедельный журнал», № 22 (123), 7—13 июня 2004, с. 8.

55 Ребель Анна. Намедни не стало «Намедни» // «Русский курьер», 3 июня 2004.

56 Бородина Арина. НТВ нужно вернуть ореол объективности и беспристрастности. Первое интервью нового гендиректора телекомпании Владимира Кулистикова // «КоммерсантЪ», 19 июля 2004.

57 Шендерович Виктор. Венеролог Басаев, однокурсница президента, а также — почему Зюганов пожаловался Путину на него самого // «Новая газета», № 51 (981), 19—21 июля 2004.

58 Плахова Вероника. Гостелерадио заказало Хрюна и Степана. Продюсер Владимир Неклюдов: «В наши дни шутов прогоняют со двора» // «Новая газета», № 51 (981), 19—21 июля 2004).

59 Серова Яна. Спецоперация в Беслане прошла успешно. Против журналистов. ОБСЕ заслушал отчет, вызвавший шок у мировой общественности // «Новая газета», № 69, 20—22 сентября 2004.

60 Воронина Анфиса. Добрались до бумаги // «Ведомости», 7 сентября 2004.

61 Там же.

62 Кто уволил Рафа Шакирова? // «Независимая газета», 7 сентября 2004.

63 Радио «Свобода», 7 сентября 2004. Почему уволен главный редатор газеты «Известий»? Оценки коллег //http: //www.compromat.ru/main/prismi/shakirovuvol.htm

[64] «Ведомости», 7 сентября 2004.

[65] Леонтьев Михаил. По законам военного времени. Сегодня политическое руководство России должно принимать жесткие меры, чтобы навести в стране порядок // «Независимая газета», 9 сентября 2004.

[66] Милашина Елена. «Свобода» не имеет гражданства. Радиожурналиста Багрова лишили конституционных прав // «Новая газета», № 04 (102), 23—26 декабря 2004.

[67] «Время новостей», 9 сентября 2005.

[68] Бородина Арина. На НТВ провели профилактическую работу // «КоммерсантЪ», 9 декабря 2005.

[69] «КоммерсантЪ», 28 января 2005.

[70] Ростова Наталья. В «Известиях» не поменяется ничего, кроме главного [Интервью с Рафом Шакировым, Владимиром Бородиным, Николаем Сенкевичем] // «Новая газета», № 84 (1109), 10—13 ноября 2005.

[71] http: //www.anticompromat.ru/ 06.01.html

[72] Петров Геннадий. «Да» против Мосгорсуда. Дочь Егора Гайдара «повязали» за свободу слова // «Московский комсомолец», 19 сентября 2005.

[73] Санникова Елена. Хроника суда // «Права человека в России» (http: //www.hro.org/ngo/about/2006/02/02-5.php).

[74] Еженедельный бюллетень Центра экстремальной журналистики «Россия: власть против прессы». Вып. № 30 (185), 25—31 июля 2006.

[75] http://www.lenta.ru/articles/2007/07/11/kommers/

[76] «Политический барометр», № 102, 2—8 июля 2007. (http://www.demos-center.ru/reviews/19030.html#1)

[77] «Еженедельный журнал», № 18 (119), 10—16 мая 2004.

[78] Строкань Сергей. Россия получила незачет по демократии. Freedom House включил ее в список «несвободных стран» // «КоммерсантЪ», 21 декабря 2004.

[79] «КоммерсантЪ», 4 мая 2006.

[80] 10 стран с самой жестокой цензурой // Комитет по защите журналистов. 2 мая 2006 (http: //cpj.org/censored/censored_ru.pdf)

[81] Grani.ru, 2 мая 2007, со ссылкой на сайт Freedom House.

[82] www.svobodanews.ru/Transcript/2007/06/19/2007

11

ВРЕМЯ НАЕМНЫХ УБИЙЦ

ИСТОКИ: ОТРАВЛЕНИЕ ЛЕНИНА И УБИЙСТВО ТРОЦКОГО

Дедушка Путина по отцу (если верить официальной биографии) или по родственнику матери (если верить неофициальной) — Спиридон Путин — всю жизнь работал поваром, сначала у Ленина, затем у Сталина. Это достоверно известно. Есть свидетельство другого повара Ленина — Гаврилы Волкова. После смерти Ленина он был арестован и всю жизнь, подобно человеку в железной маске, просидел в тюрьме. «Меня не только никогда не допрашивали, но никому не было даже позволено разговаривать со мной о моем деле», — рассказал Волков Елизавете Лермоло, с которой случайно встретился в тюрьме на прогулке. Вот что вспоминала об этой встрече Лермоло:

«В один из дней ко мне присоединился спутник. Им оказался коммунист Гаврила Волков, который уже давно пребывал в тюрьме. До сих пор ему было разрешено выходить на прогулки только в полном одиночестве. Через окошко в моей камере я много раз видела, как он, сутулясь, одиноко бродил по пустынному двору. Хотя он находился всего в двух камерах от меня, мне ни разу не представилась возможность перекинуться с ним хоть словом. Он выглядел испуганным и в то же время устрашающим. В нем присутствовало нечто, отчего не хотелось завязывать беседы. Ходили слухи, что его держат в «строжайшей изоляции», подотчетной непосредственно Кремлю. И никто не знал, в чем его обвиняют и почему посадили. [...] У нас был долгий разговор. Он рассказал мне, что он старый большевик и принимал участие в большевистском восстании 1917 г. в Москве. До 1923 г. он служил в Кремле в качестве заведующего столовой для высокопоставленных партийных функционеров. Затем его сделали шеф-поваром кремлевского санатория в Горках. [...] Волков был арестован и доставлен сюда в тюрьму в 1932 г. Как раз миновала третья годовщина его пребывания в изоляторе. На мои простые вопросы о сроке его заключения и о причине он дал весьма странные ответы. Ему ничего не было известно о сроке. Что же касается причины, то он мог только догадываться. Суда над ним не было, его ни разу никто не допрашивал. В ответ на мое удивление он объяснил, что люди, имевшие какое-либо отношение к Кремлю и впавшие в немилость, редко подвергались допросу или представали перед судом. Обычно приговор выносился заочно. [...] В течение одиннадцати лет глубоко в душе я хранил страшную тайну, о которой не поведал ни единому человеку. [...] Я знаю, что живым меня отсюда не выпустят. Я должен рассказать вам свою историю...

Когда в 1923 г. Ленин заболел, было решено госпитализировать его в кремлевском санатории в Горках. Волкова направили туда в качестве личного шеф-повара Ленина. [...] 21 января 1924 г. [...] в одиннадцать утра, как обычно, Волков принес Ленину второй завтрак. В комнате никого не было. Как только Волков появился, Ленин сделал попытку приподняться и, протянув обе руки, издал несколько нечленораздельных звуков. Волков бросился к нему, и Ленин сунул ему в руку записку [...] В записке, начертанной неразборчивыми каракулями, было сказано:

«Гаврилушка, меня отравили... Сейчас же поезжай и привези Надю [Крупскую]... Скажи Троцкому... Скажи всем, кому сумеешь».[1]

Есть свидетельство Троцкого. В 1939 г., после того как состоялись в Москве открытые судебные процессы над руководителями коммунистической партии и государства, после того как были расстреляны высшие военные чины Красной армии, уничтожены соратники и друзья Троцкого, а также члены его семьи, наконец, после того как Сталин пошел на союз с Гитлером, Троцкий написал сенсационную статью, в которой рассказал о возможном отравлении Ленина Сталиным. Не исключено, что это была первая осторожная попытка Троцкого поведать правду. Если б его откровения, граничащие с разглашением государственной тайны, были бы приняты Западом и заинтересовали его, Троцкий, кто знает, мог оказаться более разговорчивым. Но общественные и политические круги свободного мира молчали. В разоблачениях Троцкого никто не был заинтересован. Сочувствовавшие Советскому Союзу «левые» не хотели компрометировать Сталина и социалистический строй. Антисоветские «правые» подозревали Троцкого во лжи точно так же, как и любого другого коммуниста. И абсолютно никто не понимал глобальности и масштабности сталинского уголовного режима.

Статья, законченная для журнала «Лайф» 13 октября 1939 г., так и не была там опубликована. 10 августа 1940 г., потеряв десять месяцев, отчаявшийся Троцкий издал статью в урезанном виде в журнале «Либерти». Через десять дней он был убит агентом Народного комиссариата внутренних дел (НКВД) Рамоном Меркадером.

Мы уже привыкли к тому, что в России все время переименовывали спецслужбы. НКВД это прообраз КГБ, той самой организации, которая сегодня называется ФСБ. Обратим внимание на то, что в августе 1940 г. по поводу убийства Троцкого не было публичной дискуссии между Мексикой и Советским Союзом, подобной дискуссии между Великобританией и Россией по поводу убийства в ноябре 2006 г. Александра Литвиненко. Москва не утверждала, что убивший Троцкого агент НКВД на самом деле является сотрудником мексиканской разведки или представителем отколовшейся от ФСБ группы бывших сотрудников; генпрокуратура СССР не заявляла, что сама осудит убийцу Троцкого, если в советском суде будет доказано, что он действительно виновен в убийстве. И уж, конечно же, никому не приходило в голову выдвигать Рамона Меркадера — так никогда и не сознавшегося в том, что он убил Троцкого по приказу советской разведки, — в члены Верховного совета СССР (аналога нынешнего российского парламента). Все делалось тихо и неофициально, без публикаций. Но с полным понимаем того, что отдать приказ убить Троцкого мог только Сталин, а провести спецоперацию по убийству могло только советское НКВД.

6 июня 1941 г. нарком внутренних дел СССР Лаврентий Берия подал на имя Сталина рапорт за № 1984/6 с просьбой о награждении убийц Троцкого высокими государственными наградами:

«Группой работников НКВД в 1940 г. было успешно выполнено специальное задание. НКВД СССР просит наградить орденами Союза ССР шесть товарищей, участвовавших в выполнении задания. Прошу Вашего решения».

Сталин наложил резолюцию: «За (без публикации)».

Закрытым указом Президиума Верховного Совета СССР орденами Ленина были награждены мать Рамона Меркадера агент советской разведки Каридад Меркадер (Caridad Mercader) и организаторы операции: сотрудники НКВД Л. П. Василевский, П. А. Судоплатов, И. Р. Постельняк, И. Р. Григулевич, Н. И. Эйтингон.

Сам Меркадер — непосредственный убийца Троцкого — отсидел 20 лет в мексиканской тюрьме, был освобожден 6 мая 1960 г., после освобождения доставлен сначала на Кубу, затем в СССР. 31 мая 1960 г. закрытым указом Президиума Верховного Совета СССР Меркадер был награжден званием Героя Советского Союза с вручением ордена Ленина и медали «Золотая звезда» (№ 11089); получил квартиру в Москве, дачу в Кратово (престижное подмосковное место) и пенсию, соответствующую пенсии генерала КГБ — 400 рублей в месяц (в те годы в СССР это была очень высокая пенсия). Некоторое время Меркадер с женой Ракелией Мендоса (Raquelia Mendoza), которая, видимо, тоже работала на советскую разведку, жили в Москве. Меркадер работал в Институте марксизма-ленинизма, а его жена была диктором в испанской редакции московского радио. В середине 70-х годов по приглашению Кастро Меркадер уехал на Кубу, был советником Министерства иностранных дел. Умер в 1978 г. от рака легких. Прах Меркадера был перевезен в Москву и захоронен на Кунцевском кладбище под именем Рамон Иванович Лопес.

Наум (Леонид) Эйтингон (в написании его имени встречается несколько вариаций) был высокопоставленным сотрудником советской разведки, руководителем секции нелегальных операций. Работал в Китае, в Париже, в Испании во время гражданской войны. Был возлюбленным Каридад Меркадер, воспитателем ее сына Рамона. Предполагалось, что после убийства Троцкого Рамон сможет уйти из особняка, где жил Троцкий, а поджидавшие его Каридад и Эйтингон вывезут Рамона из Мексики. Однако Рамон был схвачен. Каридад и Эйтингон уехали сначала на Кубу, затем в США и Китай. В Москву они вернулись в мае 1941 г. Сталин лично принял Эйтингона, поблагодарил его за организацию операции и обещал, что пока он, Сталин, жив ни один волос с головы Эйтингона не упадет. Через 10 лет Эйтингон, к тому времени генерал-майора МГБ (Министерство государственной безопасности, бывшее НКВД и будущее КГБ) был отстранен от работы и помещен под домашний арест. Его действительно не арестовали и не расстреляли.

После смерти Сталина Эйтингон был освобожден от домашнего ареста и с мая 1953 г. восстановлен на работе в должности заместителя начальника 9-го отдела МВД СССР. В конце 1957 г. его вновь арестовали — за преступления, совершенные в годы сталинского режима, — и приговорили к 12 годам тюрьмы. В 1964 г. он был амнистирован, но на службу возвращен не был. Работал старшим редактором в издательстве «Иностранная литература». Умер в 1981 г.

Павел Судоплатов к моменту смерти Сталина имел чин генерал-лейтенанта МГБ, был начальником Бюро № 1 МГБ СССР. После смерти Сталина назначен заместителем начальника 2-го Главного управления Министерства внутренних дел (МВД) — контрразведка. С мая 1953 г. по указанию Берии стал начальником новосформированного 9-го отдела МВД СССР (разведывательно-диверсионный отдел, занимавшийся индивидуальным террором и диверсиями). 31 июля 1953 г., вскоре после ареста Берии, отдел был расформирован, а сам Судоплатов 21 августа арестован.

Судоплатов симулировал помешательство и до 1958 г. находился в психиатрической больнице. В 1958 г. он был приговорен к 15 годам заключения за производство опытов над людьми, похищения и многочисленные убийства. Освобожден в 1968 г., умер в 1996-ом. Посмертно были изданы его мемуары, ставшие для многих руководителей ФСБ настольной книгой.

Иосиф Григулевич происходил из литовских караимов. В начале 30-х годов, будучи гимназистом, связался с комсомольским подпольем, отсидел небольшой срок в польской тюрьме, затем уехал добровольцем в Испанию, где был завербован советской контрразведкой. Из Испании Григулевич перебрался в Латинскую Америку, где продолжал работу в качестве советского агента.

После смерти Сталина был отозван в Москву, стал доктором исторических наук, членом-корреспондентом Академии наук СССР, специалистом по Латинской Америке, автором многих книг.

Именно этой группе в конце 1930-х гг. была поручена организация убийства Троцкого. Но что же стало последней каплей, переполнившей терпение Сталина? Почему сразу же после публикации статьи 10 августа 1940 г. советскому агенту Меркадеру, вхожему в окружение Троцкого с марта 1940 г., был дан приказ Троцкого убить?

«Я собираюсь говорить на этот раз на особенно острую тему», — писал Троцкий. «Не принял ли ученик» Ленина Сталин «коекаких мер для ускорения смерти учителя? Лучше чем кто-либо, я понимаю чудовищность такого подозрения. Но, что же делать, если оно вытекает из обстановки, из фактов и особенно из характера Сталина? Ленин с тревогой предупреждал в 1921 г. "Этот повар будет готовить только острые блюда". Оказалось — не только острые, но и отравленные, притом не в переносном, а в буквальном смысле.

Два года тому назад я впервые записал факты, которые были в свое время (1923—1924) известны не более как семи-восьми лицам, да и то лишь отчасти. Из этого числа в живых сейчас остались, кроме меня, только Сталин и [нарком иностранных дел СССР Вячеслав] Молотов. [...]

Во время второго заболевания Ленина, видимо, в феврале 1923 г., Сталин на собрании членов Политбюро (Григория Зиновьева, Льва Каменева и автора этих строк) после удаления секретаря сообщил, что Ленин вызвал его неожиданно к себе и потребовал доставить ему яд. [...] Помню, насколько необычным, загадочным, не отвечающим обстоятельствам показалось мне лицо Сталина. Просьба, которую он передавал, имела трагический характер; на лице его застыла полуулыбка, точно на маске. Несоответствие между выражением лица и речью приходилось наблюдать у него и прежде. На этот раз оно имело совершенно невыносимый характер. Жуть усиливалась еще тем, что Сталин не высказал по поводу просьбы Ленина никакого мнения, как бы выжидая, что скажут другие. [...]

— Не может быть, разумеется, и речи о выполнении этой просьбы! — воскликнул я. — [...] Ленин может поправиться.

— Я говорил ему все это, — не без досады возразил Сталин, — но он только отмахивается. Мучается старик. Хочет, говорит, иметь яд при себе... прибегнет к нему, если убедится в безнадежности своего положения. [...] Мучается старик, — повторял Сталин, глядя неопределенно мимо нас и не высказываясь по-прежнему ни в ту, ни в другую сторону.

[...] Я задаю себе ныне другой, более далеко идущий вопрос: действительно ли Ленин обращался к Сталину за ядом? Не выдумал ли Сталин целиком эту версию, чтобы подготовить свое алиби? Опасаться проверки с нашей стороны у него не могло быть ни малейших оснований: никто из нас троих не мог расспрашивать больного Ленина, действительно ли он требовал у Сталина яд. [...]

У него везде были сообщники, судьба которых была полностью связана с его судьбой. Под рукой был фармацевт Генрих Ягода. Передал ли Сталин Ленину яд, намекнув, что врачи не оставляют надежды на выздоровление, или же прибегнул к более прямым мерам, этого я не знаю. Но я твердо знаю, [...] когда я спрашивал врачей в Москве о непосредственных причинах смерти, которой они не ждали, они неопределенно разводили руками. Вскрытие тела, разумеется, было произведено с соблюдением всех необходимых обрядностей: об этом Сталин в качестве генерального секретаря позаботился прежде всего! Но яд врачи не искали, даже если более проницательные допускали возможность самоубийства. Чего-либо другого они, наверное, не подозревали. Во всяком случае, у них не могло быть побуждений слишком уточнять вопрос. Они понимали, что политика стоит над медициной».[2]

Есть свидетельство известного и уважаемого историка, крупнейшего собирателя архивов русской революции, хранящихся сегодня в Гуверовском институте Стенфордского университета, Бориса Николаевского:

«Троцкий [...] рассказал один крайне важный эпизод, который, возможно, заставит историков признать Сталина убийцей Ленина [...] в более непосредственном значении этого слова, убийцей-отравителем. [...] Самый факт обращения Ленина с этой просьбой к Сталину вызывает большие сомнения: в это время Ленин уже относился к Сталину без всякого доверия, и непонятно, как он мог с такой интимной просьбой обратиться именно к нему. Этот факт приобретает особенное значение в свете другого рассказа. Автор этих строк встречался с одной эмигранткой военных лет [...]. В Челябинском изоляторе ей пришлось встретиться со стариком-заключенным, который в 1922—1924 гг. работал поваром в Горках, где тогда жил больной Ленин. Этот старик покаялся рассказчице, что в пищу Ленина он подмешивал препараты, ухудшавшие состояние Ленина. Действовал он так по настоянию людей, которых он считал представителями Сталина. [...] Если этот рассказ признать достоверным, то заявление Сталина в Политбюро, о котором рассказывает Троцкий, имеет вполне определенный смысл: Сталин создавал себе алиби на тот случай, если б стало известно о работе повара-отравителя».[3]

Еще есть пьяный рассказ Сталина, о котором мы узнаем от третьих лиц. Лидия Шатуновская, приговоренная к двадцати годам «за намерение эмигрировать в Израиль», отсидевшая семь лет в одиночной камере Владимирской тюрьмы и выпущенная вскоре после смерти Сталина (последовавшей 5 марта 1953 г.), встретила своего старого знакомого — партийного критика, журналиста, редактора и функционера Ивана Гронского (1894—1985). В 1932—1933 гг. Гронский был председателем Оргкомитета Союза советских писателей; в 1928—1934 — ответственным редактором «Известий ВЦИК», а в 1932—1937 — главным редактором «Нового мира». Кроме этого, Гронский был чем-то вроде комиссара по делам литературы при Сталине. «Через него Сталин получал информацию обо всем, что происходило в литературе, и через него осуществлялась связь Сталина с писательской средой. [...] Гронский, как один из очень немногих близких людей, имел право входить к нему без доклада».[4]

В 1937 г. Гронский был арестован, осужден, провел 16 лет в тюрьмах и лагерях. В 1953-м он был освобожден. И вот сейчас встретился с товарищем по несчастью — Л. Шатуновской, которая вспоминала:

«После того, как наше знакомство возобновилось, мы с Иваном Гронским часто гуляли и обо многом друг другу рассказывали. [...] Во время одной из прогулок Гронский, человек очень умный и очень осторожный, поделился со мной, беспартийной женщиной, своими предположениями о смерти Ленина и о той загадочной роли, которую сыграл Сталин в ускорении этой смерти. [...] Он прямо поделился со мной своей уверенностью в том, что Сталин активно и сознательно ускорил смерть Ленина, ибо, как бы тяжело ни болел Ленин, пока он был жив, дорога к абсолютной диктатуре была для Сталина закрыта».[5]

Что же рассказал Гронский? В начале 1930-х, во время одной из встреч с писателями, когда Сталин, как и все присутствующие, изрядно выпил и его «совсем развезло», Сталин «к ужасу Гронского, начал рассказывать присутствующим о Ленине и об обстоятельствах его смерти. Он бормотал что-то о том, что он один знает, как и отчего умер Ленин. [...] Гронский [...] на руках вынес пьяного Сталина в соседний кабинет и уложил его на диван, где тот сейчас же и заснул. [...] Проснувшись, он [Сталин] долго, с мучительным трудом вспоминал, что же произошло ночью, а вспомнив, вскочил в ужасе и бешенстве и набросился на Гронского. Он тряс его за плечи и исступленно кричал: "Иван! Скажи мне правду. Что я вчера говорил о смерти Ленина? Скажи мне правду, Иван!" Гронский пытался успокоить его, говоря: "Иосиф Виссарионович! Вы вчера ничего не сказали. Я просто увидел, что вам нехорошо, увел вас в кабинет и уложил спать. Да к тому же все писатели были настолько пьяны, что никто ничего ни слышать, ни понять не мог".

Постепенно Сталин начал успокаиваться, но тут ему в голову пришла другая мысль. "Иван! — закричал он. — Но ведь ты-то не был пьян. Что ты слышал?" [...] Гронский, конечно, всячески пытался убедить Сталина в том, что ничего о смерти Ленина сказано не было, что он, Гронский, ничего не слышал и увел Сталина просто потому, что все присутствующие слишком уж много выпили. [...] С этого дня отношение Сталина к Гронскому совершенно изменилось, а в 1937 г. Гронский был арестован».[6]

Ответственным за операцию по отравлению Ленина, видимо, следует считать Ягоду, будущего руководителя НКВД. Бывший секретарь Сталина Борис Бажанов, сбежавший на Запад, рассказывал следующий эпизод, относившийся к 20-21 января 1924 г. Сталин вызвал к себе Ягоду и двух лечащих врачей Ленина и приказал одному из врачей, Федору Гетье, и Ягоде немедленно ехать в Горки, где находился Ленин. Вскоре после приезда Гетье и Ягоды к Ленину, 21 января 1924 г., с Лениным случился очередной приступ и он умер. Когда в комнату к уже мертвому Ленину вошла его жена Надежда Крупская, она увидела, что на столике у кровати стояли несколько пустых пузырьков. В 7.15 вечера в кабинете Сталина раздался звонок: Ягода доложил по телефону, что Ленин умер.[7]

22 января в одиннадцать утра, т. е. через 16 часов после смерти, состоялось вскрытие тела. На вскрытии присутствовали девять врачей; завершилось оно в четыре часа дня. В медицинском заключении констатировалось, что смерть наступила от «рассеянного склероза». Неделю спустя доктор Вайсброд, который присутствовал на вскрытии, писал в газете «Правда», что врачи пока еще не в состоянии собрать воедино все детали и создать общую картину о болезни Ленина. Вайсброд, по-видимому, намекал на то, что не удовлетворен заключением, последовавшим за вскрытием. Действительно, не был осуществлен токсикологический анализ, не было описания содержимого желудка; указывалось лишь, что желудок пустой и стенки его сократились, хотя было известно, что в день смерти Ленин дважды ел. Не входя в подробности, упоминалось об отклонениях от норм в селезенке и печени. В целом врачи обошли обсуждение тех органов, где могли быть найдены следы отравления. Анализ крови тоже не сделали.

ЭПИДЕМИЯ УБИЙСТВ

В январе 1924 г. Сталин пробовал избавиться и от Троцкого. Троцкий описывает произведенное на него покушение более чем скромно, одной фразой:

«Во второй половине января 1924 г. я выехал на Кавказ в Сухум, чтобы попытаться избавиться от преследовавшей меня таинственной инфекции, характер которой врачи не разгадали до сих пор. Весть о смерти Ленина застала меня в пути».[8]

Это все, что сообщает нам Троцкий об организованном Сталиным и состоявшемся в январе 1924 г. государственном перевороте — устранении Ленина и попытке устранения Троцкого.

Перед самым отъездом из Москвы, 18 января, Троцкого дважды посетил доктор Гетье. 21 января, через три дня после отъезда Троцкого из столицы, Ленина не стало, а оправившийся от болезни Троцкий так и не смог вернуть себе былого политического веса. Но поскольку таинственный характер болезни, неразгаданный врачами, самому Троцкому был отчетливо ясен, с тех пор он перестал покупать в кремлевской аптеке лекарства, выписанные на его имя.[9] Эти меры предосторожности спасли его лишь отчасти:

через три года Троцкий был сослан, еще через год выслан, а там и убит. Избежать участи Ленина в конечном итоге он не смог.

25 марта 1924 г. заместитель Троцкого Эфраим Склянский, третий (после Ленина и Троцкого) по важности военный руководитель страны, был неожиданно снят со своего поста и переведен на должность председателя треста «Московское сукно» (Моссукно). Троцкий все еще оставался наркомом по военным делам и председателем Революционного военного совета республики (РВСР). И все-таки это был плохой для Троцкого знак. Со Склянским он проработал всю гражданскую войну (1918—1922), хорошо знал его и ценил. Было очевидно, что снятие Склянского — прелюдия к снятию самого Троцкого. В апреле 1925 г. Троцкий действительно был смещен с поста главы военного ведомства постановлением ЦК. Место Троцкого занял Михаил Фрунзе, звезда которого, казалось, только начала восходить.

В виде компенсации Склянскому разрешили поехать в отпуск в Америку. Оттуда Склянский уже не вернулся: 27 августа 1925 г. он утонул в Америке в озере. Тогда же в Москве поползли слухи, что Склянского по приказу Сталина утопили агенты Государственного политического управления (ГПУ).

Фрунзе тоже прожил недолго. В ноябре 1925 г. он умер под ножом хирурга. Пост наркома занял ставленник Сталина Климент Ворошилов. Сразу же после смерти Фрунзе распространились слухи о том, что Фрунзе был убит во время операции по указанию Сталина. Об этом писал 4 августа 1927 г. осведомленный и знакомый со многими советскими руководителями известный американский анархист Александр Беркман американскому советологу Исааку Дон Левину.[10] Тридцатью годами позже Борис Николаевский писал о том же одному из руководителей французской компартии Борису Суварину:

«Между прочим, встретил человека — профессор военной академии [им. М. В.] Фрунзе, который рассказал, что Тухачевский (они были товарищами по Михайловскому училищу) ему в 1925 г. говорил, что "операция" у Фрунзе была убийством».[11]

Но предоставим еще раз слово более информированному современнику тех лет — Троцкому. В его архиве среди черновиков незаконченной биографии Сталина касательно Фрунзе есть следующая запись:

«На посту руководителя вооруженных сил ему суждено было оставаться недолго: уже в ноябре 1925 г. он скончался под ножом хирурга. Но за эти немногие месяцы Фрунзе проявил слишком большую независимость, охраняя армию от опеки ГПУ. [...] Из всех данных ход вещей рисуется так. Фрунзе страдал язвой желудка, но считал, вслед за близкими ему врачами, что его сердце не выдержит хлороформа, и решительно восставал против операции. Сталин поручил врачу ЦК, т. е. своему доверенному агенту, созвать специально подобранный консилиум, который рекомендовал хирургическое вмешательство. Политбюро утвердило решение. Фрунзе пришлось подчиниться, т. е. пойти навстречу гибели от наркоза. [...] В конце 1925 г. власть Сталина была уже такова, что он смело мог включать в свои административные расчеты покорный консилиум врачей, и хлороформ, и нож хирурга».

В 1925 г. были проведены первые операции по отравлению советских перебежчиков за границей. 6 августа 1925 г. в одном из кафе Майнца работниками военного аппарата германской компартии братьями Голке по указанию Москвы был отравлен В. Л. Нестерович-Ярославский, сотрудник советской разведки, в годы гражданской войны — командир кавалерийский бригады, кавалер ордена Красного Знамени, награжденный за мужество почетным оружием. Нестерович-Ярославский был организатором в Софии операции по устранению болгарского короля и премьер-министра. В соборе во время службы, на которой присутствовали король и премьер-министр, был произведен подрыв бомбы. Взрыв был очень мощный, жертвы были многочисленные, но король с премьер-министром не пострадали. На Нестеровича-Ярославского провал операции произвел тяжелое впечатление; он впал в депрессию, перебрался в Германию, отказался вернуться в Москву и заявил, что отходит от дел. Тогда и было принято решение об его устранении.

В том же 1925 г. по похожим причинам порвал с советской разведкой нелегальный резидент СССР в Прибалтике Игнатий Дзевалтовский. В декабре 1925 г. он также был отравлен.

Сразу же после смерти Ленина, в 1924—1926 гг., началась борьба за власть между генеральным секретарем коммунистической партии Сталиным и Дзержинским — председателем Объединенного государственного политического управления (ОГПУ) — еще одно название будущего КГБ. Мы знаем об этом из фотографий.

Дело в том, что в январе 1924 г. было положено начало важной советской традиции: комиссию по организации похорон умершего вождя всегда возглавляет главный претендент на пост умершего. Комиссию по организации похорон Ленина возглавил председатель ОГПУ Дзержинский, вместе со Сталиным участвовавший в заговоре по устранению Ленина, непосредственный начальник Ягоды, посетившего Ленина 21 января, в день смерти. Дзержинский был первым в ряду членов правительства, несших гроб Ленина.[12]

Сталин не мог терпеть такого соперничества. 20 июля 1926 г. Дзержинский скоропостижно скончался, по официальной версии от сердечного приступа.

Слухи о том, что Дзержинский умер не своей смертью, ходили давно. Вот что писал 1 сентября 1954 г. Николаевский в письме известному российскому социал-демократу, публицисту и общественному деятелю эмиграции, автору нескольких книг о Ленине Н. В. Валентинову-Вольскому:

«Отравления с помощью врачей с давних пор были излюбленным приемом Сталина [...] Относительно отравления Дзержинского я сам отказался верить, [...] но после этого я слышал ту же историю [...] от человека, стоявшего во главе одной из групп аппарата» — Георгия Маленкова, секретаря ЦК партии. «Теперь наткнулся в заметках Райса» [советского разведчика, сбежавшего на запад и убитого по приказу Сталина в Швейцарии в сентябре 1937 г.] на слова наркома НКВД Николая Ежова, что «Дзержинский был ненадежен. В этих условиях я теперь не столь категоричен в отрицании возможности отравления [...] Я знаю, что Дзержинский сопротивлялся подчинению ГПУ контролю Сталина [...] Я знаю, далее, что сталинский аппарат на большие операции был пущен с осени 1926 г. [т. е. после смерти Дзержинского], что аппарат за границей Сталин себе подчинил в 1927—28 гг. Что смертью Дзержинского Сталин воспользовался, это несомненно, т. е. смерть Дзержинского была ему выгодна».[13]

К эпистолярным свидетельствам Николаевского следует добавить документальное. 2 июня 1937 г. Сталин выступил с обширной речью о раскрытии военно-политического заговора на расширенном заседании Военного совета при наркоме обороны. Касательно Дзержинского Сталин сказал следующее:

«Часто говорят: в 1922 г. [...] Дзержинский голосовал за Троцкого, не только голосовал, а открыто Троцкого поддерживал при Ленине против Ленина. Вы это знаете? Он не был человеком, который мог бы оставаться пассивным в чем-либо. Это был очень активный троцкист, и весь ГПУ он хотел поднять на защиту Троцкого. Это ему не удалось».[14]

«Не удалось» на языке Сталина означало, что Дзержинский был убран.

Трагической смертью, то ли от рук Сталина, то ли в результате самоубийства, заканчивается в 1932 г. жизнь жены Сталина секретаря Ленина Надежды Аллилуевой. 10 апреля 1956 г. эмигрантская парижская газета «Русская мысль» опубликовала на эту тему заметку под недипломатичным названием «Сталин — убийца Аллилуевой». Газета писала:

«В Москве открыто обвиняют Сталина в убийстве его второй жены Надежды Аллилуевой. Впервые эти сведения появились в лондонских газетах 3 апреля, со ссылкой на московское издание "Советский кммунист", в котором указывалось, что Сталин "лично застрелил свою вторую жену"».

В 1934 г. умирает сменивший Дзержинского на посту председателя ОГПУ Вячеслав Менжинский. На открытом московском судебном процессе 1938 г. обвиняемый Генрих Ягода, дослужившийся к тому времени до должности наркома внутренних дел (т. е. начальника тайной полиции), признал, что он организовал убийство Менжинского с помощью врачей. В черновых записях к незаконченной биографии Сталина Троцкий пишет:

«Доктор И. Н. Казаков показал: "Вследствие моего разговора с Ягодой я выработал вместе с Л. Г. Левиным способ лечения Менжинского, который действительно разрушал его последние силы и ускорял его смерть. Таким образом, Левин и я практически убили Менжинского. Я дал Левину смесь лизатов, которая в сочетании с алколоидами вызвала намеченный результат, т. е. смерть Менжинского"».

Понятно, что арестованных пытали и что показания из них могли быть выбиты палачами. Но о том, что лаборатория ядов существовала и Ягода, имевший медицинское образование, был инициатором создания в 1920—1921 гг. при НКВД этой токсикологической лаборатории, известной как Лаборатория № 12, мы знаем из многих источников. Первым начальником «специального кабинета» как раз и был профессор медицины Игнатий Казаков.

В 1987 г. о лаборатории Ягоды вспоминал один из видных коммунистов Константин Петров. Однажды он был приглашен в кабинет Ягоды, где увидел «большой шкаф вдоль стены кабинета — дверь была приоткрыта. Шкаф был наполнен пузырьками, банками с какими-то медикаментами. Для личного лечения медицинских препаратов было слишком много. Их нахождение и использование не могло не вызвать определенных размышлений».[15]

Арестованного и расстрелянного в 1938 г. Казакова сменил профессор Григорий Майрановский, с марта 1937 г. работавший в «12-м отделе» НКВД. Он изучал «влияние смертоносных газов и ядов на злокачественные опухоли». В Варсонофьевском переулке было здание, примыкавшее к внутренней тюрьме НКВД по улице Большая Лубянка. Там была спецкамера, где испытывали яды на приговоренных к смерти. Главная цель исследований — производство таких ядов, которые не оставляли бы следов в организме человека. Так был создан яд карбиламинхолинхлорид, известный как «К-2». От его инъекции человек умирал за 15 минут. В 1943 г. руководитель Народного комиссариата государственной безопасности (НКГБ — еще одно название будущего КГБ) Всеволод Меркулов приказал присвоить Майрановскому степень доктора медицинских наук и звание профессора «по совокупности работ без защиты диссертации». В своем ходатайстве Меркулов указывал, что «за время работы в НКВД тов. Майрановский выполнил 10 секретных работ, имеющих важное оперативное значение».

Менжинский умер (или был убит) 10 мая 1934 г. На следующий день умер сын известного советского писателя Горького Максим Пешков. «Ягода находил, что сын Горького ведет дурной образ жизни, — писал Троцкий, — оказывает неблагоприятное влияние на отца и окружает отца «нежелательными людьми», отсюда он приходит к выводу устранить сына и предлагает доктору Левину оказать ему содействие в ликвидации сына Горького [...] Ягода имел особый шкаф ядов, откуда по мере надобности извлекал драгоценные флаконы и передавал их своим агентам с соответствующими инструкциями. В отношении ядов начальник ГПУ, кстати сказать, бывший фармацевт, проявлял исключительный интерес. В его распоряжении состояло несколько токсикологов, для которых он создал особую лабораторию, причем средства на нее отпускались неограниченно и без контроля».

Заместителем руководителя, а затем руководителем НКВД Генрихом Ягодой с помощью работавших в Кремле врачей были отравлены еще два известных в СССР человека: член ЦК партии и руководитель Госплана СССР Валериан Куйбышев, умерший 25 января 1935 г., и Максим Горький, умерший 18 июня 1936 г.

Официально считалось, что Куйбышев умер от склероза сердца. Однако сын Куйбышева Владимир утверждал, что его отец был абсолютно здоров: «Состоялся консилиум из специально подобранных врачей и вскрытие. Причина смерти — склероз сердца. Это заключение вызывает сомнение, даже недоумение, ибо у отца было здоровое сердце. За два дня до кончины, 23 января, отец в разговоре со своей сестрой Еленой, провожая ее до двери, смеясь, говорил: «Самое здоровое в моем организме — это сердце!» Владимир Куйбышев считал, что лечащий врач Куйбышева Левин убил его отца посредством «тщательно подобранной дозы специально рассчитанных “лекарств”-ядов».[16]

Версия об убийстве Куйбышева выглядит правдоподобной еще и потому, что через три года, в 1938 г., был расстрелян брат Валериана Куйбышева Николай, военачальник, командир корпуса, герой гражданской войны, награжденный четырьмя орденами Красного Знамени, трижды раненный в боях. В момент ареста он был командующим Закавказским военным округом. Его вызвали из Тбилиси в Москву и арестовали в дороге в поезде, ночью. 1 августа 1938 г. во время допроса в Бутырской тюрьме Николая Куйбышева убили. По одной из версий его застрелил лично Лаврентий Берия, новый руководитель НКВД.

16 февраля 1938 г. в Париже скоропостижно скончался сын Троцкого Лев Седов. От чего именно он умер выяснено так никогда и не было. Много позже стало известно, что сын Троцкого был отравлен советским агентом, вхожим в его окружение. В том же 1938 г. Сталин публично обвинил Ягоду и лечащих врачей советского правительства в убийствах Менжинского, Пешкова, Куйбышева и Горького. Троцкий пишет: «Рядом с Ягодой на скамье подсудимых сидели четыре кремлевских врача, обвинявшихся в убийстве Максима Горького и двух советских министров: “Я признаю себя виновным в том, — показал маститый доктор Левин, который некогда был также и моим врачом, — что я употреблял

лечение, противоположное характеру болезни". Таким образом "я причинил преждевременную смерть Максиму Горькому и Куйбышеву". Казаков был в этом отношении особенно полезен, так как он, по словам доктора Левина, оперировал при помощи медикаментов, которые он сам изготовлял без всякого контроля в своей лаборатории, так что он один знал секрет своих инъекций [...] Показания доктора Левина, 68-летнего старика, производило наиболее потрясающее впечатление. По его словам, он намеренно содействовал ускорению смерти Менжинского, Куйбышева и самого Максима Горького. Он действовал по требованию Ягоды, ибо боялся "истребления своей семьи". Горький представлял серьезную опасность. Он находился в переписке с европейскими писателями, его посещали иностранцы, ему жаловались обиженные, он формировал общественное мнение. Никак нельзя было заставить его молчать. Арестовать его, выслать, тем более расстрелять — было еще менее возможно. Мысль ускорить ликвидацию больного Горького "без пролития крови" через Ягоду должна была представиться при этих условиях хозяину Кремля как единственный выход. Голова Сталина так устроена, что подобные решения возникают в ней с силою рефлекса. [...] После смерти писателя сразу возникли подозрения, что Сталин слегка помог разрушительной силе природы. Процесс Ягоды имел попутной задачей очистить Сталина от этого подозрения».[17]

27 февраля 1939 г. умерла вдова Ленина Надежда Крупская. В 1957 г. на заседании Политбюро ЦК КПСС первый секретарь ЦК Никита Хрущев сообщил со ссылкой на архивы Лубянки, что Крупскую отравил Сталин, приславший ей в подарок на 70-летие ее любимый торт (Крупская родилась 26 февраля 1869 г.).

Вторая мировая война 1939—45 гг. надолго отвлекла внимание советских спецслужб от операций по индивидуальному отравлению политических противников, прежде всего потому, что и в годы войны чаще всего практиковался вывоз противников с оккупированных советской армией территорий в СССР. После войны часто практиковались похищения, но далеко не только с оккупированных территорий. Так, 19 августа 1947 г. был похищен из Египта бывший заведующий корреспондентским пунктом Телеграфного агентства Советского Союза (ТАСС) Михаил Александрович Коростовцев. 25 сентября из Западного Берлина был выкраден активист антисоветской организации Народно-Трудовой союз (НТС) Юрий Андреевич Трегубов. В том же 1947 г. оперативной группой Народного комиссариата государственной безопасности (НКГБ — еще одно название будущего КГБ) был похищен из Вены американский генерал Станли Дубик, во время войны возглавлявший нелегальную американскую разведку в Польше, оккупированной сначала немцами, затем — советской армией. В 1948 г. из Западного Берлина был выкраден начальник немецкой контрразведки в Париже генерал Сарториус.

В 1950-е годы похищения неожиданно прекратились и возобновились убийства и отравления. 15 февраля 1951 г. в Аргентине был отравлен известный журналист-антикоммунист Николай Февр. В 1953 г. было подготовлено и лишь в самый последний момент из-за болезни Сталина отменено убийство через отравление руководителя Югославии Иосипа Броз Тито, с которым у Сталина возник идеологический конфликт.

С большой степенью вероятности можно утверждать, что болезнь и смерть Сталина в начале марта 1953 г. также были вызваны отравлением, и именно в результате этого отравления Сталин 5 марта скончался. Организаторов заговора было четверо: руководитель НКВД Лаврентий Берия и три партийных руководителя — Георгий Маленков, Николай Булганин и Никита Хрущев. Возглавлял заговорщиков Берия. Он же претендовал на должность руководителя партии и государства вместо Сталина. Однако возглавлявший НКВД с декабря 1938 г. Берия был слишком ненавистен всей партийной элите. В июне 1953 г. Берия был арестован самими же соучастниками заговора и после непродолжительного пребывания в тюрьме застрелен примерно 22 декабря 1953 г. прямо в тюрьме маршалом советской армии П. Батицким.

Таким образом, все первые руководители советской госбезопасности умерли при обстоятельствах необычных: Дзержинский — скоропостижно в 1926 г.; сменивший его Менжинский был залечен или отравлен врачами и умер в 1934-м; сменивший его Ягода был расстрелян в 1938-м; сменивший Ягоду в 1936 г. Николай Ежов был расстрелян в 1939 г.; сменивший его Берия был убит в 1953-м; Всеволод Меркулов, глава НКГБ-МГБ в 1941—46 гг., был расстрелян в том же 1953 г. В 1954 г. был расстрелян сменивший Меркулова Виктор Абакумов. Единственным уцелевшим министром госбезопасности тех лет был Семен Игнатьев. Он возглавлял Министерство государственной безопасности (МГБ) в

1951—1952 гг., затем был отстранен от должности, занимал различные партийные посты, а в 1960 г. был отправлен на пенсию.

13 декабря 1951 г. был арестован профессор Майрановский. В качестве обвинений ему предъявили шпионаж в пользу Японии, хищение и незаконное хранение ядовитых веществ, злоупотребление служебным положением. Находясь в тюрьме, Майрановский отчаянно боролся за свою реабилитацию, написал несколько писем на имя министра государственной безопасности Игнатьева, а позднее — на имя Берии. Однако решением Особого совещания при Министерстве государственной безопасности (МГБ — еще одно название будущего КГБ) Майрановский был приговорен к 10 годам тюремного заключения. После освобождения в начале 1962 г. ему было запрещено жить в Москве, Ленинграде и столицах союзных республик. Последние годы жизни Майрановский работал в одном из научно-исследовательских институтов в Махачкале. Он умер в 1971 г.

Генеральный прокурор СССР Андрей Вышинский, главный координатор судебных процессов времен Сталина, собственноручно подписывавший смертные приговоры, ответственный за сталинские чистки партийного, государственного и военного аппаратов 30-х годов, к тому времени был представителем Советского Союза в Организации Объединенных Наций в Нью-Йорке. В конце октября 1954 г. он был вызван в Москву для доклада. Понимая, что в Москве его ждет неизбежный арест и расстрел за совершенные в годы правления Сталина преступления, Вышинский тянул с возвращением, отказывался ехать. Тогда 19 ноября 1954 г. из Москвы в Нью-Йорк прибыл с дипломатическим паспортом специальный агент МГБ, отравивший Вышинского. 22 ноября, в 9.15 утра советская делегация официально сообщила о том, что Вышинский скоропостижно скончался за завтраком от сердечного приступа в помещении советский миссии ООН, расположенной по адресу 680 Парк Авеню. Никто из посторонних — дипломаты, журналисты, полицейские — в помещение миссии допущены не были. Акт о смерти Вышинского был подписан «доктором Алексеем Кассовым», официальным врачом советского посольства в Вашингтоне и советской делегации ООН в Нью-Йорке.

Тогда же возник конфликт между американскими полицейскими властями, не хотевшими признавать акта, составленного «д-ром Кассовым», не имевшим лицензии на медицинскую практику в штате Нью-Йорк, и советской делегацией. Тем не менее утром 23 ноября труп Вышинского был вывезен спецсамолетом в Москву. Вместе с ним улетели агент с дипломатическим паспортом, прибывший из Москвы за четыре дня до этого, и посольский «доктор Кассов», больше в Америку не вернувшийся.

ОСНОВНОЙ ИНСТИНКТ КГБ

Технология убийств со смертью Сталина усовершествовалась. В 1954—55 гг. был убит представитель НТС в Берлине А. Трушнович; похищены сотрудники НТС В. Треммел (из Линца) и С. Попов (из Тюрингии). Для убийства руководителей НТС Георгия Околовича и Владимира Поремского в Германию прибыл капитан КГБ Николай Хохлов. Вместе с ним над устранением Околовича и Поремского в Германии работал немецкий агент КГБ Вильдпретт.

О Хохлове стоит упомянуть особо. Хохлов родился в 1922 г. в Нижнем Новгороде. Работал в советской разведке. В 1943 г. в Минске, оккупированном германскими войсками, участвовал в операции по ликвидации немецкого гауляйтера в Белоруссии В. Кубе. Затем был нелегалом в Румынии и Австрии. В марте 1952 г. готовился для очередного задания — ликвидации проживавшего за границей бывшего главы Временного правительства России А. Ф. Керенского. Однако после ареста Берии Хохлов был вызван в Москву, где ему сообщили об отмене операции по устранению Керенского и поручили организовать убийства во Франкфурте-на-Майне Околовича и Поремского. Однако поручение это Хохлов не выполнил. Вместо этого он явился к Околовичу на квартиру и рассказал ему о том, что прибыл с целью организовать убийство во Франкфурте руководителей НТС. Продолжительная беседа происходила один на один на квартире Околовича. В конце концов собеседники договорились о том, что Хохлов становится перебежчиком и Околович связывает его с ЦРУ. Немецкий сотрудник Хохлова Вильдпретт, названный Хохловым в беседах с американцами, немедленно сдался германским властям. Операция по устранению Околовича и Поремского закончилась провалом. И Хохлов был приговорен в Москве за измену родине к смертной казни.

15 сентября 1957 г., вскоре после публикации своих мемуаров, во время ежегодной политической конференции в Пальменгартене эмигрантского франкфуртского еженедельника «Посев», издающегося НТС, Николай Хохлов потерял сознание. Один из активистов НТС в Бельгии, Евгений Древинский, присутствовавший на конференции, вспоминал позднее, что Хохлов отхлебнул глоток из чашечки с кофе, принесенной по его просьбе кем-то из обслуги, но потом услышал, что началось интересующее его выступление, и побежал в зал, оставив чашку недопитой. Возможно, именно из-за недостаточной дозы принятого яда, Хохлов в конце концов остался жив.

Врач университетской клиники, куда доставили Хохлова, заподозрил отравление. Хохлова рвало, голова кружилась, температура повысилась, начались боли. Были очевидные симптомы желудочного заболевания. Поместили Хохлова в отделение гастроэнтерологии. Поставили диагноз пищевого отравления от употребления несвежих продуктов.

Через пять дней у Хохлова на лице и теле выступили багрово-коричневые полосы, темные пятна и черно-синие опухоли. Из глазниц стала сочиться липкая жидкость, в порах появилась кровь, кожа стала сухой, стянулась и пылала. От малейшего прикосновения выпадали большие клочья волос. Кожа потеряла эластичность и трескалась при малейшем натяжении. В местах, где кожа особенно тонкая, за ушами, под глазами, кровь вообще не успевала засыхать, и Хохлов беспрерывно просушивал ее марлевыми тампонами. Бинтовать его не могли, потому что бинты растирали ссадины и раны. В крови Хохлова шел непонятный для врачей быстрый процесс разрушения. Проведенные 22 сентября анализы показали, что белые кровяные шарики быстро и необратимо уничтожаются, упав до 700 при норме в 7000. Слюнные железы атрофировались. У Хохлова взяли пробу костного мозга. Оказалось, что большая часть кроветворных клеток мертва. Началось отмирание слизистой оболочки рта, горла, пищевода. Стало трудно есть, пить и даже говорить.

Из немецкой клиники Хохлова перевезли в американский военный госпиталь во Франкфурте. Шестеро американских врачей начали заниматься отравленным пациентом. Они круглосуточно вводили Хохлову инъекции кортизона, витаминов, стероидов и других экспериментальных препаратов, одновременно поддерживая его жизнь искусственным питанием, вводя его внутривенно, и почти постоянным переливанием крови. Рядом все время находился анестезиолог, облегчавший страдания Хохлова, готовились растворы для рта Хохлова, в котором совершенно отсутствовала слюна. Для консультаций были вызваны различные специалисты; спешно пересылались во Франкфурт новые лекарственные препараты.

После трех недель болезни состояние Хохлова стало улучшаться. Вскоре он покинул госпиталь, хотя еще многие месяцы оставался совершенно лысым и покрытым шрамами. Диагноз был поставлен уже тогда: отравление таллием. Несколько позже, в Нью-Йорке, один из известных американских токсикологов, изучив историю болезни Хохлова, пришел к выводу, что Хохлов был отравлен радиоактивным таллием. Это было первое упоминание о радиоактивном яде, используемом советской разведкой.

Бегство Хохлова в 1954 г. и неудачная попытка его отравления были не единственными провалами КГБ за границей. Точнее, работа заграничных групп КГБ всегда была сочетанием побед и поражений. 9 октября 1957 г. в Мюнхене сотрудник КГБ Богдан Сташинский в подъезде дома выстрелил из специальной трубки капсулой с синильной кислотой в лицо Льву Ребету — одному из лидеров украинской эмиграции. Ребет скончался на месте. Вскрытие показало, что он умер от сердечного приступа. Через два года, 15 октября 1959 г., в Мюнхене, Сташинский повторил операцию, выстрелив капсулой с цианистым калием в лицо лидеру украинских националистов Степану Бендере. Тот тоже скончался на месте. Обе эти операции следовало бы назвать успешными. Но еще через два года Сташинский, влюбившись в гражданку ФРГ, стал перебежчиком, сдался западногерманской контрразведке и все рассказал.

В 1960-е гг. наступила волна травли писателей (в буквальном смысле этого слова). 3 ноября 1961 г. в Буэнос-Айресе отравили эмигрантского журналиста и писателя Михаила Байкова. Вскоре уже в СССР были предприняты попытки отравления писателей-диссидентов — Александра Солженицына и Владимира Войновича. Обе попытки увенчались провалом для КГБ и удачей для писателей — писатели остались живы. В духе средневековой традиции вторично не вешать сорвавшегося с петли, КГБ решило обоих писателей оставить в живых. Солженицына выслали, а Войновича попросили эмигрировать из Советского Союза.

В 1978 г. в Лондоне был убит болгарский диссидент 49-летний Георгий Марков. Он был отравлен ядом рицин, изготовленным в СССР в «Лаборатории № 12». Кроме яда сотрудники болгарской госбезопасности получили от своих советских коллег специально сконструированный зонтик, стреляющий ядовитой капсулой. 7 сентября 1978 г. Марков возвращался на работу после обеда. Подходя к автобусной остановке у моста Ватерлоо, он почувствовал резкую боль в правой ноге. Обернувшись, он увидел мужчину лет сорока, наклонившегося над упавшим зонтиком. Подобрав зонтик, мужчина уехал в поджидавшем его такси. А Марков стал задыхаться, у него начала кружиться голова, а под штаниной он обнаружил кровоточащую рану. Добравшись до редакции Би-би-си, в болгарской студии которой работал Марков, он рассказал сослуживцам об истории с зонтиком. Вскоре Маркову совсем стало плохо, его увезли домой. Через четыре дня он умер, как тогда считалось — от сердечной недостаточности.

За пару недель до убийства Маркова агенты «Дуржавной сигурности» (болгарской госбезопасности) пытались ликвидировать еще одного болгарского диссидента — Владимира Костова, получившего политическое убежище в Париже. Спускаясь по эскалатору в метро, Костов почувствовал легкую колющую боль в ягодице. Вечером у него резко подскочила температура. Со следующего дня начались ежедневные лихорадки. Костов обратился к врачам, но те не могли поставить диагноз (был август, в Париже все солидные врачи были в отпусках, врач, осматривавший Костова оказался практикантом). Только после внезапной смерти Маркова, о которой стало известно в Париже, при повторном внимательном осмотре Костова у него обнаружили и удалили из мягких тканей микроскопическую капсулу, подобную той, что обнаружили в ноге у Маркова. Оболочка капсулы на 90% состояла из платины, на 10% — из иридия. Внутри капсулы находился яд рицин.

В 1980 г. советский гражданин, двойной агент ЦРУ Борис Коржак, в магазине в Вирджинии — в пригороде Вашингтона — почувствовал укол, как укус комара. У него поднялась температура, а через несколько дней началось внутреннее кровотечение и аритмия. Врач извлек из «комариного укуса» капсулу. Как и в Париже, и в Лондоне, в капсуле были сделаны два небольших отверстия, залепленные воском. В теле воск растворялся, и яд попадал в организм. Ни Костов, ни Коржак точно не понимали, как именно капсулы попали в тело. Прошли годы. Рухнул Советский Союз. Заговорили участники тех далеких спецопераций. И сегодня нам известны все подробности убийства Маркова и покушений на Костова и Коржака.

ОСНОВНОЙ ИНСТИНКТ ФСБ

1990-е гг. принесли новые веяния в работу органов российской госбезопасности. Древнейшее орудие убийства — яд — ФСБ использует не для борьбы с идеологическими противниками, как было в советские годы, а с критиками КГБ-ФСБ. К такой категории жертв относятся заместитель главного редактора «Новой газеты» член Государственной думы Юрий Щекочихин, журналист той же газета Анна Политковская, бывший подполковник ФСБ Александр Литвиненко. Следующая группа жертв — враги российского государства, претендующие на власть в республиках, которые российское руководство считает своими вассальными территориями. К этой группе относятся нынешний президент Украины Виктор Ющенко, чеченский полевой командир Хаттаб, бывшие и действующие президенты восставшей Чечни Джохар Дудаев, Зелимхан Яндарбиев, Аслан Масхадов (все они убиты). Наконец, смертельными врагами ФСБ оказались те, кто слишком быстро взлетели по иерархической лестнице и, перескочив на другую орбиту, претендовали на передел власти в России. К этим людям относились бизнесмены-политики Иван Кивилиди и Борис Березовский, либо те, кто слишком много знал и мог скомпрометировать Кремль и высшее руководство: бывший начальник охраны Путина в Санкт-Петербурге Роман Цепов, бывший мэр Санкт-Петербурга Анатолий Собчак, бывший крестный отец Санкт-Петербурга Владимир Барсуков-Кумарин, арестованный в сентябре 2007 г.

Всех убитых, отравленных, арестованных или вытесненных из России объединяло только то, что они по разным причинам представляли для власти угрозу. Поэтому остается предположить, что именно власть принимала решения об устранении этих людей, в том числе с использованием сильнодействующих ядов, произведенных в лабораториях ФСБ, хранящихся в сейфах ФСБ и применяемых профессионально обученными сотрудниками ФСБ, специализирующимися на отравлении людей ядами.

Если прибавить к этому, что правоохранительные органы, прежде всего генпрокуратура, следственные органы, сама ФСБ и суд всячески охраняют профессионалов-убийц и суперпрофессионалов-отравителей как величайшее достояние республики, становится понятно, почему ни одно из убийств или отравлений не было и не будет раскрыто. Неприкосновенность агентов-убийц (и суперагентов-отравителей) обеспечивают те же люди, которые отдают приказы об устранении жертв.

ОТРАВЛЕНИЕ ИВАНА КИВИЛИДИ

1 августа 1995 г. в московской Центральной клинической больнице скончался президент ассоциации «Круглый стол бизнеса России», председатель Совета по предпринимательству при правительстве России, президент Росбизнесбанка, председатель партии Свободного труда (ПСТ) Иван Кивилиди. Он умер от очень редкого яда, который был подложен в трубку его сотового телефона. На этом убийстве стоит остановиться подробнее, так как оно стало одним из первых в современной цепочке отравлений, организованных российскими спецслужбами.

Как ясно из перечисленных выше титулов, Кивилиди был не просто бизнесменом. Он был одним из тех, кто попытался одновременно стать политиком, воздействующим на российское правительство. В частности, Кивилиди принял активное участие в парламентской кампании 1995 г. Проповедуемые им взгляды следует назвать либеральными. Вот несколько из его высказываний:

«Большинству предпринимателей абсолютно ясны и понятны либеральные ценности, за которые выступает ПСТ и которые члены партии настойчиво пытаются провести в Конституцию [...] Кроме того, у членов ПСТ есть желание участвовать в конституционном процессе и влиять на создание свода федеральных законов. [...] Мы идем в одном блоке с Российским движением демократических реформ (Гавриил Попов, Анатолий Собчак), поскольку наши программы полностью совпадают, за исключением представлений о военной доктрине страны».

На парламентские выборы некоторые демократические организации решили идти в составе избирательного объединения под названием «Российское движение демократических реформ» (РДДР). 27 октября 1994 г. на пресс-конференции в Санкт-Петербурге Собчак огласил список лидеров движения. Третьим в списке, после Собчака и профессора Святослава Федорова шел лидер ПСТ Иван Кивилиди.

29 октября Кивилиди от имени предпринимателей уже готов был разговаривать с правительством с позиции силы. На съезде Общероссийского объединения «Круглый стол бизнеса России» (КСБР) председатель Совета по развитию предпринимательства при правительстве России Кивилиди заявил, что у предпринимателей «есть возможность и, главное, необходимость стукнуть кулачком по столу и что-то потребовать от правительства». Со стороны «вообще всех аппаратчиков», заявил он «предпринимаются аспидные потуги влезть на предпринимательскую спину» и навязать реформы сверху, как это было всегда. Но времена изменились. Теперь «с предпринимателями реально начнут считаться».

В сентябре 1994 г. возглавляемый Кивилиди КСБР добился от правоохранительных органов освобождения из-под ареста бизнесмена Льва Вайнберга, арестованного по обвинению в даче взятки. Кивилиди назвал этот арест «изжогой определенных кругов, раздраженных долгой неприкасаемостью предпринимателей», а освобождение Вайнберга — победой «предпринимателей, которым удалось объединиться перед лицом надвигающейся опасности». Как писала через несколько дней, 13 сентября, газета «КоммерсантЪ-Daily», организованная в поддержку предпринимателя и общественного деятеля Льва Вайнберга встреча «вылилась в обсуждение проблем защиты предпринимателей от произвола властей».

10 сентября по инициативе Кивилиди КСБР принял решение провести в ноябре всероссийский съезд представителей коммерческих предприятий и «получить полномочия для выражения интересов всех предпринимателей России».

В 1995 г. ко всем своим титулам Кивилиди прибавил еще один — депутат Государственной думы. Для недоброжелателей он, казалось, становился недосягаемым и неприкасаемым. Но именно потому, что российский бизнес устремился в политику, 1995 г. ознаменовал собой волну убийств бизнесменов. 10 апреля 1995 г.

в Москве был убит вице-президент банка «Югорский» 33-летний Вадим Яфясов. Он стал 43-м банкиром, убитым за последние годы. В ночь на 20 июля вместе со своим охранником на даче, расположенной на территории правительственного санатория «Снегири», в Истринском районе Подмосковья, был зверски убит 44-й банкир — президент коммерческого банка «Югорский» и член высшего совета Российской объединенной промышленной партии (РОПП) Олег Кантор. На теле убитого банкира были обнаружены ножевые и огнестрельные раны, глаза были выколоты. Когда через несколько дней после убийства Кантора руководители КСБР собрались на пресс-конференцию, председатель РОПП Владимир Щербаков с грустью заметил, что «Круглый стол» все больше стал напоминать похоронное бюро: «Мы регулярно собираемся, чтобы констатировать очередное убийство предпринимателя и в очередной раз воззвать к властям, когда прекратится этот беспредел. [...] Невозможно становится жить в стране, в которой системно проводится уничтожение предпринимательского слоя».

Действительно, из 30 членов президиума «Круглого стола» восемь уже были убиты.

Кивилиди назвал происходящее «геноцидом мозгов нации. [...] Ни одно убийство директора завода, банка не раскрыто. Предпринимательство сегодня — самая опасная профессия и складывается впечатление, что государству выгоден весь этот беспредел, полное бездействие. Был раньше Совет предпринимательства при правительстве, его разогнали. У охранных фирм в банках отбирают оружие. И в прицеле скоро окажутся не только предприниматели, а вообще те, у кого есть какая-то собственность. Жертва в лице банка "Югорский" Олега Кантора не последняя», — мрачно прогнозировал Кивилиди.

И не ошибся. Он стал следующим: 45-м убитым банкиром; 9-м убитым членом президиума возглавляемой Кивилиди ассоциации КСБР; 52-м убитым в 1995 г. крупным российским бизнесменом. 1 августа в состоянии комы Кивилиди был доставлен в московскую Центральную клиническую больницу, где 4 августа скончался, не выходя из комы. 2 августа в 1-ю градскую больницу была увезена в состоянии судорожного припадка секретарь Кивилиди Зара Исмалова, весь прошедший день отвечавшая на звонки по мобильному телефону Кивилиди. 3 августа Исмалова скончалась.

Десять дней тела Кивилиди и Исмаловой исследовали в моргах Центральной клинической больницы и Военного госпиталя им. Бурденко. Диагноз в справках о смерти указывал на острую сердечную недостаточность. Впрочем, по крайней мере один человек уже тогда заподозрил отравление. Патологоанатом Иосиф Ласкавый труп Исмаловой вскрывать отказался, а на истории болезни написал: «Имеются признаки отравления неизвестным ядом».[18]

18 августа 1995 г. появилось первое сообщение о том, что Кивилиди и его секретарь были отравлены радиоактивным ядом. Газета «Тверская жизнь» писала, что яд относился к тяжелым металлам кобальтовой группы, а российское телеграфное агентство ИТАР-ТАСС заявило, что «задержан военнослужащий, у которого изъяты контейнеры с радиоактивными материалами», вероятно, использованными в качестве яда при отравлении Кивилиди и Исмаловой. «Правоохранительными органами ведется следствие по этому делу».

Следует сказать, что это было первое и последнее упоминание российскими СМИ радиоактивных ядов в связи с делом об убийстве Кивилиди. Комментариев со стороны правоохранительных органов об арестованном офицере с радиоактивными ядами тоже не последовало. Будто не было никогда ни офицера, ни ареста, ни радиоактивных отравляющих веществ.

Формулу яда эксперты, однако, установили. Он был произведен в государственном оборонном химическом центре в поселке Шиханы, расположенном в Саратовской области. Информация об этом попала в СМИ от тогдашнего губернатора Саратовской области Дмитрия Аяцкова. Он возмущался тем, что военным химикам месяцами не платят зарплату, из-за чего они вынуждены работать на сторону.

В 1997 г. МВД России также сообщило, что, согласно проведенной экспертизе, вещество, которым был отравлен Кивилиди и его секретарь, являлось боевым отравляющим веществом нервно-паралитического действия, фосфорсодержащим ядом, изготовленным в секретном химическом центре в Шиханах. Элементы реактива, положенного в основу этого яда, были открыты в Швеции в 1957 г. Они прозрачны, невидимы для человеческого глаза, легко испаряются. В организм проникают через поры кожи или дыхательные пути. Смерть наступает через несколько часов. Установить ее причину без сложнейшего анализа невозможно.

Глава администрации центра в Шиханах Станислав Нестеров заявлением МВД был озадачен: «Это суперсовременное отравляющее вещество, формула которого строго засекречена. Ни я, ни местное ФСБ не знает ни одного случая незаконных продаж таких ядов. Если бы это было, то разразился бы международный скандал. Представляете, в Шиханах у государственного института органического синтеза любой желающий может купить яд, да еще тот, который используется в шпионской деятельности».[19]

Конечно, представить, что «любой желающий» мог такой яд «купить» было действительно невозможно. Кто же имел доступ к подобным ядам и одновременно был заинтересован в убийстве Кивилиди? Кто в 1995 г. был вторым после президента человеком в стране? Кто добывал всеми доступными способами деньги и пытался поставить под свой контроль банки в преддверии президентских выборов 1996 г.? Этим человеком был руководитель Службы безопасности президента генерал Коржаков.

Следует отдать должное российской прессе. Она назвала людей, заинтересованных в смерти Кивилиди. 19 апреля 1997 г. лучшая и самая серьезная российская газета «КоммерсантЪ-Daily» писала:

«В последние годы жизни Иван Кивилиди занимался не столько предпринимательством, сколько общественной деятельностью. Будучи председателем "Круглого стола бизнеса России", он мог резко осудить наезд Службы безопасности президента на "Мостбанк" или залоговые аукционы по передаче госпакетов акций крупным финансовым структурам... Иван Кивилиди выступал за конкурентные аукционы, против кулуарных решений и смычки госчиновников с воротилами бизнеса. У нас есть конкретная информация, что один из этих людей ему угрожал физической расправой, если Кивилиди не закроет рот», — признался корреспонденту "Коммерсанта-Daily" один из следователей».[20]

22 июля 1999 г. «Московская правда» назвала еще одно заинтересованное в смерти Кивилиди лицо: Сосковца. Газета писала также, что камеры наружного наблюдения Росбизнесбанка, следящие за окрестностями, в день отравления Кивилиди были кем-то отключены.[21]

Однако намеками двух ведущим московских газет почему-то никто не заинтересовался. В 1999 г. правоохранительные органы России официально сообщили, что «дело зашло в тупик». Как сказала пресс-секретарь Московской городской прокуратуры, занимающейся этим преступлением, Светлана Петренко, «в настоящее время расследование приостановлено. Следователям не удалось пока получить никаких свидетельств, которые могут указывать на то, кто мог быть заинтересован в совершении этого преступления».[22] Миллион долларов вознаграждения, объявленный коллегами Кивилиди в 1995 г. за информацию, ведущую к поимке злоумышленников, остался невостребованным.

17 январе 2001 г. Министерство юстиции России торжественно сообщило, что и оно провело экспертизу причин смерти Кивилиди. Правда, руководитель Российского федерального центра судебной экспертизы Минюста Александр Каледин отказался уточнить конкретную причину смерти банкира, заявив, что разглашение такой информации относится к компетенции следственных органов. Каледин, однако, сообщил, что у вещества, которым был отравлен Кивилиди, «редкая формула, и его название содержится под большим секретом».

9 октября 2006 г. прокурор Москвы Юрий Семин заявил в интервью, что следствием досконально выявлен механизм убийства Кивилиди. «Его отравили с помощью вещества, аналогов которому попросту нет. И мы знаем, как оно сделано».

Правда, арестованный по подозрению в организации убийства человек к ядам отношения не имел. 30 июня 2006 г. был арестован бывший заместитель Кивилиди предприниматель и банкир Владимир Хуцишвили. Свою вину и причастность к убийству он полностью отрицал.

Впервые Хуцишвили — компаньона Кивилиди, члена совета директоров Росбизнесбанка — задержали 31 октября 1995 г. Но Хуцишвили свою вину отрицал и за отсутствием улик и недоказанностью обвинений был через 30 дней согласно предписанию закона освобожден. В декабре 1999 г. оперативники Московского уголовного розыска (МУРа) задержали человека (имя которого не было названо), давшего показания о том, что он лично продал яд Хуцишвили. По необъяснимым причинам Хуцишвили задержан не был, а уехал за границу. В декабре 1999 г. он был объявлен в розыск московской прокуратурой, и следователь по особо важным делам Алексей Кондратов вынес заочное постановление о привлечении Хуцишвили в качестве обвиняемого по уголовному делу об убийстве Кивилиди и его секретаря Исмаловой, хотя попыток оформить международный ордер на арест Хуцишвили российской стороной предпринято не было.

В 2006 г. Хуцишвили вернулся, считая, что дело десятилетней давности уже закрыто. Но в 8.30 утра у подъезда дома № 7 по улице Ефремова, где Хуцишвили остановился у приятеля, он был арестован. Каким образом в распоряжении Хуцишвили оказался яд и как именно он подложил этот яд в трубку мобильного телефона Кивилиди генпрокуратура России объяснить не смогла.

По мнению специалистов, отравить Кивилиди мог только профессионал, к каковым, безусловно, не относился его заместитель. Вот что сказал заведующий лабораторией Института эволюционной морфологии и экологии животных Ефим Бродский корреспонденту газеты «Московские новости»:

«— С помощью специального оборудования мы достаточно быстро установили формулу отравляющего вещества. Это вещество нервно-паралитического действия типа зарин.

— Известно ли, где производятся подобные ОВ?

— Я знаю несколько таких лабораторий.

— Вы могли бы назвать их?

— Нет.

— Кто, по-вашему, мог бы заложить в трубку яд?

— Только тот, кто умеет с ним обращаться.

— Предположим, что убийца, купивший отравляющее вещество, прошел подробный инструктаж.

— Нельзя постороннего человека обучить провести столь сложную операцию без риска во время закладки яда отравиться самому».

Все это привело корреспондента к выводу, который напрашивался сам собой: «Если яд мог заложить только специалист, работавший в лаборатории с отравляющими веществами, то, какие мотивы должны были заставить научного сотрудника пойти на столь рискованный шаг? [...] Сложность проведенной операции говорит о том, что сделать это могли только хорошо подготовленные люди, для которых охрана не препятствие и которые в состоянии привлечь к операции сотрудника секретной лаборатории. Такими возможностями обладают только спецслужбы. Косвенно это подтверждается и тем, что вот уже почти десять лет следствие не может раскрыть преступление. А ведь яд, использованный для убийства Кивилиди, эксклюзивный. При желании без особого труда вычисляются лаборатории, где он производится, и люди, имеющие к нему доступ».

ПОЛОНИЙ И ТАЛЛИЙ (КАК ПОБОЧНЫЙ ПРОДУКТ ПОЛОНИЯ)

Полоний открыла Мария Кюри. Российская подданная Мария Склодовская (Кюри) родилась в 1867 г. в Польше, входившей тогда в Российскую империю, и стала единственной женщиной, дважды получившей Нобелевскую премию за исследования в области радиоактивности. Первой из этих премий она была удостоена вместе с мужем Пьером Кюри, который погиб, сбитый фиакром. Мария пережила мужа на 28 лет и умерла от лучевой болезни. Одна из двух дочерей Марии и Пьера Кюри — Ирен — пошла по стопам матери и вместе с мужем Фредериком Жолио также получила Нобелевскую премию за исследования радиоактивности. Ирен и Пьер умерли от последствий лучевой болезни. Ирен — в возрасте 59 лет, Фредерик — в возрасте 58 лет.

Марией и Пьером Кюри были открыты элементы радий и полоний. Полоний как раз и был назван в честь родины Марии Кюри — латинским названием Польши.

Таллий (от латинского Thallium) — серебристо-белый металл с сероватым оттенком, мягкий и легкоплавкий. Он был открыт в 1861 г. в Англии сэром Уильямом Круксом. Упоминание о чрезвычайно токсичном химическом элементе таллии как об «орудии убийства» встречается и в детективных историях, и в истории современной. Таллий не имеет вкуса и запаха, чем пользуются преступники, — этот яд совершенно невозможно распознать. Отравление таллием тем более опасно, что проявляющиеся признаки отравления напоминают воспалительные процессы, с которыми человечество научилось бороться. Действие яда маскируется под грипп или бронхопневмонию. Назначаемые обычно в таких случаях антибиотики не оказывают лечебного действия, и болезнь продолжает развиваться. Таллий — яд замедленного действия. Он убивает изнутри, медленно и неотвратимо. Все зависит только от дозы. Единственным известным антидотом против таллия является так называемая «прусская синька».

Для понимания технологии убийств через отравления очень важно отметить, что радиоактивные яды типа полония-210, которым был отравлен Александр Литвиненко в Лондоне в ноябре 2006 г., при полураспаде как побочный продукт дают таллий. Именно на него часто указывают эксперты, сталкивающиеся с современными отравлениями. Однако вопрос о том, отравлена ли жертва таллием или более изысканным ядом, типа полоний-210, оставался незаданным, так как о существовании такого яда известно не было. В российских условиях ответить на этот вопрос могла только ФСБ, контролирующая соответствующие секретные лаборатории, использующая эти яды и не заинтересованная в разглашении информации. А за пределами России до ноября 2006 г. подозрений об использовании в качестве отравляющих веществ радиоактивных ядов не возникало, да и мобильной аппаратуры, позволяющей на местах определить присутствие подобных ядов в организме отравленного, не было.

СМЕРТЬ ЧИНОВНИКА — АНАТОЛИЯ СОБЧАКА

17 февраля 2000 г. Анатолий Собчак в качестве доверенного лица кандидата в президенты Владимира Путина прибыл в Калининградскую область для встречи с губернатором области Леонидом Горбенко. К тому времени все уголовные дела в отношении Собчака были закрыты, возбуждавшие их следователи и прокуроры были смещены со своих постов, а сердечная болезнь Собчака, обострившаяся из-за прошлых неприятностей, давно уже не давала о себе знать. В Калининграде Собчаку был устроен прием, во время которого Собчак выпил совсем немного, вернулся в свой гостиничный номер и умер. Произошло это в ночь с 19 на 20 февраля 2000 г. в Светлогорске.

Причиной смерти назвали сердечную недостаточность. Однако уже тогда стали распространяться неизвестно кем распускаемые слухи о том, что в гостиничном номере Собчака в момент его смерти были еще два человека и что он умер от несовместимости принимаемых им лекарств и алкоголя. Между строк догадливый читатель должен был увидеть закодированный авторами текст о том, что Собчак принимал виагру и умер в компании двух «девушек по вызову».

С присущим для российского журнализма цинизмом одна из газет так описала произошедшую с Собчаком трагедию:

«В Калининград Собчак приехал не как опальный и преследуемый уголовник и один из крестных отцов российской мафии, а как наставник, учитель и доверенное лицо действующего президента страны. Собчак въехал в Калининград как победитель на "белом коне", как человек, находящийся снова на взлете своей политической карьеры. К этому времени все уголовные дела Собчака уже были закрыты не без участия того же Путина, а сами "преследователи" были смещены со своих постов, все до единого, от генерального прокурора России до рядовых следователей. Благодаря любимому ученику-президенту Собчак выиграл в суде все свои иски к СМИ, которые в разное время "осмеливались" публиковать нелицеприятную информацию о Собчаке. На всем протяжении своего визита в Калининградскую область Собчака не покидало великолепное самочувствие и не сходила улыбка с лица. В этих условиях заработать инфаркт можно было разве что от радости».

Иными словами, ни сторонники Собчака, ни противники не верили в его естественную смерть. Медицинское заключение прессы было однозначно — Собчака убили:

«Сегодня в диверсионной деятельности спецслужб используются в основном препараты, маскирующие свои действия под ненасильственные причины смерти: инфаркт, инсульт и т. д. Многие эти яды убивают спустя несколько дней после применения, уже после того, как само химическое вещество было выведено из организма. Такой яд химической экспертизой обнаружить крайне затруднительно или вообще невозможно. Из таких "маскировочных" ядов в российских спецслужбах наиболее популярны "фторацетаты" — производные фторуксусной кислоты. Это твердые, растворимые в воде вещества или летучие жидкости без вкуса, цвета и запаха. Смертельная доза составляет 60—80 миллиграммов. Отравленный фторацетатами человек лечению уже не поддается и умирает через несколько суток от остановки сердца».

«Единственным человеком жизненно заинтересованным в смерти Собчака является Владимир Путин, — писала другая газета. — Слишком многое поставлено на карту, слишком многому в планах Путина могло бы помешать просто физическое существование Собчака. Ни для кого не секрет, что именно Путин сделал все для того, чтобы Собчак смог вернуться в Россию после своего панического бегства за границу в результате начала расследования его уголовной деятельности на посту мэра Петербурга. [...] Необходимо понимать, что все это время, вплоть до смерти Собчака, над Путиным дамокловым мечом висела угроза возобновления расследования уголовной деятельности Собчака [...] что неминуемо привело бы и самого Путина на скамью подсудимых. Смерть Собчака естественно меняет эту ситуацию коренным образом. Но самое главное заключается в том, что, прикрыв все уголовные дела против Собчака и добившись его возвращения в Россию и в большую политику, Путин сам себя загнал в замкнутый круг. С одной стороны, он не может не содействовать воплощению в жизнь политических амбиций любимого учителя. В то же время для избирательной платформы Путина явная поддержка Собчака равнозначна, например, назначению Березовского премьер-министром. [...] Собчак был здоровым человеком. Его смерть является актом политического убийства с целью предотвратить негативное влияние имиджа Собчака на избирательную кампанию его ученика Владимира Путина. Нет никаких сомнений в том, что убийцей Собчака является его ученик-отравитель Владимир Путин».

Сам Путин сделал многое для того, чтобы укрепить общественное мнение России в мысли, что Собчака действительно отравили. Так, в начале 2000 г., незадолго до смерти Собчака, Путин в интервью сообщил, что преследование Собчака было инициировано Александром Коржаковым и Олегом Сосковцом и что против бывшего мэра «играли очень грязно». В день своего приезда в Санкт-Петербург на похороны Собчака Путин заявил в интервью радио «Балтика», что «уход Собчака — не просто смерть, а гибель и результат травли». В русском языке «травля» имеет двойное значение — гонение или отравление. Что именно имел в виду Путин, остается только догадываться.

Вскрытие тела Собчака в Калининграде по прямому указанию Путина сопровождалось беспрецедентными мерами безопасности. Все доступы к моргу отделения судебно-медицинской экспертизы травматологической больницы, где в обстановке чрезвычайной секретности производилась аутопсия, были перекрыты специальным отрядом милиции. В аэропорту «Храброво», откуда в тот же день вылетел в Санкт-Петербург специальный «траурный» самолет, тоже дежурили сотрудники милиции, ГИБДД и службы безопасности компании «Калининградавиа». Тело Собчака вывезли в Санкт-Петербург и 24 февраля 2000 г. спешно похоронили в Санкт-Петербурге без повторного осмотра тела авторитетными специалистами страны, как того следовало бы ожидать в подобном государственно важном случае. На этом фоне сообщение руководителя пресс-службы ФСО Сергея Девятого о том, что во время похорон Собчака в Санкт-Петербурге было предотвращено покушение на президента Путина, осталось незамеченным и неуслышанным.

ОТРАВЛЕНИЕ ЮРИЯ ЩЕКОЧИХИНА

3 июля 2003 г., после нескольких дней мучений, умер Юрий Щекочихин — депутат Государственной думы от партии «Яблоко», заместитель председателя думского Комитета по безопасности, член думской комиссии по борьбе с коррупцией, журналист, заместитель главного редактора «Новой газеты». В июле 2001 г. именно ему в Загребе Юрий Фельштинский передал для публикации в газете рукопись книги «ФСБ взрывает Россию». В августе 2001 г. несколько глав книги были опубликованы спецвыпуском «Новой газеты». Именно Щекочихин явился инициатором попытки организации думского расследования преступлений ФСБ, описанных в этой книге.

Щекочихин почувствовал недомогание 16 июня 2003 г. В этот день он находился в командировке в Рязани на открытии антикоррупционной комиссии, принимал участие в пресс-конференции. 18-го ему стало хуже. А 19-го и 20-го числа начала сходить кожа, как после сильного ожога. 21 июня он в тяжелейшем состоянии был доставлен в Центральную клиническую больницу (ЦКБ) Москвы. Согласно заключению судебно-медицинской экспертизы непосредственной причиной смерти Щекочихина явилась тяжелая общая интоксикация — синдром Лайелла (или острый эпидермальный некролиз) — острая токсико-аллергическая реакция, которая, как правило, развивается по типу лекарственного осложнения. Синдром Лайелла — патология достаточно редкая: один случай на миллион населения. Признаки системной токсико-аллергической реакции у Щекочихина были очевидны. В ЦКБ он поступил с высокой температурой, поражением слизистых, кожного покрова, нарушениями почечной функции, нарастающей дыхательной недостаточностью, в связи с чем в дальнейшем был переведен на искусственное дыхание. Не исключалось, что столь «редкая форма аллергии» была вызвана «неизвестным агентом», т. е. ядом неизвестной природы. Как мог попасть яд («неизвестный агент») в организм жертвы, осталось невыясненным, так как анализы не брались, материалы экспертизы обнародованы не были. Наоборот, результаты вскрытия и история болезни Щекочихина были засекречены по предлогом «врачебной тайны», в том числе они были скрыты и от семьи журналиста. Родственники Щекочихина так и не получили акта вскрытия. В возбуждении уголовного дела по факту вероятного убийства Щекочихина было отказано, хотя уже 3 июля 2003 г. председатель комитета Госдумы по безопасности Александр Гуров обратился в генпрокуратуру с просьбой возбудить уголовное дело по факту смерти Юрия Щекочихина.

Щекочихин умер накануне запланированной поездки в США, где он собирался рассказать американской общественности, конгрессменам и сенаторам о расследовании им крупных коррупционных дел. Среди этих дел одним из основных было дело фирмы «Три кита», прикрываемой высокопоставленными сотрудниками генпрокуратуры и ФСБ. Чем же был опасен для ФСБ Щекочихин? Приведем отрывок из его предсмертного интервью:

«Мне приходится работать на два фронта — в качестве депутата Государственной думы, зампреда Комитета по безопасности, цели которого — борьба с терроризмом и транснациональная преступность, и еще в Комиссии по борьбе с коррупцией Государственной думы и в “Новой газете”, которая тоже занимает сильные позиции по борьбе с коррупцией. Правда, я слово “борьба” не люблю, это больше анализ ситуации, того, что происходит сегодня. Много лет назад мы [...] дали определение мафии: “Лев прыгнул”. А в этом году в январе мы дали другую оценку:

"Лев прыгнул уже в погонах". По сравнению с тем, что сегодня происходит в наших спецслужбах, в прокуратуре, — все бандиты просто "тимуровцы". Сегодня именно эти люди, которые нужны, чтобы бороться с преступностью и коррупцией, сами подняли флаг коррупции и преступности. Это не обошло ФСБ, чего ранее никогда не было, теперь постоянно — крыши, которые они обеспечивают, огромные деньги, которые они получают, и контроль за портами и банками, который осуществляется ФСБ. Я уж не говорю о милиции. [...] Надо менять всю систему и установки. Я уж не говорю о том, что милиционеров слишком много. Вот только в Москве примерно 110 тысяч милиционеров, а в Лондоне — около 40 тысяч, хотя в Лондоне чувствуешь себя безопасней».

Щекочихин боролся прежде всего с коррупцией государственного уровня, и больше всего его ненавидели представители государственной власти. Среди тех, у кого были основания считать Щекочихина своим врагом, были заместитель генерального прокурора Юрий Бирюков и тогдашний заместитель директора ФСБ Юрий Заостровцев, да и сами генпрокурор (Владимир Устинов) и директор ФСБ (Николай Патрушев) вряд ли были довольны журналистскими расследованиями Щекочихина. Сергей Соколов, заместитель главного редактора «Новой газеты», так описывал деятельность Щекочихина в последние недели и месяцы:

«В последнее время Юрий Щекочихин усиленно занимался делом "Трех китов". Кроме того, он активно готовил материалы, связанные с чеченской проблемой, с поиском мира и вообще всей этой тематикой. Он ездил в Чечню в составе комиссии Госдумы. Это было непосредственно перед поездкой в Рязань. И естественно, он готовил фрагмент очередного заседания думской Комиссии по коррупции. Это опять-таки связано с "Тремя китами" и вытекающими из этого моментами, связанными с Генпрокуратурой» [23].

Но поскольку именно генпрокуратура и ФСБ принимали решение о том, возбуждать ли следствие по факту смерти Щекочихина, расследованию даже не суждено было начаться, поскольку в нем не были заинтересованы именно генпрокуратура и ФСБ, ответственные, скорее всего, за организацию отравления Щекочихина.

ПОПЫТКИ ОТРАВЛЕНИЙ АННЫ ПОЛИТКОВСКОЙ И НАНЫ ЛЕЖАВА

Анна Политковская умирала несколько раз. В начале сентября 2004 г. была предпринята первая известная попытка отравления журналистки в самолете, летевшем в Северную Осетию. Политковская намеревалась освещать захват чеченскими террористами 1 сентября 2004 г. школы в Беслане. Предполагалось, что Политковская, пользовавшаяся всемерным уважением чеченцев, сможет принять участие в переговорах с террористами и добиться освобождения заложников. Политковская намеревалась также попробовать связаться с непризнанным Москвою президентом самопровозглашенной чеченской республики Асланом Масхадовым и попросить его, рискуя жизнью, прибыть в Беслан для переговоров с террористами, что могло привести к снятию террористами осады школы.

Именно поэтому спецслужбам России важно было любой ценой предотвратить прилет Политковской в Северную Осетию, поскольку в этом случае ликвидаторами кризиса и спасателями детей стали бы не российские спецслужбы, а журналистка Политковская и непризнанный Москвой президент Масхадов. На борту самолета Политковская, предусмотрительно отказывавшая есть, попросила у стюардессы стаканчик чая. Затем она потеряла сознание, впала в кому и очнулась уже в больнице. Политковская выжила, но на переговоры с террористами в Беслане опоздала, так как провела те трагические дни в реанимации.

В отличие от Анны Политковской журналистка грузинского независимого телевизионного канала «Рустави-2» Нана Лежава смогла прибыть в Беслан и передать оттуда несколько остросюжетных репортажей о захвате террористами школы. 3 сентября она была задержана вместе с оператором Леваном Тетвадзе после передачи в эфир сообщения о том, что первый взрыв в здании школы произошел с внешней стороны спортзала. Из этого следовало, что огонь первыми открыли не террористы, как утверждали российские власти, а спецслужбы, взрывавшие стену для проникновения в здание школы. Во время пятидневного пребывания в следственном изоляторе ФСБ Лежава неоднократно допрашивалась. В какой-то момент ей предложили кофе. Она выпила его и потеряла сознание. Впоследствии в организме Лежавы был выявлен опасный для жизни токсин. Отравляющий препарат был из разряда тяжелых психотропных веществ, вызывающих диффузные изменения в головном мозге и действительно повлекший его повреждения.

ОТРАВЛЕНИЕ РОМАНА ЦЕПОВА И АРЕСТ ВЛАДИМИРА БАРСУКОВА-КУМАРИНА

В жизни Романа Цепова не все сложилось гладко. Еще в 1994 г. конкуренты и противники сумели привлечь Цепова к уголовной ответственности за незаконное хранение и ношение огнестрельного оружия. Трудно себе представить, что руководитель охранного отделения не имел права на ношение огнестрельного оружия. Тем не менее Цепов был арестован. Правда, он и из ареста извлек выгоду: «Когда я сидел в следственном изоляторе, в соседней камере держали питерского авторитета Малышева. Он попросил: “Выйдешь — поохраняй мою семью”. И я охранял, потому что мне за это платили деньги. И многие авторитеты, не буду называть их имен, сегодня тоже под охраной моих людей». Так были налажены деловые отношения между ЧОПом Цепова и крупнейшими мафиозными структурами Санкт-Петербурга.

В марте 1998 г. против Цепова снова возбудили уголовное дело. Во время следствия выяснилось, что Цепов одновременно является агентом или сотрудником сразу нескольких силовых ведомств: ФСБ, МВД и СВР; что он имеет пять документов прикрытия.

В 1999 г., не дожидаясь результатов расследования, Цепов по загранпаспорту и автомобильным правам, оформленным на чужую фамилию, уехал в Чехию, но вскоре вернулся и продолжал заниматься своими делами, контролируя (редко возглавляя формально) ряд легальных коммерческих структур и теневых «бизнесов»; собирая охранную дань, распределяя и перераспределяя эти деньги.

Сфера его деятельности постепенно расширялась — охранный и фармацевтический бизнесы, порты, туризм, перевозки, страхования и даже СМИ. Уже после переезда Путина в Москву и занятия Путиным должности президента Цепов поддерживал тесные контакты со многими силовиками — от министра внутренних дел Рашида Нургалиева до начальника теперь уже президентской охраны Владимира Золотова. Кроме этого Цепов лоббировал назначения офицеров МВД и ФСБ; был вхож к замглаве президентской администрации Игорю Сечину и даже к Владимиру Путину.

24 сентября 2004 г. Цепов скончался. В отличие от случая Щекочихина, диагноз был поставлен немедленно: отравление радиоактивным ядом. Врачи констатировали поражение спинного мозга, сопровождавшееся симптомами ярко выраженной лучевой болезни.

Цепов почувствовал недомогание 11 сентября. В этот день утром он завтракал у себя на даче, затем отправился на Литейный проспект, дом 4, в здание УФСБ по Санкт-Петербургу и Ленинградской области. Там он пил чай. Потом поехал в Главное управление внутренних дел (ГУВД), где встречался с начальником одного из подразделений и ел мороженое. В 4 часа дня ему стало плохо. Но врачи не могли установить точный диагноз. Симптомы напоминали сильное пищевое отравление. В тяжелом состоянии он был доставлен в одну из частных клиник Санкт-Петербурга. За два дня до смерти он был переведен в Центр передовых медицинских технологий (бывшая больница им. Свердлова). Планировался срочный вывоз Цепова на лечение в Германию. Но болезнь развивалась слишком стремительно, вывезти в Германию Цепова не успели.

Данные предварительной экспертизы показали, что в крови содержалось большое количество лекарственного препарата, используемого при химиотерапии больных раком крови (лейкемией). Но умерший не страдал онкологическими заболеваниями. По версии медиков, смертельная доза препарата в виде раствора или измельченных таблеток могла быть введена в пищу. Эксперты расходились во мнениях: радиоактивные изотопы, неизвестный яд, соли тяжелых металлов.

Многие годы наблюдал Цепова его лечащий врач, заведующий отделением 32-й больницы Петр Перумов. Предоставим ему слово, так как впервые об отравлении пациента нам рассказывает наблюдавший жертву отравления врач:

«Все началось субботним сентябрьским днем. Звонит его жена: Петр Ашотович, Роману плохо. Отравился. Какие симптомы? Рвота и понос. Я хоть и был за 300 километров от города, позвонил на работу и послал к нему домой бригаду. Я еще по Афганистану знаю, что это сочетание очень опасно — если это не остановить, наступает обезвоживание и обессоливание организма, человек быстро теряет силы... Задача — налить его. Дать жидкости и провести дезинтоксикацию. Единственное, что меня смутило сразу, не было температуры. Обычная токсикоинфекция сопровождается резким повышением температуры тела.

Всю ночь с субботы на воскресенье у него работала бригада реаниматологов, самочувствие немного улучшилось, но симптомы остались. Я приехал в воскресенье и убедил его лечь в больницу. Состояние было плохое. Рвоты уже не было, понос стал реже. Но главное — никаких признаков инфекции не было. Это было отравление без отравления.

Я пригласил крупного специалиста в этой области из Боткинской больницы. Мы делали бактериологические исследования и параллельно его лечили. Что нам сразу не понравилось — не было должного лейкоцитоза. Обычно организм борется с болезнью, и содержание лейкоцитов резко повышается. А у него реакции организма не было, защита не срабатывала.

Надо сказать, Роман накануне почти всю неделю провел в Москве, приехал в Петербург только в пятницу. Спрашиваем, что ел в тот день. "Ничего", — отвечает, только пил. По всему выходит, отравился он еще в Москве.

Рому надо было знать — он был очень избирателен в еде, в последнее время вел вегетарианский образ жизни. Не знаю, с чем это было связано — со здоровьем или какими-то другими причинами, но в случайных местах он не ел.

Первые сутки я просто ночевал в его палате. Мы капали ему все необходимые препараты, защищали все органы, очень серьезно работали. Самочувствие стало получше. Но клиники отравления по-прежнему не было. И это меня очень смущало. Более того, лейкоциты потихоньку стали снижаться, их было сначала порядка семи тысяч, потом они опустились до четырех тысяч. У меня уже возникло подозрение, что все это неспроста. А Роман — он все больше молчал и на расспросы мои о том, что и где ел, толком не отвечал.

На всякий случай, я решил его дополнительно проверить. Обыскал все лаборатории в Петербурге в поисках тех, которые бы могли определить соли тяжелых металлов. Нашел только одну — с трудом уговорил сделать срочный анализ. Через три дня получаем ответ — все в норме, но в моче обнаружена ртуть. Она хоть и в пределах нормы, но все равно такого количества никто не ожидал.

Тем временем самочувствие у него на фоне этой терапии понемногу улучшилось. Я отправил его на легкий массаж, и он стал потихоньку оживать. И в следующую пятницу Роман решил выписаться из больницы, более того, сам сел за руль и утверждал, что все у него пошло на поправку. Но лейкоциты все время падали, и в день выписки они у него уже были 2,5 тысячи. Я ему говорю — с такой кровью очень опасно, организм не сопротивляется, он открыт любой инфекции. Если мы на дне этого провала — это хорошо, а если нет? Но Роман настоял на выписке — я, мол, буду беречься.

Накануне мы собрали консилиум из ведущих врачей Петербурга [...] обсудили все анализы, и я немного успокоился — никаких особо плохих прогнозов никто не делал. Мы думали, может, это [...] лучевое отравление — клиника как при лучевой болезни. Но дозиметром посмотрели — все в пределах нормы.

Тем не менее в субботу я прислал ему домой медсестру, чтобы она поставила капельницу и взяла кровь на анализ. Она мне в воскресенье звонит: "Петр Ашотович, состояние мне его не нравится".

Я все бросил, приехал к нему — у него начался стоматит, такое ощущение, что содрали кожу с языка и губ. Симптоматика такая, как будто больному только что сделали курс химиотерапии. Мы думали, что это какая-то аллергическая реакция на какой-то препарат. Но нет такого препарата, который бы дал такую реакцию. Все было так, как будто ему сделали химиотерапию при лейкозе. Ведь смысл химиотерапии — убить опухоль, т. е. быстрорастущие клетки. Человек сначала ничего не замечает, а потом у него падают лейкоциты, начинается стоматит. Потом уже страдают клетки костного мозга, падают тромбоциты. И наступает третья стадия — в медицине она называется цитопиния. Это когда к больному подойти даже нельзя, он подхватывает любую инфекцию на расстоянии 5—7 метров. У Романа все было очень похоже на симптоматику при лечении лейкоза химией. К тому времени как раз началась вторая стадия — выраженная реакция, которая привела к опустошению костного мозга. Лейкоцитов была уже тысяча.

Мы опять собрали консилиум и сказали, что ему надо находиться в многопрофильной клинике, где есть служба переливания крови, инфекционисты. И профессор Голофинский предложил — давайте мы его возьмем к себе, на кафедру госпитальной терапии Медицинской академии. Там есть все, что нужно, любой специалист. Но Роман категорически отказался. [...]

Наконец семья приняла решение положить его в 31-ю больницу. Я тут же позвонил своей знакомой из этой клиники, большой умнице — профессору Белогоровой. Попросил ее вернуться с дачи, а были выходные. Через три часа звонит мне. "Знаешь, — говорит, — там все плохо, он буквально расползается у нас на глазах. Это, — говорит, — очень похоже... есть такой гемотоксический яд, которым лечат лейкоз".

На следующий день я послал в эту клинику все результаты исследований, но было уже поздно — вскоре Роман умер.

Расследование было очень непрофессиональное. В тысячу раз менее серьезные дела рассматривались куда тщательнее. У меня даже историю болезни не запросили. А потом был один непонятный звонок. "Здравствуйте, — говорят, — Петр Ашотович, мы судебные эксперты такие-то. Очень бы хотелось ваше мнение услышать, что же это было". Я предложил им приехать. "Нет, — говорят, — давайте телеконференцию проведем". Хорошо. Я им всю клинику рассказал. Высказал свои предположения о гемотоксическом яде. Они это внимательно выслушали, а потом говорят мне: "Петр Ашотович, а мы-то выяснили, отчего он умер. У Романа Игоревича был рак предстательной железы, и он сам себя залечил лекарствами". Я им в ответ: "Как же вам не стыдно, вы что, с медсестрой разговариваете? Да я ему не просто ультразвуковые исследования все переделал, мы двадцать раз его с ног до головы смотрели, и уж поверьте, мы бы нашли этот рак, сто раз бы нашли. Да и какой рак вам даст полное опустошение костного мозга?! Кому вы это рассказываете?" Короче говоря, я им сказал так: "Мне с вами разговаривать неприятно, я вас не уважаю". И повесил трубку. Вот этот звонок меня и убедил, что вся эта история неспроста».

На отпевании Цепова в храме присутствовали Виктор Золотов (начальник Службы безопасности президента); Константин Ромодановский (начальник Главного управления собственной безопасности ФСБ); Андрей Новиков (на тот момент — начальник

Главного управления МВД по Северо-Западному федеральному округу, а ныне заместитель министра); начальник ГУВД Санкт-Петербурга Михаил Ваничкин; спиртоводочный «олигарх» и член Совета Федерации от Ненецкого округа Александр Сабадаш; депутат Государственной думы Александр Невзоров; изгнанный из органов при Ельцине адвокат Дмитрий Якубовский; многолетний деловой партнер и сообщник по многим неафишируемым делам Барсуков-Кумарин.

На кладбище поехали лишь близкие друзья и родственники; в их числе — Барсуков-Кумарин. Взвод милиции почтил память Цепова выстрелами в воздух (по военным законам так могли хоронить офицеров в ранге не ниже полковника). Похоронен был Цепов на известном Серафимовском кладбище, где лежат и официальные родители Путина.

По факту смерти Цепова было возбуждено уголовное дело по ст. 105 УК России (убийство). Результаты расследования огласке не предавались. Однако по крайней мере одна газета — «Московские новости», — не называя по имени действующего президента России, обвинила в убийстве Цепова именно Путина. Автор статьи писал:

«Имя Цепова хорошо известно в Санкт-Петербурге. Но мало кто знает об истинном статусе этого человека. Лет семь назад в моем распоряжении оказался документ, составленный, судя по всему, одной из отечественных спецслужб. В документе утверждалось, что Цепов собирал дань с ряда петербургских казино для одного из высокопоставленных чиновников ФСБ. Информацию о Цепове я попытался проверить у следователя по особо важным делам Генпрокуратуры Юрия Ванюшина. Бригада, возглавляемая им, расследовала уголовное дело, связанное с поставками в Санкт-Петербург импортных товаров в обход таможни — через военный порт. Ванюшин (ныне покойный) подтвердил: по информации, которой располагала следственная бригада, Цепов действительно собирал с коммерческих предприятий деньги и лично передавал их "высокопоставленному чиновнику в Москве". Так что разговоры о некой особой роли Цепова, циркулирующие в обеих столицах, не лишены оснований. Например, о том, что масштаб коммерческих проектов, в которых он участвовал, соответствовал возрастающим возможностям того самого столичного чина, которому он в свое время доставлял черный нал».

«Столичным чином» был, конечно же, Путин.

Своеобразным постскриптумом к отравлению Цепова следует считать арест в августе 2007 г. в Санкт-Петербурге лидера «тамбовской» преступной группировки, бывшего вице-президента Петербургской топливной компании Владимира Барсукова-Кумарина. После переезда Путина в Москву Барсуков-Кумарин оставался в Санкт-Петербурге и был буквально забыт журналистами и правоохранительными органами. 22 августа 2007 г. неожиданно для всех, и прежде всего для самого себя, он был задержан в ходе беспрецедентной спецоперации с участием тридцати сотрудников прибывшего из Москвы отряда милиции особого назначения (ОМОНа).

24 августа 2007 г. санкт-петербургский районный суд по ходатайству генеральной прокуратуры выдал санкцию на арест Барсукова-Кумарина по обвинению его «в совершении преступлений, в том числе убийства и покушения на организацию заказного убийства с целью последующего завладения Санкт-Петербургским нефтяным терминалом», в «причастности к рейдерским захватам крупных объектов недвижимости, ряду заказных убийств и других особо тяжких преступлений», в частности, он подозревался в организации покушения на совладельца Петербургского нефтяного терминала Сергея Васильева весной 2006 г.

Барсукова-Кумарина можно было арестовать давно, оснований для этого было много. Но его арестовали только в 2007 г., причем по приказу из Москвы, а не по решению прокуратуры Санкт-Петербурга. Барсукова-Кумарина можно было убить, как убили многих крестных отцов русской мафии в России в последние годы. Никто не удивился бы такому убийству, тем более что на Барсукова-Кумарина неоднократно покушались собратья по криминальному миру. Но его оставили в живых как заложника, как носителя компромата против тех, кто хозяйничал в Санкт-Петербурге в 1990-е гг. Арестованный Барсуков-Кумарин был козырной картой в колоде корпорации ФСБ, готовившейся к президентским выборам 2008 г., страхующей себя от непредвиденных шагов прошлого президента корпорации и России — Владимира Путина. Барсукова-Кумарина могла ожидать участь Цепова. Но его приберегли, чтобы сделать тузом в партии против «столичного чина».

ПОПЫТКА ОТРАВЛЕНИЯ ВИКТОРА ЮЩЕНКО

Сентябрь 2004 г. выдался ударным. В этом месяце был отравлен кандидат в президенты Украины Виктор Ющенко. 5 сентября 2004 г., в разгар избирательной кампании, кандидат в президенты Украины Виктор Ющенко ужинал и вел переговоры на даче бывшего заместителя руководителя Службы безопасности Украины (СБУ) Владимира Сацюка. Тарас Залесский, еще один заместитель руководителя СБУ, присутствовал на этом ужине и подносил к столу Ющенко блюда с пловом. Блюдо Ющенко было отравлено. После ужина будущий президент почувствовал недомогание и 10 сентября был госпитализирован в австрийскую клинику «Рудольфинерхаус» (Rudolfinerhaus), где ему был поставлен диагноз: «острый панкреатит» с осложнениями, вызванными отравлением токсинами. Время отравления: примерно за пять дней до госпитализации.

В организме Ющенко были обнаружены химические вещества, которые обычно не содержатся в продуктах питания. В частности, группа американских врачей нашла в его крови высокотоксичный диоксин. Было известно, что с этим веществом еще несколько лет назад успешно работала одна из российских секретных лабораторий.

21 сентября генпрокуратура Украины возбудила уголовное дело по факту отравления Ющенко. Подозреваемыми считались Владимир Сацюк, Тарас Залесский и Алексей Полетуха. Последний был старым знакомым Сацюка и работал вместе с ним в коммерческих структурах до назначения Сацюка заместителем директора СБУ. В 2001 г. Полетуха был объявлен в розыск в связи с финансовыми нарушениями, совершенными им на посту заместителя председателя правления банка «Украина», и покинул территорию страны. Согласно заявлению начальника украинского бюро Интерпола он до сих пор находится в розыске и, возможно, скрывается на территории России. Подозреваемым в деле об отравлении Ющенко он был объявлен потому, что, как предполагается, доставил диоксин для отравления Ющенко из России в Украину.

Сам президент Ющенко неоднократно заявлял, что знает своих отравителей, что диоксин, которым он был отравлен, произведен в России, что ему известно, кто и как переправлял яд в Украину, и что лица, причатные к его отравлению, находятся и скрываются на территории России. «Вы будете свидетелями очень поразительных для вас примеров роли и миссии многих политиков, в том числе и украинских, в моем отравлении», — заявил как-то Ющенко. И на этом остановился. Официально эта информация не была подтверждена, как не было официально объявлено и о подозреваемых.

После сентября 2004 г. было проведено несколько повторных экспертиз. Повторная экспертиза в конце мая 2006 г. вновь подтвердила наличие диоксина в организме Ющенко. Экспертизу провела комиссия из числа украинских специалистов, а также представителей США, Германии и Японии. Они подтвердили предыдущие выводы лабораторий Нидерландов, Германии, Великобритании и Бельгии о том, что в организме Ющенко содержится отравляющее вещество — диоксин.

По прошествии трех лет следствие формально продвинулось не сильно. Ющенко с тех пор делал несколько громких заявлений. В частности, 10 и 11 сентября 2007 г., в годовщину отравления, Ющенко заявил, что российское правительство отказывается выдать ключевых подозреваемых и предоставить улики, необходимые для раскрытия дела, и этим тормозит расследование его отравления диоксином в 2004 г. Украинский лидер сообщил, что яд, которым он был отравлен, производится только в США, Великобритании и России. США и Великобритания свои образцы давно предоставили. Россия же предоставить образцы отказывается. Ющенко еще раз указал, что подозреваемые в участии в его отравлении лица скрываются на территории России.

Уже 12 сентября Генеральная прокуратура Украины заявила, что правоохранительные органы России согласились на исследование российского диоксина. Заместитель руководителя секретариата президента Украины Александр Чалый заметил на это, что Генеральная прокуратура России ответила на ходатайство о проведении экспертизы диоксина российского производства лишь с шестого раза. Первые пять запросов остались без ответа. Было ясно, что Россия испугалась громких разоблачительных заявлений Ющенко, обвинявшего российские правоохранительные органы в соучастии в этом преступлении.

ОТРАВЛЕНИЯ ЛИДЕРОВ ЧЕЧЕНСКИХ СЕПАРАТИСТОВ

19 марта 2002 г. был отравлен международный террорист саудо-аравийского происхождения, один из руководителей повстанческого движения в Чечне полевой командир Амир Хаттаб. Он был отравлен в Ножай-Юртовском районе Чечни посредством письма. ФСБ России сумела перехватить адресованное ему письмо из Саудовской Аравии и обработала его отравляющим веществом, вызывающим остановку сердца.

11 апреля ФСБ объявило об успешно проведенной операции. Согласно заявлению Центра общественных связей (ЦОС) ФСБ Хаттаб был ликвидирован в результате «тщательно спланированной спецоперации, обстоятельства которой будут рассекречены не ранее чем через 10 лет».

По одной из версий сотрудник дагестанского управления ФСБ офицер М. использовал для операции некоего Ибрагима Магомедова, молодого человека, аварца по национальности, уроженца селения Гимры Унцукульского района Дагестана. Ибрагим был доверенным лицом Хаттаба и выполнял при нем обязанности курьера. Он постоянно выезжал через Азербайджан и Турцию для получения денег и с деньгами возвращался в Чечню. В этом курьеру помогал М. Доверие Ибрагима Магомедова к М. было столь высоко, что последнему удалось обработать переданный для Хаттаба конверт с посланием спецраствором. Через два-три дня после прочтения письма Хаттаб умер. Вскоре пришла информация о том, что чеченскими боевиками был расстрелян житель Дагестана Ибрагим Алаури (он же — Магомедов), который, ни о чем не подозревая, доставил отравленное письмо Хаттабу.

1 июня 2004 г. представитель главы непризнанной Россией чеченской республики Ичкерия Аслана Масхадова в Грузии Хизри Алдамов, его сын и племянник были доставлены в тбилисскую больницу с диагнозом «отравление». В МВД Грузии установили, что машина Алдамовых была обработана отравляющим веществом, содержащим фосфор. Пострадавший утверждал, что его пытались убить по заказу ФСБ России.

Осенью 2004 г. в тюрьме был отравлен неизвестным препаратом приговоренный к девяти годам лишения свободы чеченский боевик Лече Исламов. После вынесения приговора, но перед отправкой в зону с Исламовым в тюрьме встретились трое представителей ФСБ, предложили сотрудничество и угостили чаем и бутербродами. Исламов сотрудничать с ФСБ отказался. Вскоре после этого разговора здоровье Исламова внезапно и резко ухудшилось. Тело покраснело, начала шелушиться и слезать кожа, поднялась высокая температура, начали выпадать волосы. Исламов стал стареть на глазах и вскоре скончался.

ПОПЫТКА ОТРАВЛЕНИЯ ПАВЛА БАСАНЦА

В начале августа 2007 г. неизвестным ядом был отравлен в Москве 50-летний первый секретарь Западного окружкома КПРФ Павел Басанец, отец четверых детей. Басанец окончил Высшую Краснознаменную школу КГБ СССР им. Дзержинского, 10 лет служил во внешней разведке, в том числе был резидентом в Дрездене в те годы, когда там работал Путин. Свободно владел китайским, английским, индонезийским и малайским языками. 15 лет занимался боевыми единоборствами, имел коричневый пояс по карате. В 1991 г. не вышел из компартии, занимался партийной и общественной работой. В частности, был сопредседателем Комитета защиты прав граждан и членом Совета ветеранов труда, войны и правоохранительных органов. По политическим взглядам его следует отнести к сталинистам.

7 декабря 2006 г. на собрании, проходившем в здании ФСБ на Лубянке и посвященном 86-й годовщине образования внешней разведки, он выступил с резкой критикой Путина, назвав его предателем России, собственного народа и офицерской чести.

Реакция последовала незамедлительно. Басанец стал получать угрозы. Запугивали и его, и его детей. Коммунисты попытались исключить Басанца из своих рядов. Но исключение не прошло, хотя было предпринято шесть попыток. За Басанца заступились некоторые влиятельные коммунисты, в том числе члены Государственной думы.

Бывшие коллеги Басанца предупредили его о том, что на него «обижены» очень серьезные люди, что речь его на Лубянке ему не простят и что, скорее всего, будет предпринята попытка его устранения. В июле с Басанцом связались его бывшие коллеги по внешней разведке из одной из бывших республик СССР и предупредили, что на него готовится покушение. Они же предложили

Басанцу покинуть Россию и уехать в одну из бывших союзных республик. Но Басанец отказался, понимая, что от ФСБ нельзя будет уйти и на новом месте.

В начале августа Басанец неожиданно почувствовал себя плохо — на теле выступила сыпь, обнаружилась резкая слабость. Симптомы не проходили, что для обычного пищевого отравления было не характерно. Состояние Басанца продолжало ухудшаться. К его лечению были привлечены серьезные медицинские специалисты. К концу августа помимо общих симптомов отравления у Басанца было диагностировано предынфарктное состояние и стабильно повышенное давление (ранее повышений давления у него вообще не фиксировалось; Басанец всегда отличался хорошим здоровьем и крепким телосложением). Лечащий врач Басанца считал отравление неизвестным ядом основным диагнозом.

В больницу Басанец не поехал, понимая, что там его добить будет проще. В конце августа он так комментировал свое состояние: «От госпитализации я отказался, сейчас лежу дома под капельницей. Думаю, это более безопасное место. Обследовавшие меня врачи, самое интересное, не нашли в моем организме аллергена. Эхокардиограмма показывает серьезный удар по сердцу. Но, если честно, сейчас я себя чувствую чуть лучше, чем три недели назад. Язвы на теле только не проходят».

УБИЙСТВО АННЫ ПОЛИТКОВСКОЙ

7 октября 2006 г., в день рожденья Владимира Путина, в Москве была убита Анна Политковская. Опровергая версии о возможной причастности к этому убийству российской власти, президент Путин сказал: «Это убийство нанесло России больший урон, чем публикации А. Политковской».

В январе 2007 г. советник президента России Игорь Шувалов в ходе российско-германской встречи, состоявшейся в Берлине при участии бывшего канцлера ФРГ Герхарда Шредера, поделился с журналистами сведениями, касающимися убийства Политковской:

«Мы воспринимаем убийство Политковской как провокацию. Президентом даны все указания по раскрытию данного преступления. Глупо связывать это убийство с руководством страны. Полоний — Литвиненко — Политковская — это все связано между собой. Есть сильные группировки, которые объединились друг с другом, чтобы постоянно вести наступление против курса президента и против него. Все эти убийства — это то, что нам наименее выгодно. С политической точки зрения это, кроме ущерба, ничего не приносит, а по-человечески, конечно, убитых жалко».

28 августа 2007 г. прокуратура России объявила об аресте нескольких человек, по версии прокуратуры причастных к убийству Анны Политковской и являвшихся организаторами и исполнителями убийства. Среди арестованных — сотрудник Московского управления ФСБ подполковник Павел Рягузов. По мнению генерального прокурора Юрия Чайки, эта же группа наемных убийц могла быть причастна к убийству американского журналиста, главного редактора русского издания журнала «Форбс» Пола Хлебникова в июле 2004 г.

Так как российская прокуратура проявляет явную нерешительность в определении заказчиков убийства Анны Политковской и Пола Хлебникова, попробуем определить вероятных заказчиков убийства сами. Начнем с Пола Хлебникова. Есть много версий его убийства. Правильная — одна. Пол Хлебников был убит героем своей книги «Разговор с варваром», изданной в июле 2003 г., Хож-Ахмедом Тембакировичем Нухаевым, известным также под кличкой «Хожа».

В составленной некоторое время назад российскими правоохранительными органами базе данных организованных преступных группировок ему была дана следующая краткая характеристика: «1954 г. рождения, уроженец Киргизской ССР, житель Чечни. Ранее судим, способен на убийство. В Москве проживает без прописки на конспиративных квартирах».

О том, что Нухаев опасен, Хлебников знал. Распечатку базы данных об оргпреступности в сентябре 2001 г. ему передал в Нью-Йорке Юрий Фельштинский.

Нухаев неоднократно арестовывался, но всегда выпускался. Открытые в отношении его уголовные дела почему-то закрывались Верховным судом России. Нухаев воевал в Чечне; считалось, что на стороне сепаратистов. Был ранен, лечился в Австрии. Вернулся в Москву. В Москве жил в одной из лучших гостиниц. Давал интервью в студии «Останкино», находясь в федеральном розыске, но почему-то никем не разыскивался и не арестовывался. Его поручения выполнял агент ФСБ Макс Лазовский и куратор Лазовского кадровый сотрудник СВР Петр Суслов. Кем же мог быть этот человек? Ответ очевиден. Этот человек мог быть только высокопоставленным сотрудником центрального аппарата ФСБ. И это единственное объяснение его неуловимости и неприкосновенности.

Из российских журналистов в объяснении причин убийства Хлебникова дальше других продвинулась и ближе всех приблизилась к истине Юлия Латынина. В программе радиостанции «Эхо Москвы» она сказала, что «Хлебникова к Нухаеву послал Коржаков, бывший шеф Службы безопасности президента. Между ними были достаточно сложные отношения [...] Эти отношения лучше всего описал сам Коржаков в своих мемуарах, когда он с явной обидой, будучи человеком достаточно недалеким, написал, что в книге Хлебникова “Крестный отец Кремля”, посвященной Березовскому, “две трети написаны” с его слов. Именно Коржаков посылает Хлебникова к Нухаеву». Именно в издательстве Коржакова и бывшего его подчиненного, начальника отдела «П» Службы безопасности президента Валерия Стрелецкого «выходит эта книжка. Очевидно, что Коржаков лучше Хлебникова представляет себе чеченскую психологию и все, что может воспоследовать. Но интересно, что ни Коржаков, ни Стрелецкий ничего не говорят Хлебникову о возможных угрозах и потенциальной угрозе».

Коржаков и Стрелецкий не говорят Хлебникову о возможной угрозе, потому что весь проект был согласован на уровне руководства ФСБ. Кроме одного пункта — финансовой части. Нухаев согласился участвовать в написании книги Хлебникова, дискредитирующей чеченский народ, за деньги, которые Хлебников обещал выплатить из полученных за книгу гонораров. Какую именно сумму пообещал Хлебников Нухаеву, мы, наверное, никогда не узнаем. Но почему-то кажется, что эта сумма была круглой и не меньше миллиона долларов. На выплату денег Нухаев дал Хлебникову год. И когда не получил в срок деньги, убил Хлебникова — ровно через год после презентации книги — 9 июля 2004 г.

Сообщив, что убийства Хлебникова и Политковской организовывали одни и те же люди, генпрокуратура России нам очень помогла. С большой степенью вероятности можно утверждать, что убийство Политковской тоже организовывал Нухаев. Но заказчиком убийства Политковской Нухаев быть не мог. Политковская никогда не занималась расследованием его деятельности, и личных мотивов убивать Политковскую у Нухаева не было. Убить Политковскую Нухаева могли попросить несколько заказчиков. Возможный первый заказчик: центральное руководство ФСБ — в качестве подарка Путину на день рождения, со ссылкой на именинника (Путина). Возможный другой заказчик: Рамзан Кадыров, тоже в качестве подарка Путину, в надежде на ответный подарок — пост президента Чечни (надежда оправдалась, Кадыров стал президентом). Возможный третий заказчик: известный московский чеченский бизнесмен, владелец гостиницы «Рэдисон-Славянская» Умар Джабраилов, сегодняшний представитель Чечни в Совете Федерации России — со ссылкой на Кадырова, и снова в качестве подарка президенту.

Следует отметить, что Джабраилов подозревается в организации еще по крайней мере двух преступлений: в убийстве американского бизнесмена и бывшего совладельца гостиницы «Рэдисон-Славянская» Пола Тейтума 3 ноября 1996 г. и в покушении на жизнь вице-премьера Московского правительства Иосифа Орджоникидзе 20 июня 2002 г.

А больше заказать убийство Политковской не мог никто.

ОТРАВЛЕНИЕ АЛЕКСАНДРА ЛИТВИНЕНКО

Литвиненко умер вечером 23 ноября. Между убийством Анны Политковской в октябре и убийством Александра Литвиненко в ноябре есть какая-то связь. Это один угол многоугольника.

Андрей Луговой был начальником охраны Бориса Березовского и участником операции по отравлению Литвиненко. Это второй угол многоугольника.

Александра Литвиненко и Романа Цепова отравили одни и те же люди. Найдя убийц Цепова, можно выйти на убийц Литвиненко. И наоборот, определив убийц Литвиненко, можно раскрыть убийство Цепова. Это еще один и, пожалуй, самый главный угол многоугольника.

И есть еще много углов, которые сразу не видны или не столь очевидны: отравление Юрия Щекочихина, попытка отравления Виктора Ющенко, скоропостижная смерть Анатолия Собчака...

А есть еще совсем маленькие, почти неописанные уголочки, которые неправильно было бы не упомянуть в этой главе лишь потому, что нет прямых доказательств убийства. Например, смерть от лейкемии 20 июля 2005 г. в возрасте 57 лет Николая Аксененко, бывшего министра путей сообщения (с 1997 г.), бывшего вице-премьера (с мая 1999 г.), а затем первого вице-премьера. В мае 1999 г., после отставки Евгения Примакова, именно Аксененко должен был стать премьер-министром, а затем преемником Ельцина и президентом России. Его кандидатуру, в частности, лоббировал Борис Березовский. Именно его, а не Путина, собирался делать Березовский президентом страны. Собственно, кандидатура Аксененко уже была подписана Ельциным на должность премьер-министра и представлена в Думу на голосование. Но в последнюю минуту всесильные руки ФСБ подменили Аксененко бывшим директором ФСК-ФСБ Сергеем Степашиным, а затем и вовсе оттеснили Аксененко от дел. 10 января 2000 г. Аксененко был освобожден от должности первого вице-премьера; в 2001 г. на него было заведено уголовное дело; в 2002-м он был снят с поста министра путей сообщения. В 2003 г. Аксененко заболел лейкемией, уехал лечиться в Германию, где и умер.

В октябре 2006 г. о многоугольнике убийств знали только те, кто планировал эти убийства.

— Поздравь меня. Я только что получил британское гражданство. Теперь они меня пальцем тронуть не посмеют. Английского гражданина убивать никто не станет...

Этой фразой Александр Литвиненко встретил Юрия Фельштинского 13 октября 2006 г. в Лондоне, на панихиде, посвященной памяти Анны Политковской, только что убитой. Через 19 дней, 1 ноября 2006 г., Литвиненко был отравлен.

В тот день он встречался с несколькими приехавшими в Лондон из-за границы людьми: с сотрудником ФСБ Андреем Луговым, сотрудником ФСБ Дмитрием Ковтуном, сотрудником ФСБ Вячеславом Соколенко, кажется, с еще одним — неизвестным и неназываемым — сотрудником ФСБ (а может быть, с этим четвертым в тот день Литвиненко не встречался, хотя этот четвертый, видимо, тоже был в Лондоне и незаметно для Литвиненко участвовал в их встрече). Наконец, Литвиненко встречался с итальянским гражданином Марио Скарамелло. С бывшими коллегами по ФСБ бывший подполковник ФСБ Александр Литвиненко пил зеленый чай. С итальянцем Скарамелло Литвиненко встретился на Пикадилли в три часа, ел суши и пил минеральную воду в ближайшем японском ресторанчике. Скарамелло не ел. Только пил.

Вечером Литвиненко почувствовал себя плохо. Тошнило, началась сильная рвота. Он понял, что отравился. Сделал раствор с марганцовкой, как учили в армии, пил и его рвало, пил и его рвало. Появились спазмы желудка, затруднилось дыхание, падала температура, начались перебои в работе сердца. Так проходили первые сутки после отравления.

2 ноября позвонил Луговой. Он все еще был в Лондоне. Ранее они договорились с Литвиненко, что встретятся сегодня, 2 ноября. Но Литвиненко сообщил, что заболел и встретиться сегодня не сможет. Вызвали «скорую». Врач сказал, что сезонная инфекция. Нужно пить воду. Рвота продолжалась, но изо рта вместо рвоты шла уже какая-то жидкость с пеной, примерно каждые двадцать минут. Были боли в желудке. Начался сильный понос с кровью.

Луговой и компания все еще были в Лондоне. Они улетели 3 ноября, когда стало ясно, что задание выполнено. А бывшему подполковнику ФСБ Александру Литвиненко, всю жизнь прослужившему в военных органах России и в КГБ, пошедшему на конфликт с КГБ-ФСБ в 1998 г., отсидевшему 9 месяцев в тюрьме в 1999 г., бежавшему из России в октябре 2000 г., написавшему (в соавторстве) книгу «ФСБ взрывает Россию» в 2001 г. и опубликовавшему с тех пор десятки статей против ФСБ и Путина, 2 ноября 2006 г. в голову не могло прийти, что трое его бывших коллег по ФСБ подсыпали в зеленый чай яд замедленного действия. А ведь приди эта мысль в голову 2 ноября, Скотланд Ярду не пришлось бы запрашивать экстрадицию из России подозреваемого Лугового.

3 ноября снова вызвали врача, уже другого. Он предположил инфекцию, но не исключил отравления (про отравление ядом речи не было). Вызвали «скорую». Отвезли в больницу. Поставили на капельницу, сделали анализ крови. Анализ был неплохой. Но

врачи сказали, что оставят с больнице. Александру пообещали выписать через три-четыре дня. Жене Марине сказали, что пока будут держать, так как нашли какую-то бактерию. Все это время Литвиненко держал сведения о своем состоянии в тайне. Ни знакомым, ни полиции ничего не сообщалось. Литвиненко не хотел, чтобы знали, что он отравился суши. Потом еще чего доброго действительно отравят, а все будут считать, что отравление пищевое, как 1 ноября 2006 г.

Ни пить, ни есть Александр уже не мог. Потерял примерно 15 килограммов. Но считал, что выжил. К концу первой недели болезни уже понимал, что его отравили, но что спасся он промыванием желудка марганцовкой, как учили в армии.

— Знаешь, если бы мне предложили выбрать: еще раз пройти через все это или год в российской тюрьме отсидеть, я был выбрал год в тюрьме, честное слово. Ты не представляешь как я мучаюсь, — сказал он Юрию Фельштинскому.

Но варианта с годом тюрьмы у Александра тогда уже не было. Ему оставалось мучиться только 15 дней.

Заболело горло, на гортани полосками появились гнойники. Врачи считали, что это из-за антибиотиков — флора убита, возникло раздражение. Еще через пару дней пациент уже не мог открыть рот. Вся слизистая была воспалена, язык во рту не помещался. Стали выпадать волосы. В этот момент врачи предположили, что поражен костный мозг. Литвиненко перевели в онкологическое отделение. Появилась первоначальная версия об отравлении таллием. К расследованию подключилась полиция. Литвиненко прописали антидот таллия («прусскую сильку»). Но антидот был уже бесполезен, так как сработать мог лишь в первые 48 часов после отравления. А прошла неделя. К тому же, антидот был против таллия. А отравили Александра полонием-210, о чем известно стало только 23 ноября, за пару часов до смерти, когда мочу Литвиненко отправили на анализ в лабораторию атомной электростанции — единственную в Великобритании лабораторию, где можно было через анализ мочи определить отравление радиоактивным ядом, излучающим альфа-радиацию. И если бы Литвиненко умер, «как все», через отведенные ему неделю-две после отравления, а не продержался бы 23 дня по непонятным для всех причинам, мы никогда не узнали бы о том, что в качестве яда был использован полоний; что в отравлении участвовала группа сотрудников ФСБ, что яд прибыл из Москвы и туда же улетели участники операции. Мы до сих пор бы считали, что в смерти Литвиненко больше вопросов, чем ответов, и что с некоторой вероятностью он умер от пищевого отравления или аллергии на съеденные им в японском ресторанчике суши.

По автобусному билету лондонского городского автобуса маршрута № 134, обнаруженного в кармане Литвиненко, британские следователи установили, что на встречу с Луговым и его коллегами Литвиненко ехал еще не испачканный радиоактивным полонием-210 и что точным местом отравления Александра является гостиница «Милленниум». Автобусный билет был куплен рядом с домом Литвиненко в северном Лондоне, откуда Литвиненко выехал на встречу с сотрудниками ФСБ в гостиницу «Милленниум» 1 ноября. Отель был первой точкой, которую посетил Литвиненко, выйдя из автобуса. На блюдце и чашке, из которой Литвиненко пил с советскими агентами зеленый чай, были обнаружены следы полония-210. Из всего этого следовало, что не Литвиненко привез полоний на встречу с Луговым и компанией, а московская компания сотрудников ФСБ привезла полоний на встречу с Литвиненко.

О всех углах и уголочках этого таинственного многоугольника убийства мы непременно будем знать все подробности. Мы узнаем и о том, как готовили отравление Литвиненко и кто подписал приказ о его убийстве. Только случится это не сегодня, а позже. Подробности организации операции по убийству Троцкого мы узнали через 50 лет. С точки зрения истории срок короткий.

Примечания

[1] Lermolo, Elizabeth. Face of a Victim. // Harper & Brothers Publishers, New York, 1955, pp. 132—137.

[2] Троцкий Л. Д. Портреты революционеров. Сверх-Борджиа в Кремле, с. 75—76.

[3] Николаевский Борис. Тайные страницы истории, М., 1995, с. 228—229.

[4] Шатуновская Лидия. Жизнь в Кремле. // Изд. Чалидзе, Нью-Йорк, 1982, с. 227, 229, 230.

[5] Там же, с. 232—233.

[6] Там же, с. 234, 235.

[7] Delbars, Yves. The Real Stalin. // George Allen & Unwin Ltd, London, 1951, pp. 129—130. Глава Завещание Ленина (пер. с англ.). Первое издание книги было на французском, в двух томах, под названием Le Vrai Staline (Paris, 1950—1951).

[8] Троцкий Л. Д. Портреты революционеров. Сверх-Борджиа в Кремле, с. 77.

[9] См. Валентинов Н. В. Наследники Ленина. // Изд. «Терра», М., 1991, прил. 8, с. 214.

[10] Письмо А. Беркмана и Дон Левину от 4 августа 1927 г. // Архив Международного института социальной истории (Амстердам), кол. А. Беркмана, папка III (10).

[11] Там же, кол. Б. К. Суварина, 11 апреля 1957 г., 1 л.

[12] The Unknown Lenin. From the Secret Archive. // Ed. by R. Pipes, Yale University Press, 1996, p. 77.

[13] Валентинов Н. В. Наследники Ленина, с. 214, 216—217.

[14] См. Речь И. В. Сталина в Наркомате обороны. Публ. Ю. Мурина. // «Источник», 1994, № 3, с. 72—88.

[15] Волков Ф. Д. Взлет и падение Сталина. // М., 1992, с. 66.

[16] Воспоминания Владимира Куйбышева. // «Московские новости», 2 марта 1995.

[17] Троцкий Л. Д. Портреты революционеров, с. 75—76.

[18] Светлова Елена. Когда врачи бессильны. // «Совершенно секретно», 30 октября 2001.

[19] Беррес Леонид. Саратовские химики заработали на смерти известного банкира. // «КоммерсантЪ-Daily», 19 апреля 1997.

[20] Там же.

[21] Котляр Эрик. Еще о громких убийствах. // «Московская правда», 22 июля 1999.

[22] В деле Кивилиди — никаких подвижек. // «Аргументы и факты», 9 июня 1999.

[23] Соколов Сергей. Врачебная тайна. Обстоятельства, которые не могут не вызвать вопросов. // «Новая газета», 1—4 июля 2004.

ЗАКЛЮЧЕНИЕ

7 мая 2000 г. Россия стала республикой нового типа: корпорационной республикой. К власти в стране пришла корпорация, поставившая своего президента. Только в отличие от классической модели, известной как «банановая республика», корпорация эта не была фруктовой. Президент Путин, до августа 1999 г. бывший президентом корпорации ФСБ, в 2000-м стал править Россией.

Сегодня соотношение акций власти у двух совладельцев корпорации — ФСБ и олигархов — распределены уже не так, как в первый год правления президента Путина. Те, кто в 2000 г. имели только власть политическую (клан приходящих к власти спецслужбистов во главе с Путиным), к 2008 г. приобрели еще и власть экономическую — контроль над всей экономикой России. Эта экономическая власть выражается в конкретных цифрах. Входящие в совет директоров ЗАО «Россия» лица владеют реальными пакетами акций крупнейших российских корпораций и получают по этим акциям реальные дивиденды, исчисляемые миллионами долларов. Многочисленные российские олигархи, считавшие (на рубеже 2000 г.), что обладают не только миллиардами, но и властью, на примерах Гусинского и Березовского убедились в том, что властью не обладают. А на примере Ходорковского поняли, что и деньги в их карманах реальны лишь до тех пор, пока Кремль разрешает им быть олигархами. Пример Ходорковского оказался достаточно красноречив для того, чтобы оппозиционеры среди экономической олигархии повывелись.

Ситуация в России настолько прочно контролируется российскими спецслужбами, что президент Путин смог позволить себе не рисковать с преемником. Вместо многими ожидаемого генерала ФСБ Сергея Иванова Путин неожиданно произвел в преемники Дмитрия Медведева, старого своего партнера по корпоративному бизнесу, с которым, безусловно, сработался за последние 18 лет. С Ивановым Путин рисковал тем, что генерал ФСБ станет диктатором, не уйдет от власти через положенные 4—8 лет и отнимет нажитое за 2000—2008 гг. у кремлевских обитателей, прежде всего у Путина. С Медведевым Путин рискует лишь тем, что тот, не являясь офицером ФСБ, будет менее рьяно блюсти интересы спецслужб России. Но будут ли у Медведева желание и возможность либерализировать государственное устройство и изменить сложившуюся корпорационную структуру, покажет время.

В мае 2008 г. вновь заняв пост премьер-министра Путин, безусловно, обеспечил плавный переход власти от одного президента к другому. России удалось избежать вакуума власти, всегда опасного для тех, кто правит страной. С поста директора ФСБ был удален генерал Патрушев, за которым с августа 1999 г. тянется кровавый след войн и убийств, в том числе и убийства Литвиненко, организация которого не могла проходить без непосредственного участия директора ФСБ Патрушева.

В то же время следует отметить, что уход Путина с поста президента — первая законная отставка российского руководителя с 1917 г. Абсолютно все государственные лидеры до Путина уходили от власти в силу обстоятельств или смерти, но никто не покидал пост в отведенные законом сроки. Да и законов никаких на эту тему в России никогда не было. Николай Второй и Александр Керенский были свергнуты. Ленин — отстранен и, возможно, убит. Сталин умер и, скорее всего, также явился жертвой заговора. Никита Хрущев был смещен и насильственно отправлен в отставку. Леонид Брежнев, Юрий Андропов и Константин Черненко правили до самой смерти. Михаил Горбачев ушел в отставку вскоре после августовского переворота, после первой неудавшейся попытки КГБ захватить политическую власть в России. Ельцин ушел в отставку преждевременно, чтобы облегчить приход к власти Путину (после ухода Ельцина Путин становился исполняющим обязанности президента, и победить на выборах действующего президента Путина было куда сложнее, чем Путина — премьер-министра).

В 2008 г. у Путина был выбор. Имея необходимые две трети голосов российского парламента, Путин мог изменить российскую конституцию и остаться президентом России на третий срок. Это был спорный и рискованный шаг. И, наверное, абсолютно все, в том числе и авторы этой книги, сочли бы Путина узурпатором власти, нарушившим конституцию страны. Отдадим должное Путину: диктатором он становиться не захотел или не смог, потому что прочие члены совета директоров корпорации на такое нарушение закона пойти не позволили. Путин выбрал всегда зависимую от президента должность премьер-министра России, подотчетного новому президенту Дмитрию Медведеву. Что будет дальше, сегодня не возьмется предсказать никто, в том числе и Путин с Медведевым. Вместе с читателями нам остается лишь внимательно следить за развитием событий в извечно непредсказуемой России.

POSTSCRIPTUM

РОССИЯ И ПУТИН ПРИ ПРЕЗИДЕНТЕ МЕДВЕДЕВЕ

Согласно официальной версии Россия — это демократическая страна, которой в 2008—2012 гг. в условиях полного консенсуса управляли законно избранные президент Медведев и председатель правительства Путин («тандем»). Согласно полуофициальной версии, две половинки «тандема» все-таки не равновесны: Путин старше и опытнее и поэтому «равнее» и главнее.

Второй вариант ближе к истинному положению вещей, но и он не точен. Самый верх властной верхушки в период президентства Медведева был устроен не в виде «тандема», дуумвирата, а скорее, в виде триумвирата Путин: Сечин — Медведев, причем президент Медведев был даже не вторым лицом в иерархии, а только третьим.

Реальная иерархия и функции высших российских чиновников совершенно не соответствовали номинальным. Владимир Путин назывался (в 2008—2012 гг.) председателем правительства, но в действительности он государь, царь-батюшка — пусть не единоличный самодержец, не абсолютный монарх, но и не конституционный. Власть его отчасти ограничена, однако не конституцией, не законами, а корпоративно-сословными обычаями (сходными с криминальными «понятиями»), закулисными договоренностями с теневыми группами влияния, родственными, дружескими и административными связями. Кроме того что Путин — царь, он еще и свой собственный министр иностранных дел (а номинальный министр Сергей Лавров — не более чем его советник по внешней политике).

Игорь Сечин называется заместителем (даже не первым заместителем) председателя правительства, но в действительности именно он «первый министр». Он не совсем глава правительства (поскольку не все министры ему подчинены — некоторые подчиняются непосредственно государю), но в правительстве он все-таки первый среди равных. В сфере его ответственности бо́льшая часть экономики, за исключением, однако, финансов; весьма существенно, что под его фактическим контролем находятся органы безопасности, возглавляемые его ставленником Александром Бортниковым.

Дмитрий Медведев назывался президентом и главой государства, но в действительности он что-то вроде вице-премьера по широкому кругу вопросов, в частности по юридической сфере, а также советник государя по кадровым и некоторым другим вопросам (например, по «демократии»). В юридическом секторе Медведев практически полновластен, это его домен, а в качестве советника по кадрам — он влиятельный, но не главный. Главным советником по кадрам является бывший генерал КГБ Виктор Иванов. И даже Сергей Собянин (в бытность его вице-премьером — руководителем аппарата правительства, мэр Москвы с октября 2010 г.), возможно, больше влиял в 2008—2010 гг. на кадровую политику (включая назначения губернаторов), чем подписывавший эти назначения Медведев.

Директор ФСБ Бортников формально находится в непосредственном подчинении президента Медведева, но фактически его начальниками являются Путин и Сечин. Виктор

Иванов именуется сейчас (на март 2012 г.) руководителем Роснаркоконтроля, но как бы ни называлась официально последние 15 лет его должность, он был и остается главным советником Путина по кадровым вопросам. Кроме того, Роснаркоконтроль — это фактически «второй КГБ», следящий за «первым КГБ» — ФСБ Бортникова. Необходимость во «втором КГБ» возникла в связи с тем, что МВД, с советских времен игравшее роль противовеса «комитетчикам», при Путине оказалось в какой-то момент под их полным контролем, причем под контролем одного конкретного клана — «питерско-карельского» (бывший директор ФСБ, секретарь Совета Безопасности России Патрушев, нынешний министр внутренних дел Нургалиев).

Сергей Нарышкин — руководитель Администрации Президента (АП) при Медведеве по названию должен быть техническим исполнителем и проводником воли президента, но на самом деле Нарышкин — однокашник Путина по Краснознаменному институту КГБ им. Андропова — является «смотрящим» за президентом от государя-премьера. Владислав Сурков официально назывался первым заместителем руководителя АП, но занимал невозможные в демократическом государстве должности неофициального вице-премьера по идеологии — министра парламента и политических партий.

Самое имущее сословие в России — это высшее чиновничество, номенклатура, в основном чекистского происхождения. Непосредственно (через руководство государственной собственностью) или опосредованно (через подставных лиц, жен, детей, двоюродных племянников и т. д.) номенклатурная олигархия контролирует практически всю экономику страны. В частности, Путин является нефтегазовым и финансовым магнатом мирового уровня, Медведев — целлюлозно-бумажным, Сечин — нефтяным, Собянин — газовым, первый вице-премьер Игорь Шувалов — финансовым, Сурков — крахмально-паточным и т. д. В более широких массах региональных олигархий ситуация похожая.

Олигархия никогда не бывает единой, она всегда раздроблена на кланы, группировки, клиентелы, которые ведут междоусобную борьбу, объединившись во временные или более-менее постоянные коалиции. В период президентства Медведева основная борьба шла между двумя коалициями административно-экономических кланов — сечинской и медведевской.

Коалиция кланов, группировок и клиентел, сложившаяся вокруг Сечина, выступала за третий президентский срок Путина после выборов 2012 г. и вытеснение Медведева и его сторонников из высшей власти. Напротив, целью медведевской коалиции было отстранение Сечина и его союзников, переизбрание Медведева в 2012 г. и превращение триумвирата в дуумвират с более равноправной ролью в нем Медведева.

Основу сечинской коалиции составляет союз двух группировок питерских чекистов: собственно клана Сечина и группы Виктора Иванова — Николая Патрушева, к которым примыкают более мелкие кланы. К административно-экономическому клану Сечина принадлежит его ставленник в ФСБ Александр Бортников, бывший генеральный прокурор и бывший министр юстиции, ныне полпред в Южном округе Владимир Устинов (свояк Сечина), экс-премьеры Виктор Зубков (первый вице-премьер) и Михаил Фрадков (директор Службы внешней разведки России), министр обороны Анатолий Сердюков, председатель правления Внешторгбанка Андрей Костин.

Лидерами антисечинской коалиции были вице-премьер Кудрин и первый вице-премьер Шувалов. В коалицию входила и группа наиболее близких Медведеву чиновников высшего звена — так называемые питерские юристы, в первую очередь его однокурсники по юрфаку ЛГУ Константин Чуйченко, Александр Коновалов, Антон Иванов, Николай Винниченко, а также выпускник юрфака ЛГУ Дмитрий Козак.

Большинство медведевцев — относительные западники и относительно умеренные «имперцы», тогда как Сечин — сторонник союза с Китаем против Запада, а большинство сечинцев — имперские ястребы по отношению к бывшим республикам СССР.

Сам Путин находится над схваткой двух номенклатурно-олигархических коалиций (соперничество между которыми он отчасти сам же и организовал) и пользуется всеми политическими преимуществами этого положения. Исторически и политически ему более близки сечинцы, тем более что один из лидеров этой коалиции, Виктор Иванов, является приближенным и личным другом Путина. Однако в вопросах экономики (да и в личном плане) Путин вполне доверяет и дружески относится к антисечинцу Кудрину, да и назначение Медведева преемником было бы невозможным без определенной степени доверия Медведеву — большего, чем к любому из своих бывших сослуживцев по КГБ. Несомненно, Путин просто побоялся даже ненадолго отдать президентские регалии кому-то из своих коллег по госбезопасности, несмотря на всю «дружбу» и спецслужбистское «братство».

В конце ноября 2010 г. на сайте WikiLeaks были опубликованы телеграммы, направленные в Госдепартамент США американским посольством в Москве. В одной из них Медведев был назван «бледным и нерешительным» (*pale and hesitant*), а Путин — «вожаком стаи» (*alpha-dog*). В этой переписке президент Медведев описывается также как *«Робин по отношению к Бэтмену — Путину»*. Тем не менее в окружении Медведева — и особенно в «окружении окружения» — существует недовольство Путиным и тайное желание лишить его власти. При этом почти весь срок «зиц-президентства» Медведева было неизвестно, чего же хочет сам Медведев: только ли победить Сечина, стать реально вторым в дуумвирате или же стать через какое-то время первым и единственным. Как показала осень 2911 г., Медведев не готов был к решительной схватке за власть даже с Сечиным (не говоря уже о Путине).

24 сентября 2011 г. на съезде партии «Единая Россия» было объявлено, что Путин выставит свою кандидатуру на президентских выборах 2012 г., а правительство в случае его победы возглавит Дмитрий Медведев. В свою очередь, президент Медведев принял предложение премьер-министра Путина возглавить партию «Единая Россия» на думских выборах 4 марта 2012 г. Вскоре после этого ушел в отставку вице-премьер и министр финансов Алексей Кудрин, надеявшийся на пост премьера в случае второго срока Медведева. Кудрин теперь публично заявил о нежелании работать под началом Медведева и в несколько более обтекаемых выражениях подверг критике политический курс самого Путина.

На думских выборах 4 декабря 2011 г. партия Путина «Единая Россия» получила, согласно официальным данным, 49,32% голосов при явке избирателей в 60,21%. Однако эксперты оппозиции, ссылаясь на данные первичных протоколов и математические выкладки, считают, что возглавляемая Путиным партия собрала не более 33—35% голосов (за исключением Чечни и некоторых других территорий, где независимое наблюдение и сбор первичных протоколов были невозможны из-за смертельной опасности для самих наблюдателей).

Начиная с 10 декабря 2011 г. митинги с требованиями отстранения Путина от власти впервые приняли массовый характер. В этих митингах участвовали десятки тысяч людей.

После думских выборов спикером нижней палаты нового созыва стал во второй половине декабря экс-глава администрации президента Сергей Нарышкин — однокурсник Путина по Краснознаменному институту КГБ им. Андропова. Главой администрации президента был назначен бывший генерал КГБ экс-вице-премьер Сергей Иванов, а его первым заместителем — Вячеслав Володин. Владислав Сурков был переведен в правительство на пост вице-премьера, где он курирует «модернизацию», политику в области культуры и искусства, науки и инновационной деятельности, сферу молодежной политики, демографическую политику, развитие туризма и взаимодействие с религиозными объединениями. Еще одним новым вице-премьером — куратором ВПК стал Дмитрий Рогозин, в прошлом полуоппозиционный политик национал-имперского направления.

4 марта 2012 г. состоялись президентские выборы. Согласно окончательным официальным данным Центризбиркома, утвержденным вечером 7 марта, Путин получил 63,6% голосов при явке избирателей в 65,3%. По мнению экспертов оппозиции, Путин в действительности получил не более 45% при явке 55—60%. Мандат большинства населения на управление страной очередные шесть лет Путин не получил. К тому же, как оказалось, Путин не планировал уходить через шесть лет. Путин планировал остаться президентом России навечно.

ИМЕННОЙ УКАЗАТЕЛЬ